人民币国际化和产品创新

（第七版）

张光平　著

王承基　吴珣轶　编校

中国金融出版社

责任编辑：张智慧
责任校对：潘　洁
责任印制：陈晓川

图书在版编目（CIP）数据

人民币国际化和产品创新（Renminbi Guojihua he Chanpin Chuangxin）/张光平著 . —7 版 . —北京：中国金融出版社，2017. 6
ISBN 978 - 7 - 5049 - 9024 - 2

Ⅰ . ①人…　Ⅱ . ①张…　Ⅲ . ①人民币—金融衍生产品—金融国际化—研究　Ⅳ . ①F822. 1

中国版本图书馆 CIP 数据核字（2017）第 107885 号

出版
　　　　　　　　中国金融出版社
发行

社址　　北京市丰台区益泽路 2 号
市场开发部　（010）63266347，63805472，63439533（传真）
网 上 书 店　http://www. chinafph. com
　　　　　　　（010）63286832，63365686（传真）
读者服务部　（010）66070833，62568380
邮编　100071
经销　新华书店
印刷　保利达印务有限公司
尺寸　169 毫米 ×239 毫米
印张　39. 75
字数　775 千
版次　2017 年 7 月第 7 版
印次　2017 年 7 月第 1 次印刷
定价　89. 00 元
ISBN 978 - 7 - 5049 - 9024 - 2
如出现印装错误本社负责调换　联系电话（010）63263947

前　言

　　本版是人民币正式加入国际货币基金组织一篮子货币后的第一版，同时也是亚投行成功开业后新增成员后的第一版。2016 年 10 月人民币正式加入国际货币基金组织一篮子货币，成为该篮子中权重第三大的货币，这是人民币国际化的重要里程碑，标志着人民币已经正式成为国际储备货币之一。同时，2016 年人民币也首次成为全球第八大国际交易货币，标志着人民币国际化程度又上了新的台阶。对此，本版在内容结构做了不少调整和更新。首先，本版增加了第 19 章——一篮子货币和人民币入篮的影响，并且将前版的第五篇分为"人民币国际化的现状"和"人民币国际化的未来"两篇，增加了第 25 章关于主要国家和地区银行业跨境资产分布和货币分布及中资银行"走出去"的成绩和相关国际比较的全新内容。其次，由于近年来"一带一路"战略实施得到了全球关注和广泛支持，本版将第六版中"一带一路"相关内容更新并增加了新内容，形成了第 28 章——"一带一路"战略实施对人民币国际化的推动作用。最后，由于上海自贸区近年来取得的可喜成绩，本版增加了第 29 章——上海自贸区对金融和国际金融中心建设及对人民币国际化的推动作用，并在介绍和比较全球主要国际金融中心的境内外资产分布等方面后，对上海国际金融中心的发展提出了相关建议。

　　此外，本版对 2015 ~ 2016 年境外人民币储蓄、境外人民币贷款、跨境人民币结算、跨境人民币支付占比和排名、境外人民币债券存量及国际排名、全球人民币外汇储备金额及国际排名、境外人民币中心发展和跨境支付占比分布及境外人民币市场的发展、人民币合格境外机构投资者额度等领域进行了跟踪和更新，这些有助于读者了解和把握人民币国际化的最新进展和存在的相关问题。

除上述增加新章节和更新境内外人民币市场各个领域内容外，本版最主要的结果是在境外人民币市场新数据的基础上，对境外人民币市场近年来的发展作了更为准确的判断。可喜的是，2016 年，除之前伦敦和香港市场有官方公布的人民币市场数据外，美联储和新加坡金融监管局皆以国际清算银行的格式公布了该年 4 月其辖内人民币外汇市场日均成交金额数据，为我们分析和判断近年来境外人民币市场的发展提供了难得的数据。难以置信的是，香港、伦敦、新加坡和纽约这四大境外人民币中心 2016 年 4 月的人民币外汇市场日均成交总金额显著超过了国际货币基金组织公布的同期境外人民币市场总额，为本书前几版发现境外人民币数据都有不同程度水分的观点提供了更充分的证据。首先，根据伦敦外汇联合常务委员会公布的 2015 年 4 月以来每半年伦敦人民币市场数据，可推算出伦敦金融城公布的 2014 年上半年伦敦人民币外汇市场日均成交金额数据有一半以上的水分，这为我们判断 2011 年以来境外人民币市场发展提供了更准确的资料。近年来境外人民币市场诚然有了高速的增长，但增速远没有之前伦敦金融城公布的数据显示得那么高。为此，我们需对境外机构公布的境外人民币市场的数据进行科学研判，从而实现对人民币国际化的总体进程的科学把握，做到不随境外乐曲起舞。

在看到人民币成功入篮和其他成绩的同时，我们也不得不看到近年来人民币国际化很多参数显著回落的事实：2017 年 3 月香港人民币储蓄回落到了 5073 亿元人民币，略低于 2011 年 4 月的水平，比 2014 年底下降了 49.5%；2016 年人民币跨境贸易结算额比 2015 年下降了 35.5%，2017 年第一季度比 2016 年同期又下降了三成，且 2017 年第一季度人民币跨境贸易结算占比下降到了 12.7%，不到 2015 年第三季

度占比的四成；2017 年 3 月人民币跨境支付全球占比回落到了
1.84%，比 2015 年 8 月下降了 0.95%，排名从全球第 4 位回落到了第
6 位；虽然人民币境外债券存量排名保持了 2014 年以来的全球第 8 位，
但是 2016 年末境外人民币债券存量比 2015 年下降了 142 亿美元。同
样，虽然 2015 年以来人民币外汇储备金额保持了全球第七位的排名，
但是从 2015 年 4 月到 2016 年 12 月末，全球人民币外汇储备金额从
6667 亿元人民币下降到了 5862 亿元人民币，降幅为 13.5%。

上述数据的明显回落几乎都与 2014 年美国退出量化宽松政策和之
后美国加息导致人民币对美元贬值密切相关。美国因素诚然是人民币
贬值压力的主要外因，但是外因再大也只能是"变化的条件"，国内
因素自然是"变化的根据"。2001 年我国加入世界贸易组织时我国经
济全球占比 4%，排名全球第 13 位，外汇市场日均成交金额全球占比
不到 2‰，我国经济对全球经济增长贡献仅一成上下。2008 年前 9 年
我国经济对世界经济增长贡献累计才 11.6%，仅略超美国相应贡献率
20.4% 的一半。由于当时人民币定价权不在国内，人民币贬值和升值
压力从境外传导到境内可以理解。但是，2008 年到 2016 年的 9 年我国
经济对世界经济增长累计贡献率显著提高到了 41.6%，超过美国相应
贡献率 23.8% 近一倍，而人民币贬值压力仍从境外传导到境内，导致
我国外汇储备下降和上述人民币国际化参数明显回落就不得不令人深
思。人民币的定价权是人民币国际化的根本所在，也是国内货币政策
和利率政策自主权的基础。

本书第二篇和第三篇境内外人民币外汇市场发展的数据明显显示，
十多年来人民币的定价权仍是从境外传导到境内，导致跨境资金随人
民币升贬值而流入和流出。2010 年前境内人民币外汇市场流动性过
低，境外市场人民币无本金市场发挥了境内外人民币市场的定价权功
能，而 2010 年以来境内人民币外汇市场出现了持续增长的可喜态势，

但同期境外人民币市场从无到有且增长速度显著高于境内市场，人民币定价权仍然旁落境外。没有足够的外汇市场流动性，货币的定价权难以回归，而本币定价权都不在自己手里的货币难以成为真正的国际货币。所以，加速发展境内人民币外汇市场发展以大幅度提高市场流动性和市场深度及广度，是夺回人民币定价权的必要条件，也是人民币国际化持续推动的必要条件。

国家"十三五"规划纲要明确指出"有序实现人民币资本项目可兑换，提高可兑换、可自由使用程度，稳步推进人民币国际化，推进人民币资本走出去"和"提高金融机构国际化水平，加强海外网点布局，完善全球服务网络，提高国内金融市场对境外机构开放水平"。由此可见，推进人民币国际化已经是"十三五"期间国家战略的重要组成部分。近年来国际社会对亚投行和"一带一路"战略的支持可喜可贺，而同时人民币国际化的多项指标却明显回落。国际社会对亚投行和"一带一路"的支持实际上是对中国发展理念的支持，也是对人民币的支持。如何将这些国际支持化为国内深化改革和境内外人民币市场发展的动力，以促进人民币国际化持续发展已经成为当前和今后多年摆在全国企业界人士、研究人员和政府工作人员的一大任务，也是全球有识之士的任务和挑战。相信随着国内深化改革各项任务的逐步落实，人民币国际化会重回持续提升的态势，并在"十三五"末有望达到全球排名第五位上下的水平。

张光平

2017 年 5 月 6 日于上海

目　　录

第五篇 人民币国际化的现状

第六篇 人民币国际化今后的发展

第一篇 国际金融危机和金融创新

　　波及全球的金融危机从爆发到现在虽然已经超过8年多了，但是国际金融危机对全球金融体系的影响和冲击还未结束。国际金融危机爆发后不久，世界各地普遍流传着各种各样关于金融衍生产品和金融创新的说法，很多人认为国际金融危机是衍生产品和金融创新过度所致，幸好境内金融衍生产品还较少，我们没有受到多大的冲击，因此今后不应该大力推动金融衍生产品的发展，金融创新也要慎重。这些说法确实有待探讨，但八年多的实践证明，境内金融创新不仅没有过度，而且明显不足。我们在本篇第1章对国际金融危机爆发的主要原因进行探讨之后，对国际金融危机前后涉及的主要金融衍生产品的作用也将进行简析，从而确认国际金融危机并不是金融衍生产品所致；在介绍和分析国际金融危机之后，我们还将介绍国际金融危机后美国和欧盟在加强金融监管方面的立法工作和实施情况及对国际金融市场的影响。第2章专门讨论国内金融创新不仅不能减速而且还必须加速的原因。在介绍和讨论国际金融危机和金融创新的必要性之后，我们在之后两篇分别介绍和分析境内、外人民币衍生产品的现状，为下文介绍人民币国际化打下必要的基础。

1 金融危机和金融创新

虽然波及全球的金融危机从爆发到现在已经 8 年多了，但是国际金融危机对全球金融体系的影响和冲击随着美国监管当局对主要国际金融机构罚单的持续出现却未结束。金融危机爆发后不久，世界各地普遍流传着各种各样关于金融衍生产品和金融创新的说法，很多人认为金融危机是衍生产品和金融创新过度所致，幸好境内金融衍生产品当时还较少而且市场还不够活跃，我们没有受到多大的冲击，因此今后不应该大力推动金融衍生产品的发展，金融创新也要慎重。这些说法在金融危机爆发后不久还有些市场，但 8 年多的境内外市场实践证明，境内金融创新不仅没有过度，而且仍然明显不足。

本章在对国际金融危机爆发的主要原因进行探讨之后，对金融危机前后涉及的主要金融衍生产品的作用也将进行简析，从而确认金融危机并不是金融衍生产品所致；在介绍和分析国际金融危机之后，我们还将介绍金融危机后美国和欧盟在加强金融监管方面的立法工作和实施情况及对国际金融市场的影响。

1.1 美国房地产市场金融危机之前十年的发展

房地产市场是包括美国经济在内的各个经济体中非常重要的组成部分。爱尔兰从 1996 年到 2006 年房地产高峰时价格累计升值 170%；美国从 1996 年 6 月底到 2006 年 6 月底的 10 年内累计升值 191%；日本从 1980 年到 1990 年大城市的商业用地价格上升了 525.9%（徐滇庆，2006）。任何市场的发展都有一定的规律和制约，过快的增长迟早都会有可观的回调甚至出现危机。

从 1987 年底到 1997 年底，美国房地产市场价格指数 10 年内年均增长率仅为 1.6%，比同期名义国内生产总值的年均增长率 5.8% 低 4.2 个百分点。然而从 1997 年开始，美国房地产价格增长幅度显著加速，从 1997 年到 2005 年的 8 年时间内，房地产市场价格指数累计增长了 169.6%，年均增长率竟达到 13.2%，超过同期美国名义国内生产总值年均增长率 5.2% 共 8.0 个百分点。图 1.1 给出了 2006 年 6 月到 2016 年 12 月美国标准普尔公司公布的美国 10 个城市的房地产价格指数（Case – Shiller），图 1.2 给出了 2006 年 6 月到 2016 年 12 月图 1.1 中美国 10 个城市的房地产价格指数同比变化趋势。

从图 1.1 和图 1.2 可以清楚地看出，美国房地产价格指数在 2006 年 6 月达到了历史最高峰 226.29，之后就持续下降。从 2007 年初开始美国房地产价格指

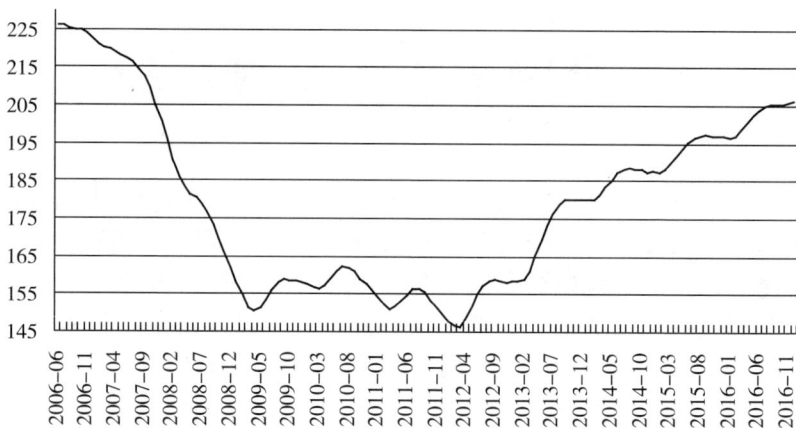

数据来源：标准普尔网站 http：//www. standardandpoors. com。

图 1.1　美国标准普尔公司公布的美国 10 个城市的房地产价格指数
（Case – Shiller Index）（2006 年 6 月到 2016 年 12 月）

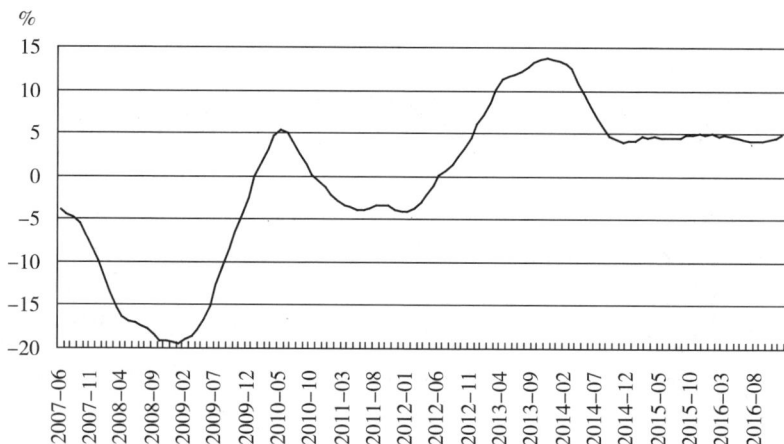

数据来源：标准普尔网站 http：//www. standardandpoors. com。

图 1.2　美国标准普尔公司公布的美国 10 个城市的月度房地产价格指数同比变化率
（2007 年 6 月到 2016 年 12 月）

数就出现了同比下降，美国次级债危机也随之开始显现。从 2006 年 6 月高峰到 2008 年 8 月金融危机爆发前累计下滑了 21.9%。超过 20% 的房地产指数的累计下滑给美国银行业带来了一定的不良资产，2008 年 9 月下旬金融危机爆发使房地产指数下降幅度加剧，2009 年 1 月同比下降达到了历史最高的 19.44%。虽然 2009 年 1 月到 2010 年 1 月同比下降的幅度逐渐减缓，而且从 2010 年 2 月到

2010 年 10 月同比出现了回升，表明金融危机的影响渐行渐远。但是 2010 年 11 月以来同比再次出现下降的趋势，直到 2012 年下半年美国房地产价格指数才真正进入了较为稳固的上扬通道。

表 1.1 给出了 1988 年到 2016 年美国房地产价格指数的年增长率。从表 1.1 可以清楚地看出，1989 年到 1997 年，美国房地产价格增长相当缓慢；然而从 1998 年开始到 2005 年，除 1998 年和 2001 年之外，价格指数年增长率均超过 10%。由于价格指数在 2006 年前半年持续增长，后半年持续下滑，2006 年底房地产价格指数比 2005 年底仅增长了 0.22%，2007 年到 2011 年则分别下降了 9.77%、19.23%、2.42%、1.34% 和 4.14%。从 2012 年开始，美国房地产市场摆脱了下跌的态势，重新迎来了价格的上扬。2014 年下半年开始，美联储退出量化宽松的预期升温后美国房地产价格指数的同比增长率回落至 5% 左右。

表 1.1　　　　　　　　1988—2016 年美国房地产价格指数的年变化率

年	变化幅度（%）	年	变化幅度（%）	年	变化幅度（%）
1988	10.48	1998	9.12	2008	−19.23
1989	6.15	1999	10.79	2009	−2.42
1990	−3.61	2000	14.12	2010	−1.34
1991	−1.75	2001	8.88	2011	−4.14
1992	−1.68	2002	15	2012	6.03
1993	−1.26	2003	13.43	2013	13.54
1994	1.69	2004	18.7	2014	4.17
1995	−0.4	2005	15.93	2015	4.93
1996	1.88	2006	0.22	2016	4.89
1997	5.36	2007	−9.77		

数据来源：根据图 1.1 中的数据计算得出。

1.2　1997 年到 2006 年间美国房地产市值高速增长的原因

观察图 1.1 和表 1.1 中美国房地产价格指数的变化，我们不禁想探究美国房地产市场价格从 1998 年到 2005 年之间高速增长的原因。导致美国 21 世纪转折前后房地产价格高速增长的原因众多，本节主要从宏观经济、金融政策和金融体系业务创新等方面来进行分析。

1.2.1 科技股泡沫导致 20 世纪 90 年代末房地产市场的高涨

1997 年到 1999 年以网络科技股泡沫为代表的美国股票市场泡沫应该是当时美国房地产市场市值飞涨的主要原因之一。1996 年和 1997 年,代表美国股票市场整体市值的标准普尔 500 综合指数年增长率分别达到 20.9% 和 29.5%,代表网络等高科技股的纳斯达克综合指数同期分别增长 22.7% 和 21.6%,两者相差较小;然而 1998 年和 1999 年,纳斯达克综合指数分别增长 39.6% 和 85.6%,比同期的标准普尔 500 综合指数的增长率分别高出 16.0% 和 65.5%,表明当时科技股泡沫显著。由于高科技公司集中在美国加利福尼亚州的洛杉矶、圣地亚哥和旧金山三个城市附近,1995 年底到 1999 年底的四年间,这三大城市房地产价格指数比美国十大城市房地产价格指数同期增幅分别高出 1.6%、8.6%、13.4% 和 13.0%,证明了当时高科技股泡沫对美国房地产市场的推动作用。

1.2.2 网络科技股泡沫破裂和 "9·11" 事件导致美国低利率

从 2001 年 1 月科技股泡沫破裂开始,美国经济经历了一次温和的衰退。为了减缓科技股泡沫破裂对经济的影响,美国政府逐渐下调利率。图 1.3 给出了 2000 年 1 月 31 日到 2016 年 12 月 31 日美国 10 年期国债回报率。

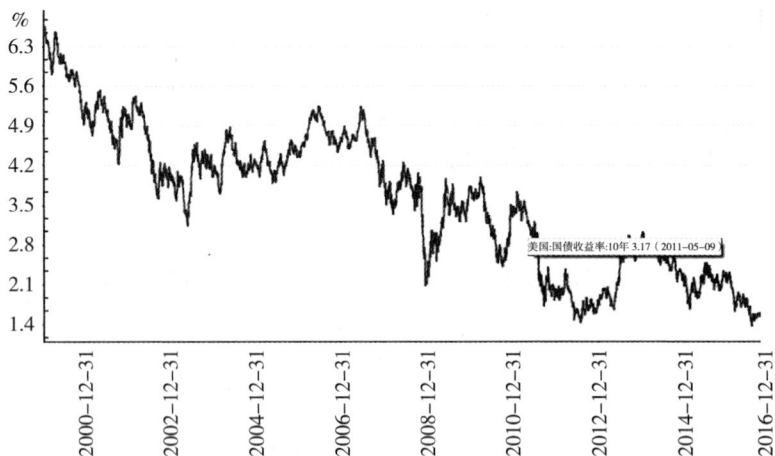

数据来源:Wind。

图 1.3 2000 年 1 月到 2016 年 12 月美国 10 年期国债回报率

2001 年 "9·11" 事件之后,时任美联储主席格林斯潘将利率进一步下调至

1%，为后来巨大的信贷泡沫埋下了隐患。美联储前主席伯南克（Bernanke，2011）通过数据分析得出结论，2003 年到 2007 年大量流入美国的国际资金购买 AAA 级债券促使美国利率下降。利率的下调使房地产贷款成本大幅下降，从而导致 2000 年以后房地产贷款大规模上升，造成了房地产市场的高速增长。从 2000 年开始，股市泡沫破裂和经济衰退导致了近 40 年来最低的利率和低收入增长率，而美国房地产价格变化则呈现出与房主收入变化相反的趋势，房地产泡沫急剧膨胀。从 1996 年到 2005 年底，美国家庭房地产总市值从 9.2 万亿美元持续上升到 23.5 万亿美元，增长了 155%；同期美国家庭净财富总量从 42.3 万亿美元增长到 57.4 万亿美元，仅增长 35.7%（根据美国联邦储备银行季度公布的"美国基金账户资金流"数据计算得出）。

1.3 次级债及其他非传统贷款

贷款是房地产业发展的重要支柱。传统的房地产按揭贷款，或者称优质贷款，要求贷款者有良好的信用背景或者信用历史，没有破产记录；从未迟付账单或其他债务；能够提供支付能力证明，如年度工资收入等。不能够满足上述条件的按揭贷款则被归为次级贷款或另类贷款。其中，另类贷款（Alternative Documentation Loan，Alt‐A）实际上是指贷款人有良好的信用记录，但是贷款审批标准与传统贷款不同的贷款。申请另类贷款者无须提供收入证明或者资产证明，审批贷款的主要依据是根据申请者其他信息计算出来的信用评分。另类贷款的申请者通常为企业家、个体企业者和主要收入来源为各种佣金的个人。除了上述的次级按揭贷款和另类按揭贷款之外，还出现了无首付按揭贷款以及前两年付低利息而后支付高利息按揭贷款等其他类型的按揭贷款，放松了贷款的基本要求。

2003 年以前，次级债贷款总额占整个住宅贷款总额的比例还不足 7.9%，但是 2004 年、2005 年和 2006 年，该比例分别上升到了 18.2%、20.0% 和 20.1%，同期另类贷款占比分别达到 6.3%、12.2% 和 13.4%。与次级贷款和另类贷款增幅显著相比，传统贷款的占比相应持续下降。由于没有正常的收入凭证，次级贷款和另类贷款的风险显著高于传统按揭贷款。房地产价格持续上升时，按揭风险还不明显，但是在房地产价格持续下降的情况下，各类问题不断出现，次级贷款的违约风险会大幅度上升，导致银行不良资产猛增。从图 1.1 可以看出，美国房地产价格指数在 2006 年 6 月达到历史最高峰之后便持续下降，当 2007 年初房地产价格指数开始出现同比下降时，很多次级债抵押贷款公司就开始面临资金紧张的问题。2007 年 4 月 2 日，美国第二大"次贷"供应商新世纪金融公司宣告破产，这标志着次贷危机的爆发。其后，美国次贷行业崩溃，几十家次贷供应商宣布破产、遭受巨额损失或寻求被收购，导致房地产价格持续下滑。2007 年 8 月 6 日，美国住房抵押贷款投资公司宣布破产。8 月 16 日，美国第一大商业抵押贷款供应商全国金融公司濒临破产，后来该公司从银行财团获得 110 亿美元紧急贷款才逃过一劫。美国房地产价格指数从 2007 年 1 月开始同比下降，到 2008 年 9 月下降幅度达 19.1%，自此，金融危机爆发。2009 年 1 月，美国房地产价格指数同比下降 19.4%，为历史最大降幅，之后的 13 个月内，月度指数显现持续减缓下降的趋势；直到 2012 年美国房地产才实现了企稳上扬。

1.4 证券化产品

证券化产品在金融危机中亦扮演了重要的角色。个人向银行等放贷机构申请住房抵押贷款，放贷机构再将住房抵押贷款作为一种资产卖给房利美和房地美等机构。后者将各种住房抵押贷款打包成资产支持证券（ABS），由标准普尔等评级公司评级，然后再出售给保险公司、养老基金和对冲基金等投资者。

通俗地讲，所谓资产证券化，就是将一定数量的资产放入一个篮子里，然后将这个篮子中资产的回报以一定的优先级切割成不同的份额，这样每一份就可当作证券来销售。如果被证券化的资产是按揭的，那么证券化的资产就叫按揭证券化产品（MBS）。随着美国房地产市场价格的持续增长，按揭证券化产品成为美国固定收益证券最主要的组成部分之一。1997 年底，美国房地产按揭证券化资产市值仅为 2.68 万亿美元；2000 年底，该市值首次超过美国联邦政府债券；截至 2007 年底，该市值迅速增长到 8.93 万亿美元，比美国联邦政府债券 4.92 万亿美元的市值还高出 81.5%。

从 1997 年底到 2007 年底的 10 年间，资产支持证券的市值从 0.54 万亿美元大幅增长 357.4% 至 2.47 万亿美元，比同期按揭证券化证券市值增长率 233.2% 高出 124.2 个百分点。按揭证券化产品中有一部分被称作私人 MBS，其在 2006 年底的规模达到 2003 年底的 3 倍，市值近 2 万亿美元。从 2002 年底到 2007 年底，美国按揭证券化产品和未证券化的按揭总量从 6.4 万亿美元上升到了 11.1 万亿美元（伯南克等，2011）。许多私人 MBS 产品都是以次级贷款、浮动利率贷款及非传统抵押产品为支持的。

这些证券化产品的价格随着房地产价格的持续下降而下降，给持有这些产品的个人和各类金融机构造成了巨大损失。2007 年 3 月和 4 月，美国房地产价格骤降，次级抵押贷款市场危机爆发，波及担保债务证券市场。当时美国第五大投行贝尔斯登旗下两只投资次级抵押贷款证券化产品的基金大幅缩水，2007 年 7 月中旬，贝尔斯登宣布高级信贷策略杠杆基金价值几乎化为乌有，同时高级信贷策略基金的价值也所剩无几。2007 年 7 月 31 日，贝尔斯登宣布为两只陷入困境的对冲基金向法院提交文件，申请破产保护。

美国银行 2014 年 8 月 21 日宣布，已与美国司法部达成协议，同意支付 166.5 亿美元用于了结抵押贷款支持证券的相关诉讼，这是美国联邦政府史上针对单一公司的最大罚单（凤凰咨询网，"美国银行被罚 166.5 亿美元"，2014 年 8 月 23 日）。继美国银行支付天价和解费后，2014 年 8 月 25 日，高盛同意支付 31.5 亿美元和解美国联邦住房金融局（Federal Housing Finance Agency）对其的控告（"高盛支付 31.5 亿美元和 FHFA 和解"，第一财经日报，2014 年 8 月 26 日）。

2016 年 9 月 16 日，美国司法部门打算针对德意志银行的次级抵押贷款债券提起涉及 140 亿美元（125 亿欧元）的诉讼。纽约司法部门称，此款项将用于支付 2008 年金融危机时德意志银行因违规操作而应该赔付的款项。而 140 亿美元是美国对外国银行开出的有史以来最高的罚单。当日，德意志银行的股票在开盘的交易中下跌7%（"140 亿美元！美司法部门对德意志银行开出高额罚单"，中国日报网，2016 - 09 - 18）。这些罚单表明，金融危机爆发 8 年后美国监管部门仍继续对危机前金融机构违法违规行为进行调查处罚，表明金融危机的余波仍未平息。

1.5 债务抵押债券

债务抵押债券（Collateralized Debt Obligations，CDO）是一种新兴的投资组合，它以一个或多个类别且分散化的抵押债务信用为基础，重新分割投资回报和风险，以满足不同风险偏好投资者的需要。债务抵押债券源于美国的住宅抵押贷款证券化。1980 年以来，为支付大量的购房资金需求，抵押贷款被组成资产池，发行包含多个不同投资期限的有担保的按揭证券化产品。此后构造资产池的基础资产的范围逐渐扩大，汽车贷款、信用卡贷款、学生贷款、企业应收账款和不动产等都可用来充当质押资产，发行不同优先顺序的债务凭证。公司债券（Bonds）、资产支持证券等债务工具与不同期限的资产债权一样，未来具有稳定的现金流，同样可以用来构造资产池，发行不同次序的债务凭证。以银行贷款（Bank Loans）为主要质押资产发行的债务凭证被称为担保贷款凭证（Collateralized Loan Obligations，CLO），以公司或政府债券为质押资产发行的债务凭证被称为担保债券凭证（Collateralized Bond Obligations，CBO）。由于银行贷款、债券、ABS、MBS 等质押资产都是债务，因此可统称为债务抵押债券。从债务抵押债券的发展过程可以看出，债务抵押债券把证券化技术延伸至范围更广的资产债权类型，是在证券化基础上的再证券化，是广义的 ABS。

在美国，债务抵押债券在资产证券化产品中的市场比重由 1995 年的 1% 以下提升至 2005 年的 15% 左右，增长速度十分惊人。由于债务抵押债券的利率通常高于定期存款或是一般国债，因此在当时的微利时代，债务抵押债券在国际金融市场上有着相当大的吸引力，成为证券化产品中的新主流。出现在次级抵押贷款上的问题蔓延到了债务抵押债券，危及了市政及抵押担保保险公司和再保险公司。由于各种证券化资产以及证券化资产的再证券化资产实际上都还属于有债券属性的资产，所以持有这些资产的人也要承担房屋贷款的风险。

不少金融机构将它们持有的 CDO 和其他相关债务抵押债券再抵押给银行，换取贷款后，再次购买投行发行的 CDO 和其他产品，加大投资杠杆力度。这样，房地产领域的风险就通过各类证券化产品传导到了金融领域。整个金融体系的杠杆率随之上升，累积的风险也随着杠杆倍数的上升而放大。

1.6 拍卖利率证券

拍卖利率证券（Auction – Rate Securities，ARS）是一种期限多为 30 年或 40 年的长期债券，一般 7 天、28 天或 35 天进行一次利率标售，承销商综合卖家和买家的报价采用落价拍卖（Dutch Auction）的模式确定收益率。承销商即拍卖者自动落价，直到有人愿出资购买，因此卖家和买家都愿意以最低的利率进行交易。ARS 名义上是长期利率债券，实际上却是一种利率可变的债券，因为 ARS 的利率在每一个短期内都可在市场上经过拍卖的方式重新确定。这是一种既具有长期利率债券的低风险、高稳定性特点，又具有短期利率债券的高流动性特点的金融创新产品。ARS 的发行方通常是免税债券发行机构，如学校贷款机构、公立医院、市政债券等，承销商通常是美林、高盛、瑞银等投资银行，投资方（拍卖参与者）通常为现金流充裕的基金或个人投资者。ARS 最初是为机构投资者设计的，但投行为了赚取更多的佣金和手续费，将门槛由最初的 25 万美元降到了 2.5 万美元，以吸引个人投资者。对于购买者而言，ARS 比其他货币市场产品收益率略高，并享受联邦政府和州政府的免税优惠。因此，自面世以来，ARS 市场迅速发展。

ARS 的发行方一般是发放免税长期债券的机构。比如学校要贷款给学生，假设长期利率为 7.5%，如果学校不想出这些钱或者没有这么多钱，则可以把贷款打包成债券，以较低利率卖给承销商，比如 4.5%，那么中间 3% 的利差就可以吸引投资者来买；对学校而言，既完成了贷款，又立刻拿到了 4.5% 的利息。

华尔街投资银行用短短 20 年时间把 ARS 经营成了一个规模达 3300 亿美元之巨的赚钱机器，然而信用危机导致的市场崩溃却给投资者带来了巨大损失。在正常的市场环境下，ARS 确实有一定的市场吸引力。因此，在 2008 年之前，标售失败的案例相当罕见。但是当次级债风波来临时，投资者现金流趋紧，变现意愿强烈，导致在拍卖 ARS 时缺乏买方，产品价格大幅度下降。为吸引投资者入市，投资银行自己会先购买一些 ARS 产品，以维持市场稳定。然而信用危机改变了这一切，整个信用体系，特别是投资银行的诚信受到质疑，投资者担心这些债券到期无法得到偿付，变现意愿极强以至于市场变得越来越冷淡。

2008 年 2 月 7 日，汤姆森路透数据中 ARS 市场最大的四家承销商花旗、瑞银、摩根士丹利和美林均表示不会作为 ARS 的"最后报价者"。随后的两次标售成了 ARS 市场的"滑铁卢"：2008 年 2 月 13 日，有 80% 的产品标售失败；2 月 20 日，641 笔标售中又有 395 笔以失败告终。在以纽约州首席检察官库莫（Andrew Cuomo）为首的监管者的压力下，2008 年 8 月中旬，瑞银宣布将向个人和机构客户回购共 194 亿美元的 ARS，美联银行（Wachovia Corporation）宣布将回购价值 88 亿美元的 ARS，摩根士丹利表示将按面值回购个人客户所持有的 45 亿美元 ARS 并为机构投资者提供流动性，此前花旗、美林也均已宣布与个人客户达成回购协议。至此，五大银行的回购规模已逾 400 亿美元。

1.7 信用违约掉期和其他金融衍生产品

金融危机爆发不久，我们听到最多的一个产品可能就是信用违约掉期（Credit Default Swap，CDS，有时翻译为信用违约互换）。2008 年 9 月 15 日，雷曼兄弟公司申请破产保护，仅仅 3 天后，即 9 月 17 日，美国国际集团（AIG）因巨额亏损被迫大规模出售资产，美联储向濒于破产的 AIG 提供了 850 亿美元的紧急贷款。2009 年初，AIG 宣布其 2008 年第四季度亏损额高达 620 亿美元。

2009 年 3 月 2 日，奥巴马政府随即宣布再次为 AIG 注资 300 亿美元。加上此前美联储的援助，AIG 总共获得了 1820 亿美元的政府资金援助。美国政府向 AIG 提供巨额援助资金，主要是担心一旦这个保险业巨头倒闭，可能会导致美国金融系统崩溃。AIG 接受如此巨额的援助资金，主要就是用于支付几年前卖出大量信用违约掉期所造成的巨额亏损。

1.7.1 信用违约掉期的概念

实际上，世界上第一份掉期合约早在 1981 年就出现了，早期的掉期主要限于外汇、货币和利率等方面。最早的信用违约掉期则是 1997 年由摩根大通银行开始的（Tett，2006；Teather，2008），但当时的信用违约掉期仅仅是掉期这一概念在银行贷款领域的扩展，属于信用衍生产品系列。通俗地讲，信用违约掉期就是贷款或者其他资产的保险。当一个金融机构觉得它所持有的某个公司的贷款或者债券有某项具体的风险时，它可以向第三方，如保险公司购买一份保险，如果在保险期内该贷款出现了保险合约中指定的违约事件，那么保险公司就要向保险买方支付由于该违约事件的发生所导致的损失。最初的信用违约掉期主要是以银行贷款保险为主，后来扩大到了债务抵押债券等其他资产。不少持有 CDO 等高风险产品的机构当时感觉这些产品的风险确实很大，就每年拿出一部分钱来买保险，"白送"给保险公司，但是风险出现时，保险公司就难逃其责了。

1.7.2 信用违约掉期的规模

表 1.2 给出了 2004 年下半年底到 2016 年下半年末全球信用违约掉期的存量金额。从表 1.2 可以看出，从 2005 年底到 2007 年底，全球信用违约掉期以每年100%上下的速度飞速增长。2006 年底，全球信用违约掉期的存量金额10.67 万亿美元，仅为当年全球 GDP46.26 万亿美元的 23.1%，然而该比例到 2007 年底持续增长到 79.0%的历史高位。受美国次级债风波的影响，到 2008 年下半年，全球信用违约掉期的存量金额同比增长率首次出现显著减缓增长迹象，之后持续下降了整整两年半时间，到 2011 年才出现了稍许的回升，2012 年却重新显著下降，下降的势头截至 2015 年下半年末也未见终止的迹象，存量金额持续下降到了 9.07 万亿美元，低于 2005 年下半年的水平；2016 年上半年出现了 2011 年后首次回升，但同比增幅仅有 8.61%，存量金额回升到了 11.69 万亿美元，与2005 年上半年持平，显示金融危机后全球信用违约互换持续下降的趋势。

表 1. 2 　　　　全球信用违约掉期的存量金额及其增长率
（2004 年下半年末到 2016 年下半年末）　单位：万亿美元,%

时间	总额	同比变化率	报告交易商	同比变化率	其他金融机构	同比变化率	银行和证券公司	同比变化率
2004H2	4.65		2.74		1.64		0.37	
2005H1	7.66		4.86		2.55		0.82	
2005H2	10.67	129.38	6.99	154.99	3.33	103.30	1.84	399.07
2006H1	15.73	105.36	10.67	119.70	4.66	82.95	2.56	210.84
2006H2	22.57	111.49	16.23	132.26	5.78	73.78	2.74	49.30
2007H1	32.98	109.67	23.29	118.23	9.23	98.24	4.85	90.00
2007H2	44.6	97.60	31.62	94.85	12.54	117.01	6.83	148.84
2008H1	45.95	39.32	33.4	43.45	12.01	30.09	6.98	43.88
2008H2	33.88	−24.04	25.05	−20.80	8.53	−32.01	5.84	−14.48
2009H1	28.02	−39.02	19.25	−42.37	7.95	−33.79	5.64	−19.28
2009H2	25.51	24.70	17.7	29.32	6.99	18.05	5.12	12.43
2010H1	23.25	−17.01	15.78	−18.04	7.02	−11.69	4.04	−28.30

时间	总额	同比变化率	报告交易商	同比变化率	其他金融机构	同比变化率	银行和证券公司	同比变化率
2010H2	22.77	-10.76	14.99	-15.32	7.57	8.36	3.83	-25.20
2011H1	25.18	8.30	17.27	9.47	7.77	10.59	3.19	-21.04
2011H2	22.89	0.53	16.62	10.88	6.14	-18.90	1.87	-51.17
2012H1	21.62	-14.15	15.71	-9.03	5.78	-25.54	1.61	-49.53
2012H2	19.84	-13.30	14.1	-15.18	5.61	-8.60	1.61	-10.21
2013H1	19.26	-10.91	13.71	-12.74	5.42	-6.27	1.22	-24.22
2013H2	16.22	-18.26	11.02	-21.84	5.08	-9.48	0.96	-40.37
2014H1	14.78	-23.26	9.52	-30.56	5.14	-5.17	1.09	-10.66
2014H2	12.23	-24.60	7.7	-30.13	4.41	-13.19	0.74	-22.60
2015H1	10.76	-27.20	6.51	-31.62	4.13	-19.65	0.69	-36.70
2015H2	9.07	-25.84	3.5	-54.55	3.5	-20.63	0.49	-33.78
2016H1	11.69	8.61	5.10	-21.66	6.52	57.82	0.63	-8.12
2016H2	9.86	8.68	3.74	6.86	5.70	62.71	0.42	-13.88

数据来源：国际清算银行网站（http：//www.bis.org/statics/index.htm）。

　　图1.2显示，美国房地产价格在2008年持续下降，导致各类金融机构收益减少，证券化产品回报率下降，进而使得相关机构信用等级降低，触发了信用违约掉期的保险功能，所以卖出信用违约掉期的机构要为相应购买保险的金融机构支付巨额赔偿。从表1.2的数据我们也可以看出，2008年6月底，全球信用违约掉期的存量金额高达45.9万亿美元，以此为基础仅仅0.2%的损失就会高达918亿美元。AIG在2008年第三、第四季度的亏损额分别达245亿美元和617亿美元，其中大部分应该是信用违约掉期造成的。

1.7.3　信用违约掉期的时间结构

　　了解信用违约掉期的规模对于我们判断该类产品的潜在风险有很大帮助，要进一步判断这些产品的影响，我们还必须了解它们到期的时间结构。表1.3给出了2004年12月底到2016年12月底全球信用违约掉期存量的到期时间结构。

表1.3　　　　　　　　**全球信用违约掉期存量的时间结构**

（2004年下半年末到2016年下半年末）　　单位：万亿美元，%

到期时间	1年或之内	占比	1~5年	占比	5年以上	占比	总量
2004H2	0.36	7.72	3.38	72.74	0.91	19.54	4.65
2005H1	0.57	7.46	5.32	69.49	1.77	23.05	7.66

续表

到期时间	1年或之内	占比	1~5年	占比	5年以上	占比	总量
2005H2	0.83	7.78	7.44	69.68	2.41	22.54	10.68
2006H1	1.33	8.43	9.99	63.54	4.41	28.02	15.73
2006H2	1.97	8.71	13.25	58.71	7.35	32.58	22.57
2007H1	2.34	7.09	18.95	57.47	11.69	35.44	32.98
2007H2	2.78	6.23	27.72	62.16	14.1	31.61	44.6
2008H1	3.33	7.24	29.54	64.29	13.08	28.47	45.95
2008H2	2.44	7.20	21.48	63.39	9.97	29.42	33.88
2009H1	3.03	10.80	17.93	64.01	7.06	25.19	28.02
2009H2	2.75	10.80	16.56	64.90	6.2	24.30	25.51
2010H1	2.6	11.20	15.88	68.29	4.77	20.52	23.25
2010H2	2.56	11.22	16.13	70.85	4.08	17.93	22.77
2011H1	3.16	12.57	17.82	70.78	4.19	16.65	25.18
2011H2	4.38	19.13	15.56	67.97	2.95	12.89	22.89
2012H1	4.62	21.37	14.57	67.40	2.43	11.23	21.62
2012H2	4.15	20.89	14.17	71.41	1.53	7.70	19.84
2013H1	3.56	18.51	14.38	74.68	1.31	6.81	19.26
2013H2	2.94	18.12	12.36	76.16	0.93	5.71	16.22
2014H1	2.93	19.84	10.91	73.84	0.93	6.32	14.78
2014H2	2.38	19.46	9.09	74.33	0.76	6.21	12.23
2015H1	1.95	18.12	7.92	73.61	0.9	8.36	10.76
2015H2	2.16	0.07	6.3	58.55	0.62	5.76	9.07
2016H1	2.81	24.05	9.20	78.72	0.77	6.56	11.69
2016H2	2.67	22.86	6.45	55.23	0.37	3.18	9.50

数据来源：国际清算银行网站（http://www.bis.org/statics/index.htm）。

　　从表1.3可以看出，虽然信用违约掉期在2004年到2008年上半年的三年半有了飞速发展，但是这期间短期信用违约掉期占比并没有发生大的变化，以1年和1年之内的产品为例，其占比始终保持在7.72%略降到了7.24%之间的水平，几乎没有变化，1年到5年间的产品存量占比从72.74%持续下降到了64.29%，而5年以上的产品存量却从19.54%持续上升到了28.47%，显示金融危机前全球引用违约掉期向中长期异动的趋势；但是从2008年上半年到2012年下半年1年和1年之内的产品占比从7.24%持续上升到了21.37%，1年到5年的产品占比也从64.29%持续回升到了67.40%，同期超过5年期限的产品的占比却从28.47%持续回落到了11.23%的低位，显示低于2004年上半年的水平，表明金融危机后市场参与者对中短期产品喜好的回归；虽然 2012 年上半年到 2013 年下半年，短期产品占比有所回落，但是，之后市场对短中期产品的喜好持续，到 2016 年上半年末，短期和中期产品占比分别达到了 24.05% 和 78.72%，皆显著超过金融危机前的水平，同时 5 年以上产品占比却下降到了不到 7% 的地位。信用违约掉期市场主要在美国，不同时期市场参与者对不同时间结构产品的兴趣在很大程度上反映市场参与者对不同时间时段内信用风险的关注程度。

1.7.4　雷曼兄弟愿意和解的衍生产品金额

由于银行间衍生产品交易的隐蔽性，我们经常难以获得各类产品买卖双方的准确数据。十几年来国际金融市场发生的主要事件，比如 1995 年巴林银行倒闭、1997—1998 年的亚洲金融危机导致的相关法律诉讼往往可为我们提供一些交易的产品及相关的主要对手的情况。雷曼兄弟（Leman Brothers Holdings Inc.）2010 年 5 月 31 日提出衍生品诉讼和解方案，拟与 13 家大型华尔街银行（美国银行、巴克莱、法国巴黎银行、花旗集团、瑞信、德意志银行、高盛、摩根大通、美林、摩根士丹利、苏格兰皇家银行、法兴和瑞银）就衍生品交易诉讼提出和解方案（Palmer 2011）。2010 年 6 月，多达 30 余家金融机构向雷曼兄弟提出高达 220 亿美元的衍生品交易索偿，而根据雷曼兄弟提出的和解方案，赔偿金额将缩水至 100 亿美元。雷曼兄弟在金融危机前参与交易了大量的商业按揭支撑证券，并交易了大量相关的衍生产品。这些衍生产品的具体产品分类及占比我们难以获得，但是高达百亿美元的交易索偿额和和解金额显示出这些衍生产品的规模。

2011 年 6 月 29 日，雷曼兄弟控股公司（LEHMQ）已经就一项总额 650 亿美元的清盘计划达成协议，协议的另一方包括以对冲基金保尔森基金（Paulson & Co.）为首的债券持有人团体，以及高盛集团和摩根士丹利等衍生品债权人。雷曼兄弟表示，该公司旗下衍生品部门将向债权人分配 142 亿美元资金。

1.7.5　华尔街 12 家大行将就 CDS 案达成 18.7 亿美元和解

"12 家银行以及两个华尔街组织同意和解信用掉期反垄断诉讼。"据原告方的首席律师称，包括摩根大通、花旗集团以及瑞士信贷在内的 12 家银行以及国际掉期业务及衍生投资工具协会和数据公司 Markit Group Ltd. 已经同意支付 18.7 亿美元和解指控。这些银行和组织被控合谋阻碍潜在的竞争者进入信贷衍生品市场（华尔街日报中文网）。

本案涉及的被告银行包括美银、巴克莱、巴黎银行、花旗、瑞信、德意志银行、高盛、汇丰、摩通、大摩、苏格兰皇家银行、瑞银等。其他的被告方还包括国际掉期和衍生品协会（ISDS）以及 Markit（MRKT），最后是一家提供信用衍生品定价服务的金融服务上市公司（新浪财经，2015 年 9 月 12 日）。这十二家银行几乎包括了欧美最大的银行。高额罚金和解意味着该市场之前确实存在严重的问题，有些问题可能今后还会逐步浮出水面。

1.8　信贷标准下降是祸根，国际流动资金是基础

1.8.1　信贷标准下降是祸根

信贷标准的下降是美国监管当局对市场采取放任态度的必然结果，监管者认为市场可以自我调节，因此没有对市场进行及时的控制或纠正。结果，在房地产价格上升时皆大欢喜，但在价格持续回落时，问题全部浮出水面，最终导致巨大损失。

1.8.2　美国联邦储备银行对金融危机成因的解释

美联储前主席伯南克 2011 年 2 月 18 日在法兰西银行午餐会上的演讲（Bernanke，2011）和他提交给在巴黎召开的法国央行会议的报告中，对金融危机的爆发做出了最新的解释。伯南克强调金融危机的主要原因在国内，即美国金融系统的糟糕表现以及监管的松懈，而美国未能富有成效地使用和监管从其他国家流入的巨额资金是金融危机爆发的主要外因。伯南克的具体研究则集中于海外投资者购买评级不当的 AAA 级美国证券如何拉低了利率，进而助长了过度冒险和举债，这些行为是美国房产泡沫的背后推手。

伯南克与 3 位美联储经济学家共同署名的长达 38 页的报告特别提到了欧洲。报告认为，21 世纪前 10 年中期，欧洲对于安全性和流动性较好的美国国债和机构债券的需求也十分强烈，这与以中国为首的储蓄过剩的亚洲国家以及中东石油出口国类似。但欧洲投资者购买的美国证券的范围更大。更重要的是，与亚洲和中东国家不同的是，欧洲的经常项目处于平衡状态，因此，当时是通过发债来为购买这些证券提供资金，而亚洲和中东国家则是凭借巨额贸易顺差来购买美国证券。在寻求拓宽资产范围的同时，欧洲投资者依然重视安全性。

美国的"金融工程师们"因此产生了强烈的动力，开发那些将高风险贷款转化为高评级证券的投资产品，比如抵押贷款支持证券。伯南克的演讲将金融危机的内在原因总结为房地产市场按揭和证券化相关激励机制有缺陷，金融机构风险管理不到位，信用评级机构利益冲突，政府支持的房地产相关企业的资本充足和激励结构不足，金融监管结构有差距和不足及监管失误。外在原因就

是对跨境资金监管的缺位和不足。即使美国这个世界最大的经济体和最大的金融市场对跨境资金监管不到位也会对经济和金融体系带来巨大的冲击，跨境资金监管对其他国家，特别是对新兴市场国家更具挑战性。

1.9　金融创新在金融危机中的作用

美国次级债风波爆发几年来，特别是金融危机爆发后一年多时，境内外众多专家和金融从业人士对此次危机爆发的根源做过多种探讨和研究，但由于问题涉及面广，同时涉及诸多结构复杂的金融产品，均难以对危机爆发的原因有系统、深入、全面的介绍和分析。金融危机前后涉及的主要金融产品如证券化产品和信用违约掉期等都有多年的发展历史，几十年来国际市场上并没有发生过如此巨大的系统性危机，却唯独在 2008 年发生了。究其原因，从产品历史和危机爆发的时间来判断，并不是产品本身导致了金融危机的爆发。因为所有的金融衍生产品皆有一个基础市场，这些基础市场就像我们盖房或者盖楼的地基，如果地基打得不牢固，那么建在地基之上的楼房轻则发生倾斜，重则发生倒塌，所以，危机爆发的主要原因是房地产市场泡沫的破裂导致房地产价格持续下降，进而引发建立在各类房地产贷款之上的各类金融产品价格急剧下降，并对大量金融机构造成冲击。

金融危机爆发之前，美国房地产业贷款标准下降的现象并没有得到及时矫正，诸如无首付按揭、推迟首付贷款和次级贷款等实际上并不是真正意义上的金融创新，而是连基本的审慎商业原则都没有遵循的金融投机活动。这从另外一个方面为金融创新正了名。

诚然，金融危机爆发之前，监管相对缺位，证券化产品再证券化、衍生产品和抵押贷款等操作使杠杆率过高，这些均导致金融资产缩水加速，对危机的恶化起了一定的推波助澜作用，但是我们不能简单地说是金融创新导致了金融危机。

1.10　金融危机对美国债券市场的影响

债券市场是资本市场最重要的组成部分，也是支撑相应国际货币最重要的场所。金融危机给美国债券市场带来了重要的影响。本节简单介绍金融危机后美国债券市场的主要变化，对我国债券市场的发展有一定的借鉴意义。

1.10.1　金融危机对美国债市结构的影响

美国债券市场是一个庞大的市场，金融危机虽然使得整个美国债券市场规模增速有所减缓，但是并没有使得整个市场的规模下降。尽管整个美国债市市值没有下降，但是，资产支持债券、货币市场和联邦机构债券的市值却下降显著。

图1.4 给出了1980年到2016年美国债券市场主要债券类型年底市值占比。该图显示，美国联邦政府债市值占比从1984年的36.7%持续显著下降到了2007年15.4%的历史低位，但是从2007年到2016年却持续增长到了35.32%，首次超过了1/3，比排名第二的按揭相关债占比21.68%高出11.74%，显示金融危机后美国联邦政府债不仅重回债市龙头，而且超过了危机前的历史水平。美国政府大幅度地发行联邦政府债券对美国联邦政府信誉和美元的信誉产生了相当大的负面影响，同时也对世界其他国家和地区的经济和金融市场产生了很大的冲击。

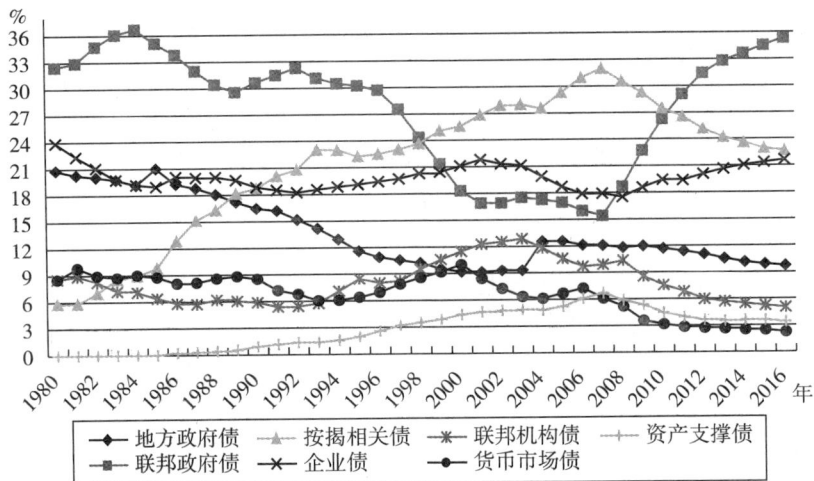

数据来源：美国证券业和金融市场协会（The Securities Industry and Financial Markets Association，SIFMA）网站：www. si

图1.4　1980年到2016年美国债券市场主要债券类型年底市值占比

图1.4 也显示，1980年到2007年，按揭相关债的市值占比从不到5.8%持续上升到了31.97%的历史高位，并在1999年到2010年取代美国联邦政府债成为美国债市的最大债种，但是，2007年以来却持续下降到了22.66%，显示金融危机对美国按揭债券市场影响持续而显著的冲击；1980年到1992年，美国企业债市场占比从23.88%持续下降到了18.23%，1992年后近十年相比之下受到超低利率的刺激，美国企业发债意愿持续上升，企业债的市值占比从1992年的18.23%回升至2001年的21.80%，2001年到2016年占比没有多少变化，2016年重回21.63%。值得关注的是，美国货币市场债市值占比从20世纪80年代初

8.53%的份额持续增长到了2000年的10.01%，然而2000年到2016年却又持续下降到了2.25%，成为美国债市规模最小的债券品种。

1.10.2 金融危机对美国债券市场交易的影响

金融危机不仅对美国债券市场结构产生了巨大的影响，同时对债券市场的流动性及其分布也产生了重要的影响。图1.5给出了1996年到2016年12月美国债券市场主要债券类型日均成交额占比。该图显示，虽然美国联邦政府债市值除2016年略高于1/3外，其他年份市值不到1/3的份额，但是其日均成交金额却明显超过所有其他任何类型的债券，而且除2009年联邦机构债日均成交金额略低于50%外，美国联邦政府债的成交量超过整个债券市场一半以上，显示美国联邦政府债券的流动性显著；2004年到2009年，虽然美国联邦政府债的成交量占比持续缓慢下降，但是2009年到2014年，该占比重新回升到接近70%的高位，近两年来虽然略有回落，但仍保持2/3以上的高位。这些数据表明，由于流动性使得美国政府债券变得更为重要。该图同时显示，按揭相关债券的流动性仅次于美国联邦政府债，地方政府债再次之。

1996年到2007年，美国联邦政府债券日均成交额从2037亿美元增长了1.8倍到5702亿美元，然而从2007年到2009年下降到了4079亿美元，2009年到2011年回升到了5678亿美元，接近2007年的高位，但是2011年到2015年又持续回落到了4901亿美元，2016年又略有回升到了5142亿美元，但比2007年的高位仍然相差10%；在政府债券日均成交金额下降的同时，1996年到2008年，美国按揭债券日均成交金额却从381亿美元持续上升到了3449亿美元，而从2008年到2006年却持续下降到了2066亿美元，降幅高达4成，显示金融危机对美国按揭债券的显著影响，然而该债仍保持仅次于政府债券的活跃度；值得关注的是，1996年到2000年，美国联邦机构债日均成交金额占比从一成快速提高到了二成，但是2000年以来却持续下降到了不到1%的低位；地方政府债流动性一致较低。

1.10.3 金融危机对美国债券市场"换手率"的影响

图1.5仅考虑到总成交金额，而没有考虑到相应的市场规模。2007年到2016年末，美国联邦政府债券的市值增长了207.5%，而同期成交额不仅没有上升而且还下降了9.8%，表明美国政府债活跃度不仅没有提高，反而明显下降了。因此，我们将股票市场换手率的概念（年成交金额与年底市值比例）引入美国债券市场。图1.6给出了1996年到2016年美国债券市场主要债券类型的"换手率"。

图1.6显示，美国联邦政府债券的"换手率"发生了巨大的变化：1996年

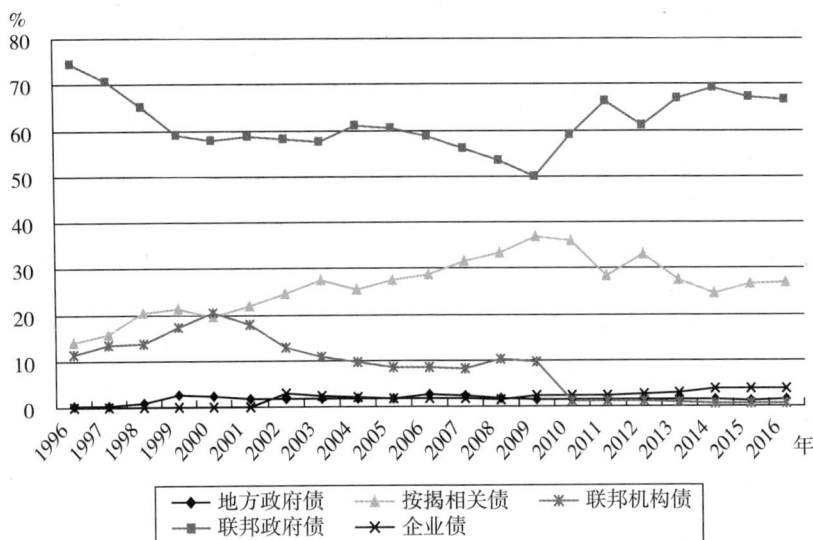

数据来源：证券业和金融市场协会（The Securities Industry and Financial Markets Association，SIFMA）。

图 1.5 1996 年到 2016 年美国债券市场主要债券类型日均成交额占比

到 2000 年保持在 15 上下的水平，而从 2000 年到 2005 年持续显著增长到了 33.3 的峰值；2005 年到 2007 年仍保持在 30 以上的较高地位，但是 2007 年到 2009 年由于美国政府债券规模显著增大，换手率却从 31.6 下降到了不到一半的 14.0 的低位；虽然 2010 年略微回升到了 14.9，但是 2010 年以来又持续下降到了仅略高于 9 的历史最低水平。

图 1.6 也显示，作为美国债市第二大债类，1996 年到 2000 年按揭债券"换手率"并没有发生多大的变化，而 2000 年到 2003 年从 4.2 持续增长到了 9.0 的高位，2003 年到 2010 年保持在 9 上下没有多少变化，但是 2010 年到 2014 年持续下降到了略高于 5 的水平，2014 年以来略有回升，但是回升幅度较低；其他债券的换手率很低。

1.11 美、欧国家金融危机后加强金融衍生产品监管的新举措及其影响

1.11.1 美国金融危机后加强金融衍生产品监管的新举措

美国在金融危机爆发不久就对金融衍生产品对美国金融体系的影响进行了研究和探讨，危机爆发之后不到一年，美国国会于 2010 年 7 月 21 日通过《多

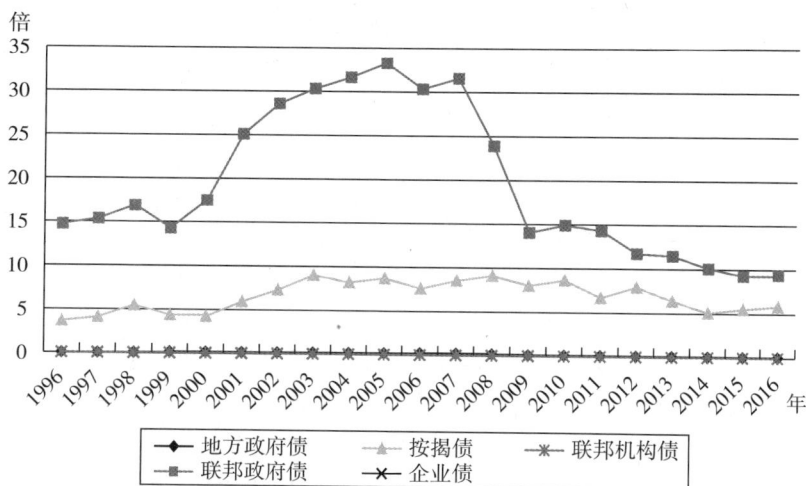

数据来源：根据图 1.4 和图 1.5 的数据计算得出。

图 1.6　1996 年到 2016 年美国债券市场主要债券类型的"换手率"

德—弗兰克法案》（Dodd – Frank Act，DFA），对美国金融机构和非金融机构衍生产品加强监管，同时建立金融消费者保护机构局，专门加强对金融消费者的保护工作（有兴趣的读者可参考 Morrison & Foerster（2010））。

1.11.1.1　"沃尔克规则"（Volcker Rule）

《多德—弗兰克法案》最引人注目的是第六款——"沃尔克规则"（Volcker Rule）：禁止银行机构和其他具有系统重要性的非银行金融机构参与自营交易、赞助或投资对冲基金和私募基金。"沃尔克规则"实施的时间为 DFA 确立之后两年或实施细则公布后一年两者较早的时间。《多德—弗兰克法案》通过快三年了，但是该规则实施的时间看来要推迟了，因为它受到了美国银行界相当程度的抵制。按照 2010 年生效的《多德—弗兰克法案》，2012 年 7 月 21 日"沃尔克规则"将开始生效。美国财政部、美联储、联邦储备保险公司和美国证监会于 2011 年 10 月 11 日公布的一个长达 298 页的"沃尔克规则"，这里拟不细述。

2012 年 4 月 19 日，美联储公布一项规定，允许银行在两年的时间内达到"沃尔克规则"的要求，之后监管当局会加强该规则的执法力度。如果该时间不再推迟，2014 年 4 月应该是该规则切实实施的时间起点。2013 年 12 月美联储、美国存款保险公司、美国货币监理署、美国证监会和期监会五个金融监管部门同意并签署了"沃尔克规则"的最后版本，要求美国金融机构截至 2015 年 7 月 21 日为实施该规则的最后时间（"U. S. regulators approve Volcker Rule, seeking to limit Wall Street trades"，新华网，2013 年 12 月 11 日）。

2014 年第三季度，"沃尔克规则"开始生效（窦海洋，2014），该规则的实施将对美国以致国际金融市场产生重要的影响，第 1 章国际外汇、股票和债券市场交易，特别是场内外衍生产品市场的回落应与该规则的实施有关。可以预期，2015 年以至今后几年国际场内外衍生产品市场将会出现持续多年的回调或低速增长。

1.11.1.2　第七款授权美国金融监管机构对衍生产品加强监管

《多德—弗兰克法案》第七款授权美国期监会（CFTC）对互换（Swaps），美国证监会（SEC）对证券互换，美国其他审慎监管机构如财政部、美联储、存款保险公司（FDIC）、美国货币监理署（OCC）、农业信贷局（FCA）、美国房屋金融监管机构（FHFA）等对金融衍生产品加强监管。该条款要求银行转移所有衍生产品业务从而与其非银行子机构的衍生产品业务相隔离；允许银行控股公司保留互换子公司；存款保险公司保险的存款性金融机构可以继续开展对冲、利率和汇率互换及中央结算的信用违约互换（CDSs）等（有兴趣的读者可参考 Morrison & Foerster（2010），从而了解更多的相关情况）。

1.11.2　欧盟金融危机后加强金融衍生产品监管的新举措

为了应对美国立法对金融衍生产品加强监管的新举措，欧盟委员会于 2010 年 9 月 15 日公布了对银行间（OTC）衍生产品和市场微观结构监管的一系列新要求。这些要求主要包括对银行间衍生产品交易的新要求和中央清算机构等内容。欧盟监管要求直接可以应用于欧盟成员国，不需欧盟成员国再另外发布其他的监管要求，从而促使欧盟成员国间监管协调。欧盟委员会授权欧洲证券和市场监管局（European Securities and Markets Authority，ESMA）监管。欧盟市场微观结构监管中的欧盟市场微监管（European Market Infrastructure Regulation，E-MIR）要求银行间衍生产品通过中央清算并提出了中央清算的相应监管，银行间衍生产品的监管包括金融机构和非金融机构的监管，对超过清算界限的非金融机构只需满足中央清算的要求。欧盟委员会对银行间衍生产品的监管还对银行间清算和为清算的衍生产品提出了更高的报告要求：所有衍生产品必须在第二个工作日结束前向监管当局汇报（有兴趣的读者可参考 Clifford Chance（2010）从而了解更多的相关情况）。

1.11.3　美国、欧盟加强金融衍生产品监管举措的实施对亚洲及国内衍生产品市场发展的影响

随着《多德—弗兰克法案》的实施，美国金融机构由于在美国从事自营交易会有一定限制，柜台交易的衍生产品的活跃性会有一定的下降，同时作为对冲工具的场内衍生产品交易也会受到一定的影响。金融危机后 2010 年和 2011 年全球交易所金融期货和期权的成交金额又适度回升后，2012 年金融期货和期权

的年成交额比 2011 年下降 27.4%，降幅超过 2009 年下降的幅度 24.9%。这些数据证实了我们上文的判断：《多德—弗兰克法案》的实施会对全球衍生产品市场产生显著的影响，对投资机会有可观的制约。美国对金融机构自营交易的限制很有可能将相应的交易推移到中国香港和新加坡这样以自由著称的亚太地区的金融中心的金融衍生产品市场，这要求我们密切关注中国香港特别行政区和新加坡两地市场的变化，从而为国际金融衍生产品通过该两地流入我国境内做好监测和监管的准备。特别是新加坡在金融危机爆发以来积极开拓发展空间、提升国家竞争力方面的诸多努力显示，新加坡在容忍美欧资金流入会比中国香港采取更积极的努力，我国应该多加关注。

1.11.4　美国、欧盟加强金融衍生产品监管举措实施的时间及对国际金融衍生产品市场的影响

美国和欧盟委员会对金融衍生产品的监管要求皆将于今后两年内逐渐开始实施。虽然两地监管的细节还有待进一步地细化和落实，但是加强监管是必然的趋势。这些举措的实施一定会对国际场内外衍生产品市场带来重大的影响。因为具体细节和实施的力度还没有明确，而且距离实施完成还有一段时间，我们目前难以对这些监管措施对国际金融衍生产品市场的影响进行具体的分析，但是我们可以很有把握地估计，这些监管措施的有效实施一定会促使国际金融市场健康地发展，因为它们将对多年来国际市场过度投机带来一定的约束，对国际金融市场的风险管控很有益处。

1.11.5　美国、欧盟加强金融衍生产品监管举措的实施对我国金融市场发展的影响

上文介绍了美国、欧盟加强金融衍生产品监管举措的实施对国际金融市场的影响，这些影响对我国逐渐更加开放的金融市场的发展将带来更好的外部环境，但是我们要学习和追赶的任务仍然很艰巨。

美国、欧盟加强金融衍生产品监管举措的实施对我国金融市场发展的另外一个方面是对中国香港的影响，特别是通过香港对我国内地的影响。上文我们简单介绍了美国"沃尔克规则"将在美国国内对投机性交易进行限制，欧盟也有了一定的应对措施，而中国香港和新加坡两个多年来以"自由"著称的亚洲城市金融中心将很可能是在其国内不好充分发挥功能的美国的银行最合适的场所。特别是新加坡，今后数年作为境外人民币交易中心的地位将更加突出，国际金融机构通过中国香港将各种投资性的产品和交易带入内地，对风险识别和管理经验仍然有限的我国企业和金融机构将带来较大的影响，我们不得不提前做好相关的监测、监管等准备。

1.12　小结

本章我们对金融危机爆发的主因及其涉及的主要产品进行了较为系统、简洁的介绍和分析。我们认为，金融危机爆发的主要原因是美国房地产信贷标准持续下降并且没有得到及时纠正。由于杠杆效应，相关证券化产品和衍生产品对危机的爆发和蔓延在一定程度上起到了推波助澜的作用，但并不是危机爆发的真正起因。

很多信贷标准下降的业务根本算不上真正意义上的金融创新，而是连基本的审慎商业原则都没有遵循的金融投机活动。因此，我们不能说金融危机是金融创新惹的祸。在当前境内外经济金融形势下，我们不仅不能因噎废食，还要在风险可控的前提下加速我国金融创新的进程。

根深才能叶茂，源远才能流长。经济是金融的主体，金融服务实体经济，不能脱离实体经济任意发展。虽然目前我们对本次金融危机还不能下最后的结论，但是杠杆过高、监管缺位和随意发展的金融模式显然是难以持续的。尽管金融危机爆发于美国，但是我们不能忽视美国在科技和金融等领域的创新能力，正如摩根大通主席兼首席执行官杰米·戴蒙（Jamie Dimon）所说，"不要小看美国经济的自我修复能力"。这种自我修复能力除了与美国资本市场的深度和广度、美国自主创新能力密不可分外，也与美国巧妙利用其地缘政治和军事实力及时打压潜在竞争者的能力密不可分。几年前的欧债危机和近年来北约对俄罗斯的制裁可使我们清楚地看出国际金融危机后美元的地位未降反升的战略思路和实施。今后我们仍然要密切跟踪、仔细分析美国乃至国际市场在金融危机后的变化，继续学习别人的长处，取长补短。只有这样，我们才能梳理脉络，"强身健体"，通过加速创新来继续完善我们的金融体系，更好地为实体经济服务。

本章国际金融危机前后国际衍生产品市场变化的数据显示，以美国为首的西方发达国家金融危机后对金融危机爆发的原因有一定程度的反省，而且也采取了一系列法律措施，对自营和投机交易有更严格的限制和监管，这些法律法规已经在市场有了一些反应。金融危机后美国利用了7年的时间反思整改、处罚违规机构、去杠杆化，至今经济恢复到了一定的程度。随着这些监管措施的逐渐实施，国际衍生产品市场将会出现较为良性的增长，为人民币国际化的推动和境内外人民币衍生产品市场以至整个人民币金融市场的发展创造了较好的国际环境。

入主白宫不久的美国总统特朗普就命令美国财政部和其他监管机构对《多德—弗兰克法案》（Dodd - Frank Act）进行全面审查，给数年来争议不止法案的实施又增添了新的不定性。尽管如此，该法案应如设立一样困难，难以在短期内废除。随着美国《多德—弗兰克法案》，特别是"沃尔克规则"的实施或部分实施，美国金融机构在美国国内过度投机将受一定程度的制约，然而美国金融机构的相应交易很可能会转移到中国香港特区和新加坡这样的亚洲金融中心。由于中国香港是内地通向海外的桥头堡，也是我国境外最大的人民币中心，新加坡 2013 年取代日本成为亚洲最大的外汇交易中心和中国香港外境外最大的人民币中心的特殊地位，我们今后需要对香港和新加坡金融市场的动态，特别是金融监管的变化高度关注。

参考文献

［1］郑博宏．美国五大行回购超 400 亿 ARS 危机探金融创新底线［J］．21 世纪经济报道，2008 – 08 – 19.

［2］徐滇庆．房价与泡沫经济［M］．北京：机械工业出版社，2006.

［3］窦海洋．美国金融监管机构颁布"沃尔克规则"［N］．光明网 – 光明日报，2014 – 09 – 21。

［4］张光平．人民币国际化和产品创新（第六版）［M］．北京：中国金融出版社，2016。

［5］张光平．人民币衍生产品（第四版）［M］．北京：中国金融出版社，2016。

［6］Teather，David．"The Woman Who Built Financial 'Weapon of Mass Destruction'"，The Guardian，September 20，2008. Accessed 3 – 17 – 09.

［7］Engdahl，William．"Credit Default Swaps the Next Crisis"，July 6，2008. http：//www. financialsense. com/editorials/engdahl/2008/0606. html.

［8］Tett，Gillian．"The Dream Machine：Invention of Credit Derivatives"，Financial Times，March 24，2006. Accessed 3 – 17 – 09.

［9］Dell'Ariccia，Giovanni，Deniz Igan，Luc Laeven．"Credit Booms and Lendings Standards：Evidence from the Subprime Mortgage Market"，February 2008.

［10］Bernanke. 2011，"Global imbalances – links to economic and financial stability"，at the Banque de France Financial Stability Review Launch Event，Paris，18 February.

［11］Bernanke，Ben S. B，Carol Bertaut，Laurie Pounder De Marco，and Steven Kamin. 2011，"International Capital Flows and the Returns to Safe Assets in the United States，2003 – 2007"，Board of Governors of the Federal Reserve System，International Finance Discussion Papers，Number 1014，February 2011.

2 人民币产品创新的必要性和迫切性

　　创新是人类社会发展和进步的永恒动力，是竞争和生存的力量源泉。从某种意义上说，人类历史就是一部创新史。任何一种文化、一个民族、一个国家的存亡兴衰，无不与其对学习、进取和创新的态度及力度密切相关。中共十八大报告要求金融业"加快发展多层次资本市场，稳步推进利率和汇率市场化改革，逐步实现人民币资本项目可兑换；加快发展民营金融机构；完善金融监管，推进金融创新，提高银行、证券、保险等行业竞争力，维护金融稳定"，为广大金融业工作者指明了方向。报告要求"坚持走中国特色自主创新道路，以全球视野谋划和推动创新，提高原始创新、集成创新和引进消化吸收再创新能力，更加注重协同创新"，把创新提升到了新的高度。中共十八届三中全会决定明确指出要"鼓励金融创新，丰富金融市场层次和产品"。

　　习近平总书记2016年指出"综合国力竞争说到底是创新的竞争。要深入实施创新驱动发展战略，推动科技创新、产业创新、企业创新、市场创新、产品创新、业态创新、管理创新等，加快形成以创新为主要引领和支撑的经济体系和发展模式"（2015年5月29日，"习近平：综合国力竞争说到底是创新的竞争"，人民网）。

　　尽管受到国际金融危机的冲击，经济全球化和金融全球化的步伐在不少国家和地区均受到了不同程度的影响，但是经济全球化和金融全球化的历史车轮仍将继续前进。在经济全球化和金融全球化浪潮的推动下，特别是随着我国国际经济地位的进一步提升，我们不能仅仅满足于自身的纵向比较，更应该积极主动地与发达经济体及其货币、与世界平均水平相比，从中找出差距，找到我们需要改进和提高的方面，进而为人民币成为国际储备货币和主要国际货币做好准备。

　　随着我国经济发展速度的稳步增长和世界排名的提升，"一带一路"战略的实施，中国企业"走出去"的步伐逐步加快，境外机构和企业来华投资的规模也随之增加，外币业务在我国金融业所占的比重将进一步增大，人民币业务将随着人民币国际化步伐的加速而迅速增长。人民币作为我国的本币，在今后多年内我国金融机构的绝大部分资产仍将是人民币资产，人民币产品的创新和市场的发展将是我国金融创新的重中之重。随着人民币国际化进程的稳步推进，无论中国的投资者还是境外投资者，对人民币产品创新的需求都会逐步增加。理念创新、机制创新和管理创新等都是金融创新的重要内涵，但是，各类金融机构的业绩和利润都要通过产品和服务来实现，因此金融创新落到实处的还是产品的创新。所以，人民币产品创新是我国金融创新的关键所在。我们在前一章着重分析了美国金融危机的起因和金融创新的作用，结论表明，金融危机并非由金融创新所致。尽管我国也受到金融危机的冲击，但是我们不能因噎废食，放缓金融创新的步伐，反而应该有步骤地推进我国金融创新的进程。在本章，我们将着重分析人民币国际化的经贸基础和产品创新的迫切性。

2.1　人民币国际化的经贸基础已经具备

表 2.1 给出了 2016 年美国、欧元区、日本、英国和我国国内生产总值、贸易、股票市值及其年交易额、本币外汇市场成交额世界占比及排名。由于我们的目标是比较主要货币母体的经贸等相关内容，因此将欧元区作为一个整体来排名。

表 2.1　2016 年主要货币经济体生产总值、贸易、外汇交易占比等主要市场相关世界占比和排名　　　　单位:%，位

国家和地区/货币	美国/美元	欧元区/欧元	日本/日元	英国/英镑	中国/人民币	中国或人民币排名
国内生产总值世界占比	24.5	15.8	5.6	3.9	15.2	3
贸易世界占比	11.6	24.0	3.9	3.3	12.3	2
出口世界占比	9.2	25.2	3.8	2.8	14.0	2
进口世界占比	13.9	22.8	3.9	3.8	10.1	3
货币国际支付占比	42.1	31.3	3.4	7.2	1.7	6
国际债券存量占比	42.58	38.96	1.91	9.95	0.46	9
股票市场市值占比	37.36	9.27	7.29	5.78	6.75	4
股票市场年成交额占比	38.87	4.16	4.87	2.33	25.08	2
在世界银行的投票权	16.53	19.07	7.15	3.92	4.61	4
国际货币基金组织特别提款权份额占比	17.43	18.15	6.47	4.23	6.39	4
国际货币基金组织投票权	16.50	17.71	6.14	4.03	6.07	4
场内外利率衍生产品日均成交金额占比	64.60	16.89	1.51	8.16	0.13	16
外汇交易占比	19.43	8.16	6.10	37.06	1.11	13
本币在外汇市场日均成交金额世界占比*	43.80	15.64	10.78	6.38	1.99	8

　　数据来源：GDP 数据根据国际货币基金组织 2016 年 10 月公布的 2015 年各国 GDP 预测数据计算得出，贸易占比数据根据世界贸易组织 2016 年公布的主要国家 2015 年贸易数据计算得出；股票市值和交易额占比数据根据世界交易所联盟数据计算得出，债券占比根据国际清算银行 2015 年 9 月公布的该年第二季度末数据计算得出，本币外汇交易占比来自表 20.1；世界银行投票权和国际货币基金组织的投票权及份额来自这两家机构的网站；货币跨境数据为环球同业银行金融电信协会（SWIFT）2017 年 1 月公布的 2016 年 12 月末的数据；场内外衍生产品成交占比数据来自表 20.8。

表 2.1 显示，2016 年我国国内生产总值世界占比 15.2%，排名第 3；贸易总额世界排名第 2（如果按照国家和地区经济排名皆为第 2，欧元区作为一体则皆排名第 3）。表明人民币作为主要国际货币的经济和贸易规模已经达到了可观的水平，人民币成为世界前三大货币的经贸基础已经具备。

以上经贸宏观指标已经达到世界前三的排名，为人民币成为全球主要货币之一打下了较好的基础。良好的经贸基础为人民币成为主要国际储备货币创造了条件。我们下文将介绍，2016 年 9 月人民币正式纳入国际货币基金组织特别提款权一篮子货币的第 5 种货币，标志着人民币国际化的阶段性成就。但是我国外汇市场仍然处于初级阶段：2010 年人民币外汇成交金额全球排名仅为第 15 位，表 2.1 显示 2016 年人民币外汇成交金额世界排名提高到了第 8 位，成绩显著，但是第 8 的排名与我国排名前三的经贸地位仍有显著的差距；2016 年人民币国际债券存量排名第 9，境内外汇交易全球占比仅排全球第 13 位，人民币计价的场内外衍生产品日均成交金额排名仅为第 16 位，表明除经贸规模外，人民币外汇市场、人民币国际债券、人民币场内外衍生产品等领域排名更低，人民币境内外市场发展仍需加速。

人民币国际化的进展要求境内外人民币外汇市场要协调、持续、稳步、快速发展。无论从外汇市场的成交量还是从外汇市场的产品种类来看，人民币目前仍然是一个很小的币种，与我国的经贸地位极不匹配。人民币国际化程度越高，境内外投资机构对国内资本市场和银行业的人民币产品种类的需求就会越高，相应的风险管理要求也会越高。换句话说，人民币国际化的逐步推进，需要国内有更加成熟和完善的人民币产品市场，而成熟和完善的人民币产品市场需要我们通过人民币产品创新来逐步实现。

我们虽然在人民币跨境贸易结算、人民币国际债券的发行和交易、人民币投资等方面获得了可喜的成绩，然而这些领域的持续稳步发展皆需要人民币外汇市场相应地持续稳步发展。没有人民币外汇市场的协调、稳步、健康发展，人民币的各项国际功能难以持续稳步发挥。除人民币外汇市场外，境内人民币债券和利率风险管理市场、股指期权、利率期权等市场也需要持续稳步增长，我们将在后面的章节介绍境内人民币主要产品和市场发展情况。

2.2　近年来人民币在亚太地区影响力增加

随着中国经济和贸易的持续增长，特别是随着人民币国际化的持续推动和境外人民币市场的快速发展，近年来中国对亚太地区经贸的发展和外汇市场的影响也在持续提高。作为亚太地区绝大多数国家和地区的最大贸易伙伴，人民币在亚太地区的影响力显著提升。近年来多个研究报告（Shu，Chow and Chan

（2007），Fratzscher and Mehl（2011），Henning（2012），Subramanian and Kessler（2012））显示，2005年7月汇改之后，人民币对亚洲货币的影响力显著增强。2005年到2010年间人民币对其他亚洲货币的影响应该主要是我国与其他亚洲国家和地区密切的贸易关系所致，然而近年来随着人民币汇率灵活性和人民币国际化推动的一系列举措的实施为人民币对其他亚太货币的影响注入了新的动力。

国际货币基金组织最新研究（Rafiq，2016）表明，国际金融危机后中国经济增长对东盟国家显著增强，中国经济每减缓一个百分点的增长，会降低东盟国家大约0.3个百分点，同时会降低主要发展中经济体0.2个百分点。这些影响力在过去的二十年内增加了一倍；中国对区域金融影响力也在增大，特别在股票和外汇市场，尤其是对与中国贸易联系密切的经济体（Arslanalp，2016）。

根据2010年9月1日到2013年9月30日超过3年的数据，国际清算银行Shu、He and Cheng（2014）的最新研究表明，境内人民币汇率和境外人民币汇率近年来都对其他亚洲货币产生显著的影响力。具体来说，如果境内人民币对美元升值1%，那么其他亚洲货币对美元平均将升值0.61%；如果境外人民币对美元升值1%，那么其他亚洲货币对美元平均将升值0.38%，显示境内人民币对美元汇率比境外人民币对美元汇率对其他亚洲货币有更大影响力。境内人民币汇率对其他亚洲货币的影响力可能是市场参与者对境内货币等政策信号解读释放所致。

2.3　境内人民币产品创新和发展是境外市场倒逼的必然结果

前文指出，近年来人民币的国际化程度显著提高，对亚太地区其他货币的影响力持续增强。后继章节我们将看到，近年来境外人民币外汇即期、远期、掉期和期权市场持续快速增长，而境内相应的市场增长率却相对平缓，境外人民币市场流动性超过境内人民币市场的流动性的格局已经形成，而且内外不平衡的状态还在扩大。具体来说，2010年离岸人民币市场才启动，到2014年不到4年的时间离岸市场人民币外汇日均成交金额就超过了境内市场（按照国际清算银行公布的2013年4月全球人民币数据，2013年境外市场日均成交金额就超过国内65.5%，然而该数据有显著的水分，剔除水分后2013年境外市场仍未达到国内市场，请参见表26.5）。随着境外人民币中心人民币业务的加速发展，境外人民币市场创新的力度也随之加大，各类境外人民币产品将通过各种渠道流入境内，推动和带动境内人民币市场的发展。

以近年来境内外人民币市场发展的格局和态势来判断，今后几年境外人民币市场倒逼境内市场发展的格局将逐渐清晰。通过境外市场倒逼境内市场的改革和发展当然是一件好事，但是如果境外市场流动性相对境内过高，境内大多产品的定价也与之前多年依赖境外人民币无本金交割产品一样依赖境外人民币可交割市场，将会对境内人民币市场的发展提出更高的要求。

2.4 金融创新和市场发展有利于市场机制逐步完善

中共十八届三中全会决定明确指出要"鼓励金融创新，丰富金融市场层次和产品"，为境内金融市场发展指明了方向。

2.4.1 远期和期货市场的功能

坚持市场经济的方向并让市场逐步发挥决定性作用的战略决策不会随世界经济和金融形势的变化而变化。市场经济的发展需要按照市场的原则和规则来投资、生产和消费。投资和生产的决策不仅需要现货市场的即期价格信息，而且需要未来市场的价格信息。现货市场的价格只能反映出当前的市场供求关系，而未来市场的供求关系只有通过远期或者期货市场来反映。因此，在我们有了相对完整的商品、股票、外汇、债券等现货市场后，还必须有相应的远期和期货市场，这样我们才能对商品、股票、外汇和债券市场的未来价格有较好的、基于市场因素的把握，才能对生产和投资进行更好的计划或规划。

2.4.2 期权市场的功能

所有商品、股票、外汇和债券等资产的价格都有不确定性和市场风险，仅仅拥有这些资产的未来价格信息并不够，我们还必须在一定程度上掌握这些资产价格变化的不确定性，但是资产价格的不确定性却难以从即期或远期市场反映出来。国际市场已经发展了一百年左右，特别是20世纪70年代以来的经验表明，期权市场最能反映出资产价格的不确定性。没有期权市场提供的有效信息，即资产价格不确定性的隐含信息，我们就难以从历史数据中准确判断资产价格的未来不确定性。期权市场的隐含波动率是即期、远期或期货市场难以反映出来的重要市场信息，这些信息对于我们把握资产价格未来走势至关重要。所以，我们在发展现货市场的同时，必须积极推动远期和期货市场的发展，并且适时建立期权市场。

可喜的是，2010年2月14日国家外汇管理局批准中国外汇交易中心在银行间外汇市场组织开展人民币对外汇期权交易，并发布《国家外汇管理局关于人民币对外汇期权交易有关问题的通知》（汇发〔2011〕8号，以下简称《通知》）。《通知》自2011年4月1日起施行。银行间外汇期权的推出有利于形成完整的外汇市场结构，完善境内外汇市场人民币对外汇衍生产品体系，进一步便利企业、银行等市场主体规避汇率风险，有利于不断推进境内外汇市场发展，充分发挥市场在资源配置中的基础性作用。2014 年 7 月，国家外汇管理局发布汇发〔2014〕34 号文，企业客户在之前单一进行买入期权的基础下，允许在实需条件下卖出期权，促进了市场活跃度。银行间外汇期权市场的启动，改变了我国场外市场多年来期权缺位的状况。

2015 年 2 月 2 日和 9 日，上海黄金交易所的成功启动开启了我国黄金现货期权交易，标志着我国期权市场产品的逐渐丰富，对我国资本市场的发展将发挥重要的作用。我们在第二篇和第三篇会详细介绍和分析相关产品和市场，并比较境内外市场的差距。

2.4.3 人民币定价机制的逐步形成和完善

人民币国际化已经启动并且取得了可喜的成绩，我们在第五篇会对相关内容进行系统介绍和分析。国际化的货币除能够部分以致完全兑换外，货币的价格能够以市场因素合理确定是货币国际化的另外一个必要条件，否则没有一定的定价机制任何货币难以最终成为国际储备货币，在市场上也难以进行活跃交易。

国际货币基金组织前副总裁朱民博士谈到人民币国际化时，说到"更关键的是要有以人民币计价的金融产品，最终还是制度建设、基础建设和市场建设"（李增新，2011）。要有以人民币计价的金融产品，而且这些产品还要有一定的流动性，不然定价作用难以有效发挥。当然，人民币价格的确定还需要有人民币利率市场化等机制方面的进一步完善，而人民币利率市场化的推动带来的利率风险也需要有利率远期、期货、互换、期权等金融衍生产品和市场来对冲。因此，人民币产品创新和市场的发展是人民币国际化的需要及我国市场机制逐步完善的需要。我们在本书第二篇和第三篇介绍境内外人民币主要产品和市场后，在第四篇会进一步探讨这些问题。

2.5 金融创新和市场发展能满足投资者多样化的投资需求

只有通过金融创新来为广大群众提供多样化的投资产品，才可能使他们拥有更多的财产性收入。改革开放三十多年来，我国经济取得了持续高速增长，人均 GDP 从 1978 年不到 400 元人民币到 2016 年的 5.39 万元人民币，增长了 140 倍，年均增长率达到了 13.9%，居民收入也随经济的持续增长而增长。从 2001 年到 2016 年的 15 年，我国储蓄存款额从 7.38 万亿元增长到 60.65 万亿元，增长了 7.22 倍，复合年均增长率高达 15.1%，超过同期名义 GDP 年均增幅 13.5%。党的十八大报告指出，到 2020 年"实现国内生产总值和城乡居民人均收入比 2010 年翻一番"，相信今后多年我国储蓄仍会以较快的速度增长。巨额的储蓄存款为我国消费的扩大奠定了坚实的基础，也为金融业务，特别是银行理财、私人银行、资产管理等新型业务的发展打下了很好的基础。要吸引部分储蓄进行投资，我们首先必须为广大的投资者提供多样化和个性化的投资产品，这些投资产品的设计和开发就只能通过金融创新来完成。

有了多样化的投资产品，投资者才能根据各自的风险偏好进行投资，才能"让更多群众拥有财产性收入"。财产性收入增加了，我国广大居民的金融资产也会随之增加，从而为扩大消费增加"釜底之薪"，为经济转型和发展作出贡献。

2.6　金融创新和市场发展对风险管控的作用和需求

市场经济中任何产品的价格都会因受到境内外宏观因素的影响而变化，都会面临各种市场风险。由于受利率、汇率和通货膨胀等因素的影响，金融资产的市场风险更加显著。除这些境内风险之外，随着我国对外开放在广度和深度上的迈进，我国各类金融机构甚至非金融机构、个人投资者和消费者受各种国际风险的影响程度也必将增大。面对境内外各种各样的市场风险，投资者需要有相应的风险管理工具进行对冲，各种风险管理功能正是通过各类远期、期货、掉期和期权等产品来实现的。没有这些风险管理工具，风险对冲就难以实现，而远期、期货、掉期和期权等产品的设计和交易正是金融创新的表现和结果。

2.6.1　商品期货和股票指数期货功能初步显现

2009 年中国商品期货成交量占全球总成交量的43%，跃居全球第一（《金融时报》，2010 - 09 - 13），成交金额相当于同年国内生产总值的 3.8 倍；2010年我国商品期货成交金额比 2009 年增长了 73.9%，相当于同年国内生产总值的5.7 倍；虽然 2011 年和 2012 年交易规模有所下降，但这两年商品期货成交金额仍然分别相当于国内生产总值的 1.96 倍和 1.81 倍；2013 年成交重新活跃，成交金额相当于该年国内生产总值的 2.12 倍，2014 年到 2016 年成交金额分别相当于该年国内生产总值的 1.99 倍、1.99 倍和 2.38 倍，商品期货的风险管理功能逐步显现。

2010 年 4 月 16 日，期盼已久的境内股票指数期货成功在中国金融期货交易所推出。2011 年到 2016 年，股票指数期货累计成交金额分别高达 43.8 万亿元、75.8 万亿元、140.8 万亿元、162.2 万亿元、405.1 万亿元、8.3 万亿元，与当年股票市场成交金额的比例分别为 103.8%、241.0%、300.4%、218.1%、158.8% 和 5.8%，显示境内股指期货活跃的同时，该市场 2016 年前投机过度问题也明显显现。2013 年 9 月境内国债期货重新交易，2014 年到 2016 年成交总额分别为 6798 亿元、57865 亿元和 89013 亿元人民币，与当年 GDP 比例分别仅为 1.1%、8.4% 和 12.0%，不到国际相应比例的 1%，仍有着巨大的差距，显示境内利率期货市场的活跃度有待大幅度提高，我们在第二篇会详细讨论相关问题。

股指期货和国债期货的成功推出和稳步发展改变了长期以来我国金融期货缺位的现状，为股票和债券市场投资者提供了风险对冲的工具和场所，也为外汇等其他金融期货的推出打下了一定的基础。

2.6.2 商品期货和金融期货市场有待健全和完善

虽然我国商品期货成交量在 2009 年就达到了世界第一，但是我国商品期货市场仍然缺乏国际市场上重要的品种——石油期货。作为世界最主要的能源消费国之一，我国石油期货在准备多年后仍然缺位，在全球石油定价体系没有发挥应有的作用。除了石油期货之外，我国金融期货市场目前仅有沪深 300 指数期货和国债期货两个品种，汇率期货、股票期货等尚未推出，相对发达国家在衍生产品定价上仍处于落后阶段，期货市场有待健全和完善。

2.6.3 丰富市场产品

商品市场风险对冲的功能还难以充分发挥，同时，股指和利率期货外的其他金融期货及场内期权至今仍然缺位。虽然人民币远期结售汇业务早在 1997 年就已经推出，外汇远期、外汇掉期、利率互换、债券远期和远期利率协议等产品近年来也实现了从无到有，但是这些产品的市场流动性仍然相对较低，而且不少市场近年来成交不增反降，难以充分发挥风险对冲的作用。随着我国汇率形成机制的不断完善和利率市场化的逐步推进，特别是 2012 年 4 月中旬我国人民币对美元汇率日间波幅的提高，市场风险将成为广大投资者面临的重要风险。只有有计划地提升外汇、利率的远期交易及互换市场的流动性，逐步推出外汇、债券和股票等期货及期权产品，投资者才能对其面临的风险进行有效的对冲，市场才能稳步发展。

2.6.4 风险管理模型的有效实施

风险管理的另外一个侧面是风险管理模型的实施。国际金融市场十多年的风险管理实践经验表明，建立和实施风险管理模型对于准确把握一个部门乃至整个公司的风险至关重要。《巴塞尔新资本协议》就要求银行业实施包括市场风险、信用风险和操作风险在内的风险管理模型。任何风险管理模型的实施都需要来自市场的参数。没有有效的市场参数，用这些模型难以计算出有效的结果。风险管理模型的实施不但需要现货市场的价格参数，同时需要远期市场、期货市场的参数，更加需要期权市场的参数。所以，如果期货和期权市场没有达到一定的活跃程度，任何风险管理模型皆难以实施，更难以达到期望的结果。

2.7　境内机构对其境外投资进行外汇风险管理的必要性增加

自 2006 年中国人民银行、国家外汇管理局设立合格境内机构投资者（QDII）制度起，已经有几十家境内外商业银行、基金公司、证券公司和保险公司为境内客户提供了境外投资的服务。根据国家外汇管理局网站信息，截至 2017 年 4 月 26 日，已经有 132 家合格境内机构投资者获得了国家外汇管理局批准在境外开展投资业务，总获批额度 899.93 亿美元。另外，截至 2017 年 4 月底，我国外汇储备 3.03 万亿美元，这些储备绝大多数已经投资到以美元和其他主要国际货币计价的资产中，而且可观一部分也投资到了资源类资产中。对这些资产进行风险管理的一个重要内容就是管理人民币与这些货币之间的汇率风险。未来国家对现有外汇储备逐步进行结构性调整的过程，实际上就是对不同货币计价的资产进行重新投资，汇率风险管理仍然是一个重要的内容。

随着我国资本项目的逐步开放，境内企业和个人在境外投资的需求也将逐渐增加。除了境外证券类投资外，国家近年来还鼓励企业"走出去"，开拓多种境外业务。根据国家外汇管理局网站信息，自从 2011 年 12 月启动到 2017 年 4 月 26 日，国家批准了 183 家 RQFII，累计批准额度 5420.04 亿元人民币，成为人民币资本项目开展的重要渠道。不管是境外证券类投资，还是境外直接投资，都涉及人民币与外币之间的汇率风险，因此，如何管理和规避相应的汇率风险就成为境外投资非常重要的环节。虽然近年来我国外汇远期和掉期市场取得了可喜的成果，但是市场流动性仍然很低，难以满足企业和客户对冲人民币汇率风险的要求。所以，我们要继续努力提升外汇市场现有产品的流动性，同时还要推出其他人民币汇率风险管理工具。

2.8　境外机构对其境内投资或境外人民币产品投资进行外汇风险管理的需求增加

早在 2002 年底，中国证监会、中国人民银行、国家外汇管理局就联合公布了《合格境外机构投资者境内证券投资管理暂行办法》。根据国家外汇管理局网站信息，截至 2017 年 4 月 26 日发布的名录显示，已经有 281 家合格境外机构投资者（QFII）获得了国家外汇管理局和其他相关机构的批准在境内开展证券投资业务，总投资额度 907.64 亿美元。合格的境外机构投资者与合格的境内机构投资者构成了境内外投资的双向开放试点，随着我国资本项目管制的逐渐放开，这两类机构投资者的业务都将增加。

2010 年 8 月 17 日，《中国人民银行关于境外人民币清算行等三类机构运用人民币投资银行间债券市场试点有关事宜的通知》发布，该通知允许相关境外机构进入银行间债券市场投资试点。该通知的发布标志着境外人民币业务和交易的启动。与合格境内机构投资者在境外投资一样，合格境外机构投资者在境内投资或者在境外投资各类人民币计价的产品同样需要对人民币与外币之间的汇率风险进行管理。没有外汇风险管理市场的成熟发展，这两类机构投资者的业务将受到显著制约，人民币国际化的进程也将受到制约。

2.9　金融创新对国际金融中心建设和自贸区等试点的意义

《国务院关于推进上海加快发展现代服务业和先进制造业建设国际金融中心和国际航运中心的意见》（以下简称《意见》）于 2009 年 4 月 14 日正式发布，国务院新闻办在上海召开新闻发布会，对上海"两个中心"的建设予以解读，上海国际金融中心和国际航运中心的建设正式拉开帷幕。金融中心的建设是与人民币国际化密切相关的必要举措。加快金融、航运"两个中心"建设的意义具有全局性和战略性，这既是上海实现又好又快发展的需要，也是更好地服务于全国的需要。换句话说，"两个中心"的建设不仅是上海的事，也是全国产业升级和国家金融发展战略的重要组成部分。2013 年 8 月国务院批准了中国（上海）自由贸易试验区，2013 年 9 月上海自贸区挂牌成立，2013 年 12 月 2 日人民银行发布《关于金融支持中国（上海）自由贸易试验区建设的意见》（以下简称《意见》），标志着上海自贸区在金融改革和对外开放的关键支持政策落地。2015 年 10 月 29 日，人民银行、商务部、银监会、证监会、保监会、外汇局和上海市人民政府联合公布了关于上海自贸区金改方案《进一步推进中国（上海）自由贸易试验区金融开放创新试点加快上海国际金融中心建设方案》，为上海自贸区进一步对外开放、推动人民币国际化和金融市场建设提出了具体的指导意见和方法，对上海自贸区建设注入了新的动力。

2.10　人民币市场活跃度提高的迫切性

十几年来我国金融业取得了巨大的成就，在金融创新方面的成绩同样可喜，商品期货市场、外汇远期结售汇业务、股指期货、外汇期权、国债期货和股指期权等产品和市场实现了从无到有的巨大变化，尤其是近几年来，外汇远期、掉期，债券远期，利率互换和利率远期协议等市场也逐渐发展起来，外汇期权、黄金期权和股指期权也分别在银行间市场和交易所成功推出，国内期权市场逐渐丰富。但是，与国际市场相比，除商品期货和股指期货市场外，我国上述市场都仍处于刚刚起步的阶段，平均年成交金额还达不到世界总额的 0.5％，与我国经贸的国际地位极不相称。诚然，近年来国际市场由于杠杆过度和投机过度等因素导致成交额增长过快，但是即使将世界成交额"拦腰折半"计算，我国上述市场的世界占比仍然显著低于我国经济的世界占比。我们不是为了提高交易量而推动市场，但是过低的市场流动性不利于市场功能的正常发挥。

不仅现有市场不够活跃，甚至很多国际市场常见的金融产品，到目前为止在我国仍然缺位。这些缺位的产品主要包括外汇期货、股票期权、利率期权和商品期货期权等场内产品。由于我国场内外市场要么产品缺位，要么流动性相对较低，加上国内金融机构的产品创新能力仍然普遍较低，人民币结构性理财产品等技术含量较高的金融产品大多由外资金融机构设计。所以，我们要走的路仍然很长，不仅不能放缓反而要有计划地逐步提高人民币产品创新的力度。我们应该在加速健全国内金融市场体系和丰富产品的同时，采取有效措施提升现有市场的流动性。

2010 年境外人民币市场建立 6 年以来，境外人民币市场有了飞速的发展，而境内市场流动性却没有显著的提高，导致多年来人民币定价权旁落境外的状况未有明显的改观。只有人民币市场产品丰富，市场流动性达到一定的程度，人民币各类产品才会逐渐可以市场因素合理估值，人民币的价值也才可以根据市场因素评估，人民币国际化的市场基础才会逐渐牢固。

2.11 人民币入篮对境内外人民币市场发展提出了更高的要求

2016 年 10 月 1 日，人民币正式纳入国际货币基金组织一篮子货币（SDR），成为该组织一篮子货币的第五种货币。这是国际市场对近四十年来我国改革开放和十多年来金融市场改革和发展成就的认可，也是人民币国际化进程中的重要里程碑。表 2.1 显示，我国经贸世界排名已经进入前三甲，境内股票市场市值和成交金额也进入前三甲，人民币跨境支付、我国在世界银行和国际货币基金组织的份额和投票权也达到或进入前五位，然而人民币国际债券存量和人民币在全球外汇市场的排名却分别仅达第 9 和第 8 位，与人民币成为第五大国际储备货币的地位很不相称。只有境内人民币债券市场和外汇市场在今后数年有持续较快的发展，人民币产品的定价权才能持续从境外转向境内；也只有境内外人民币市场持续协调较快增长，人民币的国际地位才能持续提高到与人民币的

"篮子"地位以致与我国经贸地位相一致的水平，人民币才能真正成为名副其实的国际主要货币之一。

2.12 小结

美国在信贷标准下降的同时监管相对缺位，从而导致了金融危机的爆发。很多导致信贷标准下降的业务根本算不上真正意义上的金融创新，实际上是连基本的审慎商业原则都没有遵循的金融投机活动。因此，我们不能说金融危机是金融创新惹的祸。我国近年来在金融创新方面虽然取得了可喜的成绩，但是众多国际金融市场上常见的产品仍然缺位，现有产品的市场流动性普遍过低，市场功能难以发挥。所以，在当前境内外经济金融形势下，我们不仅不能因噎废食，还要在风险可控的前提下加大金融创新的力度，丰富金融市场层次和产品。

2009 年 5 月 20 日，在由中国外汇管理杂志社与英境外汇周刊联合举办的外汇年度论坛上，中国银行全球金融市场部首席交易员孙晓凡做了一个非常形象的比喻，他说："在时限为每小时 120 公里的国际高速公路上，美国以每小时 180 公里的速度超速行驶，出问题是可以预期的，而中国是以每小时 40~60 公里的速度行驶，速度过低，高速公路的作用还根本没有发挥出来。"换句话说，美国是做过了头，而我们还没有达到应有的水平。这个比喻虽然很形象，然而如本书第二篇的主要章节显示，我们别说是以 40~60 公里的速度行驶，我国银行间人民币市场大多连每小时 10 公里的速度都不到。过之为过，不及亦为过也。所以，我们首先要制定并熟悉"高速公路"的规则，提升"车辆"的性能和功能，同时还要提高驾驶"车辆"的技术和应变能力，更重要的是还要设定好适合自己的"交通规则"并且严格遵守，这样才能有望逐渐提升时速，发挥"高速公路"的作用，向既定目标稳步迈进。

虽然金融创新方法多样，渠道众多，然而产品创新是金融创新的核心。没有产品的创新，金融服务将难以找到落脚点或者抓手。中共十八届三中全会决定指出要"鼓励金融创新，丰富金融市场层次和产品"实际上也是强调产品创新。本书整体以产品和市场为主线，以产品创新为全书的总纲，在对经济和传统金融及境外金融衍生产品介绍的基础上对境内外各类人民币进行系统的介绍和分析，并探讨分析境内外市场之间的互动和相互影响，对读者了解、熟悉和把握境内外人民币衍生产品市场的动态和问题有很好的参考作用。

参考文献

［1］李增新. 人民币国际化是长过程——专访 IMF 总裁特别助理朱民［J］. 新世纪周刊，2011 -02 -14：52 -55.

［2］张光平. 人民币国际化和产品创新（第六版）［M］. 北京：中国金融出版社，2016.

［3］张光平. 人民币衍生产品（第四版）［M］. 北京：中国金融出版社，2016.

［4］Nicolas Winning and William Horobin, "IMF's Strauss – Kahn Wants the Yuan In SDR", DOW JONES NEWS WIRES, February 19, 2011.

［5］Chang Shu, Dong He and Xiaoqiang Cheng, 2014, "One currency, two markets：the renminbi's growing influence in Asia – Pacific," BIS Working Papers No. 446, Monetary and Economic Department, Bank for International Settlements, April, http：//www. bis. org.

［6］Henning, C (2012)："Choice and coercion in East Asian exchange rate regimes", Peterson Institute for International Economics, Working Paper, No. 12 – 15.

［7］Fratzscher, M and A Mehl (2011)："China' s dominance hypothesis and the emergence of a tri – polar global currency system", CEPR Discussion Paper, No 8671, November.

［8］Rafiq, Sohrab, 2016, "When China Sneezes Does ASEAN Catch a Cold," IMF Working Paper No. 16/214, November 10, 2016.

［9］Arslanalp, Serkan, Wei Liao, Shi Piao, and Dulani Seneviratne, 2016, "China' s Growing Influence on Asian Financial Markets", IMF Working Paper, Asia and Pacific Department, WP/16/173, August 2016.

［10］Shu, C, N Chow and J – Y Chan (2007)： "Impact of the renminbi exchange rate on Asian currencies", China Economic Issues, No 3/07, Hong Kong Monetary Authority, January.

［11］Subramanian, A and M Kessler (2012)："The renminbi bloc is here：Asia down, rest of the world to go?", Peterson Institute for International Economics, Working Paper, No 12 – 19.

第二篇 境内人民币产品和市场

　　境内人民币市场是人民币国际化的基础，也是人民币国际化的内力所在。不对国内人民币市场及其流动性有一定的认识和把握，那么就不可能理解人民币国际化的现状。早在1997年4月，境内人民币外汇远期结售汇业务正式开始试点，认股权证和可转换债也早在2005年就在境内开始交易。2005年汇改之后，境内产品创新加速，2007年境内银行间人民币外汇远期开始交易，之后外汇掉期、利率互换、股指期货、外汇期权、利率期货等产品先后在境内交易所或者银行间开始交易，金融产品逐渐丰富。这些市场从无到有而且流动性也逐渐提高，市场功能逐步显现。境内外汇和资本市场的深度和广度是人民币国际化的重要基础之一，本篇共8章，分别介绍境内主要外汇和其他金融市场和产品，为我们第四篇和第五篇介绍和分析人民币国际化做好必要的准备。

　　本篇的结构如下：第3章介绍境内人民币外汇远期市场十多年的发展；第4章介绍境内人民币外汇掉期市场的发展；第5章介绍境内债券远期市场的现状和问题；第6章介绍境内人民币利率互换市场的发展；第7章介绍境内远期利率协议市场；第8章介绍境内股指期货市场的发展；第9章介绍境内人民币外汇期权市场的发展；第10章介绍境内国债期货市场的发展。

　　本篇涵盖国内银行间外汇远期、外汇掉期、外汇期权、债券远期、利率互换和远期利率协议等六类产品和相应的市场及国内股指期货、利率期货和国债等场内产品和相应的市场。这些市场中股指期货和利率期货活跃交易，而银行间产品中除外汇掉期近年来保持了持续快速增长外，利率互换已经出现徘徊，外汇远期出现了下降，债券远期和远期利率协议两个市场近两年来几乎处于停滞状态，与我国整体金融市场发展处于初级阶段的发展势头很不相称，离人民币成为主要国际货币的要求有巨大的差距。

3 人民币外汇远期结售汇和
外汇远期交易

外汇远期是最早且最基本的外汇衍生产品，不仅可以用来对外汇进行套期保值，还可以用来投机。外汇远期在所有发达国家和大多数发展中国家的货币市场上广泛地进行交易，尽管 2008 年的国际金融危机使得外汇掉期成交额占比持续下降，但是外汇远期交易的占比不仅没有下降，反而持续明显增长，显示外汇远期在全球外汇市场中的重要性。人民币外汇远期结售汇业务是我国继商品期货之后最早推出的人民币衍生业务，或者说是我国银行间最早的人民币衍生产品。我们首先要介绍的人民币衍生产品就是人民币远期。本章将对人民币远期市场和外汇远期交易的现状、发展以及存在的主要问题进行系统的阐述和分析。

3.1 人民币外汇远期市场的发展简史

中国外汇交易中心（CFETS）于 1994 年开始进行外汇即期交易，一年后，中国外汇交易中心正式试行人民币远期交易，但由于成立时间较短，外汇交易系统还处在起步阶段，在许多方面都有待改进，所以人民币远期交易的第一次试验并没有取得成功。中国人民银行认识到了人民币远期交易的重要性，并着手进行深入研究，于 1997 年 1 月 18 日颁布了《人民币远期结售汇业务暂行管理办法》（以下简称《办法》）。《办法》为推出人民币远期业务扫清了障碍，并提供了必要的监管依据（叶永刚、李源海，2001）。

在《办法》正式颁布两个多月后，中国银行作为中国境内唯一获授权的试点银行于 1997 年 4 月 1 日起开始开展人民币远期结售汇业务，这距离中国外汇交易中心于 1994 年 4 月推出外汇即期交易已过三年。虽然对发达国家，甚至对许多发展中国家而言，外汇远期已是一项很普遍的业务，但是对中国来说，人民币远期结售汇业务在中国银行的推出，可以说是中国外汇衍生产品市场发展的一个里程碑。人民币远期结售汇的诞生使得进出口企业和其他公司对外汇进行套期保值以规避汇率风险成为可能。

国家外汇管理局于 2014 年印发了《〈银行办理结售汇业务管理办法实施细则〉的通知》（汇发〔2014〕53 号，以下简称通知），通知贯彻落实简政放权的改革思路，整合了银行结售汇市场准入、即期结售汇业务管理、人民币与外汇衍生产品管理、银行结售汇综合头寸等方面的相关法规，并调整了先前的部分管理内容，如：整合了银行即期结售汇、人民币与外汇衍生产品业务的市场准入管理，简化银行结售汇信息变更备案程序，取消设置个人本外币兑换统一标识的要求，明确了银行办理对私结售汇业务应在醒目位置设置个人本外币兑换标识，等等。

3.2　中国银行的人民币外汇远期业务

作为我国境内第一家被批准开办人民币远期业务的银行，中国银行在此项业务上一直保持领先的地位。本节以中国银行的实践为例，介绍人民币远期业务。

3.2.1　中国银行人民币远期结售汇业务的申请条件

目前，中国银行不仅可以为经常项目下的贸易业务，还可以为部分资本项目下的贸易业务提供人民币远期外汇买卖，例如向中国银行偿还贷款、偿还在国家外汇管理局登记过的外币债务和其他外汇管理局批准的外币现金流等。

3.2.2　中国银行人民币远期结售汇业务的币种

中国银行是我国外汇业务的主要银行，也是人民币外汇远期结售汇业务开始试点以来最主要的远期业务提供银行。目前中行提供了人民币对 8 种外币的远期业务。

3.2.3　申请办理远期结售汇业务的客户应在中国银行开立相关账户

与中国银行签订"远期结汇/售汇总协议"，一式两份，客户与银行各执一份。委托审核。客户需填写"远期结汇/售汇委托书"，同时向中国银行提交按照结汇、售汇及付汇管理规定所需的有效凭证；中国银行对照委托书和相关凭证进行审核。客户委托的远期结汇或售汇金额不得超过预计收付汇金额，交易期限也应该符合实际收付汇期限。

到期日审核和交割。到期日中国银行根据结汇、售汇及收付汇管理的有关规定，审核客户提交的有效凭证及/或商业单据，与客户办理交割。

违约。客户未能完全履约的，银行有权于最后交割日后对未履约交易部分主动进行违约平仓。以上信息均来源于中国银行网站（www.boc.cn）。

3.3　人民币外汇远期的交易金额和币种

3.3.1　早期人民币远期结售汇业务成交金额

由于此项业务还处于试验性阶段，人民币远期交易的数据很难获得。根据叶永刚和李源海（2001）的统计，人民币远期交易的总金额在第一年仅有7.67亿美元。表3.1列出了1997年每月中国银行人民币远期业务的交易金额。从表3.1我们可以看出，在人民币远期刚推出的前5个月内，只有结汇业务而没有售汇业务。从1997年4月到12月，结汇业务波动很大，但从9月到12月售汇业务持续增长。这些数据虽然为我们提供了一些人民币远期市场初期情况的信息，但由于其时间跨度太短，不能说明很多问题。

表3.1　　　　　1997年试点后每月中国银行远期结售汇交易金额　单位：百万美元

月份	4月	5月	6月	7月	8月
结汇额	2.218	5.097	66.73	9.575	53.13
售汇额	—	—	—	—	—
总计	2.218	5.097	66.73	9.575	53.13
月份	9月	10月	11月	12月	年度总计
结汇额	105.61	194.906	2.999	215.301	655.566
售汇额	2.812	4.191	23.488	81.18	111.671
总计	108.422	199.097	26.487	296.481	767.237

资料来源：叶永刚、李源海（2001），第119页。

3.3.2　2005年7月汇改前后人民币远期结售汇业务成交金额

表3.2给出了1997年以来人民币远期合约成交金额。该表利用了如数据来源所述的新的估算假设，从而估算结果更为合理：表中远期结售汇金额与即期交易金额比例、即期交易金额与贸易额比例和远期结售汇金额与贸易额比例皆显示出的连续性表明，表3.2给出的远期结售汇估算数据更为合理。该表显示，从2005年到2007年人民币远期结售汇业务有了飞速的增长，这不仅与2004年开展该业务的银行从中国银行一家增至四家有关，而且也与2005年汇率改革密切相关。事实上最重要的原因是，2003年至2005年，境外人民币升值压力持续上升，利用人民币远期合约规避汇率风险和套利投机的公司和企业显著增加。我们在下一节会进一步分析人民币远期合约价格如何随境外人民币升值压力的

变化而变化，从而证明境外人民币升值压力是近期人民币远期交易趋于活跃的最主要因素。

表 3. 2　　　　　我国银行远期结售汇金额及占即期交易额和

贸易总额的比例（1997—2016 年）　　　单位：亿美元，%

年度	远期结售汇总金额	远期结售汇金额增长率	即期市场成交金额	远期结售汇金额与即期交易金额比例	即期与贸易金额比例	远期结售汇金额与贸易金额比例
1997	8. 0		700	1. 14	21. 5	0. 2
1998	21. 0	162. 5	520	4. 04	16. 1	0. 6
1999	37. 0	76. 2	315	11. 75	8. 7	1. 0
2000	120. 8	226. 5	422	28. 63	8. 9	2. 5
2001	92. 2	− 23. 7	750	12. 29	14. 7	1. 8
2002	37. 6	− 59. 2	972	3. 87	15. 7	0. 6
2003	85. 2	126. 6	1511	5. 64	17. 8	1. 0
2004	96. 1	12. 8	2090	4. 60	18. 1	0. 8
2005	163. 9	70. 6	4943	3. 32	34. 8	1. 2
2006 *	738. 5	350. 6	14634	5. 05	83. 1	4. 2
2007 *	1313. 1	77. 8	24325	5. 40	111. 9	6. 0
2008 * *	1778. 7	35. 5	34016	5. 23	132. 7	6. 9
2009 * *	2244. 2	26. 2	43707	5. 13	198. 0	10. 2
2010	2827. 3	26. 0	53398. 4	5. 29	179. 6	9. 5
2011	3871. 6	36. 9	62543. 0	6. 19	171. 7	10. 6
2012	3641. 3	− 5. 9	61441. 0	5. 93	158. 9	9. 4
2013	5721. 5	57. 1	70864. 0	8. 07	170. 3	13. 8
2014	5449. 5	− 4. 8	72487. 0	7. 52	168. 5	12. 7
2015	4577. 6	− 16. 0	82601. 7	5. 54	208. 8	11. 6
2016	2254. 1	− 50. 8	88354. 0	2. 55	239. 7	6. 1
2017 *	704. 81	12. 33	20369. 12	3. 46	226. 13	7. 82

资料来源：1997 年到 1999 年数据来自张光平《Chinese Yuan Derivative Products》（2004）；2000 年到 2005 年成交额来自赵小凡（2006）；2010 年到 2016 年的远期结售汇数据根据国家外汇管理局网站 ht-tp：//www. safe. gov. cn 公布的月度"银行远期结售汇数据"计算得出；2011 年到 2014 年即期数据根据人行货币政策执行报告数据计算得出，2010 年即期数据根据 2011 年货币政策执行报告给出的同比数据计算得出，2015 年以来的期数据来自国家外汇管理局公布的月度数据计算得出；2017 年的数据为该年第一季度数据；2006 到 2009 年的远期结售汇数据和即期数据根据 2005 年和 2010 年数据线性插值而得；贸易数据来自国家海关总署网站 www. customs. gov. cn。

此外，外资银行参与人民币远期交易规避风险，也是 2005 年人民币远期交易活跃的另一个原因。2005 年第三季度，上海仅有一家外资银行参与了人民币远期交易，到 2005 年第四季度末，上海已有多家外资银行参与了人民币远期交易，且交易规模呈放大趋势。从交易面临的风险敞口来看，尽管第四季度的人民币远期合约名义价值余额达到 5.94 亿美元，是第三季度末的 10.8 倍，但外资银行的市场风险头寸仅为第三季度末的 1/3，也就是虽然交易量大了，但敞口头寸小了，市场参与者的市场风险显著下降。

人民币对美元汇率波动率的增大也是近年来人民币远期交易活跃的重要原因之一。从 2005 年完善人民币汇率形成机制方案实施以来，人民币对美元波动率显著提升。特别是 2007 年 5 月以来，人民币对美元波动率从一年前的 1% 上下上升到了 2% 左右。增大的汇率波动率是远期交易活跃的主因之一。我们在本篇其他章节中还会详细介绍和分析人民币对美元波动率的变化和期权等市场的变化情况。

3.3.3　人民币远期结售汇业务金额

从表 3.2 可以看出，1999 年到 2000 年，人民币远期结售汇每年交易金额与即期交易金额比例从 1.14% 持续上升到了 28.63%，而从 2001 年到 2005 年相应的比例又持续下降到了 3.32%，如此大的比例差别可能是由于估算出的远期结售汇数据问题所致，同时也显示汇改前境内远期结售汇市场不够活跃的问题；2010 年到 2013 年，两者比例从 5.29% 持续提高到了 8.07%，然而从 2013 年到 2016 年，两者比例不仅没有提高，反而下降到了 2.55%，不到 2010 年比例的一半，显示近年来境内远期结售汇市场的明显问题。

3.3.4　远期结售汇业务近年来的发展

表 3.2 显示，2005 年到 2007 年人民币远期结售汇业务有了飞跃式的增长，交易金额从 2005 年不到 200 亿美元增长了 7 倍多，首次超过 1000 亿美元的水平。这些数据反映出 2007 年前两年市场有了很大的发展，但是也可能是由于数据估算的问题所致。2012 年是国家外汇管理局第一年正式公布远期结售汇数据的一年，当年远期结售汇全年总额为 3641 亿美元，2012 年到 2013 年远期结售汇金额增长了 57.1%，之后几年不仅没有增长，反而连年持续下降，2016 年远期结售汇金额不到 2013 年的四成，成为几年来境内人民币外汇市场不够活跃的主要问题之一。

3.4　汇改前后人民币远期结售汇的比较

本节我们提供汇改前后人民币远期汇率的变化情况。由于美元在人民币远期交易中占主导地位，所以我们在本节以人民币/美元远期汇率分析为主，介绍人民币远期市场的特征。

3.4.1　近年人民币远期结售汇汇率

图 3.1 给出了 2006 年 2 月到 2017 年 2 月 1 年期人民币远期结售汇汇率变化情况。图 3.1 显示，从 2006 年 2 月到 2008 年 3 月下旬，1 年期人民币远期结售汇汇率持续下降，反映当时人民币的升值压力；从 2008 年 3 月下旬到 2008 年 12 月下旬，1 年期人民币远期结售汇汇率持续上升到了超过 6.9 的高位，表明当时受金融危机的影响，人民币贬值压力显著；从 2008 年 12 月到 2014 年 2 月中旬，1 年期人民币对美元汇率持续下降到 6.11 的历史低位，之后三年多持续回升，显示美国量化宽松政策宣布后人民币持续贬值的压力。

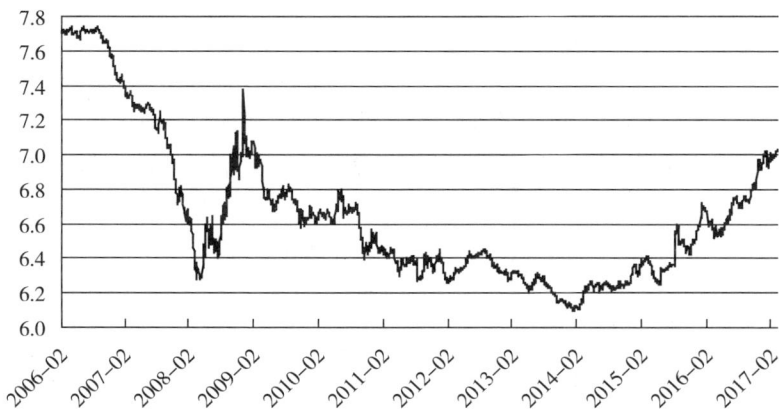

数据来源：彭博。

图 3.1　1 年期人民币对美元远期结售汇中间汇率（2006 年 2 月—2017 年 2 月）

3.4.2　人民币远期结汇和售汇金额反映人民币升、贬值的压力

成交金额是和价格同样重要的市场信息。没有相应成交金额支持市场价格信息，其可靠性是有限的。一定时间期限内结汇和售汇金额的变化可以相当准确地反映出货币的贬值或升值的幅度。如果人民币在一定的时期内贬值压力增大，那么人民币结汇金额就会降低，同时售汇金额会增加；反之则相反。图 3.2 给出了 2010 年 1 月到 2017 年 4 月境内人民币远期结汇和售汇金额。

从图 3.2 我们可以看出，2010 年 1 月到 2012 年 10 月的近三年内，远期结汇和售汇金额总体都没有明显增长，但是 2010 年结汇金额总体略大于售汇金额，2011 年到 2012 年近两年售汇金额绝大多数月份略超过结汇金额，表明 2011

亿美元

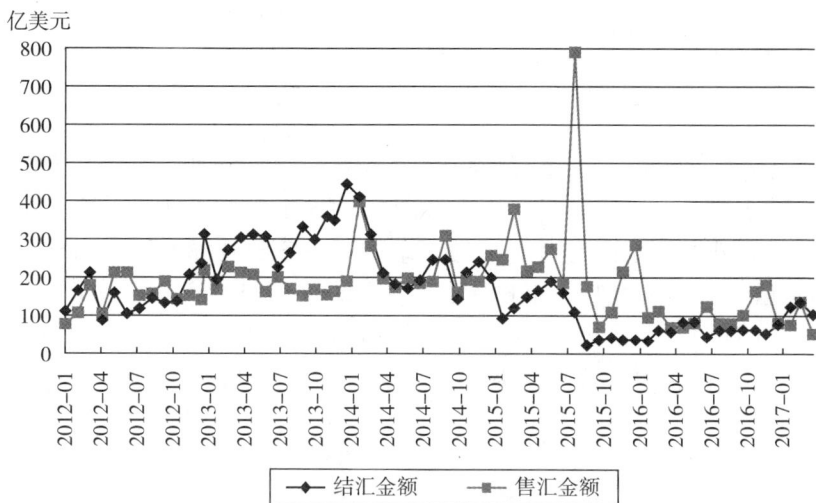

数据来源：国家外汇管理局网站：www.safe.gov.cn。

图 3.2 国内人民币远期结汇和售汇金额（2012 年 1 月—2017 年 4 月）

年和 2012 年人民币贬值压力较为明显；2012 年 11 月到 2014 年 5 月，结汇金额重新持续超过售汇金额，而且在 2014 年 1 月前者达到了高于后者 253.5 亿美元的峰值，显示此间人民币对美元升值预期显著且在 2014 年 1 月达到了高峰；2014 年 6 月到 2014 年 12 月，两者时高时低，没有明显的差异，表明这 7 个月内人民币对美元升贬值并未明朗化；但是 2015 年 1 月到 2017 年 1 月，远期售汇金额总体持续高于结汇金额，而且在 2015 年 8 月售汇与结汇金额差额达到了 679.4 亿美元的历史峰值，表明当时人民币对美元贬值压力达到了峰值，与 2015 年 8 月 11～13 日人民币对美元连续 3 个工作日持续累计贬值 4.5% 密切相关，表明美国推出量化宽松政策后人民币对美元贬值在境内外汇结售汇市场有明显的显现。

图 3.2 给出的不同时间段内人民币对美元升值和贬值的预期及幅度与第 11 章给出的境外人民币可交割远期和无本金交割远期市场给出的人民币升、贬值结果有着惊人的相似性，表明境内远期结售汇市场对境外人民币升值的反应及时准确。我们下文还会进一步分析这些方面。

3.5 中国外汇交易中心人民币外汇远期交易情况

外汇远期交易业务 2007 年下半年才推出，推出前几年市场活跃度较低，该方面的研究较少。虽然人民币外汇交易开始到现在已经有 8 年的时间，但是人民币外汇远期交易仍然不够活跃，市场功能未能有效发挥。本节对人民币远期交易进行简单的介绍和分析。

3.5.1　外汇交易中心人民币远期交易产品的推出

中国人民银行人民币汇率形成机制改革方案的实施明显加快了人民币产品创新业务的步伐。在汇改方案实施不久后，2005 年 8 月 2 日发布的《中国人民银行关于扩大外汇指定银行对客户远期结售汇业务和开办人民币与外币掉期业务有关问题的通知》和 2005 年 8 月 8 日发布的《中国人民银行关于加快发展外汇市场有关问题的通知》对于扩大银行间即期外汇市场交易主体范围、推动人民币远期和掉期等衍生产品的发展有着十分重要的意义。

人民银行公布上述两个通知仅仅一个星期后，中国外汇交易中心（China Foreign Exchange Trade System，CFETS）于 2005 年 8 月 15 日正式推出了银行间远期外汇交易品种。作为汇率改革的配套措施之一，银行间远期外汇交易品种的推出为银行规避汇率风险提供了工具。但是人民币远期外汇交易在刚推出时并不活跃，主要原因有以下三个方面：其一，人民币汇率波动率仍然较低，市场参与者没有足够的规避汇率风险的需求；其二，企业或机构不得不考虑参与银行间远期市场的成本因素；其三，外汇市场产品创新与利率市场化程度密不可分，但是，我国利率市场化程度有限，尚未形成合理可靠的人民币/美元远期汇率估值方法。因此，我国外汇衍生产品市场的发展尚需一定的时间来提高市场参与者的风险意识和进一步加大利率市场化程度。

3.5.2　人民币远期交易做市商

经过多年的实践和发展，中国外汇交易中心的人民币远期交易的活跃程度较推出前期已大大提高，市场参与机构数量和成交金额都有很大提高。

3.5.3　人民币远期交易会员

截至 2017 年 4 月 14 日，远期市场会员从 2005 年 10 月 24 日的 54 家增长到了 160 家，远掉期市场做市商 27 家。

3.5.4　人民币远期交易成交金额

成交额是反映任何市场流动性的最主要参数，图 3.3 给出了 2006 年第一季度至 2017 年第一季度中国外汇交易中心每季度的人民币外汇远期成交金额。

从图 3.3 中可以看出，人民币远期交易在 2006 年第一季度尚不足 10 亿美元，但其后持续高速增长，到 2006 年第四季度已高达 87.5 亿美元；此后的一年半时间，即 6 个季度的交易额都没有达到过 2006 年第四季度的总额；2008 年第

亿美元

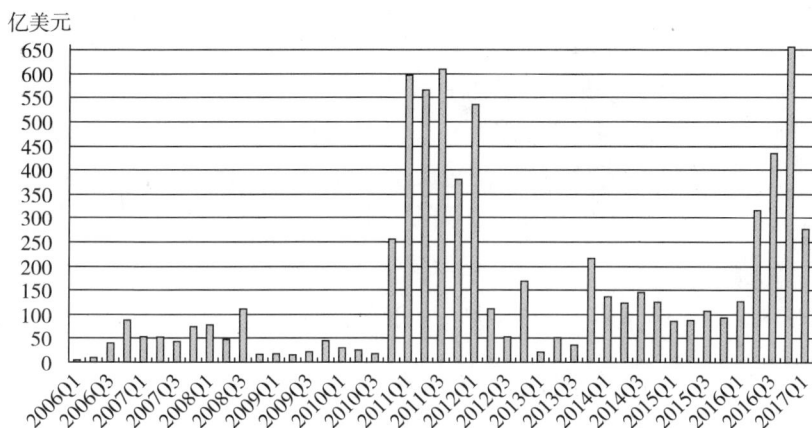

数据来源：2006 年到 2014 年数据来自中国人民银行季度《中国货币政策执行报告》，2015 年以来的数据来自国家外汇管理局网站 www. safe. gov. cn；2017 年数据为第一季度数据。

图 3.3　中国外汇交易中心人民币外汇远期季度成交金额情况
（2006 年第一季度—2017 年第一季度）

二季度，人民币远期交易量创下其面世以来的历史高位 110.5 亿美元的季度纪录；但金融危机爆发对境内人民币远期市场产生了巨大的影响，人民币远期交易的活跃程度急剧下降，2008 年第四季度到 2009 年第二季度成交额连续三个季度不到 20 亿美元；虽然 2009 年第四季度达到了金融危机之后的高峰 44.9 亿美元，但是之后三个季度又持续下降到了不到 20 亿美元的低位。从 2010 年 6 月进一步推进人民币汇率形成机制改革后，人民币小幅升值，双向浮动特征明显，汇率弹性明显增强，人民币汇率预期总体平稳。

2010 年 11 月，国家外汇管理局发布《关于加强外汇业务管理有关问题的通知》（59 号文），对银行按照收付实现制原则计算的头寸余额实行下限管理。这一新规的公布令银行间人民币外汇远期交易成交量在随后的一年多时间里飞速增长，从 2010 年第四季度到 2012 年第一季度，6 个季度的成交金额均值达 489 亿美元，较此前 6 个季度均值 25.5 亿美元翻了 19 倍，其中 2011 年第三季度人民币外汇远期交易成交达到了 608 亿美元的历史高位。随着 2012 年第一季度国家外汇管理局取消银行收付实现制头寸要求，人民币外汇远期交易量整体出现了大幅度的下滑，但季均成交量仍较 2010 年第四季度前略有增长。

在 2013 年第一季度远期交易金额下降到了 21 亿美元，回到了 2008 年第四季度到 2009 年第三季度平均交易额差不多的低位；虽然 2013 年第一季度到第四季度，交易额达到了 215.3 亿美元，创下了 2013 年以来季度成交额最高峰，但是 2013 年第四季度以来成交金额却再回持续下降的趋势，显示功能人民币外汇交易市场仍然存在严重的问题；可喜的是，2015 年第四季度以来，境内人民币外汇远期市场出现了十一年来未有的持续显著增长趋势，而且 2016 年第四季度成交金额创下了历史新高 654.2 亿美元，不仅比 2011 年第三季度的 608 亿美元高出 46.2 亿美元，而且还首次高于图 3.2 给出的同期境内人民币外汇远期结售汇金额 625 亿美元。然而 2017 年第一季度银行间外汇远期成交金额比 2016 年第四季度又下降了 57.8% 到 276 亿美元，市场持续增长的势头并未形成。

3.5.5 人民币远期交易成交金额与结售汇金额的关系

图 3.3 和图 3.2 的数据显示，2016 年境内外汇远期交易首次超过了相应的远期结售汇交额，显示境内人民币远期市场的好消息。但是，详细比较该两图，我们可以容易地发现近年来境内远期结售汇市场持续低迷，2016 年总金额甚至下滑到了比 2010 年还要低的水平。银行间远期交易实际上是为银行与客户远期结售汇进行风险管理的交易，在远期结售汇市场持续低迷的情况下远期交易却持续显著增长并非人民币远期市场持续健康发展的显现。希望境内人民币远期市场能够步入持续发展的轨道，不拖境内人民币外汇市场的后腿。

3.6 外汇远期市场流动性的国际比较

有了政府正式公布的人民币远期数据，我们就可以容易地比较境内远期市场与国际市场，从而清楚境内人民币外汇远期市场与世界的差距。表 3.3 给出了 2007 年 4 月到 2016 年 4 月主要货币即期、远期和掉期日均成交金额占比分布。

表 3.3　　　　主要货币即期、远期和掉期日均交易金额占比分布

（2007 年 4 月到 2016 年 4 月）　　　　　单位:%

年份	2007 年			2010 年			2013 年			2016 年		
货币/ 产品类型	即期 交易	远期 交易	外汇 掉期	即期 交易	远期 交易	外汇 掉期	即期 交易	远期 交易	外汇 掉期	即期 交易	远期 交易	外汇 掉期
美元	29.7	10.9	59.4	35.2	11.6	48.5	36.4	12.6	43.6	31.1	13.5	48.6
欧元	36.9	12.1	51.1	44.4	9.6	40.3	42.2	10.0	42.9	32.7	11.2	50.7
日元	40.4	12.1	47.5	39.7	15.2	37.8	49.7	10.0	27.0	36.0	13.8	41.8
英镑	32.5	10	57.4	41.6	10.7	43.9	35.9	11.0	47.8	32.6	14.2	46.9
澳大利亚元	25.7	10	64.3	36.8	9.6	48.6	42.4	10.8	39.6	40.8	11.6	40.2
加拿大元	29.7	11.8	58.6	37	12.5	47.6	38.3	14.8	41.3	40.2	13.0	39.5
瑞士法郎	42.2	10.1	47.7	36.4	7.5	50.9	30.6	9.8	54.1	23.5	12.3	61.7

续表

年份	2007 年			2010 年			2013 年			2016 年		
货币/产品类型	即期交易	远期交易	外汇掉期	即期交易	远期交易	外汇掉期	即期交易	远期交易	外汇掉期	即期交易	远期交易	外汇掉期
人民币	61.4	31.3	7.4	23.7	41.6	20.1	28.4	23.5	33.4	33.7	13.9	42.6
瑞典克朗	20.7	10	69.3	21.5	9.8	65.2	28.7	12.5	55.9	30.1	11.5	52.2
墨西哥比索	37.4	11.7	50.9	36.3	10.8	48.2	42.0	10.2	42.8	38.4	10.7	32.1
新西兰元	29.4	11.3	59.3	34.2	8	53.3	37.0	10.9	47.6	38.1	10.5	41.9
新加坡元	22.5	7.9	69.6	27.7	7.8	59.7	32.4	14.3	53.6	30.8	8.8	56.0
港元	18.4	7	74.6	19.9	4	74.4	26.9	9.6	61.3	26.1	6.8	64.8
挪威克朗	18.4	9.7	71.9	23.4	11.7	61.2	27.9	13.5	55.9	34.1	9.4	51.8
韩元	44.7	29.4	25.9	35.1	29.9	29.1	30.3	37.2	24.9	34.5	41.7	16.7
土耳其里拉	61.4	11.4	27.2	27.2	10.4	49.6	22.4	13.8	55.5	28.2	8.5	56.3
俄罗斯卢布	70.7	5	24.3	50.6	6.3	40.2	42.8	10.3	43.2	41.4	10.3	46.6
印度卢比	42.6	27.5	29.8	35.8	36.1	18.1	28.9	46.2	19.1	32.8	39.7	22.4
南非兰特	19.9	12.1	68	31.7	9.9	54.8	32.6	11.9	52.3	31.4	7.8	47.1
巴西雷亚尔	50.2	47.3	2.5	31.3	47.3	4.3	28.9	46.2	19.1	25.5	52.9	2.0
丹麦克朗	21.8	10.3	67.9	21.2	12.4	66	17.4	12.4	69.5	16.7	11.9	71.4
波兰兹罗提	20	10.9	69.1	22.4	11.1	60	28.8	14.8	52.7	34.3	11.4	51.4
新台币	47.1	40.6	12.3	31.9	35.9	25.5	23.2	45.0	25.9	28.1	40.6	25.0
匈牙利福林	34.1	15.7	50.2	24.1	10.6	58.1	33.0	15.6	45.9	26.7	13.3	53.3
其他货币	43.7	39.3	17	40.9	44.2	12.2	31.8	30.6	31.1	30.9	26.5	33.5
全部货币	30.2	10.9	51.6	37.4	11.9	44.3	38.3	12.7	41.7	32.5	13.8	46.8

数据来源：国际清算银行 2013 年公布的 2016 年 4 月和之前年份不同类型产品数据；已对境内和跨境交易的重复计算进行调整。

表 3.3 显示，2007 年到 2013 年，全球外汇市场即期成交金额占比从 30.2% 持续上升到了 38.3%，同时远期成交金额占比也从 10.9% 持续上升到了 12.7%，但是掉期占比却从 51.6% 持续下降到了 41.7%；2013 年到 2016 年，即期占比回落到了 32.5% 的同时，掉期占比回升到了 46.8%，但是远期占比却保持了之前持续增长的态势达到了 13.8% 的历史高位，显示近十年来外汇远期在国际外汇市场中保持了唯一持续增长的态势。

表 3.3 显示，2007 年和 2010 年，人民币远期占人民币外汇交易比重分别高达 31.3% 和 41.6%，而该两年境外人民币市场还未正式启动，全球人民币外汇远期交易几乎全在境内，而境内数据显示 2010 年同期境内人民币外汇远期交易

占境内人民币外汇交易金额比重仅为0.1%，显示清算银行给出的人民币远期交易数据有明显的问题；表3.3显示，2013年和2016年全球人民币外汇远期日均成交金额占比分别高达23.5%和13.9%，而根据境内数据计算得出同期境内人民币外汇远期交易占比仅分别为4.9%和1.8%，同样显示国际数据有问题，同时也显示境内人民币外汇远期市场离国际市场仍有巨大的差距，亦即仍有着巨大的增长空间。

3.7　人民币远期结售汇市场存在的问题

人民币远期交易自2007年推出以来，交易量一直都比较低，而且人民币远期交易与远期结售汇间的比例关系及相关性也较低，表明境内的人民币远期市场存在比较严重的问题。本节简单介绍这些问题。

3.7.1　参与人民币远期结售汇交易的限制比较严格

中国人民银行规定人民币远期交易适用"真实需求"原则，要求市场参与者在结算日之前需提供进出口贸易或其他保值背景的证明文件，否则银行有权终止合同，由此产生的后果必须由参与者自己承担。这些限制使得参与者无法通过人民币远期交易来满足一些特殊需要，因此参与人民币远期交易的积极性也大为降低。日本、韩国等其他国家在发展外汇衍生产品市场的初期也曾经遵循过真实需求原则，但是随着其市场的逐步发展成熟，这些国家最终都取消了这一限制，进而极大地推动了其外汇市场的自由化进程。对任何金融产品而言，投机和投资都是不可缺少的交易行为，而且它们往往很难区分，事实上，没有任何投机性质的金融产品很难取得成功。除真实贸易背景外，对银行间外汇远期结售汇保证金的要求成为近年来境内人民币远期结售汇不够活跃的主要原因。目前制约我国外汇远期市场发展的最主要问题是对市场参与者的限制过于严格，如果不减轻或取消这些限制，远期市场便很难发挥其正常功能。

3.7.2　人民币汇率的波动率过低

人民币对美元汇率在汇率改革之后的半年内平均波动率仅为0.4%左右，之后的一年增长到了约1.0%，2007年8月15日进一步增长到1.5%，2007年底则达到了2%~4%的水平；受金融危机的影响，2008年第四季度到2009年12月之间波动率持续下降到了不到0.2%的历史低位；2010年6月人民币汇率机制再次重新启动后几个月，人民币对美元年化的波动率曾经接近3，但是到2011年2月之后不久重新回到了1%以下，此后一直到2015年8月10日持续下降到了不到0.3%的历史低位。

尽管 2012 年 4 月和 2014 年 3 月人民币对美元日交易浮动幅度分别提高到了 1% 和 2%，然而图 3.4 显示，国家外汇管理局每天公布的人民币对美元中间价的波动率相对于 2012 年 4 月不仅没有提高，反而呈现出明显下降的趋势。这些市场数据表明扩大了的人民币对美元日浮动区间并没有有效利用，境内人民币对美元汇率的波动性并没有因为人民币对美元汇率日浮动区间扩大而提高。2008 年 12 月到 2016 年 10 月，境内人民币对美元波动率保持在仅相当于欧元兑美元汇率及日元兑美元汇率波动率的一成上下。过低的人民币汇率是人民币外汇远期市场不够活跃的主要原因之一。

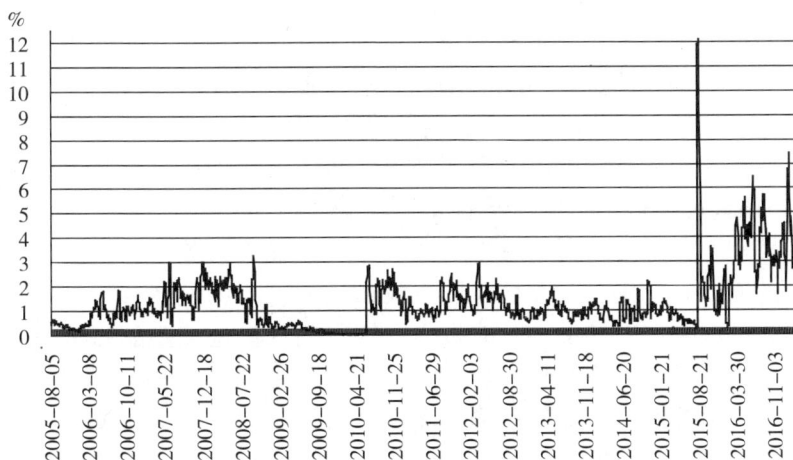

资料来源：国家外汇管理局网站 www. safe. gov. cn。

图 3.4　人民币/美元汇率历史波动（2005 年 9 月—2017 年 2 月 21 日）

值得关注的是，2015 年 8 月 12 日新汇改正式启动，8 月 11 日到 8 月 13 日 3 个工作日，境内人民币对美元连续每天贬值 1% 以上，导致 2015 年 8 月 11 日之后人民币对美元年化波动率连续 9 个工作日超过 10%；之后虽显著回落，但是一年多来，人民币对美元汇率年化波动率平均水平高达 3.45%，比新汇改之前同样时间段内平均值 0.88% 高出 2.9 倍，显示近期央行扩大人民币对美元汇率政策对外汇远期市场有着明显的效果，2015 年第二季度以来银行间外汇远期市场流动性持续提高应该与新汇改后汇率波动率显著提高密不可分。

3.7.3　隐含利差和实际利差之间存在巨大差异

从理论上讲，即期汇率和远期汇率必须满足一个平价关系。但是，叶永刚和李源海（2001）利用中国银行人民币/美元远期业务开展初期的数据所进行的实证研究表明，这种平价关系显示出很大的波动性，1 个月远期的隐含利差和实际利差之间有较大的差额，差额有时为正有时为负，似乎差额也不存在规律的变化模式。我们在第 9 章介绍人民币外汇期权时会系统深入地讨论人民币汇率波动性问题。

3.8　小结

外汇远期是传统外汇交易的重要组成部分，也是最简单的外汇衍生产品。我国外汇远期结售汇业务从 1997 年试点至今已近 20 年了，银行间外汇远期交易试点交易虽比远期结售汇晚了 8 年多些，但至今也有逾 12 年的经验。十多年远期结售汇和远期交易的试点取得了可喜的成绩，市场有了一定的规模，但是市场流动性，特别是远期交易市场流动性仍然过低，不仅低于发达国家和全球平均水平，而且还显著低于印度这样的主要发展中国家。

人民币汇率形成机制改革方案的推出和实施大大加快了人民币产品创新的步伐。《中国人民银行关于扩大外汇指定银行对客户远期结售汇业务和开办人民币与外币掉期业务有关问题的通知》和《中国人民银行关于加快发展外汇市场有关问题的通知》的发布对今后我国人民币远期市场的发展有相当大的推动作用。同时，中国外汇交易中心及时推出的银行间外汇远期产品，更为银行间相互规避汇率风险提供了场所和工具。特别值得关注的是，2015 年 8 月新汇改以来，境内人民币外汇远期交易市场流动性持续提高应该与市场波动率显著增大有关，继续提高汇率市场化程度是活跃境内人民币外汇市场的重中之重。

参考文献

张光平．人民币衍生产品（第四版）［M］．北京：中国金融出版社，2016.

4 人民币外汇掉期和货币掉期

外汇掉期是外汇市场最主要的产品类型，近年来占全球外汇成交额比重超过四成，比外汇即期还要高。境内银行间人民币外汇掉期交易于 2006 年 4 月 24 日正式运行，标志着银行间外汇市场上的一个重要产品开始在境内启动，一年多以后，2007 年 8 月，银行间外汇市场又推出了人民币外汇货币掉期交易，标志着境内人民币外汇市场主要产品除人民币外汇期权外已经大多推出。虽然人民币外汇掉期推出时间晚于相应的人民币外汇远期交易，但人民币外汇掉期市场运作 9 多以来，成交量逐年持续增长，增长速度远高于人民币远期。本章将对人民币外汇掉期和人民币外汇货币掉期进行简单的介绍和分析。

4.1 外汇掉期简介

外汇掉期交易是指交易双方约定在前后两个不同的交易日，进行方向相反的两次货币交换。在前一次货币交换中，一方按照约定汇率用外币向另一方换入本币，在后一次货币交换中，该方再按照另一约定汇率用本币向另一方换回第一次换出的等额外币。其中交割日在前的交易称为交易近端，交割日在后的交易称为交易远端。

第一次交换所使用的汇率同第二次交换所使用的汇率的差称为掉期点。

以美元和人民币的 1 年期掉期交易为例，图 4.1 给出了掉期交易的资金流向。

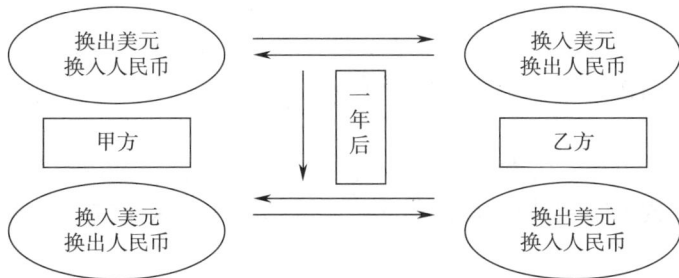

图 4.1 交易资金流向

对于客户来说，相对于单独的即期或远期交易，掉期交易具有多种优势，我们在下节会对此进行详细介绍。

4.2 外汇掉期的功能

4.2.1 锁定汇率风险

当一家公司（尤其是进出口相关企业）预先知道在未来的两个不同时点公司将会有两笔方向相反的外汇交易需求的时候，可以通过外汇掉期与即期交易搭配的策略来锁定汇率风险。

4.2.2 降低交易费用

一方面，掉期由一笔即期交易和一笔远期交易，或两笔期限不同的远期交易构成，若是企业分别就每笔交易签订一个合约，银行收取的费用一定会比只签订一个掉期合约要高；另一方面，掉期业务使银行更容易管理敞口头寸，所以掉期点会比单独两笔交易的升水或者贴水幅度相加之和来得小，这样企业规避汇率风险的成本也就相对减小了。

4.2.3 降低融资成本

假如一家公司现在需要融资 1000 万元人民币，并且可以在人民币与日元之间选择，1 年期人民币和日元的贷款利率分别是 7.02% 和 2.25%，该公司融资后需要支付的货币是人民币。假如人民币与日元的即期汇率为 15.2585 日元/人民币，1 年期远期汇率为 15.2015 日元/人民币，那么该公司可以借用日元贷款，之后通过掉期交易，先把借来的日元通过即期交易变成人民币，再通过 1 年期远期交易将人民币换成日元，以归还日元贷款。通过计算，相比直接借用人民币，该公司可以节约利息支出 43.87 万元。所取人民币对日元即期汇率为 2007 年 9 月 6 日的市场价格。

正是由于外汇掉期能够有效帮助企业、银行及个人更好地管理本币现金流、外币现金流和相应的汇率风险，所以成为国际上流行并且十分重要的一种外汇交易产品。

另外，人民币外汇掉期交易还有其他好处。首先是能够提供部分中短期外汇资金来源，成为维护外汇流动性的有效手段；其次是通过一定时期内的人民币外汇互换，可以主动地调剂本外币资金余缺，从而提升银行资金筹措与管理的灵活性，降低资金综合成本，改善经营效益；最后是通过参与新兴市场交易，有助于提高银行资金业务的整体水平，同时也对推动国内人民币衍生产品的发展发挥积极作用。

4.3 境内人民币外汇掉期市场的发展过程

2005 年 8 月 8 日，根据《中国人民银行关于加快发展外汇市场有关问题的通知》的精神，银行间外汇市场正式引入了人民币远期询价交易。根据相关规定，远期外汇市场会员自获得远期交易备案资格起 6 个月后，可按即期交易与远期交易的相关管理规定，在银行间市场开展即期与远期、远期与远期相结合的人民币对外币掉期交易。境内银行间人民币外汇掉期交易于 2006 年 4 月 24 日正式开始交易，交易从当日上午 9 时 30 分开始，至下午 5 时 30 分结束，参与机构的报价以及交易热情都较高。中国进出口银行与中国银行达成了银行间人民币外汇掉期市场开市后的首笔交易。回顾 2005 年到 2007 年的银行间人民币外汇掉期交易市场，我们可以将其分为三个时间段来加以介绍。

4.3.1 2005 年 8 月到 2006 年 7 月的起步阶段

在这一阶段，银行间外汇掉期交易远没有银行间远期外汇交易活跃，并且银行间外汇掉期交易大量集中在短期限操作上。造成这种现象的主要原因有两点：

第一，对于非做市商银行来说，结售汇综合头寸的管理采用的是现金收付制，银行对客户结售汇业务、自身结售汇业务和银行间外汇市场交易在资金实际收付日计入结售汇综合头寸。这样的头寸管理方式，使得部分市场参与者可以通过在银行间市场抛售即期或者远期美元来获得美元对人民币的负头寸，进而在人民币预期升值的大环境下，使得这些银行在符合综合头寸监管要求的同时，能够继续保持短美元长人民币的敞口头寸，获取人民币升值的收益。这种做法不仅虚增了美元对人民币的升值压力，也造成了银行间外汇掉期交易大量集中在短期的现象。

第二，境内美元对人民币远期同境外不可交割美元对人民币远期之间存在明显差价，人们可以通过卖出境内远期，买入境外期限相同、本金相同的不可交割远期来实现跨市场的无风险套利。境外远期由于有大量的投机者存在，价格波幅相对较大，也带动了境内远期/掉期价格的经常性波动。对于寻求对冲工具以锁定汇率风险的市场参与者来说，这样的市场并不具有太大的吸引力，市场参与者不愿意进入这样的市场，从而限制了境内人民币外汇掉期市场的发展。

4.3.2 2006 年 7 月到 2007 年 5 月的成长阶段

2006 年 6 月下发的《国家外汇管理局关于调整银行结售汇综合头寸管理的

通知》要求所有银行的结售汇综合头寸管理都转为权责发生制，要求银行将对客户结售汇业务、自身结售汇业务和银行间外汇市场交易在交易订立日计入结售汇综合头寸。同现金收付制相比较，权责发生制完全禁止银行保持隔夜的短美元长人民币敞口头寸。这样境内境外美元对人民币远期无风险套利的一个重要基础就被打破了，境内美元对人民币的定价开始真正以利率平价为基础进行计算。

这一阶段，美元对人民币外汇掉期交易主要反映了美元利率和人民币利率之间差价的变化。由于利率波动性比汇率波动性要小，加上排除了境外不可交割远期价格对境内远期价格的影响，市场的稳定性有了很大提高。随着市场稳定性的加强，越来越多的参与者愿意加入到这个市场中来，从而大大增加了银行间远期/掉期交易的活跃程度，报价的买卖价差也大幅收窄。根据中国人民银行 2007 年上半年《中国货币政策执行报告》的统计，2007 年上半年，银行间远期外汇交易名义本金额折合为 107 亿美元，日均成交 0.9 亿美元，是 2006 年日均交易量的 1.6 倍；人民币与外汇掉期为 1334 亿美元，日均成交量约为 11.4 亿美元，是 2006 年日均交易量的 3.8 倍。同时，以 1 年期掉期为例，银行间市场的报价价差由市场起步时的 400 个基点缩窄到 30 个基点。

4.3.3　2007 年 5 月到 2007 年底的发展阶段

在这一阶段，美元对人民币掉期贴水迅速加剧，人民币外汇掉期的隐含人民币收益率不断下降，甚至一度为负。外汇掉期市场的流动性下降，市场波动加剧，买卖价差也拉大到了 100~200 个基点。影响该阶段银行间外汇掉期市场发展的主要因素是国家外汇管理局对外汇市场的进一步开放和短期外债限额的大幅削减所造成的境内美元流动性紧张。2006 年 10 月下发的《国家外汇管理局关于外汇指定银行对客户远期结售汇业务和人民币与外币掉期业务有关外汇管理问题的通知》中，对银行间远期和掉期市场影响最大的条款莫过于明确了"远期结售汇业务实行履约审核。银行可根据自身经营和风险管理需要决定与客户办理远期签约。远期合约到期时，银行凭客户提供的相应有效凭证为其办理结售汇"。在这之前，客户办理远期结售汇业务，在订立远期合约当日就必须向银行提供相关的审核材料，但由于远期外汇买卖需求本身具有相当大的不确定性，所以这一规定将相当一部分有类似需求的客户挡在了银行的大门之外，而 2006 年 10 月新规定的出台为这部分客户寻求银行提供汇率风险对冲服务提供了便利。中国是一个出口大国，再加上人民币稳步升值的单边预期，新规定的出台大大增加了客户要求远期结汇，即抛售美元的需求。除了需求量增加以外，中国出口产业链的升级更是对远期结售汇以及银行间外汇掉期市场的期限提出了新的要求。造船、机械等工业领域的出口，其时间周期往往长达数年之久，客户需要对冲的不单单是 1 年以内的汇率风险，还有 2 年、3 年甚至更长期限的风险敞口。客户的需求催生了超远期外汇掉期市场的形成。但由于境内银行风险管理能力不足，再加上资金流动性紧张，所以超远期外汇掉期市场的活跃程度相较一年及以内的外汇掉期市场要相差很多。同时，新规定由于放松了对远期合约订立时的审核要求，又催生了另一类客户的需求，也就是我们前面提到的境内远期与境外远期之间的套利。我们在前文中说到，在国家外汇管理局改革并统一银行结售汇综合头寸的管理办法实施之后，银行无法再利用境内境外远期的差价进行套利，境内外 1 年期远期的差价因此一度拉宽到近 3000 个基点。

对于境内的跨国企业来说，它们本身并不存在结售汇综合头寸的监管要求，新规定又放松了对它们抛售境内远期美元的管制。跨国企业可以同境内银行订立卖出远期美元的合约，同境外银行订立买入期限相同、本金相同的不可交割远期美元的合约。在两个合约到期时，境外合约会自动按照当日的中间价进行差额清算；而对于境内合约，企业可以选择提供相关凭证来进行清算，如果没有有效的凭证，也可以选择按市价取消该笔合约，从而平仓获利。

上述两类客户的大量需求，使得境内各家银行都积累了为数众多且方向相同的外汇掉期敞口头寸。即期换入美元、远期换出美元的需要，推动美元对人民币掉期点不断下滑，在短短 3 个月时间里，1 年期美元对人民币掉期点一度从原来的 −1800 点下降到 −4000 点。

从理论上看，如果美元对人民币的掉期点不断下降，造成人民币隐含利率下跌，会形成对央行票据和其他人民币资产的套利空间，这样套利活动应该会将掉期点推回到正常水平。但是，短期外债的大幅削减打破了这种平衡。2007 年 3 月，为进一步加强外债管理，严格控制短期外债规模，进一步规范金融机构借用短期外债的行为，维护国家经济金融安全，促进国际收支基本平衡，《国家外汇管理局关于 2007 年度金融机构短期外债管理有关问题的通知》规定，各金融机构 2007 年度短期外债指标均被调减。中资银行短期外债指标调减为 2006 年度核定指标的 30%，非银行金融机构以及外资银行调减为 2006 年度核定指标的 60%。短期外债指标的调减，意味着境内金融机构无法再从境外无限度地借入美元或其他外币资产，境内美元利率由此一飞冲天。截至 2007 年 8 月底，1 年期境内美元拆借利率达到 Libor + 180 个基点。境内美元的短缺破坏了利率平价所要求的平衡，原来的套利交易者因为无法获得美元而纷纷止损离场，进一步加剧了境内美元对人民币掉期贴水的增加。

4.3.4　2008 年以来的持续发展阶段

从 2008 年初以来，人民币外汇掉期市场进入了持续发展阶段。尽管金融危机爆发后不久的 2008 年第四季度，人民币外汇掉期交易额仍保持了 37.8% 的同比增长率；2009 年第一季度人民币外汇掉期市场确实受到了金融危机的影响，然而季度成交金额不仅没有萎缩，反而同比增长了 1.4%；人民银行季度货币政策执行报告中公布的数据显示，从 2008 年第一季度到 2011 年第三季度，人民币外汇掉期季度交易量从 1038.4 亿美元增长至 5239 亿美元，增长 4 倍多；从 2011 年第三季度到 2016 年第四季度，外汇掉期成交金额又增长了 4.8 倍到 3.03 万亿美元；2015 年第四季度境内人民币外汇掉期成交金额首次超过人民币外汇即期成交金额，成为人民币外汇市场成交量最大的业务品种，显示该市场呈现持续稳步增长的良好态势。

4.4 人民币外汇掉期的成交金额和产品结构

4.4.1 人民币外汇掉期市场成交额

自 2006 年 4 月 24 日银行间人民币外汇掉期交易推出以来，其成交金额呈现快速上升态势。图 4.2 给出了 2007 年第一季度到 2017 年第一季度银行间外汇掉期季度成交金额。2006 年全年，人民币外汇掉期交易成交金额即高达 508 亿美元，市场成功起航；2007 年第一季度，成交金额在单个季度就超过了 500 亿美元达到 557.2 亿美元，2007 年第三季度成交金额首次超过 1000 亿美元；尽管受

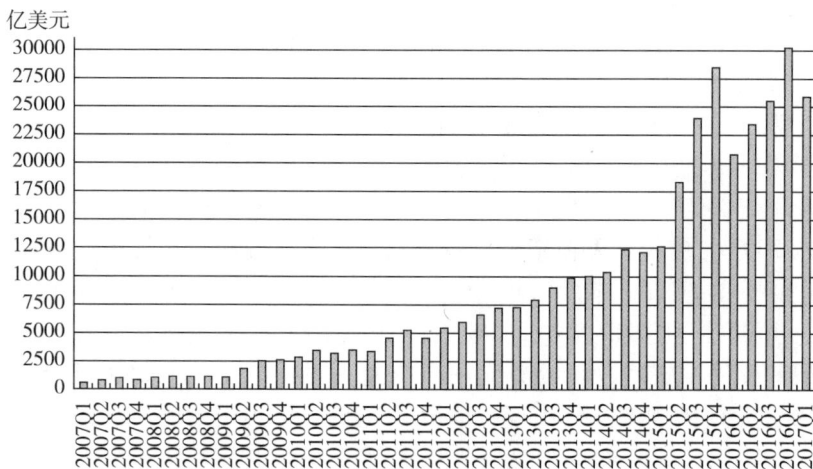

数据来源：中国人民银行 2007 年第一季度到 2017 年第一季度《中国货币政策执行报告》。

图 4.2 中国外汇交易中心人民币外汇掉期季度成交金额情况
（2007 年第一季度—2017 年第一季度）

国际金融危机的影响，但 2008 年每个季度成交额仍保持在 1000 亿美元以上，全年总成交金额达到 4403 亿美元，比 2007 年增长了 39.7%；即使在金融危机最严重的 2009 年第一季度，成交金额仍然保持在 1000 亿美元以上，2009 年全年成交金额达到 8108 亿美元，比 2008 年增长了 82.1%；2010 年成交金额保持了持续增长的势头，全年成交金额首次超过万亿美元，达到 1.3 万亿美元，2011 年总成交金额比 2010 年增长了 36.2% 达到了 1.77 万亿美元；2012 年总成交金额首次超过 2 万亿美元达到 2.52 万亿美元，比 2011 年增长了 42.3%；2013 年到 2016 年总成交金额分别首次超过了 3 万亿美元、4 万亿美元、8 万亿美元和 10 万亿美元，分别高达 3.40 万亿美元、4.49 万亿美元、8.35 万亿美元和 10.00 万亿美元，比前一年分别增长了 35.0%、31.9%、86.0% 和 19.8%，显示 2012 年以来境内外汇掉期市场持续高速增长的可喜势头，为境内人民币外汇市场发展作出了显著的贡献。

从图 4.2 可以看出，国际金融危机对人民币外汇掉期市场交易影响较小，从 2009 年第一季度到 2016 年第四季度市场保持了境内市场少见的多年持续快速的增长态势：2008 年到 2015 年的年成交金额年均复合增长率高达 52.12%；2016 年比 2015 年增长率 19.8% 较前几年略有回落。由于境内外汇掉期市场的持续快速增长，外汇掉期年成交金额占境内外汇交易总额比重从 2010 年的 19.5% 持续增长到了 2014 年的 35.2%，首次超过 1/3；2015 年和 2016 年分别提高到了 47.0% 和 49.9%。如果境内外汇掉期市场保持近年来快速增长的势头，外汇掉期市场在境内外汇市场中的地位会进一步显著提高到超过一半的水平，对境内人民币外汇市场的发展发挥更大的作用。

4.4.2 国际比较

外汇掉期是全球外汇市场上最活跃的产品类型。图 4.2 显示，境内人民币外汇掉期保持了 8 年来持续高速增长的势头。比较境内外人民币外汇市场的差别和差距，我们才能找到发展境内外汇市场的方法。

4.4.3 境内外汇掉期的产品结构

自人民币外汇掉期交易推出以来，即期/远期和远期/远期两种产品类型中，前者始终占据主导地位。图 4.3 给出了 2009 年到 2016 年境内隔夜外汇掉期成交金额占总外汇掉期成交金额的比例。从该图中可以看出，境内大部分外汇掉期是短期即期/远期类产品，即期/远期类产品成交金额占总成交金额的比重在 90% 以上，2007 年 3 月最高占到 99%。

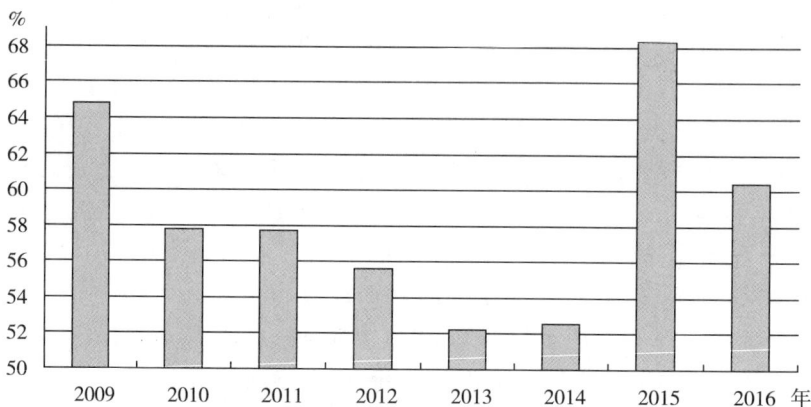

数据来源：中国货币网，《中国货币市场》2006 年和 2007 年各期外汇运行报告。

图4.3　隔夜人民币外汇掉期成交金额比重

4.5　人民币外汇掉期市场的参与者

《中国人民银行关于在银行间外汇市场开办人民币外汇货币掉期业务有关问题的通知》规定："具备银行间远期外汇市场会员资格的境内机构可以在银行间外汇市场开展人民币外汇货币掉期业务，国家外汇管理局对人民币外汇货币掉期业务实行备案制管理。"《中国货币市场》杂志披露，截至 2009 年 4 月，共有 73 家机构成为外汇掉期市场的会员，较 2007 年底的 78 家减少了 5 家；截至 2017 年 4 月 14 日，有 160 家机构成为外汇掉期市场的会员，比 2015 年增加了 37 家（人民银行货币政策执行报告）。

4.6　境内外汇掉期成交金额的市场占比

利用图 4.2 给出的境内人民币外汇掉期季度成交金额和相应的境内外汇季度成交金额数据，我们可以计算出不同季度和年度境内人民币外汇掉期成交金额占外汇交易总额比重，表 26.4 给出了相应的结果。表 26.4 显示，2010 年和 2011 年境内人民币外汇掉期成交金额占比仅在 20% 上下，然而 2011 年到 2014 年持续上升到了 35.2%，首次超过 1/3，2015 年和 2016 年分别提高到了 47.0% 和 49.9%，接近一半，超过了 2016 年全球外汇掉期成交金额占全球外汇市场的 46.8%，显示近年来境内人民币外汇掉期高速增长的良好态势。

4.7 外汇掉期市场面临的主要问题

4.7.1 掉期市场法律建设起步较晚

外汇掉期作为一种外汇衍生产品，在法律上需要对交易双方的权利义务以及交易合同中的主要要素有一个明确的定义。在境外成熟市场上，经过多年的发展，各个银行之间形成了一个明确的法律文件，即国际掉期与衍生产品总协议（International Standard of Derivative Agreement，ISDA），以此来约束相关各方的行为，从而减少风险、降低交易成本。同时，还以一系列的信用保证文件或条款来防止违约对交易对手方的伤害和对整个市场稳定性的影响。

我国在场外金融衍生产品市场发展的初期，由于缺乏经验和自律组织，市场参与者只能采用简单地签订一对一合同的形式达成交易。合同文本或由各机构自行拟定，或照搬 ISDA 主协议等国际通用协议文本（丘壑，2009）。2007年，国家外汇管理局和中国人民银行分别发布了《全国银行间外汇市场人民币外汇衍生产品主协议》和《中国银行间市场金融衍生产品交易主协议》，两份主协议在适用范围方面有一定的交叉，场外金融衍生产品交易的"一市两协议"局面给市场交易带来诸多不便。对此，中国人民银行于 2008 年 8 月召开行长专题会议，明确对两份主协议进行合并，并确立我国衍生产品市场统一的主协议文本——《中国银行间市场金融衍生产品交易主协议》，并由中国银行间市场交易商协会于 2009 年 3 月 16 日发布，这为中国金融衍生产品市场的发展清除了一道技术障碍。

4.7.2 银行间授信额度的滞后

同即期交易相比，银行间远期外汇交易和掉期交易由于牵涉到未来现金流的交换，所以要求交易对手方之间有相当的授信额度作为支持。但由于以下几种原因，这方面的建设相对滞后。首先，由于我国法律不支持抵消操作，造成对同一对手方两笔到期日相同、方向相反的交易需要计算两次授信额；其次，外资银行本地化使其资本金大大减小，信用评级相对原外资银行分行也有所降低，进而减少了中资银行对外资银行和外资银行之间的相互授信额度；最后，相当一部分的本地中小型金融机构，尽管存在远期和掉期的需求，但由于它们很难从大型金融机构尤其是外资金融机构获取授信额度，阻碍了它们参与人民币外汇远期和掉期市场的脚步。市场的发展，交易各方对彼此的熟悉和信任，都需要时间的积累，因此我们有理由相信，随着中国外汇市场的不断深入，这些问题都将会得到解决。

4.8 人民币货币掉期

虽然货币掉期（Currency Swaps）推出时间比外汇掉期早很多年，然而货币掉期十多年来活跃程度与外汇掉期相差较大，但是货币掉期仍然是国际外汇市场上一个重要的产品类型。本节我们简单介绍境内人民币货币掉期的交易情况。

4.8.1 人民币外汇货币掉期的推出

中国人民银行于 2007 年 8 月 20 日发布通知，为进一步完善金融市场体系，发展外汇市场，满足国内经济主体规避汇率风险的需要，决定在银行间外汇市场开办人民币外汇货币互换业务。这是 2005 年汇改以后，银行间外汇市场继先后推出人民币外汇远期和人民币外汇掉期交易之后推出的又一重要的人民币外汇衍生产品。人民银行表示，人民币外汇货币互换业务的开展将进一步丰富银行间外汇市场交易品种，满足不同市场参与者的资产管理需要。

4.8.2 人民币外汇货币掉期的定义

人民币外汇货币掉期，是指在约定期限内交换约定数量人民币与外币本金，同时定期交换两种货币利息的交易协议。本金交换的形式包括：在协议生效日双方按约定汇率交换人民币与外币的本金，在协议到期日双方再以相同的汇率、相同金额进行一次本金的反向交换；中国人民银行和国家外汇管理局规定的其他形式。利息交换指双方定期向对方支付以换入货币计算的利息金额，可以固定利率计算利息，也可以浮动利率计算利息（《中国人民银行关于在银行间外汇市场开办人民币外汇货币掉期业务有关问题的通知》，银发〔2007〕287 号）。

4.8.3 境内人民币货币掉期的市场规模及增长

境内人民币货币掉期业务在 2007 年推出之后增长比较缓慢，然而 2011 年到 2014 年，市场交易持续活跃起来。图 4.4 给出了 2011 年第一季度到 2017 年第一季度国内人民币货币掉期的成交金额。图 4.4 显示，2013 年第一季度到 2015 年第一季度，人民币货币掉期成交金额从 126.1 亿美元持续高速增长到了 1096.7 亿美元的历史高位，然而 2015 年第一季度以来却出现了显著回落的态势。

4.8.4 境内人民币货币掉期成交金额的市场占比

利用图 4.4 的数据，我们可以计算出年度境内人民币货币掉期成交额占外汇交易总额比重，表 26.4 给出了相应的结果。表 26.4 显示，2011 年到 2014

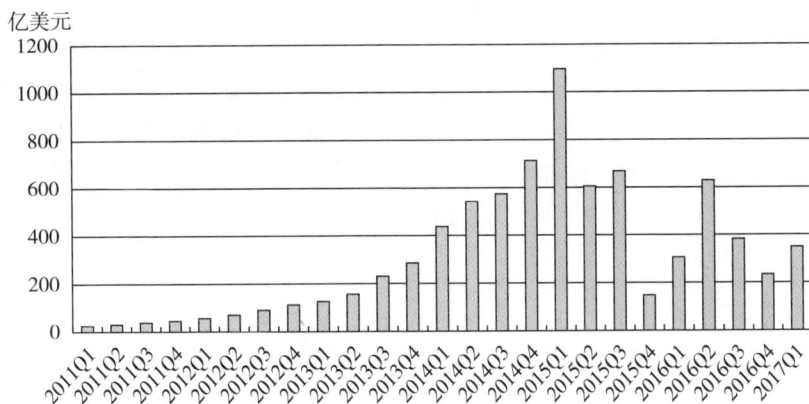

数据来源：2011 年到 2014 年数据根据国家外汇管理局公布的货币掉期半年度成交金额数据计算得出，2015 年以来的数据根据国际外汇管理局公布的月度外汇掉期和外汇货币掉期成交金额总数及人行货币政策执行报告给出的季度外汇掉期数据计算得出。

图 4.4　境内人民币外汇货币掉期季度成交金额
（2011 年第一季度到 2017 年第一季度）

年，人民币货币掉期成交金额占境内人民币外汇市场比重从 0.17% 持续提高到了 1.78%，占比持续高于同期境内人民币外汇期权占比，而且 2014 年境内人民币货币掉期占境内人民币外汇市场比重 1.78% 应该超过同年国际市场相应比重，显示当时境内人民币外汇货币掉期市场的活跃度可观；然而 2014 年到 2016 年占比却持续回落到了 0.61%。成为境内人民币外汇产品中最小的产品类型。

4.9　小结

　　总体来说，境内外汇金融衍生产品市场刚开始起步，虽取得了一定的成绩，但仍存在许多不足。境内人民币外汇掉期市场虽然比外汇远期市场启动晚半年多，但是前者 6 年多来保持了持续高速增长的态势，市场流动性显著高于后者。中国外汇交易中心 2015 年 2 月推出的标准化人民币外汇掉期对境内银行间人民币外汇掉期市场流动性有了明显的推动作用。相信今后几年境内人民币外汇掉期市场还会保持可观的增长速度，对活跃境内人民币外汇市场作出更大的贡献。

　　实际上，外汇掉期是国际外汇市场中非常重要的组成部分。如果从国际外汇市场产品结构的角度来看，外汇掉期甚至是国际外汇市场中最主要的部分。根据国际清算银行公布的数据，在 1995 年，外汇掉期的日均成交金额首次超过了外汇即期交易。进入 21 世纪，外汇掉期成交金额在国际外汇市场总交易量中的占比保持在 50% 以上的水平，而外汇即期交易只有 1/3 左右。我国外汇掉期起步相对较晚，虽然 2008 年以来保持持续高速度增长，但是外汇掉期在外汇市场中的比重仍然过于偏低，不到国际市场 1% 的水平。2010 年到 2016 年，境内外汇掉期成交金额占整个外汇市场总交易量的比重仅分别为 19.5%、20.5%、27.5%、30.3%、35.2%、47.0% 和 49.9%，显示境内外汇掉期市场占比持续明显提高，明显超过了国际市场相应占比。随着境内人民币外汇掉期市场的持续快速增长，境内人民币外汇掉期占比还会持续增加，对境内外汇市场的发展发挥更大的作用。

5 债券远期和标准债券远期

债券远期是最基本的利率衍生产品之一，也是国内银行间市场推出较早的利率风险管理产品。本章简单介绍国内债券远期市场从 2005 年到现在的发展情况。

5.1 我国债券远期市场简介

早在 1992 年 12 月至 1995 年 5 月，我国曾进行了国债期货的试点，但不幸夭折。表面上看，国债期货试点的失败，肇始于"3·27 事件"和"3·19 事件"中机构蓄意违规，但深层次原因则在于，当时国债现货市场不发达，且交易品种有限，极易发生逼仓问题。另外，当时对国债期货采取的是现货管理机制，信息披露不规范，期货市场法制不健全，利率市场化程度低，缺乏避险需求，导致定价机制扭曲。

2005 年 6 月 15 日，由工商银行和兴业银行做成的首笔债券远期交易，揭开了银行间市场债券远期交易的序幕。当天，债券远期交易共计成交 5 亿元，成交笔数为 13 笔。首笔债券远期成交的券种为剩余期限 4.86 年的 0503 券，期限品种为 2 个月，远期收益率为 3.3908%。银行间市场对债券远期交易表现出了很强的兴趣。为抢得首笔成交，银行间市场债券远期交易系统于 7：30 提前开市后，首批加入债券远期交易的金融机构即踊跃报价，截至 9 点交易开盘前，已有公开报价 2 笔，确认报价 13 笔，其中首笔公开报价由兴业银行发出。当日，被用于实行远期交易的债券品种共有 8 只，全部为短期国债和一年以下的央行票据，而且各占一半。成交数据显示，机构首日操作行为仍处于尝试性状态中。远期交易成交期限较短，最长的不过 2 个月。在 13 笔成交记录中，7 天短期品种占了 8 笔，2 个月品种仅有 2 笔。同时，从债券期限结构看，一年期以下的品种占了 3/4，一年期以上品种只有 0215 券和 0503 券 2 只中短期国债。

5.2 债券远期交易管理规定

中国人民银行 2005 年 5 月 16 日发布《全国银行间债券市场债券远期交易管理规定》（中国人民银行公告〔2005〕第 9 号，以下简称《规定》）。根据这一《规定》，银行间债券市场将从 6 月 15 日起推出债券远期交易。《规定》所称的债券远期交易，是指交易双方约定在未来某一日期，以约定价格和数量买卖标的债券的行为。远期交易的债券包括已在银行间债券市场进行现券交易的中央政府债券、中央银行债券、金融债券和经央行批准的其他债券券种。债券远期交易的制度安排，主要由四部分组成：首先，由央行制定《规定》，搭建债券远期交易的政策框架；其次，全国银行间同业拆借中心和中央国债登记结算有限公司根据《规定》，分别制定配套的债券远期交易规则和结算规则；再次，由央行组织全国银行间同业拆借中心、中央国债登记结算有限公司和市场参与者共同拟订和签署《主协议》，作为市场参与者共同遵守的行业自律性文件；最后，央行对债券远期交易信息披露等事项加以规定。

《规定》对远期交易的交割期限及交易规模做了明确要求：远期交易从成交日至结算日的期限（含成交日，不含结算日）由交易双方确定，但最长不得超过 365 天。到期应实际交割资金和债券。任何一家市场参与者单只债券的远期交易卖出与买入总余额分别不得超过该只债券流通量的 20%，远期交易卖出总余额不得超过其可用自有债券总余额的 200%。基金管理公司运用基金财产进行远期交易的规模，以单只基金计算。任何一只基金的远期交易净买入总余额不得超过其基金资产净值的 100%，任何一家外资金融机构在中国境内的分支机构的远期交易净买入总余额不得超过其人民币营运资金的 100%，其他机构的远期交易净买入总余额不得超过其实收资本金或者净资产的 100%。

5.3　我国推出债券远期交易的意义

债券远期交易的启动对我国债券市场乃至整个金融市场功能的增强有着重要意义。

5.3.1　债券市场基本结构的进一步健全

债券远期交易的推出增加了债券市场功能，有利于货币政策间接调控体系的进一步完善。债券远期能够促进债券市场价格发现，形成完善的收益率曲线，为中央银行制定和执行货币政策提供可靠的依据。同时，债券远期交易的推出为中央银行通过公开市场业务操作实现间接调控提供了新的可操作工具。债券远期推出后，中央银行可将现有的现券买卖、回购与远期交易适当组合，创造更为复杂的工具来实现其宏观调控目标。

5.3.2　有利于利率市场化的推进

债券远期交易的推出有利于加速利率市场化改革进程。首先，债券远期交易能够有效完善债券市场价格发现功能，促进合理的市场基准收益率曲线形成，有利于金融机构的利率定价，为利率市场化的推进提供良好的市场环境。其次，债券远期交易使债券市场具备风险管理功能，使得广大机构投资者可以通过债券市场建立利率风险管理机制，有利于加快利率市场化的进程。此外，债券远期交易形成的远期利率代表投资者对未来利率的市场预期，而这种市场预期是由供需双方决定的，和官方的管制利率不同，从某种意义上来说，这种远期利率本身就是利率市场化的一个重要组成部分。

5.3.3　有利于金融机构风险管理

债券远期交易的推出有利于促进金融企业体制改革。债券远期等衍生产品的推出有利于促进金融企业对企业内控机制和风险管理机制的完善。同时，由于债券远期本身就是一种风险管理的手段，这也有助于金融机构风险管理机制的健全。此外，金融市场产品的丰富，也能够优化金融企业的盈利模式、促进经营机制的转换，有助于金融企业真正成为符合市场经济要求的微观经济金融主体。

债券远期的推出有利于维护金融稳定。债券远期可以为债券市场的交易主体提供规避风险的工具。与传统风险管理手段相比，利用债券远期进行风险管理具有更高的准确性和时效性。当前，我国银行体系积聚了较大风险，为我国金融稳定埋下了风险隐患。而商业银行是债券市场的投资主体，债券远期高效的避险功能，有利于商业银行为拥有的巨额债券资产规避风险，也有利于其通过债券远期化解资产负债期限错配所带来的风险，这对维护金融稳定具有重要意义。债券远期的推出也可以为不拥有债券资产的其他机构提供避险工具。

5.3.4　有利于整个金融市场协调发展

债券远期的推出有利于促进金融市场体系协调高效发展。债券远期的推出能够极大地促进债券市场发展。首先，债券市场产品品种的增加能够吸引新的投资者进入市场参与交易，这有助于促进现券交易，提高现货市场流动性；其次，债券远期为市场引入了做空机制，可避免市场形成单边市，降低市场波动性；再次，债券远期能够促进市场的价格发现，对市场功能的有效发挥具有重要作用；最后，债券远期的推出开了金融衍生产品交易的先河，为今后推出债券期货等其他衍生产品奠定基础，对今后大力发展金融衍生产品市场具有重要意义。

5.3.5　有利于推进多样化操作

债券远期交易的推出为市场提供多样化操作工具。债券远期交易的推出为投资者提供了多样化操作工具。一是提供了避险工具，二是创造了新的投机工具，三是丰富了套利模式。此外，债券远期的多空双向交易机制可以避免资金在债券价格下跌时出现闲置，从而有效降低交易成本。

由此可见，随着市场各层面对债券远期的逐步认识、了解和熟悉，作为我国债券市场首次面市的金融衍生工具，债券远期交易业务的发展前景会非常广阔，将会为债券市场其他衍生工具的推出奠定良好的市场基础，必将在我国金融市场体系完善的过程中发挥越来越重要的作用。

5.4　我国银行间标准债券远期市场

为满足市场成员需求，促进债券远期市场发展，防范风险，经中国人民银行批准同意，自2015年4月7日起，全国银行间同业拆借中心（以下简称交易中心）、银行间市场清算所股份有限公司（以下简称上海清算所）将为市场成员提供标准债券远期的交易和集中清算服务。标准债券远期是指在银行间市场交易的，标的债券、交割日等产品要素标准化的债券远期合约。银行间债券市场成员均可参与标准债券远期交易（"中国银行间市场将推出标准债券远期合约"，证券时报网，2015－04－01）。

标准债券远期交易的推出实际上是为了活跃之前推出的银行间债券市场。人行货币政策执行报告显示，2005年标准债券远期推出不到半年就有59笔交易，累计金额17.2亿元人民币，有一定的流动性；但是2016年全年仅有8笔交易，累计成交金额仅为1亿元人民币，显示标准债券远期市场与之前的银行间债券远期市场相似，同样几乎没有流动性。

5.5　我国债券远期市场成交金额

自2005年6月15日兴业银行与中国工商银行达成了首笔债券远期交易以来，债券远期交易在债券市场上的表现日渐活跃。表5.1给出了2005年到2016年我国债券远期成交金额和年变化幅度。

表5.1　　我国债券远期市场成交量和成交金额（2005年至2016年）

单位：亿元,%

年份	交易笔数	成交金额	交易额较上年同期金额变化	年增长率
2005	108	178	177.3	—
2006	398	664.5	486.5	273.3
2007	1238	2518.10	1853.60	279
2008	1327	5008.10	2490.00	98.9

年份	交易笔数	成交金额	交易额较上年同期金额变化	年增长率
2009	1599	6556.40	1548.30	30.9
2010	967	3183.40	−3373.00	−51.4
2011	436	1030.10	−2153.30	−67.6
2012	56	166.1	−864	−83.9
2013	1	1	−165.1	−99.4
2014	0	0	−1	−100
2015	59	17.2	17.2	—
2016	8	1.0	−16.2	−94.2

数据来源：2005 年到 2016 年中国人民银行货币政策执行报告；2015 年和 2016 年数据为标准债券远期数据。

5.5.1 我国债券期货市场前期的高速增长

表 5.1 显示，2005 年到 2006 年，债券远期成交量从 108 笔快速增长到了 398 笔，相应的成交金额从 178.0 亿元增长了 273.3% 到 664.4 亿元（由于 2005 年债券远期推出仅有半年多的时间，2005 年到 2006 年的年度比较不能很好地反映市场初期的增长情况）；2006 年到 2007 年，债券远期成交量从 398 笔快速增长到了 1238 笔，相应的成交金额从 664.5 亿元增长了 279.0% 到 2518.1 亿元，年度增幅超过了 2006 年全年相对仅半年多的 2005 年，显示债券远期推出的前两年市场大幅度地增长；2007 年到 2008 年，债券远期成交量从 1238 笔增长到了 1327 笔，增幅显著减缓，相应的成交金额从 2518.1 亿元增长到了 5008.1 亿元，年度增幅仅为 98.9%，不到前两年增幅的一半。2005 年到 2008 年 3 年年均复合增长率高达 204.2%，显示该市场推出前 4 年市场高速增长的态势。

5.5.2 我国债券远期市场中期增速减缓和显著萎缩

表 5.1 显示，从 2008 年到 2009 年，债券远期成交量从 1327 笔增长到了 1599 笔，增速进一步减缓，相应的成交金额从 5008.1 亿元增长到 6556.4 亿元，增长率仅为 30.9%，不及 2007 年到 2008 年增幅的 1/3，表明市场增长进一步减缓；2009 年到 2010 年，成交量从 1599 笔下降到了 967 笔，降幅不到四成，然而相应的成交金额却从 6556.4 亿元下降到了 3183.4 亿元，降幅高到 51.4%；2010 年到 2012 年，债券远期成交量分别下降到了 436 笔和 56 笔，成交金额分

别下降到了 1030.1 亿元和 166.1 亿元，年度降幅分别高达 67.6% 和 83.9%，其中 2012 年成交金额 166.1 亿元甚至低于 2005 年市场启动仅半年的成交金额 178 亿元，表明市场经过 7 年的发展回到了 2005 年启动的状态。

5.5.3　我国债券远期市场从萎缩到停滞

表 5.1 显示，2012 年国内债券远期成交金额达到了低于 2005 年市场刚刚推出的水平；2013 年成交量仅有一笔，成交金额也仅为 1 亿元人民币；2014 年第一季度以来市场处于停滞状态，没有任何交易，成交金额为零；2015 年推出的银行间标准债券年成交金额为 17.2 亿元，但是 2016 年成交金额又大幅度回落到了仅 1 亿元人民币的地位，显示标准债券远期并没有改变银行间债券远期市场停滞的现状。

5.6　债券远期市场的市场参与者

我国债券市场的参与者与债券的持有者有很大的不同。在债券远期交易的机构中，股份制银行和城市商业银行积极性一直较高，成交量也较大；国有商业银行交易量市场份额 2005 年为 10.6%，2008 年最高为 25.5%，到 2012 年市场份额降为 0；除了 2010/2011 年外，股份制银行都是债券远期交易的主要参与者，占比稳定在 45%～50%。非银行金融机构的市场份额 2005 年为 26.5%，2006 年为 19.7%，2007 年以后则没有交易；保险公司和信用社交易量一直较小，基金几乎未参与。从市场参与者的机构类型可以看出，我国债券远期交易还没有与套期保值需求完全配套。

5.7　小结

作为银行间债券市场推出的首个衍生产品，我国的债券远期交易于 2005 年 6 月 15 日在全国银行间同业拆借中心交易系统顺利上线。这是自国债期货试点 1995 年被叫停后，央行正式推出的第一个金融衍生产品。债券远期推出后的前两个完整年度内，市场交易活跃，年均复合增长率高达 276.1%，增长幅度显著；然而 2009 年比 2008 年增幅仅略高于 30%，更有甚者，2010 年到 2012 年两年年均复合降幅高达 77.2%，2013 年成交金额仅为 1 亿元，2014 年以来成交为零，市场处于停滞状态，成为十年来境内场内外市场推出最早而且处于停滞状态的市场（第 7 章介绍的远期利率协议也同样处于停滞状态）。

两年前我国利率市场化加速推动之前，利率风险相对有限，债券远期成交额下降还可理解，但是近两年来利率市场化加速，利率风险显著提高，作为利率风险管理的工具，债券远期成交额不仅没有增长，反而急剧下降到了停滞状态的现象反映出很不正常的市场态势，不得不使我们深思，需要我们深入地分析其原因。我国债券远期市场以至于整个利率衍生产品市场要发挥应有的风险管理作用，还有很长的路要走。

6 人民币利率互换

利率互换是国际金融衍生产品市场最重要而且最活跃的产品,对利率风险管理发挥了重要的作用。为丰富全国银行间债券市场投资者风险管理工具,规范和引导人民币利率互换交易,加快利率市场化进程,中国人民银行于 2006 年 2 月 9 日发布《中国人民银行关于开展人民币利率互换交易试点有关事宜的通知》(银发〔2006〕27 号),规范境内人民币利率互换交易。根据该通知,市场投资者中,经相关监督管理机构批准开办衍生产品交易业务的商业银行,可根据监督管理机构授予的权限与其存贷款客户及其他获准开办衍生产品交易业务的商业银行进行利率互换交易或为其存贷款客户提供利率互换交易服务;其他市场投资者只能与其具有存贷款业务关系且获准开办衍生产品交易业务的商业银行进行以套期保值为目的的互换交易。人民币利率互换自 2006 年 2 月 9 日正式开展,其后发展迅速,特别是 2007 年以来交易量迅速扩大。本章将对人民币利率互换交易进行全面介绍与探讨。

6.1 人民币利率互换的主要概念

利率互换(Interest Rate Swap,IRS)又称利率掉期,是指交易双方同意于约定期间内进行利息支付的交换。利息支付的互换金额以预定本金金额为计算基础,其中预定本金金额称为名义本金金额,交易双方的每一方支付给对方的金额为合同预定的期间利率与名义金额的乘积。交易双方互换的金额仅仅是利息支付额而非名义本金额。在大多数普通类型的互换交易中,合同一方同意在交割日支付对方合同有效期内的固定利息支付额,称为固定利率支付者;同意在到期日以某一参照利率支付额予以浮动的另一方,称为浮动利率支付者。

利率互换具有如下特征:(1)利率互换的双方具有相同的身份,或双方均为债务人,或双方均为债权人。互换的对象是不同种类的利率,包括固定利率与浮动利率的互换和以不同种类的基础利率为参考的浮动利率的互换,可以是利息收入互换,也可以是利息支付的互换。(2)在利率互换协议中,规定了一个协议金额,这一金额只是计算利息的基础,本身并不发生互换,因此称为名义金额。(3)对于利率互换的任何一方而言,互换交易与实际的借贷行为相互独立。在实际借贷活动中,贷款者不必关心其借款者是否从事互换交易。互换中每一方都承受了对方不如期支付利息的风险,万一一方违约,另一方也将遭受不能收到对方互换支付的风险。但是，互换并未使双方推卸其向各自的贷方如期偿还本金和利息的义务。

利率互换出现于 20 世纪 80 年代，起初利率互换主要是为了满足在固定利率和浮动利率市场上具有不同比较优势的双方降低融资成本的需要。随着越来越多的投资者利用利率互换进行利率风险管理或资产负债管理，利率互换市场迅猛发展，目前已成为全球最大的金融市场之一。它具有降低筹资成本、规避利率风险、弥合不同金融工具间缺口、增加资金筹措途径及增加资产负债管理的有效性等功能。

国际贸易中比较优势理论是英国著名经济学家大卫·李嘉图（David Ricardo）提出的。他认为，在两国都能生产两种产品，且一国在这两种产品的生产上均处于有利地位，而另一国均处于不利地位的条件下，如果前者专门生产优势较大的产品，后者专门生产劣势较小（即具有比较优势）的产品，那么通过专业化分工和国际贸易，双方仍能从中获益。利率互换是比较优势理论在金融领域最生动的运用。根据比较优势理论，只要满足以下两种条件就可进行互换：双方对对方的资产或负债均有需求，双方在两种资产或负债上存在比较优势。

人民币利率互换交易的概念，是交易双方约定在未来的一定期限内，根据约定数量的人民币本金交换现金流的行为，其中一方的现金流根据浮动利率计算，另一方的现金流根据固定利率计算。

6.2 人民币利率互换的类型

随着互换的普及和发展，利率互换不断创新。利率互换有三种主要类型：息票互换、基础互换和交叉货币互换。

息票互换（Coupon Swap）是同种货币的固定利率和浮动利率之间的互换，即交易的一方向另一方支付一系列固定利率的利息款项换取对方支付的一系列浮动利率的利息款项。从交易的对方而言，则是支付一系列浮动利率的利息款项换取一系列固定利率的利息款项。这是利率互换中最基本的交易方式。

基础互换（Basis Swap）是同种货币基于不同参考利率的浮动利率对浮动利率的利息互换，即以一种参考利率的浮动利率交换另一种参考利率的浮动利率。在基础利率互换交易中，交易双方分别支付和收取两种不同浮动利率的利息款项。两种浮动利率的利息额都以同等数额名义本金为基础计算。

交叉货币利率互换（Cross Currency Interest Rate Swap）是不同货币、不同利率的互换，即一种货币固定利率与另一种货币浮动利率的交换。或者说，就是在一笔互换交易中，既有不同货币的互换，又有不同利率的互换。

中国人民银行在 2006 年 2 月 9 日发布的《中国人民银行关于开展人民币利

率互换交易试点有关事宜的通知》中指出，利率互换是指交易双方约定在未来的一定期限内，根据约定数量同种货币的名义本金交换利息额的金融合约。按照该通知，当时国内人民币市场不包括交叉货币利率互换在内。

2007 年 8 月 17 日，中国人民银行发布《中国人民银行关于在银行间外汇市场开办人民币外汇货币掉期业务有关问题的通知》（以下简称《通知》），对在银行间外汇市场开办人民币外汇货币掉期业务的有关事宜进行规定。按照《通知》，将在银行间外汇市场开办人民币对美元、欧元、日元、港元、英镑五种货币对的货币掉期交易。《通知》中所指的人民币外汇货币掉期，是指在约定期限内交换约定数量人民币与外币本金，同时定期交换两种货币利息的交易协议。本金交换的形式包括：在协议生效日，双方按约定汇率交换人民币与外币的本金，在协议到期日，双方再以相同的汇率、相同金额进行一次本金的反向交换；中国人民银行和国家外汇管理局规定的其他形式。利息交换指双方定期向对方支付以换入货币计算的利息金额，可以固定利率计算利息，也可以浮动利率计算利息。《通知》的发布，标志着我国市场已拥有上述全部三种主要类型的人民币利率互换。

6.3 人民币利率互换的推出和发展

2006 年 1 月 24 日发布的《关于开展人民币利率互换交易试点有关事宜的通知》（以下简称《通知》），标志着人民币利率互换交易在境内诞生。互换交易可以通过全国银行间同业拆借中心（以下简称同业中心）的交易系统进行，也可以由交易双方通过电话、传真等其他方式进行。从事互换交易的市场投资者应在每旬后的 3 个工作日内将本旬互换交易的情况报同业中心备案（通过同业中心交易系统达成的交易除外）。同业中心应按照中国人民银行的规定和授权，及时向市场披露互换交易的有关信息。《通知》要求各意向参与机构积极制定互换交易风险管理制度和内部控制制度，在报送相关监督管理机构的同时抄送交易中心备案。

2007 年 4 月，中国外汇交易中心暨全国银行间同业拆借中心联合下发了《银行间市场人民币利率互换交易操作规程的通知》，推出了人民币利率互换交易的相关操作规程，并针对可能由系统网络故障等原因引起的应急交易，制定了《全国银行间债券市场应急交易规则》，进一步规范了银行间市场的人民币利率互换交易。

2007 年 7 月，为建立以货币市场基准利率为核心的市场利率体系，指导货币市场产品定价，进一步培育上海银行间同业拆放利率（SHIBOR），交易中心发布了《关于开展以 SHIBOR 为基准的票据业务、利率互换报价的通知》。报价机构分别以 O/N SHIBOR、1W SHIBOR 和 3M SHIBOR 为基准报出 11 个期限、共计 33 个品种的双边报价，推动货币市场、衍生品市场的发展。

2008 年 1 月 18 日，经过近两年的试点交易，中国人民银行正式发布了《中国人民银行关于开展人民币利率互换业务有关事宜的通知》，总结了试点交易的工作，并进行了三处主要的改动：一是要求备案机构增补内部风险管理制度中风险测算与监控、内部授权授信、信息监测管理、风险报告和内部审计等内容；二是要求市场参与者在进行利率互换交易时应签署由中国人民银行授权交易商协会制定并发布的《中国银行间市场金融衍生产品交易主协议》；三是将市场参与者交易达成后送交交易中心备案的时间从每旬后 3 个工作日提前到交易达成后下一工作日 12：00 前。

2009 年初，为进一步确立 SHIBOR 的基准利率地位，交易中心公布了《关于调整以 SHIBOR 为基准的利率互换报价品种的通知》，对以 SHIBOR 为基准的利率互换报价品种进行调整，删减 O/N SHIBOR 和 1W SHIBOR 的中长期报价品种，增加 3MSHIBOR 基准互换报价品种，调整后的报价品种共计 28 个，优化了以 SHIBOR 为基准的利率互换报价品种。2011 年 3 月 28 日，中国外汇交易中心通过电子化方式推出利率互换交易确认业务，并发布了《全国银行间同业拆借中心利率互换交易确认细则》。通过本币交易系统提供电子化确认平台，并出具统一格式的确认书。该业务有助于市场成员缓解手工处理纸质确认书过程存在的确认时滞与操作风险，又可提升利率互换市场的标准化程度、提高市场效率。为扩大利率互换交易确认功能的使用范围，提高双边确认效率，交易中心组织机构多边签署了《全国银行间同业拆借中心利率互换交易确认功能使用承诺函》，截至 7 月 1 日，已有 25 家机构通过交易系统进行电子化确认。目前，通过交易中心完成交易确认的利率互换交易已达到全部系统交易的 90% 以上。

6.4　人民币利率互换的浮动端参考利率

人民币利率互换交易的浮动端参考利率，最初主要有两种：一种是银行间债券市场具有基准利率性质的质押式回购利率，主要以 7 天回购定盘利率（FR007）为基准；另一种是人民银行公布的 1 年期定期存款利率。2007 年 1 月，上海银行间同业拆放利率（SHIBOR）正式面世，并成为人民币利率互换交易浮动端参考利率的选择之一，这其中主要包括 3 个月 SHIBOR、7 天 SHIBOR 和隔夜 SHIBOR。

2007 年 8 月 17 日发布的《中国人民银行关于在银行间外汇市场开办人民币外汇货币掉期业务有关问题的通知》明确了具备银行间远期外汇市场会员资格的境内机构可以在银行间外汇市场开展人民币外汇货币掉期业务。同时规定，货币掉期中人民币的参考利率，应为经中国人民银行授权同业中心发布的具有基准性质的货币市场利率，或中国人民银行公布的存贷款基准利率；货币掉期中外币的参考利率由交易双方协商约定。

国家开发银行于 2006 年 5 月 8 日开始在彭博（Bloomberg）提供 1 个月到 10 年期的人民币 FR007 利率互换双边报价，随后中国银行于 7 月 3 日加入银行间债券市场的人民币利率互换双边报价，两家银行开始担任人民币利率互换的做市商。9 月初，两家外资银行即花旗银行和渣打银行也加入了报价，随后第三家中资银行兴业银行和外资银行汇丰银行、摩根大通银行也加入了报价。截至 2007 年 6 月，一共有 7 家银行在彭博提供人民币利率互换的公开报价，其中 3 家为中资银行，即国家开发银行、中国银行和兴业银行；另 4 家为外资银行，即花旗银行、渣打银行、汇丰银行和摩根大通银行。

2007 年 1 月 18 日，兴业银行与花旗银行达成首笔基于上海银行间同业拆放利率的人民币利率互换交易。这笔在岸人民币利率互换交易距中央银行正式推出 SHIBOR 只隔了两周时间。在 SHIBOR 推出前，互换交易基本只能以 7 天回购利率和 1 年期定期存款利率为基准，但这两种基准利率均存在期限错配问题。因为按照国际惯例，利率互换的付息周期一般为 3 个月或半年，因此基于 7 天回购利率或 1 年期定期存款利率进行的利率互换交易可能会出现定价扭曲。同时，7 天回购利率主要反映的是短期市场资金状况，对短期资金波动敏感，难以反映市场利率水平的变动及趋势，因此以 7 天回购利率为基准的利率互换在规避利率风险方面也存在问题。1 年期定期存款利率不能随市场浮动，在规避利率风险方面同样存在天然缺陷。

利率互换合约设计的关键是基准浮动利率。理想的基准浮动利率应满足三个基本条件：第一，交易商能够按照这个利率在货币市场大量融入和融出资金；第二，基准浮动利率的定盘利率由权威的中介机构确定，确定方法透明，不受交易双方操纵；第三，有大量的资本市场浮动利率工具，如浮动利率债券、浮动利率贷款来与该利率指数挂钩。SHIBOR 的推出，有希望满足利率互换的设计需求。在 SHIBOR 稳步发展并形成活跃的市场后，3 个月期是很好的市场基准利率，以其为基准的浮息债、利率互换、利率期权等产品可以很好地匹配发行人或投资者的资产负债，定价也相对简单，未来将有着十分广阔的发展前景。

为建立以货币市场基准利率为核心的市场利率体系，指导货币市场产品定价，进一步培育上海银行间同业拆放利率，推动货币市场、衍生品市场的发展，同业中心发布《关于开展以 SHIBOR 为基准的票据业务、利率互换报价的通知》，在货币市场基准利率网（www. shibor. org）上开发了以 SHIBOR 为基准的票据转贴现、票据回购和利率互换报价信息发布界面，并于 2007 年 7 月 4 日正式上线运行，由报价机构每日对规范品种进行报价，为市场交易提供定价基准。

首批以 SHIBOR 为基准的利率互换业务报价银行包括中国农业银行、中国银行、中国建设银行、交通银行、招商银行、中信银行、兴业银行、北京银行、上海银行、汇丰银行。

6.5 人民币利率互换的交易流程与报价平台

为建立健全的交易体系、顺畅的交易渠道及完善的风险管理制度，中国人民银行及全国银行间同业拆借中心纷纷出台了相关管理办法及交易规范。在 2008 年 1 月中国人民银行发布的《关于开展人民币利率互换业务有关事宜的通知》（以下简称《通知》）的第二条中，市场参与者被划分为两类：一类是"具有做市商或结算代理业务资格的金融机构，可与市场所有参与者进行利率互换交易"；另一类是"非金融机构，只能与第一类成员进行以套期保值为目的的利率互换交易"。这对减少违约风险起到了积极的作用。此外，《通知》第六条指出：利率互换交易既可以通过交易中心的交易系统进行，也可以通过电话、传真等其他方式进行。这对活跃市场交易、拓展交易渠道发挥了关键的作用。

目前，我国人民币利率互换市场的交易渠道已经比较顺畅，报价平台众多，市场上的主要报价平台可分为三种。

（1）全国银行间同业拆借中心交易界面、X - SWAP 交易平台。市场做市商通过 X - SWAP 这个平台，每天对外进行公开双边报价，其报价即为点击成交价。报价主要针对挂钩于 FR007 和 SHIBOR 的各期限产品，其报价期限覆盖广泛，交易活跃。

（2）路透（Reuters）、彭博（Bloomberg）。路透和彭博是全球最大的两个信息终端，彭博精于固定收入基金信息与分析，而路透则偏重于货币与外汇交易信息与数据，这两家终端为各报价行提供报价界面，同时提供经纪公司的实时报价信息。通过比较发现，各报价行在各公开报价平台上的报价基本是一致的。而路透终端的不同之处在于其提供了一个经纪公司报价平台，并实时更新，数据来源于实时的成交平均价。从这点来看，其更接近于市场真实价格，具有极大的参考价值，也因此被市场交易各方广泛地跟踪使用。

（3）货币经纪公司等中介机构。目前，最权威的报价机构是经纪中介公司，交易各方向经纪公司进行单边或双边的报价，经纪公司根据各方报价，进行撮合匹配。这种交易方式的优点在于不暴露各方的真实交易意愿，更能形成真实的市场交易价格，引导市场各方根据自身头寸调整负债结构、规避利率风险，减少市场中的投机套利行为。这与国际利率互换市场初级阶段的情形相符，所不同的是，国际利率互换市场发展初期，市场上非金融机构的参与热情极高，是主要参与主体之一。因此，当时的国际商业银行能在短时间内利用信息及客户优势成功做市，但现在国内市场非金融机构参与不够，国内商业银行的做市地位还有待考验。目前，国内的经纪中介公司共 5 家。一是上海国利货币经纪有限公司。该公司成立于 2005 年 12 月 20 日，由上海国际信托投资有限公司和英国德利万邦有限公司共同发起组建，是国内最早的货币经纪公司。二是上海国际货币经纪有限责任公司。该公司成立于 2007 年 9 月 13 日，由中境外汇交易中心暨全国银行间同业拆借中心与毅联汇业（ICAP）集团共同发起设立。三是平安利顺国际货币经纪有限责任公司。该公司于 2009 年 2 月 16 日在深圳挂牌成立，由平安信托与瑞士利顺金融集团合资设立，是华南地区首家货币经纪公司。四是中诚宝捷思经纪有限责任公司。五是天津信唐货币经纪有限责任公司。

6.6 人民币利率互换合约的主要内容

人民币利率互换合约的内容主要包括交易对手、交易日、起息日、到期日、名义本金、固定利率支付规定、浮动利率支付规定、付息频率、付息日调整、计息调整、计算代理人和交易员签章等内容。其中，固定利率支付规定包括固定利率支付方、固定利率、计息天数和计息方式等内容，浮动利率支付规定包括浮动利率支付方、浮动利率、计息天数和计息方式等内容。

在人民币利率互换合约中，最为关键的两个要素是浮动利率与固定利率，因为利率互换的实质就是将未来两组利息的现金流量（浮动利率部分和固定利率部分）进行交换。在此交换中，双方当事人最为关心的就是利率互换的价格。为了便于计算和比较，一般都将这两组现金流量折算成现值后再进行测算。在这两组现金流量现值的折算过程中，贴现率是可以通过债券价格推算出来的，但浮动利率部分现金流量的今后各期利率是一组未知数；如果固定利率已知，固定利率部分现金流量的现值是很容易计算的，但我们最终所要求出的恰恰就是这个固定利率。因此，从表面上看，这种计算肯定会进入"死循环"。但是经济学的基本理论和充分发达的债券市场可以给我们一些启发：在同一时点上，一个充分有效和完全竞争的债券市场，对风险系数相同、期限结构相同的浮动利率债券和固定利率债券的收益偏好是一致的，即其中隐含的货币的时间价值应该是一致的，否则就会出现套利。因此，这两组利息现金流量的绝对值应该是等值的，于是我们可以得出结论：任何一组浮动利率现金流量必然可以"找出"与之相匹配（时间结构上的匹配）的某一组固定利率的现金流量，其未知数固定利率可以从债券市场上其他已知的债券收益率中推算出来。这便是计算利率互换报价的基本思路。

6.7 人民币利率互换的用途和意义

利率互换最基本的形式，是固定利率与浮动利率的互换，因而利率互换有两大基本作用：一是降低融资成本，二是实现固息资产负债与浮息资产负债的转换。降低融资成本是基于比较优势理论，当一家公司在固息融资市场具有比较优势而需要浮动融资，另一家公司在浮息融资市场具有比较优势而需要固息融资时，两家公司可以分别进行固息融资与浮息融资，然后相互之间签订利率互换协议，从而实现浮息融资与固息融资，利率互换协议可以有效降低两家公司的融资成本。考虑到违约风险及寻找对手的难度，银行等金融机构逐渐成为利率互换的中介，即企业只需要与银行签订利率互换协议而无须寻找另一家与之匹配的公司。当利率互换逐渐成为一种广泛交易的金融工具时，它被更多地应用到了浮息与固息资产或负债的转换，若一家公司具有浮息资产而不愿意承担现金流的变动风险时，可以通过利率互换将浮息资产转换成固息资产。

目前我国的利率互换市场中，利率互换更多的是银行等金融机构进行利率风险管理的工具，利率互换与浮息债组合构成固息债或者利率互换与固息债组合构成浮息债。现在的利率互换有三种，分别是基于一年期定期存款的利率互换、基于 7 天回购定盘利率（FR007）的互换、基于 SHIBOR（主要是 3 个月期 SHIBOR）的利率互换，相应的浮息债也有基于一年期定存的、基于 7 天回购利率的、基于 SHIBOR 的浮息债三种。若投资者拥有固息债券，则通过买进利率互换（以固息交换浮息，相当于支付固息的价钱）来将其转换成浮息债券，利率上行则投资者在利率互换多头头寸上获利弥补了全部或部分在固息债上面的价差损失；若投资者具有浮息债券，则通过卖出利率互换（支付浮息收到固息），投资者相当于合成了一个固息债券。如果在考虑了基差风险（浮息债与利率互换的基准利率不完全相同）之后的收益率高于相应期限的固息债，则投资于合成的固息债优于普通的固息债。

除了规避利率风险之外，利率互换也是一种很好的利率投机工具。利率互换是建立在其基准利率之上的衍生产品，投资者通过买卖利率互换可以投机基准利率的上升或下降。若预期基准利率会上升，则买入利率互换；若预期利率会下降，则卖出利率互换。由于利率互换无须本金，成熟市场的流动性也会很好，利率互换的使用较债券更为方便快捷，互换利率也会成为利率走势的一个风向标，可以有效促进利率价格的发现，对于研判利率走势有一定的参考价值。

对于整个市场而言，利率互换促进了浮息债与固息债的定价，例如浮息债与卖出利率互换合成的固息债与相应期限的固息债比较，可以消除浮息债或固息债定价方面的偏差，其定价更为准确。更进一步，利率互换也提高了浮息债与固息债的流动性，因为有利率互换，从而对浮息债的需求更多，固息债在套利之下的买卖也更多。

6.8　人民币利率互换近年来的成交金额和发展趋势

人民币利率互换业务从 2006 年 2 月 10 日正式开展，初期交易量并不是很高。图 6.1 给出了 2007 年第一季度到 2017 年第一季度的成交金额。从该图可以看出，在整个 2007 年，人民币利率互换交易都不是很活跃，每个季度成交金额皆不到 700 亿元，2007 年全年成交总额仅为 2186.9 亿元；然而 2008 年第一季度利率互换成交金额首次超过 800 亿元达到了人民币 837.2 亿元，虽然 2008 年第四季度成交金额回落到了 675.4 亿元，2008 年全年成交金额达到了 4121.5 亿元，比 2007 年增长近一倍；2009 年全年成交总额比 2008 年增长了 12.0%；2010 年全年成交金额首次超过 1.5 万亿元，比 2009 年增长两倍多；2011 年比 2010 年又增长了近一倍到 2.68 万亿元；2012 年和 2013 年两年市场进入了徘徊不前的状态，两年累计增长仅为 1.9%；但是 2013 年到 2015 年市场出现了高速增长的势头，两年分别比前一年增长了 47.9% 和 104.0%，2015 年总成交金额首次超过 8 万亿元；2016 年比 2015 年增长了 20.5% 到接近 10 万亿元的历史高位，显示 2013 年以来境内利率互换市场多持续显著增长的态势。

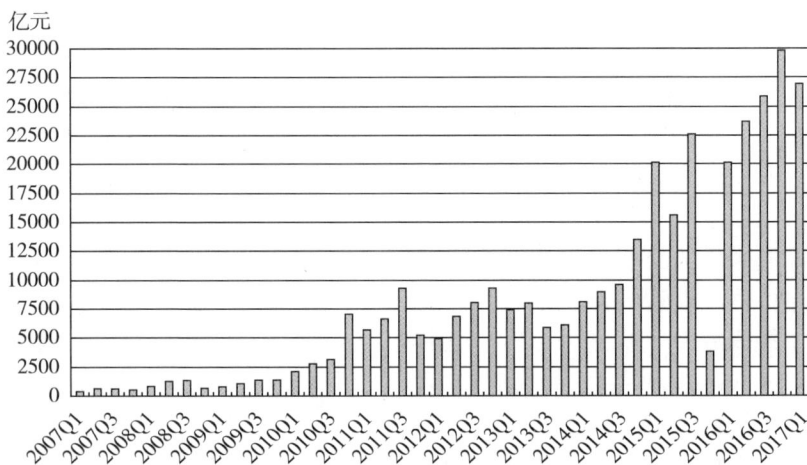

资料来源：历季度中国货币政策执行报告季度报告。

图 6.1　人民币利率互换每季度交易量（2007 年第一季度至 2017 年第一季度）

实际上，人民币利率互换推出之初，其参考利率只有 FR007 和 1 年期定期存款利率两种。2006 年 11 月，市场首次出现了"1 年期定期存款利率 + 利差"

的品种。2007 年 1 月，SHIBOR 正式面世，作为我国未来的基准利率，SHIBOR 面世后两周就成为人民币利率互换实际交易的参考利率。尽管 SHIBOR 推出的时间还不长，但是相对于 1 年期定期存款利率，SHIBOR 存在很多无可比拟的优势，因此，以 SHIBOR 和 FR007 为参考利率的人民币利率互换已经成为了我国利率互换的主要品种。

图 6.1 也显示，2014 年第一季度以来，境内人民币利率互换成交金额持续快速增长，特别是 2014 年第三季度到 2016 年第四季度，同比增长率分别高达 63.6%、120.7%、147.9%、75.5%%、131.7%、−72.8%、−22.2%、63.2%、7.4% 和 629.3%，显示出近年来境内利率互换市场整体高速增长的态势，反映出境内利率市场化加速环境下金融机构利率风险管理需求的增加。

6.9　国际比较

利用图 6.1 给出的数据，我们可以计算出 2007 年到 2016 年的 10 年，境内利率互换年成交金额复合年均增长率高达 52.8%，高于同期境内外汇掉期年均复合增长率 44.6%，因此境内利率互换市场是境内增速最高的银行间人民币衍生产品市场。虽然境内利率互换市场近年来保持了持续较快的增长态势，但是 2007 年到 2016 年境内利率互换市场日均成交金额占全球的比重分别仅为 0.01%、0.07%、0.13% 和 0.32%，境内全年成交金额占国际市场日均成交金额比重分别仅为 2.4%、17.5%、31.4% 和 80.6%，离我国经贸的世界占比仍有非常巨大的差距，显示我国利率互换市场流动性仍有待大幅度提高。

6.10　小结

人民币利率互换交易自 2006 年 2 月正式开展以来，目前已发展成为我国最主要的人民币衍生产品，其在前 6 年增长的势头迅猛。2007 年 8 月 17 日发布的《中国人民银行关于在银行间外汇市场开办人民币外汇货币掉期业务有关问题的通知》进一步完善了人民币利率互换的交易品种，是人民币利率互换市场走向成熟与完善的重要里程碑。在人民币外汇货币掉期交易中，人民币与外汇本金也开始进行等额互换，更多考虑的是为了满足市场参与者的现实需求。该通知的发布，标志着三种主要类型的利率互换在人民币市场中已全部具备。

利率风险是全球金融市场中最重要的市场风险，随着人民币利率市场化步伐的不断前进，境内机构、企业和个人所面临的利率风险将越来越大。因此，作为利率风险管理最主要的工具，利率互换可以说是国际银行间市场最为重要的衍生产品。由于利率互换的风险需要利率期货进行对冲，利率期货市场也因而取得了快速的发展。20 世纪 90 年代后期到 2015 年，全球利率期货成交金额占全球所有场内交易的期货品种成交金额的 90% 以上。在此大环境下，人民币利率互换交易作为规避利率风险、进行负债管理或投机的重要衍生产品，在我国市场将有巨大的发展前景。相信随着境内人民币利率市场化进入收官阶段，境内人民币利率互换市场将会迎来更快的增长。

7 远期利率协议和标准利率衍生品

远期利率协议是国际上利率互换外汇最重要的利率风险管理工具，在全球利率衍生产品市场处于重要的地位。本章将简要介绍我国远期利率协议市场的发展现状及趋势。

7.1 远期利率协议简介

7.1.1 远期利率协议简介

远期利率协议是指交易双方约定在未来某一日交换协议期间内一定名义本金基础上分别以合同利率和参考利率计算利息的金融合约。其中，远期利率协议的买方支付以合同利率计算的利息，卖方支付以参考利率计算的利息。

远期利率协议作为一种直接以利率为标的的衍生产品，拥有很多独有的特点：（1）远期利率协议的标的不是一个真实的资产，而是一个参考利率。参考利率一般为市场认知度高的浮动利率，如 Libor，在我国主要为 SHIBOR。（2）远期利率协议的交割完全为现金交割，不存在标的资产的实物交割。（3）每一份远期利率协议均存在两个期限，即远期期限和合约期限。远期期限为远期利率协议成交日与结算日之间的天数，而合约期限为结算日到到期日之间的天数。远期利率协议的期限一般表示为 nxm，其意义为远期利率协议的到期期限为 m，远期期限为 n，合约期限为 m − n。

7.1.2 我国推出远期利率协议的意义

作为一种典型的利率风险管理产品，远期利率协议业务的推出具有非常重要的意义。

第一，有利于增强投资者管理利率风险的能力。随着我国金融体制改革的深入，利率市场化的程度也在逐步加深，投资者开始面对更大的利率波动风险。远期利率协议可以让投资者锁定从未来某一时刻开始的利率水平，从而有效地管理短期利率风险。

第二，有利于促进市场稳定，提高市场效率。远期利率协议通过锁定未来的利率水平实现了风险的转移和分散，能够深化市场功能，提高市场稳定性，同时可以在客观上降低投资者的交易成本，提高市场效率。

第三，有利于发挥市场的价格发现功能，为中央银行的货币政策操作提供参考。远期利率协议所达成的利率水平集中体现了来自套期保值、套利、投机等各方面的需求，是各种市场信息和对未来预期的综合反映；有助于发挥市场的价格发现功能，其价格水平的变动可以为中央银行的货币政策操作提供重要的参考。

第四，有利于整个金融衍生品市场的协调发展。我国金融衍生产品市场发展的时间不长，在远期利率推出之前只有债券远期和利率互换两个品种。远期利率协议的推出，不仅可以进一步丰富金融衍生产品的种类，使投资者更灵活地选择适合自身需要的风险管理工具，还可以为现有的利率衍生产品提供有效的对冲手段，从而促进整个金融衍生品市场的协调发展。

7.2 我国远期利率协议交易管理规定

2007 年 9 月 29 日，中国人民银行公布《远期利率协议业务管理规定》（中国人民银行公告〔2007〕第 20 号）。该规定明确定义了在我国银行间市场进行交易的远期利率协议的概念，即交易双方约定在未来某一日交换协议期间内一定名义本金基础上分别以合同利率和参考利率计算利息的金融合约。

同时，该规定还限定了远期利率协议交易者的三个层次：（1）具有做市商或结算代理业务资格的金融机构可与其他所有市场参与者进行远期利率协议交易；（2）其他金融机构可以与所有金融机构进行远期利率协议交易；（3）非金融机构只能与具有做市商或结算代理业务资格的金融机构进行以套期保值为目的的远期利率协议交易。

规定还要求金融机构在开展远期利率协议交易前，应将其远期利率协议的内部操作规程和风险管理制度报送交易商协会和交易中心备案。内部风险管理制度至少应包括风险测算与监控、内部授权授信、信息监测管理、风险报告和内部审计等内容。远期利率协议交易既可以通过交易中心的交易系统达成，也可以通过电话、传真等其他方式达成。未通过交易中心交易系统的，金融机构应于交易达成后的次一工作日将远期利率协议交易情况报送交易中心备案。

7.3 国内标准利率衍生品介绍

2014 年 10 月 28 日，中国外汇交易中心发布公告，将于当年 11 月 3 日推出标准利率衍生产品。公告显示，标准利率衍生产品对利率互换、远期利率协议等利率衍生产品的到期日、期限等产品要素进行了标准化设置，首批推出的产品包括 1 个月标准隔夜指数互换、3 个月标准 7 天期 SHIBOR 利率互换、3 个月标准 7 天回购利率互换和 3 个月标准 3 个月期 SHIBOR 远期利率协议。利率互换是一种对冲利率风险的常用金融工具，交易双方互换固定利率现金流和浮动利率现金流。

标准利率衍生品包括远期利率协议在内的利率衍生产品，这些产品推出的目的之一应该是活跃国内人民币远期利率协议市场。人行货币市场执行报告数据显示，2014 年国内标准利率衍生品成交了 212 笔，累计 413.5 亿元人民币；2015 年成交金额猛增到了 5014 亿元人民币，成绩可观；但是 2016 年全年成交金额却又大幅度下降到了仅有 8 亿元的地位，显示这些产品的推出并未改变国内远期利率协议市场停滞的态势。

7.4 我国远期利率协议和标准利率衍生品市场的现状

我国的远期利率协议交易开始于 2007 年 11 月 1 日，第一笔交易由中信银行与另一家机构达成，参考利率为 3 个月期 SHIBOR，期限为 3 个月期 SHIBOR，名义本金为 2 亿元。自 2007 年 11 月中信银行和另一家机构达成我国第一笔远期利率协议以来，我国的远期利率协议市场短暂火爆后迅速趋冷。图 7.1 给出了 2008 年第一季度到 2016 年第四季度国内远期利率协议和标准利率衍生品市场的成交金额。

图 7.1 显示，从 2008 年第一季度到第四季度，远期利率协议成交金额从 14.1 亿元快速增长到了 41 亿元，然而从 2008 年第四季度到 2009 年第三季度，成交金额从 41 亿元又快速下降到了仅仅 3 亿元；2009 年第四季度成交金额略微回升到了 9 亿元，然而 2010 年第一季度出现了市场启动后的第一次零交易；虽然 2010 年第一季度到第三季度成交金额重新回到了 14.5 亿元，但是从 2010 年第三季度到 2011 年第一季度成交金额回落到了仅仅 2 亿元，同年第二季度成交金额出现了市场启动后的第二个零交易；2011 年第二季度以后市场基本处于停滞状态，2013 年第三季度以后没有任何一个季度有交易，市场完全处于停滞状态，成为推出晚于债券远期，但是停滞却比债券远期还要早的国内银行间产品。

图 7.1 也显示，2014 年 11 月推出的国内标准利率衍生品市场在仅 2 月内成交金额就高达 413.5 亿元，之后 2015 年前三季度成交金额持续增长到了 1688 亿元；但是 2015 年第四季度成交金额就下滑到了 581 亿元；2016 年前两季度成交金额分别仅为 1 亿元和 7 亿元，后两个季度回到了与几年前远期利率协议市场同样的停滞状态，没有任何交易。

亿元

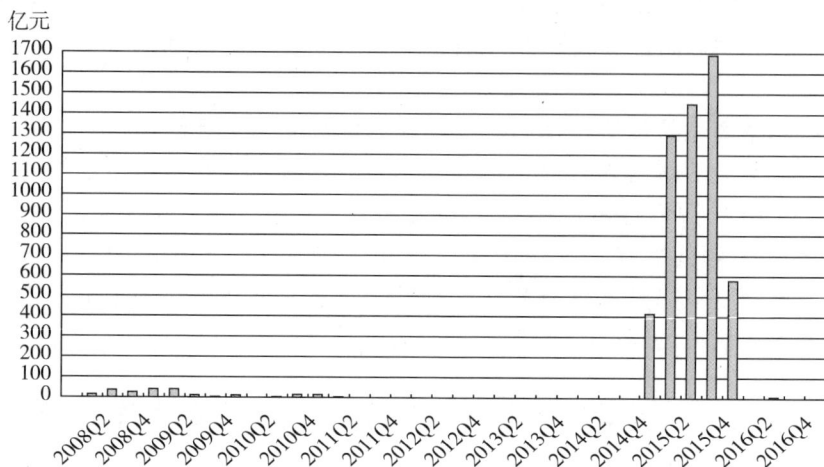

数据来源：中国人民银行发布的《中国货币政策执行报告》2008 年第一季度至 2016 年第四季度数据。

图7.1　人民币远期利率协议成交金额

从市场规模来看，利率远期协议年度成交金额最高的 2008 年才仅仅 113.6 亿元，流动性过低，在我国银行间市场的地位还很边缘化。可视为远期利率协议组合的利率互换交易自 2006 年 2 月 10 日推出以来，成交日渐活跃，与远期利率协议交易的局面形成了鲜明的对比，2014 年推出的银行间标准利率衍生品市场也出现了与几年前远期利率协议同样的停滞状态。

7.5　国际利率远期协议流动性和我国利率远期协议的发展潜力

利率远期协议是国际市场上利率风险管理的重要工具之一，其流动性仅次于利率互换。表7.1 给出了 1998 年 4 月到 2016 年 4 月全球利率衍生产品日均成交金额和占比及远期利率协议日均成交金额与利率互换日均成交金额比例。表7.1 显示，1998 年到 2007 年，全球利率远期协议日均成交金额与利率互换日均成交金额比例从 47.7% 持续下降到了 21.3%，而从 2007 年到 2013 年占比重新回升到了 54.0%，超过一半；2016 年两者比例回落到了 35.1%，但仍超过 1/3，显示远期利率协议为国际利率衍生产品市场中仅次于利率互换的重要产品。

表 7.1　　　全球利率衍生产品日均成交金额和占比及远期利率协议日均

成交金额与利率互换日均成交金额比例（1998 年 4 月—2016 年 4 月）

单位：亿美元,%

产品 ＼ 年份	1998	2001	2004	2007	2010	2013	2016
远期利率协议	740	1290	2330	2580	6000	7490	6530
占比	27.9	26.4	22.7	15.3	29.2	32.4	24.4
利率互换	1550	3310	6200	12100	12720	13880	18590
占比	58.5	67.7	60.5	71.8	61.9	60.1	69.4
期权和其他产品	360	290	1710	2170	1820	1740	1660
占比	13.6	5.9	16.7	12.9	8.9	7.5	6.2
总计	2650	4890	10250	16860	20540	23110	26770
远期利率协议/利率互换	47.7	39.0	37.6	21.3	47.2	54.0	35.1

数据来源：国际清算银行网站 www. bis. org，"Triennial Central Bank Survey, Interest rate derivatives market turnover 2016, Monetary and Economic Department, December 2013" T_ 08_ 01 到 T_ 08_ 04。

利用图 6.1 给出的境内季度利率互换数据，我们可以计算出 2013 年和 2016 年境内利率互换成交金额分别为 2.73 万亿元和 9.92 万亿元人民币。即使 2013 年和 2016 年境内利率远期协议与境内利率互换比例达到该两年国际相应比例的 1/10，那么该两年境内利率远期协议成交金额也会分别高达 1473 亿元和 3481 亿元人民币，显示境内利率互换市场的发展潜力。

7.6　小结

远期利率协议自 2007 年 11 月 1 日推出以来，一直没有成为我国银行间市场主要的衍生产品，也没有获得应有的市场地位。从远期利率协议推出至今，成交量低到了停滞的地步，成为近年来银行间新市场中最不活跃的两个产品之一。利率互换可以与浮动利率债券构成套期保值组合，这是机构进行利率互换交易的重要原因，而远期利率协议由于其短期和一次结算的特性，无法直接与基础资产构成套期保值组合，因而在与利率互换的竞争中处于下风。2012 年前境内银行利率市场化步伐相对缓慢，远期利率协议流动性很低还可以理解，但是 2012 年以来境内利率市场化步伐明显加速，金融机构利率风险显著增大，而境内远期利率协议不仅没有活跃起来反而到了停滞的状态，表明境内金融机构利率风险管理的意识、方法等方面需要显著提高。

国际市场上，远期利率协议是仅次于利率互换的重要利率风险管理工具，近年来其日均成交金额在利率互换一半上下，显示远期利率协议在利率风险管理方面的重要作用。随着我国利率市场化进程的推进和金融技术的成熟，远期利率协议在管理利率风险方面的灵活性和有效性将得到很大的提升，相信远期利率协议交易将会随利率市场化收官而逐渐复苏且活跃起来。

8　股票指数期货

　　筹备多年的股指期货在经过国务院批准后于 2010 年 4 月 16 日正式挂牌交易。至此，经过各方稳步、扎实和有序的精心准备，在中国金融期货交易所挂牌成立 3 年多后，我国股指期货终于正式面世。作为我国第一个金融期货品种，股指期货的推出，对我国证券市场产生了积极而深远的影响，并为证券市场注入新的活力，意义重大。

8.1　股票指数和股票指数期货的基本概念

8.1.1　股票指数的概念和作用

　　随着金融创新的发展，境外各种指数相关产品先后推出并活跃交易，成为金融市场上一股重要的力量，如股票指数期货、股票指数期权、股票指数期货期权、交易所交易基金（ETFs）、指数权证、指数基金等。股票指数是所有这些指数相关产品的基础。当前世界上广泛使用的股票指数有很多种，多家不同的机构每天都会公布各自的股票指数，其中最为重要和广泛使用的是由三家主要机构公布的指数系列，它们包括道琼斯公司、标准普尔集团和富时指数有限公司。股票指数的作用主要有以下几点：

　　（1）宏观经济的晴雨表。股票价格不仅可以反映上市公司定期披露的信息，也可以反映上市公司即时披露的信息；不仅可以及时反映上市公司的经营管理情况，而且可以反映宏观经济政策对上市公司经营业绩的影响。因此，作为股价汇总的股票价格指数通常也被作为衡量宏观经济发展情况以及宏观政策执行效果的指标之一。传统的宏观经济指标，如通货膨胀率、失业率和进出口额等不像股票价格那样及时易得，因此股票价格以及市场的股价指数就成为了及时反映宏观经济状况的晴雨表。

　　（2）股票市场的标尺。由股价指数计算出的收益率可以作为整个市场表现的标尺，与同时期的政府债券、黄金以及其他形式的资产收益率做比较，可以评判各种资产的收益情况。新闻媒体也需要一个简单的指标来报道金融市场的整体波动情况，股票价格指数自然成为首选。

　　（3）股票市场的指示针。股票指数是对股票市场总体或者某一组股票价格变化的总体描述，反映特定范围特定时间内股票价格相对于基期价格变动的趋势及程度，为投资者提供一个关于上市公司股票表现的总体衡量，方便投资者预测股价的总体变动方向从而制定投资策略。

（4）创新产品的基础。有许多金融创新产品是基于整个（或部分）市场的变动而不是基于股票价格的变动而设计的，如股票指数期货、股票指数期权以及股指期货期权等，如果没有相应的股票指数，这些金融产品就不可能推出。另外，有很多产品是完全依赖于股票指数的，如指数基金、交易所交易基金以及指数权证和指数期权等。

（5）技术分析的目标。基于股票指数的技术分析可以为交易员和基金经理提供关于市场走势与衡量标尺的必要信息，以方便他们进行投资决策。

（6）计算市场风险与个股贝塔的基础。资本资产定价模型（CAPM）和现代的投资组合理论等金融理论都是基于必要的市场信息分析的，这些信息包括市场风险（由市场收益率的标准差来衡量）、单只股票与市场收益的相关性等。股票价格指数是计算市场风险和个股贝塔等必要市场参数的基础。由上海证券交易所和深圳证券交易所联合编制的沪深 300 指数于 2005 年 4 月 8 日正式发布，沪深 300 指数的样本是上海和深圳证券市场中的 300 只 A 股股票，覆盖了大部分流通市值。经过这几年的运行，沪深 300 指数已经非常成熟，并具备了股票指数应有的一切功能。

8.1.2　股指期货的概念和优势

股指期货是一种特殊的期货合约，它的标的资产是由股票指数所代表的一篮子股票，交割时以到期日的指数价格与初始交易价格之差为基础进行现金结算。以标准普尔 500 指数期货为例，标的资产就是标准普尔 500 指数所代表的一篮子 500 只股票，每只股票的权重与其在指数中的权重相同。股指期货在世界上主要的期货交易所都取得了很大的成功，这在很大程度上得益于股指期货相对于相应的现货市场的如下优势：

（1）合约的标准化。与普通期货合约一样，股指期货在期限、数量、价格等各方面加以标准化，使得交易者无须自己去找相应的买家（卖家）就可以建仓或者平仓。虽然有各种不同到期日的股指期货可以交易，但是一般情况下有最短到期日的合约具有最大的交易量和持仓量，主要是因为较长期限的合约可以通过滚动合约来实现。

（2）流动性。流动性是众多交易者考虑的重要因素。期货合约的标准化设计以及确定的期限使得头寸持有者很容易找到对手方对冲头寸。由于期货合约的交易量非常大，再加上各种"迷你股指期货合约"的引入进一步提高了股指期货的流动性。作为目前交易最活跃的投资工具，股指期货的庞大交易量是由世界各地的交易者支撑的，因此也具有相当好的流动性。

（3）现金结算制度。股指期货从理论上来讲应该交割股指所代表的一篮子股票，如标准普尔500指数期货就应该交割一篮子500种股票的组合，但这样做显然是不现实的，因此交易所规定股指期货的交割以现金结算，计算期货持有期间的差价，由合约的一方付现金给另一方，从而避免了交割一篮子股票的问题。

（4）杠杆效应。保证金交易制度使得期货合约的交易具有很高的杠杆性。对于初始保证金为10%的期货合约来说，其杠杆可以达到10倍。高杠杆性一方面使期货合约的初始投资大为降低，另一方面也使得期货交易比起相应的现货交易具有更大的风险。

（5）交易成本低。期货交易的交易费用是以签订的合约数为单位收取的，与股票交易按金额收取手续费的方式相比，交易一份股指期货要比交易相应的一篮子股票的成本低很多。网上交易的盛行极大地减少了期货交易的人力成本，再加上本来就极低的佣金，使得期货交易可以最大化投资者的收益。

（6）对冲方便。期货合约可以在市场交易的任何时刻对冲，为减少隔夜市场的风险，许多交易所在收市之后还开通自动交易系统。由于股指期货的标的指数涵盖世界主要的股票市场，世界其他地区的市场变化可能会对收市之后的期货合约产生很大影响，自动交易系统的存在使得期货合约在收市之后也可以及时得到对冲，从而减少了交易的风险。

（7）消除对手方风险。期货合约的交割是由交易所的清算中心保障进行的，因此，合约持有者无须担心合约另一方的偿付能力问题。

（8）卖空机制。虽然大多数的证券交易所都有卖空机制，但包括中国股票市场在内的一些市场仍然不允许卖空，股指期货的卖空性质对于这些市场的交易者来说尤其具有吸引力。

（9）每日盯市。与一般的期货交易相同，股指期货交易也实行"盯市"和每日结算制度。"盯市"制度将交易者的风险敞口限制在一定范围之内，有利于市场的稳定。

（10）风险最小化。如何最小化风险是所有的投资策略都要考虑的问题。股票指数都是由许多大公司的股票组成的，就使得股票指数不容易受到市场波动的影响。同时，由于需要大量资本金，由单个投资者操纵整个市场的现象几乎不可能出现。因此，股指期货不仅为希望在市场波动中寻求保障的投资者提供了工具，也为希望实现利润最大化的投资者提供了机会。无论是在股票市场上涨还是下跌的情况下，投资者都可能利用股指期货获得收益。

8.2　股指期货的主要功能

一般而言，股指期货的主要功能包括以下三个方面：

（1）风险规避功能。股指期货的风险规避是通过套期保值来实现的，投资者可以通过在股票市场和股指期货市场反向操作达到规避风险的目的。股票市场的风险可分为非系统性风险和系统性风险两个部分，非系统性风险通常可以采取分散化投资的方式将这类风险的影响降到最小程度，而系统性风险则难以通过分散投资的方法加以规避。股指期货具有做空机制，股指期货的引入，为市场提供了对冲风险的工具，担心股票市场会下跌的投资者可通过卖出股指期货合约对冲股票市场整体下跌的系统性风险，有利于减轻集体性抛售对股票市场造成的影响。

（2）价格发现功能。股指期货具有发现价格的功能，通过在公开、高效的期货市场中众多投资者的竞价，有利于形成更能反映股票真实价值的股票价格。期货市场之所以具有发现价格的功能，一方面在于股指期货交易的参与者众多，价格形成当中包含了来自各方的对价格预期的信息；另一方面在于股指期货具有交易成本低、杠杆倍数高、指令执行速度快等优点，投资者更倾向于在收到市场新信息后，优先在期市调整持仓，也使股指期货价格对信息的反应更快。

（3）资产配置功能。股指期货交易由于采用保证金制度，交易成本很低，因此被机构投资者广泛用来作为资产配置的手段。例如一个以债券为主要投资对象的机构投资者，认为近期股市可能出现大幅上涨，打算抓住这次投资机会，但由于投资于债券以外的品种有严格的比例限制，不可能将大部分资金投资于股市，此时该机构投资者利用很少的资金买入股指期货就可以获得股市上涨的平均收益，提高资金总体的配置效率。

8.3　境外金融期货的推出和近年来的交易情况简介

8.3.1　境外金融期货的推出时间

国际上最早的金融期货实际上是 1972 年芝加哥商业交易所国际货币市场（IMM）推出的外汇期货，至今已有 42 年的历史；其次是芝加哥商业交易所国际货币市场分别于 1976 年和 1977 年推出的 90 天联邦票据期货和美国国库券期货，即利率期货；最后才是 1982 年由美国最早推出的股指期货。股票指数期货从 1982 年在美国成功推出之后到现在已有 30 多年的历史，成为国际场内市场中最主要的金融产品之一。美国利率期货和股票指数期货推出之后不久，其他发达国家和地区很快就学习借鉴，先后推出了相应的利率和股指期货。有兴趣的读者可参考张光平（2012）关于主要发达国家和地区及发展中国家金融期货的推出和发展。

8.3.2　全球股指期货的交易

表8.1给出了1999年到2016年全球股指期货成交金额和成交金额/全球GDP的比例。从表8.1可以看出，1999年全球股票指数期货年成交金额仅相当于当年全球GDP的66%，接近1/3；2005年全球股指期货成交金额首次超过同年全球GDP；2007年比例达到了历史高峰2.25倍；2007年到2012年比例持续回落到了1.52倍，显示国际金融危机对全球股指期货市场的明显影响；然而2012年到2015年比例重新回升到了2.32，超过了2007年的水平，2016年又回落到了1.63的水平。

表8.1　　　　　**全球股指期货年成交金额及与世界 GDP 的比例**

（1999 年到 2016 年）　　　　　单位：万亿美元

年份	股指期货成交金额	股指期货成交金额/GDP
1999	21.35	0.66
2000	22.72	0.68
2001	21.59	0.65
2002	25.56	0.74
2003	31.03	0.80
2004	40.06	0.92
2005	51.78	1.09
2006	76.54	1.49
2007	130.24	2.25
2008	128.87	2.03
2009	87.61	1.46
2010	111.44	1.70
2011	130.64	1.80
2012	112.81	1.52
2013	138.59	1.82
2014	155.05	1.99
2015	170.41	2.32
2016	121.56	1.63

数据来源：1999年到2014年股指期货成交数据来自国际清算银行网站（www.bis.org），2015年及2016年股指期货成交金额数据来自世界交易所联盟网站：www:world – exchanges.org；表中GDP数据为世界GDP，来自国际货币基金组织网站2016年10月公布的数据。

8.3.3 股票指数期货的交易与股票市场交易比较

上文我们介绍了全球股票指数期货成交金额并与世界经济规模进行了比较。市场上通常还有一种衡量股票指数期货市场活跃程度的方法，即将股票指数期货的年成交金额与相应的股票市场成交金额进行比较。表8.2给出了2001年到2015年全球股票指数期货年成交金额和相应的股票市场成交金额及其比例。从表8.2可以看出，2001年期货成交总额刚刚超过相应股票成交金额的一半；2003年全球股票指数期货成交总额首次超过了相应的股票市场成交总额；2007年全球股票指数期货成交总额与相应的股票市场成交总额比例达到历史高点139.1%；2008年和2009年比例有所回落，2009年到2013年该比例重新持续上升到了155.3%的历史峰值，超过了金融危机前2007年的水平；2014年到2016年总体略有回落，但保持在高于2007年138.1%的水平，显示近年来全球股指期货市场恢复到了金融危机前的水平。

表8.2　　　　全球股票指数期货年成交金额和股票市场成交金额

（2001—2016年）　　　　　　　　　单位：万亿美元,%

年份	股指期货成交金额	股票市场成交金额	股指期货成交金额/ 股票市场成交金额
2001	21.59	42	51.40
2002	25.56	33.1	77.20
2003	31.03	28.28	109.70
2004	40.06	35.1	114.10
2005	51.77	46.91	110.40
2006	76.54	64.64	118.40
2007	130.26	93.63	139.10
2008	128.87	111.47	115.60
2009	87.61	77.02	113.80
2010	111.42	81.43	136.80
2011	130.63	98.09	133.20
2012	113.19	79.22	142.90
2013	138.58	89.24	155.30
2014	155.02	107.34	144.42
2015	170.41	113.77	149.78
2016	121.56	86.60	140.37

数据来源：1999年到2014年股指期货成交数据来自国际清算银行网站（www.bis.org），2015年及2016年股指期货成交金额数据来自世界交易所联盟网站：www：world – exchanges.org；表中GDP数据为世界GDP，来自国际货币基金组织网站2016年10月公布的数据。

8.4　交易所对股指期货的主要风险控制措施

为加强期货交易风险管理，保护期货交易当事人的合法权益，保障中国金融期货交易所（以下简称交易所）期货交易的正常进行，交易所制定了专门的《中国金融期货交易所风险控制管理办法》，自2010年2月20日起实施。根据该办法，交易所风险管理实行保证金制度、涨跌停板制度、持仓限额制度、大户持仓报告制度、强行平仓制度、强制减仓制度、结算担保金制度和风险警示制度，这些制度的主要内容如下。

1. 保证金制度。保证金分为结算准备金和交易保证金。股指期货合约最低交易保证金标准为12%。期货交易过程中，出现下列情形之一的，交易所可以根据市场风险状况调整交易保证金标准，并向中国证券监督管理委员会（以下简称中国证监会）报告。

期货交易出现涨跌停板单边无连续报价（以下简称单边市）；遇国家法定长假；交易所认为市场风险明显变化；交易所认为必要的其他情形。

单边市是指某一合约收市前5分钟内出现只有停板价格的买入（卖出）申报、没有停板价格的卖出（买入）申报，或者一有卖出（买入）申报就成交但未打开停板价格的情形。交易所调整期货合约交易保证金标准的，在当日结算时对该合约的所有持仓按照调整后的交易保证金标准进行结算。

2. 涨跌停板制度。涨跌停板幅度由交易所设定，交易所可以根据市场风险状况调整涨跌停板幅度。股指期货合约的涨跌停板幅度为上一交易日结算价的±10%。

3. 持仓限额制度。持仓限额是指交易所规定的会员或者客户对某一合约单边持仓的最大数量。同一客户在不同会员处开仓交易，其在某一合约单边持仓合计不得超出该客户的持仓限额。会员和客户的股指期货合约持仓限额具体规定如下：

（1）进行投机交易的客户号某一合约单边持仓限额为100张；

（2）某一合约结算后单边总持仓量超过10万张的，结算会员下一交易日该合约单边持仓量不得超过该合约单边总持仓量的25%。进行套期保值交易和套利交易的客户号的持仓按照交易所有关规定执行。会员、客户持仓达到或者超过持仓限额的，不得同方向开仓交易。

4. 大户持仓报告制度。交易所可以根据市场风险状况，公布持仓报告标准。从事自营业务的交易会员或者客户不同客户号的持仓及客户在不同会员处的持仓合并计算。

5. 强行平仓制度。强行平仓是指交易所按照有关规定对会员、客户持仓实行平仓的一种强制措施。会员、客户出现下列情形之一的，交易所对其持仓实行强行平仓：

（1）结算会员结算准备金余额小于零，且未能在第一节结束前补足；

（2）客户、从事自营业务的交易会员持仓超出持仓限额标准，且未能在第一节结束前平仓；

（3）因违规、违约受到交易所强行平仓处罚；

（4）根据交易所的紧急措施应当予以强行平仓；交易所规定应当予以强行平仓的其他情形。

6. 强制减仓制度。强制减仓是指交易所将当日以涨跌停板价格申报的未成交平仓报单，以当日涨跌停板价格与该合约净持仓盈利客户按照持仓比例自动撮合成交。

7. 结算担保金制度。结算担保金是指由结算会员依照交易所规定缴存的，用于应对结算会员违约风险的共同担保资金。

各类结算会员的基础结算担保金为：交易结算会员人民币 1000 万元，全面结算会员人民币 2000 万元，特别结算会员人民币 3000 万元。结算会员应当在签署《中国金融期货交易所结算会员协议》后第 5 个交易日第一节结束前，将基础结算担保金存入交易所结算担保金专用账户。

8. 风险警示制度。交易所认为必要的，可以单独或者同时采取要求会员和客户报告情况、谈话提醒、书面警示、发布风险警示公告等措施中的一种或者多种，以警示和化解风险。

8.5　A 股指数期货月度成交金额介绍

表 8.3 给出了从 2010 年 4 月到 2017 年 3 月境内 A 股指数期货推出之后 4 年的成交金额、年度成交金额及其与同期股票市场成交金额的比较及国际占比。表 8.3 显示，境内股票指数期货推出后的第一年，成交金额达到了 41.1 万亿元，占同期股票交易所成交总金额的 88.4%；2011 年到 2013 年，股指期货成交金额与股票市场成交额比例分别高达 103.8%、241.0% 和 300.4%；2012 年和 2013 年比例显著超过表 8.2 给出的全球相应 163.8% 和 190.9%；2014 年和 2015 年该比例分别回落到了 218.1% 和 158.9%，仍高于表 8.2 给出的同期国际比例 144.42% 和 149.78%，显示境内股指期货近年来的快速发展，成为境内少见的活跃金融领域；然而 2016 年该比例却猛跌到了 6.5%，仅略高于同年全球比例 140.37% 的 1/20。

表 8.3   股票指数期货月度成交金额及其与股票市场成交金额及国际比较

（2010 年 4 月至 2017 年 3 月）   单位：万亿元人民币，%

时间	股指期货 成交金额	股票市场 成交金额	期货成交金额/ 股票市场 成交金额	国内股市成交 金额/世界股市 成交金额	国内期货成交 金额/世界股指 期货成交金额
2010 年*	41.1	46.4	88.4	8.6	5.6
2011 年	43.8	42.2	103.8	6.8	5.3
2012 年	75.8	31.5	241.0	6.3	11.5
2013 年	140.8	46.9	300.4	8.6	16.6
2014 年	162.2	74.4	218.1	11.3	74.4
2015 年	405.2	255.1	158.9	36.0	38.2
2016 年	9.3	143.8	6.5	25.1	1.2
2017 年*	2.1	26.1	7.9		

数据来源：期货成交金额来自中国金融期货交易所网站（http：//www.cffex.com.cn）；股票市场成交金额来自中国证券监督管理委员会网站（www.csrc.gov.cn）；2010 年数据为 4 月到 12 月数据；2017 年数据为该年前三个月数据；比例以年度人民币对美元日均汇率折算而得。

表 8.3 的数据显示，境内股指期货推出后很快就达到了非常活跃的程度，而且活跃度在一个月内就超过了国际市场二十多年的发展程度（全球第一个股指期货 1982 年在美国推出后，到 2003 年全球股指期货成交金额才首次超过了全球股票市场成交金额，而境内在 2010 年 4 月推出后，5 月股指期货成交金额就超过了当月境内股票市场成交金额 43.4%），表明境内股市期货成功的同时，也表明当时境内股指期货市场有着巨大的投机因素存在。但是，2015 年 9 月以来，境内股指期货市场成交金额与股票市场成交金额比例却持续下降到了 5% 上下的地位。过高的比例显示过高的投机性，不利于市场功能的发挥，而过低的流动性也同样不利于市场功能的发挥。

8.6   境内不同股指期货成交分布

2015 年 4 月，中国金融期货交易所在之前沪深 300 指数期货的基础上又推出了上证 500 和中证 50 两个股指期货。表 8.4 给出了 2015 年 4 月到 2017 年 3 月境内三个股指期货月度成交金额及分布。

表 8.4 境内三类股票指数期货月度和年度成交金额及分布

（2015 年 4 月至 2017 年 3 月） 单位：亿元，%

时间/指数	沪深 300	上证 500	中证 50	沪深 300 占比	上证 500 占比	中证 50 占比
2015 年 4 月	468709.2	23811.6	27923.7	90.1	4.6	5.4
2015 年 5 月	455193.0	84443.9	54702.7	76.6	14.2	9.2
2015 年 6 月	622681.0	154799.2	106368.7	70.5	17.5	12.0
2015 年 7 月	533634.5	70223.8	7296.0	87.3	11.5	1.2
2015 年 8 月	429103.7	43682.0	38316.2	84.0	8.5	7.5
2015 年 9 月	14883.2	5483.5	3549.6	62.2	22.9	14.8
2015 年 10 月	3196.0	2465.4	755.5	49.8	38.4	11.8
2015 年 11 月	4306.2	3278.8	1131.6	49.4	37.6	13.0
2015 年 12 月	4593.5	3321.1	1215.9	50.3	36.4	13.3
2016 年 1 月	4160.7	3222.0	1028.9	49.5	38.3	12.2
2016 年 2 月	3118.0	2655.8	734.7	47.9	40.8	11.3
2016 年 3 月	5162.7	4870.9	1349.7	45.4	42.8	11.9
2016 年 4 月	4071.9	4292.5	977.9	43.6	45.9	10.5
2016 年 5 月	3509.3	4419.2	831.6	40.1	50.4	9.5
2016 年 6 月	3046.2	4119.6	737.5	38.5	52.1	9.3
2016 年 7 月	3196.5	4168.6	779.0	39.2	51.2	9.6
2016 年 8 月	3428.5	3938.8	819.2	41.9	48.1	10.0
2016 年 9 月	2704.1	3053.8	734.1	41.7	47.0	11.3
2016 年 10 月	2041.2	2298.8	595.9	41.4	46.6	12.1
2016 年 11 月	2868.4	2937.2	920.5	42.6	43.7	13.7
2016 年 12 月	2835.1	2584.9	963.8	44.4	40.5	15.1
2017 年 1 月	2155.0	2140.2	784.9	42.5	42.1	15.4
2017 年 2 月	2509.8	2319.9	890.8	43.9	40.6	15.6
2017 年 3 月	4451.5	3911.3	1443.7	45.4	39.9	14.7
2015 年	2536300	391509	241260	80.0	12.4	7.6
2016 年	40143	42562	10473	43.1	45.7	11.2
2017 年 *	9116	8371	3119	44.2	40.6	15.1

数据来源：中国金融期货交易所网站（http：//www.cffex.com.cn）；2017 年数据为该年第一季度数据。

表 8.4 显示，在上证 500 和中证 50 指数期货推出的最初半年多时间内，沪深指数期货仍然保持了最大的份额，2015 年占比高达 80%，上证 500 和中证 50

指数期货成交金额占比分别仅为 12.4% 和 7.6%；然而 2016 年及两个新指数期货推出后的第一个完整年内，沪深 300 指数期货成交金额占比就下降到了 43.1%，低于上证 500 指数占比 45.7%，中证 50 指数期货成交金额占比仅为 11.2%，显示上证 500 指数有更好的代表性，成为境内最活跃的股指期货品种。

8.7　小结

国际市场上外汇期货推出最早，利率期货次之，股指期货最晚，而由于外汇现货市场主要在银行间，外汇期货交易却最不活跃，利率期货活跃度最高，股指期货次之。境内金融期货股指期货推出最早，利率期货次之，而外汇期货仍然缺位，显示境内金融期货推出的顺序正好与国际市场相反。

股市作为企业融资和投资者金融财富积累的主要渠道之一，其发展对于一国经济的持续健康发展意义重大。然而，股市自身要实现持续健康发展，相应的风险管理和对冲工具不可或缺。由于股市主要是交易所交易的场内市场，因此，其相应的风险管理和对冲工具主要就是股指期货和股指期权等股票类衍生产品，场外交易的权益类衍生产品如权益互换等其交易量是比较低的。境内股指期货的推出，在第一个半月内就显示出了很高的流动性，推出之后的第一个月成交金额就超过了股票市场相应的成交金额，表明我国股票指数期货成功的同时，也表明当时境内股指期货市场过高的投机性。过高的市场投资性不利于市场功能的发挥和健康发展，但是过低的市场流动性也不利于市场功能的发挥，市场也难以健康发展。

我们在第 16 章介绍香港 H 股指数期货和期权之后对两地期货市场进行比较时会发现，虽然在推出仅有 1 年的时间后，境内股票指数期货的成交金额就已经比同期 H 股指数期货的成交金额要大许多倍了。股指期货的推出，对我国资本市场产生了积极的深远的影响，改变了中国资本市场的结构和市场交易策略。

参考文献

中国期货业协会. 推出期指——缓解大小非解禁洪峰的冲击［N］. 期货日报，2009 - 04 - 25.

9 人民币外汇期权

虽然境内人民币衍生产品近年来有了较快的发展（张光平，2016），但是外汇、债券、股指、期货期权却多年缺位。值得我们高兴的是，2011年4月人民币外汇期权在境内银行间市场正式推出。境内人民币外汇期权推出至今已有4年多，市场有了一定的发展，在境内人民币外汇市场中的占比也持续提高。本章介绍人民币外汇期权的相关内容。

9.1 境内人民币外汇期权的相关规定

2011年2月14日，为进一步丰富外汇市场交易品种，为企业和银行提供更多的汇率避险保值工具，国家外汇管理局发布《关于人民币对外汇期权交易有关问题的通知》（汇发〔2011〕8号，以下简称《通知》），批准中国外汇交易中心在银行间外汇市场组织开展人民币对外汇期权交易。2014年，为贯彻落实《国务院办公厅关于支持外贸稳定增长的若干意见》（国办发〔2014〕19号）精神，支持外贸稳定增长，促进和规范外汇衍生产品市场发展，更好地满足市场主体管理汇率风险需求，国家外汇管理局日前发布《关于印发银行对客户办理人民币与外汇衍生产品业务管理规定》的通知。以外汇期权为重点丰富汇率避险工具，支持银行在普通欧式期权和实需交易前提下，对客户开展买入或卖出以及组合等多样化期权业务。

9.1.1 人民币外汇期权推出的目的和期权的特点

《通知》的主要内容包括明确产品类型为普通欧式期权，指买入期权的一方只能在期权到期日当天才能执行的标准期权；银行开办期权业务实行备案管理，不设置非市场化的准入条件。《通知》的发布，有利于形成完整的期权市场结构，完善境内外汇市场人民币对外汇衍生产品体系，进一步便利企业、银行等市场主体规避汇率风险，有利于不断推进境内外汇市场发展，充分发挥市场在资源配置中的基础性作用。

9.1.2 银行开办对客户期权业务应具备的条件

银行要取得人民币外汇期权业务，必须取得外汇管理局备案核准的远期结售汇业务经营资格3年以上，同时执行外汇管理规定情况考核连续两年为B类

（含）以上；具有开展外汇对外汇期权交易的相关经验；有健全的期权产品交易风险管理制度和内部控制制度及适当的风险计量、管理和交易系统等。

9.1.3　银行开办对客户期权业务应坚持实需原则

银行只能办理客户买入外汇看涨或看跌期权业务，除对已买入的期权进行反向平仓外，不得办理客户卖出期权业务；期权签约前，银行应要求客户提供基础商业合同并进行必要的审核，确保客户做期权业务符合套期保值原则；期权到期前，当客户的基础商业合同发生变更而导致外汇收支的现金流变化时，在提供变更证明材料及承诺书并经银行审核确认后，客户方可对已买入的期权进行对应金额的反向平仓等。

9.1.4　银行开办对客户期权业务的交易资格

银行在银行间外汇市场开展期权交易，应向外管局备案取得期权交易资格。取得期权交易资格的具体条件读者可参考《通知》，这里不再细述。

9.1.5　银行开办对客户期权业务的风险管理要求

银行办理期权业务，应将期权的 Delta 头寸纳入结售汇综合头寸统一管理。银行应选择适当和公认的计量方法，基于合理的、符合市场水平的假设前提和参数，准确计量 Delta 头寸。期权的 Delta 头寸纳入结售汇综合头寸统一管理。

9.2　人民币外汇期权合约的主要特征

本节我们介绍标准的人民币外汇期权合约的主要特征和条款。

9.2.1　期权的类型

人民币外汇期权是欧式的，即它们只能在到期日执行，这与亚洲主要国家和地区流行的期权形式相同。

9.2.2　期权交割货币和类型

正如名称所示，人民币外汇期权都是以人民币交割的，一般需全额交割。客户行权应以约定的执行价格对期权合约本金全额交割，原则上不得进行差额交割。客户以其经常项目外汇账户存款在开户银行叙做买入外汇看跌期权，可以进行全额或差额交割，但期权到期前，客户若支取该存款，必须将对应金额的期权合约进行反向平仓。

9.2.3 按照期权虚实度分类的类型

人民币外汇期权目前按照虚实度有三个品种，即 Delta 为 25% 的看涨期权、平值期权和 Delta 为 25% 的看跌期权三类。

9.2.4 到期期限

人民币外汇期权目前的到期期限分别有 1 天、1 周、2 周、3 周、1 个月、2 个月、3 个月、6 个月、9 个月、1 年、18 个月、2 年和 3 年的期权。虽然人民币期权的到期期限最长可达三年，但是在大多外汇期权市场，超过一年的期权都不很活跃。人民币外汇期权推出 3 年来，大多数期权为短期期权。

9.2.5 货币对

人民币外汇期权目前有人民币对美元、人民币对欧元、人民币对日元、人民币对港元和人民币对英镑 5 个货币对之上的期权可以交易，但是推出 3 个多月来，绝大多数人民币外汇期权仍然是人民币对美元的期权。

9.3 人民币期权市场参与者

按照国家外汇管理局上述《通知》的要求，国家外汇管理局在 2011 年 3 月底前批准了中国工商银行、中国建设银行、中国银行和中信银行等 5 家境内银行，花旗银行、德意志银行、汇丰银行和渣打银行 4 家外资银行作为首批进入国内银行间外汇期权的银行；2011 年 4 月 7 日，兴业银行也获得了国家外汇管理局的批准，成为境内第 5 家进入境内银行间外汇期权市场的境内银行。截至 2016 年 12 月末，银行间市场共有外汇期权会员 87 家，比 2014 年 12 月末多 48 家。

9.4 人民币对主要货币汇率的历史波动率

从《人民币衍生产品》（张光平，2016）第 13 章和第 14 章我们知道，期权交易的奥秘完全集中在对标的资产波动率的估计和预判。本节介绍人民币对主要货币汇率的历史波动率。

9.4.1 人民币/美元汇率的历史波动率

张光平（2016）在《人民币衍生产品》第 13 章介绍了用历史日数据计算标

的资产波动率的方法。这种方法可以帮助人们了解标的资产波动性的总体幅度、历史变化以及市场信息对标的资产波动率的影响方式。但是，正如张光平（2015）在《人民币衍生产品》第13章所指出的那样，这种方法存在严重的局限性，因为它暗含着一个假设，即历史将会重复，而我们所知道的事实并非总是如此。这种方法的另一个局限是由此所得到的估计结果通常不够精确，因为估计的结果会受估计时所采用历史数据时间跨度长短的影响。例如，如果分别采用过去1周、2周、1个月或者3个月的历史数据进行估计，最后所得到的估计结果往往会有差异。

图9.1给出了2002年4月16日到2005年7月20日（人民币汇率形成机制改革方案实施前）10个工作日的移动标准均方差方法计算的年化波动率（10天的移动标准均方差乘以250的开平方）。从图9.1我们可以看出，从2002年8月下旬到2002年10月上旬人民币/美元汇率波动率达到最高峰，曾经超过0.08%；2005年2月下旬到3月上旬之间波动率降到接近零的低位；2005年7月汇改之前几个月波动率保持在0.015%上下的水平。

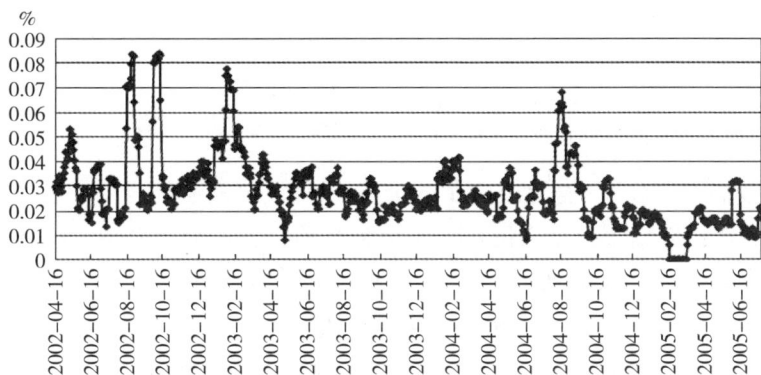

资料来源：根据外汇交易中心网站数据计算得出。

图9.1 人民币/美元汇率年化波动率（2002年4月16日到2005年7月20日）

图9.2给出了2005年7月1日到2005年8月22日（人民币汇率形成机制改革方案实施前后）10天的移动标准均方差下的年化波动率。从图9.2我们可以看出，从2005年7月22日到2005年8月4日（人民币汇率形成机制改革方案实施后10个交易日）波动率大幅上升到10%以上，从8月5日开始回落至0.5%左右。该段时间波动率高的原因就是人民币在2005年7月21日升至2.05%，导致滚动期间波动率很高。

图9.3给出了从2005年9月1日到2017年2月21日的10天移动标准均方差下的年化波动率。从图9.3我们可以看出，2005年9月到2015年8月21日的

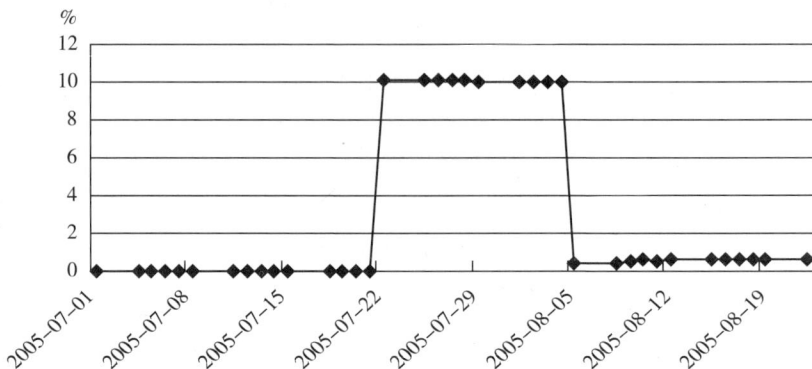

资料来源：根据外汇交易中心网站数据计算得出。

图9.2 人民币/美元汇率年化波动率（2005年7月1日到2005年8月22日）

近十年内人民币对美元汇率波动率过低，是境内人民币外汇远期交易不够活跃的主因之一，同时更是境内人民币外汇期权市场不够活跃的主因；而2015年8月以来的一年半时间内，人民币对美元汇率波动性显著提高，期权市场也随之活跃起来，下文会进一步介绍。

9.4.2 人民币/美元汇率波动率与主要汇率波动率的比较

上文我们对人民币/美元汇率在2005年7月汇改前后的波动率进行了较为详细的介绍，在我们结束讨论人民币汇率波动性前，我们简单介绍一下主要国际汇率近年来的波动率，从而我们可以对人民币汇率波动率与主要国际汇率波动率之间的差异进行比较。图9.3给出了2005年8月5日到2017年2月28日人民币/美元汇率年化波动率占欧元/美元和日元/美元汇率波动率比例。

图9.3显示，2005年汇改后一年多，即2006年7月到2008年7月的两年时间内，境内人民币对美元汇率年化波动率与相应的欧元/美元和日元/美元汇率波动率平均比例在1/3左右；2008年金融危机爆发后到2010年国内人民币汇改重启间，境内人民币对美元汇率年化波动率与相应的欧元/美元和日元/美元汇率波动率平均比例持续下降到了接近零的低位；2010年汇改重启后到2015年2月，占比平均仅在15%上下；2015年2月到2015年8月上旬，平均比例下降到了5%左右；然而2015年8月新汇改以来，平均比重显著上升到了80%上下，显示近来境内人民币对美元汇率波动率的显著增长。

9.4.3 人民币汇率波动率讨论总结

基础市场的波动率是期权交易的最主要的市场因素，我们本章讨论了人民

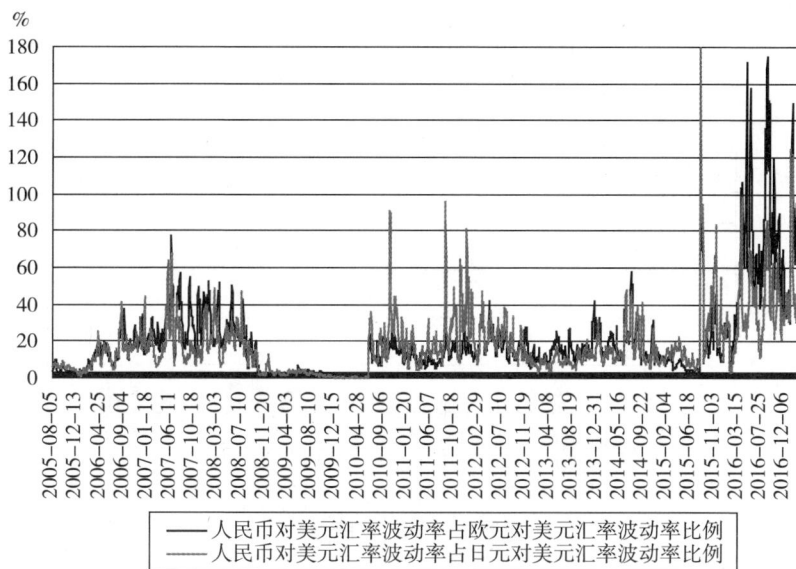

资料来源：根据外汇交易中心网站数据计算得出。

图 9.3   人民币／美元汇率年化波动率占欧元／美元和日元／美元

汇率波动率比例（2005 年 8 月 5 日到 2017 年 2 月 28 日）

币对主要货币在 2005 年汇改前后的波动率，这种讨论不仅对境内人民币外汇期权有用，而且对境外人民币无本金交割期权及相关产品也非常有用。波动率过低，期权交易难以活跃起来。只有有了适度的波动率，期权市场才有望适度活跃起来。2015 年 8 月新汇改以来境内人民币对美元汇率波动率显著提高预示境内人民币外汇期权等外汇衍生产品市场会相应地活跃。

9.5   境内人民币外汇期权交易情况

与外汇远期市场一样，外汇期权也包括银行与客户间的期权交易和银行间市场期权交易两大类。本节分别介绍境内银行与客户间的人民币外汇交易，然后介绍银行间人民币外汇期权交易，最后介绍境内人民币外汇交易总额。

9.5.1   国内银行与客户人民币外汇期权交易情况

图 9.4 给出了 2011 年到 2016 年银行与客户期权季度成交金额。图 9.4 显示，2011 年境内外汇期权推出后的前三年，即 2011 年第二季度到 2014 年第二季度的 13 个季度里，除 2013 年第四季度外，银行与客户间的外汇期权成交金额显著高于银行间外汇期权交易金额；而 2014 年第三季度以来，银行与客户期权

成交金额却持续低于银行间成交金额，而且银行间期权成交金额增幅显著超过银行与客户成交金额，显示银行间期权交易已经成为外汇期权市场的主力。

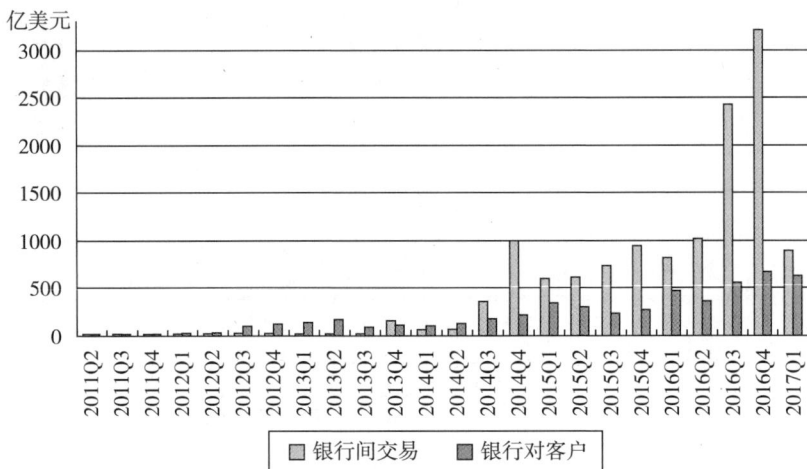

亿美元

数据来源：国家外汇管理局网站 www. safe. gov. cn。

图 9.4　境内银行间人民币外汇期权季度成交金额（2011 年第二季度到 2017 年第一季度）

9.5.2　境内银行间外汇市场人民币外汇期权交易情况

2011 年 4 月 1 日，我国银行间外汇市场正式开展人民币兑外汇期权交易首日，交易系统运行顺畅，银行报价和询价积极，报价涵盖全部 13 个标准期限。全天共达成人民币对美元期权交易 10 笔，期限覆盖 1～6 个月，名义本金合计 4900 美元。市场开展交易第一个月内，市场成交名义本金合计约 1.1 亿美元，成交 30 笔左右。图 9.4 给出了 2011 年第二季度到 2016 年第四季度境内银行间人民币外汇期权季度成交金额。图 9.4 显示，2011 年，人民币外汇期权推出后的前 5 个季度，人民币外汇期权成交金额虽有增长，但是市场流动性很低，表明人民币期权推出初期市场很不活跃，而且成交主要是银行与客户的交易；2012 年第一季度，人民币外汇期权成交额首次超过 10 亿美元，2012 年第三季度成交金额首次超过了 100 亿美元（主要仍为银行与客户的交易）；从 2014 年下半年开始，银行间人民币外汇期权成交额开始迅猛增长，2014 年第四季度成交金额首次接近 1000 亿美元达到 997.5 亿美元，2016 年第二季度首次超过 1000亿美元到 1017.7 亿美元，2016 年第三季度和第四季度分别超过 2000 亿美元和3000 亿美元大关，显示近年来境内人民币外汇期权高速增长的可喜态势。

2014 年 6 月 23 日，国家外汇管理局发布了《银行对客户办理人民币与外汇衍生产品业务管理规定》，放开客户卖空限制，进一步促进了期权市场发展，这是导致图 9.4 中 2014 年下半年以来人民币外汇期权市场活跃的主因；2015 年 8 月新汇改后人民币对美元波动率显著提高也是 2015 年以来人民币外汇期权市场活跃的另一主因。2014 年境内人民币外汇期权市场总成交金额达到了 1486.7 亿美元，比 2013 年的 217.5 亿美元增长了 5.8 倍；2015 年和 2016 年期权总成交金额分别比上年增长了 1.1 倍和 1.4 倍；然而 2017 年第一季度成交金额又回到了与 2016 年第一季度相当的水平，显示境内人民币外汇期权市场的活跃度并未保持与外汇市场波动率提高而持续增长的态势。

9.6 境内人民币外汇期权成交金额在境内人民币外汇市场中的比重

利用上文境内人民币外汇期权成交总金额和境内人民币外汇成交金额数据，我们可以计算出从 2011 年到 2016 年境内人民币外汇期权成交金额占总外汇成交金额的比重，表 26.4 给出了相应的结果。表 26.4 显示，2011 年到 2014 年，虽然境内人民币外汇期权交易持续显著增长，2011 年期权成交金额占外汇市场比重从 0.02% 持续增长到了 1.51%，低于相应的人民币货币掉期占比；然而 2015 年，人民币外汇期权占比增长到了 2.28%，超过人民币货币掉期的占比 1.42%，成为国内仅次于人民币外汇即期、外汇掉期和外汇远期第四大外汇产品；2016 年人民币外汇期权占比进一步增长到了 4.70%，不仅超过人民币货币掉期的占比 0.61%，而且超过了外汇远期占比 1.90%，成为国内仅次于人民币外汇即期和外汇掉期的第三大外汇产品。随着国内人民币汇改加速，特别是人民币对美元汇率波动率的显著提高，境内人民币外汇期权市场将会迎来新的高速发展期，对境内人民币外汇市场的活跃作出贡献。

9.7 人民币外汇期权案例

虽然境内人民币外汇期权 2011 年 4 月才正式推出，但是人民币期权的案例 2005 年初就已经出现，而且规模相当可观。

中央汇金公司（以下简称"汇金"）成立于 2003 年 12 月 16 日，总部设在北京。汇金是根据国务院授权，代表国家依法对国有重点金融企业行使出资人权利和履行出资人义务的国有独资公司。汇金于 2005 年 1 月 5 日、1 月 12 日和 4 月 30 日分别与中国银行、中国建设银行、中国工商银行签订了"外汇期权交易协议"，使这三家商业银行的外汇资本金的汇率风险通过市场交易行为得以对冲。外汇期权的协议金额在不超过汇金公司注入的资本金的总额内，这三家银行可以选择需要套期保值的初始协议金额。其中，中国银行的外汇期权交易金额是 180 亿美元，中国建设银行是 225 亿美元，中国工商银行是 120 亿美元。汇金承诺从 2007 年 1 月 1 日起，分批从上述三家银行购入美元，价格定在 1 美元兑人民币 8.2769 元（期权执行价格）。需要说明的是，中国工商银行有一点点差别，它的价格是定在 1 美元兑人民币 8.2765 元。因为整个期权合约期跨越3 ~ 4 年不等，上述三家商业银行要分月向汇金公司支付期权费，期权费总额为初始协议金额的 3%（即每年 1%）。以中国银行为例，初始协议金额是 180 亿美元，以 8.2769 元人民币/美元计算，3 年要交期权费总计 5.4 亿美元，即 44.695 亿元人民币。

如上介绍的汇金公司与三大商业银行签订的实际上是美元看跌期权，或者说是人民币看涨期权，换句话说，汇金公司通过与三大银行签订协议实际上是卖给三家银行美元保值保险，属于真正的人民币外汇期权。由于当时国内人民币外汇期权还未推出，这些期权的风险难以对冲，因此汇金的这三个美元贬值期权带来相当大的损失。我们在介绍境外人民币无本金交割期权及其隐含波动率后会深入分析这三个期权的潜在损失。

9.8　小结

人民币外汇期权的推出改变了我国银行间市场期权缺位的状况。目前虽然市场还不够活跃，但是流动性有了一定程度的提高。2013 年，特别是 2014 年 6 月国家外汇管理局发布了《银行对客户办理人民币与外汇衍生产品业务管理规定》后，境内人民币外汇期权市场活跃度大幅度地提高，2014 年人民币外汇期权成交金额占外汇市场总成交金额比重首次超过了 1.5%，2016 年期权成交金额占比达到了 4.7%，接近同年国际市场外汇期权占外汇市场比重 5.0%，首次超过人民币货币掉期和外汇远期的占比，成为境内人民币外汇市场中的一个重要的产品类型。可以预判，2017 年境内人民币外汇期权成交金额占比将超过国际市场相应的占比，对境内人民币外汇市场的发展作出更大的贡献。

多年来汇兑损失是困扰我国银行业和企业的一个严重的问题。多年来，境内主要银行汇兑损失严重，经常在数百亿元人民币，表明国内银行在汇率风险管理方面有个大弱点，可见我国银行业的汇兑损失已经成为一个相当重要的问题。只有加速发展境内人民币外汇期权市场，银行和其他金融机构才可以利用该市场对其汇兑损失进行一定的对冲。另外，诸多人民币挂钩型理财产品都有人民币外汇期权嵌入其中，只有境内人民币外汇期权市场有了充足的流动性，这些嵌入式期权才能有效定价并对其风险进行对冲。因此，发展并积极参与境内人民币外汇期权对国内商业银行和政策性银行等金融机构产品创新和风险管理来说已经到了相当迫切的程度。

参考文献

［1］高国华．银行间市场人民币外汇衍生产品交易活跃［J］．金融时报，2011－06－11．

［2］张光平．人民币衍生产品（第四版）［M］．北京，中国金融出版社，2016．

［3］伦敦金融城经济发展部：《伦敦：人民币业务中心》，2012 年 4 月，London RMB business volumes, City of London Renminbi series, Policy Practitioner Paper City of London Corporation, www. cityoflondon. gov. uk/ economicresearch.

［4］伦敦金融城经济发展部：《伦敦人民币业务数据发布 2012 年 1 月至 6 月》，2013 年 1 月，www. cityoflondon. gov. uk/ economicresearch.

［5］伦敦金融城经济发展部：《伦敦人民币业务数据发布 2012 年 1 月至 12 月》，2013 年 6 月，www. cityoflondon. gov. uk/economicresearch.

［6］伦敦金融城经济发展部：《伦敦人民币业务数据发布 2013 年 1 月至 6 月》，2014 年 1 月，www. cityoflondon. gov. uk/ economicresearch.

［7］伦敦金融城经济发展部：《伦敦人民币业务数据发布 2013 年 1 月至 12 月》，2014 年 6 月，www. cityoflondon. gov. uk/economicresearch.

［8］Hui, Daniel, 2010, "The Offshore Reminbi. a practical premier on the CNH market, Macro Asian Currencies, HSBC Global Research, 1 December 2010.

10   人民币国债期货

由于债券价格对利率变化反应敏感，债券期货通常也称作利率期货。利率期货是国际市场上推出仅晚于外汇期货的金融期货产品，然而在全球金融期货市场中占比高达九成上下，发挥着举足轻重的作用。利率期货是债券风险对冲和管理的最佳工具，对债券市场和外汇市场等的发展必不可少。本章在介绍利率期货的诞生及其功能的基础上，对国内 2013 年 9 月推出的国债期货进行简单的介绍和分析，并预估今后我国利率期货市场发展前景。

10.1   利率期货的诞生及其功能[①]

国债价格主要受利率影响，因此国债期货在国际上通常称为利率期货。国债期货作为金融衍生品的一种，其产生是 20 世纪 70 年代金融创新的结果。这种金融创新的出现与美国当时的政策和经济环境密不可分。20 世纪 70 年代，美国的国债发行和交易实现了市场化，其国债存量以及交易量也达到了相当大的规模。受布雷顿森林体系的解体以及石油危机的影响，美国金融市场的利率出现了大幅的波动，由此催生了金融市场投资者强烈的利率风险管理需求。芝加哥商品交易所创造性地将商品期货的风险管理经验应用到金融市场，推出了世界上最早的国债期货——90 天期国债期货。由此，利率期货开始了蓬勃发展。

国债期货主要有以下三个功能：

1. 对冲风险。在利率市场化的条件下，国债利率受资金面、经济运行周期、通货膨胀率、国际利率水平以及汇率等多种市场力量的影响，一直处于不断的波动之中。由于国债利率变化不定，国债投资者随时都面临着利率风险。存在风险的地方，一定会产生回避风险的需求。国债期货交易正是适应投资者规避利率风险的需要而建立和发展起来的，这也是国债期货交易得以存在的客观经济依据。

2. 价格发现功能。国债期货的市场价格是反映了未来国债价格、远期利率未来走势的重要载体，所以国债期货价格的形成对于国债以及其他利率产品的价格形成有着举足轻重的指导意义。而国债价格的发现是指在一个公开、公平、

---

①   本小节内容主要参考文献：鲁政委、林远洲、刘道百. 我国利率衍生品市场现状及开展国债期货的迫切性［Z］. 中国金融期货交易所课题，2011.

高效、竞争的国债期货市场中，通过国债期货交易形成的期货价格，具有真实性、预期性、连续性和权威性的特点，能够比较真实地反映出未来国债价格变动的趋势。

3. 投机与套利。投机交易是指投机者根据自己的判断和操作技巧，利用价格在不同时间的变动差异，不断地买入或卖出期货合约，以博取较高的投机利润。由于其目的是赚取差价收益，所以，投机者一般只是平仓了结期货交易，而不进行实物交割。最经典的投机交易是国债期货的买空与卖空交易。

套利交易则是指投机者利用两个相互联系的市场或者国债期货合约之间的价格差别来获利的交易方式，它与投机交易不同的是套利交易往往在同一时间买入某种国债期货合约，同时卖出另一种国债期货合约，即在同一时间里投机者既是买空者又是卖空者。在进行套利时，投机者通常注意的不是国债期货合约的绝对价格水平，而是合约之间的相互价格关系，或称相对价格差异关系。套利交易往往从不同的两个合约彼此间的相对价格差异来套取利润，即买进"低价合约"，卖出"高价合约"。根据两个合约性质的不同，国债期货套利交易大致可以分为跨期套利交易、跨品种套利交易及跨市场套利交易。受制于篇幅，就不在此详述套利交易的具体内容了。

10.2　利率期货的全球交易额及分布

表 10.1 给出了 1996 年到 2016 年全球利率期货的成交金额和年成交金额增长率。从表 10.1 可以看出，2001 年到 2007 年全球利率期货的成交金额快速增长，除 2002 年外，年增长率均超过 20%，特别是 2001 年的增长率高达 44.06%，超过前一年增长率的 4 倍；2001 年到 2007 年，全球利率期货成交金额的年复合增长率达到 25.5%；2007 年以后，受金融危机的影响，市场的风险偏好有所降低，利率期货的成交金额大幅下降，2009 的成交金额大幅下降 27%，是历史降幅最大年份；2008 年到 2014 年，利率期货成交金额的年复合增长率呈现负增长，为 -1.76%；2015 年比 2014 年下降了 11.89%，但是 2016 年却比 2015 年回升了 13.06%，成交金额 1262 万亿美元几乎回到了 2014 年的水平。

表 10.1　　　全球利率期货年成交金额和增长率及年成交金额与
全球 GDP 比例（1996 年到 2016 年）　　单位：万亿美元,%

年份	利率期货成交金额	年增长率	成交金额与全球 GDP 比例
1996	254.8	-3.70	8.04
1997	275.7	8.17	8.71
1998	296.3	7.47	9.41

年份	利率期货成交金额	年增长率	成交金额与全球 GDP 比例
1999	265.0	-10.55	8.14
2000	292.2	10.26	8.68
2001	421.0	44.06	12.60
2002	472.8	12.32	13.68
2003	588.7	24.51	17.49
2004	783.1	33.02	23.44
2005	939.6	19.98	27.19
2006	1169.3	24.45	30.12
2007	1433.8	22.62	32.80
2008	1392.6	-2.87	21.96
2009	1016.5	-27.00	16.93
2010	1235.9	21.58	20.58
2011	1358.6	9.93	20.70
2012	1025.4	-24.53	14.09
2013	1244.2	21.33	16.79
2014	1266.6	1.80	16.65
2015	1116.0	-11.89	14.30
2016	1262	13.06	17.14

数据来源：2015 年前数据来自国际清算银行网站 www.bis.org；2015 年和 2016 年数据为国际清算银行网站公布的该两年全球利率期货日均成交金额乘以 250 个工作日估算而得（2015 年以来国际清算银行不再公布之前全球利率期货的季度成交金额而公布相应的日均成交金额）。

10.2.1 全球利率期货在三大洲际间的分布

表 10.2 给出了 1996 年到 2016 年全球利率期货交易的洲际分布。表 10.2 显示，北美是全球利率期货最主要的地区，20 世纪 90 年代中后期，北美利率期货世界占比在四成以上，进入 21 世纪占比超过全球一半，2014 年首次超过全球六成，2016 年占比进一步上升到了超过七成的高位，显示以美国为主的北美在全球利率期货市场占据全球的垄断地位。

表 10.2　全球利率期货成交金额在洲际间的分布（1996 年到 2016 年）

单位：万亿美元，%

年份/洲际	北美地区	占比	欧洲地区	占比	亚太地区	占比	其他地区	占比
1996	110.33	43.3	84.05	33.0	57.78	22.7	2.68	1.1
1997	127.22	46.1	96.3	34.9	50.22	18.2	1.94	0.7
1998	139.35	47.0	108.64	36.7	45.67	15.4	2.61	0.9
1999	120.65	45.5	99.64	37.6	43.09	16.3	1.63	0.6
2000	136.37	46.7	104.61	35.8	48.66	16.7	2.58	0.9
2001	230.17	54.7	146.97	34.9	40.01	9.5	3.81	0.9
2002	261.87	55.4	171.21	36.2	36.97	7.8	2.78	0.6
2003	290.05	49.3	255.19	43.3	40.38	6.9	3.12	0.5
2004	414.31	52.9	322.98	41.2	40.69	5.2	5.16	0.7
2005	529.12	56.3	362.07	38.5	41.67	4.4	6.74	0.7
2006	667.39	57.1	427.98	36.6	65.71	5.6	8.22	0.7
2007	801.68	55.9	538.13	37.5	81.5	5.7	12.45	0.9
2008	774.44	55.6	543.72	39.0	63.81	4.6	10.6	0.8
2009	543.95	53.5	420.22	41.3	43.81	4.3	8.53	0.8
2010	658.19	53.3	498.95	40.4	60.9	4.9	17.84	1.4
2011	740.21	54.5	525.71	38.7	71.66	5.3	21.05	1.5
2012	553.55	54.0	387.89	37.8	64.66	6.3	19.33	1.9
2013	644.88	51.8	509.98	41.0	68.8	5.5	20.53	1.7
2014	809.51	63.9	390.82	30.9	51.17	4.0	15.08	1.2
2015	760.75	68.2	290.75	26.1	51.25	4.6	13.25	1.2
2016	889.75	70.5	307.75	24.4	52.00	4.1	12.00	1.0

数据来源：2015 年前数据来自国际清算银行网站 www.bis.org；2015 年和 2016 年数据为国际清算银行网站公布的该两年全球利率期货日均成交金额乘以 250 个工作日估算而得（2015 年以来国际清算银行不再公布之前全球利率期货的季度成交金额而公布相应的日均成交金额）。

表 10.2 同时显示，欧洲是全球利率期货的第二个主要地区，1996 年欧洲利率期货世界占比仅接近 1/3，而从 1996 年到 2003 年欧洲利率期货世界占比从 1/3 提高到了四成略高的水平；2003 年到 2013 年的 11 年间欧洲占比保持在四成上下的高位；然而从 2013 年到 2016 年欧洲利率期货全球占比持续下降到了略低于 1/4 的 24.4% 的低位，显示近年来欧洲利率期货市场的国际地位显著下降。

表 10.2 也显示，早在 1996 到 2005 年亚太地区利率期货全球占比从接近 1/4 的水平持续下降到了 4.4%，2005 年到 2016 年的十多年亚太地区占比几乎没有多少变化，保持在低于 5% 的低位，与亚太地区经贸的世界占比很不相称，表明

整个亚太地区利率风险管理水平急需提高。

10.2.2 全球利率期货年度成交金额占金融期货成交金额比重

利率期货是金融期货中最重要的品种类型。自 1976 年第一只利率期货产品问世以来，利率期货的交易量呈逐年攀升的趋势。表 10.3 给出了 1996 年到 2016 年全球利率期货和金融期货成交金额及前者占后者的比重。表 10.3 显示，从 1996 年到 2015 年全球利率期货占金融期货比重从 95.1% 持续下降到了 84.97%；2016 年占比又回升到了接近 90% 的水平，显示利率期货在全球金融期货市场中的重要作用，同时也显示利率风险管理在金融市场风险管理中的重要性。

表10.3　　全球利率期货年成交金额占金融期货成交金额比重
（1996 年到 2016 年）　　　单位：万亿美元,%

年份	利率期货	金融期货合计	占比
1996	254.84	270.28	94.30
1997	275.67	294.53	93.60
1998	296.28	317.76	93.20
1999	265.01	289.2	91.60
2000	292.21	317.8	91.90
2001	420.95	445.7	94.40
2002	472.83	501.42	94.30
2003	588.74	624.27	94.30
2004	783.14	830.61	94.30
2005	939.59	1003.49	93.60
2006	1169.3	1262.47	92.60
2007	1433.76	1586.47	90.40
2008	1392.57	1547.9	90.00
2009	1016.51	1128.78	90.10
2010	1235.88	1382.97	89.40
2011	1358.63	1526.45	89.00
2012	1025.43	1170.2	87.60
2013	1244.19	1415.39	87.90
2014	1266.58	1450.46	87.30
2015	1115.75	1313.16	85.00
2016	1261.50	1049.56	89.50

数据来源：利率期货数据同表 10.1；2015 年和 2016 年金融期货总额为利率加上外汇期货和股票期货成交金额，外汇期货数据与表 10.1 相同，股票期货数据来自表 8.1。

10.2.3　全球利率期货年度成交金额与世界 GDP 比例

上文显示，近年来全球利率期货成交金额超过 1000 万亿美元，数额巨大，不易直观把握。表 10.1 也给出了 1996 年到 2016 年全球利率期货成交金额与同年世界 GDP 的比例。从表 10.1 可以看出，2001 年以前，全球利率期货的年成交金额为世界 GDP 的 9 倍左右；2001 年到 2007 年，由于利率期货交易快速增长，其成交金额与世界 GDP 比例从 12.6 倍迅速上升到了 32.8 倍，增长 1.6 倍多，显示国际金融危机前国际市场上金融期货投机成分可观；2008 年到 2009 年，全球利率期货的交易金额与 GDP 比例大幅度下降到了 16.93 倍，略低于 2003 年的水平；虽然 2010 年和 2011 年比例略回升到了略高于 20 倍的水平，但 2012 年到 2016 年却保持在 15 倍上下的稳定水平。

10.3　全球利率期货年底持仓金额和换手率

10.3.1　全球利率期货年底持仓金额

期货市场的持仓金额是截至某个时间点未平仓的期货合约的市值，表 10.4 给出了 1993 年至 2016 年全球利率期货的持仓金额。表 10.4 显示，2003 年利率期货的持仓金额首次超过 10 万亿美元，之后稳步上升到了 2007 年的 26.77 万亿美元，4 年增长了一倍多；2008 年金融危机导致该年底持仓金额大幅下降了三成到 18.73 万亿美元，2008 年到 2014 年利率期货的持仓金额稳步小幅上升到了 25.35 万亿美元；然而 2015 年又略微下降 0.7%，2016 年 9 月末持仓金额回升到了 27.89 万亿美元，比 2007 年底还高出 1.12 万亿美元。

表 10.4　利率期货年持仓金额及年增长率和年成交金额与持仓金额比例

（1993 年到 2016 年）　　　　　　　　单位：万亿美元,%

年份	利率期货持仓金额	年增长率	利率期货年成交金额/年底持仓金额
1993	4.96		35.75
1994	5.81	17.1	46.48
1995	5.88	1.2	45.00
1996	5.98	1.7	42.62
1997	7.59	26.9	36.32
1998	8.03	5.8	36.90
1999	7.92	−1.4	33.46
2000	7.91	−0.1	36.94

年份	利率期货持仓金额	年增长率	利率期货年成交金额/年底持仓金额
2001	9.27	17.2	45.41
2002	9.96	7.4	47.47
2003	13.12	31.7	44.87
2004	18.16	38.4	43.12
2005	20.71	14.0	45.37
2006	24.48	18.2	47.77
2007	26.77	9.4	53.56
2008	18.73	−30.0	74.35
2009	20.63	10.1	49.27
2010	21.01	1.8	28.02
2011	21.71	3.3	36.07
2012	22.63	4.2	41.52
2013	24.17	6.8	48.38
2014	25.35	4.9	56.56
2015	24.84	−2.0	44.92
2016	25.95	4.5	48.61

数据来源：国际清算银行网站：www.bis.org；利率期货成交金额数据来自表 10.3。

10.3.2 全球利率期货的换手率

换手率实际上是股票市场的概念，即指股市年成交金额与同年年底市值的比例，代表股市交易的活跃度。我们可以将此概念利率期货市场，即以利率期货市场年度成交金额与同年底持仓金额的比例代表利率期货市场的换手率，换手率越高，表明该品种越活跃。表 10.4 也给出了 1993 年至 2016 年利率期货年度换手率。表 10.4 显示，早在 1994 年，全球利率期货的年换手率就达到了46.48 倍的历史高位；2006 年到 2008 年年换手率创造了二十多年来的峰值74.35 倍；2007 年到 2010 年下降了六成多到 28.02 倍，创下了 1993 年以来的最低值；2010 年到 2014 年又增长了一倍多到 56.56 倍；到 2015 年和 2016 年又下降了到 44.92 倍和 48.61 倍，相当于 2013 年的水平，显示国际利率期货市场流动性变化显著。

10.4 全球利率期货与股指期货市场活跃度比较

利用表 8.1 给出的全球股指期货成交金额和表 10.1 给出的全球利率期货成

交金额，我们可以容易地计算出 2001 年到 2016 全球利率期货年成交金额与股指期货年成交金额比例，图 10.1 给出了相应的结果。图 10.1 显示，2001 年到 2004 年，全球利率期货年成交金额与股指期货年成交金额比例保持在 19 倍上下的水平；2004 年到 2007 年，两者比例持续显著下降到了 11.01 的低位；2007 年到 2010 年两者比例保持在 11 上下的水平；2011 年到 2015 年又持续下降到了 6.55 的历史最低位；2016 年两者比例回升到了 9.86 倍，接近 2011 年的水平。这些数据显示，十多年来，全球利率期货市场的成交金额要比相应股指期货高出多倍，显示利率期货在全球金融期货市场的重要性，同时显示利率风险管理的重要性。

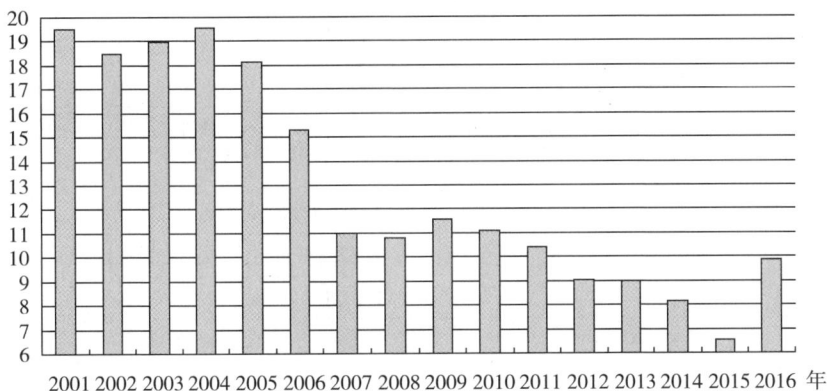

数据来源：根据表 8.1 和表 10.1 的数据计算得出。

图 10.1　全球利率期货年成交金额与股指期货年成交金额比例（2001～2016）

10.5　境内国债期货的介绍

10.5.1　我国国债期货近两年来的交易情况

表 10.5 给出了 2013 年 9 月到 2017 年 2 月我国国债期货月成交金额及与股指期货月成交金额的比较。表 10.5 显示，尽管国债推出 3 年多，但市场始终不够活跃。表 10.5 显示，2013 年 9 月，5 年期国债期货合约推出的第一个月成交金额超过 1000 亿元后，2013 年 10 月到 2014 年 11 月的 14 个月间，月成交金额仅为 427.7 亿元，市场活跃度仍不够；2014 年 12 月到 2015 年 2 月，月成交金额提高到了 1711.2 亿元；2015 年 3 月 10 年期国债期货合约推出后到 2015 年 12 月，5 年期国债期货成交金额显著提高，同时 10 年期国债期货的成交金额也呈现持续增长的态势；然而从 2016 年 1 月以来，10 年期国债期货成交金额持续超

过 5 年期国债，而且前者月成交金额与后者的比例从 1.2 持续提高到了 2017 年 2 月的 5.9，10 年期国债期货成为我国国债期货的主力合约。

表 10.5 国债期货和股指期货成交金额比较（2013 年 9 月到 2017 年 4 月）

单位：亿元人民币

时间	5 年期国债期货	10 年期国债期货	股指期货	国债期货合计	国债期货/股指期货
2013 年 9 月	1443.80		102680.8	1443.83	1.41
2013 年 10 月	345.70		98871.2	345.67	0.35
2013 年 11 月	695.70		114469.0	695.73	0.61
2013 年 12 月	578.70		112498.0	578.66	0.51
2014 年 1 月	439.90		93133.2	439.94	0.47
2014 年 2 月	327.20		71183.6	316.77	0.45
2014 年 3 月	316.80		108504.6	253.88	0.23
2014 年 4 月	253.90		101036.7	355.1	0.35
2014 年 5 月	355.10		89568.3	470.01	0.52
2014 年 6 月	470.00		84751.0	389.15	0.46
2014 年 7 月	389.20		89378.3	450.76	0.50
2014 年 8 月	450.80		119321.2	482.72	0.40
2014 年 9 月	482.70		130907.0	661.07	0.50
2014 年 10 月	661.10		113643.7	2208.22	1.94
2014 年 11 月	220.82		172330.1	2430.3	1.41
2014 年 12 月	2430.30		448626.9	2430.30	0.54
2015 年 1 月	1338.43		337018.6	1338.43	0.40
2015 年 2 月	1364.97		197927.6	1364.97	0.69
2015 年 3 月	4075.57	133.38	347819.44	4208.95	1.21
2015 年 4 月	2555.24	431.97	520444.52	2987.21	0.57
2015 年 5 月	2527.35	712.20	594339.61	3239.55	0.55
2015 年 6 月	2084.96	719.45	883848.91	2804.41	0.32
2015 年 7 月	1490.01	729.33	611154.22	2219.34	0.36
2015 年 8 月	1213.20	945.70	511101.88	2158.90	0.42
2015 年 9 月	1631.09	910.08	23916.31	2541.17	10.63
2015 年 10 月	6708.14	2831.82	6416.87	9539.96	148.67
2015 年 11 月	1244.46	4972.01	8716.53	6216.47	71.32
2015 年 12 月	6161.44	4125.83	9130.46	10287.27	112.67
2016 年 1 月	4561.43	5516.00	8411.54	10077.43	119.80

续表

时间	5 年期国债期货	10 年期国债期货	股指期货	国债期货合计	国债期货/股指期货
2016 年 2 月	2416.30	4131.32	6508.50	6547.62	100.60
2016 年 3 月	3155.11	5469.53	11383.30	8624.64	75.77
2016 年 4 月	2569.62	3806.18	9342.30	6375.80	68.25
2016 年 5 月	1710.52	3378.93	8760.10	5089.45	58.10
2016 年 6 月	1336.60	2840.29	7903.30	4176.89	52.85
2016 年 7 月	1831.47	3698.47	8144.01	5529.94	67.90
2016 年 8 月	2488.55	5239.56	8186.53	7728.11	94.40
2016 年 9 月	1223.83	3332.35	6491.95	4556.18	70.18
2016 年 10 月	1175.03	3165.16	4935.86	4340.19	87.93
2016 年 11 月	2071.28	6148.12	6726.14	8219.40	122.20
2016 年 12 月	3202.56	14545.45	6383.72	17748.01	278.02
2017 年 1 月	1742.86	10154.17	5080.01	11897.03	234.19
2017 年 2 月	1755.68	10319.76	5720.51	12075.44	211.09
2017 年 3 月	2160.32	12374.89	9806.53	14535.22	148.22
2013 年	3063.9	0.0	428519.0	3063..9	0.71
2014 年	6797.8	0.0	1622384.5	10888.2	0.67
2015 年	32394.9	16511.8	4051835.0	48906.6	1.21
2016 年	27742.3	61271.4	93177.3	89013.7	95.53
2017 年 *	5658.9	32848.8	20607.0	38507.7	186.87

数据来源：中国金融期货交易所网站（http://www.cffex.com.cn）；2017 年数据为该年第一季度数据。

10.5.2 我国国债期货成交金额与股指期货的比较

表 10.5 显示，国债期货推出后的前两年，绝大多数月份内国债期货成交金额与相应的股指期货成交金额比例不到 1%，两年国债期货总成交金额与相应的股指期货成交金额比例仅为 0.57%，显示市场流动性过低；由于 2015 年 9 月股指期货市场管控政策实施以来，国内股指期货市场成交金额大幅度下降，导致国债期货成交金额与股指期货成交金额比例显著提高到了 2016 年 12 月 327.46% 的历史高位。

10.5.3 我国国债期货成交金额与 GDP 比例及国际比较

利用表 10.5 给出的 2014 年到 2016 年国内国债期货年成交金额和国家统计

局更新的近年来国内生产总值数据，我们可以容易地计算出两者比例分别为1.7%、7.1%和12.0%，分别仅为图10.1给出的同年国际比例的0.2%、1.1%和1.2%，显示我国国债期货市场急需大力发展的现状。

10.6 我国国债期货市场的主要问题

国债期货是当今全球规模最大、运作最成熟的金融衍生产品，是利率期货的最大组成部分，利率期货的交易额占全球各类金融期货交易额的比重高达90%左右。我国在2013年9月6日重新推出国债期货，距今已经两年多时间，运行较为平稳，但是市场流动性仍然过低，表明我国的国债期货市场在产品体系、参与主体、基础市场等方面仍然存在一些重大问题。

10.6.1 期货品种较少，产品体系有待完善

国债期货的核心功能是利率风险管理，目前是全球使用最广泛、效果最显著的利率风险管理工具。但我国国债期货2013年重新推出以来，目前仅有5年期和10年期两个中长期品种，国债期货品种较少，不利于投资者管理整个收益率曲线上的风险。参考西方成熟市场的经验，如果要充分发挥国债期货价格发现、套期保值等作用，则至少应在短端、中端和长端各推出一种国债期货。

10.6.2 机构投资者参与不足，投资者结构需要进一步改善

我国的国债期货市场仍然禁止银行类金融机构参与，但商业银行又在我国的现券市场拥有较高的地位与影响力，而且是我国利率风险的主要承担者。商业银行国债持有量约占国债托管总量的七成，而大型商业银行国债持有量约占商业银行总体持有量的八成。美国等发达经济体的经验也表明，要加强国债期货的交投，增加流动性，国债期货市场必须吸引机构投资者的广泛参与，商业银行的作用更是不容忽视。随着金融管制的放松和利率市场化的推进，我国商业银行面临的利率风险逐步增大，其对利率风险管理及其工具的需求也越来越强烈。因此，银行等机构加入国债期货市场迫在眉睫。

10.6.3 国债现货市场发展不完善

国债现货是国债期货发展的基础，目前我国的国债现货市场仍然存在市场分割、交易行为不足、国债期限结构不完善等问题，国债现货市场的完善将进一步促进国债期货市场的发展。

10.6.4 利率市场化尚未完成，利率风险意识较低

虽然我国利率市场化接近尾声，但利率市场化还未完成，金融市场的利率相对比较稳定，利率缺乏弹性，反映到期货市场国债的利率也相对比较平稳。利率波动较小，投资者的利率风险较低，利率风险对冲的意识较低，国债期货的参与热情不够。

10.6.5 国债不能充抵期货保证金，交易成本较高

国债充抵期货保证金是国际市场的通行做法，有利于提高投资者的资金使用效率，降低市场交易成本，盘活国债存量、优化增量。

10.7 我国国债期货的发展潜力

自 2013 年 9 月中金所重启国债期货交易以来，我国国债期货在两年多的时间内，在提升国债发行效率、管理利率波动风险方面的积极作用逐步得到认可；在成交量、交易主体、价格波动以及市场交割等方面，也都取得了可喜的成绩。

目前，国内宏观经济正处于调结构稳增长的转型期，金融市场要更多服务于实体经济，国债期货的上市能为各类债券投资者提供新的避险工具；国债期货能发挥期货的价格发现功能，为形成良好的投资融资体系、推进利率市场化贡献一份力量；国债期货还能使交易所债券市场相互呼应，从而提高市场活跃度、降低交易成本、提高现券的活动性。

在国际成熟市场上，利率期货本身就是第一大品种，近年来国际利率期货的年换手率基本稳定在 50 左右，日平均换手率约为 20%，利率期货的年成交金额与世界 GDP 的比重稳定在 16 倍上下，而 2016 年我国国债期货的成交金额仅相当于 GDP 的 0.12，不到 1/8，说明我国国债期货市场成交金额仍有巨大的增长空间和发展前景。

另外，国内利率市场化接近尾声，利率风险管理的需求将逐步迅速提高。利率风险管理需求的提高必将带动场内外利率衍生产品的快速发展，进而导致利率期货市场的快速发展。图 10.1 给出的全球利率期货成交金额多倍于相应的股指期货成交金额数据表明，今后我国利率期货的成交金额有望超过股指期货的成交金额，利率期货的市场前景广阔。

10.8 小结

由于利率风险是金融市场最大的风险之一，利率衍生产品自然是金融市场

中最主要的产品类型。由于场外或者柜台交易的衍生产品流动性较低，利率期货由于其较高的流动性自然成为利率风险对冲的最佳工具，导致利率期货成为全球遥遥领先的金融期货产品。利率期货是债券风险对冲和风险管理的必需品，对债券市场以至于外汇市场的持续发展必不可少。

国债期货为市场提供了重要的风险管理工具，形成由债券发行、交易、风险管理三级构成了完整的债券市场体系，为债券市场提供有效的定价基准，形成健全完善的基准利率体系，有利于活跃国债现券交易，提高债券市场流动性，推动债券市场的统一互联，并且有助于促进债券发行，扩大直接融资比例，推动债券市场的长远发展，更好地发挥服务实体经济的作用。2013年9月我国国债期货市场重启以来，国债期货市场在成交量、交易主体、价格波动以及市场交割等方面，都取得了不错的成绩，但是市场流动性明显过低。2015年中金所又推出了十年期国债期货品种，使得国债期货的产品体系逐步完善。随着利率市场化的进一步深入，国债期货将进一步发挥利率风险管理工具的作用，我国的国债期货市场也将获得巨大的发展。

参考文献

［1］高峥. 中国国债期货风险控制研究［D］. 华东师范大学硕士学位论文，2005.

［2］陈晗、吉喆. 国债期货的美国"读本"［J］. 衍生品评论，2013（1）.

［3］李忠朝、李昕昕. 全球国债期货产品体系及其对我国的经验借鉴［J］. 衍生品评论，2014（9）.

［4］鲁政委、林远洲、刘道百. 我国利率衍生品市场现状及开展国债期货的迫切性［Z］. 中国金融期货交易所课题，2011.

［5］任永刚. 国债期货风险控制法律问题研究［D］. 山西财经大学硕士学位论文，2007.

［6］张光平. 人民币衍生产品（第四版）［M］. 中国金融出版社，2016.

第三篇　境外人民币产品

任何国际货币的应用都包括境内外两部分，国际化程度越高的货币境外交易份额越大。境外人民币储蓄早于 2004 年就开始在香港承办，然而 2010 年境外人民币市场启动前，境外人民币交易的主要产品为人民币无本金交割类型的产品。2009 年人民币跨境贸易结算试点之后，特别是 2010 年 8 月 17 日《中国人民银行关于境外人民币清算行等三类机构运用人民币投资银行间债券市场试点有关事宜的通知》发布之后，境外人民币交易逐渐活跃起来。近年来，境外人民币现货、远期、期货、掉期、期权等产品近年来持续活跃，逐步取代境外人民币无本金交割产品成为境外人民币产品的主流。虽然境外人民币可交割市场至今仅有六年多的历史，但该市场已经成为人民币市场的主要内容。本篇的目的是介绍境外人民币市场的各个主要产品，为第四篇和第五篇介绍和分析人民币国际化做好准备。

由于近年来境外人民币市场热火朝天地快速发展，同时境内市场却不温不火，除股指期货活跃交易及银行间外汇掉期和货币互换保持了持续较快增长外，其他市场或者缓慢增长，有些出现徘徊，有些甚至出现停滞。境内外市场发展不协调问题已经显现，境内外市场不协调的问题今后将越来越严重，需要高度关注。

本篇结构如下：第 11 章介绍境外最早的人民币产品——人民币无本金交割外汇远期和 2010 年以来的可交割外汇远期；第 12 章介绍境外人民币期货，包括美国芝加哥商业交易所（CME）2006 年推出的人民币无本金交割期货、2012 年中国香港交易所推出的人民币期货和之后新加坡交易所推出的人民币期货及中国台湾、韩国和俄罗斯再后推出的人民币期货，并比较这些市场人民币期货的活跃度；第 13 章介绍境外人民币外汇期权；第 14 章介绍境外人民币外汇掉期；第 15 章介绍境外人民币利率互换；第 16 章介绍 H 股指数期货和期权。

11 境外人民币外汇远期

在 2010 年境外人民币市场推出之前，境外最早而且最活跃的人民币产品是人民币无本金交割远期。只要本国货币不是完全可自由兑换，外汇无本金交割（Non - Deliverable）产品就总能在离岸市场找到它们存在的空间。人民币无本金交割远期（Non - Deliverable Forwards，NDF）是离岸市场上最早，而且活跃多年的人民币产品。在任何新兴外汇市场，即使境内的外汇远期市场已经存在，相应的离岸无本金交割远期市场往往也会与其共存，这主要是因为境内远期市场的流动性还存在问题，特别是因为相应的货币不可完全兑换。可以说，境外人民币无本金交割远期十多年对境内人民币远期结售汇等市场产生了重要的影响。汇改前人民币是有管理的窄幅波动货币，而且国际参与者无法直接进入我国外汇市场，人民币的离岸无本金交割远期市场越发蓬勃。因此，相对于 1996 年到 2000 年的初级发展阶段，人民币无本金交割远期市场已经变得相当活跃。

从 2002 年底起，境外人民币无本金交割远期吸引了很多全球投资者的关注。本章首先介绍人民币无本金交割远期，使读者对这一最活跃的人民币离岸衍生品有较为全面的认识；其次从境外人民币无本金交割远期市场上获得的境外人民币升值和贬值预期幅度的信息对我们判断和把握跨境资金流动的方向和流速，进而把握境外资金对我国宏观经济和金融市场的影响，有着非常重要的意义；最后介绍和分析境外人民币可交割远期市场的流动性等发展动态。

11.1 无本金交割远期市场简单介绍

顾名思义，无本金交割外汇远期实际上是以发展中国家货币对美元汇率为标的而以美元交割的外汇远期。之所以用美元交割的主要原因是发展中国家的货币常常有不同程度的资本管制。无本金交割远期实际上产生于 20 世纪 90 年代中期的墨西哥危机前后，之后不久传导到亚洲，并在东亚金融危机中发挥了重要的作用（请参考张光平 2016，第 37 章）。由于无本金交割远期市场与资本项目管制的天然关系，一国货币无本金交割远期的出现，表明该国汇率政策需要向自由化方向改革，因此无本金交割远期的出现常被看作对外汇当局汇率政策的批评。它本身是受市场力量驱动所诞生的，然而大多数机构不愿意向公众披露其在这方面的业务信息。

11.1.1 主要无本金交割远期介绍

由于无本金交割远期市场数据缺乏，我们难以获得连续的市场数据，从而难以判断不同货币无本金交割远期市场的发展。表 11.1 给出了 2008 年 4 月到 2016 年 10 月伦敦外汇联合常务委员会（FXJSC）公布的伦敦市场主要无本金交割远期市场日均成交金额。

表 11.1　伦敦无本金交割远期市场日均成交金额　单位：亿美元，%

时间/货币	巴西雷亚尔	韩元	俄罗斯卢布	人民币	印度卢比	其他货币
2008 年 4 月	43.2	30.8	35.1	21.5	14.8	73.9
2008 年 10 月	42.7	32.0	26.8	15.1	13.9	57.7
2009 年 4 月	34.7	31.7	11.6	11.5	13.1	49.9
2009 年 10 月	61.3	43.3	13.5	20.9	34.8	81.0
2010 年 4 月	42.3	37.4	11.4	39.5	32.1	71.0
2010 年 10 月	63.4	56.0	15.6	60.5	61.0	97.2
2011 年 4 月	75.9	67.3	21.7	58.7	49.5	131.2
2011 年 10 月	61.7	63.1	15.0	64.0	46.3	113.9
2012 年 4 月	62.9	53.2	24.0	55.8	51.9	97.8
2012 年 10 月	59.2	48.4	33.7	43.5	73.0	109.6
2013 年 4 月	123.1	87.4	42.2	59.7	104.7	165.3
2013 年 10 月	81.4	68.1	22.9	44.5	60.1	137.9
2014 年 4 月	107.4	86.5	21.8	64.3	78.4	161.8
2014 年 10 月	123.0	113.6	17.3	77.7	96.9	160.9
2015 年 4 月	103.5	107.4	18.6	73.3	111.3	206.2
2015 年 10 月	73.9	119.7	16.2	55.9	83.2	171.2
2016 年 4 月	81.0	146.2	24.9	50.5	99.0	181.5
2016 年 10 月	109.4	149.7	28.2	35.9	79.3	194.1
累计增长幅度	152.9	385.7	−19.6	67.1	435.3	162.7

数据来源：伦敦外汇联合常务委员会（FXJSC）网站 www.bankofengland.co.uk。

表 11.1 给出的五种货币除韩元为发达经济体货币外，其他四种货币皆为四个主要发展中国家货币的无本金交割远期。表 11.1 显示，2008 年 4 月到 2016 年 10 月印度卢比无本金交割远期日均成交金额增长了 4.35 倍，增长幅度最高；其次韩元无本金交割远期日均成交金额增长了 3.86 倍，日均成交金额最高，接近 150 亿美元；巴西雷亚尔增长了 1.53 倍，日均成交金额超过了 100 亿美元，仅次于韩元；人民币无本金交割远期日均成交金额仅增长了 67.1%，2016 年 10

月人民币无本金交割远期日均成交仅略高于俄罗斯卢布，且不到印度卢比的一半；俄罗斯卢布无本金交割远期为五种货币无本金交割远期日均成交金额唯一下降的币种。韩元之所以有无本金交割远期的主要原因是东亚金融危机后韩国对跨境资金仍保持一定的监管限制。无本金交割远期市场发展的主要动因是相应的可交割市场由于资本项目管制受到不同程度的限制。当可交割远期市场流动性达到一定的程度，相应的无本金交割远期市场发展空间就相应地降低。我们下文会介绍人民币可交割远期和无本金交割远期的相互替代关系。

11.1.2 人民币无本金交割远期的发展历史

20 世纪 90 年代中期以来，中国吸引外国直接投资（FDI）不断增加（1995 年和 1996 年，FDI 分别达到 1328 亿美元和 1745 亿美元），一些大型跨国公司对它们在中国的投资有了保值需求；随着墨西哥金融危机的爆发，出于对人民币贬值的忧虑，这些跨国公司也产生了对人民币的保值需求。中国香港和新加坡的金融机构率先认识到了这些需求，进而推出了人民币无本金交割远期交易，人民币无本金交割远期市场随之在这两个市场逐渐发展起来。在形成初期，市场发展较为缓慢，合约期限最长仅为 6 个月，交易也不活跃，为完成一笔交易，常常需要等待几个小时甚至几天的时间才能完成。1997 年夏天，亚洲金融危机爆发，人民币面临着较大的贬值压力，此后随着世界经济的复苏以及中国加入WTO，中国贸易顺差持续扩大，外汇储备攀升，人民币面临的升值压力日益增强，然而其间中国汇率体制一直保持相对稳定。在这种情况下，投机需求带动人民币无本金交割远期交易金额稳步上升。

目前，最长的人民币无本金交割远期合约到期时间已经发展为 3 年，不过 1 年期及以下的合约最为活跃。大多数国家的中央银行也不能容忍无本金交割远期这样的离岸衍生产品的存在，不过，人民币无本金交割远期交易信息仍然能从路透或彭博等信息终端获得。

11.2 人民币升值、贬值压力在人民币无本金交割远期市场的反映

过去数年，很少有货币能像人民币这样经历如此急剧的升值和贬值压力的变化。和其他亚洲货币一样，在亚洲金融危机中，人民币也承受着巨大的贬值压力，但从 2002 年底开始到 2008 年 9 月国际金融危机爆发的 6 年多时间里，人民币一直面临显著的升值压力；2008 年 9 月国际金融危机爆发到 2009 年美国第一次量化宽松政策的半年，人民币重新面临贬值压力；2009 年 3 月至 2013 年底，人民币从贬值回到了升值，然而在 2014 年度再次转回贬值。我们下文会对

这些贬值和升值的变化进行较为详细的介绍。图 11.1 给出了 2001 年 1 月到 2017 年 3 月 1 年期的境外人民币无本金交割远期汇率。

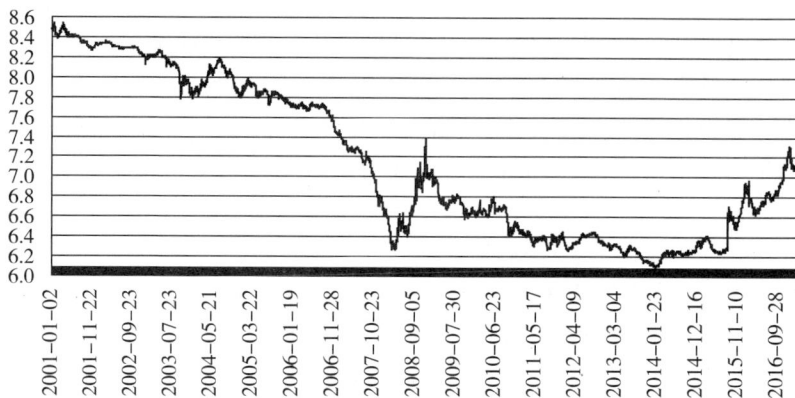

资料来源：彭博数据终端。

图 11.1　1 年期人民币无本金交割远期汇率走势图

11.2.1　从贬值到徘徊

从 1999 年到 2000 年初，离岸市场 12 个月人民币无本金交割远期的日隐含汇率在 8.69 至 9.41 之间剧烈震荡，而其间人民币汇率一直稳定于 8.2765 上下，显示当时境外人民币贬值压力很大；从 2000 年到 2002 年第四季度，人民币无本金交割远期汇率持续下降到 8.3 以下；从 2001 年 11 月中旬到 2002 年 10 月下旬的近一年时间里，日隐含汇率在 8.3 上下波动，而人民币即期汇率为 8.277，这表明人民币当时既无之前的明显贬值压力，也无之后的明显升值压力。但从 2002 年 11 月底情况开始发生显著的变化，一年期无本金远期汇率持续低于 8.277，显示境外人民币从贬值预期向升值预期的转变［张光平（2016），第 37 章］。

11.2.2　人民币升值压力的出现及原因探讨

图 11.1 显示，2002 年夏天，人民币无本金交割远期汇率在 8.277 左右浮动，2002 年 11 月开始出现下行，并于 2003 年 10 月上旬达到高峰，随后一段时间有所缓解，但很快又加速下行。笔者虽然从 2003 年就开始对境外人民币升值的原因坚持研究并跟踪，但是前期主要是对市场数据变化的解释。实际上，2001 年 11 月 22 日到 11 月 27 日，国际市场对我国加入世界贸易组织反应积极，人民币对美元就首次出现了升值预期，但仅持续了不到一周的时间。从 2002 年 11 月起，境外人民币开始出现持续的升值。其主要原因是境外对我国持续改革

开放的认同。证监会、人民银行、国家外汇局 2012 年 11 月 7 日联合公布了《合格境外机构投资者境内证券投资管理办法》，表明我国有步骤地开放本国资本市场；此外，更为重要的是，党的第十六次全国代表大会于 2002 年 11 月 8 日开幕，之后的第二个工作日，即 2002 年 11 月 11 日，境外一年期人民币无本金交割远期就从对美元贬值预期转向了升值预期，表明党的十六大进一步树立我国坚持改革开放、走中国特色社会主义道路的决心显著提升了国际投资者对我国发展的信心。可见，党和国家改革开放政策是人民币升值压力出现的重要因素。

11.2.3　人民币升值、贬值压力的度量

2005 年 7 月汇改后，1 年期人民币无本金交割远期汇率继续下行，从 2006 年底开始明显加速，且在 2007 年 11 月下行速度进一步提升，这反映出人民币汇率一年多来依然承受显著的升值压力。直到 2008 年 3 月，人民币无本金交割远期汇率的下行趋势才逐渐缓解。

银行在进行无本金交割远期交易时，通常使用远期汇率与即期汇率之间差值的 10000 倍来衡量相应货币升值或贬值的幅度。例如，2007 年 10 月 31 日离岸市场 12 个月人民币无本金交割远期隐含汇率为 6.9450，而相应的美元/人民币即期汇率为 7.4710，那么当日远期升贴水幅度为

$$10000 \times (6.9450 - 7.4710) = -5260$$

当远期升贴水指数为负值时，表明美元有贬值压力，即人民币有升值压力，称美元远期贴水 5260 点，或人民币远期升水 5260 点；如果升贴水指数为正值，则表明美元有升值压力，即人民币有贬值压力。图 11.2 给出了 2002 年 1 月到 2017 年 3 月 1 年期人民币无本金交割远期的升贴水幅度变化情况。

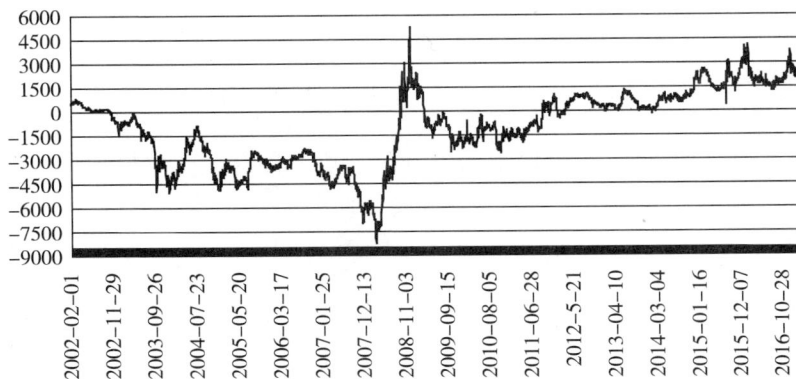

数据来源：根据图 11.1 数据和相应日期的人民币对美元即期汇率计算得出。

图 11.2　一年期人民币无本金交割远期升贴水幅度

图 11.2 显示，2002 年 1 月到 10 月间，美元仍然处于小幅度的升水，表明当时人民币还有轻度的贬值压力；从 2002 年 11 月中旬开始，美元由升水变成了贴水；从 2003 年 9 月开始，美元由升水变成了贴水，而且从 2003 年 9 月下旬到 2005 年 7 月，贴水幅度数次高达近 5000 点的水平，表明当时人民币处在非常巨大的升值压力之下；2005 年 7 月汇改后一直到 2006 年 11 月下旬，贴水幅度基本保持在 -3000 点上下水平，表明汇率改革对人民币的升值压力起到了一定的减缓作用；从 2006 年 11 月下旬到 2008 年 3 月中旬，美元贴水幅度持续从 -3000 点下降到了惊人的 -8195 点的历史最高峰（相对于当时人民币对美元即期汇率升值 13.05%），表明当时人民币升值达到了顶峰；从 2008 年 3 月中旬到 2008 年 12 月上旬持续上升到了 5298 点升水历史最高点（相对于当时人民币对美元即期汇率贬值 7.18%），表明受国际金融危机影响人民币贬值压力达到高峰。我们下文还会专门介绍金融危机对人民币升值和贬值的影响。

11.3　国际金融危机后人民币无本金交割远期市场隐含的人民币升值到贬值的反复

图 11.2 显示从 2002 年 11 月到 2008 年 3 月人民币处于加速升值预期期间，2008 年 9 月国际金融危机爆发后半年的时间内又从升值到贬值，2009 年 3 月以来又经历了从升值到贬值的过程。本节我们着重介绍国际金融危机爆发前后境外人民币如何从升值到贬值，然后又从贬值再到升值的反复情况。

11.3.1　国际金融危机前后境外人民币无本金交割远期汇率变化情况

图 11.2 显示 2008 年 3 月中旬 1 年期境外人民币无本金交割远期达到了 -8195 点的历史低位，相对于相应的人民币对美元即期汇率 7.097 一年升值预期 13.05%，到 2008 年 12 月 4 日达到了 7.38 的历史高峰，相对于相应的人民币对美元即期汇率 6.8502 一年贬值预期 7.18%，表明国际金融危机前后境外人民币对美元从大幅度升值预期变为大幅度的贬值预期。

11.3.2　国际金融危机前后境外 1 年期人民币无本金交割远期升贴水幅度变化

从图 11.2 我们可以容易地看出国际金融危机爆发前后境外人民币从升值到贬值的剧烈变化。图 11.2 显示，2008 年 3 月中旬到 2008 年 12 月初的不到 9 个月内，境外人民币从贴水 -8195 点几乎直线上升到了 2008 年 12 月初的升水 5298 点。2008 年 9 月中旬国际金融危机的爆发诚然使得境外人民币从贴水变为升水，发生了从升值到贬值的质的变化，但是从 2008 年 3 月中旬到 2008 年 12 月初的近 9 个月内，人民币升值压力"直线式"地减缓的趋势在国际金融危机爆发前 5 个多月就已经开始，而且国际金融危机并没有使得该趋势发生变化。

11.3.3　国际金融危机后人民币再从贬值回到升值

图 11.2 显示，2008 年 12 月初，境外 1 年期人民币无本金交割远期升贴水达到 5298 点的历史高位后持续显著下降，到 2009 年 3 月下旬重新回到了升值的状态。2009 年 3 月下旬人民币对美元从贬值重新回到升值主要是国内应对国际金融危机的一系列政策及时到位，同时美联储在 3 月 18 日宣布大量购买美国长期国债和房地产按揭证券化债券的政策（后来称为"第一轮量化宽松政策"），对美元有显著的"稀释"作用。从 2009 年 3 月下旬人民币对美元从贬值重新回到升值以后到 2011 年 9 月下旬，境外人民币对美元一年期远期大多时间保持在 1000 点到 2000 点的贴水范围之内；2010 年 11 月初美联储宣布"第二轮量化宽松政策"之后的第二天，境外人民币对美元一年期远期贴水达到 −2538 点的危机后最高峰后几天就回到了 −2000 点之内，而且之后半年大多时间保持在 −1500 点上下；2011 年 3 月初到 3 月 18 日再次持续下降到了接近 −1000 点的水平，显示美联储"第二轮量化宽松政策"对人民币升值没有"第一轮量化宽松政策"显著。

11.3.4　2011 年 9 月下旬到 2014 年 1 月人民币升值到贬值的反复

图 11.2 显示，2009 年 3 月下旬到 2011 年 9 月下旬，人民币对美元重新回到升值预期后，人民币再次回到了贬值预期中；虽然 2012 年 1 月中旬到 3 月中旬的两个月内人民币升值预期短期再次出现，但是 2012 年 3 月中旬以来人民币对美元整体处于贬值预期中；2013 年，美元对人民币无本金交割远期升水保持在 1000 点左右，显示人民币有轻微贬值预期。2011 年 8 月到 2014 年 1 月，虽然人民币对美元出现了几次升值预期，但是时间都很短且甚至幅度有限，大多时间内人民币对美元处于适度的贬值态势。

11.3.5　2014 年 1 月下旬以来人民币贬值压力的变化

2013 年 12 月 19 日，美联储宣布将从 2014 年 1 月起，逐步减少对长期国债和抵押贷款支持证券的购买规模，对人民币产生了明显的影响。图 11.2 显示，2014 年 1 月以来，即美国正式推出量化宽松政策之前美元对人民币升水幅度大幅度下滑，表示人民币对美元就有持续的贬值预期：2014 年四个季度人民币贬值预期分别达到了 0.47%、1.31%、1.32% 和 1.83%，显示美国从宣布量化宽松政策推出到实施的过程中，人民币对美元贬值压力持续提高；2015 年四个季度人民币对美元贬值预期分别提高到了 3.58%、2.38%、2.99% 和 3.39%，显著高于 2014 年的四个季度；2016 年第一季度人民币对美元贬值预期进一步上升到了 3.98%；虽然 2016 年第二季度和第三季度人民币对美元贬值压力略有减缓，但 2016 年第四季度贬值压力重回 3.18%，显示美国退出量化宽松政策对人民币的显著影响。

11.3.6 人民币对美元升贬值对境内经济和金融市场的影响

众所周知，在人民币对美元升值预期出现时，跨境资金流入我国，升值期望越高，跨境资金流入越快，导致境内双顺差快速增长，进而导致外汇储备增长、投资提升和资产价格攀升；反之，在人民币对美元贬值预期出现时，跨境资金撤离，导致境内双顺差减缓甚至出现下降，进而导致外汇储备增长减缓甚至出现下降、投资冲动下降等。境外人民币升值预期的十多年来的变化是我国宏观经济和金融市场变化的主要动因之一和晴雨表。详细分析相关内容超过了本书的范围，有兴趣的读者可以参考张光平（2016）。

值得关注的是，2014 年以来，受美国退出量化宽松政策、美联储加息预期提升、中国经济增长缓慢等因素影响，人民币兑美元贬值预期显著上升，导致跨境资金流入减缓甚至流出。2015 年我国外汇储备下降了 5126.6 亿美元；2016 年我国外汇储备下降了 3198.5 亿美元，显示随着人民币对美元贬值预期的持续，跨境资金还会撤离我国，对我国经济和金融市场的影响必须高度关注。

11.4 人民币无本金交割远期合约的基本内容

本节所用的合约版本是新加坡外汇交易委员会（SFEMC）、新兴市场交易商协会（EMTA）和外汇交易委员会（FEC）于 2004 年 12 月 1 日正式开始生效的最新版本。

11.4.1 标的货币和结算货币

标的货币为人民币，结算货币为美元。

11.4.2 结算汇率

结算汇率是 1 美元兑换的人民币数额，是国家外汇管理局在计算日下午 5 时左右公布的官方汇率。结算汇率会在路透终端页面 CNYSAEC（CNY01）显示。

11.4.3   未计划的公假日

到估值日之前两个工作日的上午 9 时，根据公开信息还不知道某日是不是工作日的日期，称作未计划的公假日。

11.4.4   估值日期

估值日期为合约到期的前一个工作日。如果遇到未计划的公假日，那么估值日为随后的第一个工作日。

11.4.5   交割日期

如果估值日按照随后的工作日调整，那么交割日应该是估值日之后最近的一日，任何情况下都不能超过估值日之后两个工作日。

11.4.6   由于未计划的公假日发生的估值日推迟期

如果估值日按照随后的第一个工作日做了调整而且估值在计划（即合约）估值日之后 14 个连续日（包括 14 日）之内没有发生的那段时间称作估值推迟期。估值推迟期之后的第一个工作日应该是估值日。

11.4.7   最大推迟日数

由于价格渠道发生意外、未计划的公假日等导致交割推迟的最长时间是 14 个自然日。

11.4.8   判断决定估值日所依赖工作日的相关城市

按照中国北京的工作日安排来判断决定估值日的具体时间。

11.4.9   判断决定交割日所需工作日的相关城市

按照美国纽约的工作日安排来判断决定交割日的具体时间。

11.4.10   其他条款

除如上我们介绍的条款外，新加坡外汇交易委员会、新兴市场交易商协会和外汇交易委员会于 2004 年 12 月 1 日正式开始生效的最新美元/人民币无本金交割远期合约还涉及很多其他意外内容，如价格渠道发生意外的定义及因之引起的估值推迟和相应的处理办法等，这里不再细述。

11.4.11　人民币无本金交割远期合约的期限

目前在银行间市场交易的人民币无本金交割远期合约有 1 周、2 周、3 周、1 个月、2 个月、3 个月、4 个月、5 个月、6 个月、9 个月、1 年、2 年、3 年、4 年、5 年等期限类型，但 2 周、3 周、4 个月、5 个月、2 年、3 年、4 年和 5 年期限合约的流动性很差，往往连价格信息都没有；而 1 周、1 个月、2 个月、3 个月、6 个月和 1 年期限合约的流动性比较好；9 个月期合约的流动性介于二者之间。

11.5　人民币无本金交割远期市场的成交金额

因为大多数柜台交易的衍生产品缺乏透明度，所以我们难以找到可靠渠道去查明人民币无本金交割远期的真实交易量。本节我们通过两个渠道对境外人民币无本金交割市场的规模进行估计。

11.5.1　新兴市场交易商协会

新兴市场交易商协会（Emerging Market Traders Association，EMTA）一直致力于制定无本金交割远期合约标准，以及促进无本金交割远期的发展，并做了许多创造性的工作。该协会调查并公布了 2003 年前两个季度全球主要的无本金交割远期的交易量，公布的 2003 年前两个季度人民币无本金交割远期成交金额分别为 95.4 亿美元和 214.98 亿美元。可惜的是，不知何原因所致，该协会公布了前两个季度的数据后就再也没有公布过此类数据。很明显，新兴市场交易商协会公布的 2003 年前两个季度的数据与上文香港金管局的数据有较大差异。

11.5.2　伦敦金融城公布的 2011 年到 2014 年境外人民币外汇远期数据

伦敦金融城从 2012 年上半年开始每半年公布之前半年伦敦和伦敦外其他境外人民币中心人民币可交割和无本金交割外汇类产品日均成交金额，表 11.2 给出了相应的结果。表 11.2 显示，2011 年到 2012 年，伦敦人民币无本金交割远期日均成交金额从 89.89 亿美元略增到 91.23 亿美元，而 2012 年到 2014 年又猛升到了 126.21 亿美元。表 11.2 的数据显示，2011 年到 2014 年，伦敦金融城公布的伦敦人民币无本金交割远期日均成交金额数据比下文介绍的伦敦外汇联合常设委员会（FXJSC）公布的相应数据高出 60%，显示伦敦金融城数据存在明显且严重的问题。我们下文还会讨论相关问题。

11.5.3　伦敦外汇市场联合常设委员会公布的人民币外汇远期数据

伦敦外汇联合常设委员会（FXJSC）从 2008 年开始公布每年 4 月和 10 月伦敦外汇市场主要货币对外汇交易数据，表 11.2 给出了 2010 年 4 月到 2016 年 10 月伦敦人民币外汇远期和人民币外汇无本金交割远期日均成交金额数据。表 11.2 显示，2010 年到 2011 年，伦敦人民币无本金交割远期日均成交金额从近 50 亿美元上升到了 61.36 亿美元；2011 年 10 月到 2015 年 4 月，人民币无本金交割远期日均成交金额累计仅增长了 14.5% 到 73.27 亿美元，无本金交割远期首次低于远期，显示境外人民币远期市场大幅度活跃的态势；2015 年 4 月到 2016 年 10 月，伦敦市场人民币无本金可交割远期日均成交金额出现了萎缩，累计下降了 51% 到 43.19 亿美元。下文还会比较相关问题。

表 11.2　　伦敦人民币外汇远期和无本金交割远期日均成交金额比较

单位：亿美元,%

时间/市场	FXJSC 无本金交割远期	伦敦金融城 无本金交割远期	伦敦金融城与 FXJSC 无本金远期比例	FXJSC 远期	伦敦金融城 远期	伦敦金融城与 FXJSC 远期比例
2010 年上半年	39.48			2.05		
2010 年下半年	60.46			0.52		
2011 年上半年	58.73			2.85		
2011 年下半年	63.98			3.57		
2012 年上半年	55.76	61.01	1.09	7.81	12.51	1.60
2012 年下半年	43.49	121.45	2.79	4.62	13.25	2.87
2013 年上半年	59.70	67.60	1.13	13.73	27.46	2.00
2013 年下半年	44.53	64.76	1.45	15.38	19.24	1.25
2014 年上半年	64.35	122.34	1.90	35.01	66.62	1.90
2014 年下半年	77.68	130.08	1.67	29.33	52.78	1.80
2015 年上半年	73.27			74.45		
2015 年下半年	55.85			50.82		
2016 年上半年	50.48			41.80		
2016 年下半年	35.89			53.79		
2010 年	49.97			1.29		
2011 年	61.36	89.89	1.47	3.21	7.17	2.23
2012 年	49.63	91.23	1.84	6.22	12.88	2.07

续表

时间/市场	FXJSC 无本金 交割远期	伦敦金融城 无本金 交割远期	伦敦金融城与 FXJSC 无本金 远期比例	FXJSC 远期	伦敦金融城 远期	伦敦金融城 与 FXJSC 远期比例
2013 年	52.12	66.18	1.27	14.56	23.35	1.60
2014 年	71.02	126.21	1.78	32.17	59.70	1.86
2015 年	64.56			62.64		
2016 年	43.19			47.80		
2011 年到 2014 年平均	58.53	93.38	1.60	14.04	25.78	1.84

数据来源：伦敦外汇联合常设委员会（FXJSC）网站 www. bankofengland. co. u 和伦敦金融城网站 www. cityoflondon. gov. uk；FXJSC 的数据是每年 4 月和 10 月的日均成交金额数据，该两月的数据分别与上半年和下半年相当；伦敦金融城公布的数据为上半年和全年数据，下半年数据根据上半年和全年数据折算得出。

11.6　境外人民币远期市场的流动性

2010 年境外人民币市场启动前和刚刚启动后几年（表 11.2），境外人民币远期交易仍不很活跃，人民币交易的主要产品为人民币无本金交割类型的产品。然而随着境外人民币可交割远期市场的快速发展，人民币无本金交割远期市场出现了明显萎缩，远期市场功能逐渐提高。

11.6.1　伦敦人民币外汇远期市场流动性

表 11.2 显示，2011 年到 2015 年，伦敦人民币远期日均成交金额从 1.29 亿美元猛增了 47.7 倍到 62.64 亿美元（FXJSC），同期人民币无本金交割远期市场日均成交金额仅增长了 29.2%；2015 年上半年伦敦人民币远期市场日均成交金额首次超过了人民币无本金市场，显示伦敦人民币外汇远期市场高速增长的态势；2015 年到 2016 年，虽然伦敦人民币远期和无本金交割远期市场日均成交金额皆出现了下降，但前者降幅 23.7% 显著低于后者降幅 33.1%，前者保持了超过后者的地位。

表 11.2 显示，2011 年到 2014 年伦敦金融城公布的伦敦人民币外汇平均日均成交金额 25.78 亿美元比相应的伦敦外汇联合常设委员会（FXJSC）相应的平均日均 14.04 亿美元高出 84%，显示伦敦金融城公布的数据有巨大的水分，我们在第 12 章、第 14 章和第 24 章还会讨论伦敦金融城数据的相关问题。

11.6.2 香港人民币中心人民币外汇远期市场流动性

香港是境外最大的人民币中心，自然也是境外人民币远期最活跃的中心。香港金管局虽然没有伦敦外汇联合常设委员会（FXJSC）那样近十年来持续每半年公布其人民币外汇交易数据，但是作为境外最大的人民币中心，香港金管局自2010年以来保持了国际清算银行的格式持续公布每三年4月人民币外汇日均成交金额数据。香港金管局的数据显示，2010年4月、2013年4月和2016年4月香港人民币外汇远期日均成交金额分别为78.0亿美元、139.0亿美元和81.0亿美元，分别为表11.2给出的同期伦敦人民币外汇远期日均成交金额（FXJSC）的38.0倍、10.1倍和1.9倍，显示伦敦人民币外汇远期交易活跃度与香港的差距在显著缩小。然而，如上数据显示，2010年到2013年香港人民币远期市场日均成交金额年均复合增长率21.2%不到同期伦敦相应的年均符合增长率88.5%的四分之一，而且2013年到2016年香港人民币远期市场日均成交金额年均复合增长率为−16.5%，而同期伦敦年均复合增长率44.9%却超过了前三年88.5%的一半以上，显示香港人民币外汇远期市场明显萎缩的同时，伦敦市场却持续显著增长，两者间的差距在显著缩小。

11.6.3 其他境外人民币中心人民币外汇远期市场流动性

除香港和伦敦外，新加坡金管局公布的数据显示，2016年4月新加坡人民币外汇远期市场日均成交金额86.2亿美元，超过表11.2给出的同期伦敦人民币外汇远期日均成交金额41.8亿美元1倍多；另外，美联储纽约分行和日本央行公布的数据显示，2016年4月美国和日本人民币外汇远期市场日均成交金额分别为30.0亿美元和1.8亿美元。因此，香港、新加坡、伦敦、纽约和东京五大国际金融中心的人民币外汇远期分别排名前五位。

上文介绍的香港、伦敦和新加坡等主要境外人民币中心的人民币外汇远期数据对我们判断近年来境外人民币外汇远期市场的发展很有帮助，然而这些数据皆有不同程度的水分。我们在第24章将专门介绍和分析这些水分的程度，从而使我们对近年来境外人民币外汇市场的发展有更为准确的判断。

11.7 境内人民币远期和离岸人民币远期市场的比较

第3章介绍境内人民币远期结售汇业务从1997年到现在已有20年试点的历史，境内银行间人民币远期市场交易从2005年8月到现在也有十多年的时间。国家外汇管理局2012年1月以来公布我国银行间远期结售汇月度业务额，外汇交易中心也按月公布银行间人民币外汇远期数据，这样使我们可以对境内人民币远期市场流动性有较为准确的把握。这里，我们对境内外人民币远期市场进行简单的比较。

11.7.1 境内人民币远期结售汇和远期交易日均成交金额

表 11.3 给出了 2012 年上半年到 2016 年下半年境内远期结售汇、银行间远期交易、境外人民币远期日均成交金额。远期结售汇业务是银行间远期交易的基础，银行间远期交易是银行之间平盘的结果。表 11.3 显示 2010 年到 2014 年，境内人民币远期结售汇业务总体呈现持续增长的良好态势，然而同期境内人民币外汇远期日均成交金额却未随远期结售汇市场增长；2014 年到 2016 年境内远期结售汇日均成交金额持续下降，同期外汇远期交易也未随之下降。这些数据显示，2010 年以来境内人民币远期结售汇市场与外汇远期市场仍未形成良性互动的格局，也未出现持续明显增长的态势。

表 11.3 　　　**境内人民币远期结售汇和远期交易、境外人民币远期和**

人民币远期日均成交金额比较　　　单位：亿美元,%

时间/市场	境内人民币远期结售汇	境内人民币远期交易	境内人民币远期总计	伦敦人民币远期	香港人民币远期	伦敦和香港人民币远期
2010 年上半年	83.00	0.44	83.44	2.05	78.0	80.05
2010 年下半年	100.57	2.18	102.75	0.52	88.17	88.69
2011 年上半年	104.19	9.27	113.46	2.85	98.33	101.18
2011 年下半年	122.02	7.90	129.91	3.57	108.50	112.07
2012 年上半年	116.85	5.16	122.01	7.81	118.67	126.48
2012 年下半年	127.55	1.77	129.32	4.62	128.83	133.45
2013 年上半年	134.75	0.58	135.33	13.73	139.00	152.73
2013 年下半年	144.90	2.01	146.92	15.38	129.33	144.71
2014 年上半年	139.27	2.07	141.34	35.01	119.67	154.68
2014 年下半年	154.00	2.16	156.16	29.33	110.00	139.33
2015 年上半年	125.41	1.38	126.79	74.45	100.33	174.78
2015 年下半年	146.42	1.59	148.01	50.82	90.67	141.49
2016 年上半年	116.76	3.53	120.30	41.80	81.00	122.80
2016 年下半年	115.92	8.70	124.62	53.79	71.33	125.12
2010 年	91.78	1.31	93.09	1.29	83.08	84.37
2011 年	113.10	8.58	121.69	3.21	103.42	106.63
2012 年	122.20	3.46	125.66	6.22	123.75	129.97

时间/市场	境内人民币远期结售汇	境内人民币远期交易	境内人民币远期总计	伦敦人民币远期	香港人民币远期	伦敦和香港人民币远期
2013 年	139.83	1.29	141.12	14.56	134.17	148.72
2014 年	146.64	2.12	148.75	32.17	114.83	147.00
2015 年	135.91	1.49	137.40	62.64	95.50	158.14
2016 年	116.34	6.11	122.46	47.80	76.17	123.96
2010 年到 2016 年累计增幅	40.7	705.0	44.2	1939.0	3.8	53.4

数据来源：境内银行间远期成交额来自国家外汇交易中心网站 www.chinamoney.com.cn，远期结售汇数据来自国家外汇管理局网站；伦敦数据来自表 11.2，表中伦敦数据分别以 4 月和 10 月的数据代表上半年和下半年的日均数据；香港数据根据香港金管局公布的 2010 年 4 月、2013 年 4 月和 2016 年 4 月的日均成交金额进行线性插值计算而得；香港上半年和下半年数据与伦敦数据相同为同年 4 月和 10 月日均数据，年度日均数据根据上半年和下半年数据计算而得。

11.7.2　境外人民币远期交易日均成交金额

表 11.3 也给出了 2010 年到 2016 年伦敦和香港人民币远期日均成交金额。表 11.3 显示，2010 年和 2011 年，境内人民币远期结售汇和远期交易日均成交金额还略超伦敦和香港两个市场的总和，显示该年境外人民币外汇市场启动前后境内外人民币外汇远期市场差距仍不很大；但是 2012 年到 2013 年，伦敦和香港两个人民币中心人民币外汇远期总日均成交金额就超过了境内；2014 年境内市场重新略超伦敦和香港之和后，2015 年和 2016 年该两中心总人民币外汇远期日均成交金额重新超过境内。实际上，2010 年到 2016 年，伦敦人民币外汇远期日均成交金额增长了 19.39 倍，香港增长了 3.8%，而同期境内人民币远期结售汇和远期交易日均成交金额仅增长了 44.2%，境内外人民币远期市场的差距显著增大。加上 2016 年新加坡、美国和日本人民币外汇远期日均成交金额 118 亿美元，该年中国境外主要人民币中心人民币外汇远期日均成交金额高达 241.99 亿美元，比境内市场日均成交金额 122.46 亿美元高出 1.08 倍，境内人民币外汇远期市场急需显著活跃。

11.8　影响人民币无本金交割远期市场的政治因素

影响人民币无本金交割远期汇率的因素有很多，包括国际政治因素，中、美两国经济和金融等市场因素，而国际政治，特别是国际组织会议，美国国会，中、美两国政府主要官员相关讲话对人民币无本金交割远期汇率影响显著。本节简单介绍国际政治因素，后两节分别介绍中、美两国相关主要的经济和金融因素对人民币无本金交割远期汇率的影响。有很多重要的国际会议声明或政要人物的讲话都能够影响到人民币无本金交割远期汇率并造成其波动，然而这些争论和事件数量众多且内容复杂，我们很难将之完全罗列，这里简单介绍一些较为重要的会议或者讲话及其对人民币无本金交割远期汇率的影响。

11.8.1 2002 年到 2005 年 7 月汇率改革

2002 年 12 月上旬，日本财政大臣盐川正十郎在向国会作证时表示，如果根据购买力平价（PPP）计算，人民币的币值被大大低估了。2002 年 12 月 11 日和 12 日，人民币无本金交割远期贴水点分别下降了 128 点和 200 点。他许诺将向中国政府呼吁放开人民币汇率，让人民币的币值根据市场规律浮动，并表示任何一个协调一致的、能有效恢复世界经济和扭转世界"通缩"的计划，都不能缺少人民币汇率的调整。在 2003 年 2 月 22 日召开的七国集团（G7）财长会议上，盐川正十郎提出一项提案，将全球促使人民币升值的声浪推至顶峰。但是，美、英等其他工业国在对伊拉克战争带来的全球经济衰退的担忧中无暇他顾，日本提案就此"流产"。2003 年 7 月 17 日，时任美联储主席格林斯潘对中国的汇率政策发表评论，他在美国参议院银行委员会上说，中国固定汇率政策最终会伤害到美国的经济。[①] 在此之后，1 年期的人民币无本金交割远期贴水从 7 月 16 日的 -1535 点跳到 2003 年 7 月 17 日的 -1670 点，下降了 135 点。

2003 年 9 月 20 日召开的七国首脑会议提出，为维持世界经济的平衡，汇率弹性制度应有更大的弹性。很明显这是针对日本、中国和其他亚洲国家的。对人民币升值的要求在七国首脑会议的公报上被特别提出，同时强调大国或经济体需要实行更加富有弹性的汇率制度，以加强基于市场机制的国际金融体系的平稳性和调整。1 年期人民币无本金交割远期 2003 年 9 月 22 日（星期一）的贴水点数下降了 600 点，第二天又下降 926 点，导致 2002 年境外人民币升值预期开始后第一个升值高峰。

2003 年 10 月 1 日，时任美国财政部负责国际事务的副部长泰勒在众议院财政委员会国内及国际货币政策、贸易和技术小组委员会就中国汇率问题举行的听证会上作证。泰勒提及了认清中国存在资本控制这一事实的重要性，中国目前是允许资本流入甚于流出，这样势必造成外汇储备的急剧增加。2003 年 10 月 1 日和 2 日 1 年期人民币无本金交割远期的贴水点数分别下降了 260 点和 758 点。

2003 年 10 月 14 日，党的十六届三中全会通过的《中共中央关于完善社会

---

① 资料来源：《人民币政策：对中国汇率的争论》，2003 - 08 - 18。

主义市场经济体制若干问题的决定》中，提出了要"在有效防范风险的前提下，有选择、分步骤放宽对跨境资本交易活动的限制，逐步实现资本项目可兑换"。同日，《财政部、国家税务总局关于调整出口退税率的通知》正式出台，主要内容包括：自 2004 年 1 月 1 日起，政府对出口退税率进行结构性调整，加大中央财政对出口退税的支持力度；优化出口产品结构，提高出口整体效益（商务部网站）。当日，1 年期人民币无本金交割远期的贴水点数上升了 849 点，第二日又上升了 300 点，人民币升值压力显著减缓。

2005 年 7 月 21 日，中国人民银行发布公告，中国将实施以市场供求为基础、参考一篮子货币进行调节、有管理的浮动汇率制度；人民币汇率不再盯住单一美元，而是形成更富弹性的人民币汇率机制。自 21 日 19 时，美元对人民币交易价格调整为 1 美元兑 8.11 元人民币。1 年期人民币无本金交割远期反应强烈，22 日贴水幅度上升了 865 点，人民币升值压力显著减缓。

11.8.2 2005 年 7 月汇改到 2010 年 6 月汇改重新启动

2006 年 10 月 25 日欧盟发布文件，称中国人民币汇率机制扭曲了贸易实情，但目前正向着更大的灵活性迈进。欧盟也敦促中国采取其他措施提振内需，以扶助欧盟企业并修正全球经济失衡局面。同日，美国财长保尔森再次呼吁中国加大人民币汇率的灵活性，并敦促有关人士重开降低贸易壁垒的谈判。第二日人民币 1 年期无本金交割远期贴水点数下降 203 点，人民币升值压力加大。[①] 从 2008 年 9 月国际金融危机爆发到 2009 年第一季度期间，美国和各主要大国忙于应对金融危机，较少有时间重视或关注人民币升值问题。

国务院前总理温家宝 2011 年 3 月 14 日表示，反对各国之间相互指责，甚至用强制的办法来迫使一国的汇率升值，因为这样做反而不利于人民币汇率的改革。温家宝明确指出，人民币的币值没有低估。一国的汇率是由一国的经济决定的，汇率的变动也是由经济的综合情况来决定的。在贸易问题上，我们主张协商，通过平等协商总会找到互赢或者多赢的渠道。温家宝强调，在国际金融危机爆发和蔓延期间，人民币汇率保持基本稳定，对世界经济复苏起了促进作用。之后一个工作日，1 年期人民币无本金交割远期贴水点上升 211 点，升值压力稍减。美国财长盖特纳 2010 年 6 月 10 日表示，美国将利用一切可利用的手段敦促中国调整人民币汇率，同时财政部将重新考虑公布汇率报告时间。盖特纳表示，目前中国尚未决定将在何时，以何种方式调整人民币汇率。调整汇率是中国的选择，希望中国认识到这符合其最佳利益。6 月 11 日，1 年期人民币无本金交割远期贴水点下降了 258 点，升值压力稍增。

---

① 资料来源：《参考消息》。

2010 年 6 月 19 日，中国人民银行新闻发言人发表谈话表示，"进一步推进人民币汇率形成机制改革，增强人民币汇率弹性"。根据国内外经济金融形势和我国国际收支状况，中国人民银行决定进一步推进人民币汇率形成机制改革，增强人民币汇率弹性。之后的第一个工作日 21 日，1 年期人民币无本金交割远期贴水点下降了 640 点，升值压力重新大幅度上升。

上文显示，相关重要国际会议、中美两国领导人或主要政府官员的重要讲话少则应影响人民币无本金交割远期贴水点一两百点，多则影响近千点，表明它们对人民币升值程度的重要影响。

11.9　影响人民币无本金交割汇率的国内经济和金融因素

虽然与政治因素相比，贸易、外汇储备、国内生产总值、利率调整和就业等经济、金融这些影响国际外汇市场的基础因素对人民币无本金交割市场的影响还较小，但是它们的影响却也不可忽视，而且这些基础因素也成为市场预测人民币币值的根据和基础。研究中美两国主要基础数据对人民币升值、贬值的影响需要花很大的工夫。张光平（2015）对这些数据在国际金融危机之前和之后对境内人民币对美元即期汇率、远期汇率和境外人民币无本金交割远期汇率影响的程度做了实证的分析和研究，这里我们用张光平（2016）的主要结果来说明两国基础数据对境外人民币无本金交割市场影响的程度。

研究表明，国际金融危机爆发之前，即 2002 年到 2008 年 8 月的数据分析结果显示，中国外汇储备增幅是境内市场因素中影响人民币无本金交割远期汇率最重要的因素，其次为消费价格指数，再次为贸易顺差，最后为国内生产总值。

表 11.4 给出了这些数据在 2008 年金融危机前对人民币无本金交割贴水点的影响结果。这些结果表明国际市场关注的重点是我国外汇储备的增长势头。回归系数 - 0.000141 表示，外汇储备当时每增长 1000 亿美元，人民币无本金交割远期汇率就会有向下 0.141 的压力。

表 11.4　　中国主要经济指标对人民币无本金交割远期影响的回归结果

	回归系数	回归相关性（R^2）	F 统计值
外汇储备	- 0.0001095	93.82%	409.73
贸易差额	- 0.002517	11.78%	266.12
GDP 增长率	- 0.556637	0.02%	0.0019
消费价格指数	- 17.2273	93.02%	384.40

数据来源：张光平（2016），第 38 章。

国际金融危机爆发不久，我国应对国际金融危机的一系列政策及时有效，2009年3月下旬由于美联储开始实施"第一轮量化宽松政策"使人民币升值压力重新抬头。我们对国际金融危机后的相同市场数据的研究结果表明，这些因素对人民币升值压力的影响比2002年到国际金融危机爆发之前显著减缓。可以预计，随着利率市场化程度的深入和人民币汇率形成机制改革的深化和逐步完善，我们可以期望这些基础因素和其他国内基础数据对人民币无本金交割远期的影响逐渐更加系统、持续和充分。

11.10 影响人民币无本金交割远期汇率的美国经济和金融因素

由于美元是人民币无本金交割远期的结算货币，我们这里类似地分析美国贸易赤字、财政赤字、国内生产总值、通货膨胀、利率、失业率等经济金融因素对人民币/美元无本金交割远期汇率的影响。分析结果表明，美国贸易逆差是影响人民币无本金交割远期汇率最重要的基础因素，而美国财政赤字几乎对人民币无本金交割远期汇率没有什么影响；其次美国价格指数和失业率也是影响人民币无本金交割远期汇率的重要因素；而美国国内生产总值、利率和其他数据对人民币无本金交割远期的影响有限。表11.5给出了这些因素对人民币无本金交割远期汇率影响的结果。

表11.5　美国经济指标对人民币无本金交割远期影响的回归结果

	回归系数	回归相关性（R^2）	F统计值
贸易逆差额	0.0030234	38.87%	49.60
财政赤字额	0.0006883	0.71%	0.56
消费价格指数	−0.3332163	36.74%	45.31
利率	−0.1129721	6.31%	1.62
失业率	0.5064894	25.85%	27.19
GDP增长率	0.0984695	20.66%	6.77

数据来源：张光平（2016），第38章。

11.11 人民币无本金交割远期市场存在的主要问题

虽然人民币无本金交割远期在境外离岸市场已经存在多年，但是从2003年开始交易才比较活跃。由于无本金交割远期市场缺乏透明性，导致人民币无本金交割远期市场存在很多问题。

第一，现有理论难以对人民币无本金交割远期进行估值。从理论上讲，即期汇率和远期汇率必须满足利率平价关系。然而平价关系不能被用来对美元/人民币无本金交割远期进行定价，原因在于目前中国完全市场化的利率机制还没有建立起来，同时资本项目受到管制，在人民币现货市场借贷并投入离岸市场是相当困难的，因此，人民币无本金交割远期汇率主要是由买卖双方对人民币升值的预期所决定的。

第二，市场投机性高。成熟市场中，宏观经济数据、贸易数据、外汇储备、利率和其他基础数据是影响汇率波动的主要因素。它们本来也应该是影响人民币无本金交割远期汇率的主要因素，但实际上，虽然这些因素对人民币无本金交割远期有一定影响，但影响程度与各种政治因素相比却相当有限。这说明人民币无本金交割远期目前投机性过高，所以基本面因素在决定人民币无本金交割远期汇率中并没有扮演应有的角色。

11.12　小结

外汇远期在全球外汇市场中地位并不算高，仅次于外汇掉期和外汇即期，近二十年来占全球外汇市场成交金额从不到一成持续提高到了超过 1/8 的水平，但外汇远期的历史要比外汇掉期要早很多，在全球外汇市场发挥着重要的作用。外汇远期在二十年来境内外人民币外汇市场中发挥着特别重要的作用。2005 年境内汇改前后，境外人民币升值压力主要从境外人民币无本金交割远期市场传导到境内市场，对境内外人民币汇率走势发挥着重要的作用。

经过了十多年的发展，特别是 2010 年境外人民币外汇市场启动后几年，境外人民币可交割远期市场发展迅猛，境外人民币无本金交割远期市场逐渐被境外人民币可交割远期取代。实证研究（张光平，2016，第 50 章）表明，随着境外人民币远期流动性超过无本金交割远期，前者在境外人民币市场的定价权也随之取代后者，成为境外人民币市场乃至整个境内外人民币市场外汇定价最重要的定价产品。

虽然境外人民币无本金交割远期的流动性和定价权皆被人民币可交割远期取代，但是，境内外韩元外汇远期市场十多年来的经验表明，境外人民币无本金交割远期在可见的未来还不会消失，还会保持一定的流动性和规模，发挥其在境外人民币市场独特的功能。我们还需继续对境外人民币无本金交割远期市场进行关注。

2013 年前，由于境内人民币外汇远期市场不够活跃，境内人民币远期汇率在很大程度上受境外人民币无本金交割远期汇率的引导；境外人民币无本金交割远期市场被人民币可交割市场超越，然而境外人民币远期市场的流动性仍然显著超过境内，仍然为影响境内人民币外汇远期甚至即期的重要市场力量。只有加速境内人民币外汇市场改革，提高市场流动性，境内外人民币远期市场的定价权才有可能回到境内。

参考文献

张光平．人民币衍生产品（第四版）［M］．北京：中国金融出版社，2016．

12 人民币外汇期货

由于全球外汇市场是以银行间市场为主导的市场，银行间外汇远期交易比交易所交易的外汇期货要活跃很多倍。实际上，2013 年到 2016 年，全球外汇期货日均成交金额与全球外汇市场日均成交金额比例分别仅为 1.9% 和 1.4%，显示外汇期货与银行间外汇远期市场的流动性相比几乎可以忽略不计。尽管如此，由于交易所交易数据及时而准确，交易所交易的外汇衍生产品数据为我们判断不同货币外汇市场的活跃度提供了很好的参考。特别是近年来近十个国家和地区推出了各种人民币外汇期货，为境外人民币外汇市场增添了新的亮点，成为人民币国际化的一个重要领域。

在第 11 章介绍了境外人民币外汇远期后，本章主要介绍境外人民币外汇期货市场的发展。早在 2006 年 8 月 28 日，芝加哥商业交易所（CME）按计划推出了人民币对美元、人民币对欧元和人民币对日元的期货合约，标志着全球第一个人民币外汇场内衍生产品的诞生。为了适应人民币在新的国际环境下的应用，芝加哥商业交易所在 2011 年 8 月 22 日推出人民币对美元的标准期货合约。2012 年 9 月 17 日，香港交易所推出人民币外汇期货交易，该人民币对美元期货合约成为全球首只人民币可交割货币期货合约；2014 年 10 月 20 日新加坡交易所推出离岸和在岸人民币无本金交割期货；2015 年 7 月 20 日台湾期货交易所也推出了人民币对美元外汇期货，成为境外第三活跃的人民币外汇市场。除如上四个国家和地区的人民币外汇期货外，韩国和俄罗斯等国也分别推出了境外人民币外汇期货。这些期货合约的推出在境内外引起了广泛关注，本章在介绍这些人民币外汇期货的基础上对这些主要期货市场进行比较，进而分析今后境外人民币衍生产品发展的趋势及对境内可能产生的影响。

12.1 芝加哥商业交易所人民币期货和人民币期货期权介绍

经过了一年多的准备，2006 年 8 月 28 日芝加哥商业交易所在其全球电子交易平台 Globex 上正式推出了人民币对美元、欧元和日元的期货及期货期权产品。芝加哥商业交易所期货合约每张面值为 100 万元人民币，比该交易所交易的美元对欧元、英镑、日元、瑞士法郎等主要国际货币期货合约面值略大些。与境外人民币无本金交割远期类似，人民币期货交易的盈亏是以美元来进行每日清算的。

　　芝加哥商业交易所推出的人民币对美元期货期权是以人民币期货为标的资产的美式期权。每份期权合约的基础资产即一份人民币期货合约，其交易时间与期货相同。期权价格采取一单位人民币多少美元的报价方式。例如，0.00065的报价代表一份期权合约的期权费为 650 美元（1000000RMB × \$ 0.00065/RMB）。最小价格波幅为 10 美元/合约。

　　任何时点上可供交易的期权合约包括将于未来连续 12 个日历月份到期的 12份月期权以及将于标的期货到期月的每周五到期的 4 份周期权。人民币期权合约中设置的每日最大价格波动限制与期货相同，而头寸限制则略有差异。受期权合约约束的头寸不单是期权合约头寸，而是期权合约头寸及标的期货合约头寸之和。人民币对欧元、人民币对日元期货期权与之类似。

12.2　芝加哥商业交易所推出人民币期货以来的交易情况

　　从 2006 年 8 月 28 日芝加哥商业交易所的人民币期货推出至 2007 年 8月底的一年时间里，总的来说交易较为清淡。根据统计，统计区间内仅有2007 年 7 月的一笔人民币对欧元的期货，其余全为人民币对美元期货。人民币对日元不但没有交易，而且连报价都没有。人民币期货和期货期权也没有一笔成交。图 12.1 给出了 2006 年 8 月以来人民币/美元期货交易的月度成交量。

12.2.1　芝加哥商业交易所推出人民币期货月度成交情况

　　图 12.1 显示，芝加哥商业交易所人民币对美元期货从 2006 年 8 月到 2008年 12 月的两年多时间内交易还较活跃，月均成交量约 1035 手；然而 2009 年和2010 年交易活跃度持续下降，月均成交量分别仅为 585 手和 413 手，显示国际金融危机对芝加哥商业交易所人民币期货的交易也有影响；2011 年月均成交量630 手虽比 2009 年和 2011 年略高一些，但是 2012 年月均成交量仅为 350 手，比2009 年还要低；2013 年前半年月均成交量进一步下降到了 223 手；2013 年后半年交易量又有所回升，2014 年第三季度月均成交量下降至 141 手，之后又有所回升，整体上月均成交量在 150 手至 500 手之间震荡，显示芝加哥商业交易所推出的人民币期货不够活跃。2015 年 8 月 17 日人民币汇率改革后，人民币贬值预期有所上升，交易量有所上升，2016 年 4 月后又保持在低位。

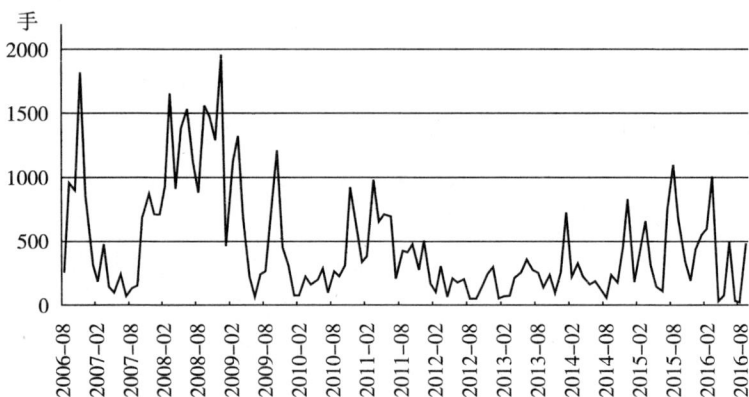

资料来源：芝加哥商业交易所月度交易量统计表。

图 12.1　芝加哥商业交易所人民币/美元期货月度成交量

12.2.2　芝加哥商业交易所推出人民币期货月底持仓量变化

期货的持仓量也是衡量期货市场规模和活跃程度的重要指标。图 12.2 给出了 2006 年 8 月到 2013 年 12 月底芝加哥商业交易所人民币无本金交割期货的持仓量。图 12.2 显示 2008 年 5 月底持仓量达到推出之后不到两年内的最高峰 1563 手，与图 11.2 显示的 2008 年 3 月境外人民币升值预期达到最高峰基本一致；2008 年 5 月到 2009 年 6 月持仓量持续下降到了仅有 123 手的历史低位，显示国际金融危机对芝加哥商业交易所人民币期货市场的影响；从 2009 年 6 月到 2011 年 2 月，持仓量再创新高达到历史最高峰 1656 手；然而 2012 年 11 月以来平均月底持仓量下降到了不到 300 手的低位。直到 2013 年 6 月，平均月底持仓量开始增加，2015 年年初开始持仓量又开始下降。比较图 11.2 和图 12.2，我们发现人民币月底持仓量在一定程度上反映出境外人民币升值和贬值的预期。

由于人民币即期交易市场主要在中国内地和香港等境外人民币中心，境外人民币无本金交割远期市场主要在中国香港和新加坡，美国至今未与中国人民银行签订人民币货币互换协议，虽然 2016 年 9 月美国与中国人民银行签订了美国人民币清算安排协议，但至今进展效果仍不明显，芝加哥商业交易所推出的人民币无本金交割期货虽然比相应的境外人民币无本金交割远期透明性高，但是美国交易的时间正好是亚太地区的晚上，交易时间没有相应的市场信息，交易活跃起来应该比较困难，从而难以对境内外人民币市场产生多少影响。

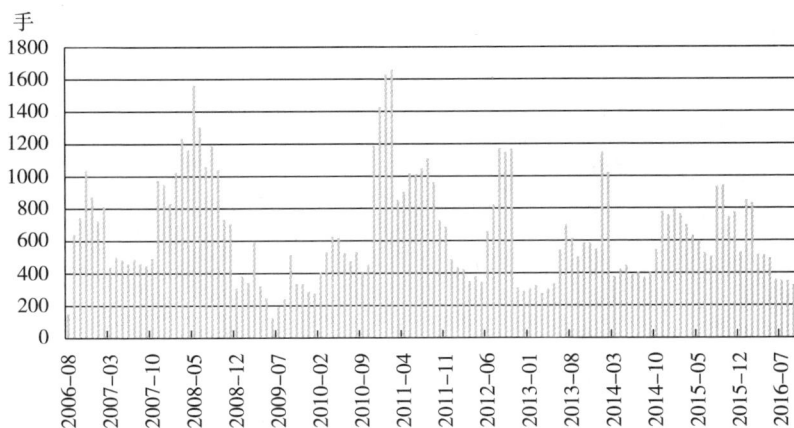

资料来源：芝加哥商业交易所月度交易量统计表。

图 12.2 芝加哥商业交易所人民币无本金交割期货的持仓量

12.3 香港人民币外汇期货

2012 年 9 月 17 日香港交易所推出人民币外汇期货交易，该美元兑离岸人民币期货合约成为全球首只人民币可交割货币期货合约。根据香港交易所在官方网站上公布的人民币合约相关细则，人民币期货合约以美元对人民币汇价为参考；每张合约价值 10 万美元，只需支付 1.24% 的保证金，即每张合约保证金约为 8000 元人民币；合约的保证金、结算交易费用均会以人民币计价。上市首日，香港交易所宣布人民币货币期货的市场庄家有 4 家，分别为星展银行、工银国际期货有限公司、美林国际以及汇丰银行。2016 年 5 月 30 日，香港联合交易所推出离岸人民币对美元期货，该品种每张合约金额 30 万元人民币，以美元现金结算，保证金需缴纳美元，保证金比例与美元兑离岸人民币期货一致。

12.3.1 香港人民币外汇期货市场的成交金额

表 12.1 给出了 2012 年 9 月到 2016 年 12 月香港人民币外汇期货成交量和成交金额等。表 12.1 显示，港交所美元对离岸人民币期货从推出后不久成交量稳步上升，2013 年到 2015 年成交金额从 138.7 亿美元持续上升到了 262.4 亿美元，增长了近两倍，年均复合增长率高达 37.5%；2015 年到 2016 年，成交量和成交金额分别比 2015 年增长了 106.1% 和 106.2%，显示香港人民币外汇期货的活跃度显著提高的趋势。

表 12.1 　　港交所人民币外汇期货成交量、持仓量和成交金额
　　　　　　　　及与人民币结算比较　　　　单位：手，亿美元

时间	月/年总成交量	日均成交量	月/年末持仓量	月度/年度成交金额
2012 年 9 月	2172	217	1076	2.2
2012 年 10 月	4565	228	1956	4.6
2012 年 11 月	6465	294	3551	6.5
2012 年 12 月	7075	393	3673	7.1
2013 年 1 月	12089	550	4847	12.1
2013 年 2 月	5979	352	5047	6.0
2013 年 3 月	6986	349	4791	7.0
2013 年 4 月	7451	373	4851	7.5
2013 年 5 月	18455	879	6685	18.5
2013 年 6 月	20332	1070	7028	20.3
2013 年 7 月	9104	414	7904	9.1
2013 年 8 月	8225	392	7974	8.2
2013 年 9 月	9539	477	9515	9.5
2013 年 10 月	16134	768	13067	16.1
2013 年 11 月	12626	601	16863	12.6
2013 年 12 月	11788	589	18701	11.8
2014 年 1 月	16262	774	22636	16.3
2014 年 2 月	27757	1461	15089	27.8
2014 年 3 月	31479	1499	9495	31.5
2014 年 4 月	11032	552	11400	11.0
2014 年 5 月	11302	565	11105	11.3
2014 年 6 月	11025	551	10154	11.0
2014 年 7 月	13903	632	10516	13.9
2014 年 8 月	14850	707	10247	14.9
2014 年 9 月	14090	671	11580	14.1
2014 年 10 月	11502	548	11056	11.5
2014 年 11 月	14848	742	10897	14.8
2014 年 12 月	26999	1286	9747	27.0
2015 年 1 月	19230	916	11078	19.2
2015 年 2 月	17043	947	11677	17.0
2015 年 3 月	21857	1041	12949	21.9
2015 年 4 月	14955	748	10219	15.0

续表

时间	月/年总成交量	日均成交量	月/年末持仓量	月度/年度成交金额
2015 年 5 月	10240	512	8394	10.2
2015 年 6 月	9142	457	7583	9.1
2015 年 7 月	15433	691	10924	15.4
2015 年 8 月	42412	2020	14158	42.4
2015 年 9 月	28961	1448	15645	29.0
2015 年 10 月	15675	784	14691	15.7
2015 年 11 月	21916	1044	14804	21.9
2015 年 12 月	45569	2071	21916	45.6
2016 年 1 月	65279	3264	30516	65.3
2016 年 2 月	67199	3733	65279	67.2
2016 年 3 月	52053	2479	28215	52.1
2016 年 4 月	25416	1271	26844	25.4
2016 年 5 月	23484	1118	28323	23.5
2016 年 6 月	31761	1512	27819	31.8
2016 年 7 月	20550	1028	27467	20.6
2016 年 8 月	21039	915	28174	21.0
2016 年 9 月	33340	1599	33876	34.0
2016 年 10 月	35404	1770	36907	35.0
2016 年 11 月	78795	3582	43356	78.2
2016 年 12 月	86486	3931	45635	87.0
2012 年	20277	236	3673	20.4
2013 年	138708	555	18701	138.7
2014 年	205049	820	9747	205.1
2015 年	262433	1050	21916	262.4
2016 年	540806	2163	45635	541.1

数据来源：香港联交所网站。

12.3.2　香港人民币外汇期货推出的意义

境外第一个人民币外汇期货产品的成功推出对境内外人民币外汇市场和人民币国际化都有着重要的意义。人民币外汇期货的推出具有以下几点重要的意义。

（1）人民币期货正式推出后，包括离岸在内的人民币汇率都将在人民币期货走势中获得体现，人民币国际化进展将再迈出重要一步。

（2）人民币期货有利于稳定香港作为国际人民币结算中心的地位。

（3）人民币期货的上线，意味着市场将迎来对冲汇率波动的利器，对于外贸企业而言，人民币期货意义重大。由于缺少汇率风险对冲工具，企业在国际贸易中经常会面临着汇率大幅波动的风险。人民币期货推出之后，有助于外贸企业提前锁定人民币与国际货币美元间的汇兑成本，大幅提高外贸企业的抗风险能力。

（4）人民币货币期货交易的价格发现功能，将对境内远期人民币汇率形成引导，市场力量在人民币汇率形成过程中将发挥更大影响力。

（5）离岸市场人民币可交割期货推出后，将与离岸市场人民币可交割远期一起逐步取代人民币无本金交割远期和期货，成为离岸人民币市场重要的组成部分。由于香港是世界重要的金融市场中心，又是人民币国际化的桥头堡，香港推出人民币期货的市场信息可以为境内人民币汇率市场化提供有效的参考。

12.4 新加坡交易所离岸人民币期货自推出以来的交易情况

2014 年 10 月 20 日，新加坡交易所正式推出人民币期货合约交易。新加坡推出的人民币期货合约交易包括美元/离岸人民币期货和美元/在岸人民币期货两种合约，合约规模分别为 10 万美元和 50 万元人民币。主要参与机构包括：中国银行新加坡分行、中国工商银行新加坡分行、星展银行等（"新加坡交易所首推人民币期货合约交易"，中国经济网，2014 年 10 月 21 日）。为确保此次人民币期货交易的顺利推出，新交所允许使用人民币作为保证金抵押。新加坡人民币期货交易的成功推出，不仅给全球人民币持有者提供更好的风险管控渠道，同时也增强了新加坡作为离岸人民币中心和外汇交易中心的竞争力。

新加坡人民币期货相对于香港人民币期货历史较短，但是新加坡人民币期货却发展迅猛。表 12.2 给出了 2014 年 10 月到 2016 年 12 月新加坡离岸人民币对美元期货的月度成交量和月末持仓量及年成交量和成交金额。比较表12.2 和表 12.1，我们发现，虽然新加坡人民币外汇期货推出时间晚于中国香港，但是 2015 年下半年和 2016 年下半年新加坡人民币外汇期货成交量却显著超过了中国香港，显示新加坡市场的活力；虽然 2015 年和 2016 年新加坡人民币期货成交量分别接近中国香港成交量，前者占后者比重分别高达94.0% 和 96.4%，但是前者持仓量却分别仅为后者的 47.9% 和 39.6%，也显示新加坡市场的活跃程度。

表 12.2　　　新加坡离岸人民币对美元期货合约交易情况统计表　　　单位：张

时间	月/年总成交量	日均成交量	月末/年末持仓量
2014 年 10 月	7709	771	2438
2014 年 11 月	12651	633	4144
2014 年 12 月	9596	417	2625
2015 年 1 月	6426	292	2299
2015 年 2 月	4333	217	2214
2015 年 3 月	12200	555	3047
2015 年 4 月	5835	265	2331
2015 年 5 月	6022	287	3205
2015 年 6 月	8780	399	2276
2015 年 7 月	20334	924	7480
2015 年 8 月	40066	1821	9434
2015 年 9 月	34951	1589	7387
2015 年 10 月	20793	945	7971
2015 年 11 月	35128	1597	7974
2015 年 12 月	51702	2350	10495
2016 年 1 月	39552	1798	12429
2016 年 2 月	22552	1025	11667
2016 年 3 月	23601	1073	11470
2016 年 4 月	25651	1166	11760
2016 年 5 月	30671	1394	9715
2016 年 6 月	30598	1391	9171
2016 年 7 月	29203	1327	10074
2016 年 8 月	46808	2128	10615
2016 年 9 月	53626	2438	16892
2016 年 10 月	53550	2677	16898
2016 年 11 月	99067	4503	21123
2016 年 12 月	66422	3019	18051
2014 年	29956	468	2625
2015 年	246570	986	10495
2016 年	521301	2085	18051

数据来源：新加坡交易所网站 www.sgex.com.sg。

另外，2015 年 11 月 17 日，美国洲际交易所（Intercontinental Exchange Inc）在新加坡推出了迷你型人民币期货合约。这些迷你型人民币期货合约包括美元/离岸人民币合约和美元/在岸人民币合约。然而这些合约自推出以来活跃性还不够高。

12.5　台湾人民币外汇期货市场发展简介

2015 年 7 月 20 日，台湾期货交易所推出人民币汇率期货。中国台湾人民币外汇期货首日开出亮丽红盘，小型美元对人民币汇率期货及美元对人民币期货总成交量达 5290 手，远远超乎市场预期，也比中国香港、新加坡及美国等地的日均量高。人民币汇率期货的首批做市商包括中国建设银行台北分行和中国银行台北分行两家境内银行。

12.5.1　台湾人民币外汇期货合约简介

台期所推出的人民币期货包括两种：美元/台北人民币汇率（CNT）和美元/境外人民币汇率合约，合约规模分别为 2 万和 10 万美元，后者合约规模与上文介绍的和新加坡人民币外汇期货合约相同，而前者规模仅为后者的 1/5，相当于迷你型的期货合约。美元/台北人民币（CNT）汇率由合约最后一个工作日 11 点 15 分台北外汇市场发展基金会发布的人民币汇率确定。

12.5.2　台湾人民币外汇期货成交量和持仓量

台湾推出的人民币汇率期货包括小型美元对人民币汇率期货（RTF）及美元对人民币期货（RHF）首日总成交量达 5290 手，远远超乎市场预期，也比中国香港、新加坡及美国等地的日均量高。虽然中国台湾人民币外汇期货推出的时间比中国香港和新加坡要晚很多，但是台湾人民币外汇期货推出后活跃度却相当可观。中国金融期货交易所的数据显示，2016 年 7 月到 12 月，台湾人民币外汇期货成交分别为 63343 手、51308 手、63343 手、44111 手、28459 手和47856 手，显示台湾人民币外汇期货成交量波动较大；比较这些成交量数据和表12.1 及表 12.2 的数据，我们发现台湾人民币外汇期货在推出不久其成交量就超过了同期中国香港和新加坡人民币外汇期货的成交量。然而由于小型人民币汇率期货合约仅相当于中国香港和新加坡人民币期货合约的 1/5，因此中国台湾人民币外汇期货成交金额却低于同期中国香港和新加坡，在两岸三地排名第三，成绩仍然显著。

12.6　俄罗斯、韩国等其他境外人民币外汇期货简介

除上文介绍的美国、中国香港、新加坡和中国台湾地区人民币外汇期货交易外，近年来其他国家也分别推出了人民币外汇期货合约。本节简单介绍这些国家的人民币期货市场的发展情况。

12.6.1　俄罗斯人民币外汇期货简介

莫斯科交易所在当地时间 2015 年 3 月 17 日发布公告称，该交易所金融衍生工具市场在当天启动了人民币/卢布期货交易。莫斯科交易所在公告中解释称，该交易所的人民币交易量大幅度增长，俄罗斯外汇市场上人民币和卢布结算量日益增长，出现了与此类交易有关的对冲需求。数据显示，2014 年莫斯科交易所的人民币交易量增长 7 倍之多，总金额为 3950 亿卢布（约合 480 亿元人民币），其中在 2014 年 10 月创下了 5.41 亿元人民币的日均交易额历史纪录。

"推出人民币/卢布期货交易只是莫斯科交易所在今后提供完整的人民币工具和对冲工具迈出的第一步。我们预计，这项新的合约将和交易所的其他衍生合约一样具有流动性和需求，同时有效地促进中国和俄罗斯的贸易规模。"莫斯科交易所副董事长安德烈·舍缅托夫（Andrey Shemetov）表示[1]。虽然莫斯科人民币外汇期货已经推出了一年多的时间，但是莫斯科人民币外汇期货交易仍不够活跃，流动性有待显著提高。

12.6.2　韩国人民币外汇期货简介

经过了几年的准备和筹划，韩国人民币外汇期货终于推出。中国银行与韩国交易所在韩国首尔签署人民币期货交易做市商协议，成为韩交所首家人民币期货交易商业银行做市商，同时还被韩国交易所指定为人民币结算银行。这标志着中国银行正式进入韩国场内衍生产品市场，中国银行与韩国交易所的人民币期货交易合作正式启动。签约当日，中国银行即顺利完成了首笔人民币期货交易和结算[2]。由于中韩经贸关系密切，加上韩国有活跃的金融期货市场，相信今后韩国人民币外汇市场会逐步活跃起来，成为境外主要的人民币外汇期货市场之一。

12.6.3　其他国家（地区）的人民币外汇期货

2010 年 11 月，南非约翰内斯堡证券交易所推出人民币/兰特期货，后撤牌。

---

[1]　薛皎. 俄罗斯推人民币期货人民币国际化再开花, 第一财经日报, 2015 - 03 - 19.

[2]　中国银行与韩国交易所成功启动人民币期货交易合作. 人民网, 2016 - 11 - 23.

2013 年 5 月，该交易所推出离岸人民币/兰特期货，但是该交易所至今交易不够活跃。2011 年 8 月，巴西商品期货交易所推出人民币/雷亚尔外汇期货，至今交易也不够活跃。

12.7　境外人民币期货月度成交金额的分布和比较

图 12.1、表 12.1 和表 12.2 分别给出了芝加哥商业交易所、香港交易所和新加坡交易所推出的人民币期货的月度成交量。由于不同交易所期货合约的大小不同，我们难以对其成交金额进行比较。表 12.3 给出了 2013 年 1 月到 2016 年 12 月该三个交易所和台湾期货交易所推出的人民币外汇期货月度成交金额。表 12.3 显示，虽然芝加哥商业交易所人民币外汇期货比香港交易所推出的人民币期货早 6 年，然而芝加哥人民币期货一直不够活跃，2013 年到 2016 年，芝加哥人民币期货成交金额占四个交易所成交金额比重从 2.6% 持续下降到了 1.9%。

表 12.3　　　　境外主要交易所人民币期货月度成交金额分布比较

单位：亿美元,%

时间	境外人民币期货成交金额					成交金额占比			
	芝加哥	香港	新加坡	台湾	合计	芝加哥	香港	新加坡	台湾
2013 年 1 月	0.1	12.1			12.2	0.7	99.3		
2013 年 2 月	0.1	6.0			6.1	1.8	98.2		
2013 年 3 月	0.1	7.0			7.1	1.6	98.4		
2013 年 4 月	0.3	7.5			7.8	4.4	95.6		
2013 年 5 月	0.4	18.5			18.9	2.1	97.9		
2013 年 6 月	0.6	20.3			20.9	2.7	97.3		
2013 年 7 月	0.5	9.1			9.6	4.8	95.2		
2013 年 8 月	0.4	8.2			8.6	4.7	95.3		
2013 年 9 月	0.2	9.5			9.8	2.3	97.7		
2013 年 10 月	0.4	16.1			16.5	2.3	97.7		
2013 年 11 月	0.2	12.6			12.8	1.3	98.7		
2013 年 12 月	0.4	11.8			12.2	3.5	96.5		
2014 年 1 月	1.2	16.3			17.4	6.7	93.3		
2014 年 2 月	0.4	27.8			28.1	1.3	98.7		
2014 年 3 月	0.5	31.5			32.0	1.7	98.3		
2014 年 4 月	0.4	11.0			11.4	3.3	96.7		
2014 年 5 月	0.3	11.3			11.6	2.3	97.7		
2014 年 6 月	0.3	11.0			11.3	2.7	97.3		
2014 年 7 月	0.2	13.9			14.1	1.5	98.5		

续表

时间	境外人民币期货成交金额					成交金额占比			
	芝加哥	香港	新加坡	台湾	合计	芝加哥	香港	新加坡	台湾
2014 年 8 月	0.1	14.9			15.0	0.7	99.3		
2014 年 9 月	0.4	14.1			14.5	2.6	97.4		
2014 年 10 月	0.3	11.5	7.7		19.5	1.5	59.0	39.5	
2014 年 11 月	0.7	14.8	12.7		28.2	2.5	52.7	44.9	
2014 年 12 月	1.4	27.0	9.6		37.9	3.6	71.1	25.3	
2015 年 1 月	0.3	19.2	6.4		25.9	1.1	74.1	24.8	
2015 年 2 月	0.7	17.0	4.3		22.0	3.0	77.3	19.7	
2015 年 3 月	1.0	21.9	12.2		35.1	3.0	62.3	34.8	
2015 年 4 月	0.5	15.0	5.8		21.3	2.3	70.3	27.4	
2015 年 5 月	0.2	10.2	6.0		16.5	1.4	62.1	36.5	
2015 年 6 月	0.2	9.1	8.8		18.1	0.9	50.5	48.5	
2015 年 7 月	1.2	15.4	20.3		37.0	3.2	41.8	55.0	
2015 年 8 月	1.7	42.4	40.1		84.2	2.0	50.4	47.6	
2015 年 9 月	1.0	29.0	35.0		64.9	1.5	44.6	53.8	
2015 年 10 月	0.6	15.7	20.8		37.1	1.6	42.3	56.1	
2015 年 11 月	0.3	21.9	35.1		57.3	0.5	38.2	61.3	
2015 年 12 月	0.7	45.6	51.7		97.9	0.7	46.5	52.8	
2016 年 1 月	0.8	65.3	39.6		105.6	0.8	61.8	37.4	
2016 年 2 月	0.9	67.2	22.6		90.7	1.0	74.1	24.9	
2016 年 3 月	1.6	52.1	23.6		77.2	2.0	67.4	30.6	
2016 年 4 月	0.1	25.4	25.7	11.2	62.4	0.2	40.7	41.2	18.0
2016 年 5 月	0.1	23.5	30.7	66.0	120.3	0.1	19.5	25.5	54.9
2016 年 6 月	0.7	31.9	30.6	19.9	83.1	0.8	38.4	36.8	23.9
2016 年 7 月	0.1	20.6	29.2	17.2	67.1	0.1	30.7	43.5	25.7
2016 年 8 月	0.9	19.5	47.0	19.9	87.3	1.1	22.4	53.8	22.8
2016 年 9 月	2.0	34.0	39.6	19.9	95.5	2.1	35.6	41.5	20.8
2016 年 10 月	1.6	35.0	53.6	19.9	110.1	1.5	31.8	48.7	18.1
2016 年 11 月	1.4	78.2	98.8	9.5	188.0	0.8	41.6	52.6	5.1
2016 年 12 月	1.3	87.0	67.0	16.0	171.3	0.8	50.8	39.1	9.3
2013 年	3.7	138.7	0.0	0.0	142.5	2.6	97.3		
2014 年	6.2	205.1	30.0	0.0	241.0	2.6	85.1	12.4	
2015 年	8.4	262.4	246.5	0.0	517.3	1.6	50.7	47.7	
2016 年	11.6	539.7	508.0	199.5	1258.5	0.9	42.9	40.4	15.9

　　数据来源：根据图 12.1、表 12.1 和表 12.2 给出的成交量数据和人民币外汇期货合约参数及月底离岸人民币对美元汇率转换得出。

表 12.3 显示，虽然新加坡交易所推出的人民币外汇期货比香港晚两年，但是新加坡人民币外汇期货有后来居上的势头：2015 年下半年到 2016 年全年的 18 个月里，新加坡人民币期货成交金额有 12 个月超过了香港，显示新加坡人民币外汇期货市场的活力。如果不是 2016 年 12 月香港交易所人民币期货显著超过新加坡，那么 2016 年新加坡会成为境外最大的人民币外汇期货中心。由于 2013 年以来新加坡连续成为亚洲最大的外汇中心，有理由相信今后新加坡人民币外汇期货成交金额会超过香港。

12.8　境外人民币外汇期货占全球外汇期货交易的比重

上文我们分别介绍了美国芝加哥、中国香港、新加坡和中国台湾等国家和地区近年来推出的人民币外汇期货合约及其市场流动性。这里我们简单分析境外人民币外汇期货在全球外汇期货市场中的地位。根据表 12.3 的数据，我们可以计算出 2016 年 5 月到 9 月境外人民币外汇期货日均成交金额分别为 5.5 亿、3.8 亿、3.2 亿、3.8 亿和 4.3 亿美元（国际清算银行网站给出的最新全球外汇期货月度日均成交金额数据为 5 月到 9 月的数据），分别占当月全球外汇期货和期权日均成交金额 890 亿、1270 亿、880 亿、830 亿和 1190 亿美元的 0.61%、0.30%、0.36%、0.46% 和 0.36%，在全球排名第 14 名之后，与表 20.1 给出的 2016 年 4 月人民币外汇交易在全球排名第八的地位仍有显著的距离，显示人民币外汇期货市场仍然处于初期发展阶段，今后仍有巨大的潜力。

12.9　推出境内人民币期货的必要性

上文介绍了境外人民币外汇期货市场的发展，读者可能奇怪为何仅介绍境外人民币外汇期货市场，而没有介绍境内人民币外汇期货市场。实际上，境内人民币外汇期货市场至今仍未推出。虽然境内商品期货和股指期货近年来有了可喜的发展，但是境内人民币远期结售汇业务和远期交易市场近年来活跃程度仍很低，在我国境外外汇市场的占比不但没有提高，反而持续明显地下降（2013 年到 2016 年境内人民币外汇远期结售汇和远期交易占我国境外外汇市场成交金额比重从 5.4% 持续下降到了 1.9%），显示境内人民币外汇远期市场流动性过低，近期推出人民币外汇期货的效果也可能有限。但是，随着完善人民币汇率形成机制的进一步深化，特别是近年来人民币对美元波动性的提高，人民币远期和期货交易有望活跃。

虽然外汇期货与银行间的外汇远期规模还有很大的距离，但是外汇期货也是外汇市场一个不可忽视的重要领域,特别是随着电子金融业的发展,个人参与金融市场也将成为一个趋势,推出境内人民币外汇期货也对境内人民币外汇市场以至整个人民币国际化将产生积极的推动作用。虽然外汇期货成交量比外汇远期要低,但是外汇期货公开透明的市场信息却是银行间市场所缺乏的。人民币外汇市场的快速发展需要我国适时在境内市场推出人民币期货产品,从而提高市场的透明性,为境内金融机构和各经济实体提供管理人民币汇率波动的有效工具,同时逐步提升境内市场人民币远期汇率的定价功能。特别是中国香港、新加坡和中国台湾成功推出人民币外汇期货的经验对今后人民币外汇期货的推出将会有直接的借鉴作用。

12.10　小结

外汇期货是外汇市场的重要组成部分。虽然境内近年来人民币远期结售汇业务和远期交易不够活跃,市场流动性仍然过低。虽然芝加哥商业交易所已经凭借其在外汇期货市场中的领导地位取得了境外人民币期货的先机,然而其交易并不活跃;中国香港2012年9月推出人民币期货后就成为境外人民币期货的主力军,显示香港市场的活力。新加坡人民币期货比中国香港晚了两年,但是新加坡人民币外汇期货市场发展迅速,有后来居上的势头;中国台湾人民币外汇期货推出的时间更晚,但是发展速度却很快,成为境外第三大人民币期货中心。香港、新加坡和台湾三地的人民币外汇期货成交金额占整个境外人民币外汇期货市场的份额显著超过九成,为境外人民币市场增添了新的活力。

境内应该有人民币外汇期货,适时推出人民币外汇期货对整个人民币外汇衍生产品市场非常重要。然而由于期货是标准化的合约,如果银行间非标准化的人民币远期市场活跃程度都达不到一定的水平,那么标准化的人民币期货推出也难以在短期内活跃起来。所以,深化外汇体系改革并及时调整相关政策,将境内银行间的人民币外汇远期市场的流动性提高到一定的程度,才能为人民币外汇期货的推出创造良好条件。

除美国、中国香港、新加坡、中国台湾、俄罗斯和韩国外,其他如巴西、南非等也推出了人民币外汇期货,但是市场流动性仍然很低。随着境外人民币市场的持续发展,境外人民币期货市场的活跃度会进一步提高,相信还会有更多的境外人民币期货合约推出,为人民币国际化增添更多光彩。

13 境外人民币外汇掉期和货币掉期

外汇掉期是国际外汇市场最主要的产品，自然也是境外人民币外汇市场最主要的产品。本章介绍境外人民币外汇掉期市场近年来的发展。外汇掉期是外汇远期的自然延伸，同样地，无本金交割掉期是无本金交割远期的延伸。本章我们也讨论与外汇掉期相似的境外人民币外汇货币掉期市场的发展。

13.1 无本金交割掉期

境外人民币无本金交割掉期是境外人民币掉期最早的形式。在 2010 年境外人民币外汇市场推出之前，境外人民币无本金交割掉期是境外人民币外汇掉期的主要产品。因此，本章首先介绍境外人民币无本金交割掉期。

13.1.1 无本金交割掉期

一个无本金交割掉期合约的内容与外汇掉期几乎完全相同，唯一的区别在于无须进行实际的货币转换，即无本金交割互换是以美元或其他流动性较强的货币来进行交割的。

无本金交割掉期在概念上与货币掉期相似。无本金交割掉期的关键内容是本金和利息的交换都是无本金交割。无本金交割是指一个到期的受管制货币的应付款项转换成以即期汇率计算的主要货币（例如美元）。在每一个利息支付日和到期日，净结算额都是以主要货币计值的。交易开始时，将受管制的货币本金以即期汇率兑换成主要货币。最常用的形式是受管制的货币利息支付是固定的，而主要货币可以是固定利率或浮动利率。在每个利息支付日，两种货币进行利息交换（对于无本金交割品种而言）。

例如，某顾客在某一利息支付日应支付 2000 万元人民币，对方银行到期应支付 260 万美元。到期支付前一个工作日，美元/人民币的即期汇率是固定的。如果汇率为 7.500，那么顾客在到期时应支付给银行 20000000/7.500 = 2666667 美元，则顾客和银行之间的净结算金额是 2666667 - 2600000 = 66667 美元。

外汇掉期是国际外汇市场最主要的产品，也是境外人民币外汇市场最活跃的产品。本章介绍境外人民币外汇掉期和货币掉期市场近年来的发展，并与境内人民币外汇掉期和货币掉期市场的发展进行比较。

13.1.2　无本金交割掉期的基本原理

对于前面提到的由于当地对资本或外汇市场实行管制而导致的"不可对冲"风险来说，无本金交割掉期提供了一个离岸市场对冲机制。到期时，以交易时约定的汇率进行本金交换（对于无本金交割品种而言）。无本金交割互换没有交易费用，它是一种表外业务。

13.1.3　为什么使用无本金交割掉期

当掉期交易中的一方货币受管制时，例如韩元、菲律宾比索、人民币等，无本金交割掉期是一种非常有效的工具。在较长的期限中，无本金交割掉期市场的流动性比远期市场要强。

13.1.4　无本金交割掉期的结算方法

无本金交割掉期结算如采用固定的方法，则在交易时约定，它必须详细说明结算前 1 个到 2 个工作日的即时汇率如何决定。通常该汇率是基于路透社提供的信息。使用此汇率将受管制货币的应付款项的利息和本金转换成相应的主要货币，两个现金流之差就是结算结果。

13.2　人民币无本金交割掉期

13.2.1　人民币无本金交割掉期市场介绍

人民币无本金交割掉期市场是人民币无本金交割远期市场的延伸。大多数人民币无本金交割掉期涉及的货币对为美元对人民币。在一个典型的人民币对美元无本金交割掉期合约中，一方收到固定汇率人民币的同时，支付 6 个月浮动美元伦敦同业拆借市场利率（6m USD Libor）。大多数人民币无本金交割掉期合约与人民币无本金交割远期合约相类似，每隔 6 个月以美元结算。大多数人民币无本金交割掉期的期限不超过 3 年，3 年之内的掉期合约的流动性也较好。期限超过 3 年的人民币无本金交割掉期在报价时必须标明。

13.2.2　人民币无本金交割掉期率的历史数据

人民币无本金交割掉期与人民币无本金交割远期的主要区别在于，前者的期限较长，对人民币汇率的变化也较敏感。图 13.1 给出了 2010 年 12 月到 2016 年 9 月 3 年期离岸人民币掉期利率、3 年期人民币无本金交割掉期利率和 3 年期美元掉期利率。3 年期离岸人民币掉期利率和 3 年期人民币无本金交割掉期利率的区别主要在于：离岸人民币掉期使用的人民币汇率为 CNH 即期汇率，每三个月付息一次；而人民币无本金交割掉期使用的人民币汇率为国家外汇局公布的人民币定盘利率，每半年付息一次。不过，这两种掉期利率的影响因素较为相近，从图 13.1 中我们也可以发现，3 年期离岸人民币掉期利率和 3 年期人民币无本金交割掉期利率走势非常接近。

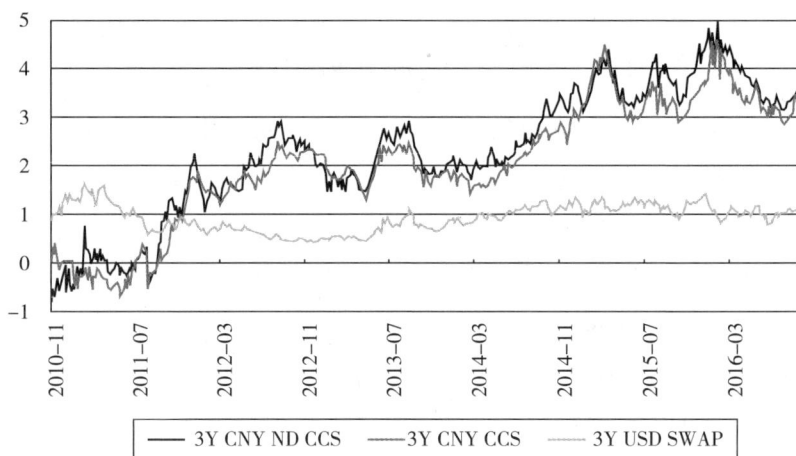

数据来源：彭博数据终端。

图 13.1　3 年期人民币无本金交割掉期率和 3 年期美元互换利率

13.2.3　人民币无本金交割掉期的成交金额

遗憾的是，没有任何一个机构公布无本金交割掉期的成交金额，相关数据确实难以查询。国际清算银行于 2004 年 4 月开始首次公布了人民币相关外汇产品的日均成交金额，2007 年 4 月和 2010 年 4 月人民币外汇掉期的日均数据我们在第 4 章已经进行了介绍。然而由于无本金交割产品实际上是以美元为主要国际货币清算的，国际清算银行公布的人民币掉期数据应该不包括境外人民币无本金交割数据。伦敦金融城从 2012 年到 2014 年公布了 2011 年到 2014 年伦敦市场人民币无本金交割外汇掉期日均成交金额数据分别为 3.60 亿、3.07 亿和 3.18 亿美元，显示境外人民币无本金交割外汇掉期市场流动性没有多少变化；遗憾的是，伦敦金融城从 2015 年开始停止了对相应数据的公布，而且伦敦外汇常设委员会（FXSC）从 2015 年开始公布的人民币外汇数据中仅包括境外人民币无本金交割远期的日均成交金额，而不包括境外人民币无本金交割掉期的数据。因此，虽然我们难以获得 2015 年以来境外人民币无本金交割掉期的数据，但是我们可以得出境外人民币无本金交割掉期市场不够活跃，应该与境外人民币无本金交割远期相似地弱化，应该相对于下文介绍的境外人民币可交割外汇掉期市场流动性很低，几乎可以忽略不计，显示境外人民币无本金交割外汇掉期市场的影响力很低。

13.3　离岸人民币可交割外汇掉期

随着离岸人民币外汇市场的启动和发展，境外人民币可交割外汇掉期市场发展迅速，也逐步成为境外人民币外汇市场的主要产品。本节主要介绍境外人民币可交割外汇掉期。

香港是最大的离岸人民币外汇市场，自然也是境外人民币可交割外汇掉期市场的主要市场。2010 年境外人民币外汇市场启动以来，人民币可交割外汇掉期成为了境外人民币外汇市场的重要产品。2013 年以来，香港离岸人民币市场继续保持较好的发展态势，并呈现新的发展特点。根据香港金管局公布的数据，2010 年 4 月到 2013 年 4 月，香港人民币外汇掉期日均成交金额从 3 亿美元提高到了 251 亿美元，年均复合增长率高达 337.4%，显示香港人民币外汇掉期市场高速增长的态势；2013 年 4 月到 2016 年 4 月，香港人民币外汇掉期日均成交金额提高到了 440 亿美元，年均复合增长率减缓到了 20.6%，显示近年来香港人民币外汇掉期市场显著放缓的态势。

13.4　境外人民币外汇掉期市场流动性介绍和分析

与外汇远期相似，国际外汇市场上任何产品的流动性数据都来自国际清算银行每三年的统计数据，为我们理解和分析国际外汇市场的动态带来一定的困难。表 13.1 给出了 2010 年上半年到 2016 年下半年境外人民币外汇掉期日均成交金额。

表 13.1　　　　　　　　境外人民币外汇掉期日均成交金额　　　　　单位：亿美元

时间/市场	伦敦人民币外汇掉期（FXJSC）	伦敦金融城人民币外汇掉期	香港人民币外汇掉期	伦敦和香港人民币外汇掉期	伦敦金融城数据与伦敦 FXJSC 比例
2010 年上半年	0.03		3.00	3.03	
2010 年下半年	0.18		44.33	44.51	
2011 年上半年	1.17		85.67	86.84	
2011 年下半年	6.67		127.00	133.67	
2012 年上半年	18.89	24.68	168.33	187.22	1.31
2012 年下半年	24.73	42.60	209.67	234.40	1.72

时间/市场	伦敦人民币外汇掉期（FXJSC）	伦敦金融城人民币外汇掉期	香港人民币外汇掉期	伦敦和香港人民币外汇掉期	伦敦金融城数据与伦敦 FXJSC 比例
2013 年上半年	42.11	62.60	251.00	293.11	1.49
2013 年下半年	53.11	89.40	282.50	335.61	1.68
2014 年上半年	99.91	156.25	314.00	413.91	1.56
2014 年下半年	78.71	214.11	345.50	424.21	2.72
2015 年上半年	87.77		377.00	464.77	
2015 年下半年	50.82		408.50	459.32	
2016 年上半年	93.22		440.00	533.22	
2016 年下半年	76.19		471.50	547.69	
2010 年	0.11		23.67	23.77	
2011 年	3.92	9.50	106.33	110.25	2.42
2012 年	21.81	33.64	189.00	210.81	1.54
2013 年	47.61	76.00	266.75	314.36	1.60
2014 年	89.31	185.18	329.75	419.06	2.07
2015 年	69.30		392.75	462.05	
2016 年	84.71		455.75	540.46	
2010 年到 2016 年累计增幅	3106.3		145.7	175.0	

数据来源：伦敦外汇联合常设委员会（FXJSC）网站 www. bankofengland. co. u 和伦敦金融城网站 www. cityoflondon. gov. uk；FXJSC 的数据是每年 4 月和 10 月的日均成交金额数据，该两个月的数据分别与上半年和下半年相当；伦敦金融城公布的数据为上半年和全年数据，下半年数据根据上半年和全年数据折算得出；2010 年到 2016 年香港数据根据 2010 年 4 月、2013 年 4 月和 2016 年 4 月日均数据线性插值法估算得出。

13.4.1 伦敦外汇联合常设委员会数据及与伦敦金融城数据比较

伦敦外汇联合常设委员会（FXJSC）从 2008 年开始每半年公布伦敦市场人民币外汇掉期日均成交金额数据。表 13－1 显示，2010 年到 2014 年，伦敦人民币外汇掉期日均成交金额从 0.11 亿美元增长了近 850 倍到 89.31 亿美元，显示伦敦人民外汇掉期市场高速增长的态势；2014 年到 2016 年，伦敦人民币外汇掉期市场出现了缓慢下降的趋势。表 13.1 也给出了 2011 年到 2014 年伦敦金融城公布的人民币外汇掉期日均成交金额，2012 年到 2014 年伦敦金融城公布的数据比伦敦外汇联合常设委员会公布的数据高出的幅度从 54% 提高到了 107%，显示伦敦金融城公布的人民币外汇掉期日均成交数据过高的严重问题。这应该是伦敦金融城2015年以来不再公布相关数据的主要原因。

13.4.2　新加坡、美国和日本人民币外汇掉期市场流动性

除伦敦外汇联合常设委员会（FXJSC）定期公布人民币外汇掉期数据外，香港金管局每三年公布一次香港数据。可喜的是，2016年，新加坡金管局和美联储公布了该年4月包括人民币外汇掉期在内的人民币外汇日均成交数据。这些数据显示，新加坡和美国2016年4月人民币外汇掉期日均成交金额分别为201.6亿美元和14.7亿美元；另外，2017年1月24日，东京外汇市场委员会（Tokyo Foreign Exchange Market Committee）也公布了2016年10月日本人民币外汇掉期日均成交金额7.2亿美元及比2016年4月同比下降37.3%，因此2016年4月日本人民币外汇掉期日均成交金额为11.5亿美元。

13.4.3　境内外人民币中心人民币外汇掉期市场流动性排名

表13.1和上文新加坡、美国和日本人民币外汇掉期数据显示，中国香港仍为全球人民币外汇掉期市场最大的市场，2016年4月日均成交金额275.3亿美元，其次为新加坡，日均成交金额201.6亿美元，比排名第三的伦敦日均成交金额93.2亿美元高出一倍多；美国和日本人民币外汇掉期市场日均成交金额仅为十多亿美元，不到中国香港和新加坡的十分之一，规模相对较低。

13.5　境内外人民币货币掉期流动性比较

比较上文介绍的境外人民币外汇掉期和第4章介绍的境内人民币外汇掉期市场流动性，我们会发现2010年境外人民币市场刚刚启动时，境内人民币外汇掉期市场流动性远超境外市场；但是，2010年到2013年，香港和伦敦人民币外汇掉期市场日均成交金额分别累计增长了82.7倍和21402.7倍，而同期境内市场累计仅增长了1.4倍，仅香港人民币外汇掉期的日均成交金额就超过了境内市场一倍多；然而2013年到2016年，香港和伦敦人民币外汇掉期市场显著减缓，累计分别仅增长了75%和121.9%，而同期境内市场却累计增长了196%，2016年境内人民币外汇掉期市场日均成交金额与香港和伦敦总额差距缩小；但是，加上2016年新加坡人民币外汇掉期市场201.6亿美元的日均成交金额，境外人民币外汇掉期市场仍然显著超过境内市场89.6%。

当然，上文介绍的境外主要人民币中心的人民币外汇掉期数据有可观的水

分。剔除这些水分后，境内人民币外汇掉期市场与境外的差距比如上数据显示的要小很多，我们在第 24 章会详细讨论相关问题。

13.6　境外人民币货币掉期和流动性及与境内市场的比较

货币掉期在全球外汇市场上是外汇掉期、远期和期权之外最不活跃的外汇衍生产品。2001 年 4 月到 2014 年 4 月，货币掉期日均成交金额占全球外汇市场的份额从 0.56% 提高到了 1.09%；2004 年到 2007 年同期占比又下降到了0.93%；2007 年到 2010 年占比重回 1.08%；2010 年到 2013 年和 2016 年又分别下降和上升到了 1.01% 和 1.62%，远低于同期其他外汇产品成交占比。虽然货币掉期活跃度远不如其他外汇衍生产品，但货币掉期在国际市场上仍发挥着独特的作用。本节简单介绍境外人民币货币掉期市场的基本情况。

13.6.1　境外人民币货币掉期

货币掉期涉及两种不同的货币本金。通常以即期汇率来决定交易的两种货币本金的交换汇率。交易双方同意在到期时交换本金是进行无本金交割货币掉期交易的基础。

所有的远期外汇可以被认为是约定交换两种不同货币的现金流的货币互换（在一个外汇远期中有一个现金流），许多银行把长期外汇远期作为货币掉期的一部分来管理。像所有的外汇远期一样，货币掉期的使用者要承担外汇风险。货币掉期的主要使用者之一是债券发行者，因为他们可以在卖出"便宜"的货币同时将他们面临的汇率风险转化为期望得到的货币。同时，货币掉期也能让公司和企业更有效地利用全球资本市场。

13.6.2　境外人民币货币掉期的流动性

表 13.2 给出了 2010 年上半年到 2016 年下半年和全年香港和伦敦人民币货币掉期日均成交金额。

表 13.2　　　　　　　　**香港和伦敦人民币货币掉期日均成交金额**　　　单位：亿美元,%

时间/市场	伦敦人民币货币掉期（FXJSC）	伦敦金融城人民币货币掉期	香港人民币货币掉期	伦敦和香港人民币货币掉期	伦敦金融城与FXJSC 比例
2010 年上半年	0.11		1.00	1.11	
2010 年下半年	0.00		1.50	1.50	
2011 年上半年	0.07		2.00	2.07	

续表

时间/市场	伦敦人民币货币掉期（FXJSC）	伦敦金融城人民币货币掉期	香港人民币货币掉期	伦敦和香港人民币货币掉期	伦敦金融城与FXJSC 比例
2011 年下半年	0.01		2.50	2.51	
2012 年上半年	0.10	0.41	3.00	3.10	4.10
2012 年下半年	0.14	(0.13)	3.50	3.64	− 0.93
2013 年上半年	0.35	0.08	4.00	4.35	0.23
2013 年下半年	0.50	0.66	5.17	5.67	1.32
2014 年上半年	1.02	1.73	6.33	7.35	1.70
2014 年下半年	0.58		7.50	8.08	
2015 年上半年	1.77		8.67	10.44	
2015 年下半年	0.51		9.83	10.34	
2016 年上半年	0.84		11.00	11.84	
2016 年下半年	2.56		12.17	14.73	
2010 年	0.06		1.25	1.31	
2011 年	0.04	0.12	2.25	2.29	3.00
2012 年	0.12	0.14	3.25	3.37	1.17
2013 年	0.43	0.37	4.58	5.01	0.87
2014 年	0.80	2.97	6.92	7.72	3.71
2015 年	1.14		9.25	10.39	
2016 年	1.70		11.58	13.28	
2010 年到 2016 年累计增幅	29.9		8.3	9.2	

数据来源：同表 13.1；2012 年下半年伦敦金融城日均成交金额 − 0.13 亿美元不合理数据的出现是因为该机构公布的 2012 年上半年日均成交金额 0.41 亿美元过高和该年全年日均成交金额 0.14 亿过低所致；香港金管局公布的 2010 年 4 月到 2016 年 4 月人民币外汇交易数据中仅有外汇即期、远期、掉期和其他外汇产品四类数据，其他外汇产品应该为人民币货币掉期和期权的合计数据分别为 12 亿、33 亿和 68 亿美元，香港 2010 年 4 月、2013 年 4 月和 2016 年 4 月的人民币货币掉期数据根据该三年香港人民币货币掉期占香港人民币外汇交易比重和全球相应的合理比重、两个三年间合理增幅和国际清算银行公布的全球人民币货币掉期日均成交总额等因素估算得出，其他时间的数据根据该三个数据进行线性插值法计算得出。

表 13.2 显示，2010 年到 2016 年，香港和伦敦市场人民币货币掉期市场日均成交金额分别累计增长了 8.3 倍和 29.9 倍，但总体的流动性整体很低。值得关注的是，2011 年到 2014 年，伦敦金融城公布的伦敦人民币货币掉期日均成交金额比伦敦外汇联合常设委员会（FXJSC）公布的数据平均高出两倍多，再次显示伦敦金融城数据的严重问题。

13.6.3 境内外人民币货币掉期流动性比较

表 13.2 的数据显示，2016 年香港和伦敦人民币货币掉期总日均成交金额仅为 11.84 亿美元，比同期中国境内人民币货币掉起日均成交金额 4.99 亿高出一倍多。由于新加坡和美国公布的 2016 年 4 月人民币外汇日均成交金额数据中未专门列出人民币货币掉期的数据，相信该产品在该两国人民币中心流动性也很低。

13.7 小结

我们在本章介绍了境外人民币外汇掉期和人民币货币掉期市场，并比较了境外市场流动性。掉期为投资者提供了一个规避风险的有效工具，同时也为我们提供了一个人民币是否升值的信息渠道。这些掉期率变化趋势与我们在第 11 章所研究的人民币外汇远期相似，其原因是它们都受相同的国际政治、经济和金融等基础因素的影响。

外汇掉期是国际外汇市场最主要的产品，也是境外人民币外汇市场最主要的产品。数据表明，近年来随着境外人民币外汇掉期和货币掉期市场的快速发展，境外人民币无本金交割掉期和无本金交割货币掉期交易皆出现了不同程度的萎缩。近年来中国境内人民币外汇掉期市场出现了持续稳步增长的可喜态势，使得境内外市场的差距明显缩小。随着境外掉期市场由于人民币贬值预期的持续，境外人民币外汇掉期市场增长可能会进一步减缓，境内人民币市场的外汇掉期在境内外人民币外汇掉期市场将占有更大的比重。

14　境外人民币外汇期权

本章介绍离岸市场上另一类重要的人民币衍生产品：人民币外汇期权，是境外人民币市场的重要产品。虽然近年来随着境外人民币市场的快速发展，境外可交割人民币外汇期权流动性超过了无本金交割人民币外汇期权，然而后者的历史却比前者要长很多。本章首先介绍境外人民币无本金交割期权，然后介绍境外人民币可交割期权近年来的发展。

14.1　期权的基本概念

14.1.1　期权的概念及其功能

期权是在未来具体的时间内期望执行对持有者有利的权利。具体地说，期权是一种金融合约，它赋予持有者在确定时间内或时间点执行合约的权利。如果执行合约对持有者有利，那么持有者将执行，否则持有者会因任期权过期而作废。期权的英文名称为 Options，即表示在未来执行合约与否的选择权。

对于任何资产，今后价格变化的方向只有上升或下跌两种，所以期权的基本类型也只有两种，即看涨期权和看跌期权。期权也是一种有效的风险管理工具。期权可以以现货为标的，也可以以期货为标的。外汇期权的标的是外汇即期，如果是外汇期货，一般称为外汇期货期权。一般而言，期权主要有以下三方面功能：

第一，通过买入期权，为现货或期货进行保值，不会面临追加保证金的风险；通过卖出期权，可以降低持仓成本或增加部分收益。而不同执行价格、不同到期日的期权的综合使用，能够为不同偏好的保值者提供不同的保值策略。

第二，期权为投资者提供更多的投资机会和投资策略。期货交易中，只有在价格发生方向性变化时，市场才有投资的机会。如果价格处于波动较小的盘整期，市场中就缺乏投资的机会。期权交易中，无论是期货价格处于牛市、熊市或盘整阶段，均可以为投资者提供获利的机会。期货交易只能是基于方向性的，而期权可以利用价差、蝶式、跨式等交易策略，基于现货价格的变动方向及其波动率进行交易。

第三，期权同样可以对投资者发挥更大的杠杆作用，与期货保证金相比，用较少的权利金就可以控制同样数量的合约。期权的杠杆作用可以帮助投资者用有限的资金获取更大的收益。当然，如果市场出现不利变化，投资者可能损失更多的权利金。

14.1.2 期权基础资产的波动率

我们在本章前面介绍了期权的各个主要方面，这些都是期权的基本知识，实际上决定期权交易最重要的因素是波动率。波动率如此重要，以至我们可以毫不夸张地说，整个期权的核心就是对波动率的把握和预测。

波动率有历史波动率和隐含波动率之分。历史波动率是指根据标的资产历史价格计算出来的波动率，一般用收益率的标准差来表示。使用历史波动率首先需要选择计算收益率标准差的时间长度，这种方法还基于一个隐含的假设，即历史还会重复。我们知道，虽然历史会在某种程度上重演，但肯定不会简单地重复。期权定价公式所依赖的波动率，严格意义上讲并不是历史波动率，而是从现在至期权到期日这段时间的波动率，所以使用历史波动率对期权定价具有很大的局限性。

为了克服上述历史估计方法的局限性，期权市场参与者在 1973 年著名的布莱克—舒尔茨期权定价模型发表后不久，便开始采纳隐含波动率的概念。隐含波动率实际上是根据期权市场中期权价格反推出来的波动率。与历史估计方法相比，隐含波动率有着许多优势，其中，最明显的是它包含了期权标的资产从当前至期权到期日之间所有的信息。也就是说，隐含波动率是前瞻式的，因为它们包含了市场对标的资产未来预期的信息，而历史估计方法则是后顾式的。

上文我们简单介绍了最基本的期权，即欧式期权。实际上，银行间市场还有数十种其他期权，它们有各种各样不同的功能，有兴趣的读者可以参考 Zhang（1998）、张光平（2016）或张光平著/马晓娟等译（2014），我们这里不再进一步介绍。

14.2 人民币无本金交割期权的基本情况

14.2.1 人民币无本金交割期权的发展简史

人民币无本金交割期权是在人民币无本金交割远期之后不久在中国香港出现的，新加坡随即也推出了该项交易。刚开始人民币无本金交割期权的交易量很小，1997 年亚洲金融风暴以后，人民币无本金交割期权的交易量逐渐开始上升。

14.2.2 人民币无本金交割期权的市场参与者

一般来说，期权交易要比远期交易更为复杂，期权市场和期货市场的参与者也不尽相同。但人民币无本金交割期权市场的参与者和人民币无本金交割远期的参与者很大程度上却是相同的，这是因为大多数参与者会运用人民币无本金交割期权的各种交易策略来对冲他们在人民币无本金交割远期市场上的头寸。

早期人民币无本金交割期权市场的主要参与者是在我国进行投资和贸易以及和我国有其他业务往来的跨国公司或国外企业，这些主体暴露于人民币贬值的风险之下，从而产生了规避人民币汇率波动风险的需求。

2002 年以来，尤其是 2003 年 9 月以来，国际上要求人民币升值的呼声不断高涨，境外人民币升值的压力也随之增加，这使人民币无本金交割远期市场的参与者与亚洲金融风暴前后该交易的参与者有了很大的不同。正如我们在第 10 章所指出的那样，很多机构和个人参与人民币无本金交割远期及期权市场的目的已经不是为了规避人民币贬值的风险，而是投机人民币升值的可能性。

14.2.3 人民币外汇期权合约简介

14.2.3.1 标的金额

人民币无本金交割期权合约的名义标的金额在 1000 万美元到 3000 万美元，平均金额为 2000 万美元，约合 13600 万元人民币。

14.2.3.2 交割货币

多数的人民币无本金交割期权都是以美元进行结算的，而人民币可交割外汇期权的交割货币是人民币。

14.2.3.3 执行方式

绝大多数人民币期权是欧式的，即只能在到期日执行。

14.2.3.4 结算汇率

与第 11 章介绍的人民币无本金交割远期的结算汇率确定方式相同，人民币无本金交割期权的结算汇率也是人民币对美元的汇率，并在中国国家外汇管理局（SAFE）公布后的两个工作日内进行结算。

14.2.3.5 到期期限

虽然人民币期权的到期期限最长可达 3 年甚至更长，但期限超过 1 年的合约的流动性不如 1 年期的期权，不超过 1 年期的人民币期权的流动性一般比较好。

与人民币无本金交割远期合约相似，目前在离岸市场上有 1 周、2 周、3 周、1 个月、2 个月、3 个月、4 个月、5 个月、6 个月、9 个月和 1 年期限的期权合约，但 2 周、3 周、4 个月和 5 个月期限的合约的流动性很小，1 周、1 个月、2 个月、3 个月、6 个月、9 个月和 1 年期限的合约的流动性较好。我们下面还会介绍这些较为活跃合约的买卖价差及其隐含信息。

14.3　人民币期权的历史波动率和隐含波动率

波动率是决定所有期权价格的最重要的参数，因为波动率越低，汇率变化的幅度越小，市场对期权的需求越小，期权的价格也越低；而波动率越高，汇率变化的幅度越大，市场对期权的需求越高，期权的价格也越高。因此，期权交易的奥秘完全集中在对标的资产波动率的估计和预期上，所以我们有必要探讨人民币汇率波动率估计的主要方法。

14.3.1　人民币外汇汇率的历史波动率

波动率的估计有多种方法，最常见的是采用历史数据，比如收益率标准差、EMWA 模型、GARCH 模型等，这样计算出来的波动率也叫实际波动率或者历史波动率，它们可以帮助人们了解标的资产波动性的总体幅度、历史变化以及市场信息对标的资产波动率的影响方式。但是，这些方法存在很大的局限性，因为它们都暗含着一个假设，即历史将会重复，而事实并非如此。这种方法的另一个局限是由此所得到的估计结果通常不够精确，因为估计的结果会受估计时所采用的历史数据时间跨度长短影响。例如，如果分别采用过去 1 周、2 周、1 个月或者 3 个月的历史数据进行估计，最后所得到的估计结果往往会有差异。

我们在第 9 章对 2005 年汇改前后人民币兑美元汇率历史波动率进行了介绍并比较了这些波动率与国际市场水平的区别，这里不再重复。

14.3.2　隐含波动率的变化

隐含波动率是根据市场交易的外汇期权价格推算出来的外汇从交易之时到期权到期的时间段内，外汇期权相应的外汇未来波动率。换句话说，外汇期权的隐含波动率是基于市场的外汇未来波动率，对我们判断外汇未来走势和风险起着其他市场难以发挥的作用和功能。图 14.2 给出了 2000 年 1 月 3 日至 2016 年 9 月间 3 个月、6 个月和 1 年期人民币/美元无本金交割期权的隐含波动率（Implied Volatility）。从图 14.1 容易观察到从 2001 年 4 月到 2002 年 10 月，不同期限期权的隐含波动率都呈现下降趋势，其中 1 年期期权隐含波动率从 7%以上下降到 1.5%以下；2002 年 12 月，隐含波动率呈现大幅上升态势，从 2003 年 7 月开始，1 年期隐含波动率几乎单边地从 4%左右增长到 2003 年 10 月的 10%以上，期间格林斯潘曾对人民币汇率发表评论，随后七国集团会议发表要求汇率更具弹性的公告等因素①，导致人民币升值压力巨大，许多国际投资者为了能从人民币升值中获利而开始大量投机人民币无本金交割期权；此后人民币升值预期非常强烈，为了避免国际资金大量涌入，中国再三否认人民币升值，人民币期权隐含波动率因此反复震荡；2005 年 7 月汇改实施后，人民币升值压力在短期内得到释放，此后隐含波动率呈平稳下降态势，各期限期权的隐含波动率基本维持在 4% 以下；2007 年 6 月到 2008 年 3 月，境外市场又掀起一波人民币升值浪潮，隐含波动率再次呈明显上升态势；从 2008 年 3 月到 2008 年 8 月，波动率仍然处于上升状态；2009 年 9 月国际金融危机的爆发导致人民币对美元期权隐含波动率达到历史最高水平，一年期期权隐含波动率达到近 18% 的历史高位。2010 年到 2014 年，随着人民币的稳定升值，人民币对美元无本金交割期权隐含波动率从 5% 逐渐回落至 2% 左右。2014 年下半年，随着美元加息预期升温，非美元对美元贬值货币越来越多，人民币贬值预期升温，人民币汇率的波动率也有所上升，在 4% 附近徘徊，此后慢慢回落。2015 年 8 月，人民币二次汇改后，人民币的贬值预期迅速升温，人民币汇率的波动性迅速上升至 6% 附近。

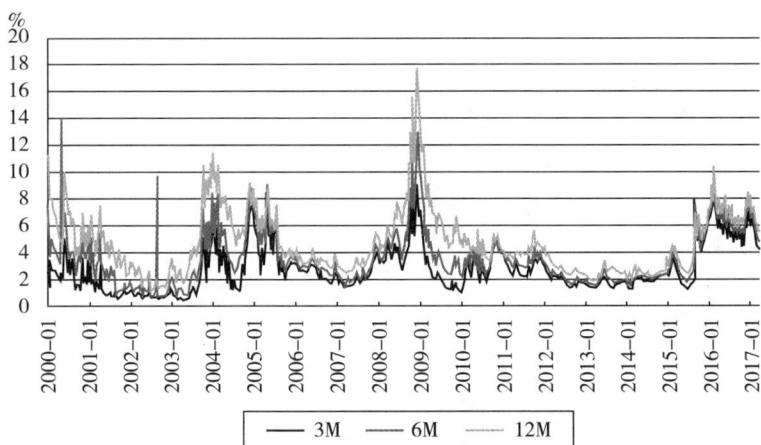

数据来源：路透社（Reuters）。

图 14.1　3 个月、6 个月和 1 年期人民币期权的隐含波动率

14.4　影响人民币期权隐含波动率的因素

我们在第 11 章中讨论了影响人民币无本金交割远期的各种因素，并且发现人民币期权的隐含波动率同人民币无本金交割远期汇率之间存在着很大的相似

---

① 请参看第 11 章影响人民币无本金交割远期市场的因素。

性。这种相似性并非偶然，因为它们都受相同的政治、经济和金融等信息的影响。

图 14.2 给出了 2001 年 1 月至 2016 年 12 月 1 年期的人民币无本金交割期权的隐含波动率和人民币无本金交割远期的升贴水点数绝对值的变化情况。由于无论是升值压力还是贬值压力，始终对人民币无本金交割期权隐含波动率有正向影响，所以我们对人民币无本金交割远期的升贴水点数取绝对值。从图 14.2 中我们可以看到，2008 年 3 月以前，隐含波动率和人民币无本金交割远期升贴水率具有很强的相似性。因为这段时间人民币始终面临着升值压力。当人民币升值压力增强时，对人民币期权的需求也随之增加，隐含波动率上升，同时人民币升贴水率上升。2008 年 3 月以后，受经济危机影响，人民币升值压力逐渐消失，进而呈现出贬值压力，人民币实际汇率偏离市场预期，为投机获利而对人民币期权的需求再次增加，隐含波动率上升；而此时人民币无本金交割远期由升水变为贴水，且贴水程度上升，因此，在这个市场预期的转变过程中，人民币期权隐含波动率和人民币无本金交割远期升贴水率有一定偏离。2009 年至 2013 年人民币基本维持了稳定的升值速度，隐含波动率也随之逐渐降低。2014 年下半年开始，人民币出现一定的贬值压力，由于官方认为人民币不存在大幅贬值的基础，因此人民币贬值压力大的时候，市场预期与官方的观点不一致，人民币期权隐含波动率就上升，人民币贬值压力小的时候，隐含波动率就小。

—— 远期升贴水绝对值/400   —— 隐含波动率

数据来源：路透社（Reuters）。

图 14.2 1 年期人民币期权隐含波动率和人民币无本金交割远期升贴水之间的关系

人民币无本金交割远期与无本金交割期权市场之间高度的相关性证实了这种猜测：这两个市场受相同的信息以及事件的影响。人民币无本金交割远期汇率与实际汇率偏离越大，期权的价格越高，导致期权的隐含波动率也升高。当然不同因素对远期和期权市场的影响程度可能不尽相同，由于篇幅的原因，我们这里不再细述。

14.5 境外人民币外汇期权的流动性

虽然境外人民币无本金交割期权已经在离岸市场存在十多年了，但是其成交金额数据一直未有可靠的渠道；离岸人民币可交割期权仅有四年左右的历史，其市场流动性也难以准确把握。本节利用不同渠道的信息判断境外人民币外汇期权市场的流动性。

14.5.1 香港人民币外汇期权日均成交金额

香港是境外最大的人民币中心，也应该是境外人民币外汇期权最大的中心。香港金管局公布的 2010 年 4 月和 2013 年 4 月香港人民币外汇数据仅给出了人民币外汇即期、远期、掉期和其他产品的日均成交金额，而没有给出人民币外汇期权的准确数据。如第 13 章表 13.2 数据来源所述，人民币外汇即期、远期、掉期外的其他产品的日均成交金额应该为人民币货币掉期和人民币外汇期权日均成交金额合计数据。香港金管局公布的 2010 年 4 月、2013 年 4 月和 2016 年 4 月香港其他人民币外汇产品日均成交金额分别为 12 亿、33 亿和 68 亿美元，减去表 13.2 给出的同期香港人民币日均成交金额 1 亿、4 亿和 11 亿美元，同期香港人民币外汇期权日均成交金额分别为 11 亿、29 亿和 57 亿美元，2010 年到 2013 年香港人民币外汇期权日均成交金额年均复合增长率 38.1%，2013 年到 2016 年年均复合增长率 25.3%，近三年来增长明显放缓。

14.5.2 伦敦外汇联合常设委员会公布的伦敦人民币外汇期权数据

伦敦外汇联合常设委员会（FXJSC）自 2008 年就开始公布伦敦市场每年 4 月和 10 月人民币外汇期权日均成交金额数据，表 14.1 给出了 2010 年上半年到 2016 年下半年伦敦和香港人民币外汇期权的日均成交金额及相关比较。

表 14.1 香港和伦敦人民币外汇期权和日均成交金额（2010 年到 2016 年）

单位：亿美元,%

时间/市场	伦敦人民币外汇期权（FXJSC）	伦敦金融城人民币外汇期权	香港人民币外汇期权	伦敦和香港人民币外汇期权	伦敦和香港合计与境内日均成交金额比例
2010 年上半年	20.16		11.00	31.16	
2010 年下半年	13.65		14.00	27.65	

时间/市场	伦敦人民币外汇期权（FXJSC）	伦敦金融城人民币外汇期权	香港人民币外汇期权	伦敦和香港人民币外汇期权	伦敦和香港合计与境内日均成交金额比例
2011 年上半年	18.72		17.00	35.72	805.5
2011 年下半年	26.43		20.00	46.43	437.8
2012 年上半年	24.00	1.75	23.00	47.00	79.9
2012 年下半年	19.92	9.33	26.00	45.92	23.1
2013 年上半年	42.02	18.28	29.00	71.02	25.3
2013 年下半年	32.31	44.34	33.67	65.98	21.7
2014 年上半年	62.98	55.71	38.33	101.31	34.7
2014 年下半年	35.38	59.37	43.00	78.38	5.6
2015 年上半年	48.93		47.67	96.60	6.5
2015 年下半年	50.82		52.33	103.15	5.9
2016 年上半年	27.30		57.00	84.30	3.9
2016 年下半年	40.25		61.67	101.92	1.9
2010 年	16.91		12.50	29.41	*
2011 年	22.58	1.13	18.50	41.08	546.2
2012 年	21.96	5.54	24.50	46.46	36.1
2013 年	37.17	31.31	31.33	68.50	23.4
2014 年	49.18	57.54	40.67	89.85	10.6
2015 年	49.88		50.00	99.88	6.2
2016 年	33.78		59.33	93.11	2.4

数据来源：同表 13.1；香港人民币外汇期权数据根据 2010 年 4 月、2013 年 4 月和 2016 年 4 月日均成交数据用线性插值法估算得出。

　　表 14.1 显示，2010 年上半年，即 2010 年 4 月，在香港人民币市场启动前半年，伦敦人民币外汇期权日均成交金额（FXJSC）就高达 20.16 亿美元，比同期香港日均成交金额 11.0 亿美元高出近一倍。2010 年 4 月香港人民币清算尚未安排到位，而且当时境内跨境人民币贸易结算也才推出不到一年，人民币跨境贸易结算占我国贸易总额还不到 1%，2010 年上半年人民币出口贸易日均结算额仅为 0.71 亿元人民币（表 17.15），当时伦敦人民币资金应该有限，伦敦如此高的人民币外汇期权日均成交金额确实令人费解，或者说 FXJSC 的数据不易置信。表 14.1 数据也显示，2010 年到 2015 年，伦敦人民币外汇期权日均成交金额从 16.91 亿美元增长到了 49.88 亿美元，年均复合增长率 24.2%，2016 年比2015 年下降了近一半到 33.78 亿美元；2010 年到 2016 年香港人民币外汇期权日

均成交金额累计增长了 4.7 倍，显著高于伦敦市场的增幅 2 倍。

14.5.3　伦敦金融城公布的伦敦人民币外汇期权数据

表 14.1 给出了 2011 年到 2014 年伦敦金融城公布的人民币外汇期权数据。表 14.1 显示，2011 年到 2013 年，伦敦金融城公布的伦敦人民币外汇期权日均成交金额不仅没有像伦敦人民币外汇远期和掉期显著超过伦敦外汇联合常设委员会的数据，反而显著低于后者，而前者公布 2014 年下半年的伦敦人民币外汇期权日均成交金额也仅比后者高出 68%。该两机构公布的伦敦市场同一数据的显著差异表明两个机构的数据都有问题，而伦敦金融城数据的问题应该更为严重。我们在第 24 章会进一步探讨。

14.6　台湾期货交易所人民币外汇期权简介

除上文介绍的境外人民币中心交易的境外人民币外汇期权外，2016 年 6 月，台湾期货交易所（以下简称台期所）推出了美元对人民币期权，成为全球继 CME 之后全球第二个上市人民币期权的交易所。该期权产品采用欧式期权的形式，期限为交易当月起连续两个月份外加 3 月、6 月、9 月、12 月 4 个连续季月，共计 6 个。最后交易日为到期月的第三个星期三。期权产品分为标准型与小型。小型美元对人民币期权合约规模为 2 万美元，标准型规模为 10 万美元。上市首日，两项产品共计成交 2831 单（人民币国际化月报，中国金融信息网，总计 17 期）。自 2016 年 6 月台期所推出人民币期权后，2016 年 7 月人民币期权受到市场热捧，交易量持续上升，交易金额甚至超过了台期所人民币期货。统计数据显示，7 月台期所人民币期权总交易量为 103348 手，总交易金额 25.13 亿美元，超过了该交易所同期人民币期货的成交金额 19.89 亿美元；然而经过了 7 月和 8 月两个月大幅增长后，成交量明显下滑（人民币国际化月报，中国金融信息网，总计 21 期），2016 年 12 月成交量下降到了 7309 手。尽管台期所人民币外汇期权近月来成交量下滑，该产品仍然是全球交易所交易的第二个人民币外汇期权，今后有望恢复之前的活跃度。

14.7　境内外人民币外汇期权市场流动性比较和境内市场增长潜力

表 14.1 显示，2016 年 4 月，香港人民币外汇期权日均成交金额 57 亿美元，略低于同期新加坡日均成交金额 75.5 亿美元；同期伦敦人民币外汇期权日均成交金额 27.3 亿美元，不到同期新加坡人民币外汇期权日均成交金额的一半。因

此，新加坡、香港和伦敦三个人民币中心人民币外汇期权日均成交金额分别排列前三名。

2016 年 4 月该三大境外人民币中心人民币外汇期权总日均成交金额为 159.8 亿美元，加上同期美国和日本人民币外汇期权日均成交金额 11.9 亿美元和 0.8 亿美元，五个境外人民币中心人民币外汇期权日均成交金额总计 172.5 亿美元，比 2016 年中国境内人民币外汇期权日均成交金额 21.43 亿美元高出 7 倍多，为中国境内外人民币外汇产品中境内与境外市场差距最大的产品。

14.8　小结

期权与远期和期货相比有着更多的灵活和独特的功能，在金融市场上发挥着独特的作用。随着境外人民币市场的快速发展，2013 年上半年境外人民币可交割期权的流动性首次超过了无本金交割期权的流动性，成为境外人民币外汇期权的主流。但 2015 年以来，境外人民币期权交易量随着人民币贬值预期的兴起交易量大幅萎缩，值得我们关注。2010 年 4 月推出了境内人民币外汇期权交易，而且 2014 年来增长迅速，市场流动性有了显著的提高，但是相对于境外快速发展的人民币外汇期权市场，境内人民币外汇期权市场流动性仍然过低，增长潜力巨大。

期权是国际市场上最主要的风险管理工具之一，同时也是包括外币理财产品在内的诸多金融产品不可或缺的主要构件。没有期权，不仅现货、远期和期货等市场风险难以得到有效管理，还会使不少大众化的产品如外币理财产品也难以被最合理地设计出来，而且相关风险也很难得到有效控制。因此，活跃境内外汇期权并逐步推出利率、股指、商品期货期权是非常需要的。人民币外汇期权不仅能对人民币外汇风险起到规避作用，而且它本身的隐含波动率对我们判断人民币升贬值趋势也有非常重大的参考价值。所以，借鉴境外人民币期权交易的经验，逐步活跃境内人民币外汇期权交易市场，对境内加速人民币产品创新，完善市场和进行风险管理等方面均有着重要的意义。

参考文献

［1］张光平著，马晓娟、任涤新和蒋涛等译．奇异期权［M］．北京：机械工业出版社，2014.

［1］张光平．人民币衍生产品［M］．北京：中国金融出版社，2016.

［3］Zhang, Peter G. , 1998, Exotic Options – a guide to second generation options, 2nd Edition, World Scientific Publishing.

15　境外人民币利率互换

境外人民币无本金交割利率互换出现的时间较人民币无本金交割远期和无本金交割期权要晚，交易量也相对较小，而且境外没有其他与境内利率挂钩的产品，所以其活跃程度有限。虽然境外人民币无本金交割利率互换比无本金交割远期、掉期和期权要晚，但是却比境外人民币可交割利率互换要早。

15.1　人民币无本金交割利率互换的基本情况

境外人民币无本金交割利率互换（Non - deliverable Interest Rate Swap，NDIRS）始于 2006 年，第一笔境外无本金交割人民币利率互换交易达成于 2006 年 8 月 16 日。境外无本金交割人民币利率互换合约是指交易双方约定在未来的一定期限内，根据约定数量的同种货币的名义本金，交换定息与浮息额的金融合约，该类合约采用美元作为结算货币。

境外无本金人民币利率互换专为不能使用境内金融市场的企业及金融机构而设，以方便管理其利率风险。交易的达成主要是银行通过向经纪公司报价并成交，因此，经纪公司提供的对话平台是主要的交易媒介。境外无本金交割人民币利率互换市场的主要参与者是境外注册的银行或银行分支机构。企业及基金公司等机构则通过银行进行交易，并不直接参与由经纪公司搭建的交易平台。

15.2　境外人民币无本金交割利率互换支付利率与境内 SHIBOR 的比较

图 15.1 描述了从 2007 年以来 6 个月、1 年和 3 年期以 SHIBOR 为标的利率的人民币无本金利率互换固定支付（NDIRS）和 3 个月期 SHIBOR 利率走势图。从图 15.1 中可以看出，人民币无本金利率互换的期限越长，该合约面临的风险越大，风险溢价越高，固定支付利率也就越高。我们还可以看出，人民币无本金利率互换走势领先于 SHIBOR 利率，这说明人民币无本金利率互换很好地反映了利率的预期。

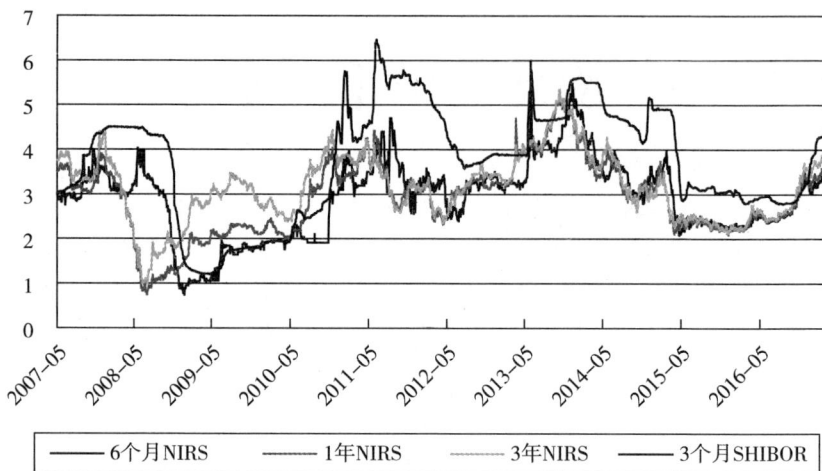

资料来源：彭博数据终端。

图 15.1　6 个月、1 年期和 3 年期 NDIRS 和 3 个月 SHIBOR 利率走势图

很显然，影响人民币利率的因素也将影响人民币无本金利率互换走势，因此经济景气程度也就成为了影响人民币无本金利率互换走势的最重要因素之一。比如 2007 年全球经济高涨，中国 GDP 增长率达到 13% 的历史高位，境内加息呼声高涨，最终导致人民币无本金利率互换固定支付持续攀升。这种持续走强的态势直到金融危机爆发从而影响实体经济才开始逆转。从图 15.1 中我们可以看出，从 2008 年 7 月到 2009 年 5 月，SHIBOR 利率急剧下降，从 4.5% 左右降至1.2% 附近，1 年期人民币无本金交割利率互换固定支付利率也从 4.5% 左右降至1.4%，3 年期人民币无本金交割利率互换固定支付利率从 4.6% 左右降至 2009年 1 月的 1.5% 附近水准，此后随着经济危机见底，人民币无本金交割利率互换走势企稳反弹，至 2009 年 5 月 3 年期利率互换已反弹至 2% 水准。从 2010 年 10月境内首次加息后，SHIBOR 利率也随之呈现上升趋势，带动离岸市场人民币无本金利率的上升。2013 年"钱荒"时，3 个月 SHIBOR 定盘利率在 6 月 20 日曾触及 5.8% 的历史高位，同时三年期人民币无本金交割利率互换固定支付利率也在 1 个星期内上涨了超过 1% 达到 5.24%，但进入 2014 年后，随着经济下行，银行间融资利率普遍回落，3 个月 SHIBOR 定盘利率回落至 3%，带动 6 个月、1年和 3 年 NIRS 利率回落至 3%。

15.3　境外人民币可交割利率互换

随着香港离岸人民币市场的发展，相关的离岸人民币可交割利率互换，或者简称利率互换市场也逐渐发展起来。离岸人民币利率互换以 3 个月离岸人民币香港银行间同业拆借利率为浮动利率（3M CNH Hibor），期限有 6 个月、9 个月、1 年、2 年、3 年、4 年、5 年、7 年、10 年。

图 15.2 描述了从 2013 年 6 月开始到 2016 年 12 月 6 个月期、1 年期和 3 年期以 3M CNH Hibor 为标的利率的离岸人民币利率互换固定支付利率和 3M CNH Hibor 走势图。与人民币无本金交割利率互换相比，标的利率 3M CNH Hibor 的变动幅度较小，离岸人民币利率互换的固定利率变动浮动也较小，基本保持在 2% 到 4% 之间。2014 年末上行趋势明显，6 个月期的固定利率超过了 4%，最高时达到了 4.8%。这与无本金交割人民币利率互换的变动趋势一致。尤其值得关注的是 2015 年 8 月二次汇改后，由于人民币贬值预期升温，海外投机者在香港企图做空人民币，央行通过回收在香港人民币推高利率的方式阻击人民币投机分子。可以看到 3 个月离岸人民币 Hibor 的利率一度高至 10%，后来投机者退却，离岸人民币 Hibor 回归至 2% ~3%。而 2015 年 8 月至 2016 年 4 月间，境外人民币利率互换的利率也一度高企，各期限 CNH—IRS 升至 4% ~7%。

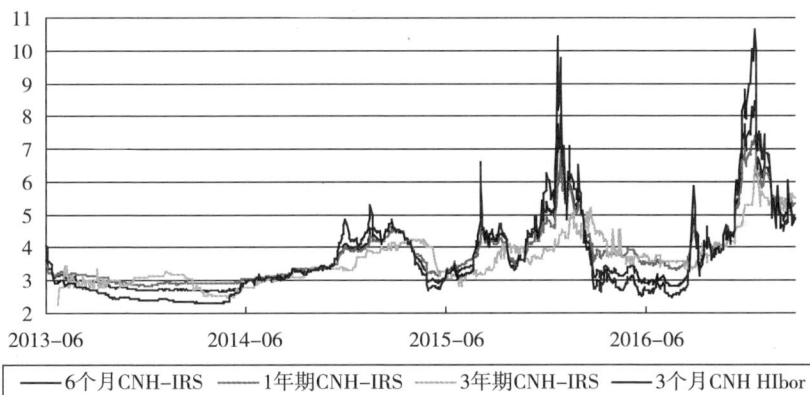

资料来源：彭博数据终端。

图 15.2 6 个月、1 年期和 3 年期境外人民币利率互换（CNH – IRS）和 3 个月 CNH Hibor 利率走势图

15.4 境外人民币无本金交割利率互换和可交割与利率互换成交金额

市场成交金额是衡量市场发展程度的重要标志，本节简单介绍境外人民币无本金交割利率互换和可交割利率互换流动性及与境内人民币利率互换流动性的比较。

15.4.1　境外人民币无本金交割利率互换流动性

境外人民币无本金交割利率互换和可交割利率互换的成交数据比相应的境外人民币无本金交割远期和期权的数据更加难得。可喜的是，伦敦金融城从 2012 年至 2014 年每半年公布一次包括境外人民币无本金交割和可交割利率互换在内的境外人民币主要产品日均成交金额数据。表 15.1 给出了 2010 年到 2016 年 4 月境内外人民币无本金交割利率互换和可交割利率互换日均成交金额。

表 15.1　　　　　　境内外人民币利率互换日均成交金额　　　　单位：亿美元

时间	境内	境外可交割利率互换	境外无本金交割利率互换	境内外可交割利率互换合计
2011 年	15.4	0.1	0.22	0.3
2012 年上半年	14.9	0	1.03	1.1
2012 年下半年	21.9	0.2	5.61	5.8
2013 年上半年	19.7	0	0.15	0.2
2013 年下半年	15.5	0	11.93	11.9
2014 年上半年	22.1	0	3.30	3.3
2014 年下半年	30.0	(0)	3.32	3.3
2012 年	18.4	0.1	3.32	3.4
2013 年	17.6	0	6.04	6.0
2014 年	26.1	0	3.31	3.3
2010 年 4 月	20.0	0	na	20.0
2013 年 4 月	20.0	120.0	na	140.0
2015 年 4 月	44.5	na	na	na
2015 年 10 月	25.6	na	na	na
2016 年 4 月	57.8	42.2	na	100.0

数据来源：2011 年到 2014 年的境外人民币利率互换日均成交金额数据来自伦敦金融城网站 www. cityoflondon. gov. uk2015 年 6 月公布的《2014 年伦敦人民币业务数据》报告；下半年的日均成交金额是根据全年日均成交金额和上半年日均成交金额计算得出；2010 年 4 月、2013 年 4 月和 2016 年 4 月境内外可交割利率互换数据来自国际清算银行公布的三年报告；境内数据根据第 6 章给出的数据计算得出。

表 15.1 显示，2011 年到 2012 年境外人民币无本金交割利率互换日均成交金额从 0.22 亿美元增长 14.1 倍到 3.32 亿元美元；2012 年到 2013 年又增长了 81.9% 到 6.04 亿美元，显示 2011 年到 2013 年境外人民币无本金交割利率互换大幅度增长的态势；但是，2013 年到 2014 年境外人民币无本金交割利率互换日均成交金额下降了 45.2% 到 3.31 亿元，几乎回到了与 2012 年相同的水平，显

示境外人民币无本金交割利率互换市场近年来活跃度显著下降；尽管如此，2011 年到 2014 年，境外无本金交割利率互换日均成交金额增长了 14 倍，年均复合增长率仍高达 146.9%。

15.4.2 境外人民币可交割利率互换流动性

表 15.1 也给出了 2011 年到 2014 年境外人民币可交割利率互换日均成交金额。表 15.1 显示，2011 年和 2012 年境外人民币可交割利率互换日均成交金额保持在 1000 万美元，而 2013 年和 2014 年日均成交金额都为零，显示出境外人民币可交割利率互换与境外人民币可交割外汇远期、外汇掉期和货币掉期不一样，基本没有交易，与境外人民币无本金交割远期市场仍有巨大的距离。

15.4.3 2013 年到 2016 年境外人民币可交割利率互换流动性

表 15.1 显示，2013 年 4 月，境外人民币可交割利率互换日均成交金额高达 120 亿美元，为境内利率互换日均成交金额的 6 倍，与表 15.1 给出的 2013 年境外人民币可交割利率互换零交易的数据形成明显反差，因此活跃程度值得怀疑；2016 年 4 月，境外人民币可交割利率互换日均成交金额下降到了 43.2 亿美元，略高于 2013 年 4 月日均成交金额的 1/3，下降的速度也令人难以置信。这些数据表明，国际清算银行公布的 2013 年数据应该过高，导致 2010 年境外市场从无到有增速过高，而 2013 年到 2016 年有下降过快的结果。

15.5 境内外人民币利率互换的关系并比较其流动性

15.5.1 境内外人民币利率互换的关系

境内利率互换市场初期，境内外人民币利率互换曲线之间不存在基差。随着交易日益活跃，两条曲线开始出现分化。一般情况下，境外利率互换曲线高于境内曲线，2007 年 11 月 1 日两者之间的基差达到 29 个基点，并于 11 月 22 日左右由峰值一路下滑为零，甚至在个别年份出现倒挂。出现境外曲线高于境内曲线的原因主要是两个市场的参与主体不同，对中国利率市场的看法没有差异；并且中国境内投资者除了利率互换外还有债券、存贷款等多种与人民币利率相关的品种可以投资，这些产品的价格对境内利率互换的价格有着重要的参考意义，而境外投资者没有其他与境内利率挂钩的产品对冲或搭配，对利率互换的交易主要基于对利率走势的判断，这也是造成境外曲线较高的原因。

15.5.2 境内外人民币利率互换市场流动性比较

表 15.1 显示，近年来境外人民币无本金交割利率互换还略有交易，而可交割利率互换基本没有交易，与图 6.1 给出的境内近年来人民币利率互换市场有着巨大的差距。表 15.1 显示，2016 年境内人民币利率互换市场日均成交金额 57.8 亿美元，占境内外市场的 57.8%，成为境外人民币市场唯一一个境内市场占主导地位的产品。

15.6　小结

人民币无本金交割利率互换是境外推出晚于境内的少有产品之一。境外人民币无本金利率互换从 2011 年到 2013 年发展迅速，然而从 2013 年到 2014 年，境外人民币无本金交割利率互换的日均成交金额回到了与 2012 年相当的水平，显示境外人民币无本金交割利率互换经历两年左右的快速发展后，2013 年以来活跃度显著下降；与其他主要境外人民币市场可交割产品活跃度 2013 年超过相应的无本金交割产品不同的是，境外人民币可交割利率互换日均成交金额显著低于相应的无本金交割利率互换，2013 年和 2014 年境外人民币可交割利率互换没有交易，显示境外人民币利率互换市场仍然处于很初期的阶段。

第 6 章显示，虽然近年来境内人民币利率互换市场有了可喜的持续发展，但是市场活跃度仍然过低，2016 年境内利率互换日均成交金额占全球市场比重仅为 0.3%，与我国经贸超过全球 1 成的地位仍有非常大差距。虽然境内人民币利率互换市场离国际利率互换市场仍有巨大的差距，境内人民币利率互换市场的流动性仍然高于境外人民币利率互换市场，成为当前少见的境内人民币市场流动性超过境外人民币市场流动的领域，显示境内外人民币利率互换市场联动协调发展还未有任何苗头。

16　H股指数期货和指数期权

股票指数期货是交易量仅次于利率期货的金融衍生产品,其与股指期权在权益类投资中均占有重要地位。目前,随着内地经济的快速增长,在香港市场上市的内地企业不断增多,众多内地股票已经成为了H股指数成分股。H股指数期货、H股指数期权、个股期货、个股期权和权证等逐渐成为受内地上市公司基础资产影响的在港交易的重要股权类衍生产品,进而使得H股指数期货和期权在一定程度上可以称为人民币产品。本章我们将主要分析H股指数期货和H股指数期权的发展情况。

16.1　H股与H股指数

H股是指在中国内地注册,在香港联合交易所上市的以人民币为面值、以港元计价和交易的股票。继1993年第一只H股在港上市后一年,恒生指数有限公司于1994年8月以H股为基础编纂了恒生中国企业指数(Hang Seng China Enterprises Index,HSCEI),也称为恒生H股指数(Hang Seng H – Shares Index)。恒生H股指数中包括恒生综合指数(Hang Seng Composite Index,HSCI)中的所有H股,恒生综合指数包括香港股票市场上200只市值最大的股票,涵盖了所有联交所主板上市股票市值的90%。表16.1给出了1993年到2016年9月在香港主板上市的H股市值及市场份额。

截至2016年9月底,共有235只H股在香港联交所上市交易,其中在主板上市的有212家,在创业板上市的有23家。按照2016年9月30日的市值计算,主板H股市值总额达5327179.78亿港元,约占香港联交所所有股票市值总额的21.04%。随着内地经济的迅猛发展,H股市场也逐渐活跃,成为香港股市举足轻重的一部分,其主板年成交金额已经由1993年的330亿港元增长到了2008年的61305.93亿港元,2009年至2014年成交金额有所回落,2015年又大幅反弹至香港联交所主板成交总额的39.95%。

表16.1　　　　　　　香港联交所主板H股市值及市场份额　　　单位:百万港元,%

年份	市价总值	占股份总市值比例	年份	市价总值	占股份总市值比例
1993	18228.70	0.61	2005	1280495.01	15.78
1994	19981.32	0.96	2006	3363788.46	25.39
1995	16463.77	0.70	2007	5056820.09	24.62
1996	31530.63	0.91	2008	2720188.76	26.53

续表

年份	市价总值	占股份总市值比例	年份	市价总值	占股份总市值比例
1997	48622.01	1.52	2009	4686418.75	26.37
1998	33532.66	1.26	2010	5210324.73	24.88
1999	41888.78	0.89	2011	4096659.80	23.47
2000	85139.58	1.78	2012	4890925.94	22.36
2001	99813.09	2.57	2013	4906583.21	20.52
2002	129248.37	3.63	2014	5723993.53	22.99
2003	403116.50	7.36	2015	5157109.86	21.11
2004	455151.75	6.87	2016	5327179.78	21.04

数据来源：香港联交所网站。

表 16.2　　　　　　香港联交所主板 H 股年成交金额及市场份额

单位：百万港元,%

年份	成交金额	占股份总成交金额比例	年份	成交金额	占股份总成交金额比例
1993	33037.82	3.01	2005	949155.23	27.49
1994	34208.97	3.32	2006	2521764.08	39.26
1995	17291.65	2.27	2007	7748899.57	46.93
1996	24890.36	1.93	2008	6130592.75	48.53
1997	297769.58	8.48	2009	5152805.63	44.56
1998	73538.68	4.61	2010	4700842.42	38.29
1999	102788.51	5.80	2011	4662787.32	38.84
2000	164309.62	5.74	2012	3681421.40	38.77
2001	245201.03	13.47	2013	4217366.31	35.27
2002	139711.41	9.50	2014	4398535.08	35.27
2003	501496.87	22.12	2015	6882112.86	39.95
2004	933860.83	27.49	2016	2976378.40	36.23

数据来源：香港联交所网站。

　　从表 16.1 和表 16.2 可以看出，H 股市场从 2003 年前后开始活跃起来，带动 H 股指数一路上涨，到 2007 年 10 月底达到顶峰，从 2003 年 1 月的 2000 点左右上涨至最高点 20400 点，年平均涨幅达 59%。由于 H 股的基本面是主要业务在中国内地的中国企业，而 H 股市场的投资者主要是国际大型金融机构，因此，H 股市场一路上扬的走势体现了国际投资者对中国内地经济发展持看好的态度，与此同时，也与 2003 年到 2008 年上半年的一个重要因素——人民币升值有着密不可分的关系。图 16.1 给出了 2003 年初到 2017 年 2 月 H 股指数与人民币无本金交割远期（NDF）隐含的累计升值之间的关系。

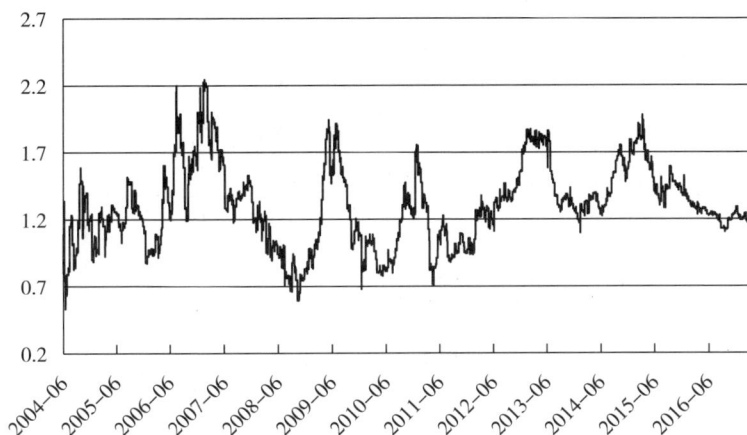

数据来源：H 股指数来自香港交易所；NDF 数据来自路透。

图 16.1 H 股指数与人民币无本金交割远期（NDF）隐含的累计升值之间的关系

从图 16.1 NDF 隐含累计升值预期与 H 股指数的表现比较可以看出，从 2003 年初到 2008 年 1 月中旬，H 股指数与人民币升值预期之间保持了非常密切的关系，两者之间 1 年半日均数据滚动相关系数达到历史最高峰 87.2%；而从 2008 年 1 月中旬到 2009 年 11 月下旬，两者之间的相关性下降到 70% 附近；从 2009 年 11 月下旬到 2011 年 8 月中旬两者间的相关系数进一步下降到 40%；而从 2011 年 8 月中旬至 2015 年 8 月两者间的相关性进一步下降到 10% 上下的低位。2015 年 8 月，人民币二次汇改后，人民币的贬值预期升温，H 股指数走低，两者的相关系数又上升至 67%。这些数据表明，2003 年初到国际金融危机爆发前半年多，境外人民币升值对 H 股指数有着重要的推动作用，同时国际金融危机爆发前半年左右开始两者间的关系逐渐弱化，与前面给出的 2008 年 3 月中旬人民币升值预期达到历史高峰非常一致。而 2015 年 8 月二次汇改后，人民币贬值预期对 H 股指数的走低，也有较大影响。

16.2 基于 H 股的指数期货产品

16.2.1 H 股指数期货

H 股指数期货（H‐Shares Index Futures）于 2003 年 12 月 8 日推出，它为投资者提供了在 H 股整体表现上升或下降时获取盈利的机会；同时投资者也可以将 H 股指数期货作为对冲工具，对冲手中持有的 H 股下跌的风险；另外，投资者还可以在恒生中国企业指数和恒生指数走势出现差异时，利用 H 股指数期货赚取两个市场的相对表现盈利。表 16.3 给出了 2003 年 H 股指数期货推出以来的成交情况。

表 16.3   H 股指数期货的成交情况   单位：手

年份	交易日数	合约成交量		未平仓合约量
		平均每日	总数	
2003	15	3196	47941	6299
2004	247	7060	1743700	22418
2005	246.5	8027	1978673	35125
2006	247	19759	4880470	59345
2007	245	44271	10846277	91786
2008	243	59428	14440965	96120
2009	247.5	50077	12394116	74324
2010	248	50120	12429800	94734
2011	245.5	61116	1500387	106277
2012	246	64863	1592381	181909
2013	244	85538	20871257	217646
2014	247	89005	21984297	259173
2015	247	135139	33379310	384767
2016	247	136583	25677613	354885

数据来源：香港联交所网站。

从表 16.3 可以看出，自 2003 年 H 股指数期货推出以来，其交易相当活跃，截至 2009 年 6 月 12 日，H 股指数期货的日平均成交量已经达到了恒生指数期货的 63.8%，同时远远超过了小型恒生指数期货的日平均成交量。此外，H 股指数期货的合约成交量以及持仓合约量逐年快速递增，2007 年合约成交量比 2006 年增加了 1.22 倍；即使在国际金融危机爆发的背景下，2008 年 H 股指数期货成交量依然超过 2007 年的水平；受国际金融危机的影响，2009 年和 2010 年成交比 2008 年显著减缓；但是 2011 年后，随着市场信心的逐步恢复，H 股指数期货成交量再度提升，2015 年更是达到 3337 万手，是 2008 年的 2.3 倍；2016 年成交量和持仓量比 2015 年分别下降了 23.1% 和 7.8%。从以上数据可以看出，H 股指数期货已经成为香港交易所中一个极其重要的期货品种。

16.2.2 小型 H 股指数期货

小型 H 股指数期货（Mini H – shares Index Futures）于 2008 年 3 月 31 日推

出，每张小型 H 股指数期货合约的价值为 H 股指数期货合约价值的 1/5。对于希望以较少金额追踪 H 股市场表现的投资者而言，小型 H 股指数期货能提供一项有效的交易及对冲工具，同时也能配合标准 H 股指数期货及期权合约的交易，二者相辅相成。

小型 H 股指数期货合约的标的指数仍为恒生中国企业指数，即 H 股；合约月份也与 H 股指数期货相同，是当月、下月及之后的两个季月。由于小型 H 股指数期货交易便利，自 2008 年推出以来，虽然经历了国际金融危机的冲击，小型 H 股指数期货合约的成交量增加较快。香港交易所网站的数据显示，2009 年前 6 个月的成交量就超过了 2008 年 9 个月的成交量，2010 年小型 H 股指数期货合约的成交量比 2009 年上升 24%，2011 年小型指数期货合约成交量为 1845116 份；2012 年达到 1560515 份，2013 年升至 2282621 份，2014 年升至 3429393 份，2015 年该合约成交量为 7506543 份。

16.2.3　其他基于 H 股的指数期货

随着内地金融改革的不断深入，在香港上市的内地银行及保险公司吸引了越来越多投资者的注意。为此，恒指服务有限公司于 2006 年 11 月推出了恒生 H 股金融行业指数（Hang Seng China H – Financials Index Futures），其中包括所有在恒生中国企业指数内的金融类股票。香港期货交易所在 H 股金融行业指数的基础上，曾于 2007 年 4 月 16 日推出过中国 H 股金融行业指数期货。新华富时中国 25 指数期货（FTSE/Xinhua China25 Index Futures）也是针对在香港上市的内地企业股票而曾经推出过的期货产品，它是由香港期货交易所于 2005 年 5 月 23 日推出的。由于市场需求偏低，香港期货交易所于 2008 年 12 月 23 日宣布，恒生中国 H 股金融行业指数期货及新华富时中国 25 指数期货停止交易。

16.3　基于 H 股的指数期权产品

为了满足投资者的相关投资需求，继 H 股指数期货之后，香港期货交易所于 2004 年 6 月推出了基于恒生中国企业指数的 H 股指数期权产品。

H 股指数期权为欧式期权，和现货、期货一样，以港元计价和交易，其合约月份包括短期期权和长期期权两种，其中短期期权合约的交易最为活跃。H 股指数期权推出后初期的交易量较小，2005 年底开始迅速发展，大多数现货和期货市场的参与者会运用期权的各种交易策略来对冲它们在 H 股市场上的头寸，构造各自偏好的风险收益结构。表 16.4 给出了自推出以来 H 股指数期权的成交量及与同期香港恒生指数期权成交量比较。从表 16.4 可以看出，2007 年以来 H 股指数期权市场成交量呈蓬勃发展的态势。至 2015 年，两者的比例已达到 2.03:1。

表 16.4　　　　H 股指数期权成交量及与恒生指数期权成交量比较　　单位：手，%

年份	H 股指数期权	恒生指数期权	H 股指数期权/恒生指数期权比例
2004	78000	2029000	3.8
2005	257000	3072000	8.4
2006	758000	4096000	18.5
2007	1728000	7480000	23.1
2008	1614000	3821000	42.2
2009	1961000	5367000	36.5
2010	2911000	8515000	34.2
2011	3772000	10667000	35.4
2012	6300889	9230145	68.3
2013	8027274	8601509	93.3
2014	8998897	7518710	119.69
2015	15304245	7515466	203.64
2016	14706052	7116599	206.64

数据来源：香港联交所网站。

表 16.5 给出了 H 股指数期权的年底持仓量和香港恒生指数期权的年底持仓量比较。从表 16.5 可以看出，2004 年到 2011 年 H 股指数期权年底持仓量呈持续缓步增长的态势，在 2012 年持仓量出现了几何式的扩大。2012 年持仓量超过了 2011 年的 271%，显示 2012 年以来 H 股指数期权持仓量高速增长。同期恒生指数期权持仓量也在相应增加，但 H 股指数期权成交量的快速上升使得两者持仓量的比例也呈现出持续增长的态势，2012 年该比例首次超过 100% 达 226%，2015 年更升至 942%。

表 16.5　　　　H 股指数期权持仓量及与恒生指数期权持仓量比较　　单位：手，%

年份	H 股指数期权	恒生指数期权	H 股指数期权/恒生指数期权比例
2004	9265	76444	12.1
2005	32599	192069	17
2006	74903	227946	32.9
2007	76325	174368	43.8
2008	59592	75829	78.6
2009	124030	175720	70.6
2010	104994	187784	55.9
2011	158628	184402	86

续表

年份	H 股指数期权	恒生指数期权	H 股指数期权/恒生指数期权比例
2012	589342	260785	226
2013	858416	173176	495.7
2014	991190	169950	583.2
2015	1625661	172564	942.06
2016	2594402	296152	876.04

数据来源：香港联交所网站。

16.4　H 股指数期货与期权的应用

对于国际股票市场的投资者来说，股指期货、期权不仅是一个很好的套期保值工具，也是投资股票市场的一个重要手段。由于股指期货、股指期权的价值与标的股票价格的变动具有一致性，因此，投资股指期货具有同股票相同的收益率。此外，投资股指衍生品可以免去购买股票并持有股票而产生的实际成本和机会成本，同时可以免除一些持有股票的税收，因此，股指期货、期权的交易相当活跃，应用也十分广泛。

股指期货的使用者主要包括以下几类：

（1）基金经理。使用股指期货、期权套期保值；对基金的组成资产进行重新分配，使其交易更加方便，同时降低投资成本。

（2）专业交易员。利用期货、期权市场波动与现货市场的差异进行套利活动，经纪人、承销商和证券公司则可对持有的新发行证券进行套期保值。

（3）个人交易者。标准股指期货、期权合约的小型化使得个人投资者也可以交易股指期货合约。

股指期货、期权有很多种应用，套期保值和现金流管理是其基本用途，此外利用股指期货、期权进行交易和套利的活动也很常见。由于不同交易所的参与者结构不同，因此，股指期货与期权的交易对于上述各种用途的分配也不同。且随着金融市场的改革，各种用途的占比也逐渐发生变化。对于 H 股指数期货来说，2002 年到 2008 年总交易量的 50% 至 60% 是用于交易目的。从 2008 年以后，投资者使用期货期权进行对冲的行为越来越多，使得对冲成为股指期货和期权的首要功能。表 16.6 总结了香港期货交易所交易的股指期货、期权从 2003 年到 2015 年的三种用途。

表 16.6　　　　　　　**在香港交易的 H 股指数期货的三种用途**　　　　　单位:%

年份	交易	对冲	套利	总计
2003/2004	62.1	28.9	9	100
2004/2005	46.2	44.9	8.9	100
2005/2006	54.8	31.7	13.5	100
2006/2007	53.2	34	12.9	100
2007/2008	55.2	32.2	12.5	100
2008/2009	43.7	40.8	15.5	100
2009/2010	37.8	43.9	18.3	100
2010/2011	50.8	37.1	12.2	100
2011/2012	32.3	48.5	19.2	100
2012/2013	30.6	53.3	16	100
2013/2014	29.2	53.2	17.6	100
2014/2015	33.6	43.1	23.3	100

数据来源：根据香港联合交易所历年《衍生产品交易调查》数据整理而得。

从表 16.6 可以看到，利用 H 股指数期货进行套利的交易在 2005—2006 年统计年度占比较低，而随着 H 股指数期权推出后，出于套利目的的交易占比在逐年增加。这在一定程度上表明，2005 年 7 月我国汇率形成机制改革之后，越来越多的投资者希望借助投资 H 股指数衍生品赚取人民币升值带来的超额收益。

16.5　H 股指数看跌期权与看涨期权成交量和持仓量比例的市场信息介绍

从看涨期权和看跌期权的名称我们可以看出，前者的交易量越多，或者累积的持仓量越多，表明市场对期权标的指数看涨的程度越高，换句话说，市场"牛气"（bullish）越大；后者的交易量越多，或者累积的持仓量越多，表明市场对期权标的指数看跌的程度越高，或者说市场"熊气"（bearish）越浓。同样到期的期货只有一个合约，只能从多头或空头判断市场的走势，而期权市场有看涨和看跌两类。每天两类期权的成交量比例和持仓量比例包含期货市场难以获得的市场信息。这里我们简单介绍这些信息如何从市场数据中获取。

国际期权市场分析两类期权比例通常是用看跌期权持仓量与看涨期权持仓量成交量比例（简称 Put/Call Ratio 或者跌/涨比例）来判断标的资产今后的走势。如果市场处于牛市，那么看涨期权的持仓量会高于看跌期权的持仓量，持仓量跌/涨比例会越低，反之跌/涨比例会越高。看跌期权成交量与看涨期权成交量比例越高，表明市场"熊气越浓"。图 16.2 给出了 2004 年 6 月 15 日到 2017 年 2 月 28 日 H 股指数看跌期权持仓量与看涨期权持仓量比例。

图 16.2 显示看跌期权持仓量与看涨期权持仓量比例在 2007 年 9 月触及 1.5 后震荡下行，2008 年 10 月 31 日达到了 2005 年初以来的最低点 0.59，表明当时看跌期权持仓量相对于看涨期权持仓量达到了历史最低，显示 2007 年到 2008 年市场从牛市到熊市的转变。这与 2008 年 10 月下旬 H 股指数达到历史最低点 250.7 相当地吻合。这种吻合并非偶然，而是我们上文分析判断的直接推论，同时也是期权市场重要的信息价值。其他转折点我们不宜细述。

上文介绍了看跌期权日持仓量与看涨期权日持仓量比例包含的重要市场信息。持仓量是一个累计的概念，看跌期权持仓量与看涨期权持仓量的比例反映较长的市场趋势，而看跌期权日成交量与看涨期权日成交量比例同样反映市场信息，而反映的信息却代表相对较短的趋势。由于看跌期权日成交量与看涨期权日成交量的比例每日变化很大，稳定性较低，通常用一定时间段内看跌期权日成交量与看涨期权日成交量比例的平均值代表市场趋势的变化。由于篇幅有限，这里不再详细叙述。

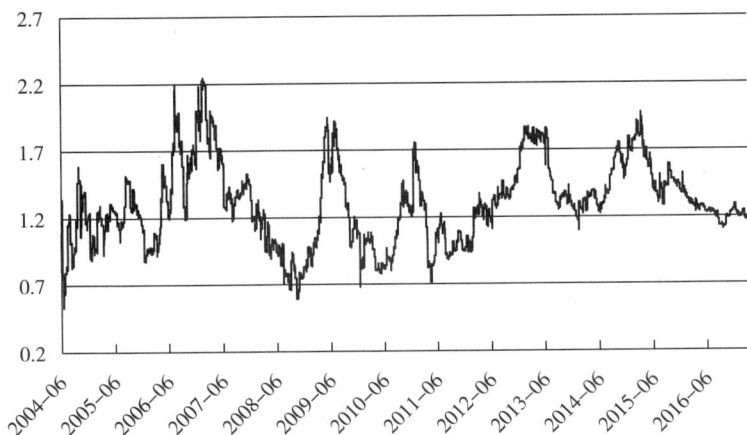

数据来源：彭博数据终端。

图 16.2　H 股指数看跌期权持仓量与看涨期权持仓量比例

16.6　H 股指数期货与 A 股指数期货成交金额比较

我们在第 8 章介绍了境内 A 股指数期货推出以来的交易情况，本章上文介绍了香港 H 股指数期货的成交情况。由于 H 股指数实际上也是中国内地企业在港上市股票的指数，H 股指数与境内 A 股指数应该有很好的相关和互动性，H

股指数期货与境内 A 股指数期货也应该有相当高的关联度。随着人民币国际化的不断推动，两地股票指数期货之间的跨市套利交易会更加频繁，两个市场之间的联动会更加紧密。这里我们简单地比较 A 股指数期货与 H 股指数期货和恒生指数期货的流动性。A 股目前有三种股指数期货合约，分别是沪深 300 股指期货合约、上证 50 股指期货合约和中证 500 股指期货合约。其中沪深 300 股指期货合约 2010 年 4 月起正式上市交易，运行时间较久，市场较为成熟。而上证 50 股指期货合约和中证 500 股指期货合约于 2015 年 4 月起正式上市交易，运行时间较短，市场尚未展现出稳定趋势，因此下面主要比较 H 股股指期货合约和沪深 300 股指期货合约。

中国金融期货交易所每日公布境内股票指数期货成交量、持仓量和成交金额，遗憾的是，香港交易所仅仅公布 H 股指数期货的成交量，并不公布 H 股指数期货的成交金额，而两地股票指数期货成交量由于合约不同，比较成交量不能说明问题。尽管如此，我们可以用 2014 年 4 月到 2016 年 10 月 H 股指数的平均值和 H 股指数期货的成交量来估算每月 H 股指数期货的成交金额，然后用每月港元与人民币汇率将估算的以港元记价的每月 H 股指数期货成交金额转换成人民币，这样就可以直接与沪深 300 指数期货成交金额比较了。表 16.7 给出了 2014 年 4 月到 2016 年 12 月沪深 300 指数期货成交金额和相应的 H 股指数估算的月度成交金额及其比例。

表 16.7　　沪深 300 指数期货和 H 股指数期货月度成交金额及其比较

时间	H 股指数月均值	H 股指数期货成交额（亿港元）	H 股指数期货成交额（亿元人民币）	沪深 300 指数期货成交金额/H 股指数期货成交金额	沪深 300 指数期货成交额/（恒生指数期货成交金额 + H 股指数期货成交金额）
2014 年 4 月	10067	8075.3	6482.7	15.59	5.27
2014 年 5 月	9955	7647.5	6154	14.55	5.08
2014 年 6 月	10378	7866.4	6323.4	13.4	4.77
2014 年 7 月	10635	8539.4	6830.4	14.4	5
2014 年 8 月	11032	8859.4	7035.1	16.96	5.65
2014 年 9 月	10879	10092.7	7992.3	16.38	5.87
2014 年 10 月	10402	9452.5	7464.2	15.23	5
2014 年 11 月	10685	10982.6	8677.2	19.86	8.04
2014 年 12 月	11445	15677.1	12516.1	35.84	16.81
2015 年 1 月	12006	15033.3	12057.7	27.95	12.95

续表

时间	H 股指数月均值	H 股指数期货成交额（亿港元）	H 股指数期货成交额（亿元人民币）	沪深 300 指数期货成交金额/H 股指数期货成交金额	沪深 300 指数期货成交额/（恒生指数期货成交额 + H 股指数期货成交金额）
2015 年 2 月	11881	9784.5	7888.4	25.09	10.52
2015 年 3 月	11887	14762.7	11871.5	29.3	13.67
2015 年 4 月	14194	23699.5	18963.5	24.72	12.42
2015 年 5 月	13876	21035.4	16807.3	27.08	16.01
2015 年 6 月	12925	24031.42	19210.7	32.41	18.86
2015 年 7 月	11107	28742.66	23011.4	23.19	13.98
2015 年 8 月	9682	24205.5	19904.2	21.56	12.8
2015 年 9 月	9377	23347.86	19135.9	0.17	0.09
2015 年 10 月	10427	19674.48	16028.8	0.2	0.09
2015 年 11 月	9800	19915.99	16426.7	0.26	0.11
2015 年 12 月	9705	20807.3	17413.6	0.26	0.12
2016 年 1 月	8289	28429.93	23997.7	0.17	0.08
2016 年 2 月	7935	20024.5	16858.6	0.18	0.08
2016 年 3 月	9002	22839.06	19047.8	0.27	0.12
2016 年 4 月	8896	21591.65	18484.6	0.22	0.1
2016 年 5 月	8428	21176.95	18106.3	0.19	0.08
2016 年 6 月	8725	23748.77	20433.4	0.15	0.07
2016 年 7 月	8973	17884.42	15552.3	0.21	0.08
2016 年 8 月	9550	19935.87	17132.9	0.2	0.09
2016 年 9 月	9600	22905.12	19984.7	0.14	0.06
2016 年 10 月	9703	23081.92	19857.4	0.10	0.06
2016 年 11 月	9563	28007.636	24447.9	0.12	0.08
2016 年 12 月	9560	24336.78	21608.6	0.13	0.08

数据来源：香港交易所网站 http：//www.hkex.com.hk 和中国金融期货交易所网站 http：//www.cffex.com.cn；人民币与港元汇率来自国家外汇管理局网站 http：//www.safe.gov.cn。

表 16.7 显示，2014 年 4 月至 11 月，沪深 300 指数期货成交金额是 H 股指数期货成交金额的 13～20 倍，而从 2014 年 12 月开始，这一比例快速上升至 25～35 倍。虽然境内股票指数期货推出的时间比 H 股指数期货晚 6 年多，但是沪深 300 指数期货的活跃程度已经大幅超过了 H 股指数期货。沪深 300

指数期货流动性远超过 H 股指数期货的原因众多，其中近年来境内股票市场活跃程度显著高于香港市场是最主要的原因之一。但是 2015 年 9 月后，境内市场非理性下跌，中国金融期货交易所限制了股指期货的开仓数量，因此境内沪深 300 股指期货的成交量 2015 年 8 月还是 H 股指数期货的 21.56 倍，到 2015 年 9 月仅为 H 股指数期货的 17%，这一比例至今仅维持在 10% 至 20% 上下。

16.7　H 股指数及其衍生品与人民币升值的关系

由于人民币的升值压力始于 2002 年，并且在随后的几年中，尤其是在 2005 年中国实行了盯住一篮子货币的更加灵活的有管理的浮动汇率制之后的两年多时间里，人民币对包括美元在内的全球主要货币持续升值，境外市场对人民币升值的预期也不断增强，大量国际资本希望投资于中国内地市场，但是中国资本项目的开放程度却很低，对资本项目下的资金流入、流出进行严格管制，因此，在 2003 年以来的人民币升值背景下，不易通过正常渠道获取人民币进行投资的国际资本开始利用香港市场上 H 股基本面在中国内地的特点，通过投资 H 股及其各类衍生品间接投资中国内地资产，寄希望于赚取中国内地经济增长和人民币升值的双重收益。

表 16.8 给出了近年来恒生指数期货、恒生指数期权、H 股指数期货和 H 股指数期权的主要市场参与者。从表 16.8 可以清晰地看出境外机构投资者比例与过往重要历史事件之间的联系。在 H 股指数期货和期权产品推出之前，恒生指数类产品是境外机构炒作中国经济和人民币概念的主要平台。随着 1999 年亚洲金融危机的结束，国际金融机构也结束了大规模看空香港市场的卖空交易，其占恒生指数类产品的成交量份额开始下降并逐步趋于稳定。伴随着 2002 年到 2003 年开始的人民币升值压力，境外机构又重新将香港股市作为炒作人民币概念的重要战场，其占恒生指数期货和期权的成交量份额又开始逐年上升。2003 年和 2004 年 H 股指数期货和期权产品一经推出就受到了境外机构投资者的热烈追捧，所占份额在两个产品推出的第二年就都达到了 40% 以上，而相应地其在恒生指数类产品中的份额则有所下降，恒生指数期货份额在 2003 年到 2004 年下降了 5 个百分点，恒生指数期权份额在 2005 年到 2006 年下降了 10.1 个百分点。这一变化充分说明了境外机构通过单一利用恒生指数类产品，转为侧重使用 H 股指数类产品间接炒作人民币升值的行为，也解释了在人民币升值压力上升阶段 H 股指数现货和期权与人民币汇率之间稳定的相互引导关系。

表 16.8		1997—2016 年香港股指期货交易机构分类				单位:%
年份	做市商	交易所会员 自有资金交易	本地零售	本地机构	境外零售	境外机构
1997/1998	—	9.00	43.70	16.50	4.50	26.30
1998/1999	—	5.90	47.10	19.10	1.60	26.30
1999/2000	—	6.00	46.60	23.50	1.40	22.50
2000/2001	—	7.00	56.00	12.00	2.00	23.00
2001/2002	—	12.00	42.00	13.00	4.00	29.00
2002/2003	—	16.00	36.00	8.00	1.00	39.00
2003/2004	—	20.00	35.00	8.00	3.00	34.00
2004/2005	—	17.00	30.00	10.00	2.00	41.00
2005/2006	—	21.00	29.00	9.00	3.00	38.00
2006/2007	—	24.00	30.00	8.00	3.00	35.00
2007/2008	—	21.00	32.20	6.10	4.40	36.20
2008/2009	—	20.00	32.00	9.00	5.00	34.00
2009/2010	—	19.00	30.00	6.00	6.00	39.00
2010/2011	—	21.00	25.00	7.00	3.70	43.40
2011/2012	—	22.30	21.80	8.00	3.80	44.10
2012/2013	—	19.70	20.50	6.40	4.80	48.50
2013/2014	—	19.60	19.20	6.80	3.70	50.60
2014/2015		15.40	17.10	6.10	3.00	58.40
H 股指数期货						
2003/2004	2.20	15.00	28.50	11.70	3.00	39.70
2004/2005	2.10	12.40	23.80	10.50	2.40	48.80
2005/2006	0.40	15.40	27.70	12.80	2.90	40.80
2006/2007	—	18.00	28.30	8.40	2.40	42.90
2007/2008	—	17.60	24.70	6.10	2.70	48.90
2008/2009	—	22.00	17.00	7.00	5.00	49.00
2009/2010	—	26.00	11.00	5.00	2.00	56.00
2010/2011	23.20	9.90	7.30	2.20	57.40	
2011/2012	25.90	7.30	8.30	2.10	56.40	
2012/2013	26.30	6.90	7.20	1.70	57.80	
2013/2014	24.70	6.80	7.80	2.50	58.20	
2014/2015	17.40	8.80	6.90	3.50	63.40	

数据来源:根据香港联合交易所历年《衍生产品交易调查》数据整理而得。

从 2007 年开始,尽管次贷危机在开始之初对美国境内的经济造成了一定影响,但是到 2008 年第一季度之前其波及的范围有限,而中国等发展较为稳定的新兴市场国家作为国际资金的避风港对于境外投资资金仍然具有很大的吸引力。如本书所分析的,随着次贷危机日益恶化并最终蔓延为全球范围内的经济金融危机,包括中国在内的各新兴市场国家的经济也受严重拖累,在众多国际大型金融机构的巨额亏损浮出水面后,这些金融机构开始撤出其海外投资。2008 年下半年以后人民币汇率和 H 股市场都受到国际、国内复杂因素的影响,这段时期 H 股市场的资金流动已不仅仅是由人民币汇率的变化引起的,其影响因素变得更加复杂。表 16.8 显示,虽然受国际金融危机的影响,2008 年以来境外机构参与 H 股指数期权的积极性比危机之前明显降低,但是它们参与 H 股指数期货的积极性却明显超过了金融危机前的最高峰。截至 2015 年,境外投资者参与 H 股指数期货的比例高达 60.7% 。

16.8 小结

随着中国内地经济的持续稳步增长以及在香港市场上市企业的不断增多,H 股已经成为国际资本投资中国内地资产的重要途径,而香港期货交易所推出的 H 股指数期货、期权产品为投资者规避市场风险提供了更多可选择的工具。除此之外,港交所还推出了众多基于 H 股的个股期货、期权和权证,以便满足投资者的不同需求。正是由于 H 股本身所具备的其上市企业基本面在中国内地的特性,H 股指数走势和 H 股指数期货、期权成交数据都与人民币汇率之间存在密切的关系,H 股市场成为境外反映人民币升贬值预期的重要场所。

正如我们在第 8 章介绍的那样,境内 A 股指数期货 2010 年 4 月正式成功推出之后,交易相当活跃,但是 2105 年 9 月后,由于股市非理性波动导致中国金融期货交易所限制了股指期货的交易,因此成交量迅速大幅萎缩。两地股票指数期货的基础股票很多相似或者相同,唯一的差别在于一个市场是境外的国际市场,一个是境内市场。今后两地股票指数期货市场之间一定会有越来越多的跨市套利交易,对两地的市场将产生相当的影响。另外,香港 2003 年 12 月 8 日推出 H 股指数期货之后,经过半年的时间于 2004 年 6 月 14 日推出了 H 股指数期权,推出后 H 股指数期货和期权皆交易活跃,对 H 股投资者提供了丰富的风险管理工具和场所。根据国际主要发达国家和主要发展中国家和地区股票指数期货和期权推出的时间来判断,两者相差一年多的时间。目前境内场内股指期权仍然处于相对缺位的状态,仅股指期货和银行间外汇期权相继推出,预计随着股指期货的蓬勃发展,境内 A 股指数期权推出的时间也将指日可待。香港 H 股指数期权的成功推出和多年的运行经验将对境内 A 股指数期权的推出具有巨大的借鉴意义。相信境内 A 股指数期权的推出将是境内资本市场的一个重要里程碑。

第四篇 货币国际化的主要功能和度量

　　国际货币体系的缺陷在国际金融危机后暴露无遗,世界各国愈发感受到改革和完善国际货币体系的紧迫性。2008年9月国际金融危机爆发后,为了摆脱危机对金融和经济的冲击,美联储于2009年3月18日宣布执行"第一轮量化宽松政策"。从2009年4月到年底通过购买长期国债和按揭证券化产品等,向市场注入1.25万亿美元的资金;为了降低失业率和支持经济增长,美联储于2010年11月3日再次实施"第二轮量化宽松政策",从2010年11月到2011年6月的8个月时间里向市场注入6000亿美元;2012年9月和12月,美联储分别开始实施"第三轮量化宽松政策"和"第四轮量化宽松政策"。2013年12月美联储宣布从2014年1月开始逐步退出量化宽松政策,实施了5年多的量化宽松政策在2014年10月完全退出。2014年美国推出量化宽松政策后,美元对全球其他货币升值,全球金融市场呈现出一种新的态势。量化宽松政策的实施和退出对国际金融市场造成显著冲击,并在很大程度上诱导其他主要发达国家实施类似的量化宽松政策,增加了国际金融体系的不稳定性。

　　美元的过度供给以及债务的迅速积累,导致美国信用等级下行,美元价值受到明显承压。2011年3月以来,日本大地震、利比亚战争、欧元区债务危机等都无法对美元币值形成有力支撑,表明市场对美元信心的弱化。国际金融危机爆发6年多来,各国央行、专家学者纷纷倡议对现存国际货币体系进行改革。其核心在于改变以美元为主导的国际货币体系,建立具有内部约束力的、多元化程度更高的新型国际货币体系。

　　英国皇家国际问题研究所经济学家葆拉·苏巴基2010年11月指出,"通过政治程序创建一种国际货币的尝试是史无前例的。北京完全明白,没有现成的路线图"。国际金融危机以来,国际社会有关改革国际货币体系的呼声越来越强烈,人民币国际化成为境内外广泛关注的话题。货币国际化是一个极为复杂而漫长的过程,人民币国际化也不可能例外。经济、贸易和金融市场的发展是货币国际化的基础。因此,有必要简单梳理一下我国目前经济贸易和金融市场的状况，同时考察人民币国际化的成熟度。

2014 年到 2016 年我国境内生产总值和国际贸易总额皆位列世界前两位（如果以购买力平价方法计算，2014 年到 2016 年我国国内生产总值比美国高出 4.8% 到 11.7%，2014 年和 2015 年我国贸易超过美国，但 2016 年又被美国赶超），表明人民币成为主要国际货币的经贸基础已经基本具备。然而人民币资本市场，特别是外汇市场规模和流动性仍需显著提高，国内市场对人民币的定价权才能发挥应有的作用，人民币才能逐步成为真正的全球主要货币之一

在本书前面三篇对境内外人民币金融产品及其市场进行介绍，本篇前两章专门介绍和简析国际贸易及结算和国际外汇储备资产结构后，本版在第六版的基础上专门增加了第 19 章国际货币基金组织一篮子货币和人民币加入一篮子货币的相关内容；第 20 章专门介绍货币国际化的特征和货币国际化程度的度量后，第 21 章和第 22 章分别介绍日元国际化过程的经验教训和货币国际化的利弊。

17　国际贸易和结算及人民币跨境贸易结算的相关进展

经济和贸易是货币国际价值的主要基础，而国际贸易结算是货币国际化应用最简单而基本的内涵。本章首先介绍近十年来国际贸易的发展格局，然后介绍我国对外贸易和人民币跨境结算的发展状况，从而对人民币国际化的基础有大致的评估。

17.1　全球国际贸易发展格局

贸易改变了世界。英国经济学家威廉·斯坦利·杰文斯（1865）说过，"贸易无疑以其自有的无形力量发展，将全球不同部分交汇成一个相互交易的网络，每部分独特的潜质会对其他部分皆有用处"。两百多年前，古典经济学家就指出了国际贸易对经济发展的重要性，并且提出了关于国际贸易诸多的新理论。这些理论已经成为经济学的基础内容，这里不再赘述。本节简单介绍国际贸易的发展。

17.1.1　第二次世界大战后国际贸易发展简介

近代国际贸易出现两个持续增长阶段，一是 19 世纪中叶到第一次世界大战爆发，二是第二次世界大战后到现在。我们主要介绍第二次世界大战后国际贸易的发展。WTO 数据显示，1948—1983 年，国际贸易年均增长率高达 10.3%，比同期世界经济增速高出一倍多；1983—2012 年国际贸易从 3.72 万亿美元增长到了 37.52 万亿美元，年均增长 8.3%，比同期世界经济年均增长率 6.6% 低1.7 个百分点；然而 2012—2015 年世界贸易总额却从 37.52 万亿美元下降到了32.92 万亿美元，三年年均降幅 4.3%，比同期世界经济年均增长率 −0.5% 还要低 4%。

17.1.2　近年来国际贸易发展简介

著名经济学家罗伯特·蒙代尔先生 2012 年在上海的一次演讲中说道："人类历史上的第三次经济繁荣，应该是从 2002—2008 年，我觉得这是历史上最伟大的一次繁荣期，你可以看到基本上全球所有的国家，尤其是中国，还有别的无论是发达国家还是发展中国家，都在进入高速发展时期。"根据国际货币基金组织公布的数据，除阿富汗、伊拉克、南苏丹和津巴布韦，由于战争等原因没有相应的数据，其他所有国家皆实现了不同程度的增长。而且全球有 142 个国家和地区（占总数的 3/4 以上）的境内生产总值增长幅度超过全球增长幅度，这一阶段确实表现出全球繁荣的景象。与经济繁荣相对应，同期国际贸易发展水平也达到了前所未有的高度。根据世界贸易组织公布的数据，2002—2008 年世界贸易从 13.23 万亿美元增长到 32.68 万亿美元，年均复合增长 16.3%，是第二次世界大战后增长最快的阶段。同期世界名义境内生产总值年均增长 10.7%，比贸易增长慢 5.6 个百分点。受国际金融危机冲击，2008 年以来世界贸易明显减速，2008—2013 年，世界贸易年均增长率仅为 3.2%，不到此前 6 年年均增速的 1/5，2013 年到 2014 年增长了 0.5%，2014 年到 2016 年分别下降了 12.8% 和 4.9%（根据世贸组织 2017 年 3 月公布的 2016 年前三季度和主要国家 2016 年 1～12 月贸易数据估算得出）。

17.1.3　国际贸易依存度变化

根据世贸组织的数据，1983—2008 年，世界贸易依存度，即世界贸易总额与境内生产总值的比值，从 33.5% 逐步上升到 52.8%；国际金融危机爆发后，世界贸易增速从 2009 年开始放缓，2009 年世界贸易依存度回落到 43.1%，此后虽回升到 2012 年的 49.7%，但是 2012 年到 2015 年又持续下降到了 44.8%，2016 年进一步下降到了 41.8%，显著低于 2007 年和 2008 年超过 50% 的平均水平。

17.1.4　国际贸易的分布

表 17.1 给出了 1963—2016 年世界贸易在主要洲际和主要贸易伙伴间的分布。1973—2013 年，虽然欧洲贸易占全球比重从 52.1% 下降到 35.2%，而 2013 年到 2016 年，欧洲贸易重新回到了 39.6% 的水平，显著超过北美洲占比一倍多的水平，为全球贸易最大地区；在欧洲贸易占比持续显著下降和北美洲占比缓慢下降的同时，亚洲占比却得到持续提高，从 1963 年 13.3% 持续提高到 2015 年 34.7% 的历史高位，2015 年亚洲贸易世界比重 34.7% 比欧洲贸易比重 36.0% 仅差 1.3%，2016 年亚洲贸易世界占比持续上升到了 35.8%，与欧洲的差距进一步拉大的同时，保持了超过北美洲一倍的水平；主要由于美国贸易占比的影响，北美占比从 1963 年到 2013 年持续下降，但从 2013 年到 2016 年却明显回升。

表 17.1　　　　　　　　1963—2016 年世界贸易分布　　　单位：万亿美元，%

进口/地区或国家	1963	1973	1983	1993	2003	2011	2012	2013	2014	2015	2016
世界总额	0.16	0.59	1.88	3.79	7.69	18.44	18.83	19.16	19.00	16.63	15.80
北美洲占比	16.1	17.2	18.5	21.4	22.4	14.6	16.9	16.8	17.3	18.84	20.43
美国占比	11.4	12.3	14.3	15.9	16.9	12.3	12.4	12.3	12.7	13.88	15.07
南美洲和中美洲占比	6.0	4.4	3.8	3.3	2.5	4.0	4.0	4.0	3.8	3.66	2.83
巴西占比	0.9	1.2	0.9	0.7	0.7	1.3	1.3	1.3	1.3	1.08	0.96
欧洲占比	52.0	53.3	44.2	44.6	45.0	37.6	35.9	35.0	35.8	35.51	39.32
德国占比	8.0	9.2	8.1	9.0	7.9	6.9	6.5	6.3	6.4	6.31	7.06
非洲占比	5.2	3.9	4.6	2.6	2.2	3.1	3.4	3.4	2.1	2.02	1.54
亚洲占比	14.1	14.9	18.5	23.7	23.5	32.3	32.8	33.6	33.3	32.79	33.50
中国占比	0.9	0.9	1.1	2.7	5.4	9.6	9.6	10.2	10.3	10.10	10.62
日本占比	4.1	6.5	6.7	6.4	5.0	4.6	4.7	4.7	4.3	3.90	4.06
金砖五国占比	8.7	7.0	7.9	5.4	8.5	15.8	15.8	16.3	14.5	14.05	14.49
中国外金砖国占比	7.8	6.1	6.7	2.7	3.1	6.3	6.2	6.2	4.2	3.95	3.87
出口/地区或国家	1963	1973	1983	1993	2003	2011	2012	2013	2014	2015	2016
世界总额	0.16	0.58	1.84	3.68	7.38	18.26	18.69	19.14	18.75	16.29	15.52
北美洲占比	19.9	17.3	16.8	18.0	15.8	12.5	12.8	12.8	13.3	14.09	14.99
美国占比	14.9	12.3	11.2	12.6	9.8	8.1	8.2	8.3	8.6	9.24	9.83
南美洲和中美洲占比	6.4	4.3	4.4	3.0	3.0	4.1	4.0	4.0	3.6	3.26	2.94
巴西占比	0.9	1.1	1.2	1.0	1.0	1.4	1.3	1.3	1.2	1.17	1.25
欧洲占比	47.8	50.9	43.5	45.4	45.9	36.2	35.7	35.3	36.3	36.59	39.93
德国占比	9.3	11.7	9.2	10.3	10.2	6.9	0.0	5.7	8.0	8.16	9.05
非洲占比	5.7	4.8	4.5	2.5	2.4	3.3	3.4	3.2	1.8	1.46	1.09
亚洲占比	12.5	14.9	19.1	26.1	26.2	32.7	32.8	33.5	34.4	36.62	38.07
中国占比	1.3	1.0	1.2	2.5	5.9	10.4	11.0	11.5	12.5	13.96	14.17
日本占比	3.5	6.4	8.0	9.9	6.4	4.5	4.4	4.2	3.7	3.84	4.36
金砖五国占比	9.4	7.3	8.9	6.3	10.0	17.0	17.3	17.8	15.9	17.27	17.71
中国外金砖国占比	8.1	6.3	7.7	3.8	4.1	6.6	6.3	6.2	3.4	3.32	3.54
进出口/地区或国家	1963	1973	1983	1993	2003	2011	2012	2013	2014	2015	2016
世界总额	0.32	1.17	3.72	7.46	15.07	36.69	37.52	38.31	37.75	32.92	31.32
北美洲占比	18.0	17.2	17.6	19.7	19.2	13.6	14.9	14.8	15.3	16.5	17.7
美国占比	13.1	12.3	12.8	14.3	13.5	10.2	10.3	10.3	10.7	11.6	12.5
南美洲和中美洲占比	6.1	4.4	4.1	3.1	2.7	4.0	4.0	4.0	3.7	3.5	2.9

续表

进口/地区或国家	1963	1973	1983	1993	2003	2011	2012	2013	2014	2015	2016
巴西占比	0.9	1.1	1.0	0.9	0.8	1.4	1.3	1.3	1.2	1.1	1.1
欧洲占比	50.0	52.1	43.8	45.0	45.4	36.9	35.8	35.2	36.1	36.0	39.6
德国占比	8.6	10.4	8.7	9.7	9.0	6.9	3.3	6.0	7.2	7.2	8.0
非洲占比	5.4	4.4	4.5	2.6	2.3	3.2	3.4	3.3	1.9	1.7	1.3
亚洲占比	13.3	14.9	18.8	24.9	24.8	32.5	32.8	33.6	33.9	34.7	35.8
中国占比	1.1	0.9	1.2	2.6	5.6	10.0	10.3	10.9	11.4	12.0	12.4
日本占比	3.8	6.4	7.4	8.1	5.7	4.6	4.5	4.4	4.0	3.9	4.2
金砖五国占比	9.0	7.2	8.4	5.8	9.2	16.4	16.5	17.0	15.2	15.6	16.1
中国外金砖国占比	7.9	6.2	7.2	3.2	3.6	6.4	6.3	6.2	3.8	3.6	3.7

数据来源：世贸组织网站（www.wto.org）；2014年和2015年的数据根据世贸组织2016年公布的该两年主要贸易伙伴和主要洲际进出口季度贸易数据计算得出；2016年数据根据世界组织网站公布的前三季度全球贸易数据和2016年主要国家月度贸易数据估算得出。

表17.1显示，1963—1983年的20年间，中国贸易占比仅累计提升0.1个百分点；1983—1993年的10年间，我国贸易占比累计提升了1.4个百分点；1993—2003年的10年间，又提升了3个百分点；而2003—2015年的12年间，累计提升幅度达到6.4个百分点，中国加入世贸组织成为驱动中国国际贸易发展的主要动力；2016年中国占比比2015年提高了0.4%，提高幅度明显放缓。2001年是我国加入世界贸易组织后的第三年，我国贸易的世界占比就超过了日本，几年之后其他金砖四国贸易规模也超过了日本。

值得关注的是，表17.1显示，2015年到2016年我国贸易占世界比重从12.0%提高到了12.4%，但占比增幅0.4%不到同期美国占比增幅0.9%的一半，因此2016年美国贸易占比12.5%，重回全球第一的地位，我国回落到了第二。

17.2 国际贸易的主要结算和融资货币及其分布

17.2.1 国际结算货币占比及排名

国际贸易需要以交易双方都能接受的货币进行结算。货币的国际支付功能是其国际功能的主要体现。尽管国际贸易项下的货币结算数据难以获取，但贸易项目是全球货币国际结算的主导。因此，货币在全球支付中的功能与在贸易结算中的功能是相似的。环球同业银行金融电信协会（the Society for Worldwide Interbank Financial Telecommunication，SWIFT）是全球最大的金融支付机构，该机构每月发布各种货币在全球金融市场支付的金额及占比数据。表 17.2 给出了 2012 年 1 月到 2017 年 3 月全球前 20 大货币国际支付金额占比。

表 17.2　　　　　　　全球前 20 大货币国际支付金额占比及排名　　　　　单位:%，位

货币名称/时间	2012 年1 月结算占比	2012 年12 月结算占比	2013 年12 月结算占比	2014 年6 月结算占比	2014 年12 月结算占比	2015 年8 月结算占比	2015 年12 月结算占比	2016 年8 月结算占比	2016 年12 月结算占比	2017 年3 月结算占比
美元	29.73	39.76	39.52	41.86	44.64	44.82	43.89	42.50	42.09	40.86
欧元	44.04	33.34	33.22	31.25	28.30	27.20	29.39	30.17	31.30	32.00
英镑	9.00	8.68	9.13	8.54	7.92	8.45	8.43	7.53	7.20	7.41
日元	2.48	2.45	2.56	2.56	2.69	2.76	2.78	3.37	3.40	3.30
加拿大元	1.81	1.92	1.90	1.84	1.92	1.79	1.70	1.72	1.93	1.89
人民币	0.25	0.57	1.12	1.55	2.17	2.79	2.31	1.86	1.68	1.4
澳大利亚元	2.08	2.11	1.89	1.95	1.79	1.60	1.50	1.67	1.55	1.66
瑞士法郎	1.36	1.91	1.29	1.28	1.39	1.55	1.56	1.44	1.53	1.61
港元	0.95	1.09	1.11	1.08	1.27	1.41	1.17	1.25	1.31	1.30
瑞典克朗	1.05	0.96	0.96	0.93	0.78	0.89	0.93	1.11	1.06	1.01
泰铢	0.82	0.83	0.80	0.83	0.88	1.04	0.81	1.04	0.93	0.97
新加坡元	1.03	1.03	0.96	0.90	0.90	0.89	0.85	0.97	0.85	0.96
挪威克朗	0.93	0.84	0.76	0.79	0.72	0.65	0.66	0.67	0.64	0.68
波兰兹罗提		0.27	0.54	0.61	0.56	0.49	0.51	0.52	0.51	0.51
马来西亚林吉特								0.42	0.43	0.45
丹麦克朗	0.54	0.45	0.48	0.48	0.40	0.40	0.37	0.42	0.40	0.41
南非兰特	0.48	0.40	0.39	0.40	0.45	0.46	0.39	0.44	0.38	0.39
墨西哥比索	0.31	0.39	0.42	0.37	0.36	0.37	0.37	0.34	0.35	0.34
新西兰元	0.33	0.35	0.37	0.43	0.39	0.40	0.32	0.38	0.33	0.33
俄罗斯卢布	0.52	0.62	0.51	0.32					0.26	0.26
土耳其新里拉	0.27	0.27	0.32	0.38	0.32	0.26	0.24	0.28		
人民币排名	20	14	8	7	5	4	5	5	6	6

数据来源:数据日期为 2012 年 1 月到 2017 年 3 月，见环球同业银行金融电信协会（the Society for Worldwide Interbank Financial Telecommunication）网站（http://www.swift.com）；波兰兹罗提 2012 年 1 月未进入前 20 位，空白表明当时相应的货币没有进入前 20 位。

表 17.2 显示，美元和欧元为全球最主要的支付货币，两者支付占比总和保持在七成以上，显示该两种货币在全球支付体系中的重要性；2012 年 1 月到 2015 年 8 月欧元结算占比累计下降了 16.84% 到 27.2% 的历史低位，同时美元

结算占比累计上升了 15.09% 到 44.82% 的历史高位，显示该两种主要国际货币在国际支付体系功能方面的相互替换；2015 年 8 月到 2016 年 12 月，欧元支付占比累计提高了 4.10% 到 31.30% 的同时，美元占比却累计回落了 2.73% 到 42.09%。英镑为全球第三大支付货币，支付占比不到一成且持续下降；日元支付占比虽然持续提高，但是不到英镑占比的一半，在国际支付体系中的地位与英镑有显著的差距；2012 年到 2014 年加拿大元在全球支付占比保持在 1.9% 上下，2014 年到 2016 年 8 月加元占比明显下降，但 2016 年占比重回 4 年前 1.9% 上下的水平，排名超过澳元成为全球第五；澳元支付占比近年来持续下降，从 2012 年初全球第五位下降到了 2016 年底第七位。

17.2.2　货币支付和货币贸易结算的关系

比较表 17.1 和表 17.2，我们发现，欧元支付占比与欧洲贸易国际占比相当，表明欧元贸易计算是其国际结算的主要内容；而美元结算占比却相当于美国贸易占比的 4 倍，表明除结算美国贸易外，美元还广泛地被应用于其他国家的贸易结算和国际投资结算；英镑结算占比相当于英国贸易占比的 3 倍，同样表明英镑被用于其他国家贸易结算或者国际投资结算等；日元结算占比相当于日元贸易占比的一半略高一点，表明日元国际支付仅达到了其外贸结算的一半多些，日元在其他国家贸易和国际投资等方面的结算也非常有限；2013 年人民币结算占比仅相当于我国贸易占比的一成，表明人民币今后在国际贸易结算领域仍有巨大的增长空间，下文介绍人民币跨境贸易时还会进一步讨论。

17.2.3　近年来人民币国际支付占比和排名的变化

表 17.2 显示，2012 年 1 月人民币结算的世界占比仅为 0.25%，排名第 20 位；2012 年 12 月，人民币结算的世界占比增长了一倍多达到了 0.57%，排名上升到了第 14 位；2013 年 6 月，人民币结算的世界占比进一步提升到了 0.87%，排名上升到了第 11 位；2013 年 12 月，人民币结算的世界占比进一步上升到 1.12%，排名上升到了第 8 位；2014 年 6 月，人民币结算的世界占比上升到 1.55%，排名首次上升到第 7 位；2014 年 12 月人民币支付占比提高到 2.17%，保持第 7 位的排名；2015 年 8 月人民币支付占比又提高到 2.79%，首次超过了日元支付占比 2.76%，成为全球第四大支付货币，与本书第五版预测的到 2015 年 6 月前后人民币成为第四支付货币的结果相近。然而 2015 年 8 月以来人民币跨境支付全球占比出现了持续下降的趋势，全球排名从第四位回落到了 2016 年第 6 的水平（见图 17.1）。

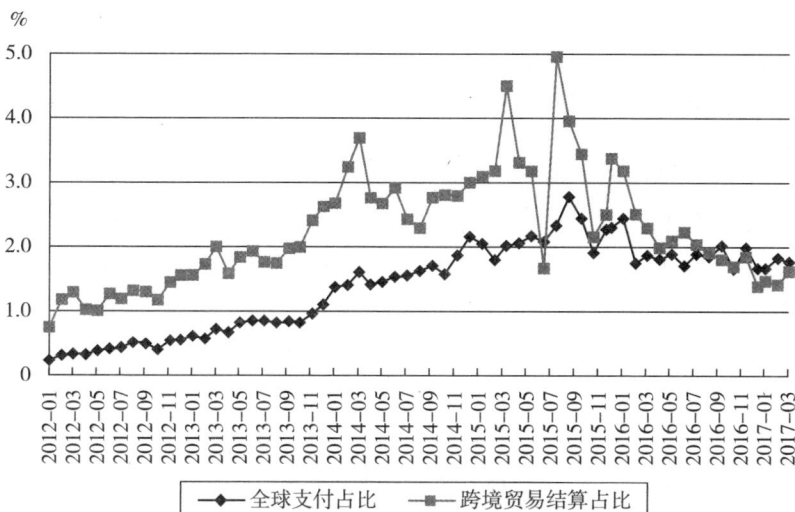

数据来源：支付占比数据来自表 17.2；人民币跨境贸易数据根据人民银行每月公布的人民币跨境贸易结算数据、海关总署公布的总贸易数据和表 17.1 给出的 2012 年以来中国贸易占比数据计算得出。

图 17.1　人民币跨境支付全球占比变化

17.2.4　今后国际结算货币占比变化及排名预测

表 17.2 的数据显示，除美元外，人民币是全球货币结算占比提高速度最快的货币。利用表 17.2 的数据，我们可以计算出不同货币 2012 年 1 月到 2017 年 3 月 50 个月结算占比的月均变化，而且我们可以利用这些月均变化数据估算出 2017 年 5 月到 2032 年 9 月不同货币在全球货币结算中的占比及相应的排名，表 17.3 给出了相应的结果。表 17.3 显示，欧元和美元今后多年仍将保持世界前两大支付货币的地位，两者占比总和仍将保持在七成以上的高位；到 2027 年 5 月前，英镑和日元仍将保持全球前四大支付货币的地位；2017 年 5 月，人民币有望重回第 5 大支付货币的地位，2027 年 5 月和 2032 年 9 月，人民币跨境支付分别会超过英镑和日元的跨境支付占比，分别成为全球第 4 大和第 3 大支付货币；到 2018 年 12 月和 2020 年 12 月人民币可望重回全球第五大支付货币的地位。

表 17.3　　　　　**不同时期内全球主要货币全球支付月均占比**　　　　单位：%，位

货币名称/时间	2017 年 5 月结算占比	2018 年 12 月结算占比	2019 年 12 月结算占比	2020 年 12 月结算占比	2021 年 12 月结算占比	2027 年 5 月结算占比	2032 年 9 月结算占比
美元	40.90	41.06	41.32	41.59	41.85	43.28	44.688
欧元	31.95	31.76	31.44	31.12	30.79	29.05	27.337
英镑	7.36	7.18	6.88	6.57	6.27	4.62	2.990

续表

货币名称/时间	2017 年 5 月结算占比	2018 年 12 月结算占比	2019 年 12 月结算占比	2020 年 12 月结算占比	2021 年 12 月结算占比	2027 年 5 月结算占比	2032 年 9 月结算占比
日元	3.33	3.45	3.66	3.86	4.07	5.17	6.258
加拿大元	1.89	1.88	1.88	1.87	1.86	1.82	1.786
人民币	1.89	2.07	2.37	2.68	2.98	4.63	6.260
港元	1.64	1.58	1.47	1.36	1.26	0.67	0.094
瑞典克朗	1.60	1.56	1.48	1.41	1.34	0.95	0.566
瑞士法郎	1.31	1.34	1.39	1.44	1.49	1.76	2.031
泰铢	1.01	1.02	1.03	1.04	1.06	1.12	1.184
澳大利亚元	0.98	1.00	1.03	1.06	1.10	1.28	1.457
波兰兹罗提	0.96	0.95	0.93	0.91	0.90	0.81	0.716
新加坡元	0.67	0.65	0.61	0.57	0.54	0.33	0.123
挪威克朗	0.47	0.53	0.64	0.75	0.86	1.44	2.016
南非兰特	0.41	0.40	0.39	0.38	0.37	0.32	0.271
丹麦克朗	0.39	0.39	0.39	0.38	0.38	0.37	0.355
墨西哥比索	0.34	0.33	0.32	0.31	0.30	0.23	0.166
新西兰元	0.33	0.33	0.32	0.32	0.31	0.29	0.260
俄罗斯卢布	0.25	0.20	0.11	0.02	−0.06	−0.53	−0.993
人民币排名	5	5	5	5	5	4	3

数据来源：根据表 17.2 的数据计算出不同货币 2012 年 1 月到 2017 年 3 月跨境支付月均占比，假设今后不同货币跨境支付占比按照 2012 年 1 月到 2017 年 3 月的月均占比变化计算得出。

17.2.5　人民币今后国际支付货币占比及排名预测

表 17.3 显示，如果以 2012 年 12 月到 2016 年 12 月的月均占比估算，到 2018 年 12 月和 2020 年 12 月人民币可望重回全球第五大支付货币的地位，与排名第四的日元占比 4.35% 仍有 1.56% 的差距。

17.2.6　近年来离岸人民币中心的发展和人民币结算在境外分布

近年来，离岸人民币中心迅速发展。除最大的离岸中心中国香港外，新加坡、英国伦敦、美国、中国台湾、韩国、澳大利亚、法国、卢森堡、德国、中国澳门、日本、马来西亚、荷兰等十多个遍及欧美亚的境外人民币中心也陆续发展起来。这些离岸人民币中心的建立和发展显示出海外对人民币的信心，同时也是推动人民币跨境结算和国际化的重要依托，我们在第 23 章还会进一步讨论境外人民币结算中心近年来业务增长及排名。

17.2.7 近年来离岸人民币中心的发展和人民币结算在境外分布

除国际支付功能外，贸易融资也是货币国际功能的重要体现。根据环球同业银行金融电信协会 2013 年 10 月公布的数据，人民币贸易融资的世界份额从 2012 年 1 月的 1.89% 迅速上升到 2013 年 10 月的 8.66%，相应的排名从第 4 位上升到第 2 位，同期排名第 1 位的美元占比从 84.96% 下降到 81.08%，而欧元占比从 7.87% 下降到 6.64%，排名从第 2 位下降到第 3 位，使之成为人民币国际应用排名最高的一个领域；5 个利用人民币贸易融资最多的国家和地区分别是中国内地和香港、新加坡、德国和澳大利亚。根据中国银行———离岸人民币市场月报 2014 年 6 月（总第 19 期）数据，2013 年上半年前，人民币贸易融资以进口融资为主，而从 2013 年下半年开始，出口融资首次超过进口融资。

根据环球同业银行金融电信协会 2015 年 9 月公布的数据，2015 年 8 月人民币信用证金额的世界占比上升到了 9.1%，排名保持第 2 位，排名第 1 位的美元占比略微下降到 80.1%。

17.3 国际贸易结算货币理论的主要观点和实证研究结果

影响国际贸易中结算货币选择的因素很多而且复杂，国际学术界几十年来有大量的研究成果。国际贸易结算货币的选择有三种：出口国货币、进口国货币和第三国货币。20 世纪 70 年代以来，国际贸易结算货币选择问题受到越来越多学者的关注。三十多年来国际贸易结算货币选择的实证结果可以归纳为如下几点：（1）出口国货币相对于进口国货币更易被选为结算货币；（2）发达国家与发展中国家之间的贸易主要以发达国家或第三国货币结算；（3）异质性高的商品（相对于同质商品和初级产品而言有技术含量的商品）贸易通常以出口国货币结算，而同质商品和初级产品倾向于以低交易成本的单一国际关键货币进行计价结算；（4）世界贸易中份额较大国家的货币更可能被用作结算货币；（5）通货膨胀率相对较低和通货膨胀波动率相对较低国的货币更容易成为贸易结算货币；（6）坚挺货币更易成为贸易结算货币；（7）外汇市场和银行系统相对完善国家的货币更可能被用于贸易结算。

如上第（4）点到第（6）点支持人民币成为跨境贸易结算货币，因为我国占世界贸易的份额已经很高（2010 年就已成为最大的出口国和第二大进口国，

2014 年以来已经成为全球最大的贸易体），通货膨胀相对较低，人民币数年来相对坚挺（从 2002 年到 2010 年的 8 年多时间里，人民币对美元仅仅在国际金融危机爆发之后出现持续半年时间的贬值预期，2014 年以来人民币对美元出现贬值，但是贬值幅度有限）。第（2）点、第（3）点和第（7）点是人民币成为跨境贸易结算货币的短板。我国总体上仍然属于发展中国家，虽然近年来出口产品的技术含量有所提高，但大多数产品仍然属于同质商品和初级产品类。相对于发达国家，甚至很多发展中国家，我国外汇市场还有待进一步完善。第（1）点表明出口国货币更容易成为结算货币。除如上因素外，影响结算货币选择的因素还有外汇市场风险及对冲、贸易交易规模、出口商所在国工业结构、市场占有率、需求价格敏感性、边际成本对冲、进口商境内经济稳定性等因素，有兴趣的读者可以参考 Goldberg 和 Tille（2010），Ligthart 和 Silva（2007），Novy（2006）和 Witte（2006）等相关的文献和研究，这里不再一一列举。随着人民币跨境结算的持续发展和相关数据的积累，今后几年境内相关领域的研究会迅速增多。

17.4　我国对外贸易的发展和国际分布

表 17.1 显示，改革开放以来，我国对外贸易取得了飞速的发展，特别是 2001 年我国加入世贸组织后，对外贸易发展进一步加速。

17.4.1　我国贸易介绍

表 17.4 给出 1978—2016 年我国出口、进口、进出口金额，年增长率和贸易总额与境内生产总值的比例。1978—2001 年，我国出口、进口和贸易年均增长率分别高达 15.5%、14.5% 和 15.0%，高于同期全球国际贸易增长幅度；同期贸易依存度（贸易与境内生产总值比例）也从 12.8% 增长到 37.9%；2001—2008 年，我国出口、进口和贸易年均增长率分别高达 27.2%、24.6% 和 26.0%，显著高于同期全球国际贸易增长幅度，2001—2006 年贸易依存度也从 37.9% 持续增长到 63.5% 的历史高位，比同年世界贸易依存度 47.7% 高出 15.8 个百分点。受国际金融危机影响，2009 年我国出口出现了三十多年来首次下降，贸易依存度从 2006 年的 63.5% 持续下降到了 43.1%；虽然 2010 年和 2011 年进出口重新回到了两位数的增长率，但是 2012 年到 2014 年出口和进口皆减缓到个位数增长，而且贸易增长率降至 1998 年东亚金融危机后除 2009 年外的最低幅度，且贸易依存度也降至 2002 年后最低点 40.8%；2015 年和 2016 年，我国对外贸易连续两年持续下降，2016 年贸易依存度也下降到了 32.4%，为 1999 年以来的最低，显著低于同年世界贸易依存度 42.0%。

表 17.4　　　我国出口、进口、进出口金额，年增长率和贸易总额

与境内生产总值的比例　　　单位：亿美元，%

年份	出口金额	出口年增长率	进口金额	进口年增长率	贸易顺差	贸易顺差年增长率	贸易金额	贸易年增长率	贸易额/GDP
1978	97.5		108.9		(11.4)		206.4		12.8
1980	181.2	36.3	200.2	35.6	(19.0)	29.1	381.4	35.9	12.6
1982	218.1	9.7	289.1	20.2	(71.0)	93.3	507.2	15.3	17.8
1985	273.5	7.8	422.5	13.5	(149.0)	28.0	696.0	11.1	22.4
1988	475.2	20.2	552.7	9.4	(77.5)	−19.6	1027.9	13.9	25.0
1989	525.4	10.6	591.4	7.0	(66.0)	−14.8	1116.8	8.6	24.2
1990	620.9	18.2	533.5	−9.8	87.4	232.4	1154.4	3.4	29.0
1991	719.1	15.8	637.9	19.6	81.2	−7.1	1357.0	17.6	32.7
1992	849.4	18.1	805.9	26.3	43.5	−46.4	1655.3	22.0	33.4
1993	917.4	8.0	1039.6	29.0	(122.2)	−380.9	1957.0	18.2	31.4
1994	1210.1	31.9	1156.1	11.2	54.0	−144.2	2366.2	20.9	41.8
1995	1487.8	22.9	1320.8	14.2	167.0	209.3	2808.6	18.7	38.1
1996	1510.5	1.5	1388.3	5.1	122.2	−26.8	2898.8	3.2	33.4
1997	1827.9	21.0	1423.7	2.5	404.2	230.8	3251.6	12.2	33.7
1998	1837.1	0.5	1402.4	−1.5	434.7	7.5	3239.5	−0.4	31.4
1999	1949.3	6.1	1657.0	18.2	292.3	−32.8	3606.3	11.3	32.9
2000	2492.0	27.8	2250.9	35.8	241.1	−17.5	4743.0	31.5	39.0
2001	2661.0	6.8	2435.5	8.2	225.5	−6.5	5096.5	7.5	37.9
2002	3256.0	22.4	2951.7	21.2	304.3	34.9	6207.7	21.8	42.0
2003	4382.3	34.6	4127.6	39.8	254.7	−16.3	8509.9	37.1	50.9
2004	5933.3	35.4	5612.3	36.0	321.0	26.0	11545.5	35.7	58.7
2005	7619.5	28.4	6599.5	17.6	1020.0	217.8	14219.0	23.2	61.6
2006	9689.4	27.2	7914.6	19.9	1774.8	74.0	17604.0	23.8	63.5
2007	12177.8	25.7	9559.5	20.8	2618.3	47.5	21737.3	23.5	60.9
2008	14306.9	17.5	11325.6	18.5	2981.3	13.9	25632.6	17.9	55.7
2009	12016.6	−16.0	10056.0	−11.2	1960.6	−34.2	22072.7	−13.9	43.1
2010	15779.3	31.3	13948.3	38.7	1831.0	−6.6	29727.6	34.7	49.0
2011	18986.0	20.3	17434.6	25.0	1551.4	−15.3	36420.6	22.5	48.4
2012	20489.5	7.9	18178.3	4.3	2311.2	49.0	38667.8	6.2	45.1
2013	22100.4	7.9	19502.9	7.3	2597.5	12.4	41603.3	7.6	43.2
2014	23427.5	6.0	19602.9	0.5	3824.6	47.2	43030.4	3.4	40.8
2015	22749.5	−2.9	16819.5	−14.2	5930.0	55.0	39569.0	−8.0	35.4
2016	20981.5	−7.8	15874.2	−5.6	5107.3	−13.9	36855.7	−6.9	32.4

数据来源：海关总署网站（www.sustoms.gov.cn）和商务部网站（www.mofcom.gov.cn）；1978—1988 年增长率为年均增长率；贸易依存度根据国际货币基金组织 2016 年 10 月公布的我国历年 GDP 数据计算得出，2016 年的依存度根据该组织对该年我国 GDP 估算数据计算得出。

17.4.2 外商投资企业对我国贸易的贡献

表 17.1 显示，2012 年我国出口、进口和贸易总额世界排名分别为第一、第二和第二；2013 年到 2015 年排名分别保持在第一、第二和第一的高位。国际贸易的持续快速发展，驱动我国综合国力显著提升。然而数据显示，我国对外贸易中有一半上下实际上并不是我国企业的贸易，而是外资企业在我国的出口。表 17.5 给出了 2003 年到 2016 年外商投资企业和国有企业及其他企业出口、进口、进出口、净出口及其占比。

表 17.5　外商投资企业和国有企业及其他企业进出口、净出口及其占比

单位：亿美元，%

年份	出口占比	进口占比	进出口占比	出口、进口占比差	净出口占比	净出口占比/出口占比	净出口金额
2003	54.90	56.20	55.53	−1.30	33.50	61.10	85.3
2004	57.10	57.80	57.44	−0.70	43.90	77.00	141.0
2005	58.30	58.70	58.49	−0.40	55.70	95.50	567.6
2006	58.20	59.70	58.87	−1.50	51.40	88.30	912.2
2007	57.10	58.53	57.73	−1.42	51.91	90.91	1361.1
2008	55.34	54.71	55.07	0.63	57.76	104.37	1706.6
2009	55.94	54.22	55.16	1.72	64.77	115.79	1270.2
2010	54.65	52.91	53.83	1.74	67.89	124.23	1243.1
2011	52.42	49.60	51.07	2.82	84.12	160.47	1305.0
2012	49.92	47.93	48.98	1.99	65.56	131.34	1515.1
2013	47.25	44.86	46.13	2.40	65.24	138.06	1694.4
2014	45.87	46.39	46.11	−0.51	43.25	94.28	1654.2
2015	44.16	49.34	46.36	−5.18	29.48	66.76	1748.4
2016	43.70	48.54	45.78	−4.83	28.68	65.63	1464.8

数据来源：商务部网站（http://www.mofcom.gov.cn）和海关总署网站（www.customs.gov.cn）。

表 17.5 显示，外资企业占我国出口、进口比重分别在 2005 年和 2006 年达到 58.3% 和 59.7% 的历史高位，贸易总额占比则在 2006 年达到了 58.87% 的历史高位；从 2006 年开始，外资企业在我国贸易的比重持续下降，2012 年首次下降到 50% 以下，2012 年到 2016 年持续下降到了 45.78% 的低位。这些数据表明，加入世贸组织后绝大多数时间外资企业占据着我国对外贸易的半壁江山，而国际金融危机爆发前的 2006 年以来外资企业占比持续下降。

外资企业占我国贸易比重多年来保持在 50% 上下的水平，而且除 2003 年和 2004 年外，外资企业对我国贸易顺差的贡献却远高于贸易总额的占比。2008 年到 2013 年的 6 年，外资企业占我国贸易顺差平均比重高达 66.1%，接近 2/3；

2014 年到 2016 年外资贸易顺差占总顺差比重分别持续下降到 28.68%，显示 2014 年人民币对美元出现贬值后外资通过贸易顺差流入我国跨境资金的规模在缩减。因此，外资企业对我国贸易增长作出了重要的贡献，特别是外资企业贡献了超过一半的贸易顺差，对当时我国外汇储备的迅速积累有重要的贡献。

17.4.3　剔除外资贡献后的国际贸易排名

外资企业占据我国国际贸易的半壁江山，如果剔除外资企业，那么中国的贸易排名将发生很大变化。利用表 17.1 和表 17.5 的数据，我们可以对剔除和不剔除外资企业相应的贸易占比和排名有准确的把握。表 17.6 给出相应的结果。

表 17.6　中国进口、出口和贸易剔除和不剔除外资份额的占比和排名

单位：万亿美元，%

进口/国家	1973 年	1983 年	1993 年	2003 年	2011 年	2012 年	2013 年	2014 年	2015 年	2016 年
世界总额	0.59	1.88	3.79	7.69	18.44	18.83	19.16	19.00	16.63	15.80
美国占比	12.33	14.34	15.94	16.93	12.29	12.37	12.26	12.70	13.88	15.07
中国占比	0.88	1.14	2.75	5.36	9.55	9.59	10.18	10.31	10.10	10.62
德国占比	9.25	8.13	9.05	7.86	6.94	6.54	6.35	6.35	6.31	7.06
中国占比（剔除外资）	0.88	1.14	1.37	2.35	4.81	4.99	5.61	5.53	5.12	5.47
日本占比	6.47	6.72	6.38	4.98	4.64	4.71	4.66	4.28	3.90	4.06
出口/国家	1973 年	1983 年	1993 年	2003 年	2011 年	2012 年	2013 年	2014 年	2015 年	2016 年
世界总额	0.58	1.84	3.68	7.38	18.26	18.69	19.14	18.75	16.29	15.52
美国占比	12.34	11.19	12.64	9.83	8.11	8.24	8.25	8.64	9.24	9.83
中国占比	1.02	1.21	2.50	5.94	10.40	10.96	11.54	12.49	13.96	14.17
德国占比	11.67	9.22	10.34	10.34	6.87	0.00	5.71	7.97	8.16	9.05
中国占比（剔除外资）	1.02	1.21	1.25	2.68	4.95	5.49	6.09	6.76	7.79	7.98
日本占比	6.40	8.00	9.86	6.40	4.51	4.36	4.18	3.68	3.84	4.36
进出口/地区或国家	1973 年	1983 年	1993 年	2003 年	2011 年	2012 年	2013 年	2014 年	2015 年	2016 年
世界总额	1.17	3.72	7.46	15.07	36.69	37.52	38.31	37.75	32.92	31.32
美国占比	12.33	12.79	14.32	13.45	10.21	10.31	10.26	10.68	11.58	12.47
中国占比	0.95	1.17	2.62	5.65	9.97	10.27	10.86	11.39	12.01	12.38
德国占比	10.44	8.67	9.69	9.00	6.91	3.28	6.03	7.16	7.23	8.04
中国占比（剔除外资）	0.95	1.17	1.31	2.51	4.88	5.24	5.85	6.14	6.44	6.71
日本占比	6.43	7.35	8.09	5.67	4.58	4.54	4.42	3.98	3.87	4.21

数据来源：2003—2012 年中国占比（剔除外资）数据是利用表 17.1 的占比减去表 17.5 给出的相应外资企业出口、进口和贸易占比计算得出；1993 年中国占比（剔除外资）数据是假设当时外资企业进口和出口占我国相应比重为 50% 计算得出；由于 1973—1983 年中国内地贸易规模很低，而且外资占比数据缺乏，中国占比（减去外资）数据与表 17.1 相同。

表 17.6 显示，剔除外资企业的进口和出口，2013 年中国进口、出口和贸易分别排名为世界第三、第二和第三位；2014 年到 2016 年我国进口、出口和总贸易额分别排名皆为世界第三，对人民币成为第三大国际货币仍有着充分的支持力度。

17.4.4 我国贸易在亚洲、欧洲、美洲和其他洲际间的分布

下文我们将分析我国贸易在洲际间和洲内贸易分布，从而使我们可以较为清楚地看出"一带一路"战略实施在不同地区推动贸易的潜力和潜能。表 17.7 给出了 2002—2016 年我国贸易在亚洲、欧洲、美洲等洲际间的分布。

表 17.7　　　　中国贸易在亚洲、欧洲、美洲等洲际间的分布　单位：亿美元,%

年份/ 贸易伙伴	总额	亚洲	欧洲	北美洲	拉丁美洲	非洲	大洋洲及 太平洋群岛
2002	6208	58.4	17.8	16.9	2.9	2.0	2.0
2003	8510	58.2	18.6	16.0	3.2	2.2	1.9
2004	11546	57.6	18.3	16.0	3.5	2.6	2.0
2005	14219	56.8	18.5	16.2	3.5	2.8	2.2
2006	17604	55.7	18.8	16.2	4.0	3.2	2.1
2007	21737	54.6	19.7	15.3	4.7	3.4	2.3
2008	25633	53.3	20.0	14.4	5.6	4.2	2.6
2009	22075	53.0	19.4	14.9	5.5	4.1	3.1
2010	29740	52.6	19.3	14.2	6.2	4.3	3.3
2011	36419	52.2	19.3	13.6	6.6	4.6	3.6
2012	38668	52.9	17.7	13.9	6.8	5.1	3.5
2013	41603	53.5	17.5	13.8	6.3	5.1	3.7
2014	38668	52.9	17.7	13.9	6.8	5.1	3.5
2015	39569	53.0	17.6	15.5	6.0	4.5	3.4
2016	36856	52.9	18.4	15.3	5.9	4.0	3.5

数据来源：根据海关总署网站（www.customs.gov.cn）的数据计算得出。

表 17.7 显示，从 2002—2011 年，我国与亚洲的贸易占比从 58.4% 持续下降到了 52.2%，2011—2013 年间略微回升到了 53.5%，而 2013 年到 2016 年前 8 个月又下降到了 52.9%，表明亚洲对我国贸易的重要性；欧洲是我国第二大

贸易伙伴，2002—2008 年，欧洲与我国的贸易占比持续上升到了 20%，而 2008 年到 2015 年则持续回落到了 17.6%，2016 年略微回升到了 18.4%；北美洲是我国第三大贸易伙伴，2002—2011 年北美洲与我国贸易占比 10 年持续下降到了 13.6%，而 2011—2016 年却出现了略微回升的态势，重回 15% 以上的份额；拉丁美洲、非洲和大洋洲及太平洋群岛分别为我国第四、第五和第六大贸易伙伴，2002 年到 2014 年这些地区与我国的贸易占比皆保持了持续上升的态势，而且 2014 年以来该三洲与我国的贸易占比总体也出现了一定幅度的下调。2010—2016 年亚洲、非洲、拉丁美洲与我国贸易总占比保持在 63% 上下，显示该三地区对我国贸易的贡献程度。

17.4.5　我国贸易在洲际间的分布及与日本的比较

前文给出我国贸易在主要洲际间的分布，对我们判断今后我国在洲际间贸易发展很有意义。然而与日本在国际金融危机前后贸易分布对比，我们会得出其他的启示。利用日本外贸组织网站（www.Jetro.go.jp）公布的数据，我们发现国际金融危机前的 2004—2008 年，日本与亚洲贸易占比从 47% 降到 45%，与北美和欧洲的占比从 21.1% 和 15.6% 分别下降到 16.5% 和 12.9%，而与中东贸易占比从 7.6% 持续上升到 13.0%。这些变化趋势与我国同期变化类似。但是，国际金融危机后，2008—2011 年，日本与亚洲贸易占比从 45% 显著回升到 50.2%，与北美和欧洲的占比从 16.5% 和 12.9% 进一步下降到 14.3% 和 12.0%，同时与中东贸易占比也从 13.0% 下降到 11.1%，这些变化趋势表明国际金融危机后日本贸易重回亚洲趋势明显。表 17.7 显示 2011 年以来我国与亚洲贸易的占比也出现了缓步回升的趋势。

17.4.6　中日贸易在洲际间的分布变化差异及启示

中日两国在国际金融危机前后国际贸易分布的变化表明，国际金融危机后日本国际贸易重回亚洲，我国贸易 2011 年也出现了缓步回升的态势，同时我国贸易更加走向亚洲外的国际市场。表 17.7 显示我国与亚洲贸易占比虽然保持在 52% 以上，但是如果减去表 17.8 给出的我国与"中国"的虚假贸易，那么 2002—2007 年我国与亚洲的贸易占比从 56.0% 持续下降到 50.7%，2008 年首次低于 50% 到 49.7%，2011 年进一步下降到 48.9%，表明在日本自国际金融危机后重回亚洲的同时，我国却以更大的步伐走向国际，走向类似国际金融危机前日本的亚洲贸易占比显著低于 50% 的状态。这一趋势分化表明我国贸易抗国际金融危机能力的增强，同时也是我国经济和贸易持续增长、进一步推进全方位、多层次、宽领域的对外开放的结果。近年来东亚占日本贸易的比重高达 48% 左右，而我国相应的占比降低到了不足 1/3。在介绍和分析我国与亚洲贸易分布时还会对此进一步比较。

17.4.7 我国的主要贸易伙伴

上文给出我国贸易在主要洲际间的分布。表17.8给出2002—2016年我国主要贸易伙伴与我国的贸易占比。表17.8显示，2003年以来欧盟保持我国最大贸易伙伴的地位，美国保持我国第二大贸易伙伴的位置。欧元区实际上是欧盟的主要内涵，近年来欧元区经济总量占欧盟七成以上，欧盟与我国贸易中欧元区比重也在3/4上下，因此欧元区近年来保持我国第三大贸易伙伴地位。表17.8显示，2002～2016年，除2008年和2011年外，欧元区与我国的贸易占比皆低于美国。受国际金融危机，特别是欧债危机的影响，2011年以来欧元区与我国贸易占比持续明显下降，2013年欧元区与我国贸易占比首次低于东盟，虽然2014年欧元区与我国贸易占比重新超过了东盟，而2015年和2016年前者重新低于后者；2003～2015年欧盟和美国两大贸易伙伴与我国贸易占比呈现出整体下降的趋势；作为我国第三大贸易伙伴的东盟，十多年来与我国贸易占比保持了持续上升的态势，2012年首次超过一成，而且近年来保持整体上升的态势，成为我国前8大贸易伙伴中唯一持续增长的伙伴，显示东盟对我国贸易的重要作用。

表17.8　　　　　　　我国主要贸易伙伴及与我国的贸易占比　　　　单位:%

年份/贸易伙伴	欧盟	美国	欧元区	东盟	中国香港	日本	韩国	中国台湾	中国	澳大利亚
2002	14.71	15.66	11.85	8.82	11.15	16.42	7.10	7.19	2.41	1.68
2003	15.48	14.85	12.62	9.20	10.27	15.69	7.43	6.86	2.95	1.59
2004	15.30	14.69	12.43	9.17	9.76	14.54	7.80	6.78	3.35	1.77
2005	15.22	14.88	12.31	9.17	9.61	12.97	7.87	6.42	3.88	1.92
2006	15.67	14.92	12.45	9.14	9.43	11.78	7.63	6.13	4.17	1.87
2007	15.99	13.90	12.96	9.32	9.07	10.85	7.35	5.73	3.95	2.02
2008	16.16	13.02	13.05	9.02	7.94	10.41	7.26	5.04	3.61	2.33
2009	16.01	13.51	12.93	9.65	7.92	10.36	7.08	4.81	3.91	2.72
2010	15.61	12.96	12.85	9.85	7.75	10.01	6.96	4.89	3.59	2.97
2011	15.06	12.26	12.41	9.97	7.78	9.41	6.74	4.39	3.37	3.20
2012	14.12	12.53	10.84	10.35	8.83	8.52	6.63	4.37	3.69	3.16
2013	14.13	13.17	10.65	11.21	10.13	7.90	6.93	4.99	3.98	3.45
2014	14.12	12.53	10.84	10.35	8.83	8.52	6.63	4.37	3.69	3.16
2015	14.13	13.17	10.65	11.21	10.13	7.90	6.93	4.99	3.98	3.45
2016	14.84	14.10	11.00	12.27	8.26	7.46	6.85	4.87	3.50	2.93

数据来源：根据海关总署网站（www.customs.gov.cn）的数据计算得出。

　　表 17.8 显示，东盟从 2011 年开始超过日本成为我国第三大贸易伙伴；中国香港 2012 年超过日本成为中国内地第四大贸易伙伴；日本与我国的贸易分别于 2011 年和 2012 年被东盟和中国香港超越，从 2010 年我国之前的第三大贸易伙伴降到第五位；韩国 2005 年与我国的贸易额首次超过 1000 亿美元，多年来保持了我国第六大贸易伙伴的地位；中国台湾与大陆贸易 2006 年首次超过了 1000 亿美元，多年来保持了内地第七大贸易伙伴的位置；表 17.8 中"中国"代表我国出口转内销的贸易额，规模位于台湾之后，多年来保持了"第八大贸易伙伴"的位置（这些贸易有很大问题，我们下文会较为详细地介绍）；澳大利亚与我国的贸易额 2011 年首次超过了 1000 亿美元，近年来与我国贸易增长幅度显著，成为我国第九（实际上是除去"中国"外的第八）大贸易伙伴。

　　表 17.8 给出的是与我国贸易额超过 1000 亿美元的主要伙伴。除这些主要贸易伙伴外，2013 年和 2014 年马来西亚与我国的贸易额皆略超 1000 亿美元，成为我国第九大贸易伙伴，然而 2015 年以来该国与我国贸易下降到了 1000 亿美元以下；此外，2016 年越南和泰国与我国的贸易额分别为 982 亿和 757 亿美元，离 1000 亿美元不远。相信今后几年这些国家与我国贸易会超过 1000 亿美元。

17.4.8　我国贸易在亚洲五个主要地区间的分布

　　由于亚洲是我国贸易的重镇，同时也将是人民币国际化最容易推进的区域，我们本节介绍和分析我国贸易在亚洲不同区域的分布和今后进一步发展的潜力。亚洲是我国最主要的贸易区域，然而我国贸易在亚洲的分布很不平衡。表 17.9 给出了 2002—2016 年我国与亚洲五个区域的贸易分布。表 17.9 显示，东亚是我国在亚洲最大的贸易伙伴区，然而东亚与我国贸易占我国与亚洲贸易的比重整体呈现持续下降的趋势，2002 年到 2014 年从 75.24% 持续下降到了不到六成，2014 年以来保持在 59% 上下的水平；东南亚为我国在亚洲的第二大贸易伙伴区，十多年来与我国贸易保持了持续可观的增长态势，占我国与亚洲贸易比重从 15.8% 持续增长到了 23.22%，为五个亚洲区域保持持续可观增长的区域，显示该地区对我国贸易的重要性；西亚是我国在亚洲的第三大贸易伙伴区域，2002—2014 年与我国贸易占我国与亚洲贸易比重持续增长，2014 年以来由于国际原油价格显著下降导致该地区与我国贸易占比明显下降；南亚是我国在亚洲的第四大贸易区，与我国贸易总体处于持续增长的态势，2002 年到 2016 年南亚与我国贸易占我国与亚洲贸易比重从 2.40% 增长了一倍多到 5.66%；中亚是我国在亚洲的第五大贸易区，2002 年到 2013 年该地区与我国贸易占比持续上升，但 2013 年以来由于原材料和原油价格下降导致该地区与我国贸易占比持续下降到了 1.54%。

表 17.9　　　　　　　我国在亚洲五个区域贸易分布　　　　单位：亿美元,%

年份/地区	总额	东亚	东南亚	西亚	南亚	中亚
2002	34680	75.24	15.80	5.88	2.40	0.69
2003	46869	73.40	16.70	6.47	2.57	0.87
2004	62422	72.24	16.96	6.74	3.13	0.94
2005	75054	70.17	17.37	7.74	3.55	1.16
2006	90492	68.38	17.77	8.68	3.84	1.33
2007	109835	65.69	18.44	9.45	4.63	1.79
2008	127015	62.27	18.21	11.92	5.17	2.43
2009	108240	62.02	19.68	10.86	5.25	2.19
2010	145633	61.00	20.11	11.30	5.52	2.07
2011	177672	58.76	20.44	13.10	5.47	2.23
2012	20449	61.40	19.57	12.30	4.48	2.25
2013	22249	61.10	19.94	12.42	4.36	2.26
2014	20449	58.91	21.13	13.29	4.64	1.98
2015	20956	58.95	22.54	11.19	5.29	1.56
2016	19481	59.23	23.22	10.32	5.66	1.54

数据来源：根据海关总署网站（www.customs.gov.cn）的数据计算得出。

17.4.9　我国在亚洲的主要贸易伙伴及与我国贸易的潜力

上文介绍了我国贸易在亚洲五大区域的分布，这里介绍我国在亚洲的主要贸易伙伴。表 17.10 给出了 2008—2016 年我国在亚洲的 25 个主要贸易伙伴及与我国贸易占比和这些贸易伙伴与我国的贸易依存度。这些贸易伙伴 2015 年与我国贸易额皆超过 65 亿美元。表 17.10 显示，2008 年以来这 25 个国家和地区与我国贸易占我国与亚洲贸易总额比例保持在九成以上的水平，显示这些国家和地区在我国与亚洲贸易的重要作用。

表 17.10　　　　我国在亚洲的主要贸易伙伴、与我国贸易占比
及对我国的贸易依存度　　　　单位:%

年份/贸易伙伴	2008	2012	2014	2016	2013年贸易/GDP	2014年贸易/GDP	2015年贸易/GDP	2016年贸易/GDP
中国香港	16.0	16.7	16.5	15.6	145.4	129.3	110.9	96.4
日本	21.0	16.1	13.7	14.1	6.4	6.8	6.8	5.8
韩国	14.7	12.5	12.8	13.0	21.0	20.6	20.0	18.0
中国台湾	10.2	8.3	8.7	9.2	38.6	37.4	35.9	34.3
马来西亚	4.2	4.6	4.5	4.5	32.8	30.2	32.8	28.7

续表

年份/ 贸易伙伴	2008	2012	2014	2016	2013 年贸 易/GDP	2014 年贸 易/GDP	2015 年贸 易/GDP	2016 年贸 易/GDP
越南	1.5	2.5	3.7	5.0	38.3	45.0	50.1	51.3
新加坡	4.1	3.4	3.5	3.6	25.1	25.9	27.2	24.1
泰国	3.3	3.4	3.2	3.9	16.9	18.0	19.1	19.2
印度	4.1	3.2	3.1	3.6	3.5	3.4	3.4	3.1
印尼	2.5	3.2	2.8	2.7	7.5	7.2	6.3	5.7
沙特	3.3	3.6	3.0	2.2	9.7	9.3	7.9	6.5
阿联酋	2.2	2.0	2.4	2.1	12.0	9.1	14.1	10.8
菲律宾	2.3	1.8	2.0	2.4	14.0	15.6	15.6	16.1
伊朗	2.2	1.8	2.3	1.6	10.4	12.4	8.7	8.0
土耳其	0.2	0.9	1.0	1.0	2.7	2.9	2.9	2.7
伊拉克	0.2	0.9	1.3	0.9	10.7	12.8	12.2	11.0
巴基斯坦	0.6	0.6	0.7	1.0	6.1	6.5	7.0	7.1
阿曼	0.9	0.9	1.1	0.7	29.8	33.2	29.4	22.1
缅甸	0.2	0.3	1.1	0.6	17.9	39.6	22.8	19.5
孟加拉国	0.3	0.4	0.6	0.8	6.4	6.8	7.2	7.3
哈萨克斯坦	1.4	1.3	1.0	0.7	12.4	10.4	8.3	7.1
以色列	0.4	0.5	0.5	0.6	3.7	3.6	3.9	3.8
科威特	0.5	0.6	0.6	0.5	7.0	7.8	9.3	8.2
土库曼斯坦	0.1	0.5	0.5	0.3	24.4	21.9	24.2	16.5
卡塔尔	0.2	0.4	0.5	0.3	5.0	5.0	3.7	3.3
总计	96.4	90.4	91.0	90.9	13.1	13.3	13.2	11.5

数据来源：贸易数据来自国家统计局网站（www.stats.gov.cn）和海关总署网站（www.customs.gov.cn），贸易依存度根据国际货币基金组织网站 2016 年 10 月公布的各个国家和地区的 GDP 估算数据计算得出。

表 17.10 显示，2008—2016 年我国在亚洲的 25 个主要贸易伙伴中，日本、韩国、沙特、哈萨克斯坦、中国台湾、伊朗、新加坡和中国香港等十二个贸易伙伴与我国贸易占比分别有不同程度的下降，其中日本、韩国和沙特占比下降幅度皆超过了 1%；另外，越南、土耳其、伊拉克、泰国、缅甸和巴基斯坦等十三个贸易伙伴与我国贸易占比有所提高，其中越南、土耳其、伊拉克和泰国与我国贸易占比提高幅度超过 0.5%，表明这些国家和地区与我国几年来的贸易增长迅速。表 17.10 中的 25 个贸易伙伴对总体占我国与亚洲贸易比重从 2008 年的

96.4% 下降到了 90.9%。

表 17.10 显示，2013 年到 2015 年，我国 25 个亚洲主要贸易伙伴总体对我国的贸易依存度保持在 13.2% 上下的稳定水平，但是，2015 年到 2016 年略降到了 11.5%；2016 年我国在亚洲的 25 个主要贸易伙伴中有 13 个对我国贸易依存度超过了 10%（与 2015 年相同，但比 2014 年下降了一个），另外 12 个国家和地区对我国贸易依存度低于 10%；另外，2016 年除越南、菲律宾、孟加拉国和巴基斯坦对我国贸易依存度有小幅上升外，其他 21 个贸易伙伴对我国贸易依存度皆出现了不同程度的下降。

表 17.10 显示，土耳其、印度、卡塔尔和以色列对我国贸易依存度仍然不到 4%，而且还在下降，显示这些国家与我国的贸易增长潜力巨大；另外印尼、日本、沙特、巴基斯坦、哈萨克斯坦、伊朗和科威特等国对我国贸易依存度仅在 4% 到 9% 之间的低位，显示这些国家与我国贸易的发展空间有待挖掘。

17.5　我国贸易的相关问题

表 17.1 显示，近 40 多年来，特别是 2001 年加入世贸组织后，我国对外贸易取得了巨大的成就，即使减去表 17.6 中外商企业的份额，我国企业的国际贸易同样取得可喜的成绩。在取得这些成绩的同时，我们也应该清醒地认识到我国国际贸易中还存在一系列问题。本节简单介绍我国外贸中的主要问题。

17.5.1　出口产品技术含量仍然较低

我国外贸最突出的问题是出口产品技术含量较低。以技术含量最高的集成电路和电子部件类产品为例，根据世贸组织公布的数据，1990 年到 2000 年我国该类产品贸易逆差从 7.5 亿美元大幅上升到 211.6 亿美元，占我国同期贸易顺差的比重从 8.5% 提高到 87.7%；到 2010 年，该类产品贸易逆差又攀升到 1809.9 亿美元，占同期贸易顺差的比重提高到 98.9%；2011 年和 2012 年，该类产品贸易逆差分别提高到 1961.5 亿美元和 2199.7 亿美元，占我国同期贸易顺差的比重分别为 126.4% 和 95.2%；根据国家海关总署公布的数据，2014 年到 2016 年，我国集成电路产品进出口逆差从 1067.5 亿美元持续上升到了 1660.1 亿美元。在 2014 年以来我国进出口皆下降的同时，集成电路贸易逆差持续增长的趋势显示，近年来我国集成电路相关技术的欠缺和相关产品的对外依赖度仍然没有明显的好转。

17.5.2　虚假贸易问题严重

虚假贸易是我国对外贸易另外一个较为严重的问题。多年来，尽管各界都承认虚假贸易问题，但是对虚假贸易问题众说纷纭，未有一致的看法。本节我们通过境内外公开发布的数据来介绍和观察虚假贸易的严重程度。

17.5.2.1 两地间贸易数据离谱

表 17.4 给出的我国年度贸易数据难以直接发现问题，但是，加上内地与香港的贸易数据，我国总贸易数据的问题就一目了然了。表 17.11 给出了 1989 年到 2016 年内地出口、进口、贸易顺差和内地与香港的相关贸易数据。表 17.11 显示，从 1989 年到 2016 年的 28 年间，仅 1997 年、1998 年、2006 年到 2009 年及 2014 年到 2016 年的 9 年内地与香港的贸易顺差占内地总贸易顺差比重在 0 到 100% 之内的基本合理范围内，其他 19 年内地与香港的贸易顺差大多年份远大于内地总贸易顺差，1989 年和 1993 年两者方向恰恰相反，前者为顺差而后者却为逆差。考虑到香港人口和经济规模相对较小，1997 年和 2014 年内地与香港的贸易顺差超过内地总贸易顺差 90% 实际上也不够合理。

表 17.11　　　我国内地进出口和我国内地与香港进出口贸易数据

单位：亿美元，%

年份	总出口额	总进口额	贸易顺差	内地对香港的出口额	内地从香港的进口额	内地与香港的贸易顺差	内地与香港外的贸易顺差	内地与香港的贸易顺差占总顺差比例	内地与香港外的贸易顺差占总顺差比例
1989	525.4	591.4	(66.0)	142.7	79.7	63.0	−129.0	−95.5	195.5
1990	620.9	533.5	87.4	266.5	142.5	124.0	−36.6	141.8	−41.8
1991	719.1	637.9	81.2	321.4	174.6	146.7	−65.5	180.7	−80.7
1992	849.4	805.9	43.5	375.1	205.3	169.8	−126.3	390.3	−290.3
1993	917.4	1039.6	(122.2)	220.1	104.6	115.9	−238.1	−94.9	194.9
1994	1210.1	1156.1	54.0	323.6	94.6	229.0	−175.0	424.1	−324.1
1995	1487.8	1320.8	167.0	359.8	85.9	273.9	−106.9	164.0	−64.0
1996	1510.5	1388.3	122.2	329.1	78.3	250.8	−128.6	205.2	−105.2
1997	1827.9	1423.7	404.2	437.8	69.9	367.9	36.3	91.0	9.0
1998	1837.1	1402.4	434.7	387.5	66.6	320.9	113.8	73.8	26.2
1999	1949.3	1657.0	292.3	368.9	68.9	300.0	−7.7	102.6	−2.6
2000	2492.0	2250.9	241.1	445.2	94.3	350.9	−109.8	145.5	−45.5
2001	2661.0	2435.5	225.5	465.5	94.2	371.2	−145.7	164.6	−64.6
2002	3256.0	2951.7	304.3	584.7	107.4	477.2	−172.9	156.8	−56.8
2003	4382.3	4127.6	254.7	762.9	111.2	651.7	−397.0	255.9	−155.9
2004	5933.3	5612.3	321.0	1008.8	118.0	890.8	−569.8	277.5	−177.5
2005	7619.5	6599.5	1020.0	1244.8	122.3	1122.5	−102.5	110.1	−10.1

续表

年份	总出口额	总进口额	贸易顺差	内地对香港的出口额	内地从香港的进口额	内地与香港的贸易顺差	内地与香港外的贸易顺差	内地与香港的贸易顺差占总顺差比例	内地与香港外的贸易顺差占总顺差比例
2006	9689.4	7914.6	1774.8	1553.9	107.9	1446.0	328.8	81.5	18.5
2007	12177.8	9559.5	2618.3	1844.3	128.2	1716.2	902.1	65.5	34.5
2008	14306.9	11325.6	2981.3	1907.4	129.2	1778.2	1203.1	59.6	40.4
2009	12016.6	10056.0	1960.6	1662.3	87.1	1575.2	385.4	80.3	19.7
2010	15779.3	13948.3	1831.0	2183.2	122.6	2060.6	−229.6	112.5	−12.5
2011	18986.0	17434.6	1551.4	2680.3	155.0	2525.3	−973.9	162.8	−62.8
2012	20489.5	18178.3	2311.2	3235.3	179.6	3055.7	−744.5	132.2	−32.2
2013	22100.4	19502.9	2597.5	3847.9	162.2	3685.8	−1088.3	141.9	−41.9
2014	23427.5	19602.9	3824.6	3631.9	129.0	3502.9	321.7	91.6	8.4
2015	22749.5	16819.5	5930.0	3308.9	127.7	3181.2	2748.8	53.6	46.4
2016	20981.5	15874.2	5107.3	2877.2	168.5	2708.8	2398.5	53.0	47.0

数据来源：商务部网站 www. mofcom. gov. cn 和国家海关总署网站 www. chinacostomsstat. com。

17.5.2.2 香港特区公布的与我国内地公布的双方贸易数据对比

内地公布的与香港贸易数据和香港公布的与内地公布的双方贸易数据除有一定幅度的误差外，应该与香港自内地的进口数据相当，但事实上双方公布的相应数据却存在着巨大的差异。

表 17.12 给出了 1989 年到 2016 年香港政府统计处公布的香港从内地的进口和向内地的出口数据及与表 17.11 给出的内地与香港贸易数据的差异。从香港特区公布的与我国内地进出口贸易数据及与内地公布的相应数据对比可以看出，1989 年到 2005 年香港公布的从内地的进口远超过内地公布的对香港的出口数据；2006 年到 2016 年，内地公布的对香港特区的出口数据则远大于香港公布的香港从内地的进口数据。从数据的变化可以明显看出，2006 年以来内地向香港的出口开始超过香港从内地进口背后的原因是 2005 年人民币对美元升值之前跨境资金主要通过压低我国出口的方法撤离内地，而 2005 年后却通过抬高出口流入内地。两地贸易数据背离是跨境资金流出和流入所致。

表 17.12　　香港特区公布的与我国内地进出口贸易数据及相关比较

单位：亿美元，%

年份	内地对香港的出口额（境内数据）A	内地从香港的进口额（境内数据）B	香港从内地的进口（香港数据）C	香港对内地的出口（香港数据）D	A－C	B－D	A/C	B/D
1989	142.7	79.7	252.1	55.5	（109.5）	24.2	56.6	143.6
1990	266.5	142.5	303.2	60.9	（36.7）	81.6	87.9	233.9
1991	321.4	174.6	377.6	70.0	（56.2）	104.6	85.1	249.4
1992	375.1	205.3	457.9	80.1	（82.8）	125.2	81.9	256.4
1993	220.5	104.6	519.9	81.9	（299.4）	22.6	42.4	127.6
1994	323.6	94.6	609.3	78.9	（285.7）	15.6	53.1	119.8
1995	359.8	85.9	697.5	82.2	（337.6）	3.7	51.6	104.6
1996	329.1	78.3	737.6	79.7	（408.6）	（1.4）	44.6	98.2
1997	437.8	69.9	785.7	82.5	（347.9）	（12.6）	55.7	84.7
1998	387.5	66.6	749.6	72.4	（362.1）	（5.8）	51.7	92.0
1999	368.9	68.9	783.4	67.3	（414.5）	1.7	47.1	102.5
2000	445.2	94.3	914.1	71.0	（468.9）	23.3	48.7	132.8
2001	465.5	94.2	874.4	63.5	（408.9）	30.7	53.2	148.3
2002	584.7	107.4	919.4	53.0	（334.8）	54.4	63.6	202.5
2003	762.9	111.2	1009.0	47.2	（246.1）	64.0	75.6	235.5
2004	1008.8	118.0	1179.1	48.7	（170.3）	69.3	85.6	242.5
2005	1244.8	122.3	1346.5	57.3	（101.7）	65.0	92.4	213.5
2006	1553.9	107.9	1536.9	51.8	16.9	56.0	101.1	208.1
2007	1844.3	128.2	1703.0	52.0	141.3	76.2	108.3	246.6
2008	1907.4	129.2	1809.5	44.6	97.9	84.7	105.4	290.0
2009	1662.3	87.1	1612.9	34.4	49.5	52.7	103.1	253.2
2010	2183.2	122.6	1971.6	40.2	211.6	82.4	110.7	305.0
2011	2680.3	155.0	2206.4	39.4	473.9	115.5	121.5	393.0
2012	3235.3	179.6	2372.9	33.5	862.4	146.1	136.3	535.4
2013	3847.9	162.2	2455.8	31.9	1392.1	130.2	156.7	507.6
2014	3631.9	129.0	2745.9	34.7	886.0	94.4	132.3	372.4
2015	3308.9	127.7	2789.9	26.4	519.0	101.3	118.6	483.6
2016	2877.2	168.5	2504.0	23.9	373.2	144.6	114.9	704.8

数据来源：境内数据同表 17.4，1990 年到 2016 年香港数据来自香港特别行政区政府统计处公布的以港元为单位的贸易数据根据同期港元对美元日均汇率折合成美元而得。

17.5.2.3 香港对内地出口与内地自香港进口也存在明显的差异

中国内地向香港的出口与香港自内地的进口出现巨大差异的同时，内地自香港的进口与香港对内地的出口间也存在明显的差异。从表 17.12 可以看出 1989 年到 2016 年的 28 年间，除 1996 年到 1998 年的三年内地自香港进口略低于香港对内地出口外，其他年份内地自香港的进口皆显著大于香港对内地的出口，特别是 2002 年到 2009 年内地从香港的进口超过香港对内地的出口一倍多，2010 年到 2014 年前者更超过后者两倍多，以上数据的不吻合再次表明两地进出口贸易数据存在严重的差异。

17.5.2.4 剔除"初级"虚假贸易后的两地贸易数据更为合理

香港在国际经贸方面有着丰富的国际经验，其贸易数据更符合国际惯例，准确率也应较高。因此我们可以将表 17.12 给出的香港自我国的进口及香港对内地的出口数据视作内地对香港的出口和自香港的进口的真实数据，将表 17.12 给出的香港公布的自内地的进口数据"取代"表 17.11 给出的内地公布的对香港的出口数据（即剔除表 17.11 中的"初级"虚假出口数据）；同时以表 17.12 给出的香港公布的对内地出口数据"取代"表 17.11 中内地公布的自香港进口数据（即剔除表 17.11 中的"初级"虚假进口数据），即可获得 1989 年到 2016 年我国内地较为真实的总出口和进口数据，表 17.13 给出了相应的结果。

表 17.13　　　剔除"初级"虚假贸易后我国内地总进出口数据
和与香港的较为合理的贸易顺差比例　　　单位：亿美元，%

年份	总出口额	总进口额	贸易顺差	我国与香港的贸易顺差（内地数据）占总顺差比例	我国与香港外的贸易顺差占总顺差比例
1989	634.9	567.2	67.6	93.1	6.9
1990	657.6	451.9	205.7	60.3	39.7
1991	775.3	533.3	242.0	60.6	39.4
1992	932.2	680.7	251.5	67.5	32.5
1993	1216.8	1017.0	199.9	58.0	42.0
1994	1495.8	1140.5	355.3	64.5	35.5
1995	1825.4	1317.1	508.4	53.9	46.1
1996	1919.1	1389.7	529.4	47.4	52.6
1997	2175.8	1436.3	739.5	49.7	50.3
1998	2199.2	1408.2	791.0	40.6	59.4
1999	2363.8	1655.3	708.5	42.3	57.7
2000	2960.9	2227.6	733.2	47.9	52.1
2001	3069.9	2404.8	665.1	55.8	44.2
2002	3590.8	2897.3	693.4	68.8	31.2

年份	总出口额	总进口额	贸易顺差	我国与香港的贸易顺差 （内地数据）占总顺差比例	我国与香港外的贸易顺 差占总顺差比例
2003	4628.4	4063.6	564.8	115.4	-15.4
2004	6103.6	5543.0	560.6	158.9	-58.9
2005	7721.2	6534.5	1186.7	94.6	5.4
2006	9672.5	7858.6	1813.9	79.7	20.3
2007	12036.5	9483.3	2553.2	67.2	32.8
2008	14209.0	11240.9	2968.0	59.9	40.1
2009	11967.1	10003.3	1963.8	80.2	19.8
2010	15567.7	13865.9	1701.8	121.1	-21.1
2011	18512.1	17319.1	1193.1	211.7	-111.7
2012	19627.1	18032.2	1594.2	191.6	-91.6
2013	20708.3	19372.7	1335.6	276.0	-176.0
2014	22541.4	19508.5	3032.9	115.5	-15.5
2015	22230.5	16718.2	5512.3	57.7	42.3
2016	20608.3	15729.7	4878.7	55.5	44.5

数据来源和计算说明：内地对香港的出口额与香港从内地的进口额差根据表 17.11 和表 17.12 的数据计算得出；内地从香港的进口额与香港对内地的出口额差也根据表 17.11 和表 17.12 的数据计算得出；表 17.13 中总出口额是表 17.11 总出口额减去表 17.12 中"A－C"；表 17.13 中总进口额是表 17.11 总进口额减去表 17.12 中"B－C"；表 17.13 中总贸易顺差根据表 17.13 给出的总出口和总进口额计算得出。

表 17.13 给出的我国内地与香港贸易顺差占总贸易顺差的比例与表 17.11 相比更为合理：表 17.11 给出的 28 年的比例中，仅有 9 年的数据属于较为合理的 0 到 100%之间，而表 17.13 中较为合理年份增长到了 21 年，不合理年份仅为 2003 年和 2004 年及 2010 年到 2014 年的 7 年，清楚地证明了剔除两地"初级"虚假贸易数据方法的合理性。

17.5.3 我国从"中国"的进口贸易及对我国贸易总数据的影响

表 17.13 给出的剔除两地间"初级"虚假贸易后，内地与香港间贸易顺差仍有 7 年不在 0 到 100%的较为合理范围内，该问题只能从我国从"中国"的进口中得到答案。

17.5.3.1 我国从"中国"进口及规模

笔者在十年前开始研究我国贸易数据时发现我国有一个非常特殊的贸易伙伴："中华人民共和国"（国家统计局用"中华人民共和国"，而海关总署近年来用"中国"代表该特殊贸易伙伴。）具体来说，2001 年我国从"中国"的进口额还仅有 86.7 亿美元，然而从 2001 年到 2007 年 6 年间该数据迅速增长到了857.7 亿美元，6 年年均复合增长率高达 46.5%，比同期我国出口和进口的年均复合增长率 28.9% 和 25.6% 分别高出 17.6 个和 21.9 个百分点；2007 年到 2013年我国从"中国"的进口额仍然保持了两位数的年均复合增长率 10.7%，2013年此项进口额更是高达 1575.4 亿美元，超过当年我国自美国和中国台湾的进口额，成为当年我国仅次于韩国和日本的第三大进口"国"；2014 年虽然自"中国"的进口出现了 2001 年以来的首次下降，为 1448.4 亿美元，但仍然超过同年自美国和中国台湾的进口额，保持我国第三大进口"国"的地位；2015 年自"中国"进口略降到了 1433.9 亿美元，仍然保持我国第三大进口"国"的地位；2016 年自"中国"的进口下降到了 1280.1 亿美元，低于中国台湾和美国，仍保持我国第五大进口"国"的地位。

17.5.3.2 剔除我国从"中国"的进口对我国进出口的影响

从表 17.13 给出的我国总进口中剔除相应年份自"中国"的进口额，我们可以得出 1989 年到 2016 年我国总贸易，与香港的贸易及与香港外其他地区的总贸易顺差及占比数据，结果如表 17.14 所示。

表 17.14　剔除我国内地与香港和"中国"的"初级"虚假贸易额后的我国进出口数据及相关占比　　　　单位：亿美元,%

年份	总出口额	总进口额	贸易顺差	内地与香港的贸易顺差（大陆数据）占总顺差比例	内地与香港外的贸易顺差占总顺差比例
1989	634.9	567.2	67.6	93.1	6.9
1990	657.6	451.9	205.7	60.3	39.7
1991	775.3	533.3	242.0	60.6	39.4
1992	932.2	680.7	251.5	67.5	32.5
1993	1216.8	1017.0	199.9	58.0	42.0
1994	1495.8	1140.5	355.3	64.5	35.5
1995	1825.4	1317.1	508.4	53.9	46.1
1996	1919.1	1389.7	529.4	47.4	52.6
1997	2175.8	1436.3	739.5	49.7	50.3
1998	2199.2	1408.2	791.0	40.6	59.4
1999	2363.8	1655.3	708.4	42.3	57.7
2000	2960.9	2227.6	733.2	47.9	52.1
2001	3069.9	2318.1	751.8	49.4	50.6
2002	3590.8	2747.5	843.2	56.6	43.4

续表

年份	总出口额	总进口额	贸易顺差	内地与香港的贸易顺差（大陆数据）占总顺差比例	内地与香港外的贸易顺差占总顺差比例
2003	4628.4	3812.7	815.7	79.9	20.1
2004	6103.6	5156.4	947.2	94.0	6.0
2005	7721.2	5982.9	1738.3	64.6	35.4
2006	9672.5	7125.3	2547.2	56.8	43.2
2007	12036.5	8625.6	3410.9	50.3	49.7
2008	14209.0	10316.3	3892.7	45.7	54.3
2009	11967.1	9139.2	2828.0	55.7	44.3
2010	15567.7	12797.1	2770.6	74.4	25.6
2011	18512.1	16092.9	2419.2	104.4	-4.4
2012	19627.1	16603.6	3023.4	101.1	-1.1
2013	20708.3	17797.3	2911.0	126.6	-26.6
2014	22541.4	18060.1	4481.3	78.2	21.8
2015	22230.5	15284.3	6946.2	45.8	54.2
2016	20608.3	14438.3	6170.1	43.9	56.1

数据来源：总进口额是从表17.13总出口额减去表17.14中我国自"中国"的进口额而得。

相对表17.13来说，表17.14给出的我国与香港贸易顺差占内地总贸易顺差比例更为合理：从1989年到2010年及2014年到2016年我国内地与香港的年度贸易顺差占我国总顺差的比重皆介于0到100%的较为合理范围内，较为合理年份提高到了25年。虽然2011年到2013年我国内地与香港的贸易顺差占我国内地总贸易顺差的比重仍然超过100%（超过的原因是这些年人民币跨境贸易的虚假成分所致，下文会进一步分析），但超出的幅度却较表17.13降低很多，表明从表17.14中剔除我国从"中国"的"初级"虚假进口方法的合理性。

17.5.4　我国虚假贸易问题简述

表17.13结果显示，剔除两地间"初级"虚假贸易后，两地贸易数据合理性大幅度提高，而表17.14的结果显示，剔除我国从"中国"进口后，我国总贸易数据的合理性进一步大幅度提高，显示剔除这些"初级"虚假贸易的合理性。虚假贸易是一个非常复杂的问题，超过了本书的范围，有兴趣的读者可参考张光平（2016）。

17.6 人民币跨境贸易结算试点推出前后人民币贸易结算的简单介绍

17.6.1 人民币跨境贸易结算试点前的人民币贸易结算

我国在 2009 年 7 月正式启动了进出口贸易人民币结算试点，而事实上多年前人民币就已经被用于与周边国家贸易及其他交易的结算。人民币在巴基斯坦、越南、缅甸和老挝等经济体基本实现了自由流通，获得了接近美元的地位。自 1997 年 10 月 1 日起对边境小额贸易出口的货物按国家税务总局印发的《出口货物退（免）税管理办法》（以下简称《办法》）开始办理出口退税，但是，依《办法》办理退税需提供的单证之一是收外汇（美元）的"出口外汇核销单"（出口退税专用联），而云南出口缅甸、老挝、越南的边境小额贸易出口货物的 85% 以上采用人民币结算（"云南边贸发展急需国家对人民币结算予以出口退税的政策支持"，云南省政府网站 www. yn. gov. cn/yunnan，China）。

2004 年，在中蒙边境贸易中，以人民币作为结算货币的贸易额约占 90%，在中越边境贸易中约为 81%，在中朝边境贸易中约为 45%，在中俄边境贸易中约为 15%（刘明志，2008）。2004 年，在中蒙边境贸易中通过账户行的人民币结算量为 11.66 亿元，2005 年达到 27.32 亿元，2006 年达到 34.46 亿元，2007 年达到 68.69 亿元。在俄罗斯的流通领域内，人民币不能直接使用，主要是在边境贸易中用于结算（李东荣，2009）。

总的来说，在 2009 年 7 月国家实施人民币跨境贸易结算试点之前，由国际贸易引起的人民币流通量占我国境内货币供应量和我国进出口贸易总额的比例仍然很低，而且在非周边的其他亚洲经济体及欧美等地区基本没有利用人民币进行结算（旅游人民币兑换、支付除外）。由于边贸仅占我国与周边国家和地区总贸易的一小部分，而且目前政府没有公布边境贸易中人民币结算的相关数据，所以我们难以估算出人民币在我国贸易结算中的比例。王成基（2012）对 2009年人民币跨境贸易结算试点之前的人民币贸易结算进行了研究，提供了一些相关数据和分析，这里不再多述。2010 年以来人民币跨境贸易结算的主要数据已经定期公布，我们下文会仔细分析研究。

17.6.2 跨境贸易人民币结算的政策准备

早在 20 世纪 90 年代，我国与有关邻国就已开始在边境贸易中使用人民币进行结算，但是使用的范围相对较小。进入 2009 年，我国政府开始加速推进人民币贸易结算功能的发挥。国务院常务会议 2009 年 4 月 8 日正式决定，在上海、广州、深圳、珠海、东莞等城市开展跨境贸易人民币结算试点，迈开了人民币走向国际化的关键一步，有利于人民币国际地位的逐步提升。2009 年 7 月 1 日，《跨境贸易人民币结算试点管理办法》公布，为人民币跨境贸易结算的实施提供依据。2009 年 7 月 3 日，中国人民银行发布《跨境贸易人民币结算试点管理办法实施细则》。2009 年 7 月 6 日，跨境贸易人民币结算试点启动仪式在上海举行，与此同时，以人民币结算的首单进出口业务也在当日诞生。2010 年 6 月 22 日，中国人民银行等六部委联合发布了《关于扩大跨境贸易人民币结算试点有关问题的通知》，跨境贸易人民币结算试点范围由上海和广东的 4 个城市扩大到 20 个省（自治区、直辖市），将境外地域范围由中国香港、澳门和东盟扩大到所有国家和地区，明确试点业务范围包括跨境货物贸易、服务贸易和其他经常项目人民币结算。2011 年 8 月 24 日，中国人民银行宣布人民币跨境贸易结算试点扩大到全国范围，标志着此项业务从试点走向相对成熟。

17.6.3　人民币跨境贸易结算早期试点结果

跨境贸易人民币结算在试点初期，即在 2009 年下半年还不是很活跃。从 2009 年 7 月上旬人民币跨境贸易结算试点实施到 2009 年年底，人民币跨境贸易结算总额仅为 35.9 亿元人民币。然而随着各项配套措施逐步到位，跨境人民币贸易结算从 2010 年第一季度就迈入持续显著增长的轨道，我们下文会系统介绍。

17.7　人民币跨境贸易结算取得的可喜成绩

经过不到半年的探索和实践，人民币跨境贸易结算逐渐走向正轨。2010 年人民币跨境贸易结算取得了可喜的成绩，2011 年和 2012 年的成绩更加显著。表 17.15 给出了 2010 年第一季度到 2016 年第四季度人民币跨境贸易结算额及占相应贸易总额的比重。该表相关计算较为复杂，下文会详细说明。表 17.15 显示，2011—2015 年人民币跨境贸易结算总额分别高达 2.08 万亿、2.94 万亿、4.63 万亿、6.55 万亿和 6.39 万亿元，从占当年我国贸易总额的 8.9% 持续上升到 26.8%；但是，2016 年结算总额占比却回落到了 23.4%。这些数据显示，跨境人民币贸易结算试点推出 7 年多的时间内取得了可喜的成绩，但是 2016 年以来结算总额和占比皆持续下降的态势值得关注。

表 17. 15　　　　　　　　　　人民币跨境贸易结算额和占比　　　　　　单位：亿元,%

季度/年	结算贸易	结算出口	结算进口	结算进口/出口结算	贸易结算占比	出口结算占比	进口结算占比
2010Q1	183. 5	21. 4	162. 2	7. 58	0. 4	0. 1	0. 8
2010Q2	486. 6	67. 2	419. 4	6. 24	1. 0	0. 3	1. 8
2010Q3	1264. 8	164. 2	1100. 6	6. 70	2. 4	0. 6	4. 5
2010Q4	3128. 5	366. 7	2643. 1	7. 21	5. 5	1. 2	10. 4
2011Q1	3603. 2	398. 2	3205. 0	8. 05	4. 9	1. 5	8. 3
2011Q2	5972. 5	1037. 8	3052. 5	2. 94	7. 0	3. 4	11. 0
2011Q3	5834. 1	1569. 0	2626. 7	1. 67	6. 7	4. 7	9. 0
2011Q4	5402. 9	2030. 3	2472. 5	1. 22	7. 4	6. 3	8. 5
2012Q1	5804. 0	2291. 7	3208. 4	1. 40	10. 1	8. 4	11. 8
2012Q2	6715. 5	3054. 7	3567. 0	1. 17	10. 7	9. 2	12. 4
2012Q3	7989. 6	3770. 3	4219. 3	1. 12	12. 6	11. 0	14. 4
2012Q4	8855. 4	3709. 2	4510. 4	1. 22	12. 7	10. 6	15. 2
2013Q1	10039. 2	4167. 1	5872. 1	1. 41	16. 4	13. 0	20. 1
2013Q2	10460. 8	4684. 9	5727. 9	1. 22	16. 4	13. 9	19. 3
2013Q3	11100. 0	4400. 7	6562. 1	1. 49	16. 7	12. 7	21. 2
2013Q4	14700. 0	4606. 6	10093. 4	2. 19	21. 8	12. 6	32. 6
2014Q1	16500. 0	5415. 9	11000. 0	2. 03	27. 8	18. 0	37. 9
2014Q2	16200. 0	6848. 5	9351. 5	1. 37	24. 5	19. 4	30. 4
2014Q3	15300. 0	6495. 6	8804. 4	1. 36	21. 8	16. 6	28. 2
2014Q4	17500. 0	8488. 8	8974. 4	1. 06	24. 9	21. 4	29. 4
2015Q1	16545. 9	9055. 4	7490. 5	0. 83	29. 8	28. 7	31. 3
2015Q2	17154. 1	6902. 0	6552. 1	0. 95	22. 5	20. 2	25. 6
2015Q3	15000. 0	10509. 9	8190. 1	0. 78	33. 3	32. 2	34. 9
2015Q4	15200. 0	6134. 6	9065. 4	1. 48	22. 7	15. 6	32. 7
2016Q1	11400. 0	4470. 6	6929. 4	1. 55	21. 7	14. 7	31. 3
2016Q2	10300. 0	4103. 6	6196. 4	1. 51	17. 0	11. 8	24. 3
2016Q3	10100. 0	3899. 6	6200. 4	1. 59	15. 6	10. 5	22. 5
2016Q4	9400. 0	4421. 4	4135. 6	0. 94	13. 3	9. 0	18. 8
2017Q1	7954. 3	5029. 6	10343. 9	2. 06	12. 7	11. 0	14. 6
2010 年	5063. 4	619. 6	4325. 3	6. 98	2. 5	0. 6	4. 6
2011 年	20812. 7	5035. 3	11356. 7	2. 26	8. 9	4. 1	10. 1
2012 年	29364. 5	12825. 9	15505. 1	1. 21	12. 0	9. 9	13. 5

季度/年	结算贸易	结算出口	结算进口	结算进口/出口结算	贸易结算占比	出口结算占比	进口结算占比
2013 年	46300.0	17859.3	28255.5	1.58	18.0	13.0	23.4
2014 年	65500.0	27248.8	38130.3	1.40	24.7	18.9	31.4
2015 年	63900.0	32602.0	31298.0	0.96	26.8	23.7	31.1
2016 年	41200.0	16895.2	23461.8	1.39	23.4	16.6	31.4

数据来源：基础数据来自中国人民银行网站 www.pbc.gov.cn 给出的 2010 年第一季度到 2016 年第四季度人民银行货币政策执行报告和人民银行公布的金融统计数据报告；由于数据公布的格式有数次更改，表中 2010 年第四季度和 2011 年第二季度到 2016 年第四季度进出口结算额及相应的占比计算方法下文解释。

表 17.15 显示，从 2010 年第一季度到 2011 年第二季度人民币贸易结算额占同期贸易总额比重持续增长，从 0.4% 持续增长到 7.0%，同期人民币进口结算保持更高的增长态势，占比从 0.8% 持续上升到 11.0%。由于 2011 年第三季度末境外人民币贬值预期的出现，该季人民币贸易结算占比出现了首次下降；虽然由于人民币对美元贬值预期的重现使得人民币进口结算减缓，而出口结算却保持了较好的增长势头。从 2011 年第三季度人民币贸易结算占季度贸易总额比重 6.7% 持续增长到了 2014 年第一季度的 27.8%，首季超过 1/4，同期进口结算占比从 9.0% 持续增长到 37.9%，出口结算占比从 4.7% 持续上升到 18.0%；受境外人民币贬值的预期影响，2014 年第二季度和第三季度，人民币结算占贸易总额比重分别回落到 24.5% 和 21.8%，进口结算占比也回落到 28.2%，同时出口结算占比也回落到 16.6%；2014 年第三季度到 2015 年第三季度进出口结算占比重新回升到 33.3% 的季度历史最高水平，相应的出口和进口结算占比也分别达到了 32.2% 和 34.9% 的高位；然而从 2015 年第三季度以来，人民币贸易结算金额占贸易总额比例持续下降到了 12.1%，回落到了相当于 2012 年第三季度的水平。

17.7.1　2010 年前三个季度跨境贸易人民币结算进口和出口规模

不仅人民币跨境贸易结算的总额重要，而且总额中出口和进口结算的分布也同样重要。特别是随着跨境人民币结算额的显著增加，跨境人民币贸易结算对我国外汇储备和货币政策等皆会产生重要的影响。没有人民币跨境贸易结算的出口和进口金额，我们就难以判断人民币跨境贸易结算对我国贸易顺差及对我国外汇储备的影响，进而难以判断对我国货币政策的影响。

实际上，人民银行从 2010 年第一季度以来公布的季度货币政策执行报告仅在 2011 年第一季度的报告中，直接给出该季度货物贸易出口和进口人民币结算金额及相应的服务贸易出口和进口人民币结算金额，其他季度的人民币结算的出口结算金额和进口结算金额我们难以直接获得。人民银行从 2011 年第二季度开始仅公布人民币跨境贸易结算的实收和实付数据，而再未公布过人民币跨境进口和出口结算数据，为我们判断之后人民币跨境贸易结算的出口和进口金额带来了一定的困难。下文根据人民银行每季公布的人民币跨境贸易实收和实付数据来估算相应的人民币跨境贸易结算出口和进口。

17.7.2 2010 年以来人民币跨境贸易结算实收和实付规模及问题

跨境贸易结算实收金额实际上应该与跨境贸易结算的出口额相同，同时实付应该与跨境贸易结算的进口额相同，实收和实付实际上应该是出口和进口的另外一种说法。在没有虚假跨境贸易结算的情况下，两者应该相等。但是，数据显示，在人民币跨境贸易结算初期，"既无实收也无实付"的跨境人民币贸易结算占总结算比重较高，显示当时虚假跨境人民币贸易结算仍然较为严重；另外，2012—2014 年"既有实收也有实付"的跨境人民币贸易结算与常理下的贸易结算概念不符，实际上也是虚假人民币跨境贸易结算。表 17.16 给出了 2011 年第一季度到 2016 年第四季度人民币跨境贸易结算实收和实付金额、实收和实付比例、"既无实收也无实付"的跨境人民币贸易结算金额及占总结算金额比重。

表 17.16　　　人民币跨境贸易结算实收和实付金额、实收和实付比例、
"既无实收也无实付"的跨境人民币贸易结算金额及占总结算金额比重

单位：亿元,%

季度/年	实收	实付	实付/实收比例	实收付总额	无实收付的结算额	无实收付结算额占比
2011Q1	392.5	2192.2	5.585	2584.7	1018.5	28.3
2011Q2	1037.8	3052.5	2.941	4090.3	1882.2	31.5
2011Q3	1569.0	2626.7	1.674	4195.7	1638.4	28.1
2011Q4	2030.3	2472.5	1.218	4502.8	900.1	16.7
2012Q1	2291.7	3208.4	1.400	5500.1	303.9	5.2
2012Q2	3054.7	3567.0	1.168	6621.7	93.8	1.4
2012Q3	3944.4	4414.2	1.119	8358.6	(369.0)	-4.6
2012Q4	3709.2	4510.4	1.216	8219.6	635.8	7.2
2013Q1	4167.1	5872.1	1.409	10039.2	0	0
2013Q2	4684.9	5727.9	1.223	10412.8	48.0	0.5

续表

季度/年	实收	实付	实付/实收比例	实收付总额	无实收付的结算额	无实收付结算额占比
2013Q3	4400.7	6562.1	1.491	10962.8	137.2	1.2
2013Q4	5547.3	9337.9	1.683	14885.2	(185.2)	-1.3
2014Q1	5415.9	11000.0	2.031	16415.9	84.1	0.5
2014Q2	6884.1	9400.0	1.365	16284.1	(84.1)	-0.5
2014Q3	6511.2	8825.6	1.355	15336.8	(36.8)	-0.2
2014Q4	8488.8	8974.4	1.057	17463.2	36.8	0.2
2015Q1	9055.4	7490.5	0.827	16545.9	0	0
2015Q2	6902.0	6552.1	0.949	13454.1	3700.0	21.6
2015Q3	10509.9	8190.1	0.779	18700.0	(3700.0)	-24.7
2015Q4	6134.6	9065.4	1.478	15200.0	0	0
2016Q1	4470.6	6929.4	1.550	11400.0	0	0
2016Q2	4103.6	6196.4	1.510	10300.0	0	0
2016Q3	3899.6	6200.4	1.590	10100.0	0	0
2016Q4	3615.4	5784.6	1.600	9400.0	0	0
2017Q1	3665.6	4288.7	1.170	7954.3	0.0	0.0
2010	4421.4	4135.6	0.935	8557.0	(3493.6)	-69.0
2011	5029.6	10343.9	2.057	15373.5	5439.2	26.1
2012	13000.0	15700.0	1.208	28700.0	664.5	2.3
2013	18800.0	27500.0	1.463	46300.0	0	0
2014	27300.0	38200.0	1.399	65500.0	0	0
2015	32602.0	31298.0	0.960	63900.0	0	0
2016	16089.2	25110.8	1.561	41200.0	0	0

数据来源：人民银行公布的2011年第四季度《中国货币政策执行报告》仅给出了2011年全年的实收与实付比例1.7%，该年第四季度实收和实付数据是根据全年实收与实付比例1.7%和假设第四季度既无实收也无实付金额占总结算金额比例为2011年第三季度比例28.1%和2012年第一季度的既无实收也无实付金额占总结算金额比例5.2%的平均比例16.7%计算得出的；其他季度的数据根据人民银行公布的相应季度时间段《中国货币政策执行报告》给出的数据直接计算得出。

表17.16显示，2011年第一季度到第四季度既无实收也无实付的跨境人民币贸易结算金额在900.1亿到1882.2亿元之间，占相应季度人民币跨境贸易结算总的比重在16.7%到31.5%之间，全年既无实收也无实付的跨境人民币贸易结算金额累计5439.2亿元，占全年人民币跨境贸易结算总额2.08万亿元的26.1%，显示2011年虚假人民币贸易结算比重相当高；然而2011年以后，既无

实收也无实付的跨境人民币贸易结算金额明显降低；2012 年第三季度、2013 年第四季度、2014 年第二和第三季度，实收和实付的人民币跨境贸易结算总额却超过了总结算金额，表明该四个季度内有"既是实收同时也是实付"的跨境贸易结算，这些结算显然也是虚假的人民币跨境贸易结算。从每季度总的人民币跨境贸易结算金额中减去这些"既无实收也无实付"及"既是实收也是实付"的结算金额我们才能获得相对较为真实的结算金额。

17.7.3 合理的人民币跨境贸易实收和实付数据估算

表 17.16 给出的根据人民银行公布的 2011 年第一季度到 2015 年第二季度人民币跨境贸易实收和实付数据实际上有明显的问题。首先，2011 年第四季度实收/实付比例 0.67，为表 17.16 中 18 个季度中最低的；其次，2012 年第一季度和第二季度实收/实付比例相同为 1.40，也似有问题；2012 年第三季度该比例 0.97 为该表中第二最低的，是 2011 年年初以来第二次出现该比例低于 1 的季度。

众所周知，人民币跨境贸易实收和实付比例实际上反映当时人民币对美元升值和贬值的预期程度：人民币对美元升值预期较高时，境外接受人民币的欲望较强，进口容易结算，因此实收/实付比例较高；相反，人民币对美元贬值预期较高时，境外接受人民币的欲望较低，进口不容易结算，因此实收/实付比例就较低。表 17.17 给出 2011 年第一季度到 2016 年第四季度人民币跨境贸易结算实收、实付，实收付总额、比例，无实收和实付总额及占总结算额比重。

表 17.17 人民币跨境贸易结算实收、实付，实收付总额、比例，无实收和实付总额及占总结算额比重　　　单位：亿元，%

季度/年	实收	实付	实付/实收比例	实收付总额	无实收付的结算额	无实收付结算额占比
2011Q1	392.5	2192.2	5.59	2584.7	1018.5	28.3
2011Q2	1037.8	3052.5	2.94	4090.3	1882.2	31.5
2011Q3	1569.0	2626.7	1.67	4195.7	1638.4	28.1
2011Q4	2030.3	2472.5	1.22	4502.8	900.1	16.7
2012Q1	2291.7	3208.4	1.40	5500.1	303.9	5.2
2012Q2	3054.7	3567.0	1.17	6621.7	93.8	1.4
2012Q3	3770.3	4219.3	1.12	7989.6	0	0
2012Q4	3709.2	4510.4	1.22	8219.6	635.8	7.2
2013Q1	4167.1	5872.1	1.41	10039.2	0	0
2013Q2	4684.9	5727.9	1.22	10412.8	48.0	0.5

续表

季度/年	实收	实付	实付/实收比例	实收付总额	无实收付的结算额	无实收付结算额占比
2013Q3	4400.7	6562.1	1.49	10962.8	137.2	1.2
2013Q4	4606.6	10093.4	2.19	14700.0	0	0
2014Q1	5415.9	11000.0	2.03	16415.9	84.1	0.5
2014Q2	6848.5	9351.5	1.37	16200.0	0	0
2014Q3	6495.6	8804.4	1.36	15300.0	0	0
2014Q4	8488.8	8974.4	1.06	17463.2	36.8	0.2
2015Q1	9055.4	7490.5	0.83	16545.9	0	0
2015Q2	6902.0	6552.1	0.95	13454.1	3700.0	21.6
2015Q3	10509.9	8190.1	0.78	18700.0	(3700.0)	-24.7
2015Q4	6134.6	9065.4	1.48	15200.0	0	0
2016Q1	4470.6	6929.4	1.55	11400.0	0	0
2016Q2	4103.6	6196.4	1.51	10300.0	0	0
2016Q3	3899.6	6200.4	1.59	10100.0	0	0
2016Q4	3615.4	5784.6	1.600	9400.0	0.0	0.0
2017Q1	3665.6	4288.7	1.170	7954.3	0.0	0.0
2010	4421.4	4135.6	0.94	8557.0	(3493.6)	-69.0
2011	5029.6	10343.9	2.06	15373.5	5439.2	26.1
2012	12825.9	15505.1	1.21	28331.0	1033.5	3.5
2013	17859.3	28255.5	1.58	46114.8	185.2	0.4
2014	27248.8	38130.3	1.40	65379.1	120.9	0.2
2015	32602.0	31298.0	0.96	63900.0	0	0
2016	16089.2	25110.8	1.56	41200.0	0	0

数据来源：人民币跨境贸易结算实收/实付比例数据来自表 17.16，一年期人民币对美元无本金交割远期对境内人民币及其汇率日均升值或贬值幅度根据彭博数据终端给出的每日一年期人民币对美元无本金交割远期与国家外汇管理局公布的人民币对美元中间价计算得出。

　　表 17.17 给出的 2011 年第一季度以来境外一年期人民币对美元无本金交割远期对人民币即期日均升值和贬值幅度与季度人民币跨境贸易实收/实付比例数据显示，2011 年第一季度以来，季度人民币实收/实付比例与同期境外人民币升值或贬值的幅度关系与上述关系大多一致。以表 17.17 给出的关系来判断，尽管 2014 年第四季度境外人民币出现了 2011 年第一季度以后的首季贬值，但是贬值幅度远低于 2014 年第四季度，因此其实收/实付比例不应该比 2014 年第四季

度的比例 1.06 低，更不该达到四年多来最低值 0.67；2012 年第一季度到 2012 年第二季度境外人民币对美元从日均升值 0.07% 下降到了贬值 1.17%，变化高达 1.24%，该两季度实收/实付比例不应该相同为 1.4；另外，表 17.17 显示 2012 年第三季度境外人民币日均贬值预期 1.43%，远低于 2014 年第四季度的 2.22%，因此 2012 年人民币实收/实付比例 0.97 不应该比 2014 年的比例 1.06 低。以表 17.17 给出的季度人民币实收/实付比例与相应的境外人民币对美元升值贬值关系，我们可以获得两者间的合理关系，结果如表 17.17 所示。

17.7.4　以 2011 年第一季度人民币跨境贸易结算数据为基准的估算方法

张光平（2014）以 2011 年第一季度人民币跨境贸易进口结算与出口结算比例 8.05/实付与实收比例 5.59 = 1.44 为基准，并假设 2011 年第一季度以后进口结算与出口结算比例/实付与实收比例保持在 1.44，从而将每季实付与实收比例转换成进口与出口结算比例，进而估算出每季度的人民币跨境贸易进口和出口结算金额。该方法有一定的合理性，但却没有考虑到 2011 年以后"既无实收也无实付"和"既是实收也是实付"的虚假结算金额占总结算比重显著下降的趋势，因此过高估算了进口结算的额度和占比的同时，也低估了人民币跨境出口结算的占比。

17.7.5　以人民币跨境贸易结算实收和实付数据估算相应的贸易金额

顾名思义，实收结算金额实际上是出口结算金额，同时实付结算金额实际上是进口结算金额。因此，2011 年第二季度以来每季直接公布的或者根据相关时间段内数据推算出的实收和实付金额，应该就是相应的出口和进口结算金额，每季公布的总结算金额减去实收金额和实付金额就是该季的虚假结算金额；季度实收结算金额和实付结算金额超过相应的总结算金额的部分即为"既有实收也有实付"结算金额的虚假结算总额。每季公布的实收金额和实付金额总和超过季度总结算金额，我们就不得不对这些实收和实付金额数据进行必要合理调整。以 2012 年第三季度为例，表 17.16 给出该季实收结算金额和实付结算金额分别为 4240.1 亿元和 4118.6 亿元，总实付实收额为 8358.6 亿元，超过该季总结算金额 7989.6 亿元的 369 亿元，这样我们就不能以该季的实收金额和实付金额为出口和进口金额。以表 17.17 给出的 2012 年第三季度实收和实付比例和总结算金额，我们即可计算出该季实收和实付金额分别为 3461.7 亿元和 4527.9 亿元。同样，我们可以计算出 2013 年第四季度、2014 年第二季度和第三季度的实收和实付金额，结果如表 17.17 所示。

17.7.6 表 17.17 结果计算方法说明

表 17.17 给出的结果中 2011 年第一季度数据直接来自人民银行的《中国货币政策执行报告》，出口结算金额为货物出口结算和服务出口结算之和，进口结算金额为货物进口结算金额与服务结算金额之和；2009 年货物出口和进口金额及服务出口和进口金额，分别在假设 2009 年货物出口与进口比例和服务贸易结算金额与从结算金额比例贸易 2009 年人民币跨境贸易试点启动到 2010 年第一季度相同的比例下计算得出；2010 年第一季度到第三季度人民币跨境出口和进口金额数据是货物出口和进口加上服务贸易出口和进口结算金额之和：货物贸易出口和进口金额分别以 2009 年跨境人民币贸易结算试点启动到 2010 年第一季度、第二季度和第三季度累计数据减去前一累计数据而得，服务进口和出口结算金额是在假设 2010 年前三季度服务进口结算金额与出口金额比例保持与 2011 年第一季度相同比例 1.79 的假设下计算得出；2010 年第四季度进出口结算数据，是在假设该季度服务贸易结算占总贸易结算比例为 2010 年第三季度和 2011 年第一季度相应比例平均值 13.36%、该季度服务贸易进口和出口结算比例，保持与 2011 年第一季度相同的比例 1.79 和货物贸易进口结算与出口结算比例为 2009 年人民币跨境贸易结算试点开始，到 2010 年第三季度末货物进口结算与出口结算比例 8.86 与 2011 年第一季度该比例 14.11 的平均比例 11.48 下计算得出；2011 年第二季度到 2016 年第四季度数据根据表 17.16 给出的数据计算得出。

17.8 境外人民币跨境支付占比与人民币跨境贸易结算占比比较

我们在第 17.2 节介绍了货币国际支付数据是其跨境贸易占比数据的较好替代品，人民币境外支付数据当然也应该是人民币跨境贸易结算较好的替代品。利用表 17.15 相应的月度人民币跨境贸易结算数据和相应的计算方法，我们可以类似地计算出 2012 年 1 月到 2016 年 12 月人民币跨境贸易结算占我国月度总贸易的比重。利用表 17.1 给出的 2012—2016 年我国贸易占世界比重及表 17.6 给出的 2014 年我国贸易占世界贸易估算比重，我们可以计算出 2012 年 1 月到 2016 年 12 月人民币跨境贸易月度结算金额占世界贸易比重。图 17.1 给出了 2012 年 1 月到 2016 年 12 月人民币跨境贸易结算占世界贸易比重及与境外人民币支付全球占比的比较。

图 17.1 显示，2016 年前人民币跨境贸易结算世界占比持续显著超过人民币跨境支付世界占比。2012 年到 2015 年，前者月均超过后者的比例分别为

185.6%、135.9%、75.6%和49.6%，2016年前8个月，前者超过后者19.8%，显示虽然前者持续显著超过后者，然而两者间的差异在明显缩小；但是，2016年9月前者首次低于后者，而且2016年11月到2017年3月，前者持续低于后者。虽然人民币跨境贸易结算占世界贸易比重与人民币跨境贸易结算占世界支付比重两个概念有所不同，而跨境贸易仍是跨境支付的主要内容，两者间巨大的差异表明很大一部分的人民币跨境贸易结算并没有相应的跨境支付，换句话说，2015年前人民币跨境贸易结算中有相当的份额是虚假跨境结算所致，而2016年9月以来这些虚假成分显著减少。两者间差异的原因仍须今后数据的积累而进一步探讨。

17.9　人民币跨境贸易结算中出口结算和进口结算简析

表17.15显示，2010—2012年人民币进口结算占比与出口结算比例分别达到6.98倍、2.26倍和1.21倍，显示2010—2012年人民币进口和出口结算趋于合理；虽然2013年进口结算与出口结算比例略回升到1.58，而2013—2016年，该比例重回下降的趋势，表明人民币进出口结算合理程度随人民币对美元的贬值压力的再现而趋于合理。

1970—1980年的十年内，日元结算的日本跨境贸易出口结算占日本出口比例为相应的进口比例的10倍以上（我们在第21章会进一步比较），前文国际贸易结算货币选择的7个条件中，除第7点不很满足外，其他6点皆支持日元成为日本出口贸易结算货币。日本结算出口占比高于进口占比的直接原因是日本进口的主要为能源和其他原材料（这些产品的差异性低），而且这些产品主要是以美元计价和结算的，因而日元进口结算难以有效推动。除这些理论解释外，升值预期明显的货币容易成为其货币母国进口的结算货币，因为相应的出口商更愿意持有此货币。在1985年日本开始实施"广场协议"日元大幅度升值时日元进口结算占比大幅度上升，日元结算出口占比/进口占比从1980年的12.3倍大幅度下降到1985年的5.4倍，到1987年又进一步下降到3.2倍，成为日元进口结算占比增长最快的时期。日元进口结算占比在1987年之后仍然有持续的增长，但是增幅远低于1985—1987年的阶段，表明本币升值时期推动本币进口结算确实具有优势。

如上我们计算出的我国2010年人民币跨境贸易结算中进口结算为相应出口结算的近7倍，与第17.3节国际贸易结算货币选择实证结果第一条不一致，正好与日本三十年前日元贸易结算初期的结果相反。然而我国近年来进口的能源和其他原材料与日本四十年前却很相似。到底是什么原因导致我国出现与国际经验相反的结果呢？实际上上文已经给出了答案：人民币跨境进口结算比出口更加容易实现的主要原因是在境外人民币升值压力的环境下，我国的境外"进口商"更愿意接受人民币。在我们充分肯定人民币跨境贸易结算取得显著成绩的同时，境外"进口商"通过贸易结算途径在两地市场间套利的动机值得我们关注。

17.10 人民币跨境贸易结算存在的问题简析

2010 年到 2015 年，人民币跨境贸易结算取得了巨大的成绩，结算额占同期贸易总额的比例从 2.5% 提高到 26.8%，超过 1/4。然而，在人民币跨境贸易结算额高速增长的同时，难免存在不少问题，有些问题可能还比较严重。

17.10.1 人民银行公布的总结算数据与香港金管局公布的数据差别显著

表 17.13 根据人民银行公布的 2011 年全年和前三个季度人民币跨境贸易结算数据推算出 2011 年第四季度结算额为 5402.9 亿元，而香港金管局公布的同期香港结算的人民币跨境贸易结算额却高达 5854.9 亿元，比人民银行公布的数据高出 452 亿元，后者比前者高出 8.4%；根据人民银行公布的 2012 年 1 月金融统计数据报告，2012 年 1 月人民币跨境贸易结算总额为 1284 亿元，而香港金管局 2012 年 2 月底公布的 2012 年 1 月香港人民币跨境贸易结算额为 1564 亿元，比人民银行公布的同月数据高出 280 亿元，后者比前者高出 21.8%；2012 年 5 月香港金管局公布的相应数据也比人民银行公布的数据高出 74 亿元，比人民银行公布的相应数据高出 3.4%；2012 年 6 月到 2014 年 7 月的两年多时间内香港公布的人民币结算数据一直低于人民银行公布的数据，但是 2014 年 7 月和 8 月前者分别高出后者 1.8% 和 8.5%，显示经过了 7 年业务实践两地跨境贸易协调仍然不够，结算数据仍然差异巨大。可能是两地统计的方法有别，或者是由于其他原因，香港结算的人民币跨境贸易额不应该超过人民银行公布的总额，特别是不应该高出 20% 以上。

17.10.2 "无实收付"的跨境贸易人民币结算问题

表 17.16 显示，从 2010 年第四季度到 2011 年第四季度，每季度有超过 1000 多亿元"无实收付"人民币跨境贸易结算；2010 年后三个季度无实收付人民币结算占比超过了 40%；2011 年无实收付人民币结算占同季度总结算额比重下降到不足 30%；2012 年前两个季度无实收付占比大幅度下降，但是 2012 年后两个季度的数据出现更加离谱的问题，即实收和实付总额超过同期总贸易结算金

额。顾名思义，即使服务也应该有实际收或实际付的结算，无实收付人民币结算应该是有问题的结算，或者是没有贸易背景的虚假结算；同样，"既是实收又是实付"的结算也应该与虚假贸易有关。因此，人民银行 2011 年第一季度以来公布的新的数据格式实际上间接地给出 2011 年每个季度的虚假贸易结算数据。虽然 2011 年各季度的虚假程度比 2010 年整体有所下降，但是仍然超过 20%；2012 年上半年虚假结算占比显著减少，但是下半年虚假程度又达到了可观的水平。

17.10.3　人民币跨境贸易结算和人民币国际支付数据的差异

利用表 17.1 和表 17.2 给出的国际贸易占比和主要货币的世界结算占比数据及相应的主要货币的经济母体贸易数据，我们可以直接比较主要货币支付占比及相应经济体贸易的世界占比。比较两表结果显示，除美元、英镑、欧元、澳元、瑞士法郎、挪威克朗和新西兰元外，其他货币结算占比皆低于相应经济母体贸易占比，表明其他货币经济母体贸易结算对美元、英镑、欧元等有不同程度的依赖性；人民币支付占比与我国贸易世界占比差额最大，相差 −10%，表明人民币贸易结算潜力巨大。

17.10.4　人民币贸易计价功能未随跨境贸易结算的增长而提升

与其他国际货币通常在跨境贸易中兼做计价和结算货币不同，人民币的贸易计价职能并未伴随着跨境贸易结算的增长而得到提升。许多企业在跨境贸易中都不采用人民币计价，而仅将其作为支付货币。在人民币投资渠道仍旧匮乏的情况下，不少境外企业愿意选择人民币作为支付货币，很大程度上是青睐于人民币的升值空间。未来随着人民币双向波动预期的增强，这一驱动因素所带来的结算份额势必有所下滑，因此就整体而言，人民币跨境贸易结算规模是否能保持强劲的增长势头还未可定论（陆婷，2014）。

17.11　人民币跨境贸易结算今后的发展

上文我们介绍并计算出我国贸易占世界的份额和人民币跨境贸易结算占我国贸易结算的份额。虽然人民币贸易结算占世界贸易的比重还比较低，但是近年来却有了可喜的进步。特别是 2011 年，人民币贸易结算占世界贸易总额的0.88%，显著超过了同年人民币外汇交易占世界外汇交易的比重，表明人民币贸易结算从 2011 年就超过了人民币外汇市场的世界排名；2012 年人民币贸易结算首次超过了世界贸易1%的大关达到1.24%，比人民币外汇市场在世界的排名更高；2013年人民币贸易结算达到当年世界贸易总额接近2%的水平，比同年人民币外汇在全球外汇市场交易占比1.1%高出很多，表明2013年人民币外汇市场相对于人民币贸易结算和支付还有很大的距离；而2016年人民币贸易结算达到当年世界贸易总额略超2%，与同年人民币外汇在全球外汇市场交易占比2.0%相当，表明近年来人民币外汇市场发展迅速，而人民币跨境贸易结算却进展缓慢，特别是2015年第三季度以来人民币跨境贸易结算占我国贸易比重从33.3%持续下降到了2017年第一季度的12.7%，急需采取措施扭转下降的趋势。

跨境贸易人民币结算业务试点是人民币国际化的必然举措。然而，人民币跨境贸易结算逐步实施以后，间接地给国际游资进入和流出开放了新的渠道。2004—2007年我国贸易顺差年均增长率超过100%的事实使越来越多的学者和专家认识到，在没有大力推动人民币跨境贸易结算的情况下，资金通过我国开放的贸易项目大量地流入境内将推高相应年份我国的固定资产投资水平（李东平，2008）。但是，在2008年第四季度和2009年第一季度大量资金转向撤离的时候，我国经济又随之受到一定的影响，特别是2014年下半年以来，随着美国退出量化宽松政策导致全球绝大部分货币兑美元贬值，跨境资金撤离新兴市场国家对全球新兴市场经济体正在产生着重大的影响和冲击。

在利用人民币跨境贸易结算和境外直接投资业务启动后，跨境资金流动又多了新的渠道。如果不加强对跨境资金流动的监控，跨境资金流动对我国经济和金融市场的影响将更加显著。因此，在稳步推进人民币结算业务的过程中，需要不断完善人民币管理体制，逐步启动和加强相关配套措施的建设，建立跨境资金流动的监测体系和防范机制，以加强对资金跨境流动的驾驭能力。在今后资本项目逐渐开放的情况下，资金跨境流动的渠道将逐渐增多，建立跨境资金流动的监测体系和防范机制将是今后多年的任务。即使在今后若干年人民币资本项目已经完全开放，跨境资金流动的监控体系也将是保证我国经济平稳运行不可或缺的常设机制。

17.12　小结

本章介绍了人民币国际化诸多举措及成绩、人民币离岸市场的发展、人民币资本项目开放等方面的现状和问题。本章各类数据显示，近年来人民币国际化诸多举措皆取得可喜的成绩和进展。2015年8月人民币首次超过日元，成为全球第四大支付货币。但是，我们应该清晰地看到，与日元国际化的进程和结果相比，人民币国际化进程才达到初期的水平。在充分认识推动人民币国际化经济和贸易等有利条件的同时，我们也应该认识到当前推动人民币国际化应该重视的诸多问题：如境内资本市场的深度和广度有待提高，利率市场化有待进一步提高，外汇市场活跃度需要显著提高，跨境资金监测和监管体系有待进一步健全等。解决或完善这些问题需要时间，但是必须有计划、有步骤地逐步实施。

世界贸易组织（WTO）已将我国经济与世界经济紧密相连，而且今后的联系还会进一步密切。我国加入世贸组织十多年来经贸持续增长的事实证明了决策者的战略眼光。人民币国际化将我国金融和经济其他领域与世界紧密联系起来。人民币国际化是一个相对较长的进程，外国的经验虽然可供参考和借鉴，但是结合我国现状稳步推动人民币国际化仍然需要我们在很多领域探索前进。探索虽然不可少，但必须循序渐进，有计划、有步骤、有秩序地推进。换句话说，推动人民币国际化应该有中长期的路线图和时间表。推动人民币国际化主要应该以境内中长期战略发展和国民生活水平稳步提高为目标和出发点，也应该与亚洲地区的经济、贸易和金融市场发展和稳定相联系，同时还应该着眼于国际货币和金融体系改革和世界和平发展相联系。从这些方面讲，人民币国际化是一个前无古人的历史壮举，需要境内外各界有识之士的努力和奋斗。虽然"没有现成的路线图"，但是我们应该在我国经济和世界经济今后发展的科学判断基础上，制定推动人民币国际化的中期和长期战略目标、战略规划和相应实施细节，并根据境内外经济、贸易和市场变化做适度必要调整。相信在各界有识之士的共同努力下，人民币国际化程度在今后几年将会逐渐取得更加显著的成绩，逐渐接近以至达到与我国经济国际地位相当的水平。

本章结果显示，我国多年来与亚洲贸易额占总贸易比重虽然持续下降，但是仍然保持了超过一半以上的份额。人民币跨境贸易结算的推动首先应该从亚洲做起，人民币国际化的其他举措也应该以亚洲为主，进而转向欧洲、非洲、拉丁美洲和北美洲。经过数年的持续推动，人民币首先会成为亚洲最主要的结算货币，进而成为交易货币，这样美元、欧元、人民币分别在美洲、欧洲和亚洲成为主要货币，"货币三极"的理想状态最终会实现。

为更准确地反映全球化时代国际贸易现状，经济合作与发展组织（经合组织）和世界贸易组织（世贸组织）2013年1月16日在巴黎首次发布了以单个商品在全球生产链上不同经济体产生的附加值为基础的新的国际贸易统计方法。该方法实际上侧重不同经济体在单个全球生产链上的附加值来统计不同经济体的贡献，比传统的统计方法更加科学。由于推出时间较短，相应的统计缺乏可比的历史数据，难以对不同经济体贸易进行比较，我们本章并未介绍该事项。随着今后该类统计数据的积累，我们今后会关注该方法，从而获得各个主要经济体在全球经贸体系的更为科学的比较结果。

参考文献

［1］何帆．人民币国际化的现实选择［J］．国际经济评论，2009.

［2］李东平（张光平）．近年中国贸易顺差虚假程度及其对货币政策的影响简析［J］．国际经济评论，2008（03）．

［3］刘明志．金融国际化——理论、经验和政策［M］．北京：中国金融出版社，2008.

［4］陆婷．人民币国际化不可忽视贸易计价［Z］．中国社会科学院世界经济与政治研究所国际金融研究中心，2014 - 07 - 07，人民币国际化专题 No. 2014 - 08.

［5］张明．离岸人民币债券市场将加速扩张［Z］．中国社科院世界经济与政治研究所国际金融研究中心，2011（3）．

［6］张明．人民币结算为何在美国快速增长？［Z］．中国社科院世界经济与政治研究所国际金融研究中心，2014 - 06 - 25. 人民币国际化专题 No. 2014 - 07.

［7］王瑞，王紫雾．离岸人民币基金试水［J］．新世纪周刊，2011 - 02 - 14：41 - 43.

［8］李增新．人民币国际化是长过程——专访 IMF 总裁特别助理朱民［J］．新世纪周刊，2011 - 02 - 14：52 - 55.

［9］易纲．加快外汇管理理念和方式转变深化外汇管理体制改革［OL］．2011 - 01 - 18，人民银行网站．

［10］范力民．约束人民币香港套利行为［J］．财经国家周刊，2011（4）（总第31期）：28.

［11］李建军．人民币跨境贸易结算额还能大增吗？［J］．上海证券报，2011 - 03 - 07.

［12］张大龙．推动跨境贸易人民币结算业务发展［J］．上海金融报，2011 - 03 - 11，A13.

［13］王庆．"池子论"与人民币国际化［J］．财经，2011（7）．

［14］许晟（记者刘铮）．让人民币在岸和离岸两市场尽可能一致［J］．第一财经日报，2011 - 01 - 27.

［15］刘湘宁．流动性新启示：跨境贸易人民币结算与外汇占比"被增长"［Z］．证券研究报告，宏观研究/专题报告，华泰联合证券，2010 - 12 - 21.

［16］李东荣．人民币跨境计价结算：问题与思路［M］．北京：中国金融出版社，2009：140.

［17］张光平. 人民币国际化和产品创新（第五版）［M］. 北京：中国金融出版社，2014.

［18］张光平. 我国虚假贸易和跨境资金流动探讨和估算［J］. 金融论坛，2015（10）：41 – 54.

［19］张光平. 人民币国际化和产品创新（第六版）［M］. 北京：中国金融出版社，2016.

［20］张光平. 人民币衍生产品（第五版）［M］. 北京：中国金融出版社，2016.

［21］王成基. 从人民币和港元一体化看人民币国际化［D］. 清华大学经济学硕士学位论文，2012.

［22］李婧. 人民币区域化对中国经济的影响与对策［M］. 北京：中国金融出版社，2009：57 – 58.

［23］Standard Chartered（渣打）全球研究：《人民币远航——人民币前沿》，2012 – 05 – 11.

［24］Jevons, William Stanley, 1985, The Coal Question, London：Macmillanand Co.

［25］Cookson, Robert, "Battle rages in Hong Kong's renminbi trade", 2011 – 01 – 24, Financial times website：http：//www. ftchinese. com.

［26］He and McCauley, 2010 "Offshore markets for the domestic currency：monetary and financial stability issues", March 2010, US Treasury, Fed Reserve, BIS.

［27］Frankel, Jeffrey, 2009, "On global currency," Keynote speech for workshop on Exchange Rates：The Global Perspective, sponsored by Bank of Canada and ECB, Frankfurt, June 19.

［28］Goldberg, Linda S. and C. dric Tille, 2010, "Micro, Macro, and Strategic Forces in International Trade Invoicing", Federal Reserve Bank of New York and NBER, Geneva Graduate Institute for International and Development Studies and CEPR, February 18, 2010.

［29］Ligthart, Jenny E. and Jorge A. da Silva, 2007, "Currency Invoicing in International Trade：A Panel Data Approach", Tilburg University, Cambridge University, This Version：February 2007.

［30］Nicolas Winning and William Horobin, "IMF's Strauss – Kahn Wants The Yuan In SDR", DOW JONES NEWSWIRES, February 19, 2011.

［31］Novy, Dennis, 2006, "Hedge Your Costs：Exchange Rate Risk and Endogenous Currency Invoicing," University of Cambridge, 10 July 2006.

［32］Special Report, "The New CNH Market", Standard Chartered Bank, 27

August 2010.

[33] Witte, Mark David, 2006, "Currency Invoicing: The Role of 'Herding' and Exchange Rate Volatility", University of North Carolina at Chapel Hill.

[34] Shen, Jianguang, 2011, "RMB's roadmap towards full convertibility", Mizuho Economics Research, April 7, 2011.

18　国际外汇储备资产构成和人民币国际储备的进展

货币的国际储备功能是货币国际化的最终体现。在介绍人民币国际化现状和未来趋势之前，我们有必要了解当前国际储备资产的货币构成及历史变迁，同时衡量人民币与储备货币之间的差距。

18.1　国际外汇储备资产的构成及变化

一国货币在国际储备资产中的权重，是国际化程度的重要标志。因此，本章首先介绍和分析国际外汇储备资产的构成和变化及人民币作为国际储备货币的进展。表 18.1 给出了 1995—2016 年全球外汇储备资产总额、可识别外汇储备资产总额、不可识别外汇储备资产总额及其年增长率和占比情况。表中可识别外汇储备是指外汇储备中可以找到相应具体货币的资产，不可识别外汇储备资产是黄金及其相关衍生产品等"找不到具体货币"的外汇储备，或者为没有披露具体识别货币的储备资产。

表 18.1　全球外汇储备、可识别外汇储备、不可识别外汇储备资产总额及其年增长率和占比　　单位：万亿美元,%

年份	总外汇储备额	年增长率	可识别外汇储备额	可识别外汇储备额占比	可识别外汇储备年增长率	不可识别外汇储备额	不可识别外汇储备额占比	不可识别外汇储备年增长率
1995	1.39		1.04	74.5		0.35	25.5	
1996	1.57	12.7	1.23	78.3	18.5	0.34	21.7	−4.1
1997	1.62	3.2	1.27	78.8	3.8	0.34	21.2	0.9
1998	1.64	1.7	1.28	78.0	0.7	0.36	22.0	5.3
1999	1.78	8.4	1.38	77.4	7.6	0.40	22.6	11.4
2000	1.94	8.7	1.52	78.4	10.0	0.42	21.6	3.9
2001	2.05	5.9	1.57	76.6	3.4	0.48	23.4	14.9
2002	2.41	17.5	1.80	74.6	14.4	0.61	25.4	27.5
2003	3.02	25.6	2.22	73.5	23.8	0.80	26.5	31.0
2004	3.75	23.9	2.66	70.8	19.4	1.09	29.2	36.4

年份	总外汇储备额	年增长率	可识别外汇储备额	可识别外汇储备额占比	可识别外汇储备年增长率	不可识别外汇储备额	不可识别外汇储备额占比	不可识别外汇储备年增长率
2005	4.32	15.3	2.84	65.8	7.1	1.48	34.2	35.1
2006	5.25	21.6	3.32	63.1	16.6	1.94	36.9	31.2
2007	6.70	27.6	4.12	61.4	24.2	2.59	38.6	33.4
2008	7.35	9.6	4.21	57.3	2.2	3.14	42.7	21.3
2009	8.16	11.1	4.59	56.2	9.0	3.57	43.8	14.0
2010	9.26	13.5	5.16	55.7	12.5	4.10	44.3	14.7
2011	10.21	10.2	5.65	55.4	9.5	4.36	42.7	6.3
2012	10.95	7.3	6.09	55.6	7.7	4.77	43.6	9.5
2013	11.69	6.7	6.22	53.3	2.3	5.46	46.7	14.5
2014	11.59	-0.8	6.09	52.5	-2.2	5.51	47.5	0.8
2015	10.92	-5.8	6.82	62.4	12.0	4.10	37.6	-25.5
2016	10.79	-1.2	7.90	73.2	15.9	2.89	26.8	-29.5
1995—2001		6.7			7.2			5.2
2001—2007		21.8			17.4			32.4
2007—2013		9.7			7.1			3.3
2013—2016		-2.6			10.0			-19.9
2007—2016		5.4			8.0			-4.2
1995—2013		12.6			10.5			16.4
2000—2015		12.7			-1.5			3.4

数据来源：国际货币基金组织网站（http://www.imf.org/）。

18.1.1 全球外汇储备总额增长情况

表 18.1 显示，1995—2001 年全球外汇储备资产增长较为缓慢，复合年均增长率仅为 6.7%；从 2001—2007 年全球外汇储备资产复合年均增长率高达 21.8%，比同期世界境内生产总值复合年均增长率 9.6% 高出 12.2 个百分点，显示国际金融危机之前 6 年全球外汇储备疯狂地增长；2007—2013 年的 6 年间全球外汇储备年均复合增长率仅为 9.7%，不到之前 6 年年均增速 21.8% 的一半，比同期世界名义境内生产总值年均复合增长率 4.8% 高 4.9 个百分点；2011 年以来全球外汇储备增长速度持续放缓，2013 年到 2016 年出现了 3 年持续下降的趋势，3 年年均降幅 2.6%。

18.1.2 全球外汇储备中可识别储备资产

顾名思义，可识别储备资产即储备资产的货币属性可被直接识别。长期以来，此类资产是外汇储备的主要内涵。表 18.1 显示，1995—2001 年可识别储备资产年均增幅 7.2%，比相应的总储备资产年均增幅 6.7% 高出 0.5 个百分点；2001—2007 年可识别储备资产年均增幅 17.4%，比相应的总储备资产年均增幅 21.8% 低 4.4 个百分点；2007—2013 年可识别储备资产年均增幅 7.1%，比相应的总储备资产年均增幅 9.7% 低 2.6 个百分点，表明十多年来可识别储备资产增速低于总储备资产；可识别储备资产占总外汇储备的比例从 1997 年的 78.8% 持续下降到 2014 年的 52.5%，而 2015 年末却回升到了 62.4%，2016 年又上升到了 73.2%，为 2002 年以来最高，显示国际可识别储备货币回到了金融危机前的水平。

18.1.3 全球外汇储备中的不可识别储备资产

直观判断，不可识别储备资产应该为黄金及其衍生产品等不能以具体储备货币来识别的储备资产。然而这种理解并不准确。由于很多中央银行不披露其外汇储备资产的构成，不可识别储备资产实际上是未披露具体识别货币的储备资产。因此，国际货币基金组织外汇储备分类的名称不够准确。将不可识别储备资产定义为未披露储备货币的储备资产更为合适。

表 18.1 显示，1995—2001 年不可识别储备资产年均增幅 5.2%，比相应的总储备资产年均增幅 6.7% 低 1.5 个百分点；2001—2007 年不可识别储备资产年均增幅 32.4%，比相应的总储备资产年均增幅 21.8% 高出 10.6 个百分点；2007—2013 年不可识别储备资产年均增幅 13.3%，比相应的总储备资产年均增幅 9.7% 高出 3.6 个百分点，显示 2014 年以前十多年不可识别储备资产增速显著高于总储备资产；即使 2014 年可识别储备资产比 2013 年下降了 2.2%，而不可识别储备资产却比 2013 年增长了 0.8%；但是，2015 年不可识别储备资产比 2014 年同期下降了 15.4%，占总外汇储备比重下降到了 37.6%，2016 年进一步下降到了 26.8%，为 2004 年以来最低。

18.2 全球外汇储备中可识别资产的主要货币构成

货币在储备资产中的占比是其国际化程度的重要表征。因此，本节我们着重介绍可识别储备资产的货币构成。表 18.2 给出了 2000—2016 年可识别外汇储备不同货币储备资产总额及其年增长率和占比情况。

表 18.2　　　　全球可识别外汇储备中不同币种的储备资产总额

及其年增长率和占比　　　　　单位：亿美元，%

年份	2000	占比	2002	占比	2004	占比	2006	占比	2007	占比	2008	占比
总外汇储备额	19358.6	100.0	24075.8	100.0	37481.1	100.0	52529.9	100.0	67044.3	100.0	73459.1	100.0
可识别外汇储备额	15182.4	78.4	17958.3	74.6	26550.1	70.8	33154.8	63.1	41193.2	61.4	42102.0	57.3
美元储备额	10799.2	71.1	11942.5	66.5	17392.2	65.5	21575.7	65.1	26312.8	63.9	26848.6	63.8
欧元储备额	2776.9	18.3	4247.2	23.7	6552.3	24.7	8272.3	25.0	10761.6	26.1	11035.2	26.2
英镑储备额	418.0	2.8	524.7	2.9	927.4	3.5	1499.9	4.5	1988.8	4.8	1775.5	4.2
日元储备额	920.8	6.1	887.3	4.9	1137.4	4.3	1149.5	3.5	1310.2	3.2	1459.7	3.5
瑞士法郎储备额	40.9	0.3	73.1	0.4	44.2	0.2	56.9	0.2	64.0	0.2	58.0	0.1
其他	226.7	1.5	283.5	1.6	496.6	1.9	600.5	1.8	755.8	1.8	925.1	2.2
不可识别外汇储备额	4176.2	21.6	6117.5	25.4	10931.1	29.2	19375.1	36.9	25851.2	38.6	31357.1	42.7
年份	2009	占比	2011	占比	2013	占比	2014	占比	2015	占比	2016	占比
总外汇储备额	81645.8	100.0	102054.5	100.0	116857.9	100.0	115907.1	100.0	109214.0	100.0	107934.0	100.0
可识别外汇储备额	45899.5	56.2	56526.5	55.4	62246.7	53.3	60850.1	52.50	68170.1	62.4	79006.3	73.2
美元储备额	28479.2	62.0	35251.4	62.4	37925.4	60.9	38390.9	63.1	43740.7	64.2	50529.4	64.0
欧元储备额	12695.9	27.7	13940.7	24.7	15221.2	24.5	13468.8	22.1	13450.6	19.7	15592.6	19.7
英镑储备额	1949.0	4.2	2167.7	3.8	2489.9	4.0	2306.0	3.8	3433.0	5.0	3493.3	4.4
日元储备额	1329.4	3.6	2038.1	3.6	2397.1	3.9	2370.9	3.9	2747.7	4.0	3327.7	4.2
加元储备额	…	…	…	…	1160.4	1.9	1150.5	1.9	1276.5	1.9	1608.3	2.0
澳元储备额	…	…	…	…	1132.2	1.8	1082.3	1.8	1310.0	1.9	1461.2	1.8
人民币*	…	…	…	…	…	…	1056.7	0.9	949.3	1.4	845.1	1.1
瑞士法郎储备额	53.0	0.1	43.7	0.1	167.4	0.3	163.5	0.3	197.7	0.3	137.3	0.2
其他	1392.4	3.0	3084.3	5.5	1752.9	2.8	1917.3	3.2	2133.2	3.1	2011.5	2.5
不可识别外汇储备额	35746.3	35.0	45528.0	44.6	54611.2	46.7	55057.1	47.5	41043.9	37.6	28927.7	26.8

数据来源：国际货币基金组织 2017 年 3 月底公布的 2016 年第四季度及之前各季度数据；不同货币相应资产占比为当年可识别总资产的占比；2015 年末人民币储备资产数据的估算方法如 18.2.5 节所述。

18.2.1　美元和欧元储备资产占比变化

表 18.2 显示，美元作为全球最主要的储备货币，其储备资产占整个可识别外汇储备总额的比例 2000—2007 年从 71.1% 下降到了 63.9%，7 年累计下降 7.3 个百分点，2007—2013 年进一步下降到了 60.9%，6 年累计下降了 3 个百分点；然而从 2013 年到 2015 年美元占比回升到 64.2%，超过了其 2007 年底的占比 63.9%；虽然 2016 年末美元占比略回落到了 64.0%，但仍高于 2007 年底的 63.9% 的高位，显示金融危机后的 5 年，美元的国际地位确实有了明显的下降，但是 2013 年以来的 3 年时间内，美元在国际储备货币中的地位重回金融危机前的水平。

与此同时，欧元资产占整个可识别外汇储备总额的比例 2000—2007 年从 18.3%

上升到26.1%，7年累计上升7.8个百分点，2007年到2009年欧元占比进一步提高到了27.7%的高位，显示金融危机前和金融危机发生后的一年多时间内，欧元的国际地位显著提高；但是，2009年到2015年，欧元在国际可识别储备货币中的占比却从27.7%持续下降到了19.73%（相当于2002年第一季度的比重），累计下降了8个百分点；2016年欧元占比略微回升到了19.74%，但仍难以看出明显回升的态势。这些数据显示，金融危机爆发前7年和后两年，欧元的国际储备功能取代了美元失去的大多份额，而2009年后欧元在国际储备中的地位下降幅度最大。

18.2.2 英镑和日元储备资产占比介绍和比较

表18.2显示，2000—2007年，日元资产占比累计下降2.9个百分点，降幅仅次于美元，英镑资产占比却上升了2.1个百分点；2007—2013年，日元资产占比累计回升了0.7个百分点，英镑资产占比却下降了0.8个百分点；2013—2015年，日元占比累计上升了0.1个百分点，英镑资产占比回升1个百分点；2016年底英镑和日元占比分别比2015年底下降了0.6个百分点和上升了0.2个百分点。这些数据显示，金融危机后8年，英镑的国际储备地位没有多大的变化，而日元的国际地位却有了明显的提升，使得日元与美元相似，成为金融危机后仅次于美元的获益者。

18.2.3 新的可识别储备货币：加拿大元和澳大利亚元

值得注意的是，国际货币基金组织从2012年第四季度开始公布的全球可识别储备货币中增加了加拿大元和澳大利亚元两种新货币。表18.2相应的数据显示，这两种货币在可识别储备资产中的占比显著超过了瑞士法郎的占比，而且2012—2016年它们在国际储备资产中的占比还在上升，2016年两种货币在全球可识别储备占比总计3.8%，接近日元的占比，成为国际可识别储备货币资产中不可忽视的新生力量。

18.2.4 可识别储备中其他货币占比变化

表18.2显示，2000—2011年，可识别储备资产中除美元、欧元、英镑、日元和瑞士法郎之外的其他货币资产占比从1.5%持续上升到5.5%，累计升幅高达4个百分点，增幅仅次于同期欧元占比增幅6.4%，显示同期美元占比下降的同时，欧元和其他货币占比却显著提高；值得关注的是2010年和2011年，其他币种储备资产占比4.4%和5.5%分别超过英镑和日元的相应占比，表明届时其他货币储备资产在全球可识别储备中的作用达到不可忽视的地位；尽管表18.2给出的其他货币2013年占比回落近半到了2.8%的低位，但是加上加元、澳元和人民币的占比（该三种货币之前占比应该包括在之前的其他占比中）却提高到了7.1%，2013年到2016年的"其他货币"的总占比进一步提高到了7.5%，显示金融危机后加元、

澳元、人民币和其他货币在国际可识别储备资产中的地位加速提高的趋势。

18.2.5 人民币储备资产最新进展和今后的增长预期

近年来其他币种储备资产的增加中一定有人民币储备资产增加的成分。由于国际货币基金组织 2017 年 3 月末首次公布 2016 年末人民币储备资产金额,我们难以准确把握 2016 年末前已经成为国际储备资产的人民币储备资产的规模。2012 年 3 月 13 日,日本财长宣布日本已经获得人民银行批准购买金额为 650 亿元人民币(相当于 103 亿美元,或相当于日本外汇储备的 0.8%)的中国债券作为其外汇储备资产(路透社东京);2013 年 4 月 24 日,澳大利亚央行副行长洛威(Philip Lowe)在上海的澳洲商会演讲时宣布,澳联储计划将近 5% 的外汇资产投资于中国国债,并得到中国人民银行的批准。发达国家持有人民币对加速人民币成为国际储备资产一定会发挥带动作用。我们在第 30 章还会进一步讨论该问题。

近年来,虽然媒体有诸多关于其他国家或地区货币当局用人民币资产作为其储备资产的报道,但是我们却难以获得人民币作为国际储备资产的全球数据。2014 年 12 月,时任中国人民银行副行长胡晓炼女士在讲话中宣布人民币已经成为全球第七大储备货币,但是我们还是不知道彼时人民币作为储备资产的规模。2015 年 6 月中国人民银行首次发布的《人民币国际化报告》中公布,"截至 2015 年 4 月末,境外中央银行或货币当局在境内外持有债券、股票和存款等人民币资产余额约 6667 亿元"。以 2015 年 4 月的人民币储备数据 6667 亿元和 2016 年 12 月末人民币储备资产 845.1 亿美元,我可以计算出 2015 年 4 月到 2016 年 12 月间人民币国际储备金额月均下降 40.23 亿元,假设 2015 年 4 月到 2015 年 12 月,人民币国际储蓄保持月均降幅,我们可以计算出 2015 年 12 月末全球人民币储蓄的规模,表 18.2 给出了相应的结果。表 18.2 显示,2015 年底人民币储备资产金额应该为 977.1 亿美元,占比 1.4%;2016 年末占比 1.1%,离排名第五的澳大利亚元相差 0.7%。

18.3 全球外汇储备中不可识别资产及其结构变化

表 18.1 显示,不可识别储备资产占全球外汇储备的比重从 1995 年的 25.5% 略降到了 1997 年的 21.2%,随后持续上升到 2014 年 47.5% 高位;然而从 2014 年到 2016 年迅速回落到了 26.8% 的低位。本节主要介绍不可识别储备资产的相关内容及变化原因。

18.3.1 全球黄金储备与全球不可识别储备资产的关系

黄金是不可识别储备资产的重要组成部分。我们首先探讨全球黄金储备和不可识别储备之间的关系。表 18.3 给出 2000—2017 年世界黄金储备金额、世界外汇储备和世界不可识别储备资产及相应占比。表 18.3 显示，2000 年到 2011 年，世界黄金储备占外汇储备的比重从 15.1% 下降后重回 15.1%，2012 年提高到 15.4% 后持续下降到了 2015 年的 10.2%，2016 年又回升到 12.7%，近二十年没有多大的变化；2000 年世界黄金储备占不可识别储备资产的比重从七成持续下降到 2013 年和 2014 年的 22.6%，2014 年到 2016 年持续上升到了 42.4%，显示黄金在外汇储备资产中份额处于总体下降趋势，但是近年来却有回升势头。

表 18.3　　世界黄金储备金额和世界不可识别储备资产额及相应比例

单位：亿美元,%

年份	世界黄金储备量（吨）	世界黄金储备金额	世界外汇储备金额	世界黄金储备金额/世界外汇储备金额占比	世界不可识别储备金额	世界黄金储备金额/世界不可识别储备金额占比	世界其他不可识别储备资产金额/世界不可识别储备金额占比
2000	33157.3	2925.7	19358.6	15.1	4176.15	70.1	29.9
2001	32878.1	2922.8	20492.4	14.3	4796.88	60.9	39.1
2002	32510.2	3629.1	24075.8	15.1	6117.49	59.3	40.7
2003	31954.8	4276.5	30246.8	14.1	8016.90	53.3	46.7
2004	31436.0	4402.6	37481.1	11.7	10931.08	40.3	59.7
2005	30832.8	5085.4	43199.6	11.8	14764.14	34.4	65.6
2006	30467.7	6190.9	52529.9	11.8	19375.09	32.0	68.0
2007	29963.2	8031.9	67044.3	12.0	25851.16	31.1	68.9
2008	29981.1	8383.7	73459.1	11.4	31357.11	26.7	73.3
2009	30505.7	10666.1	81645.8	13.1	35746.28	29.8	70.2
2010	30840.0	13936.1	92647.4	15.0	41013.37	34.0	66.0
2011	31206.0	15360.1	102054.5	15.1	45527.95	33.7	66.3
2012	31681.1	16883.0	109522.2	15.4	48663.38	34.7	65.3
2013	31853.9	12335.7	116829.7	10.6	54556.09	22.6	77.4
2014	32030.6	12419.6	115907.1	10.7	55057.05	22.6	77.4
2015	32734.4	11155.9	109269.4	10.2	41091.70	27.1	72.9
2016	33631.9	12265.7	107934.0	12.7	28927.70	42.4	57.6
2017*	33232.8	13280.9					

数据来源：黄金储备数据来自世界黄金协会（World Gold Council）网站（http：//www.gold.org/government affairs/ gold_ reserves）；世界外汇储备和不可识别外汇储备数据来自国际货币基金组织网站 http：//www.imf.org；2017 年数据为该年第一季度末数据。

18.3.2 主要国家和机构黄金储备量及全球占比

表18.4给出2016年底黄金储备超过100吨的国家和地区及国际机构的黄金储备及占世界黄金储备吨数及排名。

表18.4 世界主要国家和地区及机构的黄金储备及占世界黄金储备比重

单位：吨,%

排名	国家/地区/机构	黄金储备	占世界黄金储备比重	占相应储备比例	排名	国家/地区/机构	黄金储备	占世界黄金储备比重	占相应储备比例
1	美国	8133.5	24.18	73.8	19	黎巴嫩	286.8	0.85	19.8
2	德国	3377.9	10.04	67.6	20	西班牙	281.6	0.84	16.5
3	国际货币基金组织	2814.0	8.37	—	21	奥地利	280.0	0.83	44.4
4	意大利	2451.8	7.29	66.8	22	哈萨克斯坦	258.1	0.77	32.3
5	法国	2435.8	7.24	61.5	23	比利时	227.4	0.68	35.7%
6	中国	1842.6	5.48	2.2	24	菲律宾	196.3	0.58	9.0
7	俄罗斯	1615.2	4.80	15.2	25	委内瑞拉	187.5	0.56	63.5
8	瑞士	1040.0	3.09	5.6	26	阿尔及利亚	173.6	0.52	5.3
9	日本	765.2	2.28	2.3	27	泰国	152.4	0.45	3.3
10	荷兰	612.5	1.82	62.8	28	新加坡	127.4	0.38	1.9
11	国际清算银行	579.8	1.72	—		瑞典	125.7	0.37	7.8
12	印度	557.8	1.66	5.7	29	南非	125.3	0.37	9.9
13	欧洲中央银行	504.8	1.50	25.6	30	墨西哥	120.5	0.36	2.5
14	土耳其	377.1	1.12	13.1	31	利比亚	116.6	0.35	5.9
15	中国台湾	423.6	1.26	3.5	32	希腊	112.8	0.34	60.7
16	葡萄牙	382.5	1.14	56.4	33	韩国	104.4	0.31	1.0
17	沙特阿拉伯	322.9	0.96	2.2	35	罗马尼亚	103.7	0.31	9.6
18	英国	310.3	0.92	8.5	36	波兰	103.0	0.31	3.3
	本表前36个经济体和机构总和	31630.4	94.05			美德意法日英总和	17474.5	51.96	
	前97个经济体和机构总和	33063.4	98.31			本表中28个发达经济体总和	21458.8	63.80	
	欧元区总和	10785.7	32.07			五个金砖国家总和	4208.2	12.51	
	世界总和	33631.9	100.00			31个亚洲国家和地区总和	5414.6	16.10	

数据来源：同表18.2和表18.3；97个经济体为2016年底黄金储备金额排前97位的国家或地区/机构；28个发达经济体和31个亚洲国家和地区为97个经济体中的国家或地区。

18.3.2.1　主要国家和地区黄金储备量排名和占外汇储备比重

表 18.4 显示，美国作为世界最大经济体，其黄金储备也遥遥领先于其他任何国家，占世界黄金储备的 24.18%，与 2016 年美国经济全球占比 24.89% 相当；德国、意大利和法国这三大主要欧元区国家的黄金储备分别排名世界第 2、第 3 和第 4 位（国家排名不考虑国际机构），显著高于该三国经济的世界排名；欧元区总黄金储备 10785.7 吨，占世界黄金储备的 32.07%，超过美国 2652.2 吨即超过 7.89%；日本和英国的黄金储备额排名分别在第 9 和第 18 位（国家排名不考虑国际机构），显著低于该两国经济的国际排名。

18.3.2.2　主要发展中国家黄金储备及占比

表 18.4 显示，主要发达国家的黄金储备普遍较高的同时，主要发展中国家的黄金储备普遍较低。虽然 2016 年金砖五国的经济世界占比为 22.7%，比欧元区占比 16.2% 高出 6.5%，但表 18.4 显示金砖五国 2016 年黄金储备为 4208.2 吨，还不足欧元区黄金储备 1.08 万吨的四成；2016 年金砖五国经济规模占全球比重较美国的 24.9% 仅差不到 2.2 个百分点，而金砖五国黄金储备仅略高于美国黄金储备的一半。

2016 年美、德、意、法、日、英这六个主要发达国家的世界经济占比仅为 45.3%，而 2016 年 8 月其黄金储备总额占比却高达 52%。从黄金占外汇储备比重来看，黄金储备最多的美国黄金储备占其外汇储备比重高达 76.0%；德、意、法三个主要欧元区国家黄金储备占其外汇储备比重高达 2/3；主要欧元区国家黄金储备占其外汇储备比重在六成左右。这些数据表明主要发达国家对黄金的"偏好"仍未减退。特别是美国多年来打压黄金的货币属性，但是其黄金储备却多年未减。直观感觉中黄金的货币属性减弱的判断应该是错觉。

18.3.2.3　黄金储备变化最大的国家和国际机构

比较 2015 年末与 2016 年末各国和地区及机构黄金储备变化时我们发现，国际清算银行增幅 474.2 吨，重量排名第一（然而 2016 年末到 2017 年 3 月国际清算银行又减少了 475.8 吨，降幅为同期最大）；其次为俄罗斯、中国和哈萨克斯坦，分别增加了 200.7 吨、80.2 吨和 36.2 吨；降幅最大的国家分别为土耳其和委内瑞拉，分别下降了 138.5 吨和 85.5 吨；其他国家和地区同期黄金储备变化较小。

18.3.2.4　我国黄金储备量排名和占外汇储备比重

我国黄金储备从 2013 年第一季度末的第 5 位下降到了 2014 年 6 月末的第 6 位，而表 18.4 显示，2016 年我国黄金储备排名回到了第 5 位（不考虑国际组织），占世界黄金储备的比重也从 2014 年第二季度末的 3.3% 提高到了 2015 年第二季度末的 5.1%，进而提高到了 2016 年的 5.5%，然而占比仅略超过 2016 年我国经济的世界占比 15.3% 的 1/3。我国黄金储备占我国外汇储备份额从 2014 年第二季度末的 1.1% 提高到 2015 年第二季度末的 1.7%，而后进一步提高到了 2016 年末的 2.2%，在表 18.4 中 33 个国家和地区占比排名倒数第二，显示我国外汇储备中可识别资产和不可识别资产严重失衡。由于我国外汇储备绝大部分为美元和欧元储备资产，使得我国外汇储备承受着巨大的外汇风险和主要国家的政府信用风险。我们在本章下文还会进一步探讨和分析该问题。

18.3.3 全球不可识别储备资产中除黄金外的其他产品及构成

表 18.3 显示，2008 年国际金融危机前，黄金占不可识别外汇储备比重持续下降，而 2008—2016 年黄金储备占不可识别储备资产比重出现回升，主要原因在于国际市场对美元国际储备功能的怀疑。除黄金外的不可识别外汇储备资产应该包含黄金衍生产品以及矿藏等资源的投资。

18.3.3.1 全球不可识别储备资产中除黄金外的其他产品规模

用表 18.3 给出的全球不可识别储备资产总额减去相应的黄金储备金额，我们就可获得不可识别外汇储备中除黄金外的其他不可识别储备资产的规模。数据显示除黄金外其他不可识别储备资产占总不可识别储备资产比重从 2000 年的 29.9% 持续上升到了 2008 年的 73.3% 的历史高位；2008 年到 2012 年除黄金外的不可识别储备资产占总不可识别储备资产的比重虽然下降到了 65.3%，而从 2012 年到 2014 年却回升到了 77.4%，2014 年到 2016 年又下降到了 57.6%，与 2004 年的比重相当。

国际货币基金组织数据显示，2002 年新兴经济体的外汇储备还不到发达经济体的一半，而 2005 年第四季度开始，新兴和发展中经济体的外汇储备首次超过了发达经济体，2008 年第二季度前者首次超过后者一倍，而后持续保持在接近后者两倍的水平。值得关注的是，2000～2003 年，新兴和发展中经济体的不可识别储备资产与发达经济体不可识别储备资产比例平均保持在接近 3 倍的水平；2004 年第一季度到 2008 年第三季度两者比例直线式上升到 10.06 倍的高位；受国际金融危机的影响，2008 年第四季度到 2010 年第二季度，该比例持续下降到了 9.0 倍；而 2010 年第二季度到 2014 年第一季度又持续上升到了 12.27 倍的历史高位；而 2014 年第一季度以来仍保持在 12 倍上下的高位。这些数据显示，全球不可识别储备资产主要是新兴和发展中国家的储备资产。

18.3.3.2 国际货币基金组织黄金持有额及相关政策

国际货币基金组织从 2000 年第一季度到 2009 年第三季度的黄金持有量保持在 3217.32 吨的水平；从 2009 年第三季度到 2010 年第四季度的 5 个季度连续累计减持黄金 403.28 吨后，2011 年第一季度开始到 2016 年末保持在 2814.04 吨的水平，使得该组织成为世界最大的黄金持有机构。国际货币基金组织章程对该组织黄金的使用有着非常严格的规定：只有会员投票超过 85%，该组织方可出售或者接受会员单位以黄金进行支付，该组织严格禁止买卖黄金或者其他黄金相关交易。

18.4 黄金交易所交易基金（ETF）

黄金交易所交易基金（Exchange Traded Funds，ETF）是国际黄金市场的重要组成部分，也是十多年来影响国际黄金价格的重要市场力量。本节简单介绍国际黄金交易所交易基金的构成、规模和影响。

18.4.1 黄金 ETF 的发展

黄金 ETF 从 2002 年 4 月 3 日全球第一只基金——加拿大 BMG 黄金基金开始，2003 年 3 月澳大利亚推出了全球第二只黄金基金——澳大利亚金属证券（ETFS Metal Securities Australia Ltd）；2004 年到 2008 年，黄金 ETF 持续缓慢增长，每年平均增加 3 只多；2009 年到 2011 年，黄金 ETF 迎来了高速发展期，分别有 12 只、13 只和 11 只基金推出；2012 年到 2015 年，黄金 ETF 增速下降，分别有 5 只、7 只、4 只和 1 只基金推出。表 18.5 给出了 2002 年到 2017 年全球黄金 ETF 推出数据及分布。

表 18.5　　全球活跃的黄金 ETF 推出年份及分布（2002 年到 2017 年）　　单位：只

年份	全球	北美洲	欧洲	亚洲	其他地区	印度	瑞士	英国	加拿大	美国	德国	中国
2002	1	1							1			
2003	1			1								
2004	3	1	1		1			1		1		
2005	1	1								1		
2006	2		1		1		1					
2007	9		5	4		4		2			1	
2008	2		1	1		1	1					
2009	12	4	7	1		1	5	2	3	1		
2010	13	2	4	6	1	4	1			2	3	
2011	11	2	5	3	1	2	2	1	2		1	
2012	5		2	3		1	1				1	
2013	7		4	3			1	1				3
2014	4	2	1	1					1	1		1
2015	1		1									
2016	0											
2017*	1									1		
合计	82	14	35	25	6	14	13	8	8	7	7	4

数据来源：根据世界黄金协会（World Gold Council）网站（http://www.gold.org）资料整理得出；2017 年的数据为截至该年 3 月末数据。

18.4.2 黄金 ETF 的分布

表 18.5 显示，欧洲黄金 ETF 数量多达 31 只，排名第一，亚洲和北美洲总数分别为 25 只和 14 只，分别排名第二和第三；其他国家和地区数量较少。从国家分布来看，印度和瑞士黄金基金最多，分别有 14 只和 13 只；其次为英国和加拿大，分别有 9 只和 8 只；再次为美国和德国，皆有 7 只；我国大陆仅有 4 只，而且 4 只基金中有 3 只是 2013 年推出的，另外一只是 2014 年推出的，显示我国黄金 ETF 市场发展较晚，而且仍不成规模。

18.4.3 实物支撑的黄金 ETF 持有黄金分布

表 18.5 给出的全球黄金 ETF 分布给出的是不同国家和地区黄金 ETF 推出的时间和基金只数，这些数据在一定程度上可以看出不同国家和地区黄金 ETF 市场推出的时间和活跃度，但是由于不同基金规模相差很大，这些数据难以反映出黄金 ETF 市场的规模。表 18.6 给出了 2017 年 2 月 28 日全球主要国家和地区黄金 ETF 持有的黄金量。表 18.6 显示，虽然美国黄金基金数量不多，但是美国 7 只活跃的黄金 ETF 基金平均每只持有量高达 161.7 吨，分别比英国、德国和瑞士的平均持有量高出一倍、四倍和六倍多，比印度和中国平均持有量高出 128 倍和 16 倍多；美国黄金 ETF 持有量占全球 53.79%，超过美元在全球外汇市场的不到 45% 的占比，显示美国黄金 ETF 在全球市场的垄断地位。

表 18.6   **全球活跃的黄金 ETF 持有黄金量分布**

（截至 2017 年 2 月 28 日）   单位：吨,%

国家和地区	持有量	占比	每只基金平均持有量
北美洲	1208.1	53.79	86.3
欧洲	1129.0	50.27	32.3
亚洲	68.0	3.03	2.7
其他地区	46.8	2.08	7.8
印度	17.5	0.78	1.3
瑞士	266.9	11.88	20.5
英国	633.2	28.19	70.4
加拿大	76.3	3.40	9.5
美国	1131.8	50.40	161.7
德国	221.5	9.86	31.6
中国	37.0	1.65	9.3
全球	2245.8	100.00	27.4

数据来源：同表 18.5。

18.4.4 黄金 ETF 持有量与黄金价格的关系

虽然表 18.6 给出的全球黄金 ETF 持有量仅为 2245.8 吨,不到表 18.4 给出的全球黄金储备量的 1/14,但是黄金 ETF 对全球黄金价格却有着重要的影响或决定作用。国际黄金协会的数据显示,2003 年到 2007 年,全球黄金 ETF 和类似的产品共持有的黄金量从几十吨增长到了 600 吨左右;但是 2007 年到 2009 年,相应的持有量飞涨到了超过 1500 吨的水平,显示金融危机爆发后黄金 ETF 和类似市场对黄金偏好的快速提高;从 2009 年到 2012 年进一步提高到了 2800 吨上下的高位;2012 年到 2015 年又下降到了略超 1500 吨的水平;2016 年重回高速增长态势,截至 2016 年 9 月末,全球黄金 ETF 和类似产品黄金持有总量重回 2336 吨的水平。这些持有量的变化与国际黄金价格变化非常一致,或者说黄金 ETF 和类似产品的持有量对全球黄金价格有着重要的影响力。

18.4.5 黄金 ETF 持有量与美元指数的关系

由于黄金 ETF 的黄金持有量与黄金价格有着直接的正相关性,黄金价格与美元指数又有着明显的反向相关性,黄金 ETF 的黄金持有量与美元指数也有着明显的反向相关性。因此,黄金 ETF 的黄金持有量对美元指数有很好的反应。

18.4.6 我国黄金 ETF 的发展及国际比较

表 18.5 显示,2013 年我国黄金 ETF 才开始出现,比全球最早的黄金 ETF 晚了 11 年,2014 年也仅有一只新的黄金 ETF 推出,2015 年到 2016 年前三季度没有一只新的黄金 ETF 推出;表 18.5 显示,我国的 4 只黄金 ETF 总的黄金持有量仅为 34.1 吨,仅略高于印度持有量 22.8 吨,在表 18.6 给出的 7 个主要黄金 ETF 国家中排名第 6,比表 18.4 给出我国黄金储备量排名第五(不计国际机构)还要低,表明我国黄金 ETF 仍处于初级阶段,今后仍有很大的发展潜力。

国际黄金协会的数据显示,我国香港特区分别于 2010 年和 2012 年各推出了一只黄金 ETF,比内地最早的黄金 ETF 早了三年左右,然而香港特区推出的两只黄金 ETF 规模很小,2017 年 2 月末两只基金的总黄金持有量仅为 2.5 吨,显示香港特区的黄金 ETF 的规模太小,对内地市场影响有限。

18.5 美元资产在国际储备资产中的比较

美国持有国际货币基金组织最大投票权,而且仍然享有唯一否决权,因此美国对国际货币基金组织影响巨大。虽然表 18.4 显示美元资产在可识别国际储备资产中的占比从 2000 年到 2013 年持续下降,然而从 2013 年到 2015 年却明显回升。美元资产仍然是国际可识别储备资产中最重要的组成部分，以支持美元保持世界头号货币的独特地位。

18.5.1 美元资产在国际储备资产中的地位和作用

美国政府债券多年来是金融机构投资和各国储备资产的首选。国际金融危机爆发前，美国政府负债与 GDP 的比例增长较慢，保持在 65% 上下的水平（2001—2007 年，美国政府债务与 GDP 比例从 53% 增长到 64.0%，年均增幅 1.8%）。然而国际金融危机爆发后，美国政府负债快速增长、债务负担迅速加重。2008—2012 年的 5 年，美国政府债务分别比上年增长了 1.45 万亿美元、1.68 万亿美元、1.77 万亿美元、1.19 万亿美元和 1.20 万亿美元，年度增幅与当年 GDP 的比例分别高达 9.9%、11.7%、11.8%、7.6% 和 7.4%；2013 年美国政府负债增额为 2008 年以来首次低于 1 万亿美元，2013—2015 年美国政府债务增幅减缓，占当年 GDP 比例分别下降到了 5.4%、4.2% 和 4.3%，但仍高于同年名义 GDP 的增幅；由于美国政府金融危机后国债大幅度增加，2012 年美国政府累计负债与 GDP 比例首次超过了 100%，2012 年到 2015 年比例持续上升到了 105.2%；估计 2016 年比例会进一步上升到超过 108% 的水平。

虽然 2013 年到 2015 年美国政府债务增幅保持在 1 万亿美元以内，但这三年年均增额 8020 亿美元仍然显著超过 2002—2007 年 6 年年均增幅 6059.7 亿美元的 30% 以上，显示美国控制债务发行努力的程度仍然有限。国际金融危机后 8 年累计新增债务 9.7 万亿美元（上文利用数据根据国际货币基金组织 2016 年 10 月公布的各国政府总债务比例和 GDP 数据计算得出），对美元的价值、信誉和国际地位无疑产生了相当的负面影响。

表 18.7 美国政府债券总额、境外持有的美国政府债券、

境外官方持有的美国政府债券和各国持有的美元总资产及相关占比

单位：万亿美元,%

年份	美国政府总债务	境外持有的美国政府债券总额	境外持有的美国政府债券总额占比	境外官方持有的美国政府债券	境外官方持有的美国政府债券占比	外国持有的美元储备资产总额	外国持有的美元储备资产总额与官方持有的美国政府债券差额
2004	8.04	1.85	23.00	1.23	15.30	1.74	0.51
2005	8.5	2.03	23.90	1.31	15.40	1.89	0.58
2006	8.82	2.1	23.80	1.45	16.40	2.16	0.71
2007	9.27	2.35	25.40	1.64	17.70	2.63	0.99
2008	10.72	3.08	28.70	2.14	19.90	2.69	0.55
2009	12.41	3.67	29.60	2.7	21.80	2.85	0.15

续表

年份	美国政府总债务	境外持有的美国政府债券总额	境外持有的美国政府债券总额占比	境外官方持有的美国政府债券	境外官方持有的美国政府债券占比	外国持有的美元储备资产总额	外国持有的美元储备资产总额与官方持有的美国政府债券差额
2010	14.18	4.44	31.30	3.19	22.50	3.19	0.00
2011	15.36	5.01	32.60	3.62	23.60	3.53	-0.09
2012	16.56	5.57	33.70	4.03	24.30	3.73	-0.30
2013	17.46	5.79	33.20	4.55	26.00	3.79	-0.76
2014	18.19	5.95	32.70	4.05	22.30	3.84	-0.21
2015	18.97	6.15	32.42	4.09	21.58	4.37	0.28
2016	20.10	6.00	29.85	3.81	18.98	5.05	1.24

数据来源：美国政府债券数据根据国际清算银行网站 www.bis.org/statistics/ secstats.htm2016 年 10 月公布的美国历年 GDP 和美国政府总债务与 GDP 比例计算得出；境外持有的美国政府债券和境外官方持有的美国政府债券数据来自美国财政部网站：http：//www.treasury.gov/resource - center/data - chart - center/tic/Documents/mfh.txt；美元储备资产数据来自国际货币基金组织 2017 年 3 月末公布的 2016 年底国际外汇储备数据。

18.5.2 境外持有的美国政府债券

境外政府和私人机构不同程度地持有美国政府债券。表 18.7 显示，2004—2012 年，境外持有的美国政府债券年均增幅高达 14.8%，比同期美国政府债券年均增幅 9.5% 低 5.3%，导致境外持有的美国政府债券占美国政府债券总额的比重从 2004 年的 23.0% 持续上升到 33.7% 的历史高位；然而 2012 年到 2016 年境外持有的美国政府债券年均增幅下降到了 1.9%，比同期美国政府债券年均增幅 5.0% 低 3.1%，导致境外持有的美国政府债券占美国政府债券总额的比重从 2012 年的 33.7% 持续下降到了 29.85%，显示金融危机前后境外对美国政府债券的投资兴趣有了明显的变化。

18.5.3 境外持有的美国政府债券与美元储备资产的关系

我们研究美国政府债券的目的主要是要分析境外持有美国政府债券和各国官方持有美国政府债券与全球美元储备资产之间的关系。表 18.7 显示，2004 年到 2007 年，境外政府持有的美元储备资产与境外政府持有的美国政府债券总差额从 5060 亿美元持续提高到了 9900 亿美元，显示金融危机前境外持有的美元储备资产中除美国政府债券外的其他资产占可观的比重（这些资产总额占外国政府美元外汇储备总额比例从 29.3% 持续提高到了 37.6%）；然而 2007 年到 2010 年，这类资产降到了 0，2011 年相应的差额首次出现负数 -900 亿美元，即当年外国政府将 900 亿美元的美国政府国债都没当作储备资产；2011 年到 2013 年外国储备资产与外国持有的美国政府债券总额从 −900 亿美元大幅度扩大到了 −7600 亿美元，显示美国量化宽松政策推出前美元的国际信誉下降到了历史低位；由于 2014 年美国推出量化宽松政策，相应的差额显著回落到了 −2100 亿美元；但是，2015 年和 2016 年，不仅境外持有的美元储备资产再次超过了相应的美国政府债券持有总额，而且两者间的差额分别重回 2804 亿美元和 12389 亿美元，2016 年的差额超过了 2007 年 9900 亿美元的峰值，与表 20.1 给出的美元重回金融危机前外汇市场的高位相对应。

上文介绍的相关年度数据难以清楚地看出金融危机前后相关资产变化。图 18.1 给出了 2000 年第一季度到 2016 年第四季度全球美元储备资产与各国官方持有的美国政府债券季度总额之差。图 18.1 显示，2000—2005 年，美元储备资产比各国官方持有美国政府债券总额平均高出 5500 亿美元左右；2005 年第四季度到 2008 年第一季度，两者差额持续快速上升，2008 年第一季度达到 1.04 万亿美元的历史峰值，表明国际金融危机前世界各国持有的美元储备资产中风险资产占比显著提高，显示国际金融危机前世界各国对美元"信心"十足。然而从 2008 年第二季度到 2009 年第三季度的 5 个季度里，两者差额从 1.01 万亿美元呈断崖式下降至不到 403.8 亿美元的低位，5 个季度累计下降了 9715 亿美元，季均降幅高达 1943 亿美元，表明金融危机削弱了对美元的信心，进而对美元资产产生巨大的冲击。

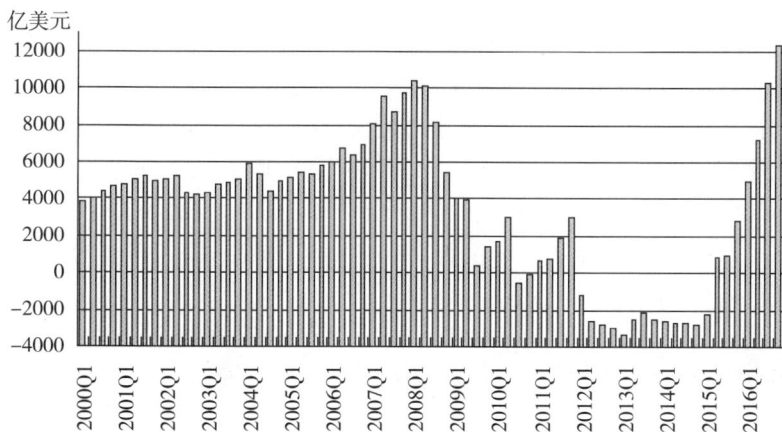

数据来源：美元储备资产数据来自表 18.2，各国持有的美国政府债券数据来自表 18.7 相同出处。

图 18.1 全球美元储备资产与外国官方持有的美国政府债券季度总差额

虽然从 2009 年第三季度到 2010 年第二季度，两者差额持续回升至 2983.4 亿美元，但仍然低于国际金融危机前的低点，而且 2010 年第二季度到第三季度再次"自由落体式"下滑到 −545.2 亿美元，首次出现负差额，季度降幅高达 3528.6 亿美元，接近国际金融危机后 2009 年第三季度最大季度降幅的 3531.1 亿美元，表明当时美联储计划实施"第二轮量化宽松政策"对美元"信心"产生了巨大冲击。虽然从 2010 年第三季度到 2011 年第四季度，差额重新持续回升到 2962.4 亿美元，但该差额不仅比国际金融危机前任何时候都低，而且低于 2010 年第二季度末的差额 2983.4 亿美元；2011 年第四季度到 2013 年第一季度差额第三次"自由落体式"地下滑，从 2962.4 亿美元首先下滑到 -3308 亿美元的季度高位，5 个季度累计下降了 1.29 万亿美元；2013 年第二季度到 2014 年第四季度的 6 个季度，累计下降了 2.1 万亿美元，显示美国量化宽松政策对美元信心的冲击作用。

但是，值得注意的是，随着 2014 年第四季度美国推出量化宽松政策，2015 年第一季度到 2016 年第四季度，外国美元储蓄资产总额与持有美国政府债券总差额重回了正值，从 8824 亿美元持续回升到了 1.24 万亿美元，超过了 2008 年第一季度的 1.04 万亿美元的季度峰值，显示美国推出量化宽松政策后的两年多来，美元不仅重回危机前的水平，而且还超过了金融危机前最高水平。

18.5.4　我国持有的美国政府债和其他美元资产

上文介绍了金融危机前后全球持有的美国政府债券和美元储备资产总额的差异比较。图 18.2 给出了 2000 年第一季度到 2017 年第一季度中国持有的美国政府债券金额。该图显示，我国持有的美国政府债券量保持了持续增长的态势，从 2000—2013 年 13 年间增长 20.06 倍，年均增长 26.4%，比同期美国经济年均名义增长率 3.8% 高出 22.6%，比同期我国经济名义增长率 14.7% 高出 11.7%，显示同期中国对美国国际融资进而对美国经济作出了巨大的贡献。实际上，从 2008 年 9 月我国首次超过日本成为美国国债全球最大持有国的地位而且保持了此地位，不仅对美国经济的发展，而且对美元主导的国际货币体系也发挥了重要的维护和支持作用。当然，美国经济的发展也对我国出口和经济的发展发挥了一定的推动作用。图 18.2 显示，2012 年第四季度到 2016 年第二季度，我国持有的美国政府债券保持在接近 1.3 万亿美元的水平，稳中略有下降，但是 2016 年第三季度到第四季度我国持有的美国政府债券持续明显下降，两个季度累计下降了 182.4 亿美元，2016 年 10 月日本重新取代中国成为美国债券的最大持有国。

18.5.5　我国持有的美国政府债外的其他美元资产

由于国家外汇管理局从未公布过我国外汇储备的货币分布，我们难以知道近年来我国 3 万亿~4 万亿美元的外汇储备中，美元和欧元等外汇储备资产的准确规模。中国社会科学院金融研究所研究员杨涛（2011）、张明（2012）等对近年来我国外汇储备货币构成进行过研究；星展银行（香港）的 Joseph Li（2014）利用 BCA Research（2014）的研究，对截至 2014 年第一季度末前十年我国外汇资产构成有系统深入的研究；为美国国会研究服务的 Morrison 和 Labonete

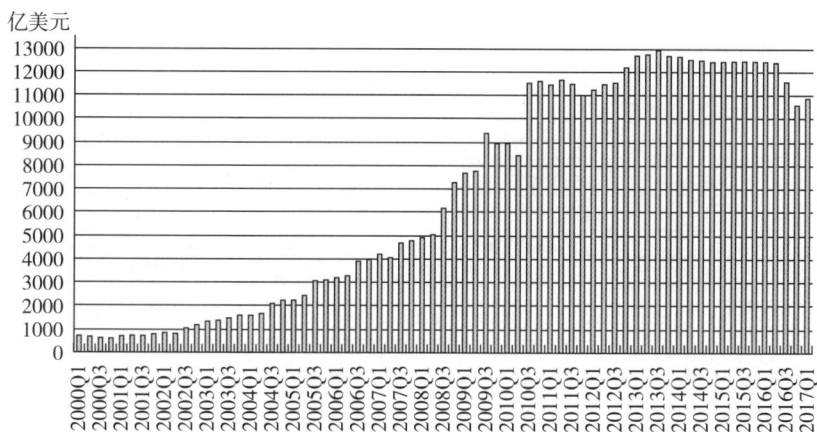

数据来源：美国财政部网站（http：//www. treasury. gov/resource – center/data – chart – center/tic/Documents/mfh. txt）。

图 18.2　中国持有的美国政府债券额（2001 年第一季度到 2017 年第一季度）

（2012）发表的"中国持有美国证券及对美国经济的影响"一文，对 2002—2011 年中国持有美国政府债券的规模进行了较为详细的分析。根据 Morrison 和 Labonete（2012）的研究成果计算，2002—2011 年我国持有的美国政府债券和私营美国证券占我国外汇储备平均比例为 62.29%，比同期世界持有的美元储备资产占全球可识别外汇储备的平均比例 66.36% 低 4.07 个百分点。

我们用国际货币基金组织公布的 2000—2009 年国际外汇储备数据可以计算出世界美元储备资产占可识别资产的季度比重。假设我国外汇储备的币种配置与世界可识别外汇储备相同（比杨涛（2011）给出的美元资产占比结果还低很多），这样我们可以计算出我国可识别外汇储备（总外汇储备减去黄金储备）中总美元储备资产金额，进而可以计算出我国外汇储备中美国政府债券之外的其他美元资产；2010 年、2012 年和 2014 年第一季度我国外汇储备中美元资产占比我们利用 Li（2014）的结果 57.7%、52.0% 和 48.0%。利用张光平（2015，表 52.4）（利用美国财政部 Report on Foreign Portfolio Holdings of U. S. Securities 的数据，扩展王永中（2011））提到的 2000—2014 年我国持有的美元资产比重，我们可以计算出 2000 年第一季度到 2016 年第四季度我国持有的美国政府债券之外的其他美元资产等相关数据，图 18.3 给出了相应的结果。

图 18.3 显示，我国外汇储备中美国政府债券之外的其他美元储备资产也像我国持有的美国政府债券一样持续显著增长，2000—2013 年增长了 11.7 倍，年均增长率高达 21.6%；然而从 2013 年第四季度到 2016 年第一季度我国持有的美国政府债券外的其他美元资产持续下降到了接近 3260 亿美元的低位，2016 年后三个季度保持在 3700 美元的低位。这些数据显示，全球金融危机后我国成了美国政府债券

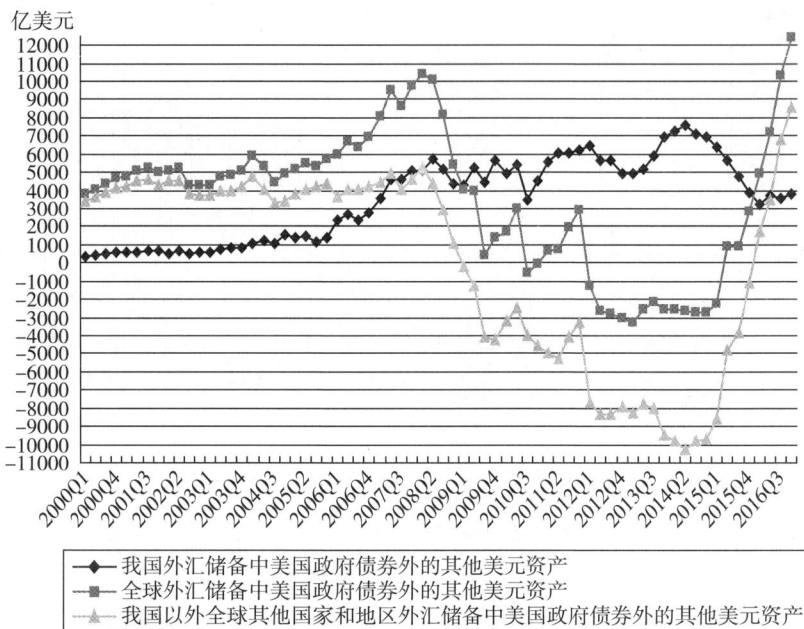

数据来源：国际美元资产数据来自国际货币基金组织网站；中国外汇储备来自人民银行网站；中国和世界持有美国政府债券数据来自美国财政部网站（http：//www. treasury. gov/resource – center/data – chart – center/tic/ Documents/mfh. txt）。

图 18.3　中国、世界和中国以外其他国家和地区持有的除美国政府债券之外的其他美元储备资产、世界其他国家持有的除美国政府债券之外的其他美元资产

外其他美元资产的主要持有者，成为支持美元国际地位的主要支柱。境外专家承认"雷曼破产危机后，把美国等发达国家从危机当中挽救出来的也正是中国"（"日本优先"的时代，日本《呼声》月刊，2017 年 3 月）。下文比较我国和世界其他国家持有的美国政府债券之外的其他美元资产情况更能说明问题。

18.5.6　中国以外其他国家和地区持有的除美国政府债券之外的其他美元资产

图 18.3 同时给出同期全球和中国以外其他国家和地区持有的除美国政府债券之外的其他美元储备资产。介绍和比较金融危机前后全球和中国外全球美元外汇储备和持有的除美国政府债券外其他美元资产差额对于我国理解和把握同期美元地位很有帮助。

18.5.6.1　其他国家和地区金融危机之前的"先知先觉"

图 18.3 显示，2000 年底到 2007 年底，除中国外其他国家和地区持有的政府债券外的其他美元资产从 4143 亿美元增长到了 4646 亿美元，7 年累计增长了

12.1%，年均增长率仅为 1.6%；而同期我国累计增长了 8.3 倍，年均增长 37.5%；2008 年 9 月国际金融危机爆发之前的一个季度，即 2008 年第二季度，除中国外全球其他国家和地区持有的除美国政府债券外的其他美元储备资产就开始出现大幅度的下降，环比降幅为 17.4%，表明除中国外全球其他国家和地区有着惊人的"先知先觉"，而同期我国持有的除美国政府债券外的其他美元储备资产却仍然保持了 12.3% 的两位数增长，中外市场的反应截然相反。

18.5.6.2 其他国家和地区金融危机爆发后的快速减持

国际金融危机于 2008 年 9 月 15 日随雷曼兄弟公司申请破产保护而爆发。危机后仅有半个月的 2008 年第三季度除中国外全球其他国家和地区持有的除美国政府债券外的其他美元储备资产环比下降了 33.0%，第四季度环比再下降了 63.8%；2009 年 3 月美联储宣布实施"第一轮量化宽松政策"，2009 年第一季度除中国外全球其他国家和地区持有的除美国政府债券外的其他美元储备资产首次出现了"负数" -231.3 亿美元，环比下降了 121.9%；"量化宽松一"实施后截至 2009 年底，除中国外全球其他国家和地区持有的除美国政府债券外的其他美元储备资产下降到了 -4266.1 亿美元；虽然 2010 年前两个季度除中国外全球其他国家和地区持有的除美国政府债券外的其他美元储备资产下降略有减缓，但是 2010 年第三季度美联储"第二轮量化宽松政策"的讨论和 2010 年第四季度"第二轮量化宽松政策"的实施，使除中国外全球其他国家和地区持有的除美国政府债券外的其他美元储备资产再次出现了显著下降，之后持续下降到 2011 年第二季度末的 -5272.9 亿美元的历史低位；2011 年第三和第四季度虽然略有回升，但是 2012 年第四季度到 2013 年第一季度保持了持续下降的趋势，达到 -8225.1 亿美元的历史纪录；2013 年第二季度到 2014 年第二季度末，持续上升到了 -1.03 万亿美元的历史峰值。

18.5.6.3 量化宽松政策退出后快速回升

图 18.3 也显示，随着 2014 年美国讨论和实施退出量化宽松政策，2014 年第二季度到 2015 年第一季度，除中国外全球其他国家和地区持有的除美国政府债券外的其他美元储备资产规模出现了持续大幅度提高的趋势，从 -2669 亿美元下降到了 -2239 亿美元；2015 年第二季度首次回到了金融危机前的正值，进而持续增长到了 2016 年第四季度的 1.24 万亿美元，显示美国退出量化宽松政策对除美国政府债券外的其他美元资产信心程度显著。

18.6 对国际外汇储备资产未来的增长估计

表 18.1 给出的全球外汇储备数据显示，1995—2001 年，全球总外汇储备、可识别储备和不可识别储备年均分别增长 6.7%、7.2% 和 5.2%；2001—2007

年，三类储备资产年均分别增长 21.8%、17.4% 和 32.4%；而 2007—2013 年，三类储备资产年均分别仅增长 9.7%、7.2% 和 13.3%；2013—2016 年，外汇储备出现了 20 年来首次连续下降。这些数据表明国际金融危机前 6 年全球外汇储备高速增长，而国际金融危机后最初 6 年增长迅速减缓，最近 3 年又持续下降。换种说法，国际金融危机前增长率过高，而危机后的增长率回落到了相对较为合理的水平。因此，在 2016—2020 年或 2021 年的 4~5 年内国际外汇储备的增长幅度应该比国际金融危机后 6 年的年均增长 9.7% 略低，即与 2007 年到 2016 年 9 年年均复合增长率 5.4% 相当。

考虑到 2013 年以来总外汇储备出现了持续的下降，假设 2016—2020 年国际外汇储备和可识别储备资产金额的年均增长率为 2007—2016 年 9 年间的年均复合增长率 5.4% 和 7.5%。按以上年均增长率，我们可以估算出 2020 年和 2025 年全球国际外汇储备、可识别外汇储备和不可识别储备资产额：到 2020 年底，全球外汇储备资产总额、可识别外汇储备和不可识别外汇储备资产分别在 12.01 万亿美元、9.15 万亿美元和 2.86 万亿美元；到 2025 年年底，这些资产将分别达到 13.74 万亿美元、11.01 万亿美元和 2.73 万亿美元。

18.7 人民币成为国际主要储备货币的条件有待进一步提高

上文显示，人民币成为主要国际储备货币之一的经贸条件已经基本具备。然而，人民币产品市场的成熟度却仍需进一步努力，人民币要成为主要国际储备货币之一还有不少条件仍需要提高或完善。

18.7.1 我国黄金储备规模过低

表 18.1 显示的不可识别储备资产的持续高速增长表明，以黄金为主的不可识别资产在国际储备资产中依然发挥着非常重要的作用。国际货币体系回到金本位实际上是不可能的，部分回归金本位也不易实现。如果部分回归金本位，无疑是对美国货币等政策增加限制。尽管如此，表 18.3 中主要国家和机构黄金储备数据显示，即使在国际金融危机和欧债危机严重的时期，它们对黄金的偏好也未发生多少变化。特别是美国，几十年来黄金储备量几乎没有任何变化，表明尽管美国淡化对黄金的政策作用，但对黄金在国际货币体系的较高地位的信心却从来没有动摇过。

由于欧元区国家的黄金储备比美国高出 2640 吨，黄金作用的提升对欧元区的好处自然要多于美国。2016 年 6 月底美国和欧元区黄金储备的世界占比分别高达 24.79% 和 32.87%，均超过它们相应的世界经济占比。不管黄金的作用今后发挥到何种程度，美国和欧元区皆会如意应对而且获益，因此轻视黄金或者重视黄金导向对它们均有利。虽然近年来我国黄金储备增速较快，但是到目前为止我国黄金储备量仍然过低。2016 年 6 月末，我国黄金储备占世界储备份额仅为 5.56%，不到 2016 年我国经济世界占比 15.3% 的四成。另外，2016 年底境外汇储备总额占世界外汇储备比例为 27.9%，而我国外汇储备中的黄金储备占比仅为 2.3%，与美国 76% 和欧元区近 60% 的比例仍有巨大的差距。人民币已经入篮，今后 5 年左右当人民币成为主要国际储备货币之一时，人民币全球可兑换程度会显著提高，我国大部分的进口和国际投资可以直接用人民币来交易，我国对外汇的需求会逐步显著降低。届时我国黄金储备规模应该与美国和欧元区逐渐接近，才能为人民币成为主要国际货币打下必要的基础。

18.7.2 人民币债券规模过小

本节根据 2020 年和 2025 年人民币储备资产在国际可识别外汇储备资产占比，估算届时国际市场对人民币储备资产的需求量和相应全球人民币储备资产的规模。在上文对 2020 年和 2025 年世界可识别外汇储备资产估算的基础上，我们可以估算出 2020 年和 2025 年人民币成为不同程度的储备货币时国际市场对人民币储备资产的需求量，结果如表 18.8 所示。

表 18.8　　2020 年和 2025 年全球人民币政府债券储备需求规模估算

人民币资产占国际储备资产比例假设（%）	2.1	4.5	8.0	11.0	14.0	17.0	20.0
2020 年达到比例国际需要的人民币储备债券额（万亿美元）	0.22	0.47	0.84	1.16	1.48	1.79	2.11
2020 年达到比例国际需要的人民币储备债券额（万亿元人民币）	1.53	3.28	5.82	8.01	10.19	12.38	14.56
2020 年达到比例国际需要的境内人民币债券总额（万亿元人民币）	10.70	22.93	40.77	56.06	71.35	86.64	101.93
2025 年达到比例国际需要的人民币储备债券额（万亿美元）	0.27	0.57	1.01	1.40	1.78	2.16	2.54
2025 年达到比例国际需要的人民币储备债券额（万亿元人民币）	1.84	3.94	7.00	9.63	12.25	14.88	17.51
2025 年达到比例国际需要的境内人民币债券总额（万亿元人民币）	11.03	23.63	42.01	57.77	73.53	89.28	105.04

数据来源：国际需要的人民币储备资产，根据人民币占全球可识别外汇储备资产假设及 2020 年和 2025 年全球可识别外汇储备资产估值 10.55 万亿美元和 12.69 万亿美元（上文 18.6 节）算出；根据 2020 年和 2025 年人民币国际储备债券总额分别占境内债券市场总额的 1/7 和 1/6 的假设计算出 2020 年和 2025 年所需的境内债券市场规模；人民币债券规模是假设保持 2017 年 3 月末人民币对美元的汇率推算得出的。

表 18.8 显示，如果 2020 年人民币储蓄资产占国际可识别外汇储备资产为 2.1% 或略高，即超过澳元和加元的国际占比排名全球第五大储备货币，那么国际外汇储备需要人民币国债金额在 2200 亿美元，相当于 1.53 万亿元人民币；如果届时境外人民币国债占境内国债总额的 1/7，需要境内国债市场规模达到 10.7 万亿元人民币；如果 2020 年人民币储备资产占世界可识别储备资产比重达到 4.5% 或更高些，即超过表 18.2 给出的 2016 年底英镑和日元储备资产占比，成为世界第三大储备货币，届时国际人民币储蓄资产规模将在 4700 亿美元左右，相当于 3.28 万亿元人民币；同样假设 2020 年境外人民币储备资产占我国人民币政府债券的 1/7，那么届时我国人民币政府债券规模将需要高达 22.93 万亿元人民币，而 2016 年末我国政府债券总额才 10.79 万亿元人民币，金融债券 12.40 万亿元（见表 18.9），两者总额 23.19 万亿元人民币，勉强满足境外对人民币储蓄资产的需求；如果届时人民币储备需求显著超过 4.5%，那么境内人民币国债和金融债将明显不足。人民币债券规模过低，境外机构持有人民币债券的比例就过高，对我国金融稳定不利。因此，急需探讨扩大人民币债券，特别是扩大人民币国债规模势在必行。

18.8 我国债券市场现状和存在的问题

上文我们分析了今后人民币成为主要国际储备货币时国际市场对人民币债券的需求，表明我国当前国债和金融债规模过小，难以满足今后人民币成为主要国际储备货币的需求。本节我们介绍和分析境内债券市场的现状和发展。

表 18.9 给出 2000 年以来我国债券市场各类债券年底存量。表 18.9 显示，从 2004 年开始金融债存量就开始超过国债，成为我国规模最大的债券类型；由于近年来地方政府债券存量增速较快；2011 年到 2014 年企业债近年来增长较快，企业债在我国债券市场的比重逐年提高，然而 2015 年以来增速下降。

表 18.9 我国债券市场各类债券年底存量　单位：亿元人民币,%

年份/债券类型	国债	地方政府债券	金融债和政府支持机构债	企业债券	中期票据集合票据	证券化债券	其他债券	总额	总额/当年GDP 比例
2000	9318.0		7346.1	125.0				18789.1	18.7
2001	11472.8		8506.3	251.8				22231.9	20.1
2002	16827.5		11400.9	596.2				30826.6	25.3
2003	21314.8		15250.5	1272.8				39841.1	29.0
2004	23515.3		25746.9	1267.7				52533.9	32.5

年份/债券类型	国债	地方政府债券	金融债和政府支持机构债	企业债券	中期票据集合票据	证券化债券	其他债券	总额	总额/当年GDP比例
2005	28852.4		43025.9	1855.2			2026.4	75759.9	40.4
2006	31016.1		58088.7	3017.7		138.4	2036.3	94297.2	43.0
2007	46197.2		68124.0	4301.5		250.3	2034.2	120907.2	44.7
2008	53848.5		92989.6	7328.6	1784.7	388.4	2039.7	158379.5	49.6
2009	59619.5		94813.7	11142.0	8680.4	156.2	2048.7	176460.5	50.6
2010	67637.2		100314.0	14634.2	13638.9	54.9	2048.5	198327.7	48.0
2011	75832.5		99031.8	16736.8	20114.1	27.6	2050.3	213793.1	43.7
2012	74235.9		85089.3	19302.2	23977.0	76.3	2051.4	204732.1	37.9
2013	101580.6		88719.6	23358.7	26323.4	171.4	18959.6	259113.3	43.5
2014	114100.5		99574.4	29366.5	20634.8	2688.9	20931.8	287297.0	44.6
2015	94908.6	48261.2	109955.2	31634.0	4296.4	5298.1	53314.4	402418.7	58.7
2016	107863.6	106251.8	123974.5	35430.1	59.7	5756.9	57931.4	437268.1	58.8
2017 *	107863.8	110082.0	126035.9	35178.0	59.7	5902.7	52146.0	437268.1	

数据来源：中国债券登记公司；2017 年数据为该年第一季度末数据。

18.8.1 市场规模过小

表 18.9 显示，2016 年年底中央国债登记公司托管的债券市场总市值为 43.7 万亿元人民币，仅相当于 6.3 万亿美元，占世界债券市场总市值的 7.3%，不到同年我国经济世界占比 15.3% 的一半；特别是我国国债和金融债这两类外资近年来喜欢持有的我国债券，2016 年底总额仅为 23.8 万亿美元，仅相当于 3.34 万亿美元。债券市场规模过小难以满足表 18.8 中人民币达到较高国际储备货币占比相应的境外市场对人民币债券的需求（如果满足相应需求，那么境外持有的人民币国债比重将过高）。因此，扩大我国债券市场规模，特别是扩大我国国债规模非常必要。

18.8.2 产品结构有待优化

从表 18.9 可以看出，我国债券市场仍然以政府债、金融债为主，企业债、证券化债券等品种占比仍然较低，需要优化市场结构。

18.8.3 场内场外市场分割的不合理现象长期存在

由于历史原因，我国交易所债券市场与银行间债券市场隔离，不相往来，对整个债券市场的发展很不利。有效的资本市场要求这种格局应该被打破，从而发挥市场的潜能。

18.8.4　市场活跃度有待提高

除市场规模较小外，我国债券市场的活跃度急需提高。2013 年和 2014 年境内银行间现券累计成交 41.6 万亿元和 40.36 万亿元，日均 1664 亿元和 1614 亿元，同比分别下降 44.9% 和 3%；2014 年全年国债现券交易累计成交 5.88 万亿元，仅占银行间市场现券交易规模的 14.6%；2015 年银行间现券成交金额比 2014 年增长了 111.21% 到 85.78 万亿元，2016 年成交金额增长到了 122.47 万亿元，增速显著减缓。这些数据显示，近年来我国债券市场活跃度明显提高，但是整个市场活跃度，特别是国债现券市场仍不够活跃。没有活跃的债券市场，外汇市场等其他市场也难以活跃起来，市场的功能都难以充分发挥。

18.8.5　市场监管格局需要完善

"多头监管、市场分割"仍是我国债券市场发展的主要问题之一。央行主管中期票据和短期融资券，发展改革委主管企业债（主要是项目债券），证监会主管公司债，造成多头监管的分裂格局；同时证监会分管交易所市场，而央行分管银行间市场。多年来多头监管使得债券市场没有一个统一的发展规划和发展战略，不易协调，急需改进完善。

18.8.6　利率市场化等政策因素是市场不够活跃的主要因素之一

债券市场是资本市场最主要的组成部分，债券的价格走势主要受利率变化的影响。由于我国利率市场化程度有待进一步提高，市场对不同类型的债券价格变化难以较好判断，导致很多金融机构将国债等品种当作优质资产长期持有，使市场活跃度难以提高。活跃债券市场最主要的前提是进一步推动利率市场化进程。

18.9　发展我国债券市场的举措

我国债券市场规模较小，结构有待完善，同时市场交易有待进一步活跃。下文我们拟就改善这些问题提出相应的措施。

18.9.1　适度扩大人民币国债规模

2015 年和 2016 年我国国债余额与 GDP 比重仅在 14% 上下，债券总市场余额与 GDP 比重也仍不到 60%。为了满足今后几年人民币成为国际储备货币的需求，应该可以采取一定的措施有计划地适度增发人民币国债。比如将一定比例的地方政府债券转换成国债，这样既降低了地方政府债务水平，同时也提高了国债的规模，降低了地方政府金融风险，为人民币作为储备资产打下了必要的基础；另外，还可为解决务工人员户籍等民生相关的重要问题发行特别国债，为城镇化的持续推动打下必要的基础，进而为稳增长作出贡献。

18.9.2 大力发展人民币企业债/公司债市场

表 18.9 显示，近年来我国企业债市场有了可喜的增长，2000 年到 2014 年，企业债年底存额年均复合增长率高达 52.2%，增幅为境内各类债券最高；然而 2015 年以来企业债市场增幅显著放缓。2014 年，企业债余额占市场份额首次超过 10%，成为我国第三大类债券类型；然而 2015 年境内企业债余额却出现了十多年来首次回调。企业债的发展对于企业解决融资难问题、扩充融资渠道、扩大就业等皆有积极的意义。企业债的发行不仅可以考虑有规模的企业如上市公司，而且也可以扩大到有一定信誉的中等企业发行。企业债的发展也应考虑可以转换成股权的债券，即可转债，这方面我国十年前就开始试点而且已积累一定的经验，有条件进一步发展。企业债的发展非常重要的一项基础性工作就是企业信用评估，这方面央行近期也有了专门的举措。推动企业债应该尽量减少或者避免政府担保式的企业债发行，或者避免政府承担违约风险的企业债，因为这样的企业债实际上是政府融资平台的扩展，不利于企业债市场机制的健全。只有打好了基础，市场才能持续稳步发展。

2015 年以来，特别是 2016 年前 4 个月，境内企业债违约率明显提高，特别是国有企业债券违约打破了境内企业债刚性兑付的神话，值得我们反思。企业债的发展可以解决企业融资难的问题，对减缓经济下行压力有重要的贡献，但是多年持续高速发展对企业债风险的关注程度不够。任何市场的良性发展都需要重视风险评估和风险管理，信用风险管理是投资风险管理的重要内容。一定比例的违约率是债券市场的常态，有了企业债违约及其规范处置，企业债市场才会迈入健康发展的轨道。

18.9.3 积极试点和推广地方债市场发展

地方政府性债务的快速增长引发了境内外各界的广泛关注，很多隐性债务难以准确统计更加剧了人们对地方政府性债务的担忧。国家从 2009 年开始由中央财政代发地方债券，2014 年年底我国地方政府债存额比 2013 年增长了一万多亿元，2015 年比 2014 年又增加三倍多到 4.83 万亿元，成为境内第三大债券类型。地方政府债的快速发展对我国债券市场结构的完善也发挥了一些积极的作用。

2011 年 10 月，财政部公布了关于印发《2011 年地方政府自行发债试点办法》的通知，对我国地方政府发债进行了规范，对市场进一步发展发挥了积极的作用。由财政部代发，或者由财政部代还本付息诚然对于控制地方政府债券风险和我国政府债券的规模有积极的意义，但是，这种代还本息和指定发行指标的做法仍然相当于国债的发行，有计划经济的特点，没有体现或者明确地方政府的责、权、利。因此，在继续扩大试点的同时，应该逐步给予地方政府一定的主动性，从而使地方债券的发行与地方经济发展和财政收入相联系，进而发挥资本市场的功能。不仅如此，地方债券的发行还有利于推动地方政府财政公开、资金利用公开等。

2013 年 7 月 4 日，财政部网站发布《2013 年地方政府自行发债试点办法》。经国务院批准，2013 年适当扩大自行发债试点范围。现确定，2013 年上海市、浙江省、广东省、深圳市、江苏省、山东省开展自行发债试点。该试点的推出对我国地方政府债券市场的发展将产生一定的推动作用。国家只要对地方政府债券的规模和相关要求给予一定的指导和限制，这样提前达到条件的地方可以提早利用债券市场，没有达到条件的地方也会积极准备符合条件。这样不仅推动了地方债券市场的发展，也会对我国地方政府的财政和经济发展产生一定的促进作用。

18.9.4　扩大人民币证券化市场的发展

证券化债券，特别是按揭证券化债券是成熟市场非常常见的债券类产品，在市场占有相当的比重。我们在第 1 章谈到，虽然国际金融危机中美国证券化产品出了很多问题，但是并不证明这些产品和做法有问题。我国资产证券化早于 2005 年就开始试点，2007 年和 2008 年，我国资产支持证券市值分别达到250.3 亿元和388.4 亿元；国际金融危机之后几年，该试点暂缓推进，表 18.9显示，2008 年到 2011 年境内证券化债券存量持续下降到了 27.6 亿元；而 2011年到 2015 年大幅度增长到了 5.3 万亿美元，年均复合增长率高达 272.2%，显示近年来证券化债券重启后良好的发展态势；但是 2016 年增幅大幅度下降到了8.7%。证券化债券存量规模仍然过小，加大推动资产证券化对提高我国银行业资产有效配置、提高投资品种等方面皆有意义。

18.10　建立健全多层次的人民币债券市场

早在 2004 年，《国务院关于推进资本市场改革开放和稳定发展的若干意见》中就明确提出，"逐步建立满足不同类型企业融资需求的多层次资本市场体系"。多层次的资本市场有不同的理解，上文我们介绍的发展债券市场的不同领域，实际上皆为传统的和基础的债券市场，而更高层次的实际上是债券或者利率衍生产品。这些债券衍生产品构成了多层次的债券市场。债券市场上最基本的衍生产品为利率远期、利率期货、远期利率协议、利率互换等，同时还有利率期权、互换期权等。这些产品及其市场为市场参与者提供了风险管理的工具和场所，也为金融机构和监管者进行风险管控提供了依据和参考，因而是债券市场有效、协调、持续、稳步发展必不可少的重要组成部分。本节我们简单介绍我国债券衍生产品市场的发展现状和存在的问题。

18.10.1 努力活跃现有市场

债券远期、利率互换和远期利率协议先后分别于 2005 年、2006 年和 2007 年推出，从无到有，成绩可观。然而本书第二篇对这些市场的介绍表明，债券远期市场和远期利率协议市场成交量近年来不仅没有上升反而大幅度地下降到了几乎零交易的不正常状态。虽然利率市场化近年来加速推动，在利率风险显著增大的同时，债券远期和远期利率协议却不增反降，表明境内机构利率风险管理意识仍需显著提高，风险管理的技术也需要加速学习利用。

18.10.2 及时允许银行参与利率期货交易以提高利率风险管理能力

利率期货是债券市场上最重要的风险对冲工具之一，占全球金融期货的比重达九成左右，在全球利率风险管理方面发挥着重要的作用。境内国债期货于 1995 年 3 月停止交易，18 年后的 2013 年 9 月国债期货再次推出。与股指期货不同的是，国债期货推出以来交易活跃度仍需大幅度提高。国债期货活跃度不够的主要原因是到现在为止利率风险的最大承担者银行类金融机构仍不能参与交易。及时允许并鼓励银行类金融机构利用国债期货管理和对冲利率风险，是利率市场化进一步推动的必由之路。

18.10.3 积极推出利率期权等重要产品

期权是每个金融市场中与期货相对应的、必不可少的产品，债券市场也不例外，而且可能更加重要。2011 年 4 月初，我国银行间推出了外汇期权，弥补了我国期权市场的空缺。债券市场中利率期权也和利率期货一样是市场发展必不可少的对冲工具。

18.11 为人民币国际化打更好的基础和创造更好的环境

人民币成为主要国际货币的经贸基础已经基本具备，然而其他方面仍需做很多准备。根据我国经济转型和经济社会稳步发展的需要，适度扩大国债规模和其他人民币债券规模，从而提高国际市场对人民币储备资产的满足度，但却不能仅仅为了满足国际需求而过度扩大人民币国债规模，不然我们可能会重蹈美、欧、日、英等主要发达国家依靠债务发展的覆辙，并且延续甚至恶化当前国际货币体系中以"有毒债"为基础的储备资产。人民币国际化非常复杂，需要我们利用一切可能利用的人类知识和智力资源才可能达到应有的地位。我们要开动脑筋，充分利用境内外学术和商业研究的成果，并充分借鉴发达国家几十年甚至更长时间内的经验和教训，在改革和创新国际储备资产以至改革和创新货币体系的进程中推动人民币国际化。这方面涉及很多内容，这里难以细述，主要讨论国际储备资产形式方面创新的必要性。

当前我国虽然没有与美、欧相当的国债规模，而且我们也不能像欧美那样为了满足国际对人民币资产的需求而无限制地发行国债，但是基于我国外汇储备中近 2 万亿美元债券资产，可以利用一定的金融工程方法将这些资产与人民币相连接发行，从而既可扩大人民币相关资产的规模，又可使美元、欧元这两大货币资产对人民币资产有一定的支持作用。这样既可避免发行过多的人民币国债，又解决今后国际市场上人民币储备资产不足的问题，更重要的是还会与美元、欧元这两大货币资产形成一定程度的互动和牵制。相关金融工程的具体方法技术性很强，这里不宜细述。

18.12　小结

人民币成为主要国际储备货币之一的经贸基础和金融基础皆已具备，但人民币债券市场规模和活跃度仍然难以达到人民币成为主要国际储备货币之一的要求。从世界各国十几年来持有的美元储备资产结构来看，除国债作为主要的储备资产外，其他资产也可能成为储备资产的一部分，而人民币债券市场除国债外的其他债券规模也有限，应该在适度扩大市场规模的同时，稳步推动利率市场化，完善监管结构，从而活跃境内外人民币市场，并加速健全利率衍生产品的推出和市场的活跃。

人民币国际化和产品创新持续上升的事实和主要发达国家持续持有大量黄金的情况同时表明，主要发达国家对黄金的"偏好"并未削减，证明黄金不但没有脱离其货币属性，而且在国际外汇储备中仍然发挥着"并不太显眼"的重要作用。虽然 2015 年以来我国黄金储备比 2014 年有了明显的提高，但是黄金储备占我国外汇储备的比例仍然过低，而且离我国经济的世界占比也很低。

随着我国经贸的持续稳步增长和人民币国际化的持续推动，人民币成为主要国际储备货币的时间将渐行渐近，国际上对人民币储备资产，特别是对人民币国债的需求将显著增长。我国目前人民币国债的规模相对较小，而且根据近年来人民币国债增长趋势来判断，再过几年增长幅度也将有限，届时不易满足境外对人民币国债持有的需求，或者境外持有我国债券的比例将过高。因此，适度扩大人民币国债市场规模，大力发展我国债券市场的同时，也要开动脑筋探讨新的国际储备资产的形式，从而有效改革国际货币体系。如果我们根据境外的需求过多发行人民币国债，我国可能重蹈欧美主要发达国家债务过重的覆辙。这可能是人民币国际化进程中的瓶颈之一。

过为过，不及亦为过，既不过亦非不及方离"中和"的"佳境"不远矣。为了今后人民币成为主要国际储备货币之一，人民币国债、黄金储备、可识别资产等数量都不能过高，也不能过低。相信若我们做好各种准备，那么人民币成为主要国际储备货币的时间就不远了。我们在第 30 章还会专门探讨人民币作为国际储备货币的进展和预判。

参考文献

[1] 张光平. 人民币衍生产品（第四版）［M］. 北京：中国金融出版社，2016.

[2] 佐伯启思. "日本优先"的时代［J］. 日本《呼声》月刊，2017（03）.

19 国际货币基金组织一篮子货币和人民币入篮的意义

国际货币基金组织（IMF）在国际货币体系中发挥着重要的作用，尤其是特别提款权在国际可识别储备资产等方面发挥着重要的作用。2016年10月1日，人民币正式加入了国际货币基金组织一篮子货币，成为国际五大储备货币之一。本节首先简单介绍IMF特别提款权及一篮子货币的概念和相关计算，其次介绍特别提款权的货币构成及国际货币基金组织的份额和投票权等，最后介绍人民币入篮的经历和意义及人民币今后在该篮子的潜在作用。

19.1 国际货币基金组织特别提款权（SDR）简介和价值计算

国际货币基金组织特别提款权（SDR）一篮子货币创立于1969年，是国际货币基金组织为了支持国际贸易和金融发展创立的黄金和美元之外的另外一种国际储备资产。实际上SDR既不是一种货币，也不是国际货币基金组织的债权，而是国际货币基金组织会员"可自由使用"货币的潜在债权。一个单位的SDR最初确定为0.888671盎司黄金，也对等于1美元。1973年布雷顿森林体系崩溃后，SDR又被重新定义为一篮子货币。目前该篮子货币包括美元、欧元、日元和英镑四种主要国际储备货币。以美元计价的SDR价值基于每天中午伦敦市场欧元、英镑和日元三种货币兑美元的汇率进行计算。比如2015年11月30日中午，伦敦外汇市场欧元、英镑和日元三种货币兑美元的汇率分别为1.0574、1.5006和123.07，该三种货币在一篮子的比重折合成美元分别相当于0.44728美元、0.98318美元和0.166567美元，加上美元的比重0.66美元，总值为1.372165美元。当天美元、欧元、英镑和日元四种货币占SDR的比重分别为48.10%、32.60%、12.14%和7.17%，分别比2015年9月末国际货币基金组织公布的2015年6月末该四种货币占全球外汇储备11.46万亿美元比重35.49%、9.24%、1.87%和1.88高出12.61%、23.35%、10.26%和5.29%，显示国际货币基金组织SDR货币比重与这些货币在全球外汇储备的比重有较大的差异。[①]

---

① 数据和相关资料来源于国际货币基金组织网站。

19.2   国际货币基金组织特别提款权货币构成的历史演变

19.2.1   国际货币基金组织特别提款权一篮子货币权重演变

在 20 世纪 80 年代，国际货币基金组织的特别提款权由 5 种主要货币组成，分别为美元、德国马克、日元、法郎和英镑。表 19.1 给出了 1981 年到 2016 年这些货币在特别提款权中的比重。数据显示，1981—2011 年的 30 年间，各货币权重变化不大，美元几乎维持在 42% 上下，日元和英镑总权重 5.3% 的降幅全部转给了欧元。2002 年初开始，欧元逐渐取代欧盟各国货币。截至 2002 年 7 月，包括德国马克和法国法郎在内的 11 个欧盟国家货币终止流通。我们可以将欧元推出前马克和法郎在国际货币基金组织一篮子货币中的比重作为欧元的比重，这样构成特别提款权的货币就只剩下了 4 种。从 2011 年 1 月 1 日开始生效，美元权重从之前的 44% 下降至 41.9%，欧元权重从 34% 上升至 37.4%，英镑权重也略微上升 0.3 个百分点至 11.3%，而日元权重却从之前的 11% 下降至 9.4%，成为一篮子货币中权重最低的货币。

表 19.1　　　　　**国际货币基金组织特别提款权一篮子货币权重**　　　　单位:%

时间/货币	美元	欧元（马克和法郎）	日元	英镑	人民币
1981 年 1 月—1985 年 12 月	42	32	13	13	0
1986 年 1 月—1990 年 12 月	42	31	15	12	0
1991 年 1 月—1995 年 12 月	40	32	17	11	0
1996 年 1 月—1998 年 12 月	39	32	18	11	0
1999 年 1 月—2000 年 12 月	39	32	18	11	0
2001 年 1 月—2005 年 12 月	45	29	15	11	0
2006 年 1 月—2010 年 12 月	44	34	11	11	0
2011 年 1 月—2016 年 9 月	41.9	37.4	9.4	11.3	0
2016 年 10 月—2020 年 10 月	41.73	30.93	8.33	8.09	10.92

数据来源：国际货币基金组织网站 www.imf.org。

19.2.2   国际货币基金组织特别提款权一篮子货币市场权重变迁

表 19.1 给出的是国际货币基金组织每 5 年对 SDR 货币评估确定的不同货币

在一篮子货币中的参考比重。实际上，由于不同货币与美元的汇率在不同时间随市场因素变化，不同时间段内不同货币在 SDR 一篮子货币中的实际比重与表19.1 给出的权重经常有不同程度的差异，有时差异还很大。图19.1 给出了 1996年 9 月到 2016 年 9 月 SDR 一篮子货币的权重变化，数据显示，虽然 1996 年 1 月到 2015 年 11 月的绝大多数时间内，美元比重显著高于欧元的比重，但是从1987 年 1 月中旬到 1990 年底的近 3 年内，欧元占比（即当时的德国马克和法郎占比之和）绝大多数时间超过美元，占比高达近 39%。同时期，美元占比仅为31%。两者与表 19.1 给出的占比相差高达 10% 左右，表明 20 世纪 80 年代后期美国通货膨胀居高不下，美元地位受到了挑战。2008 年 3 月中旬到 2008 年8 月上旬，欧元占比接近 40%，超过占比不到 39% 的美元，两者占比与表19.1 给出的该时段内参考比重相差 5% 以上，表明 2008 年全球金融危机前美国次级债的蔓延已经反映到了两个主要国际货币的相对定价中。2014 年美国退出量化宽松政策后，美元对全球货币升值，2015 年到 2016 年 9 月美元占比保持在 47% 左右，而同期欧元占比在 33% 上下，两者分别与表 19.1 给出的2010 年国际货币基金组织评估的 2011 年到 2015 年的参考份额 41.9% 和37.4% 相差 5% 上下；同期日元占比持续回升到 8% 上下的同时，英镑却持续下降到了 10% 略高的水平。

数据来源：根据国际货币基金组织网站给出的数据计算得出。

图 19.1 国际货币基金组织一篮子货币权重变化（1996 年 9 月到 2016 年 9 月）

19.2.3 人民币加入一篮子货币后权重的市场变化

图 19.2 给出了 2016 年 10 月 3 日以来人民币纳入一篮子货币后篮中五种货币在一篮子货币中的权重变化。图 19.2 显示，2016 年 10 月人民币刚刚加入一篮子货币后到 2016 年 11 月 9 日，人民币权重持续下降到了 10.82% 的最低位；2016 年 11 月上旬到 2016 年 12 月末，人民币权重总体呈现回升的趋势；2016 年 12 月 30 日到 2017 年 1 月 5 日，人民币权重连续三个工作日直线式累计提高了 0.2% 到 11.06% 的历史高位，之后又呈现回落的态势。从 2016 年 10 月 3 日到 2017 年 3 月 14 日，人民币日均权重为 10.93%，略高于国际货币基金组织评估的篮子权重 10.92%，表明该组织的权重还是有相当的市场基础的；同期欧元、日元和英镑日均权重分别为 30.50%、7.87% 和 7.84%，分别比表 19.1 给出的国际货币基金组织最新评估的权重低 0.4%、0.5% 和 0.2%，显示该三种货币在人民币入篮后的表现皆低于国际货币基金组织的评估预期；同期美元日均权重高达 42.86%，比表 19.1 给出的基金组织最新评估权重 41.72% 高出 1.1%，显示当前美元的强势地位。

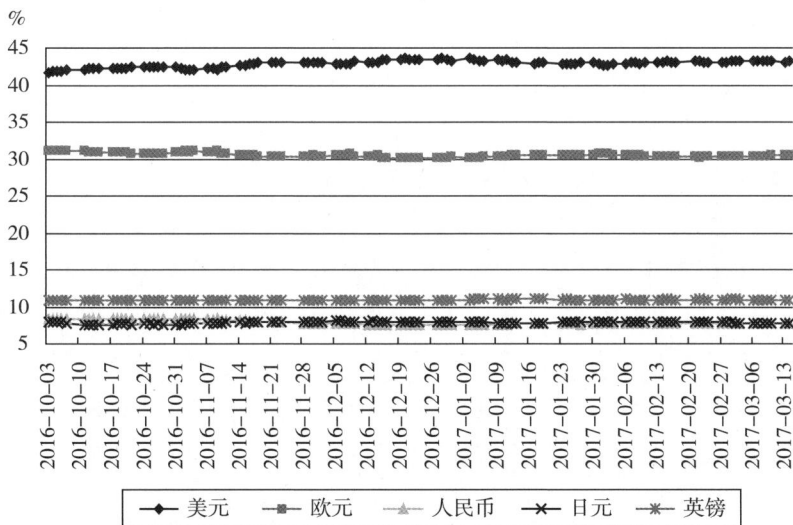

数据来源：根据国际货币基金组织网站给出的数据计算得出。

图 19.2　人民币入篮后篮中五种货币权重的变化（2016 年 10 月 3 日到 2017 年 3 月 24 日）

19.3　一篮子货币的配额分布和投票权分布

国际货币基金组织实际上有 187 个会员国家或地区，是全球最大的国际性机构之一。该组织根据特定的公式，对不同国家和地区进行定量测算以确定其配额，基于不同国家和地区配额和其他因素确定其在该组织的投票权。本节简单介绍该组织配额确定方法、配额分布和投票权分布。

19.3.1　国际货币基金组织配额公式

国际货币基金组织配额公式实际上可以说是不同国家或地区以市场汇率折算的 3 年期内 GDP 与购买力平价法计算的 GDP 加权、五年内经常项目收支和的年均值、经常项目收入和净资本流动变化、国家外汇储备月均值等因素的加权值。这些内容技术性较强，有兴趣的读者可参考文献 IMF，2008。

19.3.2　国际货币基金组织配额分布及演变

根据上文介绍的配额公式，国际货币基金组织可以确定不同国家和地区在该组织的配额。表 19.2 给出了截至 2017 年 3 月 13 日 25 个国家和地区该组织配额分布及与 2009 年 9 月 9 日配额分布的比较。表 19.2 显示，调整后的国际货币基金组织配额给予了新兴经济体更多的权重，其中 10 个主要新兴经济体配额总占比增加了 3.07%，因此新的配额调整对全球经济，特别是新兴经济体的代表性略有提高。与此同时，发达经济体，特别是欧元区配额比之前下降了 0.97%，之前一篮子货币中的四大货币总占比 50.50% 调整后为 50.32%，仅下调了 0.18%，15 个主要发达经济体总共占比才下调了 0.98%。

表 19.2　　　　　　　　国际货币基金组织配额分布和比较　　　　单位：亿 SDR，%

时间	2017 年 3 月 13 日				2009 年 9 月 9 日				
国家或地区	一般分配	特殊分配	总额	总额占比	一般分配	特殊分配	总额	总额占比	总额占比变化
美国	829.9	0.17	830.1	17.46	275.4	28.8	304.2	16.65	0.80
日本	308.2	0.06	308.3	6.48	98.7	15.2	113.9	6.24	0.25
中国	304.8	0.06	304.9	6.41	60.0	7.6	67.5	3.70	2.71
德国	266.3	0.06	266.4	5.60	96.4	12.1	108.5	5.94	−0.34
法国	201.6	0.04	201.6	4.24	79.6	10.9	90.5	4.96	−0.72
英国	201.6	0.04	201.6	4.24	79.6	2.6	82.2	4.50	−0.26
意大利	150.7	0.03	150.7	3.17	52.3	6.4	58.7	3.22	−0.05
印度	131.1	0.03	131.2	2.76	30.4	2.1	33.0	1.81	0.95
俄罗斯	129.0	0.03	129.1	2.71	44.1	12.6	56.7	3.11	−0.39
加拿大	110.2	0.02	110.3	2.32	47.2	4.9	52.1	2.85	−0.53
巴西	110.4	0.02	110.4	2.32	22.5	2.8	25.3	1.38	0.94

续表

时间	2017 年 3 月 13 日				2009 年 9 月 9 日				
国家或地区	一般分配	特殊分配	总额	总额占比	一般分配	特殊分配	总额	总额占比	总额占比变化
沙特	99.9	0.02	99.9	2.10	51.8	13.1	64.9	3.55	−1.45
西班牙	95.4	0.02	95.4	2.01	22.6	2.7	25.3	1.38	0.62
墨西哥	89.1	0.02	89.1	1.87	23.4	2.2	25.6	1.40	0.47
荷兰	87.4	0.02	87.4	1.84	38.3	4.8	43.1	2.36	−0.52
韩国	85.8	0.02	85.8	1.81	21.7	1.6	23.3	1.28	0.53
澳大利亚	65.7	0.01	65.7	1.38	24.0	2.1	26.1	1.43	−0.05
比利时	64.1	0.01	64.1	1.35	34.1	4.2	38.4	2.10	−0.75
瑞士	57.7	0.01	57.7	1.21	25.6	7.2	32.9	1.80	−0.59
土耳其	46.6	0.01	46.6	0.98	8.8	0.8	9.6	0.53	0.45
印尼	46.5	0.01	46.5	0.98	15.4	2.0	17.4	0.95	0.02
瑞典	44.3	0.01	44.3	0.93	17.8	2.3	20.0	1.10	−0.16
委内瑞拉	37.2	0.01	37.2	0.78	19.7	2.6	22.3	1.22	−0.44
南非	30.5	0.01	30.5	0.64	13.9	1.8	15.7	0.86	−0.22
欧元区	1052.2	0.22	1052.4	22.13	374.1	47.9	421.9	23.10	−0.97
4 币总和	2391.9	0.50	2392.4	50.32	827.7	94.5	922.2	50.50	−0.18
5 币总和	2696.8	0.57	2697.3	56.73					
10 个发展中经济体总和	1025.3	0.22	1025.5	21.57	290.3	47.56	337.9	18.50	3.07
15 个发达经济体总和	2755.7	0.58	2756.3	57.97	964.0	112.63	1076.7	58.95	−0.98

数据来源：国际货币基金组织网站 www. imf. org。

表 19.2 给出的新调整后的国际货币基金组织配额对主要发展中经济体略有提高，但提高幅度有限。根据国际货币基金组织 2016 年 10 月公布的 2015 年各国境内生产总值数据和 2016 年各国估算数据，表 19.2 中 2015 年和 2016 年 10 个主要发展中经济体占世界经济比重分别为 56.97% 和 58.06%，与表中新调整的这些发达国家配额总占比 59.97% 相当。但是表 19.2 中 2015 年和 2016 年 10 个主要新兴经济体占世界经济总比重分别高达 27.57% 和 27.72%，远高于表中这些新兴经济体配额总占比 21.57%，显示新调整的配额对新兴经济体的代表性仍明显不够。国际货币基金组织改革仍任重道远。

19.3.3　国际货币基金组织投票权分布及演变

国际货币基金组织投票权主要是基于配额来计算的。实际上，基金组织的投票权包括基本投票权和特别投票权，前者是将总投票权的 5.502% 在所有成员中平均分配，即每个成员单位有 0.029% 的平均基本投票权，特别投票权是每 10 万 SDR 配额有一个投票权。表 19.3 给出了截至 2017 年 3 月 13 日国际货币基金组织投票权分布及与配额分布的比较。

表 19.3　国际货币基金组织投票权和配额权比较（2017 年 3 月 13 日）

国家或地区	投票权	投票权占比（%）	配额权占比（%）	配额占比与投票权占比差（%）
美国	8314.1	16.53	17.46	0.93
日本	3096.7	6.16	6.48	0.33
中国	3062.9	6.09	6.41	0.32
德国	2678.1	5.32	5.60	0.28
法国	2030.2	4.04	4.24	0.20
英国	2030.2	4.04	4.24	0.20
意大利	1521.6	3.02	3.17	0.15
印度	1326.1	2.64	2.76	0.12
俄罗斯	1305.0	2.59	2.71	0.12
加拿大	1117.0	2.22	2.32	0.10
巴西	1118.8	2.22	2.32	0.10
沙特	1013.9	2.02	2.10	0.09
西班牙	968.2	1.92	2.01	0.08
墨西哥	905.9	1.80	1.87	0.07
荷兰	888.3	1.77	1.84	0.07
韩国	872.9	1.74	1.81	0.07
澳大利亚	671.9	1.34	1.38	0.05
比利时	655.7	1.30	1.35	0.05
瑞士	591.8	1.18	1.21	0.04
土耳其	480.5	0.96	0.98	0.02
印尼	479.5	0.95	0.98	0.02
瑞典	457.6	0.91	0.93	0.02
委内瑞拉	386.9	0.77	0.78	0.01
南非	319.8	0.64	0.64	0.01
欧元区	10800.4	21.47	22.13	0.66
4 币总和	24241.3	48.19	50.32	2.13
5 币总和	27304.3	54.28	56.73	2.45
10 个发展中经济体总和	10399.3	20.67	21.57	0.90
15 个发达经济体总和	27952.5	55.57	57.97	2.40

数据来源：根据国际货币基金组织网站 www.imf.org 给出的投票权数据和表 19.2 的数据计算得出。

表 19.3 的数据显示，各个主要发达国家和主要发展中国家在国际货币基金组织的投票权占比与配额占比基本相近，后者总体略高于前者。这些差异主要是其他一百多个成员国基本投票权所致。由于上文分析的新调整的国际货币基金组织配额分布未能很好代表新兴市场经济体，因此该组织的投票权分布也同样未能很好地代表新兴经济体在全球经济中的重要作用。

19.4　人民币作为国际储备货币的进展

如果说贸易结算是国际化货币最基本的功能，那么成为储备货币就是货币国际化的最终目标，同时也是最为困难的"最后一跃"。第 18 章介绍了国际储备货币价值取决于货币发行国经贸规模、金融市场功能和政策稳定性等诸多复杂因素。可喜的是，人民币在成为国际储备货币方面也有了一些进展，但是离真正成为国际储备货币还有一些距离。本节专门讨论人民币成为储备货币方面取得的进展和相应的问题。

19.4.1　主权基金对人民币作为国际储备货币的兴趣和进展

主权财富基金跻身于中国公开市场的最大投资者之列，对人民币成为储备货币发挥一定的推动作用。阿塞拜疆主权财富基金 2014 年计划向人民币资产投资至多 18 亿美元，这可能是对人民币资产的最大公开投资之一。挪威的石油基金、科威特投资局以及新加坡的淡马锡持有最大的人民币计价资产投资配额。卡塔尔和阿布扎比投资局也有相当大的配额，而一些基金还委托当地经理投资于人民币债务（中国银行：《伦敦境外人民币月报》，2014 - 08）。

19.4.2　人民币作为国际储备货币在一些国家和地区的进展

人民币可接受范围已经逐步从民间走向官方，并正在向储备货币迈进。印度、菲律宾等国政府已通过官方宣布的方式接受人民币作为可兑换货币，纳入其汇率货币篮子。早在 2005 年 11 月 5 日，印度储备银行宣布调整汇率指数，将人民币纳入一篮子货币；2006 年 11 月 20 日，菲律宾货币委员会宣布，自 2006 年 12 月 1 日起接纳人民币为菲律宾中央银行储备货币；马来西亚中央银行在 2010 年 9 月购买了人民币债券作为其外汇储备，从而对其储备进行多元化储备（《金融时报》，http：//www. ft. com/home/asia，2010 - 09 - 19）；泰国央行已经从中国政府获批 3 亿美元的上市证券投资额度，以及通过银行间债券市场投资 10 亿美元的额度，泰国央行将很快开始投资中国资产，并且正在促进外汇储备投资组合多元化（"专访：泰中将进一步推进金融合作——访泰国央行行长张旭洲"，新华网，2012 - 04 - 27）。

尼日利亚央行官员表示该行计划在最短的时间内动用约 10% 的外汇储备配置人民币资产。2011 年年底，中国人民银行与奥地利央行正式签署了奥央行投资中国银行间债券市场的代理协议。这是中国人民银行首次与亚洲以外的央行签署此类协议。韩国银行于 2012 年 1 月从中国人民银行获准购买 200 亿元人民币中国国债（《韩国央行开始投资中国国债》，中国新闻网，2012 - 04 - 28）。经中国相关当局许可，日本获准最多可购 650 亿元人民币（相当于 103 亿美元）中国国债（《日本宣布获准购入 650 亿元人民币国债》，新华网东京，2012 - 03 - 13）。2013 年 4 月 24 日澳大利亚央行副行长菲利普·罗伊（Philip Lowe）表示，"我们目前的意向是在中国持有约 5% 的澳大利亚外汇资产。中国人民银行已经批准了一项初始投资配额，目前我们正在致力于促成投资前的一些必要协议"，中国人民银行已经批准了初始配额（《华尔街日报》，2013 - 04 - 25），澳大利亚当年 5% 的外汇资产相当于 20 亿美元。

19.4.3　人民币作为国际储备货币的相关统计数据

渣打银行在 2014 年 4 月的报告中指出，至少 40 个国家和地区的央行（或货币当局）在人民币上有投资，还有更多国家准备这样做。29 家央行已经公开宣布在离岸或在岸市场持有人民币。其余至少 11 家央行投资了人民币资产，但没有对外宣布。在上述 29 家持有人民币的央行中，14 家来自和中国有密切贸易往来的亚洲地区：澳大利亚、中国香港、印度尼西亚、日本、卡塔尔、韩国、中国澳门、马来西亚、巴基斯坦、菲律宾、新加坡和泰国等。它们或自发声明或在接受媒体采访的时候宣布持有人民币；6 家来自欧洲：奥地利、白俄罗斯、挪威、法国、立陶宛和俄罗斯；9 家来自南美洲或非洲：玻利维亚、巴西、智利、加纳、肯尼亚、尼日利亚、南非、坦桑尼亚和委内瑞拉（中国银行：《伦敦境外人民币月报》，2014 - 08）。

19.4.4　英国发行人民币国债对人民币成为国际储备货币的带动作用

英国财政部 2014 年 10 月 14 日发布的声明显示，英国首只人民币国债已经完成发售。这是全球首只由中国以外经济体发行的人民币主权债券。包括中国银行、汇丰银行和渣打银行的主承销商银团共同完成了承销工作。认购期间，这只人民币国债受到全球投资者追捧，共收到 85 个订单，认购额约 58 亿元人民币。买方包括来自全球的中央银行、银行国库及基金经理。这只债券为单次发行，债券票息率为 2.7%（《英国首只人民币国债完成发售》，中国新闻网，

2014 - 10 - 16）。英国发行的全球首只人民币主权债券对于其他国家将产生一定的带动作用，对人民币成为国际储备货币将发挥积极的推动作用。

中国银行间市场交易商协会接受加拿大不列颠哥伦比亚省在我国银行间债券市场发行 60 亿元人民币债券的注册。此前，国际开发机构、境外非金融企业和境外商业银行已先后在我国银行间债券市场发行了人民币债券。加拿大不列颠哥伦比亚省人民币债券在银行间债券市场的注册发行，将进一步扩大债券发行主体范围，有利于促进我国债券市场对外开放，推进人民币跨境使用（"加拿大不列颠哥伦比亚省在银行间债券市场注册发行人民币债券"，人民银行网站，2015 年 11 月 27 日）。中国银行间市场交易商协会接受韩国政府在我国银行间债券市场发行 30 亿元人民币主权债券的注册。此次韩国人民币主权债券的注册发行将进一步丰富银行间债券市场品种，促进债券市场对外开放，也有利于加强中韩金融合作、深化中韩经贸关系（"韩国政府在银行间债券市场注册发行人民币主权债券"，中国人民银行网站，2015 年 12 月 8 日）。

19.5　人民币作为国际储备货币的数据和国际比较及今后发展

近年来，关于人民币资产作为不同国家和地区储备资产的报道很多，但是我国难以获得整体的数据。可喜的是，国际货币基金组织 2017 年 3 月末首次公布了 2016 年第四季度末全球人民币作为国际储备资产数据。表 18.3 显示，2016 年末，全球人民币储备金额为 845.1 亿美元，占全球可识别外汇储备的 1.1%，略低于同期加元和澳元 2.0% 和 1.8%，成为了第七大国际储备货币。

2016 年底全球 845.1 亿美元的人民币储备相当于 5862.5 亿元人民币；根据人民银行《人民币国际化报告》（2015），截至 2015 年 4 月末，全球人民币储备金额为 6667 亿美元，那么我们可以计算出 2015 年 4 月到 2016 年 12 月 20 个月内人民币国际储备的月均下降额为 40.2 亿元人民币。假设 2015 年 4 月末到 2016 年 12 月，人民币全球储备月均额下降，我们可以计算出 2015 年底全球人民币储备金额为 6345 亿元人民币，以 2015 年底人民币对美元汇率可折算为 977.1 亿美元，占同期全球可识别外汇储备的 1.4%，仍排全球第 7 位，但当时与加元和澳元的差距更小。

根据如上对 2015 年到 2016 年全球人民币储备数据的估算，2015 年底到 2016 年底下降了 13.5%。由于近年来人民币对美元处于贬值预期中，全球人民币储备与境外人民币储蓄相近，难以在人民币贬值预期中增长。

19.6 人民币纳入国际货币基金组织特别提款权一篮子货币的进展

2015 年 11 月初公布的《中共中央关于制定国民经济和社会发展第十三个五年规划的建议》中明确指出推动人民币加入特别提款权（SDR）。人民币进入 SDR 一篮子货币就意味着人民币成为真正意义上的国际储备货币。近年来有关人民币纳入国际货币基金组织特别提款权（SDR）一篮子货币的讨论很多。随着 2015 年国际货币基金组织评估人民币被纳入 SDR 以来，全球对人民币是否会被纳入 SDR 的关注程度持续升温。本节我们简单介绍人民币进入 SDR 的进程及相关市场参数。

19.6.1 美国政府对人民币纳入 SDR 的态度

2013 年 7 月结束的第五轮中美战略与经济对话联合成果表明，"中美双方支持 IMF 2015 年底前对特别提款权篮子进行审查。美方重申，支持人民币在满足 IMF 现有纳入标准时进入特别提款权篮子"（第五轮中美战略与经济对话框架下经济对话联合成果情况说明，新华网，2013 - 07 - 12）。中国国家主席习近平 2015 年 9 月 22 日至 25 日对美国进行国事访问期间，中美两国达成的主要共识和成果中，中方认识到，满足其他主要储备货币透明度标准对成功实施人民币国际化具有重要意义。美方支持中方关于进一步推动金融改革和资本市场改革的承诺，相应地，美国重申在人民币符合 IMF 现有标准的前提下支持人民币在特别提款权（SDR）审查中纳入 SDR 篮子。双方承诺尊重 IMF 在 SDR 审查中的程序和流程，并将在人民币加入 SDR 事宜上加强沟通。

19.6.2 人民币的 SDR 之路

IMF 曾在 2010 年的第 14 届评估中以人民币不能"自由使用"为由拒绝人民币入篮。IMF 的准入标准在 2011 年发生了变化，2015 年，人民币向 SDR 货币篮子再次发起进攻（中国银行，《伦敦离岸人民币市场月报》，2015 年 4 月，总第 27 期）。2015 年 5 月，IMF 董事会就中国有关人民币纳入 SDR 货币篮子的诉求进行初步讨论，并于 2015 年 8 月发表了人民币入篮的评估报告（IMF，2015）；2015 年 11 月 13 日，国际货币基金组织总裁宣布人民币已经满足该基金"可自由使用"的标准，并建议基金执行董事会于 2015 年 11 月 30 日投票决定人民币入篮事项；2015 年 11 月 30 日，国际货币基金组织宣布，人民币已经满足"可自由使用"标准，并于 2016 年 10 月 1 日正式纳入该基金组织特别提款权一篮子货币，人民币在一篮子货币中的权重低于美元的 41.73% 和欧元的

30.93%，为 10.92%，同时高于日元的 8.33% 和英镑的 8.09% 的占比。

19.6.3 加入 SDR 货币篮子的两大标准

早在 2011 年 5 月 12 日，国际货币基金组织第一副总裁利普斯基（John Lipsky）在北京接受《第一财经日报》采访时就表示，"可兑换性"并不是一种货币加入 SDR 篮子的前提条件，而加入 SDR 一篮子货币的两大标准应该是"可自由使用"以及在国际贸易中达到可观的使用规模。实际上，国际货币基金组织对纳入其特别提款权的一篮子货币的新货币的标准经过了近二十年的讨论、修改和完善，于 2015 年 7 月完成了"评估一篮子货币估值方法的初步考量"报告（IMF，2011）。该报告对国际货币基金组织最新扩大一篮子货币评估的方法和标准进行了更新综述。评估新纳入一篮子货币的条件有两大标准，第一个标准是该货币经济母体在全球出口的规模或占比，第二个是该货币是否满足"可自由使用"标准。

实际上，如上两个标准并不是并列的，前一个标准如果达不到，后一个根本不用谈。在第一个标准达到后，主要的考量就集中在后一个"可自由使用"标准上了。

19.6.4 人民币入篮的出口标准

事实上，出口最初是货币能否加入一篮子货币的唯一标准，出口标准反映货币经济体在全球商贸的重要性，确保储备资产的适度提供，进而限制篮子货币的数量。国际货币基金组织 2015 年 8 月的报告（IMF，2015）指出，2005 年到 2009 年中国实物出口和服务出口年均额为 8720 亿美元，占比为 8.1%，超过已入篮的英国和日本，达到第 3 位；2010 年到 2014 年中国实物出口和服务出口年均额增长了近一倍到 16130 亿美元，占比提高到了 11.0%，不仅超过入篮的英国和日本的占比 4.9% 和 5.0%，而且超过了英国和日本两国出口占比之和 9.9%。所以，人民币在过去的 10 年不仅已经达到此标准，而且超过了此标准。

19.7 人民币"可自由使用"条件满足情况

上文介绍的货币的可自由使用度，而非资本项目完全可兑换，是被纳入 SDR 的另一重要标准。可自由使用是指该货币必须"被广泛使用"和"在主要市场大量交易"，并获得 IMF 执董会（24 位董事，由成员国任命或几家成员国组成的集团选举产生，董事投票权为相对应的成员国或成员国集团投票份额）70% 以上的投票支持。具体来说，国际货币基金组织主要通过考察如下四个指标来衡量"可自由使用"标准，我们下文将分别介绍该四个指标的满足程度。

19.7.1 国际外汇储备份额

国际货币基金组织在 2015 年 8 月公布的对人民币入篮评估报告（IMF，2015）中指出，2013 年人民币已经成为了全球第 7 大储备货币，而且 2014 年也保持了第 7 的位置。表 18.2 数据显示，境外货币当局在境内外持有债券、股票和存款等人民币资产余额约 6667 亿元，占 2015 年 6 月全球可识别外汇储备比重为 1.4%，成为继澳元和加元之后的全球第七大储备货币；2016 年底人民币全球储备 845.1 亿美元，但比澳元和加元储备资产金额分别差 763.2 亿和 616.1 亿美元，差距拉大，但保持了第七大储备货币的地位。

19.7.2 以人民币计价的国际银行借贷

以不同货币计价的国际银行借贷规模或全球占比也是其可自由使用的重要表现。目前境外人民币借贷数据还未列入国际货币基金组织定期公布的季度国际银行借贷数据中，因此我们难以判断人民币借贷数据及国际占比。国际货币基金组织在最近（IMF，2015）对人民币评估的报告中指出，2014 年以人民币计价的资产占全球银行负债比重为 1.9%，介于同期日元和瑞士法郎之间，排名第 5，达到进入 SDR 一篮子货币的条件（IMF，2015）。根据香港、台湾和新加坡三个境外人民币储蓄最大的中心人民币储蓄数据，2015 年底和 2016 年第三季度末该三大境外人民币储蓄中心的总人民币储蓄分别为 13595 亿元和 10973 亿元人民币，分别占国际清算银行给出的同期全球银行业负债的 1.72% 和 1.33%。如果加上其他境外人民币中心人民币储蓄，如上两比例也应该在 1.9% 上下，与 2014 年相当，没有多少变化。

19.7.3 以人民币计价的国际债券

国际货币基金组织最近对人民币入篮评估报告（IMF，2015）指出，人民币国际债券发行额占比从 2010 年的 0.1% 和排名第 11 提高到了 2014 年的 1.4% 和第 6 位，显示近年来人民币国际债券发行增长较快。

表 24.1 的数据显示，2014 年全球 21.8 万亿美元总国际债券中有高达 92.9% 的债券是以美元、欧元、英镑和日元这四个 SDR 篮子货币计价的，2016 年该比例还进一步提高到了 94.0%，显示 SDR 篮子货币在国际债券市场的地位不仅没有下降反而略有提高。表 24.1 同时也显示，2009 年以人民币计值的国际债券金额仅为 115 亿美元、占比 0.05%、排名 22 位，2011 年分别提高到了 391 亿美元、占比 0.18%、排名第 13 位，到 2013 年提高到了 888 亿美元、占比 0.39%、排名第 8 位，2014 年到 2015 年人民币国际债券持续提高到 1249 亿美元，但 2016 年出现回落，下降至 1107 亿美元。2013 年到 2016 年人民币国际债

券金额保持了全球第 8 的排名。

19.7.4 人民币外汇交易量

国际货币基金组织 2015 年对人民币入篮评估报告（IMF，2015）对人民币外汇交易的数据直接利用了表 20.1 给出的国际清算银行 2013 年的数据，即人民币外汇交易从 2010 年占比 0.4%、排名第 17 位提高到了 2013 年的占比 1.1%、排名第 9（表 20.1 给出的双边计算占比除以 2）。人民币外汇即期交易从 2010 年占比 0.3%、排名第 19 位提高到了 2013 年的占比 0.8%、排名第 11。表 26.5 的数据显示，剔除境外人民币外汇市场数据水分后，2013 年 4 月人民币即期外汇日均成交金额仅占全球即期外汇日均成交金额的 0.7%，全球排名为第 15 位。2016 年 4 月日均成交金额占全球即期外汇日均成交金额的 1.5%，全球排名提高到了第 8 位。

19.8　入篮后人民币权重增长的潜力

2016 年 10 月 1 日人民币正式纳入该组织特别提款权一篮子货币，成为该篮子的第五种货币。本节简单介绍和判断正式纳入一篮子货币后人民币在篮子里的比重走势及其在全球外汇储备中的地位走势。

19.8.1　2016 年人民币纳入 SDR 后在 SDR 中的评估份额及原因

2015 年 11 月 30 日，国际货币基金组织公布的根据新的公式计算出的 2016 年 10 月 1 日开始生效的人民币纳入一篮子货币后，美元、欧元、人民币、日元和英镑在 SDR 一篮子货币中的比重分别为 41.73%、30.93%、10.92%、8.33% 和 8.09%，其中美元、欧元、日元和英镑份额分别比表 19.1 给出的该组织上次评估该 4 种货币的份额 41.9%、37.4%、9.4% 和 11.3% 下调了 0.17%、6.47%、1.07% 和 3.21%。"SDR 篮子测算方程式十分复杂。IMF 根据贸易、金融的权重，决定 SDR 比例的权重。这次，IMF 评估货币篮子是减少贸易权重，增加金融权重。经过无数方程的测算，人民币在 SDR 货币篮子中权重排名第三，仅次于美元、欧元，高于日元和英镑，各方基本上都接受"（"IMF 副总裁谈人民币入篮内幕"，环球时报，2015 年 12 月 3 日）。下文比较国际货币基金组织前四次 SDR 份额评估结果与四个货币经贸份额的关系，为后文探讨 2016 年人民币在 SDR 的权重的原因及今后权重提升的潜力提供依据。

19.8.2 2008 年国际金融危机前四大储备货币的储备表现

表 19.4 给出了 2000 年以来国际货币基金组织一篮子货币五次评估的主要结果。表 19.4 显示，2000 年美元占全球外汇储备比重与 IMF 评估篮子货币比重、外汇日均成交占比和 GDP 比重的比例分别高达 143.6%、125.6% 和 125.6%，三个比例平均高达 131.4%，显示当年美元占全球外汇储备的份额平均超过美元在 IMF 的评估、在全球外汇市场日均成交和 GDP 占比 31.4%，表明 2000 年美元表现最佳；欧元相应的三个比重平均值仅为 69.9%，仅相当于同期美元表现的七成，英镑和日元三个比重平均值分别仅为 28.3% 和 30.4%，分别仅为同年美元的 21.6% 和 23.12%，表明 2000 年美元表现超常，欧元其次，日元第三，英镑表现还不到欧元的一半。

表 19.4　　　　2000 年以来国际货币基金组织一篮子货币五次评估的
主要结果及相关比较　　　　单位:%

			2000 年					
货币/相关比例	IMF 评估比例	外汇市场日均成交占比	GDP 占比	储备占比	储备占比与 IMF 评估结果比例	储备占比与 GDP 占比比例	储备占比与市场日均占比比例	储备占比与其他三个占比比例平均值
美元	39	44.42	44.42	55.78	143	125.6	125.6	131.4
欧元	32	12.64	28.07	14.34	44.8	51.1	113.5	69.8
英镑	11	6.18	7.08	2.16	19.6	30.5	34.9	28.3
日元	18	11.47	20.43	4.76	26.4	23.3	41.5	30.4
			2005 年					
货币/相关比例	IMF 评估比例	外汇市场日均成交占比	GDP 占比	储备占比	储备占比与 IMF 评估结果比例	储备占比与 GDP 占比比例	储备占比与市场日均占比比例	储备占比与其他三个占比比例平均值
美元	45	43.6	42.63	43.78	97.3	102.7	100.4	100.1
欧元	29	18.64	34.31	15.72	54.2	45.8	84.3	61.5
英镑	11	7.98	8.18	2.47	22.4	30.2	30.9	27.8
日元	15	9.82	14.89	2.61	17.4	17.5	26.5	20.5
			2010 年					
货币/相关比例	IMF 评估比例	外汇市场日均成交占比	GDP 占比	储备占比	储备占比与 IMF 评估结果比例	储备占比与 GDP 占比比例	储备占比与市场日均占比比例	储备占比与其他三个占比比例平均值
美元	44	42.43	42.08	34.46	78.3	81.9	81.2	80.5

续表

货币/相关比例	IMF 评估比例	外汇市场日均成交占比	GDP 占比	储备占比	储备占比与IMF评估结果比例	储备占比与GDP占比比例	储备占比与市场日均占比比例	储备占比与其他三个占比比例平均值
			2010 年					
欧元	34	19.53	35.62	14.49	42.6	40.7	74.2	52.5
英镑	11	6.44	6.84	2.19	19.9	32.1	34.1	28.7
日元	11	9.5	15.46	2.04	18.5	13.2	21.5	17.7

货币/相关比例	IMF 评估比例	外汇市场日均成交占比	GDP 占比	储备占比	储备占比与IMF评估结果比例	储备占比与GDP占比比例	储备占比与市场日均占比比例	储备占比与其他三个占比比例平均值
			2015 年					
美元	41.9	43.71	49.26	35.49	84.7	72	81.2	79.3
欧元	37.4	15.99	31.67	12.4	33.2	39.2	77.5	49.9
英镑	11.3	6.22	7.81	3	26.5	38.4	48.2	37.7
日元	9.4	11.03	11.26	2.5	26.6	22.2	22.7	23.8

货币/相关比例	IMF 评估比例	外汇市场日均成交占比	GDP 占比	储备占比	储备占比与IMF评估结果比例	储备占比与GDP占比比例	储备占比与市场日均占比比例	储备占比与其他三个占比比例平均值
			2016 年					
美元	41.73	43.80	36.98	46.82	112.2	126.6	106.9	115.2
欧元	30.93	15.64	25.62	14.45	46.7	56.4	92.4	65.2
人民币	10.92	1.99	22.69	0.78	7.2	3.5	39.3	16.7
日元	8.33	10.78	9.42	3.08	37.0	32.7	28.6	32.8
英镑	8.09	6.38	5.28	3.24	40.0	61.3	50.7	50.7

数据来源：IMF 评估比例来自国际货币基金组织网站；外汇市场日均成交占比来自表 20.1 给出的国际清算银行公布每三年日均数据线性插值计算得出；GDP 占比根据 2016 年 10 月该组织网站公布的 2016 之前的各国 GDP 数据及对 2016 年 GDP 的估算数据计算得出；储备占比数据根据表 18.2 给出的国际货币基金组织公布的外汇储备货币构成（Currency Composition of Official Foreign Exchange Reserves）。

表 19.4 显示，2005 年美元三个比例平均值比 2000 年分别下降到了 93.7%、102.7% 和 100.4%，三个比例平均也下降到了 100.1%，表明虽然 2005 年美元的储备功能仍然显著高于其他三大储备货币，却显著低于 2000 年的表现。同年欧元相应的三个比重平均值略微下降（降幅显著低于美元的降幅）到了 61.5%，超过了同年美元相应平均比例 100.1% 的六成，显示 2005 年在美元储备功能明显下降的同时，欧元的储备功能略有下降，但却相对于美元明显提高。同年英

镑三个比例平均值略降到了 27.8%，显示虽然 2005 年英镑的储备功能没有多大变化，但是相对于 2005 年的美元功能却有提高。2005 年日元三个比例的平均值比 2000 年显著下降到了 20.5%，仅相当于同年美元三个比例平均值 100.1% 的 20.45%，为四大储备货币国际储备功能表现最差的储备货币。

19.8.3 2010 年和 2015 年国际金融危机后四大储备货币的储备表现

表 19.4 显示，2010 年和 2015 年美元的储备功能延续了 2000 年到 2005 年下降的趋势，美元三个比例平均值分别下降到了 80.5% 和 79.3%，2010 年到 2015 年下降的幅度较前略有减缓。同期欧元的储备功能下降的趋势与美元相同，但 2010 年欧元三个比例平均值与美元三个比例平均值比例却提高到了 65.24% 的高位，显示 2000 年到 2010 年欧元相对于美元的功能在提高。2005 年到 2010 年，英镑和日元的储备功能几乎没有多少变化，相对于美元的储备功能也没有多少变化，而 2015 年英镑和日元的储备功能皆比 2010 年有所提高，特别是英镑的功能提高到了 2000 年到 2015 年的最好水平（2015 年英镑三个比例的平均值达到了 37.7%，与美元相应比例也提高到了 47.6%）。日元的储备功能也未有明显的变化，2010 年和 2015 年三个比例平均值分别为 17.7% 和 23.8%，保持四币最低水平。

19.9 人民币国际储备功能的相关评论

19.9.1 相关国际评论

2016 年 10 月 1 日，人民币成功加入国际货币基金组织一篮子货币，成为该篮子的第五种货币，境内外专家对此有诸多的评判。曾任国际货币基金组织中国事务处主管、现任康奈尔大学应用经济和管理学院教授埃斯瓦尔·普拉萨德（2016）先生说人民币入篮是"人民币增长的国际信誉的显著里程碑"。"很多人认为，如果中国经济持续增长，或许赶上美国经济，而且如果中国改革金融市场和经济结构使其市场化程度更高，那么人民币不仅可能挑战欧元和日元，而且可能挑战美国的国际地位。"但是，"这些关于人民币的全球地位说法大多有夸大成分"。"随着中国经济的进一步增长，贸易和金融的发展，人民币将会在全球支付体系发挥更大的作用。人民币在全球金融交易中仅占一个较小的比重。人民币的国际储备货币地位的提高正在我们眼前发生并在今后十年将会有更大提升，预计将从现在仅占全球外汇储备一个百分点上升到 10~15 个百分点。到那时，人民币的储备地位或处于停滞状态，因为国际社会不会认为人民币是避风港货币。要使人民币成为避风港货币，境内外投资者必须相信中国。"

"见证人民币入篮是国家的荣耀，它标志着中国国际影响力的提升，并且说明政府大力鼓励在跨境交易中使用人民币，进而帮助中国及世界其他地区摆脱对美元的过度依赖"，"但实际上人民币入篮却没有多大的实际意义。特别提款权并不是一种货币，它是国际货币基金组织在其金融报告中的一种记账单位。只有很少一部分的国际债券使用特别提款权来计价，这是因为银行和企业并不认为这样做有什么吸引力"（Eichengree，2016）。

19.9.2 人民币储备功能与其他四个篮子货币的比较

表 19.4 显示，2016 年人民币全球储备占比与当年中国 GDP 在五个篮子货币相应的五个经济母体占比比例仅为 3.5%，不仅为五个篮子货币最低，而且仅略超过其他四种货币表现最差的日元相应比例 32.7% 的十分之一。同年人民币全球储备占比与 IMF 对人民币评估结果比例仅为 7.2%，不仅为五种篮子货币最低，而且不到其他四种货币表现最差的日元相应比例为 37% 的五分之一。由于人民币在全球外汇市场成交占比较低，同年人民币全球储备占比与同年外汇市场交易占比比例为 39.3%，略超日元相应的比例 28.6%。人民币三个比例平均值仅为 16.7%，仅略超过其他四种货币表现最差的日元相应比例 32.8% 的一半。这些数据显示，作为刚刚进入一篮子货币的人民币的国际储备地位仍有巨大的提升空间，同时人民币在全球外汇市场的活跃度也需显著提高。

19.10　小结

人民币成功入篮是人民币国际化进程中的重要里程碑，也是国际社会对三十多年来我国改革开放和金融改革成就的认可。但是，2016 年 10 月人民币正式入篮前两年开始，人民币对美元出现了持续的贬值压力，境外人民币储蓄和储备不增反降，人民币跨境支付占比也处于回落趋势。国际货币基金组织最新公布的数据显示，虽然人民币在一篮子货币中的权重仅次于美元和欧元，但是全球人民币储备金额不仅低于日元和英镑，而且显著低于加元和澳元这两种篮外货币，显示人民币的国际储备功能仍有待显著提高。而提高的前提是人民币从贬值压力预期转向升值压力，这不仅需要我国货币政策支持，更需要我国全面深化改革要有明显的成效。相信人民币很快会减缓当前的贬值趋势而重回适度升值预期，人民币储备、储蓄、境外债券和境外市场亦将随之重回两年前持续增长的轨道，人民币国际化水平也将随之持续提高。

参考文献

［1］ Eichengree, Barry, 2016, "China's SDR Distraction", www. project – syndicate. org/commentary/china – renminbi – internationalization – by – barry – eichengreen – 2016 – 10? barrier = accessreg.

［2］ Eswar, Prasad, 2016, "Despite yuans meteoric rise dollar will dominate", 09/13/2016, www. johnson. cornell. edu/CornellEnterprise.

［3］ International Monetary Fund, 2008, "Reform of Quota and Voice in the International Monetary Fund—Report of the Executive Board to the Board of Governors", March 28, 2008, www. imf. org.

20 货币在外汇市场活跃度简介和货币国际化程度量度的探讨

货币在外汇市场和资本市场的功能是其国际化的重要表现，也是衡量货币国际化程度的主要依据。在介绍了国际储备资产后，我们有必要了解当前主要国际货币的市场流动性和货币国际化程度度量的基本情况，从而为人民币国际化的现状分析和未来预判做好准备。

20.1 主要国际货币在国际外汇市场上的活跃度

本节我们将从国际外汇市场的流动性、主要货币对交易和各主要国家的外汇交易等几个方面探讨国际货币在国际市场上的地位。

20.1.1 国际外汇市场成交分布

外汇市场主要以柜台交易为主，因此，难以获得准确的年度数据。全球外汇市场最具权威的数据是国际清算银行每三年公布的当年 4 月的日均成交数据。

表 20.1 给出了 1998—2016 年国际外汇市场上主要货币的日均成交金额占比分布。由于每笔外汇交易涉及两种货币，所有货币交易占比总和为 200%。据此，我们可以计算出美元、欧元、英镑和日元四大主要国际储备货币在外汇市场交易中的总份额。计算结果显示，1998 年四大货币在全球外汇市场中的份额高达 59.8%（表 20.1 中前四大货币占比之和除以 2）；2001 年和 2004 年该份额分别高达 81.2% 和 81.4%；2007—2013 年保持在 77.6% 左右的水平。这些数据显示出四大货币在全球外汇市场中的垄断地位。

表 20.1 国际外汇市场主要货币日均成交金额占比（1998 年到 2016 年）　　单位:%

货币	1998 年	2001 年	2004 年	2007 年	2010 年	2013 年	2016 年
美元	86.8	89.9	88.0	85.6	84.9	87.0	87.6
欧元	0	37.9	37.4	37.0	39.1	33.4	31.3
日元	21.7	23.5	20.8	17.2	19.0	23.0	21.6
英镑	11.0	13.0	16.5	14.9	12.9	11.8	12.8
澳大利亚元	3.0	4.3	6.0	6.6	7.6	8.6	6.9
加拿大元	3.5	4.5	4.2	4.3	5.3	4.6	5.1

续表

货币	1998 年	2001 年	2004 年	2007 年	2010 年	2013 年	2016 年
瑞士法郎	7.1	6.0	6.0	6.8	6.3	5.2	4.8
人民币	0	0	0.1	0.5	0.9	2.2	4.0
墨西哥比索	0.5	0.8	1.1	1.3	1.3	2.5	2.2
瑞典克朗	0.3	2.5	2.2	2.7	2.2	1.8	2.2
新西兰元	0.2	0.6	1.1	1.9	1.6	2.0	2.1
新加坡元	1.1	1.1	0.9	1.2	1.4	1.4	1.8
挪威克朗	0.2	1.5	1.4	2.1	1.3	1.4	1.7
港元	1.0	2.2	1.8	2.7	2.4	1.4	1.7
韩元	0.2	0.8	1.1	1.2	1.5	1.2	1.6
土耳其新里拉	0	0	0.1	0.2	0.7	1.3	1.4
印度卢比	0.1	0.2	0.3	0.7	1.0	1.0	1.1
俄罗斯卢布	0.3	0.3	0.6	0.7	0.9	1.6	1.1
南非兰特	0.4	0.9	0.7	0.9	0.7	1.1	1.0
巴西雷亚尔	0.2	0.5	0.3	0.4	0.7	1.1	1.0
丹麦克朗	0.3	1.2	1.1	0.8	0.6	0.8	0.8
波兰兹罗提	0.1	0.5	0.4	0.8	0.8	0.7	0.7
新台币	0.1	0.3	0.4	0.4	0.4	0.5	0.6
匈牙利福林	0	0	0.2	0.3	0.4	0.4	0.3
其他货币	…	7.5	7.5	8.8	6.2	3.9	4.5
人民币 *	…	0	0.1	0.4	0.9	1.4	4.0

数据来源：国际清算银行 2016 年 9 月公布的 2016 年 4 月日均交易数据和相应之前年份的数据；人民币 * 代表的数据为根据人民银行公布的 2011 年以来境内人民币外汇市场季度数据和同比增长数据计算出的境内人民币交易国际占比，人民币 * 占比的具体计算方法见第 26.10 节。

从表 20.1 可以看出，2007 年人民币在全球外汇市场的交易占比仅仅为 0.5%，这与该年我国 GDP 全球占比 6.2% 极不相称；2010 年人民币外汇交易占全球外汇市场比重为 0.9%，世界排名第 16 位，与当年我国 GDP 世界占比 9.2% 和第 2 的世界排名也很不相称；2013 年人民币外汇交易占全球外汇市场比重快速提高到了 2.2%，世界排名第 9 位，与当年我国 GDP 世界占比 12.7% 也很不相称；2016 年人民币外汇交易全球占比 4.0%，比同年我国 GDP 全球占比 15.2% 相差 10% 以上。2010—2016 年，人民币国际排名从第 16 位提升到第 8 位。国际清算银行公布的 2010 年和 2013 年人民币外汇数据有严重的问题，我们在下文和第 26 章会对这些问题进一步深入探讨，从而使我们对人民币国际化的现状和未来发展有更准确地把握。尽管如此，人民币外汇市场的国际占比近年来还是取得了可喜的成绩，成就令人欣慰。

20.1.2　国际外汇市场主要货币对

表 20.2 给出了 2001—2016 年主要货币对之间的外汇交易额及其占比。从表 20.2 可以看出，美元对其他三大国际货币欧元、日元和英镑之间的外汇交易是国际外汇市场上最主要的货币对交易，2001 年和 2004 年该三种货币对交易占比总和分别为 60.6% 和 58.4%；2007—2016 年该三种货币对占比持续下降，从 51.6% 下降到了 49.9%，显示三大主要货币在全球外汇市场的比重首次下降到了不到一半的地位；值得高兴的是，表 20.2 显示，2016 年美元对人民币货币对成为美元第六大货币对，也是全球第六大货币对；特别值得高兴的是，人民币对欧元成为了欧元第 13 个货币对，2016 年该货币对日均成交金额达到了每日 20 亿美元的水平。

表 20.2　　主要货币对日均交易额及占比（2001 年到 2016 年）

单位：亿美元,%

年份	2001		2004		2007		2010		2013		2016	
货币对	金额	占比	金额	占比	金额	占比	金额	占比	金额	占比	金额	占比
美元/欧元	372	30.0	541	28.0	892	26.8	1098	27.7	1289	24.1	1173	23.0
美元/日元	250	20.2	328	17.0	438	13.2	567	14.3	978	18.3	902	17.7
美元/英镑	129	10.4	259	13.4	384	11.6	360	9.1	472	8.8	470	9.2
美元/澳元	51	4.1	107	5.5	185	5.6	248	6.3	364	6.8	266	5.2
美元/加元	54	4.3	77	4.0	126	3.8	182	4.6	200	3.7	218	4.3
美元/人民币	—	—	—	—	—	—	31	0.8	113	2.1	192	3.8
美元/瑞士法郎	59	4.8	83	4.3	151	4.5	166	4.2	184	3.4	180	3.5
美元/墨西哥比索	—	—	—	—	—	—	128	2.4	105	2.1
美元/新加坡元	—	—	—	—	—	—	65	1.2	81	1.6
美元/新西兰元	—	—	—	—	—	—	82	1.5	78	1.5
美元/港元	—	—	—	—	—	—	85	2.1	69	1.3	77	1.5
欧元/英镑	27	2.1	47	2.4	69	2.1	109	2.7	102	1.9	100	2.0
欧元/日元	36	2.9	61	3.2	86	2.6	111	2.8	148	2.8	79	1.6
欧元/瑞士法郎	13	1.1	30	1.6	62	1.9	71	1.8	71	1.3	44	0.9
欧元/瑞典克朗	—	—	—	—	24	0.7	35	0.9	28	0.5	36	0.7
欧元/挪威克朗	—	—	—	—	—	—	20	0.4	28	0.6
欧元/澳元	1	0.1	4	0.2	9	0.3	12	0.3	21	0.4	16	0.4

年份	2001		2004		2007		2010		2013		2016	
欧元/加元	1	0.1	2	0.1	7	0.2	14	0.3	15	0.3	14	0.3
欧元/波兰兹罗提	—	—	—	—	—	—	—	—	14	0.3	13	0.3
欧元/丹麦克朗	—	—	—	—	—	—	—	—	13	0.2	13	0.2
欧元/匈牙利福林	—	—	—	—	—	—	—	—	10	0.2	5	0.1
欧元/土耳其里拉	—	—	—	—	—	—	—	—	6	0.1	4	0.1
欧元/人民币	—	—	—	—	—	—	—	—	1	0	2	0.0
日元/澳元	—	—	—	—	—	—	24	0.6	46	0.9	31	0.6
日元/新西兰元	—	—	—	—	—	—	4	0.1	5	0.1	5	0.1
所有货币对	1239	100.0	1934	100.0	3324	100.0	3971	100.0	5355	100.0	5088	100.0

数据来源：根据国际清算银行2016年9月公布的2016年4月和之前的日均交易数据整理得出。

20.1.2.1　美元的垄断地位未降反升

表20.2显示，美元货币对占比总额虽然从2001年的89.9%下降到2007年的85.6%，2010年进一步下降到了84.9%；但是2013年美元货币对占比总额不仅超过2010年的84.9%，而且超过了2007年的85.6%，2016年进一步回升到了87.6%，超过了金融危机前2007年水平，显示美元的国际垄断地位重回金融危机前的水平。表20.2给出的美元货币对的交易额在很大程度上也反映出不同货币的国际地位：2013年美元对人民币货币对占比2.1%，排名从2013年的第8位提高到了2016年的第6位，占比提高到了3.8%。这些排名与20.1给出的人民币总日均交易占比排名接近。

20.1.2.2　欧元和日元货币对

表20.2显示，2001—2007年，欧元对其他货币的日均交易总占比保持在37.5%上下的水平；2007—2010年欧元货币对占比虽然上升到39.1%，但在2013年却下降到33.4%，显著低于2001—2007年平均占比37.5%，表明近年来欧债危机对欧元产生明显的负面作用；2016年欧元与英镑货币对成交占比超过了欧元与日元占比，同时欧元与瑞士法郎成交占比也出现了显著的下降，而欧元与其他货币对的成交占比却略有提高。

表20.2显示，2001—2007年，日元与其他货币的货币对日均交易总占比从27.1%下降到17.3%，降幅接近10%；虽然2007—2010年日元货币对占比回升到23.1%，但在2013年又下降到19.8%，2016年日元货币对成交占比没有多少变化，相对于2013年仍然处于中长期下降的趋势之中，反映日本二十多年经贸低迷的现实，也反映出日本大幅度刺激经济对日元外汇市场的作用有限。

20.1.3　国际外汇市场交易的国家和地区分布

外汇交易在各个国家和地区间的分布在很大程度上也反映出全球外汇市场重要的信息。表 20.3 给出 1998—2016 年全球 36 个外汇交易最活跃的国家和地区及其外汇交易全球占比。

表 20.3　全球外汇市场交易的国家和地区的分布（1998 年到 2016 年）　　单位：%

国家/地区	1998 年	2001 年	2004 年	2007 年	2010 年	2013 年	2016 年	2013 年到 2016 年变化
英国	32.64	31.78	32.03	34.65	36.76	40.78	37.06	(3.72)
美国	18.26	15.99	19.12	17.41	17.93	18.89	19.43	0.54
欧元区	16.99	14.48	13.28	10.66	9.52	9.03	8.16	(0.87)
新加坡	6.90	6.08	5.12	5.65	5.27	5.73	7.90	2.17
中国香港	3.81	4.01	4.06	4.23	4.71	4.11	6.67	2.56
日本	6.97	8.96	7.95	5.84	6.19	5.60	6.10	0.50
法国	3.68	2.91	2.55	2.96	3.01	2.84	2.76	(0.08)
瑞士	4.36	4.48	3.27	5.92	4.95	3.24	2.39	(0.85)
澳大利亚	2.30	3.17	4.11	4.12	3.81	2.72	2.06	(0.66)
德国	4.74	5.36	4.62	2.37	2.15	1.66	1.78	0.12
丹麦	1.34	1.40	1.61	2.06	2.39	1.76	1.54	(0.22)
加拿大	1.81	2.60	2.27	1.50	1.23	0.97	1.31	0.34
荷兰	2.04	1.79	2.00	0.58	0.36	1.68	1.30	(0.38)
中国	0.01	0.00	0.02	0.22	0.39	0.66	1.11	0.45
韩国	0.17	0.58	0.79	0.82	0.87	0.71	0.73	0.02
俄罗斯	0.33	0.56	1.14	1.17	0.83	0.91	0.69	(0.22)
瑞典	0.77	1.46	1.22	1.03	0.89	0.65	0.64	(0.01)
挪威	0.42	0.76	0.55	0.75	0.44	0.32	0.61	0.29
卢森堡	1.08	0.77	0.56	1.02	0.66	0.77	0.56	(0.20)
印度	0.12	0.20	0.26	0.90	0.54	0.47	0.52	0.06
西班牙	0.95	0.48	0.53	0.40	0.58	0.64	0.50	(0.15)
中国台湾	0.23	0.28	0.36	0.36	0.36	0.39	0.41	0.02
比利时	1.30	0.61	0.80	1.17	0.64	0.32	0.35	0.03
土耳其	0.00	0.06	0.13	0.10	0.33	0.41	0.34	(0.07)
南非	0.43	0.58	0.38	0.33	0.29	0.31	0.32	0.01
墨西哥	0.41	0.50	0.59	0.36	0.34	0.48	0.31	(0.17)
巴西	0.24	0.32	0.15	0.13	0.28	0.26	0.30	0.04

数据来源：国际清算银行 2016 年 9 月公布的 2016 年 4 月及之前年份的日均交易数据；欧元区数据为奥地利、比利时、爱沙尼亚、芬兰、法国、德国、希腊、爱尔兰、意大利、拉脱维亚、立陶宛、卢森堡、荷兰、葡萄牙、斯洛伐克和西班牙等 15 个进入 2016 年国际清算银行公布的外汇交易占比数据之列的欧元区货币总和。

20.1.3.1　英国持续独占鳌头

尽管英国多年来保持世界第 6 大经济体的地位，近年来世界占比也不到 4%，但英国多年来的国际金融中心地位，特别是国际外汇市场独占鳌头的地位却难以撼动。表 20.3 显示，1998 年到 2004 年英国占全球外汇市场的份额一直稳定于 32% 上下水平；2004 年到 2007 年，英国外汇交易占比上升到 34.65%；2007 年到 2013 年又分别上升到了 36.76% 和 40.78% 的高位，超过全球最大经济体美国外汇交易占比一倍多，显示金融危机后 6 年英国国际金融中心地位进一步巩固。但是，表 20.3 也显示，2013 年到 2016 年，英国外汇成交占比下降了 3.72% 到 37.06%，为最近三年降幅最大的国家，显示英国脱欧的讨论和争论或许已经反映在其外汇市场中了。有理由相信，虽然今后多年英国在国际外汇市场的老大地位仍将保持，但是其占比却会持续显著下降。

比较表 20.3 和表 20.1 的数据我们可以发现，虽然近年来英国外汇交易占比在整体上升的同时，英镑在国际外汇市场交易中的占比却在下降，表明在英国交易的大量外汇实际上并不是英镑的外汇交易，而是与其他主要国际货币相关的"外币对"交易。英国独占鳌头的国际外汇市场地位及其对人民币国际化的兴趣和努力将对推动人民币国际化发挥一定的积极作用，我们在第 23 章会进一步探讨。

20.1.3.2　美国外汇交易地位稳中有升

作为全球最大的经济体，美国外汇交易额占全球的比重从 1998 年到 2013 年几乎没有多大变化，保持在 18% 上下的水平；然而 2016 年美元外汇交易占比却提高了 0.54% 到 19.43%，近 20 年来首次超过 19%，增幅仅次于新加坡和中国香港，显示近年来美元外汇交易回流的趋势。美元外汇交易占比没有显著变化的主要原因是美国金融机构大多在英国设有外汇的交易平台，因此美国的外汇交易很多在英国实现。下文显示，虽然 2007 年以来美国境内外汇交易全球占比没有多大变化，但是美元在美国境内外汇交易占比却显著提高。虽然英国脱欧的实现，回流美元的趋势将更加明显，今后多年美国境外全球外汇市场的成交占比将有望显著提高。

20.1.3.3　欧元区外汇交易占比明显下降

表 20.3 显示，欧元区 15 国的总外汇交易占比十多年来出现明显的持续下降趋势，从 1998 年的 16.99% 持续下降到了 2016 年的 8.16%；2013 年到 2016 年欧元区外汇交易占比下降了 0.87%，降幅仅次于英国的 3.72%。虽然欧元区作为货币经济体多年来保持在仅次于美国的水平，但是其外汇交易占比却持续下降，表明欧元虽然为全球第二大货币，但是欧元区外汇交易却有显著回升的潜力。

20.1.3.4　全球第三、亚太最大的外汇交易中心——新加坡

十多年来国际金融市场，特别是国际外汇市场最重要的变化之一是 2013 年新加坡取代日本成为全球第三、亚太最大的外汇交易中心。新加坡十多年来世界经济占比在 0.3% 到 0.4% 之间，然而其在亚太地区金融，特别是在外汇市场的地位

却名列前位。表 20.3 显示,新加坡在截至 2010 年的十多年外汇市场中绝大多数时间排名世界第四、亚洲第二;2013 年新加坡首次超过日本,成为亚洲最大、全球第三大外汇交易中心,而且 2016 年保持了同样的排名,显示新加坡在亚太乃至全球外汇市场中的重要地位。新加坡多年来致力于境外人民币市场的准备,2013 年年初获得中国人民银行批准成为境外继中国香港后的第二或第三大人民币离岸中心。新加坡在国际外汇市场的地位及其努力推动人民币国际化的诸多举措使得新加坡今后在亚太,特别在东盟推动人民币国际化方面将发挥重要的作用。

20.1.3.5 全球第四、亚太第二大外汇交易中心——中国香港

香港特区是我国内地三十多年来通向国际外汇市场的最主要的桥头堡,在中国改革开放过程中发挥了巨大的作用。作为境外最大的人民币中心,香港今后将在人民币国际化进程中继续发挥重要作用。由于中国香港人口和面积显著超过新加坡,多年来中国香港的 GDP 高于新加坡;然而进入 2010 年到 2014 年,新加坡的经济增长显著高于中国香港,使得这些年前者的 GDP 反而低于后者(2015 年中国香港 GDP 重新超过了新加坡)。表 20.3 显示,1998 年到 2007 年,中国香港外汇交易占比一直低于新加坡,然而两者间的差距在缩小;2007 年到 2010 年,在中国香港外汇交易占比提高了 0.5% 到 4.7% 的同时,新加坡外汇交易占比却下降了 0.3% 到 5.3%,两者间的差距缩小到了十多年最小范围;然而2010 年到 2013 年,中国香港外汇交易占比不增反降了 0.6% 到 4.11%,重新回到了接近 2004 年的水平,而新加坡外汇交易占比却增长了 0.46% 到 5.73%,两者间的差距扩大到了十多年来最大的程度。

基于 2010 年 12 月国际清算银行公布的数据,笔者在本书第二版曾经预测,我国内地在港推动人民币跨境贸易结算和其他人民币业务对香港外汇业务带来少有的刺激和推动,根据 2007 年到 2010 年中国香港和新加坡外汇交易占比变化趋势判断 2013 年中国香港有望首次超过新加坡,甚至超过日本成为亚太最大的外汇交易中心。而表 20.3 的数据显示,笔者当时对香港外汇市场发展过于乐观。表 20.3 也显示,虽然 2010 年到 2013 年中国香港外汇交易占比不增反降,但是由于瑞士在国际金融危机中受到的冲击最大,其外汇交易占比从 2007 年的5.92% 迅速下降到了 2013 年的 3.24%,导致中国香港 2013 年的外汇市场排名反而从 2010 年的第 7 位提高到了 2013 年的第 6 位。然而,表 20.3 给出了可喜的数据:2013 年到 2016 年中国香港外汇交易占比提高到 2.56%,为同期全球增幅最大的国家/地区,首次超过日本成为亚洲第二、全球第五大外汇交易中心。

20.1.3.6 日本外汇交易占比明显下降

表 20.3 显示,1998 年以来的近 20 年日本外汇交易全球比重总体呈现下降的趋势,导致 1998 年到 2010 年日本全球第三、亚洲第一的外汇交易中心位置于2013 年被新加坡取代,2013 年日本全球第四、亚洲第二的外汇交易中心位置又

被中国香港取代,二十多年来持续低迷的日本经济在全球外汇市场有明显的显现。但是,表 20.3 也显示,2013 年到 2016 年日本外汇交易占比提高了 0.50%,增幅仅次于中国香港、新加坡和美国,比我国相应的增幅 0.45% 还略高。

20.1.3.7　我国外汇交易占比及相关问题

表 20.3 显示,2007 年到 2016 年,我国外汇交易的世界占比从 0.22% 分别提高到了 0.39%、0.66% 和 1.11%,相应的国际排名从第 27 位分别提高到 22 位、16 位和 13 位,显示近十年来我国外汇市场较快增长的态势。然而,比较表 2.1 和表 20.1 给出的我国经济、贸易和人民币外汇市场的占比和排名,表 20.3 给出的我国外汇市场在全球的排名不仅显著低于我国经贸的国际排名,而且也显著低于人民币在全球外汇市场的排名,表明境内外汇市场的发展仍显著滞后于人民币国际化的程度。

仔细观察表 20.3 的数据,我们发现 2013 年到 2016 年,不仅我国外汇市场交易排名很低,而且增幅 0.45% 也排在中国香港特区、新加坡、美国和日本之后!进一步观察表 20.3 给出的数据,2016 年我国内地外汇交易占比 1.11% 还不到 2013 年至 2016 年香港增幅 2.56% 的一半,仅接近同期新加坡增幅 2.17% 的一半!如此不够活跃的外汇市场不仅与我国经贸的地位很不相称,而且与当前人民币国际化的地位很不相称,已经成为人民币国际化的瓶颈之一。加速发展和活跃境内外汇市场也已成为推动人民币国际化的当务之急。

20.1.3.8　全球外汇交易的洲际间的分布

表 20.3 也给出了全球外汇交易在主要洲际间的分布。表 20.3 显示,仅二十年来英国外的整个欧洲占全球外汇交易比重持续显著下降,2013 年到 2016 年下降了 1.85%,仅次于英国的降幅 3.72%,但是包括英国的欧洲外汇交易占全球比重仍然保持了一半以上,但是用不了一两年将显著低于一半;2013 年到 2016 年亚洲外汇交易占比增幅最大为 5.75%,2016 年亚洲首次超过北美洲成为全球仅次于欧洲的第二大外汇交易洲,显示亚洲经济和贸易规模在全球外汇市场也有了初步的反应;南美洲、非洲和大洋洲等在全球外汇交易中的占比很低,而且还处于下降的趋势中。

20.2　主要国际货币在国际外汇衍生产品市场上的活跃度

虽然国际金融危机后衍生产品的名声不佳,但衍生产品仍是国际外汇市场的主力军。张光平(2016)显示,十多年来全球金融衍生产品市场的成交金额远超相应的债券、外汇和股票等传统金融市场的成交金额。我们上文介绍的国际外汇市场日均成交金额实际上不仅包括传统的外汇现货或即期交易,而且还包括外汇远期、外汇掉期、货币互换和外汇期权等外汇衍生产品交易,而且除外汇即期交易外的外汇衍生产品交易的比重早就超过了即期交易。实际上,早在十几年前，传统的外汇现货交易就已经不再是外汇市场的主要产品。换句话说，外汇交易中大多数为外汇衍生产品交易。本节的目的是介绍主要国际货币在全球外汇市场中不同产品类型的交易分布。表 20.2 给出了 2007 年 4 月到 2013 年 4 月全球 24 个主要币种外汇即期、外汇远期和外汇掉期三类产品的分布情况。

表 20.4　主要货币即期、远期和掉期日均交易量占比分布（2007 年到 2016 年）

年份	2007			2010			2013			2016		
货币/产品类型	即期交易	远期交易	外汇掉期	即期交易	远期交易	外汇掉期	即期交易	远期交易	外汇掉期	即期交易	远期交易	外汇掉期
美元	29.7	10.9	59.4	35.2	11.6	48.5	36.4	12.6	43.6	31.1	13.5	48.6
欧元	36.9	12.1	51.1	44.4	9.6	40.3	42.2	10.0	42.9	32.7	11.2	50.7
日元	40.4	12.1	47.5	39.7	15.2	37.8	49.7	10.0	27.0	36.0	13.8	41.8
英镑	32.5	10	57.4	41.6	10.7	43.9	35.9	11.0	47.8	32.6	14.2	46.9
澳大利亚元	25.7	10	64.3	36.8	9.6	48.6	42.4	10.8	39.6	40.1	11.6	40.2
加拿大元	29.7	11.8	58.6	37	12.5	47.6	38.3	14.8	41.3	40.2	13.0	39.5
瑞士法郎	42.2	10.1	47.7	36.4	7.5	50.9	30.6	9.8	54.1	23.5	12.3	61.7
人民币	61.4	31.3	7.4	23.7	41.6	20.1	28.4	23.5	33.4	33.7	13.9	42.6
瑞典克朗	20.7	10	69.3	21.5	9.8	65.2	28.7	12.5	55.9	30.1	11.5	52.2
墨西哥比索	37.4	11.7	50.9	36.3	10.8	48.2	42.0	10.2	42.8	38.4	10.7	32.1
新西兰元	29.4	11.3	59.3	34.2	8.0	53.3	37.0	10.9	47.6	38.1	10.5	41.9
新加坡元	22.5	7.9	69.6	27.7	7.8	59.7	27.4	14.3	53.6	30.8	8.8	56.0
港元	18.4	7.0	74.6	19.9	4.0	74.4	26.9	9.6	61.3	26.1	6.8	64.8
挪威克朗	18.4	9.7	71.9	23.4	11.7	61.2	27.9	13.2	55.9	34.1	9.4	51.8
韩元	44.7	29.4	25.9	35.1	29.9	29.1	30.3	37.2	24.9	34.5	41.7	16.7
土耳其里拉	61.4	11.4	27.2	27.2	10.4	49.6	22.4	13.8	55.5	28.2	8.5	56.3
俄罗斯卢布	70.7	5.0	24.3	50.6	6.3	40.2	42.8	10.3	43.2	41.4	10.3	46.6
印度卢比	42.6	27.5	29.8	35.8	36.1	18.1	28.9	46.2	19.1	32.8	39.7	22.4
南非兰特	19.9	12.1	68	31.7	9.9	54.8	32.6	11.9	52.3	31.4	7.8	47.1
巴西雷亚尔	50.2	47.3	2.5	31.3	47.3	4.3	28.9	46.2	19.1	25.5	52.9	2.0
丹麦克朗	21.8	10.3	67.9	21.2	12.4	66	17.4	12.4	69.5	16.7	11.9	71.4
波兰兹罗提	20	10.9	69.1	22.4	11.1	60	28.8	14.8	52.7	34.3	11.4	51.4
新台币	47.1	40.6	12.3	31.9	35.9	25.5	23.2	45.0	25.9	28.1	40.6	25.0
匈牙利福林	34.1	15.7	50.2	24.1	10.6	58.1	33.0	15.6	45.9	26.7	13.3	53.3
其他货币	43.7	39.3	17	40.9	44.2	12.2	31.8	30.6	31.1	30.9	26.5	33.5
全部货币	30.2	10.9	51.6	37.4	11.9	44.3	38.3	12.7	41.7	32.5	13.8	46.8

数据来源：国际清算银行 2016 年 9 月公布的 2016 年 4 月和之前年份不同类型产品数据计算得出。

20.2.1 外汇现货/即期交易与外汇衍生产品交易比较

国际清算银行的数据显示，1992 年外汇市场即期交易占比首次低于 50%，1995 年外汇掉期日均成交金额首次超过即期交易金额，成为外汇市场的主要产品。2001 年到 2007 年，外汇即期交易占比进一步下滑到略微高于 30% 的历史低位。然而，表 20.4 显示，受国际金融危机的影响，2007 年到 2013 年全球外汇交易市场的外汇互换占比持续下降的同时，现货交易占比持续回升，显示国际外汇市场回归传统的态势；然而 2013 年到 2016 年，外汇掉期占比重回 46.8% 的同时，即期交易占比重落至 32.5%，接近 2004 年的 32.6%。表 20.4 也显示，全球外汇市场中外汇衍生产品占比从 2007 年的 69.8% 持续回升到了 61.7%，但是 2016 年重回 67.5%，超过 2/3，接近金融危机前的高峰，显示衍生产品在全球外汇市场的重要性。

20.2.2 不同货币外汇远期的占比比较

外汇远期是国际外汇市场最早且最简单的衍生产品。从表 20.4 可以看出，尽管 2007 年到 2013 年，外汇掉期成交金额占比持续下降，而外汇远期成交金额占比却持续上升到了 12.7%，2016 年进一步提高到了 13.8%，显示 18 年来（1998 年到 2007 年从 8.4% 持续上升到了 10.9%）全球外汇市场远期占比持续提高的趋势。表 20.4 显示，2007 年到 2016 年 24 个主要货币中 15 个发达经济体的货币外汇远期平均占比与全球占比接近，而 9 个新兴市场货币远期占比却高于全球占比的同时，新兴市场货币的外汇掉期占比却显著低于全球水平。

20.2.3 不同货币的外汇掉期占比

外汇掉期是国家外汇市场最主要的产品。表 20.4 显示，2007—2013 年，全球外汇掉期日均交易占比从 55.6% 分别下降到了 45.4% 和 41.7%，显示国际外汇市场国际金融危机后回归传统的趋势，然而 2016 年外汇掉期占比又回到了 46.8%，显示危机后调整已经结束，外汇掉期成交金额占外汇市场近一半。表 20.4 也显示，2016 年美元、欧元、英镑和瑞士法郎等主要国际外汇掉期交易占比与国际占比还要高，而日元、澳元和加元外汇掉期交易占比却比国际外汇掉期交易占比明显低不同的水平，表明不同主要国际货币的外汇掉期活跃度很不相同。新兴市场货币中除土耳其里拉、波兰兹罗提、南非兰特和俄罗斯卢布外汇掉期占比超过或接近国际水平 46.8% 外，其他主要新兴市场国家货币外汇掉期占比显著低于国际水平，显示这些国家的外汇掉期市场仍有很大的增长空间。

20.2.4 不同货币外汇期权市场占比的比较

除表 20.4 给出的外汇远期和外汇掉期外，国际外汇市场上还有外汇期权和货币互换两类外汇衍生产品。外汇期权在外汇市场上发挥着重要的作用。国际清算银行公布的数据显示，1998 年 4 月到 2007 年 4 月全球外汇期权日均成交金额分别仅为 870 亿美元、600 亿美元、1190 亿美元和 2120 亿美元，分别占外汇交易日均总额的 5.7%、4.8%、6.2% 和 6.4%；2007 年 4 月到 2010 年 4 月和 2013 年 4 月全球外汇期权日均成交金额分别达到 2070 亿美元和 3370 亿美元，占外汇交易日均总额的比重也仅为 5.2% 和 6.3%，显示外汇期权占比仅相当于表 20.4 给出的全球外汇远期占比的一半上下。

表 20.5 给出了 2010 年 4 月和 2016 年 4 月主要国际货币互换和外汇期权交易的占比。从表 20.5 可以看出，2010 年到 2013 年，全球外汇期权日均成交金额占全球外汇市场日均成交金额比重从 5.2% 提高到了 6.3%，而从 2013 年到 2016 占比重回 5.0%，仅略超 2016 年全球外汇远期占比 13.8% 的 1/3，显示外汇期权相对于外汇掉期和外汇远期规模有限。表 20.5 也显示，主要国际货币中除日元外汇期权交易占比明显高于全球占比外，美元、英镑、澳元和加元的外汇期权占比与全球外汇期权占比相当；主要新兴国家货币中巴西雷亚尔外汇期权占比最高，高达 15.7%，人民币外汇期权占比 8.9% 也显著超过全球外汇期权 5% 的占比；土耳其里拉和印度卢比外汇期权占比略超过国际水平，而俄罗斯卢布外汇期权占比仅有 1.7%，略高于全球占比的 1/3。

20.2.5 不同货币的货币掉期占比和比较

除了上文介绍的外汇远期、掉期和期权这三类外汇衍生产品外，国际外汇市场上还有货币掉期这一种外汇衍生产品。货币掉期实际上是国际外汇市场中最不活跃的外汇衍生产品，1998 年 4 月到 2007 年 4 月全球货币掉期日均成交金额分别仅为 100 亿、70 亿、210 亿和 310 亿美元，分别占外汇交易日均总额的 0.7%、0.6%、1.1% 和 0.9%；2010 年 4 月到 2016 年 4 月全球货币掉期日均成交金额分别上升到了 430 亿、540 亿和 960 亿美元，占外汇交易日均总额的比重分别提高到了 1.1%、1.0% 和 1.9%，显示货币掉期市场虽然规模很小，但是近年来增速却超过其他外汇衍生产品。表 20.5 也给出了 2010 年 4 月到 2016 年 4 月主要货币掉期占相应货币总日均成交额比重。

表 20.5   主要国际货币掉期和外汇期权日均成交额占总外汇交易比重

（2010 年 4 月到 2016 年 4 月）   单位：%

年份	2010		2013		2016	
货币/产品类型	货币掉期	外汇期权	货币掉期	外汇期权	货币掉期	外汇期权
美元	1.1	4.7	1.1	6.3	2.0	4.9
欧元	1.1	5.6	1.0	3.9	1.4	4.0
日元	0.9	7.2	0.9	12.5	1.6	6.7
英镑	0.5	3.9	0.7	4.6	1.5	4.6
澳大利亚元	1.9	5.1	1.3	5.9	2.0	5.7
加拿大元	1.4	2.9	0.9	4.8	1.5	5.4
瑞士法郎	0.7	5.3	0.5	4.9	0.8	2.1
人民币	0.2	14.6	0.4	14.3	1.5	8.9
瑞典克朗	0.8	3.4	0.9	2.0	1.8	4.4
墨西哥比索	0.7	4.6	0.6	4.5	13.4	5.4
新西兰元	1	4.8	1.4	3.0	1.0	7.6
新加坡元	0.1	4.8	0.8	3.9	2.2	3.3
港元	0.4	1.8	0.6	1.6	1.1	1.1
挪威克朗	1.2	3.6	0.5	2.6	0.0	3.5
韩元	1.6	5.9	1.1	6.6	1.2	6.0
土耳其里拉	6.5	12.8	3.6	4.7	4.2	5.6
俄罗斯卢布	0.5	2.9	0.6	3.2	1.7	1.7
印度卢比	0.1	9.9	0.6	5.2	1.7	5.2
南非兰特	0.5	3.6	0.3	2.9	9.8	3.9
巴西雷亚尔	1.4	17.1	4.3	18.1	3.9	15.7
丹麦克朗	0.5	0.9	0.5	0.2	0.0	0.0
波兰兹罗提	0.6	6.5	0.9	2.8	0.0	0.0
新台币	0.5	6.7	1.0	4.9	0.0	3.1
匈牙利福林	0.3	7.2	1.2	4.3	0.0	6.7
其他货币	0.2	0.5	0.8	5.7	2.6	6.5
全部货币	1.1	5.2	1.0	6.3	1.9	5.0

数据来源：根据国际清算银行 2016 年 9 月公布的该年 4 月和之前年份的数据计算得出。

表 20.5 显示，除美元和澳元外，欧元、日元、英镑和加元的货币掉期占比相对较低；2016 年墨西哥比索货币掉期占比高达 13.4%，为全球最高，南非兰特相应的占比高达 9.8%，巴西雷亚尔占比也高达 3.9%，而俄罗斯卢布、印度

卢比和人民币占比却略低于国际水平的 1.9%。

20.2.6　人民币外汇衍生产品占比的国际比较及问题

从表 20.2 也可以看出，2007 年人民币是这 24 个币种中最为传统的货币之一，因为 2007 年人民币即期交易占比高达 61.4%，仅次于同年俄罗斯卢布的即期占比 70.7%；同年人民币外汇远期交易占比 31.3%，仅次于同年巴西雷亚尔和新台币的相应占比；人民币外汇掉期占比仅 7.4%，为当年 24 个货币中巴西雷亚尔占比 2.5% 之外的倒数第二，显示当年人民币外汇衍生产品市场仍很不活跃；但是，2010 年人民币即期交易占比却迅速下降到了 23.7%，不到 2007 年即期交易占比 61.4% 的一半，不仅显著低于同年国际市场即期交易占比的 37.4%，而且还低于除瑞典克朗、港元、波兰兹罗提、丹麦克朗和挪威克朗之外的其他18 种货币，表明 2007 年到 2010 年人民币外汇衍生产品市场有了一些发展，但是 3 年内从最"传统"的货币突然变为很不"传统"的货币的跳跃确实有些令人难以置信；虽然 2013 年人民币外汇即期交易占比回升到了 28.4%，但是仍比同年国际即期交易占比 38.3% 低近 10%，远期占比回落到了 23.5%，虽比国际同年远期占比 12.7% 更为接近，但仍超过后者 10.8%，人民币外汇掉期交易占比提高到了 33.4%，离同年国际外汇掉期占比 41.7% 更为接近；2016 年人民币外汇即期、远期和掉期占比相对于国际水平更趋合理。

如上是国际清算银行给出的数据，与第 26 章利用近年来我国外汇市场即期、远期和掉期数据及相关分析表明国际货币基金组织公布的 2007 年到 2013 年人民币外汇市场数据有明显的问题，我们在本书第 26 章和第 30 章会进一步探讨。

20.2.7　全球交易所交易的外汇衍生产品

上文主要介绍全球外汇市场的主要内容，即银行间场外市场的各类主要外汇产品及流动性。实际上，除银行间市场外，全球外汇交易所交易的场内产品，及外汇期货和外汇期权也有一定的市场份额。

20.2.7.1　全球交易所交易的外汇期货和期权规模简介

根据国际清算银行公布的数据，1998 年到 2013 年的每三年，全球外汇期货和期权成交金额分别为 3.1 万亿、3.5 万亿、8.0 万亿、24.6 万亿、38.7 万亿和35.6 万亿美元，日均成交金额分别 124 亿、140 亿、320 亿、984 亿、1548 亿、1426 亿和 1150 亿美元（2016 年数据为该年 4 月的数据），分别占表 20.2 给出的相应这些年份全球场外外汇市场日均成交金额的 0.8%、1.1%、1.7%、3.0%、3.9% 和 2.7%；根据国际清算银行网站公布的数据，2016 年 4 月全球交易所交易的外汇期货和期权日均成交金额 1150 亿美元，相当于表 20.2 给出的同月全球银行间外汇成交金额 5.088 万亿美元。这些数据显示，1998 年到 2010 年，全球交易所交易的外汇产品与银行间交易产品比例持续上升到了 3.9% 的历史高位后，2010 年到 2016 年又持续下降到了 2.3%。

20.2.7.2　全球交易所交易的外汇期货和期权的发达国家货币分布

国际清算银行自 2014 年以来开始公布全球交易所交易的外汇期货和期权成交金额的货币分布。该银行公布的 2014 年和 2015 年全球外汇期货和期权日均成交金额分别为 1250 亿和 1220 亿美元，其中相应的美元外汇期货和期权日均成交金额分别高达 1180 亿美元和 1140 亿美元，占比分别高达 94.4% 和 93.4%，2016 年 4 月美元相应的占比提高到了 94.8%（占比与表 20.1 相同，是双边计算的，下同）；2016 年 4 月，欧元、日元、英镑、澳元、加元、瑞士法郎和韩元外汇期货和期权日均成交金额分别仅占 27.0%、14.8%、8.7%、7.0%、5.2%、2.6% 和 2.6%，占比排名顺序与表 20.1 给出的银行间外汇市场成交占比排名相似，但是美元的垄断地位更高。

20.2.7.3　全球交易所交易的外汇期货和期权的新兴市场货币分布

除上文给出的近年来全球交易所交易的外汇期货和期权的主要发达国家货币分布外，巴西、印度、俄罗斯和墨西哥四个主要新兴经济体货币的外汇期货和期权虽然比上文主要发达国家流动性低，但是却也有可观的流动性，2016 年 4 月该四国货币交易所交易期货和期权日均成交金额分别高达 230 亿、70 亿、40 亿和 20 亿美元，占全球市场比重分别为 20.0%、6.1%、3.5% 和 1.7%，其中前三者占比显著超过其银行间外汇交易占比（如表 20.1 所示），显示该三国交易所交易的外汇衍生产品发展程度可观，超过了境内外交易所交易的人民币外汇期货和期权市场流动性。

20.3　持续联系结算系统对美元国际地位的支撑作用

上文内容显示，全球外汇市场是一个 24 小时联动、每个工作日的平均成交额高达数亿美元的大市场，而且美元在该市场中占据绝对领先地位。美元成为全球流动性最高货币纵然有很多原因，但是其持续联系结算系统却发挥着重要的作用，对人民币国际化有着很好的借鉴作用。本节简单介绍全球持续联系结算系统及其功能。

20.3.1　外汇结算风险——赫斯塔特风险和持续联系结算机构的建立

早在 1974 年，当时联邦德国的赫斯塔特银行收到了从美国银行支付的西德马克，由于德国和美国的时差，在还未收到相应的美元时就将支付作为了收据，最终导致该银行破产。随着外汇市场成交量的大幅度提高，全球外汇市场结算风险也随之增大。为了降低外汇市场结算风险，美国外汇持续联系结算机构（Continuous Linked Settlement，CLS）于 2002 年在美国纽约注册成立。该机构受美联储监管，2012 年被美国金融稳定监督委员会（Financial Stability Oversight Council）指定为具有系统重要性金融市场功能的机构，十多年来对全球外汇市场结算发挥了重要的作用（CLS Group，www. en. wikipedia. org）。

20.3.2　持续联系结算机构的会员和结算货币

2002 年 CLS 设立时仅有 39 个会员，结算 7 种主要国际货币；到 2015 年 11 月，结算会员增长到了 64 个，结算货币增长到了 18 种，股东增长到了 74 家，有 9000 多家活跃的第三方市场参与者，为全球最大的外汇结算机构。目前，CLS 结算的 18 种货币包括：澳元、加元、丹麦克朗、欧元、港元、匈牙利福林、以色列谢克尔、日元、墨西哥比索、新西兰元、挪威克朗、新加坡元、南非兰特、韩元、瑞典克朗、瑞士法郎、英镑和美元。从表 20.1 可以看出，该 18 种货币除匈牙利福林和以色列谢克尔外 16 种货币都进入了 2016 年全球最活跃的 20 种货币中，CLS 18 种货币占全球外汇市场成交金额比重高达 93.2%。

20.3.3　人民币成为 CLS 货币的时间估算和影响

观察如上 CLS18 种货币，我们发现人民币、印度卢比、俄罗斯卢布和巴西雷亚尔四个主要"金砖"国家的货币全不是 CLS 的结算货币。任何一种货币要获得加入 CLS 系统的资质，也需要获得美联储的书面批准。美国货币当局对人民币市场的政策取向，也可能在此过程中发生潜在的影响。人民币加入 CLS 系统还有一个过程。但是，随着中美两国人民币在美清算安排合作备忘录的签署和清算银行的指定，相信中美金融合作会迈出新步伐，人民币成为 CLS 货币的进程也会随之加速。人民币成为 CLS 货币对人民币对美元交易及人民币对其他主要货币交易都将有推动作用。尽管如此，2014 年 11 月 3 日人民币外汇交易开始使用的中央对手清算业务（CCP）仍需不断完善，更好地防范赫斯塔特风险（徐奇渊，2016），为人民币国际地位的逐步提高做好应有的准备。

20.4　主要国际货币在国际利率衍生产品市场上的地位

利率是影响整个金融市场以至于整个经济最为重要的市场因素，利率风险也是金融市场上最为重要的市场风险，利率衍生产品也就成为了金融市场上最为活跃的风险管理工具。另外，利率是汇率的基础，汇率的走势是由利率走势来决定的。因此，不同货币利率衍生产品的活跃程度在很大程度上反映了该货币的国际地位。由于债券市场，特别是发达国家政府债券市场仍将成为今后多年国际金融市场上更为重要的组成部分，国际利率衍生产品今后还会发挥重要的作用。本节介绍主要国际货币在全球利率衍生产品市场的作用。

20.4.1 全球银行间利率衍生产品日均成交额的货币分布

利率衍生产品是全球最大的衍生产品市场，主要包括远期利率协议、利率互换、利率期权等其他利率产品。介绍这些产品需要较多的篇幅，有兴趣的读者可参考张光平（2015）。表 20.6 给出了 1998 年 4 月到 2016 年 4 月全球银行间利率衍生产品日均成交金额的货币分布。表 20.6 显示，2001 年到 2013 年，欧元利率衍生产品日均成交金额显著超过美元，为全球银行间利率衍生产品的最主要货币；然而 2013 年到 2016 年，欧元银行间利率衍生产品日均成交金额下降了43.7%，全球占比从 49.03% 下降到了 23.93%，同时美元银行间利率衍生产品日均成交金额却飞涨了 112.2%，占比从 27.65% 增长到了 50.86%，取代欧元成为全球银行间利率衍生产品的主要货币。不仅如此，2016 年美元在全球银行间利率衍生产品日均成交金额占比超过 50%，显著超过表 20.1 给出的同年美元在全球外汇市场的成交金额占比 43.8%，显示近年来美元的国际地位进一步显著提高。

表 20.6　　不同货币银行间/场外利率衍生产品 4 月日均交易量
占比分布（1998 年到 2016 年）　　单位:%，万亿美元

货币/年份	1998	2001	2004	2007	2010	2013	2016
美元	26.68	31.02	33.88	31.59	31.83	27.65	50.86
欧元	—	47.38	44.96	38.91	40.60	49.03	23.93
英镑	6.26	7.52	8.77	10.20	10.39	8.08	8.89
澳大利亚元	1.14	1.71	1.16	1.11	1.78	3.29	3.79
日元	10.29	5.58	4.50	8.11	6.04	2.99	3.11
加拿大元	2.71	1.17	0.74	0.92	2.35	1.29	1.46
墨西哥比索	0.06	0.05	0.17	0.32	0.22	0.42	0.98
新西兰元	0.11	0.09	0.19	0.39	0.18	0.21	0.98
瑞典克朗	0.66	1.06	1.28	1.95	0.98	1.56	0.71
南非兰特	0.19	0.08	0.15	0.19	0.26	0.68	0.60
挪威克朗	0.66	0.62	0.81	0.47	0.73	0.40	0.56
瑞士法郎	3.51	1.32	0.96	1.10	0.99	0.62	0.53

续表

货币/年份	1998	2001	2004	2007	2010	2013	2016
韩元	0	0.01	0.03	0.28	0.80	0.52	0.49
新加坡元	0	0.07	0.26	0.22	0.21	0.16	0.45
人民币	0	0	0	0.01	0.09	0.61	0.38
匈牙利福林	0	0	0.01	0.07	0.01	0.11	0.30
巴西雷亚尔	0	0.04	0.08	0.10	0.14	0.71	0.26
波兰兹罗提	0	0.05	0.06	0.11	0.07	0.32	0.23
印度卢比	0	0.01	0.04	0.21	0.11	0.28	0.23
马来西亚林吉特	0	0	0.00	0.02	0.01	0.08	0.23
港元	0.20	0.30	0.42	0.55	0.15	0.09	0.19
智力比索	0	0	0	0	0	0.01	0.15
人民币*	0	0	0	0.01	0.03	0.10	0.21
全球成交金额	0.265	0.489	1.025	1.686	2.054	2.311	2.666

数据来源：根据2016年9月国际清算银行公布的银行间利率衍生产品日均成交金额计算得出；人民币*占比是根据境内和境外人民币银行间数据计算得出，下文和第30章会进一步说明。

表20.6显示，2013年4月到2016年4月，除美元银行间利率衍生产品大幅度提高外，澳元和加元银行间利率衍生产品日均成交金额也增长了30%以上；英镑和日元银行间利率衍生产品日均成交金额也皆增长了20%以上；巴西雷亚尔银行间利率衍生产品日均成交金额下降了57.1%，降幅超过欧元的降幅43.7%，显示近年来巴西经济下降在金融市场有明显的反应；瑞典克朗银行间利率衍生产品日均成交金额下降了47.5%，降幅仅次于巴西同期的降幅。

20.4.2 全球交易所交易的期货和期权日均成交额的货币分布

表20.6给出的只是全球银行间利率衍生产品的货币分布。实际上，与全球外汇市场以银行间市场为主不同的是，全球银行间利率衍生产品市场流动性却比交易所交易的利率衍生产品低很多。因此，如果不考虑交易所交易的利率衍生产品的货币分布，我们对全球利率衍生产品的货币分布就很不全面。表20.7给出了2014年到2016年全球交易所交易的利率衍生产品日均成交金额的货币分布。

表 20.7　　　　全球交易所交易的利率期货和期权日均成交金额的
货币分布和货币排名（2014 年到 2016 年）　单位:%，万亿美元

货币/年份	2014	2015	2016*	2016* 排名
美元	63.56	69.71	71.83	1
欧元	19.39	14.58	13.19	2
英镑	10.54	9.39	7.78	3
澳大利亚元	2.33	2.57	3.16	4
加拿大元	1.54	1.31	1.72	5
巴西雷亚尔	0.95	0.77	0.79	6
日元	0.74	0.70	0.67	7
瑞士法郎	0.55	0.47	0.30	8
韩元	0.19	0.23	0.26	9
人民币	0.02	0.07	0.10	10
新西兰元	0.06	0.09	0.08	11
瑞典克朗	0.14	0.10	0.08	12
南非兰特	0	0	0.02	13
挪威克朗	0	0	0.02	14
人民币*	0.01	0.06	0.08	11

数据来源：国际清算银行网站 www.bis.org；2014 年和 2015 年的日均数据为全年日均，2016 年的日均数据为该年 4 月的日均数据从而使银行间和交易所交易的数据更加可比；2014 年和 2015 年全球银行间利率衍生产品日均成交金额以 2013 年 4 月和 2016 年 4 月的日均数据进行线性插值法估算得出；占比根据相应的日均数据计算得出；人民币*数据根据境内人民币国债期货数据折算得出，下文会进一步说明。

　　表 20.7 的数据显示，2016 年美元在全球交易所交易的额利率衍生产品占比 72.83% 比银行间占比 50.86% 高出 20.97%，显示美元在全球交易所交易利率衍生产品市场的地位更高；欧元前者比后者却低 10.75%，表明欧元交易所利率衍生产品相对于银行间不够活跃；英镑、澳元和加元两者相差不大；而日元交易所利率衍生产品占比仅为 0.67%，比相应的银行间占比 3.11% 低 2.44%，排名低于巴西雷亚尔，显示日本交易所交易的利率衍生产品相对于其银行间市场很不活跃。特别值得关注的是，表 20.7 显示，2016 年 4 月，巴西雷亚尔交易所交易的利率衍生产品日均成交金额全球占比高达 0.79%，仅次于加元相应占比 1.72%，比日元相应占比 0.67% 还高出 0.12%，全球排名第 6 位，显示巴西交易所交易的利率衍生产品市场的发达程度不仅高于所有其他发展中国家，而且高于很多发达国家，值得我国学习和借鉴。

20.4.3 全球场内外利率衍生产品日均成交金额的货币分布

上文分别介绍了场外（银行间）和场内（交易所）交易的额利率衍生产品日均成交金额的货币分布。利用表 20.6 和表 20.7 的结果，我们可以计算出 2016 年 4 月全球场内外利率衍生产品日均成交金额的货币分布，结果如表 20.8 所示。

表 20.8　2016 年 4 月全球场内外利率衍生产品日均成交金额
7.732 万亿美元的货币分布和货币排名　　单位:%，位

货币	占比	排名	货币	占比	排名
美元	64.60	1	人民币	0.19	15
欧元	16.89	2	新加坡元	0.16	16
英镑	8.16	3	匈牙利福林	0.10	17
澳大利亚元	3.38	4	波兰兹罗提	0.08	18
加拿大元	1.63	5	印度卢比	0.08	19
日元	1.51	6	马来西亚林吉特	0.08	20
巴西雷亚尔	0.61	7	港元	0.06	21
新西兰元	0.39	8	智利比索	0.05	22
瑞士法郎	0.38	9	泰铢	0.03	23
墨西哥比索	0.34	10	丹麦克朗	0.03	24
韩元	0.34	11	新台币	0.03	25
瑞典克朗	0.30	12	以色列谢克尔	0.01	26
南非兰特	0.22	13	捷克克朗	0.01	27
挪威克朗	0.21	14	人民币*	0.06	21

数据来源：根据表 20-6 和表 20-7 的数据计算得出。

表 20.8 显示，美元场内外利率衍生产品日均成交金额世界占比高达 64.6%，比表 20.1 给出的美元在 2016 年 4 月全球外汇市场的占比 43.8% 还要高出 20.8%，显示美元在全球利率衍生产品市场的地位比在全球外汇市场的地位还要高出很多；欧元和英镑在全球场内外利率衍生产品日均成交金额占比 16.89% 和 8.16% 比表 20.1 给出的该两货币在 2016 年 4 月全球外汇市场的占比 15.64% 和 6.38% 分别高出 1.25% 和 1.78%，显示欧元和英镑在全球利率衍生产品市场的地位与其在全球外汇市场的地位相近；而日元场内外利率衍生产品日均成交金额世界占比仅 1.51%，比表 20.1 给出的日元在 2016 年 4 月全球外汇市场的占比 10.78% 低 9.27%，显示日元在全球场内外利率衍生产品的地位比

其在全球外汇市场的地位要低很多。

20.4.4　人民币利率衍生产品成交金额占比比较及问题

表 20.6 显示 2010 年 4 月到 2013 年 4 月，银行间人民币利率衍生产品日均成交金额占比从 0.09% 上升到了 0.61%，排名也从第 18 位上升到了第 10 位，而 2016 年人民币占比却下降到了 0.38%，排名也回落到了第 15 位。这些数据显示了 2010 年到 2013 年三年内银行间人民币利率衍生产品交易方面的快速进步，然而 2013 年到 2016 年的三年银行间人民币利率衍生产品日均成交金额不增反降却与境内外银行间人民币利率衍生产品市场的发展事实不符。

2007 年以来人民银行季度货币政策执行报告数据给出了 2007 年第一季度以来每个季度境内人民币利率互换的成交金额，利用这些数据，我们可以利用人民币对美元汇率计算出 2007 年 4 月到 2016 年 4 月境内银行间以利率衍生产品为主的日均成交金额分别为 1.17 亿、5.95 亿、22.5 亿和 55 亿美元；伦敦金融城 2015 年上半年公布的 2011 年到 2014 年伦敦人民币可交易利率互换日均成交金额仅有几百万美元，因此整个境外银行间人民币利率互换日均成交金额相对于如上境内市场可以忽略不计。因此，用如上境内银行间人民币利率互换日均成交金额数据，我们计算出了 2010 年到 2016 年境内外人民币*利率互换日均成交金额的全球占比，结果如表 20.6 所示。表 20.6 显示，2010 年到 2016 年国际清算银行个给出的人民币银行间利率衍生产品日均成交金额占比 0.09%、0.61% 和 0.38% 分别比人民币*相应的占比 0.03%、0.10% 和 0.21% 高出 0.06%、0.51% 和 0.17%，显示国际清算银行的数据，特别是 2013 年人民币数据有非常大的问题，我们在第 26 章和第 30 章还会列举出该机构数据的其他严重问题，从而使得我们对境内外人民币市场的定位和国际排名有清醒的认识和判断。表 20.7 和表 20.8 给出的境内外交易所交易的人民币利率衍生产品和场内外人民币衍生产品的数据和排名也有一定程度的差异，这里不再多述。

表 20.8 显示，2016 年人民币在全球场内外利率衍生产品市场日均成交金额排名第 15 位，离表 20.1 给出的同年人民币在全球外汇市场第 8 位的排名仍有巨大的差距。

20.4.5　全球场内外利率衍生产品与外汇衍生产品日均成交金额比较

表 20.7 显示，2016 年 4 月，全球银行间外汇衍生产品日均成交金额比全球银行间利率衍生产品日均成交金额高出 28.8%；由于全球交易所交易的利率衍生产品日均成交金额比银行间利率衍生产品要活跃很多，2016 年 4 月全球交易所交易的利率衍生产品日均成交金额比全球银行间外汇衍生产品日均成交金额

高出 47.5%；全球场内外利率衍生产品日均成交金额比全球外汇衍生产品日均成交金额分别高 1.25 倍，显示，全球利率衍生产品市场比相应的外汇衍生产品要大很多。如果以全球利率衍生产品和外汇衍生产品日均成交金额来计算，美元的全球排名比表 20.1 给出的美元在全球外汇市场的排名还要高出很多。

20.5 货币国际化程度度量参数探讨

上文分别通过从货币在国际储备货币的权重、国际外汇市场交易占比、全球场内外利率衍生产品市场的地位等角度来判断不同货币的国际化程度。实际上，还有很多其他指标能够反映一国货币的国际化程度，例如货币在境外流通范围的地位、在国际贸易流通体系中的地位、在国际信贷市场上的地位、在直接投资体系中的地位、在国际援助领域的地位等，鉴于篇幅限制，这里不详细列举和说明。从以上诸多方面可以看出，货币国际化程度的度量实际上是一个比较复杂的问题。

早在十多年前《非国际货币、货币国际化与资本项目可兑换》（李瑶，《金融研究》2003 年第 8 期）一文中，李瑶提出了度量货币国际化程度的一个模型，并得出 2000 年人民币国际化程度为美元国际化程度的 1.85% 的结论。近年来，随着人民币国际化的持续提升，境内外金融和研究机构分别编制和发行了多个人民币国际化相关指数。这些指数从不同方面对人民币国际化的提高有不同的反应，但绝大多数难以作为人民币国际化程度的总体反应。本章附录对这些主要指数的发布时间、发布机构、参数范围和研究意义等进行了介绍和比较，这里不再重复。

在《人民币国际化的时机、途径及其策略》一文中，李瑶利用类似的模型得出 2002 年人民币国际化程度为美元国际化程度的 2.0% 的结论。一国货币在不同市场或不同领域的使用在很大程度上反映了该货币的国际化程度，但是每个领域皆有不同的量度，而且不同领域权重的确定并不容易。因此，使用该种模型来计算货币国际化程度比较复杂，而且所需的各种数据不容易获得。如果能够用一个简单的参数来衡量不同货币的国际化程度，而且只需使用国际机构定期公布的简单数据，那将使我们在能够容易地大致判断货币国际化程度的同时，也能比较容易地大致判断它的变化情况。下面介绍一个简单的办法。

尽管货币的国际需求包括贸易结算需求、交易需求和风险管理需求等多方面，但这些需求的实现在很大程度上皆通过外汇交易来实现。所以，一种货币在国际外汇市场交易的活跃程度在很大程度上反映了它的国际化程度。但是，因为不同货币发行母体的经济规模大小有所不同，在以货币在国际外汇市场交易活跃度来衡量货币国际化程度时也应考虑货币母体经济的规模。具体而言，一种货币外汇交易额在全球外汇交易总额中的份额与该货币母体 GDP 在全球 GDP 总值中的份额比值，可以作为衡量一种货币国际化程度的既简单又方便的参数。

例如，表 20.1 显示，2007 年美元在国际外汇市场的比重为 42.8%（表 20.1 总权重为 200%，其中美元权重为 85.6%；但单边计算交易量，总权重应当为 100%，将 85.6% 除以 2 得到 42.8%），同时 2007 年美国 GDP 在全球 GDP 总值中的占比为 25.02%，所以美元的国际化程度参数值为 42.8% 除以 25.02%，等于 171.1%；同样方式，可以计算出人民币 2007 年国际化程度参数值为 3.7%（0.23% 除以 2007 年我国 GDP 世界比重 6.17%），相当于美元的 2.2%。使用如上简单办法进行计算，2007 年人民币国际化程度为美元国际化程度的 2.2%，比上文李瑶估算出的 2000 年和 2002 年人民币国际化程度略有上升。下文，我们将利用该参数来衡量不同货币的国际化程度，并利用该参数在本书第 30 章估算今后几年人民币国际化程度的上升程度。

20.6　2007 年主要货币国际化程度度量和比较

本章上文介绍了主要国际货币在国际外汇市场的占比很大程度上反映了该货币的国际化程度，却没有考虑货币母体经济的规模。货币母体经济在世界经济占比的基础上考虑不同货币在国际外汇市场的占比会更好地反映该货币的国际化程度。2007 年是金融危机爆发前的一年，而且该年正好也有国际清算银行三年统计数据。表 20.9 给出了 2007 年世界主要货币外汇全球交易占比和相应的国家或地区 GDP 全球占比情况。我们选择 2007 年开始计算货币国际化程度的主要原因是 2007 年为国际金融危机前的最后一年，而且当年也正好有国际清算银行每三年的外汇市场数据。

表 20.9 中货币外汇交易占比与相应的 GDP 占比差额很好地反映出货币的国际化程度，但是由于该差额有正有负，往往不便比较，而货币外汇交易的全球占比与相应经济世界占比的比例总为正数，比较起来更为方便，所以它能更好地反映出货币的国际化程度。

表 20.9　　　　　**2007 年主要国家和地区货币国际化度量和比较**　　　　单位:%

货币	2007 年外汇交易占比	2007 年 GDP 占比	外汇交易占比与 GDP 占比差额	外汇交易占比/GDP 占比
美元	42.8	25.0	17.8	171.0
欧元	18.5	22.3	-3.8	83.2
日元	8.6	7.5	1.1	114.5
英镑	7.4	5.3	2.1	140.3
澳大利亚元	3.3	1.6	1.7	201.8
加拿大元	2.1	2.5	-0.4	84.7
瑞士法郎	3.4	0.8	2.6	413.0

货币	2007 年外汇交易占比	2007 年 GDP 占比	外汇交易占比与 GDP 占比差额	外汇交易占比/GDP 占比
7 币总量	86.2	65.1	21.1	132.4
新西兰元	0.9	0.2	0.7	406.5
瑞典克朗	1.4	0.8	0.5	160.1
港元	1.4	0.4	1.0	369.8
挪威克朗	1.1	0.7	0.4	151.8
新加坡元	0.6	0.3	0.3	187.6
5 币总量	5.3	2.4	2.8	216.1
韩元	0.6	1.9	−1.4	29.8
丹麦克朗	0.4	0.6	−0.1	76.2
新台币	0.2	0.7	−0.5	25.8
以色列谢克尔	0.1	0.3	−0.2	25.0
4 币总量	1.3	3.5	−2.2	35.9
墨西哥比索	0.7	1.8	−1.1	36.3
南非兰特	0.5	0.5	−0.1	88.2
俄罗斯卢布	0.4	2.4	−2.0	15.5
印度卢比	0.4	2.1	−1.8	16.6
波兰兹罗提	0.4	0.7	−0.4	51.4
巴西雷亚尔	0.2	2.4	−2.2	8.2
土耳其新里拉	0.1	1.1	−1.0	8.0
匈牙利福林	0.1	0.3	−0.1	49.6
马来西亚林吉特	0.1	0.3	−0.3	19.3
捷克克朗	0.1	0.3	−0.2	32.8
泰铢	0.1	0.5	−0.4	21.5
智利比索	0.1	0.3	−0.2	17.8
印尼盾	0.1	0.8	−0.8	6.8
人民币	0.23	6.2	−5.9	3.7
14 币总量	3.2	19.8	−16.6	16.4
金砖四国总量	1.2	13.1	−12.0	8.8
金砖五国总量	1.6	13.7	−12.1	11.8

数据来源：外汇交易占比数据来自表 20.1，GDP 占比数据根据国际货币基金组织更新的 2016 年 10 月各个国家和地区 GDP 更新数据计算得出。

20.6.1　主要国际货币 2007 年的国际化程度度量和比较

从表 20.9 可以看出，除欧元和加拿大元外其他五种主要国际储备货币外汇交易量占全球交易量的比重皆超过了其相应母国 GDP 的比重，七大国际储备货币 2007 年在国际外汇市场中的占比达 86.2%，比它们在世界经济总占比 65.1% 高出 21.1%，前者与后者的比例高达 132.4%，显示这 7 种货币在全球外汇市场的重要作用。

瑞士法郎全球外汇交易量占比 3.4%，显著超过其 GDP 全球占比 0.8%，外汇占比与经济占比的比例高达 413.0%，表明瑞士经济规模虽然较小，但瑞士法郎的国际化程度却相对较高；表 20.9 显示除瑞士法郎外，澳大利亚元的国际化外汇交易占比与其 GDP 世界占比的比例高达 201.8%，仅次于瑞士法郎；另外，美元和英镑在国际外汇市场的交易占比与其 GDP 的世界占比的比例分别高达 171.0% 和 140.3%，日元相应比例为 114.5%；欧元和加拿大元的国际化程度在七大储备货币中最低，外汇交易占比与 GDP 世界占比的比例分别为 83.2% 和 84.7%。

20.6.2　其他主要发达国家和地区货币 2007 年的国际化程度度量和比较

表 20.9 显示新西兰元等五种发达国家和地区货币在外汇市场上的成交额占比皆显著超过了其 GDP 的全球占比，外汇交易占比与 GDP 占比的比值皆高于 100%，其中新西兰元外汇交易占比与 GDP 世界占比的比值最高为 406.5%，其次港元外汇交易占比与 GDP 全球占比的比值为 369.8%，显示中国香港作为地区金融中心的重要地位；五种货币外汇交易总占比与 GDP 占比总和的比值高达 216.1%，高于七大货币总体比例 132.4%，表明这五种货币虽然在国际外汇市场中的地位不如七大货币，但是相对于其经济体这些货币的国际化程度却更高；新加坡元和瑞典克朗外汇交易占比与 GDP 占比的比值分别为 187.6% 和 160.1%，略低于五种货币相应的总占比 216.1%。

20.6.3　其他国家和地区货币 2007 年的国际化程度度量和比较

表 20.9 中第三组货币，即包括韩元、丹麦克朗、新台币和以色列谢克尔四种发达经济体货币。这四种货币在全球外汇市场交易占比较低外，其外汇市场占比也皆低于其经济母体的 GDP 全球占比，四种货币在全球外汇市场总占比为 1.3%，而且总 GDP 的全球占比却高达 3.5%，前者低于后者 2.2%，前者与后者比例仅为 35.9%，显示这四种发达经济体货币的国际化程度普遍较低。

表 20.9 中墨西哥比索开始的十四种货币皆为发展中国家的货币。我们之所以将这些货币放入一组，是因为这些货币的外汇交易占比皆低于其经济母体

GDP 的世界占比。表 20.9 显示，这十四种货币中南非兰特的国际化程度最高，其外汇交易占比与 GDP 占比的比值高达 88.2%；其次为波兰兹罗提和匈牙利福林，其外汇交易占比与 GDP 占比的比值分别为 51.4% 和 49.6%；再次为墨西哥比索和捷克克朗，其外汇交易占比与 GDP 占比的比值分别为 36.3% 和 32.8%。该组 14 种货币中印尼卢比和人民币的国际化程度倒数最后两名，其外汇交易占比与 GDP 占比的比值分别仅为 6.8% 和 3.7%。

20.7 国际金融危机以来主要国际货币国际化程度变化

上文我们利用 2007 年 4 月不同货币在全球外汇市场交易额占比与货币母国经济全球占比来衡量货币的国际化程度。本节我们利用国际清算银行 2010 年和 2016 年公布的全球外汇数据分析和判断主要货币国际化程度的变化。表 20.10、表 20.11 和表 20.12 分别给出了与表 20.9 相应的 2010 年到 2016 年的结果。

表 20.10　　　　　**2010 年主要货币国际化程度比较**　　　　单位:%

货币	2010 年外汇交易占比	2010 年 GDP 占比	外汇交易占比与 GDP 占比差额	外汇交易占比/GDP 占比
美元	42.4	22.8	19.6	186.1
欧元	19.5	19.3	0.2	101.2
日元	9.5	8.4	1.1	113.4
英镑	6.4	3.7	2.7	173.9
澳大利亚元	3.8	1.9	1.9	199.4
加拿大元	2.6	2.5	0.2	107.5
瑞士法郎	3.2	0.9	2.3	356.5
7 币总量	87.5	59.4	28.1	147.2
新西兰元	0.8	0.2	0.6	359.6
瑞典克朗	1.1	0.7	0.4	147.3
港元	1.2	0.3	0.8	339.8
挪威克朗	0.7	0.7	0.0	101.2
新加坡元	0.7	0.4	0.3	196.9
5 币总量	4.4	2.3	2.1	191.0
韩元	0.8	1.7	−0.9	45.5
丹麦克朗	0.3	0.5	−0.2	58.2
新台币	0.2	0.7	−0.4	35.2

续表

货币	2010年外汇交易占比	2010年GDP占比	外汇交易占比与GDP占比差额	外汇交易占比/GDP占比
以色列谢克尔	0.1	0.4	-0.3	21.1
4币总量	1.4	3.2	-1.8	42.5
墨西哥比索	0.6	1.6	-1.0	39.3
南非兰特	0.4	0.6	-0.2	63.1
俄罗斯卢布	0.5	2.5	-2.0	18.1
印度卢比	0.5	2.6	-2.1	18.3
波兰兹罗提	0.4	0.7	-0.3	55.2
巴西雷亚尔	0.3	3.4	-3.0	10.2
土耳其新里拉	0.4	1.1	-0.7	33.1
匈牙利福林	0.2	0.2	0.0	101.3
马来西亚林吉特	0.1	0.4	-0.3	35.4
捷克克朗	0.1	0.3	-0.2	30.4
泰铢	0.1	0.5	-0.4	18.5
智利比索	0.1	0.3	-0.2	24.8
印尼盾	0.1	1.2	-1.1	6.6
人民币	0.43	9.2	-8.8	4.7
14币总量	4.2	24.6	-20.5	16.9
金砖四国总量	1.7	17.7	-16.0	9.6
金砖五国总量	2.1	18.3	-16.2	11.3

数据来源：同表20.9。

表20.11　　　　　**2013年主要货币国际化程度比较**　　　　单位：%

货币	2013年外汇交易占比	2013年GDP占比	外汇交易占比与GDP占比差额	外汇交易占比/GDP占比
美元	43.5	21.9	21.6	198.3
欧元	16.7	17.4	-0.6	96.3
日元	11.5	6.5	5.1	178.6
英镑	5.9	3.6	2.3	165.2
澳大利亚元	4.3	2.0	2.3	218.2
加拿大元	2.3	2.4	-0.1	94.5
瑞士法郎	2.6	0.9	1.7	286.5
7币总量	86.8	54.6	32.2	159.0

货币	2013 年外汇交易占比	2013 年 GDP 占比	外汇交易占比与 GDP 占比差额	外汇交易占比/GDP 占比
新西兰元	1.0	0.2	0.7	401.7
瑞典克朗	0.9	0.8	0.1	116.0
港元	0.7	0.4	0.4	199.6
挪威克朗	0.7	0.7	0.0	104.9
新加坡元	0.7	0.4	0.3	176.8
5 币总量	4.0	2.4	1.6	163.5
韩元	0.6	1.7	-1.1	34.9
丹麦克朗	0.4	0.4	-0.1	88.2
新台币	0.2	0.7	-0.4	33.9
以色列谢克尔	0.1	0.4	-0.3	23.8
4 币总量	1.3	3.2	-1.9	40.7
墨西哥比索	1.3	1.7	-0.4	76.2
南非兰特	0.6	0.5	0.1	115.3
俄罗斯卢布	0.8	2.9	-2.1	27.2
印度卢比	0.5	2.4	-2.0	20.1
波兰兹罗提	0.4	0.7	-0.3	50.9
巴西雷亚尔	0.6	3.2	-2.7	17.1
土耳其新里拉	0.7	1.1	-0.4	61.0
匈牙利福林	0.2	0.2	0.0	116.5
马来西亚林吉特	0.2	0.4	-0.2	46.8
捷克克朗	0.2	0.3	-0.1	64.6
泰铢	0.2	0.6	-0.4	28.9
智利比索	0.1	0.4	-0.2	40.8
印尼盾	0.1	1.2	-1.1	7.0
人民币	1.12	12.7	-11.5	8.8
14 币总量	6.8	28.2	-21.4	24.0
金砖四国总量	3.0	21.3	-18.3	13.9
金砖五国总量	3.5	21.8	-18.3	16.2

数据来源：同表 20.9。

表 20.12 　　　　　　　　　　 **2016 年主要货币国际化程度比较** 　　　　　　　 单位:%

货币	2016 年外汇交易占比	2016 年 GDP 占比	外汇交易占比与 GDP 占比差额	外汇交易占比/GDP 占比
美元	43.8	24.9	18.9	176.0
欧元	15.6	16.1	−0.4	97.3
日元	10.8	6.3	4.4	169.9
英镑	6.4	3.6	2.8	179.7
澳大利亚元	3.5	1.7	1.8	205.9
加拿大元	2.6	2.1	0.5	124.6
瑞士法郎	2.4	0.9	1.5	269.3
7 币总量	85.0	55.5	29.5	153.3
新西兰元	1.0	0.2	0.8	428.2
瑞典克朗	1.1	0.7	0.4	160.4
港元	0.9	0.4	0.4	203.6
挪威克朗	0.8	0.5	0.3	164.7
新加坡元	0.9	0.4	0.5	226.0
5 币总量	4.7	2.3	2.5	209.5
韩元	0.8	1.9	−1.1	43.8
丹麦克朗	0.4	0.4	0.0	102.8
新台币	0.3	0.7	−0.4	45.5
以色列谢克尔	0.1	0.4	−0.3	32.9
4 币总量	1.7	3.4	−1.7	49.8
墨西哥比索	1.1	1.4	−0.3	77.0
南非兰特	0.5	0.4	0.1	132.2
俄罗斯卢布	0.6	1.7	−1.1	33.6
印度卢比	0.6	3.0	−2.4	19.0
波兰兹罗提	0.3	0.6	−0.3	55.3
巴西雷亚尔	0.5	2.4	−1.9	21.0
土耳其新里拉	0.7	1.0	−0.3	71.0
匈牙利福林	0.2	0.2	0.0	95.0
马来西亚林吉特	0.2	0.4	−0.2	43.8
捷克克朗	0.1	0.3	−0.1	53.9
泰铢	0.2	0.5	−0.3	34.2
智利比索	0.1	0.3	−0.2	38.9
印尼盾	0.1	1.3	−1.2	7.9
人民币	1.99	15.3	−13.3	13.0
14 币总量	7.1	28.7	−21.6	24.9
金砖四国总量	3.6	22.4	−18.7	16.2
金砖五国总量	4.1	22.7	−18.6	18.1

　　数据来源:同表 20.9,2016 年各个国家和地区 GDP 数据为 2016 年 10 月国际货币基金组织估算出的各个国家和地区的 2016 年 GDP 数据。

20.7.1 2010 年到 2016 年主要发达国家货币国际化变化

比较表 20.10 和表 20.9 的结果，我们发现 2007 年到 2010 年加元和欧元国际化提高幅度很大，这两种货币外汇交易占世界外汇交易比重与其货币母体 GDP 与世界 GDP 比重的差额从 2007 年的负数变为正数，而且外汇交易占比与 GDP 占比的比值比 2007 年分别提高到了 107.5% 和 101.2%，从而使 2010 年七大国际储备货币的外汇交易占比皆高于相应的 GDP 占比；同时美元的国际化程度不仅没有下降反而提高到了 186.1%；英镑外汇交易占比与 GDP 占比从 2007 年的 140.3% 上升了 33.6% 到 173.9%，提高幅度为 7 币之首；瑞士法郎、澳元和日元有不同程度的下降，而瑞士法郎降幅 57.5% 为 7 币之首，显示金融危机对瑞士法郎的冲击作用；七大国际储备货币外汇交易总占比从 2007 年的 86.2% 上升到了 87.6%，同时货币母体 GDP 世界占比总和却下降了 5.7%，七大货币外汇交易总占比与 GDP 总占比的比值从 2007 年的 132.4% 上升到了 147.2%，显示主要国际货币金融危机后三年总体国际化程度略有提高。

比较表 20.11 和表 20.10 的结果，我们发现 2010 年到 2013 年美元国际地位进一步略升外，欧元和加元的国际地位却略有下降（外汇交易占比与 GDP 占比比例重回到低于 100% 的水平）；瑞士法郎的国际地位进一步显著下降，其外汇交易占比与 GDP 占比比例比 2010 年又下降了 70%，而同时日元外汇交易占比与 GDP 占比比例大幅度提高了 65.3% 到 178.6%（主要由于日元贬值导致日本 GDP 全球占比显著下降所致）；2013 年 7 个主要货币总外汇交易占比与总 GDP 占比比例进一步提高到了 159.0%。

表 20.12 和表 20.11 显示，2013 年到 2016 年，除加元国际化程度显著提高（外汇交易占比与 GDP 世界占比比例提高了 30.2%，增幅为 7 种货币之最），其他 6 种主要货币国际化程度与 2013 年变化不大；7 种货币外汇交易总占比与总 GDP 占比比 2013 年略有下降，但仍高达 153.3%。

20.7.2 2010 年到 2016 年其他发达经济体货币国际化的变化

比较表 20.10 和表 20.11 与表 20.9 的结果，我们发现，新西兰元、瑞典克朗、港元、挪威克朗和新加坡元这 5 个发达经济体货币 2010 年到 2013 年皆保持了货币交易占比超过经济全球占比，2007 年到 2010 年，该 5 种货币总外汇成交占比与总 GDP 占比比例略降 25.1% 到 191.0%；2010 年到 2013 年比例进一步下降了 27.5% 到 163.5%；然而 2013 年到 2016 年该比例回升 46.0% 到 209.5%，接近 2007 年 216.1%。值得关注的是，2013 年到 2016 年，新加坡元外汇交易占比与 GDP 占比比例增长了 49.2% 到 226.0%，首次超过港元相应的比例

203.6%，显示新加坡元国际化程度超过了港元。

比较表 20.10 和表 20.11 与表 20.9 的结果，我们发现，韩元、丹麦克朗、新台币和以色列谢克尔这 4 个发达经济体货币 2010 年到 2013 年皆保持了货币交易占比低于经济全球占比，2007 年到 2013 年，该 4 种货币总外汇成交占比与总 GDP 占比比例分别略增到了 40.7%；2013 年到 2016 年，仅有丹麦克朗外汇交易占比略超 GDP 占比 2.8%，4 种货币总外汇交易占比与总 GDP 占比比例略增到了 49.8%，显示金融危机后该 4 种货币的国际化程度微升。

20.7.3 国际金融危机以来主要发展中国家货币国际化程度的变化

从表 20.10 可以看出，2007 年到 2010 年，除匈牙利福林外汇交易占比略超过其 GDP 占比 1.3% 外，其他 13 种货币的外汇交易占比皆保持在低于其 GDP 占比的状态，虽然 14 种货币总外汇成交占比从 3.2% 提高到了 4.2%，但是相应的总 GDP 占比也从 19.8% 提高到了 24.6%，两者比例从 2007 年的 16.4% 略增到了 16.9%，几乎没有变化；2013 年匈牙利福林外汇交易占比与 GDP 占比进一步提高到了 116.5%，南非兰特相应的占比也提高到了 115.3%，14 种货币总外汇成交占比从 4.2% 显著提高到了 6.8%，而同时相应的总 GDP 占比也从 24.6% 提高到了 28.2%，两者比例仅从 2010 年的 16.9% 提高到了 24.0%；2013 年到 2016 年，仅南非兰特外汇交易占比保持了超过 GDP 占比，其他 13 种货币外汇交易占比仍显著低于 GDP 占比，14 种货币总外汇成交占比从 6.8% 略升到了 7.1%，同时总 GDP 占比也略增到了 28.7%，两者比例也从 24.0% 略升到了 24.9%。

20.7.4 国际金融危机以来四大类货币国际化程度的总体变化比较

比较表 20.9 和表 20.10 ~ 表 20.12，我们发现，金融危机后的 9 年，7 种主要国际货币的总外汇交易占比从 86.2% 下降了 1.2% 到 85.0%，同时其总 GDP 占比从 65.1% 下降了 9.6% 到 55.5%，后者比前者下降幅度高出 8.4%，两者比例从 132.4% 提高了 20.8% 到 153.3%，为四大类货币增幅最大的类型；韩元等 4 种发达经济体货币总外汇交易占比与 GDP 占比比例从 35.9% 提高了 14.0% 到 49.8%，在四大类货币中增幅排名第二；墨西哥比索等 14 种新兴市场货币总占比从 3.2% 显著提高了 3.9% 到 7.1%，同时总 GDP 占比从 19.8% 提高了 8.9% 到 28.7%，两者比例从 16.4% 略增 8.5% 到 24.9%，在四大类货币中增幅仅排第三；新西兰元等 5 种发达经济体货币总外汇交易占比下降了 0.6% 到 4.7%，同时总 GDP 占比下降了 0.1% 到 2.3%，两者比例下降了 6.6% 到 209.5%，虽然在四大类货币中比例仍然最高，但是金融危机后总比例不增反降。

20.8 "金砖五国"货币国际金融危机前后国际化程度的变化和比较

表 20.9 到表 20.12 给出的"金砖五国"是指巴西、俄罗斯、印度、中国和南非这五个国际媒体通常称为"金砖五国"的货币。国际金融危机后"金砖五国"在全球的影响力持续增强。2014 年 7 月在巴西召开的"金砖五国"领导人第六次会晤上宣布这五国正式达成协议，共同出资建立金砖银行，2015 年 7 月 21 日"金砖银行"正式在上海启动。该银行在 2015 年已经正式启动运营。本节主要介绍金砖国家 5 种货币国际金融危机前后国际化程度的度量及比较。

20.8.1 "金砖五国"国际金融危机前后总 GDP 世界占比比较

根据国际货币基金组织 2016 年 10 月公布的数据计算，国际金融危机前的 2007 年，"金砖五国"GDP 总额占世界经济的比例仅为 13.7%，比欧元区和美国 GDP 占比分别低 11.4% 和 8.6%；然而到了 2010 年，"金砖五国"GDP 总额占世界经济的比例提高到了 18.3%，仅略低于欧元区相应的占比 19.3%，同时与美国 GDP 占比 22.8% 差额缩小到了 4.5%；2013 年"金砖五国"GDP 总额占世界经济的比例进一步提高到了 21.8%，首次超过欧元区相应的占比 17.4%，同时与美国 GDP 占比 21.9% 差额缩小到了 0.1%。根据国际货币基金组织 2016 年 10 月更新的对各国截至 2020 年全球各国 GDP 的估算数据，到 2019 年"金砖五国"GDP 总额将首次超过美国，在世界经济中的影响力将进一步提高。

20.8.2 2007 年"金砖五国"货币的国际化程度及比较

表 20.9 显示，2007 年金砖五国外汇交易总额占全球外汇交易总额的比重仅为 1.6%，比同年五国 GDP 总量的全球占比 13.7% 低 12.1%，两者比例仅为 11.8%，略高于表 20.9 给出的 14 种新兴经济体货币相应比例 16.4% 的三成，不到表 20.9 给出的韩元等 4 种发达经济体货币相应比例 35.9% 的 1/3，显示"金砖五国"货币总体国际化程度在发展中国家中都相对很低。

20.8.3 国际金融危机后"金砖五国"货币的国际化程度及比较

表 20.10 显示，2010 年"金砖五国"外汇交易总额占全球外汇交易总额的比重提高到了 2.1%，同年五国 GDP 总量的全球占比提高到了 18.3%，两者差

额扩大到了 16.2%，外汇交易总占比与同年五国 GDP 总量的全球占比的比值进一步下降到了 11.3%，仅为表 20.10 给出的 14 种新兴市场货币相应比例 16.9% 的 2/3，略高于表 20.10 给出的韩元等 4 种发达经济货币相应比例 42.5% 的 1/4；2013 年金砖五国外汇交易总额占全球外汇交易总额的比重提高到了 3.5%，而同年五国 GDP 总量的全球占比也进一步提高到了 21.8%，两者差额进一步扩大到了 18.3%，两者比例略微上升到了 16.2%，但仅略高于表 20.10 给出的 14 种新兴市场货币相应比例 24.0% 的 2/3，同时不到表 20.10 给出的韩元等 4 种发达经济体货币相应比例 40.7% 的四成；2016 年"金砖五国"外汇交易总额占全球外汇交易总额的比重提高到了 4.1%，而五国 GDP 总量的全球占比也进一步提高到了 22.7%，两者差额也扩大到了 18.6%，两者比例略微上升到了 18.1%，仅略高于 14 种新兴经济体货币相应比例的七成，同时略高于韩元等 4 种发达经济体货币相应比例 49.8% 的 1/3。

这些结果显示，2007 年到 2016 年的 9 年，金砖国家总外汇交易有了可喜的增长，但是外汇市场增长仍然显著低于总经济的增长速度，货币国际化的总体水平仍然显著低于 14 个新兴经济体货币的总体水平。

20.8.4 "金砖五币"的国际化程度比较

表 20.9 显示，2007 年金砖五币中南非兰特的国际化程度最高，其外汇交易占比与 GDP 世界占比的比值高达 88.2%，比同年"金砖五国"总的国际化程度 11.8% 高出 6 倍多；表 20.10 到表 20.12 显示，虽然南非兰特 2010 年的国际化程度略有下降，但是仍为"金砖五国"之首，2013 年兰特的比例首次超过 100% 达到了 115.3%，不仅超过了其他金砖四国，还超过了欧元、加元、挪威克朗和多个发达经济体货币；2016 年，南非兰特外汇交易占比与 GDP 占比比例进一步提高到了 132.2%，持续超过了欧元、加元和韩元等四个发达经济体货币，世界排名 11 位；2016 年"金砖五国"中俄罗斯卢布、巴西雷亚尔和印度卢比的国际化程度在"金砖五币"中分别排名第 2 到第 4；人民币在金砖五国货币中保持了倒数第一的水平。

20.9 国际金融危机前后人民币国际化程度及国际比较

根据国际货币基金组织 2016 年 10 月公布的各国 GDP 数据计算，2009 年我国 GDP 占金砖五国 GDP 总额的比重首次超过 50% 到 52.4%，2014 年该比重首次超过六成到 60.7%。在度量和比较了国际主要货币的国际化程度后，本节主要比较 2007 年到 2016 年人民币国际化程度近年来的变化及与其他发展中国家货币的比较。

表 20.9 到表 20.12 显示，2007 年人民币外汇交易占比 0.23% 与同年我国与 GDP 世界占比 6.2% 很不相称，2010 年人民币外汇交易占比提高到了 0.43% 与同年我国与 GDP 世界占比提高到了 9.2% 的差额从 5.9% 扩大到了 −8.8%，2013 年人民币外汇交易占比显著提高到了 1.12%，与同年我国 GDP 的世界占比 12.7% 的差额进一步扩大到了 −11.5%，2016 年人民币外汇交易的世界占比显著提高到了 1.99%，与同年我国 GDP 的世界占比 15.3% 的差额进一步扩大到了 −13.3%，显示 2007 年到 2013 年尽管人民币外汇交易占比持续显著上升的同时，上升幅度却低于经济占比增长的幅度；2007 年到 2010 年人民币外汇交易占比与我国 GDP 的世界占比的比值从 3.7% 提高到了 4.7%，不仅在金砖五币中排名倒数第一，而且在表 20.10 中 30 种货币中排名倒数第一；表 20.11 显示，2013 年人民币外汇交易占比与 GDP 全球占比的比值达到了 8.8%，但是仍然保持金砖五币排名倒数第一的同时，在表 20.11 中排名从 2010 年的倒数第一提高到倒数第二（当年倒数第一为印度尼西亚相应的比例为 7.0%），有了些许长进，2016 年人民币外汇交易占比与我国 GDP 占比比例提高到了 13.0%，保持了 2013 年倒数第二的地位，但与其他货币却仍有着巨大的差距。

20.10　货币相对国际化程度量度

利用表 20.9 到表 20.12 给出的 30 种货币国际化程度度量数据，我们可以容易地计算出相对于任何一种货币的所有其他货币的相对国际化程度度量结果。本节简单介绍货币的相对国际化程度。

20.10.1　货币相对于美元的国际化程度量度

任何货币相对于美元的国际化程度可以以美元国际化程度为分母，其他国际化程度为分子容易地计算出来。本节介绍货币间的相对国际化程度。以美元国际化为分母，我们可以计算出不同货币相对于美元的国际化程度。表 20.13 给出了 2007 年到 2016 年不同货币相对于美元的国际化程度度量结果。

表 20.13　主要国家和地区货币相对于美元的国际化程度（2007 年到 2016 年）

货币 ＼ 年份	2007	2010	2013	2016
美元	100.0%	100.0%	100.0%	100.0%
欧元	48.6%	54.4%	48.5%	55.3%
日元	67.0%	60.9%	90.0%	96.6%
英镑	82.1%	93.4%	83.3%	102.1%
澳大利亚元	118.0%	107.1%	110.0%	117.0%

续表

货币 ＼ 年份	2007	2010	2013	2016
加拿大元	49.5%	57.8%	47.6%	70.8%
瑞士法郎	241.5%	191.6%	144.5%	153.0%
7 币总量	77.4%	79.1%	80.2%	87.1%
新西兰元	237.6%	193.2%	202.5%	243.3%
瑞典克朗	93.6%	79.1%	58.5%	91.2%
港元	216.2%	182.6%	100.6%	115.7%
挪威克朗	88.8%	54.4%	52.9%	93.6%
新加坡元	109.7%	105.8%	89.1%	128.4%
5 币总量	126.4%	102.6%	82.5%	119.0%
韩元	17.4%	24.4%	17.6%	24.9%
丹麦克朗	44.6%	31.3%	44.4%	58.4%
新台币	15.1%	18.9%	17.1%	25.9%
以色列谢克尔	14.6%	11.3%	12.0%	18.7%
4 币总量	21.0%	22.8%	20.5%	28.3%
墨西哥比索	21.2%	21.1%	38.4%	43.7%
南非兰特	51.5%	33.9%	58.1%	75.1%
俄罗斯卢布	9.1%	9.7%	13.7%	19.1%
印度卢比	9.7%	9.8%	10.1%	10.8%
波兰兹罗提	30.1%	29.7%	25.7%	31.4%
巴西雷亚尔	4.8%	5.5%	8.6%	11.9%
土耳其新里拉	4.7%	17.8%	30.7%	40.3%
匈牙利福林	29.0%	54.4%	58.7%	54.0%
马来西亚林吉特	11.3%	19.0%	23.6%	24.9%
捷克克朗	19.2%	16.3%	32.6%	30.6%
泰铢	12.6%	10.0%	14.6%	19.4%
智利比索	10.4%	13.3%	20.6%	22.1%
印尼卢盾	4.0%	3.5%	3.5%	4.5%
人民币	2.1%	2.5%	4.4%	7.4%
14 币总量	9.6%	9.1%	12.1%	14.1%
金砖四国总量	5.1%	5.2%	7.0%	9.2%
金砖五国总量	6.9%	6.1%	8.1%	10.3%

数据来源：根据表 20.9 到表 20.12 的结果计算得出。

表 20.13 显示，7 种主要国际储备货币整体相对美元的国际化程度从 2007 年的 77.4% 略微上升到了 2010 年的 79.1%，进而上升到了 2013 年和 2016 年的 80.2% 和 87.1%；新西兰元等 5 种其他发达国家和地区的货币整体相对于美元的国际化程度从 2007 年的 126.4% 持续下降到了 2013 年的 82.5%，2016 年又回升到了 119.0%，比同年 7 大储备货币相对于美元的国际化程度 87.1% 高出 31.9%；韩元等四种发达经济体货币相对于美元的国际化程度从 2007 年的 21.0% 总体上升到了 28.3%；14 种新兴市场货币相对于美元的国际化程度从 2007 年的 9.6% 总体上升到了 2016 年的 14.1%；金砖五币总体相对于美元的国际化程度从 2007 年的 6.9% 略微下降到了 2010 年的 6.1%，2010 年到 2013 年和 2016 年进一步持续上升到了 10.3%；人民币相对于美元的国际化程度从 2007 年的 2.1% 持续上升到了 2016 年的 7.4%。2007 年和 2010 年人民币相对于美元国际化程度的度量结果与上文介绍的李瑶（2003）和人民币国际化研究课题组研究计算出的人民币 2000 年和 2002 年相对于美元的国际化程度类似可比。

20.10.2 人民币相对于其他货币的国际化程度量度

利用类似的方法，我们可以容易地以表 20.9 到表 20.12 中人民币国际化程度作为分子计算出 2007 年到 2016 年人民币相对于其他货币国际化程度的变化，结果如表 20.14 所示。

表 20.14　　　　人民币相对于其他货币国际化程度度量和比较

（2007 年到 2016 年）

货币＼年份	2007	2010	2013	2016
美元	2.1%	2.5%	4.4%	7.4%
欧元	4.4%	4.6%	9.2%	13.4%
日元	3.2%	4.1%	4.9%	7.6%
英镑	2.6%	2.7%	5.3%	7.2%
澳大利亚元	1.8%	2.3%	4.0%	6.3%
加拿大元	4.3%	4.3%	9.3%	10.4%
瑞士法郎	0.9%	1.3%	3.1%	4.8%
7 币总量	2.8%	3.2%	5.5%	8.5%
新西兰元	0.9%	1.3%	2.2%	3.0%
瑞典克朗	2.3%	3.2%	7.6%	8.1%
港元	1.0%	1.4%	4.4%	6.4%
挪威克朗	2.4%	4.6%	8.4%	7.9%
新加坡元	1.9%	2.4%	5.0%	5.8%

续表

货币＼年份	2007	2010	2013	2016
5 币总量	1.7%	2.4%	5.4%	6.2%
韩元	12.3%	10.3%	25.2%	29.7%
丹麦克朗	4.8%	8.0%	10.0%	12.6%
新台币	14.2%	13.2%	26.0%	28.6%
以色列谢克尔	14.6%	22.1%	37.1%	39.5%
4 币总量	10.2%	11.0%	21.6%	26.1%
墨西哥比索	10.1%	11.9%	11.6%	16.9%
南非兰特	4.1%	7.4%	7.6%	9.8%
俄罗斯卢布	23.6%	25.8%	32.4%	38.7%
印度卢比	22.0%	25.6%	43.8%	68.6%
波兰兹罗提	7.1%	8.5%	17.3%	23.5%
巴西雷亚尔	44.8%	45.8%	51.7%	61.9%
土耳其新里拉	45.7%	14.1%	14.5%	18.3%
匈牙利福林	7.4%	4.6%	7.6%	13.7%
马来西亚林吉特	19.0%	13.2%	18.8%	29.7%
捷克克朗	11.1%	15.4%	13.6%	24.1%
泰铢	17.0%	25.2%	30.5%	38.0%
智利比索	20.6%	18.8%	21.6%	33.4%
印尼盾	53.9%	70.9%	125.5%	165.4%
人民币	100.0%	100.0%	100.0%	100.0%
14 币总量	22.3%	27.6%	36.7%	52.3%
金砖四国总量	41.7%	48.6%	63.4%	80.2%
金砖五国总量	31.1%	41.4%	54.5%	71.7%

数据来源：根据表20.9到表20.12的结果计算得出。

表20.14显示人民币与7种国际储备货币的相对国际化程度从2007年的2.8%持续上升到了2016年的8.5%；同时，人民币相对于新西兰元等5个其他发达经济体货币的国际化程度从2007年的1.7%持续上升到了2016年的6.2%；对于韩元等4个发达经济体货币的国际化程度从10.2%持续上升到了2016年的26.1%，相对于14个新兴市场货币的国际化程度从22.3%持续上升到了52.3%，人民币相对于"金砖五国"货币总体的国际化程度从31.3%持续上升到了71.7%，成绩显著。

20.11 度量货币国际化程度的另一方法：货币境外/境内外汇交易比例

表20.1和表20.3分别给出了1992年到2016年世界主要货币在全球外汇市

场交易占比和主要国家和地区外汇交易的全球占比。每个国家和地区的外汇交易中本币与其他货币的交易是主要的，另外应该还有其他货币之间的交易。本节首先介绍主要货币境外本币外汇交易占境内外汇总交易比重后，介绍不同货币境外和境内外汇交易全球占比，进而计算出不同货币境外外汇交易和境内外汇交易比例。一般来说，任何货币境外/境内外汇交易比例越高，其国际化程度也就越高，从而成为货币国际化程度的另外一种度量方法。

20.11.1 主要货币本币境内外汇交易占其境内总外汇交易比重

表 20.3 给出的主要国家和地区外汇交易的全球分布，却没有这些国家外汇交易中本币外汇交易占比，我们难以知道本币在境内外汇市场的活跃度，进而也难以知道不同货币在境外外汇市场的活跃度。图 20.1 列出了 2007 年 4 月、2010 年 4 月、2013 年 4 月和 2016 年 4 月 22 个主要国家和地区本币在其境内外汇市场交易额占其境内总外汇交易额的比重。

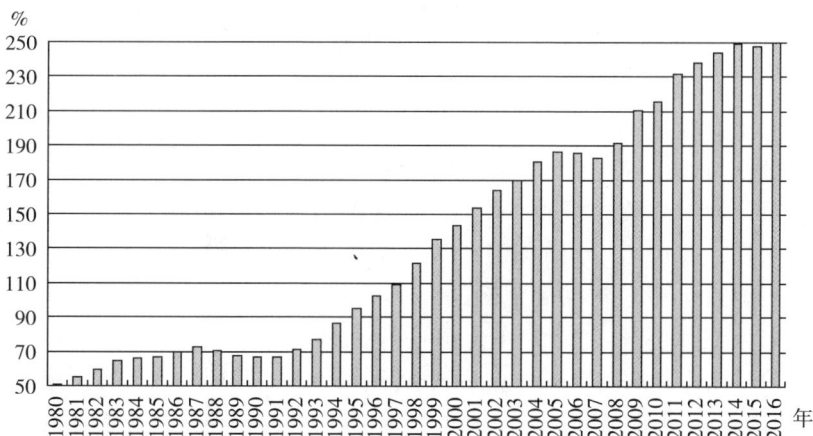

数据来源：根据国际清算银行 2016 年 9 月公布的 2016 年 4 月及之前相关日均成交金额数据中国家/地区和货币相关数据计算得出，其中欧元区的数据为欧元区奥地利、比利时、芬兰、法国、德国、希腊、爱尔兰、意大利、拉脱维亚、立陶宛、卢森堡、荷兰、葡萄牙、斯洛伐克和西班牙等 15 个国家的数据计算得出；中国＊的数据根据 2011 年第一季度以来人民银行公布的我国季度货币政策执行报告给出的境内人民币外汇市场和外币对市场数据计算得出。

图 20.1 主要国家和地区本币在其境内外汇市场交易的比重

20.11.1.1 主要货币本币境内外汇交易占其境内总外汇交易比重比较

图 20.1 显示，全球除美国外的前 4 大外汇交易中心，英国、新加坡和中国香港的本币在其境内外汇交易占比皆不到 10%，其中新加坡元外汇交易占新加

坡外汇交易占比最低，2013 年和 2016 年平均仅为 4% 上下，表明这些外汇中心的外汇交易主要以"外币对"交易为主，本币交易占比微乎其微；2016 年丹麦和瑞士本币在其境内外汇交易平均占比在 10% 上下，略高于如上三大外汇交易中心；瑞典、中国台湾、澳大利亚、土耳其、新西兰和加拿大本币在其境内外汇交易平均占比在 20% 到 20% 之间，"外币对"也是其外汇交易的主流；欧元区、巴西、中国大陆、南非和日本本币境内外汇交易占本境外汇交易比重平均在 30% 到 40% 之间；俄罗斯、韩国、印度、美国和墨西哥境内本币外汇交易在 40% 到 47% 之间。这些数据显示，除英国、新加坡、中国香港和丹麦外，其他国家和地区本币外汇交易在其总外汇市场有着不同程度的重要性。

20.11.1.2　美国境内美元外汇交易占其境内总外汇交易比重变化

值得关注的是，图 20.1 显示，2007 年到 2010 年美国境内美元外汇交易占美国总外汇交易比重分别从 21.8% 提高到了 43.1%，比 2007 年占比提高了近一倍，2010 年到 2016 年，美国境内美元外汇交易占比保持在 43% 上下的水平，显示国际金融危机后美元外汇交易回归美国境内的趋势，同时也表明美国这个全球头号经济和金融大国的外汇交易仍以其本币为主。

20.11.1.3　我国境内人民币外汇交易占境内总外汇交易比重变化及问题

图 20.1 也显示，2007 年人民币境内外汇交易占我国境内人民币外汇交易占总外汇交易比重仅为 20.8%，2010 年到 2016 年占比分别提高到了接近 40%，这些比重显然与人民银行 2011 年以来公布的近年来的相关数据有巨大的差异。根据人民银行货币政策执行报告公布的 2010 年到 2016 年境内外汇市场"外币对"交易数据，2010 年全年、2013 年全年和 2016 年上半年，外币对外汇交易分别仅占我国当年外汇总成交金额的 0.99%、0.57% 和 0.77%，表明境内外汇市场仍然以人民币外汇交易为主，该两年人民币外汇交易单边占比分别高达 99.01%、99.43% 和 99.23%，双边占比分别为 49.5%、49.7% 和 49.6%，图 20.1 显示中国*给出的境内人民币外汇交易占比即为根据人民银行货币政策执行报告计算出的占比，为图 20.1 中 22 种货币境内本币外汇占总外汇交易比重之最。中国*数据和国际清算银行给出的中国数据差异表明，该银行关于人民币的数据有着巨大的问题，我们必须对其准确性提出质疑。本书下文还会对其数据的准确性提出更多的问题。

20.11.2　主要货币境外和境内外汇交易比例

有了图 20.1 给出的不同货币境内本币外汇交易占其境内总外汇交易比重和表 20-3 给出的不同货币母境外汇总交易占全球外汇交易的比重，我们即可容易地计算出不同货币在其境内的外汇交易占全球外汇交易的比重：从表 20.1 给出的不同货币在全球外汇交易的总比重中减去其境内外汇交易比重，我们就可计算出不同货币境外外汇交易的全球占比，进而计算出不同货币境外外汇与境内外汇交易比例。表 20.15 给出了 2007 年 4 月到 2016 年 4 月主要货币本币境外、境内外汇交易占比及境外/境内外汇交易比例。

表 20.15　不同货币境外/境内外汇交易占比和境外/境内交易占比比例

（2007 年到 2016 年）　　　　　　　　　单位:%

境内外占比	境外外汇交易占比				境内外汇交易占比				境外/境内外汇交易比例			
货币/年份	2007	2010	2013	2016	2007	2010	2013	2016	2007	2010	2013	2016
新西兰元	0.9	0.7	0.9	1.0	0.1	0.1	0.1	0.0	9.6	10.6	13.6	22.12
墨西哥比索	0.6	0.5	1.1	1.0	0.1	0.1	0.2	0.1	6.4	3.3	4.9	6.58
土耳其新里拉	0.1	0.3	0.5	0.6	0.0	0.1	0.1	0.1	2.4	2.7	4.0	6.42
澳元	2.5	2.9	3.6	3.0	0.8	0.7	0.7	0.5	2.9	3.5	5.3	6.25
瑞典克朗	1.1	0.9	0.8	1.0	0.2	0.2	0.1	0.2	4.4	4.0	5.9	6.20
挪威克朗	0.8	0.5	0.6	0.7	0.2	0.1	0.1	0.1	4.0	3.9	7.6	5.89
加元	1.7	2.2	2.0	2.2	0.4	0.4	0.3	0.4	4.2	5.3	6.7	5.55
欧元	16.2	16.6	14.0	13.2	2.3	2.9	2.7	2.5	7.1	5.8	5.3	5.35
美元	39.0	34.7	35.6	35.4	3.8	7.7	8.0	8.4	10.3	4.5	4.5	4.21
人民币	0.2	0.3	0.9	1.6	0.0	0.2	0.3	0.4	4.0	1.8	3.5	3.71
巴西雷亚尔	0.2	0.3	0.5	0.4	0.0	0.1	0.1	0.1	4.3	3.1	4.8	3.64
日元	8.3	7.5	9.5	8.4	0.3	2.0	2.1	2.4	29.5	3.7	4.6	3.46
瑞士法郎	2.0	1.9	1.9	1.8	1.4	1.2	0.6	0.6	1.4	1.6	3.0	3.15
南非兰特	0.4	0.3	0.4	0.4	0.0	0.1	0.1	0.1	26.5	3.4	3.7	3.08
新加坡元	0.4	0.4	0.5	0.6	0.2	0.3	0.2	0.3	1.8	1.3	1.8	1.92
韩元	0.4	0.4	0.3	0.5	0.2	0.3	0.3	0.3	2.2	1.2	1.1	1.62
印度卢比	0.3	0.3	0.3	0.3	0.1	0.2	0.2	0.2	4.9	1.7	1.7	1.55
英镑	4.6	3.2	2.7	3.3	2.8	3.3	3.2	3.0	1.6	1.0	0.9	1.09
俄罗斯卢布	0.1	0.2	0.4	0.4					0.1	0.6	1.3	1.04
港元	0.6	0.5	0.4	0.4	0.8	0.7	0.4	0.4	0.7	0.6	0.9	1.02
人民币*	0.0	0.0	0.2	1.3		0.3	0.4	0.7	0.0	0.3	1.7	1.82

数据来源：根据表 20.1、表 20.3 和图 20.1 的相关数据计算得出（人民币*是根据 2010 年到 2016 年人民银行货币政策报告数据及表 20.1 给出的剔除境外人民币外汇交易水分后的交易占比数据计算得出，水分剔除的方法参见第 26 章）。

20.11.2.1　主要货币本币境外/境内外汇交易比例简介

表 20.15 显示，英镑除 2007 年境外/境内外汇交易比值 1.6 显著高于 1 外，2010 年到 2016 年英镑境外与境内交易比例保持在 1 上下的地位，比其金融危机

前的 2007 年要低很多，显示全球最大的外汇中心英国境内外汇交易以"外币对"交易为主外，英镑境外交易很不活跃；中国香港本币境外/境内外汇交易比例仅比英镑略低些许，为 22 个货币中比例最低的；2016 年俄罗斯卢布境外/境内交易比例 1.04，仅略高于港元的 1.02；2013 年首次成为全球第三大外汇交易中心的新加坡本币，2010 年到 2016 年境外/境内外汇交易比例虽然持续提高，但仍低于 2，显示新加坡元境外交易也不够活跃，也以"外币对"交易为主。

20.11.2.2　金融危机前后主要货币本币境外/境内外汇交易比例变化

表 20.15 显示，美元 2007 年境外/境内外汇交易比值高达 10.3，2010 年和 2013 年比例回落到了 4.5 上下，2016 年又略降到了 4.21；2007 年境外/境内外汇交易比值高达 7.1，2010 年到 2016 年比例回落到了 5.4 上下，与美元比例变化趋势相当；2007 年日元境外/境内交易比例高达 29.5，2010 年却猛落到了 3.7，2013 年和 2016 年回升到了 4.5 上下；2007 年到 2016 年，澳大利亚元本币境外/境内外汇交易比例从 2.9 持续提高到了 6.3，显示金融危机后澳元境外交易持续活跃的态势，同期加拿大元也显示持续活跃的总趋势，但是 2016 年比例却比 2013 年略有下降。

20.11.3　主要新兴市场国家和地区货币境外/境内外汇交易比重比较

表 20.15 给出的 22 个币种中有七种货币是发展中国家的货币。该七种货币中墨西哥比索、巴西雷亚尔、土耳其里拉和南非兰特本币境外/境内外汇交易比值较高，显示这些货币在发展中国家货币国际化程度较高，与表 20.9 到表 20.12 给出的这些货币国际化程度较高的结果一致；同时表 20.15 显示印度卢比和俄罗斯卢布及韩元和新台币本币境外/境内外汇交易比值较低，表明两种货币的国际化程度较低，结果也与表 20.9 到表 20.12 给出的结果相似。

20.11.4　人民币境外/境内外汇交易比例变化及问题

表 20.15 显示，利用国际清算银行的数据，2007 年 4 月和 2010 年 4 月，人民币境外/境内外汇交易比例分别高达 4.3 和 3.1，然而第 24 章显示，2010 年 8 月境外人民币市场才启动，2010 年 8 月之前境外人民币外汇交易应该相对较低才合理，根本不可能有 4.3 倍和 3.1 倍。所以表 20.15 给出的 2007 年 4 月和 2010 年 4 月人民币境外/境内外汇交易比例的结果表明国际清算银行公布的人民币外汇交易数据有严重的问题，2013 年和 2016 年相应的比例也有相应的问题，与境内公布的近年来人民币外汇数据严重不符。表 20.15 给出的根据境内公布的人民币外汇数据结果，剔除国际清算银行数据的水分后，2010 年境外/境内人民币外汇交易比值为 0.3（第 24 章显示，2010 年香港人民币市场正式启

动前已经有了一些人民币交易），而 2013 年和 2016 年相应的比值也仅为 1.7 和 1.82，不到根据国际清算银行数据计算出的比例的一半，再次证明国际清算银行数据存在严重的问题，我们在第 26 章会详细介绍国际清算银行数据问题的细节。

20.11.5　近年来人民币境外/境内外汇交易的合理比例

利用表 20.15 给出的 2013 年和 2016 年合理的人民币境外/境内交易比例结果，我们可以用简单的线性插值法估算出 2014 年和 2015 年人民币境外/境内比例分别为 2.08 和 2.06，表明境外人民币市场从 2010 年 8 月到 2014 年 4 月不到 4 年的时间内流动性就达到了略超国内一倍的水平，显示境外人民币市场的活力及对人民币国际化的巨大贡献。

20.12　小结

本章对主要国际货币构成、外汇产品及其流动性和货币国际化程度进行了较为全面的介绍。此外，我们还对其他主要发达国家和主要发展中国家或地区的货币、外汇产品及其流动性和相应货币国际化程度进行了简单的分析。以上分析表明，国际储备货币的国际地位主要体现在交易和储备功能上，主要储备货币的即期交易、远期交易和掉期/互换交易皆在国际外汇市场上发挥着重要的作用，而且以美元为主的国际货币在国际金融危机之后的国际影响力不仅没有下降，反而有所上升；除主要国际货币外，其他发达国家或地区的货币在国际市场上也发挥着重要的作用，然而这些货币的国际化程度却有所下降；几乎所有的发展中国家或地区的货币在国际市场上的地位都与其经济地位不相称，或者说这些货币在国际外汇市场的交易占比皆低于其 GDP 的世界占比，表明这些国家或地区货币的国际地位还需进一步提高。

货币国际化程度的度量是非常重要的概念，因为只有有了客观科学的度量方法，我们才能对不同货币在不同时间段内国际化程度的变化有客观的把握。在今后多年推动人民币国际化的过程中，人民币国际化的度量，特别是与其他货币国际化程度可比的国际化度量对我们今后的工作非常重要，如果人民币相对于其他货币的国际化程度在一定时间内上升到了一定的目标水平，我们将继续努力推动；如果未达到目标程度，我们就容易找到没有达到目标的原因，从而调整和改进我们推动的策略和方法，进而达到有序推动的目的。

由于货币国际化功能表现在多个领域，涉及很多相关领域的数据和参数，准确而全面地度量货币国际化不是件容易的工作。然而不管货币国际化功能在多少个领域有所发挥，每个领域发挥程度的提升皆会导致相应货币外汇交易的活跃度。因此，我们利用货币在国际外汇市场的活跃程度间接地度量货币的国际化程度。本章基于该思路建立了一个既简单又切实可行的方法来度量货币国际化，而且可以容易地计算出不同货币或货币组之间相对的国际化程度。

经过十几年的发展，特别是 2005 年完善人民币汇率形成机制的方案实施以来，境内在外汇市场机制、产品创新和推出等方面取得了可喜的成绩，外汇远期、互换和掉期、远期利率协议、利率互换和外汇期权等产品经历了从无到有的转变，产品的流动性也有了一定提高。然而要推动我国金融市场的进一步发展，不仅要求我们和过去相比较，还需要我们找出和世界其他国家或地区金融市场之间的差距。通过上文的介绍我们看到，在外汇和利率市场上，我国不仅与世界主要发达国家，而且与绝大多数其他主要发展中国家相比仍有相当的差距，产品的流动性依然较低、市场功能难以有效发挥、场内金融衍生产品不足等，这些仍是摆在我们面前亟待解决的问题。利用简单的度量方法，我们计算出了人民币在 2007 年到 2016 年的国际化程度及相对于其他货币的相对国际化程度。结果显示，2007 年到 2010 年人民币的国际化程度有了一些提高，然而相对于我国近年来经济的国际地位很不相称，不仅与发达国家和地区货币的国际化程度有很大的差距，而且与其他发展中国家和地区货币的国际化程度也有一定的差距；2013 年到 2016 年人民币国际化程度有了显著的提高，但是离我国经贸的世界地位仍然有着巨大的差距，而且离其他金砖国家货币也有明显的差距。

2009 年以来国家大力推动人民币跨境贸易结算、人民币境外债券发行、人民币境外直接投资等业务，这些领域皆有了显著的成绩，而同期我国相应的外汇市场交易却没有显著的增长，表明我们在推动人民币国际化各项业务的同时，应该重视境内人民币外汇市场的健康发展。只有人民币外汇市场有了健康的发展，各项人民币国际化的新业务才会有坚实的市场支撑，从而达到持续稳步推进的目标。换句话说，人民币国际化各项举措应该与人民币外汇市场协调发展。相信人民币国际化程度会在今后多年有显著的提升。

冰冻三尺，非一日之寒。我们在充分肯定取得成绩的同时，还应该扎实研究发达国家和其他发展中国家的成功经验和教训，为金融市场的完善、金融产品的推出和监管机制的建设等制定 3～5 年、5～8 年以至 10～20 年的短期、中期和长期发展的路线图和时间表，从而使我国金融市场的产品逐渐丰富、机制逐渐完善、市场活跃度逐步提升、市场功能逐步发挥。也只有这样，我们才能使金融更好地为实体经济服务，为人民币国际化打好坚实的基础。我们在第 26 章和第 30 章还会进一步探讨今后人民币国际化的走势。

参考文献

［1］周小川．关于改革国际货币体系的思考［Z］．中国人民银行网站．

［2］张光平、杨健．Indian Financial Reforms and Experiences for China to Learn, Research sponsored by Asian Development Bank, 2008.

［3］李瑶．非国际货币、货币国际化与资本项目可兑换［J］．金融研究，2003（8）．

［4］徐奇渊．中国如何面对赫斯塔特风险［Z］．中国社会科学院世界经济和政治研究所国际金融研究中心，2016 - 08 - 01.

［5］张光平．人民币衍生产品（第六版）［M］．北京：中国金融出版社，2016.

［6］Triennial Central Bank Survey, Foreign exchange and derivatives market activity in April 2010, Preliminary results, Monetary and Economic Department, September 2010.

［7］Triennial Central Bank Survey, Report on global foreign exchange market activity in 2010, Monetary and Economic Department, December 2010.

［8］Mihaljek, Dubravko and Frank Packer, "Derivatives in emerging markets," BIS Quarterly Review, December 2010.

［9］International Monetary Fund, 2010, Review of the Method of Valuation of the SDR, Prepared by the Finance Department, In consultation with the Legal and Other Departments, Approved by Andrew Tweedie, October 26, 2010.

［10］Zhang, Peter G. and Thomas Chan, 2011, Chinese Yuan Internationalization and Financial Products in China, John Wiley & Sons, ISBN978 - 0 - 470 - 82737 - 6.

附录：主要境内外人民币国际化指数介绍

2007 年以来，多家境内外金融机构和学术机构先后推出了不同类型的人民币国际化指数，下表给出了这些指数推出的机构名称、指数名称、推出时间、参数范围和主要研究意义等。该表显示，不同指数有不同的侧重，有的侧重离岸人民币市场，如汇丰银行的离岸人民币外汇指数；有的侧重离岸人民币债券和权益，如中国银行的离岸人民币指数；有的侧重人民币未来的使用，如星展银行的人民币动力指数等。这些指数对人民币国际化不同侧面有不同程度的反应，相关指数编制机构基于这些指数也推出了相关的产品，对人民币市场发展和国际化的推动发挥了各自的作用，这里不再一一介绍和评判。有兴趣的读者可直接到相关机构网站查找相关指数的更详细的内容。

附表 20.1 主要境内外人民币国际化指数

指数名称	编制机构	发布频度	参数范围	研究意义
人民币指数	北航经管学院	自 2007 年 7 月逐月发布	以汇率形成机制中"一篮子货币"对贸易和 FDI 的影响，对以下样本货币加权获得：美元汇率．日元汇率、欧元汇率、港币汇率、韩元汇率、新台币汇率、新加坡元汇率、英镑汇率	推出人民币汇率指数旨在提供综合性外汇基准，并为将来推出指数类外汇期货和期权等衍生品提供合约标的，充分发挥人民币指数这一综合指标的信息功能、投资功能和评价功能
人民币有效汇率指数	深证证券信息有限公司	自 2010 年中期逐季发布	通过双边汇率以贸易加权计算获得：美元汇率 欧元汇率 日元汇率 港币汇率 澳元汇率 英镑汇率 卢布汇率 加元汇率 林吉特汇率	随国际经济联系的加深，双边汇率对反映我国货币价值的作用越来越有限，而与全球主要双边汇率的整体变化可以表征人民币的综合价值及汇率走势
人民币环球指数	渣打银行	以 2010 年 12 月为基期按月发布	指数覆盖三个人民币离岸市场：香港、伦敦、新加坡分别以存款、点心债和存款证、贸易结算和其他国际付款、外汇来衡量人民币在财富储存、融资工具、国际贸易、交易渠道四个方面的发展	为企业和投资者量化离岸人民币活动的走势、规模和水平，了解离岸人民币的认受性和作为储备货币的推进程度，让客户在使用人民币作为营运资金时有更多的指标可以参考
离岸人民币外汇指数	汇丰银行	2011 年 3 月发布	作为单一货币指数，采用贸易加权的方式参考与多个国家的双边汇率与贵金属等	配合相应设计的人民币指数产品，可方便投资人管理手中的人民币头寸，加速人民币的国际化进程
离岸人民币指数 ORI	中国银行	自 2011 年底起逐季发布	ORI 对以下指标进行综合加权计算：离岸人民币存款在所有货币离岸存款中的比重，离岸人民币贷款在所有货币离岸贷款中的比重，人民币计价的国际债券和权益投资余额在所有币种中的比重，全球外汇储备中人民币的占比，人民币外汇交易量在所有币种外汇交易量中的占比	是对人民币在离岸金融市场上资金存量规模、资金运用情况、金融工具使用等方面发展水平的综合评价

续表

指数名称	编制机构	发布频度	参数范围	研究意义
跨境人民币指数 CRI	中国银行	以 2011 年底为基期逐季发布，2014 年 4 月起改为逐月发布	涵盖国际收支平衡中经常项目和有代表性的资本项目及境外流转项目的流量指标	从人民币跨境流出、境外流转、跨境回流的角度，反映一个时间段以内人民币在跨境交易中的使用水平
星展人民币动力指数	星展银行（香港）	自 2012 年底起逐季发布	过去 12 个月的实际业务表现及未来 12 个月的预期表现，过去和未来对使用人民币经营业务的需求 企业对人民币贸易服务及应收付款服务的使用水平，企业获得人民币融资的难易程度	鉴于企业间人民币使用的水平与接受程度更有代表性，从在香港注册的公司角度，对使用人民币的接受和渗透程度进行衡量
人民币国际化指数 RII	中国人民大学	自 2012 年《人民币国际化报告》发布	世界贸易总额中人民币结算比重，全球对外信贷总额中人民币信贷比重，全球国际债券和票据发行额中人民币债券和票据比重，全球国际债券和票据余额中人民币债券和票据比重，全球直接投资中人民币直接投资比重，全球外汇储备中人民币储备比重	在资本账户有序开放前提下，从国际货币的计价支付和储备职能出发，编制的人民币国际化指数能衡量人民币国际化的实际水平，进而提高人民币国际化的管理能力。而且通过观察 RII 指数的数值及其结构变化，还可直观评判人民币国际化的程度及其主要影响因素

数据来源：根据不同指数编制和发行机构网站整理而得。

21　日元国际化的经验和教训

　　英镑国际化进程与大英帝国的兴衰基本一致，美元国际化进程始于 1913 年第一次世界大战前美联储的设立，欧元是十多年前十多个欧洲发达国家的货币统合而成（我们在第六篇会专门介绍英镑、美元和欧元国际化的简单历程及对人民币国际化的启示）。人民币国际化的进程难以与以上三个主要国际货币直接比较，相应的经验也难以直接借鉴，但日元的国际化过程为人民币国际化提供了难得的借鉴。虽然日本在把握推动日元国际化的时机、日元升值、日本外汇和资本市场发展等方面犯了不少错误，错过了很多良机，但是日本泡沫破灭后二十多年来境外资产持续提高，建成了一个规模相当于全球第四到第五大经济体的"海外日本"，这个"海外日本"在国际金融和外汇市场上发挥着重要的作用。从目前来看，日元国际化不算成功，甚至不少学者认为日元国际化实际上是失败的。日元占国际可识别储备货币的比重十几年来持续下降的事实说明了这一点。另外，日本几十年来全球外汇市场第三、亚洲第一大交易中心的地位2013 年首次被新加坡取代，而且 2013 年亚洲第二大交易中心的地位 2016 年又被中国香港取代更有力地说明了这一点。

　　货币国际化是一个相当复杂而漫长的过程，因为涉及国家或地区政治经济体制发展状态、贸易增长势头和货币政策等诸多宏观领域，与相应货币当局贸易结算、资本项目开放、资本市场发展和监管等方面的政策也有密不可分的联系。由于各个国家的经济金融体系、市场结构和监管框架不同，推动资本项目自由化的步骤和顺序也应该有所不同。尽管如此，别国在资本项目自由化和货币国际化过程中的经验和教训也值得我们学习和借鉴。1964 年之前几年，为了迎接东京奥运会，日本启动了包括新干线在内的一系列大型项目，对推动日本经济发挥了重要作用。1968 年，日本取代了当时的联邦德国成为全球第二大经济体，并保持此地位 42 年之久。日本成为第二大经济体之后几年内，日元也成了国际主要储备货币之一。第二次世界大战后，日本从经常项目到资本项目开始逐渐自由化，为此后日元成为主要国际货币做了数十年的准备。

　　要发挥后发优势，就必须将建设一线国际金融中心的目标与其他战略目标相适应，按照科学有效的路线图和时间表有序推进。在日本的发展过程中，东京形成了成为一线国际金融中心的许多必要特征但并不俱全，推进速度不够快，直到支撑战后日本高速崛起的经济基础逆转，这些特征依然没有成熟。最主要的失败原因是日元没有成为主要的国际周转货币（McKay，2013），日本大量外流资金主要投资在其他主要货币计价的资产而非日元计价资产、日本在很大程度上没有扮演好为日元资产提供流动性的"世界银行"角色（Tavlas and Ozeki, 1992）。亚洲金融危机对日本冲击很大，危机后尽管日本努力推动日元国际化但因泡沫破灭而力不从心。

本章的目的是介绍日本推动日元贸易结算和资本项目自由化、资本市场发展和日元国际化等主要历程，从而为人民币国际化和人民币产品创新提供一定的借鉴。

21.1　日元占国际可识别储备货币比重的演变

表 20.4 给出了包括日元在内的主要国际储备货币从 2000 年到 2016 年第一季度的相应储备资产的变化情况。实际上，日元占国际储备货币的比重从 1999 年就已经步入了下降通道。表 21.1 给出了 1970 年到 2016 年第二季度日元占国际可识别储备货币比重的变化。从表 21.1 我们可以看出，从 1977 年到 1985 年，日元占国际可识别储备货币的比重持续上升到了 7.5%，经历了几年的震荡期后，1991 年达到 8.7% 的历史最高水平。此后近二十年内总体处于下滑的趋势，2009 年降至 2.9% 的历史最低水平。2010 年到 2012 年虽然占比略有回升，但是 2013 年底重新下降到了 3.85%，2014 年到 2016 年持续回升到了 4.54%，为 2003 年以来的最高水平。

表 21.1　　　　　　　　日元占国际可识别储备货币的比重　　　　　　　单位:%

年份	占比	年份	占比	年份	占比
1970	0.00	1989	7.30	2003	4.42
1975	0.50	1990	8.10	2004	4.28
1977	2.50	1991	8.70	2005	3.96
1978	3.30	1992	7.70	2006	3.47
1979	3.60	1993	7.70	2007	3.18
1980	4.40	1994	7.90	2008	3.47
1981	4.20	1995	6.77	2009	2.90
1982	4.70	1996	6.71	2010	3.66
1983	4.90	1997	5.77	2011	3.61
1984	5.70	1998	6.24	2012	4.09
1985	7.50	1999	6.37	2013	3.85
1986	6.90	2000	6.06	2014	3.90
1987	6.90	2001	5.05	2015	4.03
1988	7.00	2002	4.94	2016	4.21

数据来源：1970～1994 年数据来自 IMF Annual Report；1994 年之后的数据根据 IMF 网站 www.imf.org 上 2017 年第一季度末公布的 COFER 数据计算得出。

1997 年东亚金融危机爆发后日本政府采取了多种措施推动日元国际化进程，但是由于日本经济多年处于低迷状态，日元国际化程度不升反降。下文我们将专门介绍日本从 20 世纪 70 年代开始在推动贸易及资本项目自由化和日元国际化等方面的主要措施。

21.2　日元的贸易结算功能

国际货币最基本的功能之一是国际贸易结算。日本从 20 世纪 60 年代后期就开始推动日元在国际贸易中的结算功能，直到 70 年代初，日元的贸易结算功能才逐渐显现。

21.2.1　日元的贸易结算

表 21.2 给出了从 1970 年到 1998 年日元在日本进出口贸易中的结算比例。该表显示，1970 年，日元在日本进出口贸易中结算的比例相当低，分别仅有 0.3% 和 0.9%。到了 1980 年，虽然日元占进口结算的比例仅仅上升到了 2.4%，但是在出口结算中所占的比例却迅速上升到了 29.4%。从 1980 年到 1985 年，日元占出口结算的比例进一步上升到了 39.3% 的历史高位，之后保持在 30% 到 40% 的范围内。从 1980 年到 1998 年，日元在进口结算中的比例虽然也有了较高的增长，但是仍然远远低于相应时期在出口结算中所占的比例，仅相当于日元占出口结算比例的一半左右。

表 21.2　　　　　　　　　日元在日本国际贸易中的结算占比　　　　　　　单位:%

年份	出口至				进口自			
	世界	美国	欧盟	东南亚	世界	美国	欧盟	东南亚
1970	0.9	—	—	—	0.3	—	—	—
1975	17.5	—	—	—	0.9	—	—	—
1980	29.4	—	—	—	2.4	—	—	—
1985	39.3	19.7	51.3	47.3	7.3	9.2	27.3	11.5
1987	33.4	15.0	44.0	41.1	10.6	11.6	26.9	19.4
1988	34.3	16.4	43.9	41.2	13.3	10	26.9	17.5
1989	34.7	16.4	42.2	43.5	14.1	10.2	27.7	19.5
1990	37.5	16.2	42.1	48.9	14.6	11.6	26.9	19.4
1991	39.4	16.5	42.0	50.8	15.6	11.2	31.4	21.6
1992	40.1	16.6	40.3	52.3	17.0	13.8	31.7	23.8
1993	39.9	18.0	41.0	52.5	20.9	13.8	45.0	25.7

年份	出口至				进口自			
	世界	美国	欧盟	东南亚	世界	美国	欧盟	东南亚
1994	39.7	19.4	40.9	49.0	19.2	13.3	38.6	23.6
1995	37.6	17.5	37.2	44.7	22.7	21.5	44.8	26.2
1996	35.2	15.9	36.1	46.3	20.6	16.4	46.1	24.0
1997	35.8	16.6	34.3	47.0	22.6	22.0	49.3	25.0
1998	36.0	15.7	34.9	48.4	21.8	16.9	44.3	26.7

数据来源：ICSEAD Working Paper：The International Use of The Japanese Yen：The Case of Japan's Trade with East Asia。

表21.2 给出的数据为 20 世纪末的数据，与近年来的情况相差不大，因为近年来日元结算的部分约占日本出口的 40%、进口的 20%（福本智之，2012）。因此，日元结算的日本出口和进口比重在近二十年来几乎没有多少变化。我们在第 17 章介绍人民币跨境贸易结算时比较了两种货币结算的比率及其进程，下文还将进行相关比较。

21.2.2 日元结算在进出口方面的区别

日元的贸易结算在不同区域有着显著的区别，这些区别对人民币贸易结算也应该有一定的借鉴意义。表 21.2 显示，日元在与东南亚出口贸易结算中的比例最高，1985 年到 2000 年保持在 50% 左右的水平。日元在与欧盟的出口贸易结算中占比略微低于东南亚，1985 年到 2000 年保持在 40% 左右。与美国的出口贸易中，日元结算比例在三个区域中最低，表明美元的强势难以撼动。

日元在进口结算方面显著低于出口结算比例，这主要是由于日本的进口大多为能源和原材料等基础产品，这些产品的定价多以美元或者其他货币为主。进口结算在三个区域的比重也有着明显的区别，欧盟最高，东南亚次之，美国最低。

21.2.3 日元贸易结算与其他主要发达国家的比较

表21.3 给出了 1980 年到 1997 年日本、美国、英国、德国、法国和意大利这 6 个主要发达国家利用本国货币来结算其进出口贸易的比重。从表 21.3 可以看出，日本在进出口贸易结算中利用本币的比例在 6 个国家中最低。即使在日本经济泡沫破灭之前的 20 世纪 80 年代后期，日元在其贸易结算中的比例也明显低于其他 5 个发达国家，这表明日元贸易结算的地位在发达国家中仍然较低。

表 21.3   主要发达国家利用本币结算其进出口贸易的比重比较   单位:%

出口	1980 年	1988 年	1995 年	1997 年
日本	29.4	34.3	36.0	35.8
美国	97.0	96.0	—	—
英国	76.0	57.0		
德国	82.3	81.5	74.8	—
法国	62.5	58.5		49.2
意大利	36.0	—	—	38.0
进口	1980 年	1988 年	1995 年	1997 年
日本	2.4	13.3	22.7	22.6
美国	85.0	85.0		
英国	38.0	40.0	—	
德国	43.0	52.6	51.5	
法国	33.1	48.9	—	46.6
意大利	18.0	—	—	38.1

数据来源: Ministry of International Trade and Industry (MITI): Statistics on Export Confirmation (Yushutu Kakuninn Toukei) and Statistics on Import Report (Yunyuu Houkaku Toukei).

     表 21.4 给出了相关国家近年出口贸易的主要结算货币。从该表我们可以看出，日本出口贸易用美元结算的比例显著高于德国、法国和英国，同时用日元本币结算的出口额也显著低于前三个欧洲国家。日本用美元结算其出口贸易的比例却显著低于澳大利亚、南非、加拿大、韩国和巴基斯坦，同时日本用本币结算其出口贸易的比重也皆高于后面这些国家。这些数据表明，日本在 21 世纪用本币结算贸易的比重仍然显著低于欧洲主要发达国家，但同时显著高于其他国家。

表 21.4   出口贸易中各种结算货币所占比重   单位:%

国家	德国	法国	英国	日本	澳大利亚	南非	加拿大	韩国	巴基斯坦
欧元	57.7	49.5	21.0	8.5	0.9	17.0	—	4.9	4.0
美元	26.6	37.9	27.8	51.2	67.4	52.0	70.0	85.5	91.4
本币	57.7	49.5	49.0	36.3	28.8	25.0	23.0	9.2	4.6

     注: 其中德国的数据是 2002—2004 年的平均值，法国、日本、澳大利亚、韩国数据是 1999—2003 年的平均值，英国是 1999—2002 年的平均值，南非为 2003 年数据，巴基斯坦为 2001—2003 年平均值，加拿大为 2001 年数据。

     数据来源: Kamps (2006)。

21.2.4 日元贸易结算比例较低的原因分析

以日元进行贸易结算比例较低的主要原因是国际贸易中习惯使用美元和英镑等主要货币，除此之外，还有其他一些重要的原因。首先，选择哪种货币作为贸易结算货币，主要取决于哪种货币对冲汇率风险的成本较低，而货币对冲的成本取决于该种货币的汇率对冲工具，如外汇远期、期货、期权或者掉期的市场流动性。其次，日本的大多数贸易是由一些大型贸易公司主导的，这些大型的贸易公司比它们的贸易伙伴在控制汇率风险方面更有经验。最后，还有一个原因可能是日本生产商的货币偏好，为了维持生产水平的相对稳定，它们在出口结算中通过选用和进口时相同的结算货币来减少由于汇率波动而导致的外需波动。详细解释日元结算比例较低的原因超出了本章的范围，有兴趣的读者可以参考 Taguchi（1982）和 Tavlas、Ozeki（1991）。

21.3 人民币跨境贸易结算与日元贸易结算比较

比较表 17.15 给出的近年来人民币跨境贸易结算数据与表 20.2 给出的日元贸易结算数据可以直接看出，2009 年下半年到 2011 年底的两年半时间内，人民币跨境进口结算占同年中国进口比例达到了 8.5%，与 1986 年日元进口结算水平相当。2013 年人民币跨境进口结算占同年我国进口占比达到了 23.4%，超过了日元 20% 略多的进口结算比重。换句话说，人民币进口结算最初 4 年多的时间就达到了日元进口结算前二十年的结果，而人民币进口结算最初不到 5 年多的时间就超过了日元三十多年进口结算的比重，显示人民币跨境贸易结算的显著成绩。但是，人民币出口结算却进展缓慢。表 17.15 显示，2014 年底和 2015 年底人民币跨境出口结算占同期我国出口占比分别达到了 18.9% 和 23.7%，仅相当于表 20.2 中日元 20 世纪 70 年代后半叶出口结算比重，表明人民币出口结算进展比日元要缓慢得多。

日元用了二十几年的时间，结算的出口和进口比重分别稳定在了 40% 和 20% 上下的水平，之后二十几年仍然保持在这些比重的水平上下没有多少变化（福本智之，2012）。表 17.15 显示，2013 年下半年以来人民币结算的进口占总进口的比重就持续显著超过了 20%，达到且超过了日元结算 20 世纪 90 年代后期的水平。人民币在能源和大宗产品进口方面的使用，很可能会使人民币比日元的国际化进程更快（"伊朗接受用人民币购买原油"，英国金融时报网站，2012–05–07）。由于我国出口产品技术含量有待提高，人民币出口结算的占比要达到 1980 年日元的水平可能还需多年的时间。

21.4 日本国际资产和净资产

作为全球主要经济体、主要出口国和外汇储备大国，日本二十几年来在境外积累了大量的国际资产，而且多年来保持了全球最大国际净资产国家的位置。本节简单介绍日本国际资产和净资产及与我国的比较。

21.4.1 日本境外资产和净资产的增长介绍

表 21.5 给出了 1996 年到 2016 年日本国际投资头寸及相关比例。该表显示，日本国际净资产从 1999 年仅相当于日本当年境内生产总值的 16.8% 持续上升到了 2015 年 69.7% 的高位。国际净头寸 2000 年前的 4 年持续保持在 1 万亿美元左右，从 2000 年开始持续显著增长，2005 年和 2007 年分别首次突破 2 万亿和 3 万亿美元大关，2012 年又首次超过了 4 万亿美元，创下当时历史高峰。受国际金融危机的影响，2008 年日本国际净资产显著下降，然而 2008 年到 2012 年重回增长态势。由于 2013 年以来日元对美元显著贬值，2013 年日本国际净资产从 2012 年的历史高峰下降了 1.2 万亿美元到 3.39 万亿美元，2014 年比 2013 年略回升到了 3.59 亿美元，但是 2015 年又大幅下降到了 2.89 万亿美元。

表 21.5　　　　　　　**日本国际总资产、总负债、净资产及相关比例**

年份/资产类型	总资产（万亿日元）	总资产/GDP（%）	总负债（万亿日元）	总负债/GDP（%）	净资产（万亿日元）	净资产/GDP（%）	净资产（万亿美元）	总负债/总资产（%）	净资产/总资产（%）
1996	302.2	59.0	198.9	38.8	103.4	20.2	0.95	65.8	34.2
1997	346.5	66.2	221.9	42.4	124.6	23.8	1.03	64.0	36.0
1998	336.8	65.7	203.5	39.7	133.3	26.0	1.02	60.4	39.6
1999	303.6	60.1	218.9	43.4	84.7	16.8	0.74	72.1	27.9
2000	341.2	66.9	208.2	40.8	133.0	26.1	1.23	61.0	39.0
2001	379.8	75.1	200.5	39.7	179.3	35.5	1.48	52.8	47.2
2002	365.9	73.3	190.6	38.2	175.3	35.1	1.4	52.1	47.9
2003	385.5	77.3	212.7	42.6	172.8	34.6	1.49	55.2	44.8
2004	433.9	86.1	248.1	49.2	185.8	36.9	1.72	57.2	42.8
2005	506.2	100.5	325.5	64.6	180.7	35.9	2.95	64.3	35.7
2006	558.1	110.1	343.0	67.7	215.1	42.4	2.95	61.5	38.5
2007	610.5	119.0	360.3	70.2	250.2	48.8	3.06	59.0	41.0
2008	519.2	103.6	293.3	58.5	225.9	45.1	2.84	56.5	43.5

续表

年份/资产类型	总资产 （万亿 日元）	总资产/ GDP （%）	总负债 （万亿 日元）	总负债/ GDP （%）	净资产 （万亿 日元）	净资产/ GDP （%）	净资产 （万亿 美元）	总负债/ 总资产 （%）	净资产/ 总资产 （%）
2009	554.8	117.8	286.6	60.8	268.2	56.9	3.06	51.7	48.3
2010	560.2	116.1	304.3	63.0	255.9	53.0	3.47	54.3	45.7
2011	581.5	123.3	316.1	67.0	265.4	56.3	3.98	54.4	45.6
2012	661.9	139.3	365.6	76.9	296.3	62.3	4.59	55.2	44.8
2013	797.1	166.4	472.1	98.5	325.0	67.8	3.39	59.2	40.8
2014	942.4	193.6	579.0	118.9	363.4	74.6	3.02	61.4	38.6
2015	948.3	190.0	609.5	122.1	339.3	68.0	2.82	64.3	35.8
2016	1002.9	198.6	644.6	127.7	358.3	70.9	3.07	64.3	35.7
1999—2004 年年均 复合增长率（%）	7.4		2.5		17.0		18.4		
2002—2007 年年均 复合增长率（%）	10.8		13.6		7.4		16.9		
2008—2016 年年均 复合增长率（%）	8.6		10.3		5.9		1.0		
2012—2016 年年均 复合增长率（%）	10.9		15.2		4.9		−9.6		
1996—2016 年年均 复合增长率（%）	5.9		5.8		6.1		5.6		

数据来源：根据日本中央银行网站（www. boj. or. jp/en/）公布的相关数据和国际货币基金组织 2016 年 10 月公布的日本名义 GDP 数据计算得出。

表 21.5 显示，1996 年到 2016 年的 20 年，以日元计价的日本国际净资产的年均增长率 6.1%，而以美元计价的国际净资产的年均增长率 5.6%，分别比相应的总资产年均增长率 5.9% 高出 0.2% 和低 0.3%。2002 年到 2007 年国际金融危机之前 5 年，以日元和美元计价的日本国际净资产的年均增长率分别高达 7.4% 和 16.9%，表明国际金融危机前日本国际投资净资产增长显著。2008 年到 2016 年国际金融危机之后的 8 年，以日元和美元计价的日本国际净资产的年均增长率分别为 5.9% 和 1.0%，表明国际金融危机后日本国际投资净资产增长明显放缓。

21.4.2 日本境外资产和净资产的国际排名

截至 2015 年年底，日本连续 25 年成为全球外汇最大的净资产国。根据

2014 年 6 月 5 日国际货币基金组织公布的 2006 年到 2012 年世界国际投资头寸
数据，2006 年到 2012 年世界总国际资产中平均有 87.4% 为发达经济体持有，同
期日本国际总资产占世界总资产平均比例为 5.5%。表 21.5 显示，2012 年日本
国际净资产总额 4.59 万亿美元，为当年世界总国际净资产 0.411 万亿美元的
10.03 倍，显示日本国际净资产在全球的地位。

表 21.5 的数据显示，2012 年日本海外净资产高达 4.59 亿美元，超过同年
日本 GDP 5.96 万亿美元的 3/4，接近"再造日本"的战略目标。这些数据有力
地说明，二十多年来日本并非失去的二十多年，而是再造了另外一个日本。表
21.5 给出的 2012 年这个"海外日本"的净资产 4.59 万亿美元超过了当年德国
GDP 3.55 万亿美元，相当于当年全球第四大"经济体"，2016 年"海外日本"
的净资产 3.07 万亿美元超过了当年英国 GDP 2.65 万亿美元，相当于当年全球
第五大"经济体"。这个"海外日本"对国际金融市场和外汇市场仍发挥着重要
的作用，近年来国际外汇市场中日元的表现就可说明问题。

21.4.3　日本国际资产的杠杆率

表 21.5 显示，1996 年到 2000 年，日本国际总负债与总资产比率平均保持
在 64.7% 的水平，2001 年到 2005 年总负债与总资产比率下降到了平均 56.3%
的水平，2006 年到 2012 年，总负债与总资产比率进一步下降到了平均 56.1% 的
低位，比国际货币基金组织公布的世界同期总负债与总资产比例 100.3% 要低很
多，表明日本多年来国际投资相当稳健，2012 年到 2016 年日本年均负债率略升
到了 64.3%，显示近年来日本国际投资的负债率略有提高。

21.5　中日国际资产比较

近年来诸多境内外媒体报道了我国经济总量、外汇储备、美国政府债券持
有量、贸易规模等方面超过日本，显示我国经贸等方面的巨大成就。实际上，
反映一国真正实力的是其境外净资产总额。2014 年以来全球几乎所有的货币皆
对美元出现贬值的同时，日元却多次显示对美元升值的主要原因就是日本高额
的境外净资产额，而该方面我国与日本仍然有相当大的距离。日本境外资产管
理的很多方面值得我国学习和借鉴，这里我们简单比较两国境外资产和净资产
规模及其在 GDP 中的比重。

21.5.1　中日两国国际资产和净资产规模比较

表 21.6 给出了 2004 年到 2016 年我国境外总资产、总负债、总净资产及相
关比例。表 21.6 显示，2016 年底我国境外总资产为 6.47 万亿美元，占当年

GDP 比重为 56.8%，显著低于表 20.5 中日本 20 年前 1996 年的水平。同年我国境外净资产总额 1.8 万亿美元，仅相当于日本 2004 年的水平，相差十多年。如果以国际资产净头寸与相应境内生产总值的比例看，我国 2008 年国际净资产与GDP 比例达到了 33.0% 的历史高位，低于表 21.5 给出的日本 2000 年和 2001 年间的水平，相差 15 年左右。令人难以理解的是，2008 年以来我国国际净资产与GDP 的比例不仅没有提高，反而持续下降到了 2015 年的 14.3%，2016 年虽然略升到了 15.8%，但仍显著低于表 21.5 中日本 1996 年前的水平。2010 年我国境内生产总值首次超过了日本，但同年我国国际净资产总额 1.688 万亿美元还不到日本同年国际净资产总额 3.471 万亿美元的一半。2016 年我国境外净资产 1.8 万亿美元，仅略超同年日本国际净资产 3.1 万亿美元的一半。表 25.1 给出的 2015 年和 2016 年日本境外净资产全球占比超过八成更显示出日本境外资产在全球的显著地位。这些数据表明虽然我国经贸规模显著超过了日本，但国际资产各种参数显示我国在国际资产方面与日本仍有 10 ~ 20 年的差距。

表 21.6　　　　中国国际总资产、总负债、净资产及相关比例　单位：亿美元,%

年份	总资产	总资产/ GDP 比例	总负债	总负债/ GDP 比例	净资产	净资产/ GDP 比例	总负债/总 资产比例
2004	9299	47.3	6371	32.4	2928	14.9	68.5
2005	12226	53.0	8000	34.6	4226	18.3	65.4
2006	16881	60.8	10347	37.3	6534	23.6	61.3
2007	23744	66.5	12125	33.9	11619	32.5	51.1
2008	29203	63.4	14013	30.4	15190	33.0	48.0
2009	34369	67.1	19464	38.0	14905	29.1	56.6
2010	41189	67.9	24309	40.1	16880	27.8	59.0
2011	47345	62.9	30461	40.5	16884	22.4	64.3
2012	52132	60.8	33467	39.1	18665	21.8	64.2
2013	59861	62.1	39901	41.4	19960	20.7	66.7
2014	64087	60.7	46323	43.9	17764	16.8	72.3
2015	62189	55.6	46225	41.3	15965	14.3	74.3
2016	64666	56.8	46660	41.0	18005	15.8	72.2
2004—2016 年 年均增长率	17.54		18.05		16.34		
2004—2008 年 年均增长率	33.12		21.78		50.92		
2008—2016 年 年均增长率	10.45		16.23		2.15		

　　数据来源：总资产、总负债和净资产数据来自国家外汇管理局网站 www.safe.gov.cn；GDP 数据来自国际货币基金组织 2016 年 10 月公布的 GDP 数据。

21.5.2 两国境外资产杠杆程度比较

我国国际净资产规模和相关占比等皆与日本有明显差距，表21.5和表21.6显示，早在2004年我国境外投资负债率，即总负债与总资产比重就远超了日本：2004年到2016年的12年，我国境外投资负债率年均65.3%，明显超过日本同期平均比率59.3%。2008年到2016年我国境外负债率显著高速增长到了16.2%，比日本同期的增长率10.3%高出5.9%。2016年我国境外资产负债率比2015年底略回落到了72.2%，比2015年日本负债率64.4%高出5.8%。高负债率意味着高成本和高风险。在我国当前国际利率和外汇等风险管理水平仍有待显著提高的情况下，这也是我国境外投资效率不高的一个重要原因之一，下文我们还将做进一步讨论。

20.5.3 两国境外投资效率比较

国际资产和净资产规模及相关比例可以从一定侧面反映一国的国际金融实力，但是这些数据还只是表层的数据。反映一国国际投资水平，与其他投资一样，应该是投资的回报率。可惜我们难以获得各国国际投资头寸数据中每年不同资产收益或升值的数据，因此难以准确地计算出各国国际投资的回报率。尽管如此，我们尝试间接地估算出不同国家每年国际投资的"回报率"，计算方法和结果如表21.7所示。

表21.7　　　　中日两国国际总资产和净资产年度"回报率"比较　　　　单位:%

资产类型	日本总资产回报率		日本净资产回报率		中国总资产回报率	中国净资产回报率
年份/计价货币	日元计价	美元计价	日元计价	美元计价	美元计价	美元计价
1997	7.02	2.88	20.50	8.42		
1998	2.51	− 0.35	6.97	− 0.97		
1999	− 14.43	− 10.88	− 36.42	− 27.50		
2000	15.91	18.38	57.02	65.90		
2001	13.57	7.90	34.73	20.26		
2002	− 1.05	− 2.56	− 2.20	− 5.42		
2003	− 0.68	3.08	− 1.42	6.44		
2004	3.37	6.92	7.51	15.43		
2005	− 1.18	30.67	− 2.74	71.62	13.96	44.33
2006	6.80	0.00	19.03	0.00	18.88	54.61
2007	6.29	2.29	16.34	5.95	30.12	77.82

续表

资产类型	日本总资产回报率		日本净资产回报率		中国总资产回报率	中国净资产回报率
年份/计价货币	日元计价	美元计价	日元计价	美元计价	美元计价	美元计价
2008	−3.98	−4.24	−9.72	−10.35	15.04	30.73
2009	8.15	4.38	18.74	10.07	−0.98	−1.88
2010	−2.22	6.91	−4.60	14.30	5.75	13.25
2011	1.70	8.00	3.72	17.50	0.01	0.02
2012	5.31	8.39	11.64	18.38	3.76	10.55
2013	4.34	−14.51	9.69	−32.42	2.48	6.94
2014	4.82	−4.51	11.81	−11.06	−3.67	−11.00
2015	−2.56	−2.12	−6.64	−5.49	−2.81	−10.13
2016	2.00	3.14	−3.80	8.79	3.28	12.78
1996—2004 年年均增长率	3.28	3.17	10.84	10.32		
2004—2016 年年均增长率	2.46	3.20	5.29	7.27	7.15	19.00
2005—2008 年年均增长率	2.55	0.64	5.52	1.31	5.99	15.31
2008—2016 年年均增长率	2.69	1.21	5.07	2.51	0.98	2.57

数据来源：利用表21.5 和表21.6 给出的中日两国不同年份的总资产和净资产数据，我们可以将当年净资产与前一年净资产差额当作该国一年内国际投资的"净回报"，用该"净回报"分别除以前一年的总资产和净资产，即可获得该年国际投资的总资产回报率和净资产回报率。

表21.7 显示，受东亚金融危机的影响，1997 年到1999 年，日本国际投资受到了巨大的冲击，资产和净资产"回报率"创下了历史最低，显著低于2008 年受国际金融危机的影响下该年日本相应的回报率。2005 年到2008 年，日本国际投资年均资产回报率为7.19%，同期净资产年均回报率为17.08%，表明日本在吸取东亚金融危机教训后，至2008 年国际金融危机前国际投资相当稳健。同期我国国际资产和净资产年均回报率分别高达19.50% 和51.88%，显著高于日本相应的回报率。但是，2008 年到2016 年，以美元计价的日本国际资产和净资产年均"回报率"分别达到1.21% 和2.51%，而同期我国以美元计价的国际资产和净资产年均回报率却分别仅为0.98% 和2.51%，显示金融危机后我国国际投资效率与日本差距显著。

21.5.4　中日境外资产分布比较

日本央行公布的数据显示，日本近年来境外资产八成左右由民间或私人持有，公共部门仅占两成左右，表明日本境外投资巨大部分是由非公共部门的民间投资和企业完成的，而我国境外投资的巨大部分是由国有企业或者国有银行完成的，效率有待提高。

21.6　日本外汇管制的逐步开放

1949 年和 1950 年，日本分别制定了《外汇和外贸控制法》和《外资监管法》，对贸易和资本项目有着严格的管制，这些管制延续了几十年。此后，随着日本国际收支平衡的逐步稳定，日本在经常项目和资本项目方面逐步开始实施。

21.6.1　日本外汇管制放开的步骤

在经常项目开放方面，日本首先放开了进口限制。日本经常项目自由度从 1960 年的 42% 迅速上升到了 1963 年的 92%，到 1963 年仅有 192 种产品进口还受到限制。1964 年，日本接受了国际货币基金组织第 8 条款，经常项目进一步放开，当时仅有包括大米在内的 66 种产品进口受到限制，但是日本人出国旅游携带的外汇数额仍受到严格的限制。直到 20 世纪 90 年代后期，日本人出国携带外汇的上限才扩大到 500 万日元（相当于 5 万美元）。

日本资本项目外汇管制的放开实际上是从 20 世纪 70 年代开始的。1980 年，新的《外汇和外贸控制法》或称《外汇法》通过。1980 年通过的《外汇法》将 1949 年和 1950 年分别通过的《外汇和外贸控制法》和《外资监管法》合二为一，该法一改从前严格管制的态度，完全开放了经常项目，而对资本项目还保留着一定程度的限制。1997 年 5 月，日本对《外汇法》再次做出重大修改，包括废除资本交易的事前汇报体系以及实行事后的事实报告制等。此时，日本资本项目的开放已经达到了很高的程度。

21.6.2　日本外汇管制放开的特点

日本外汇管制的放开有如下几个特点。首先，对资本流入进行控制。直到 20 世纪 70 年代，日本政府一直努力将外债减少到最小。保护境内工业不受外来控制是日本多年来对待外资的首要考虑，因此，日本很长时间内将技术专利的购买或转让放在比外来直接投资更为重要的位置。日本在 1964 年放开了对经常项目的控制，但直到 1980 年，外商直接投资才开始逐渐放开。所以，20 世纪五六十年代日本经济的高速增长并没有依赖外商直接投资，而主要是通过充分使用境内银行体系内的高储蓄来实现的。其次，资本的流入和流出大多通过银行来实现，达到一定标准的外资银行也被批准开展业务，这些银行向日本中央银行定期报告，这样不仅保持了较好的国际支付平衡数据，而且易对资金流动进行监管。最后，国际资金流动的自由化与日本境内金融控制的放松在很大程度上保持了同步，这样就避免了境内外市场出现套利空间。这些逐步放开的做法对我国当前人民币国际化仍有很强的借鉴意义。

21.7 日本资本项目开放的主要类型

由于资本项目开放对金融系统的稳定既有正面作用，也可能产生一定的负面效应，因此，各国对资本项目的开放多持谨慎态度。上文简单介绍了日本外汇管制的开放，并对日本资本项目开放做了描述，但是还不够详细。本节主要介绍日本资本项目开放的具体领域，从而使我们可以更清楚地看出日本资本项目开放的进程和特点。

21.7.1 外汇体系和授权外汇银行体系

从 1949 年到 1971 年，日本一直维持着 1 美元兑 360 日元的固定汇率体系。在 1973 年实行浮动汇率体系之前，固定汇率体系（1 美元兑 308 日元）恢复过一段较短的时间。从 1973 年到 1998 年，日元对美元汇率曾出现大幅度波动，但总体上日元保持了对美元的升值趋势。1984 年日本外汇市场取消了实施多年的远期外汇交易中真实贸易需求的交易原则。在此之前，日本政府一直强调外汇银行的国际活动对境内市场的影响要降到最低，因此，日本外汇远期交易必须以对冲为唯一目的。授权外汇银行必须向监管当局按时汇报跨境交易业务，这是日本外汇监控最主要的工具之一。

银行对外汇净头寸（每日即期和远期总额度）监管到现在仍然有效，这在发达国家中都是很少见的。1986 年设立的东京离岸市场也有将在岸和离岸交易分割进行的要求。授权外汇银行必须将其涉外业务事前通知并事后汇报给日本中央银行，并对业务提供相关数据，为监管监控提供服务。

21.7.2 证券投资

虽然 1950 年设立的《外资监管法》允许非居民投资日本证券，但是对此却有限制，比如行业限制和投资份额限制等，直到 1980 年，外国投资者才可通过指定日本证券公司投资日本证券。日本投资外国证券始于 1970 年，外国可以在日本发行日元债券（武士债券），起初只有主权国家或国际机构才能以非居民身份在东京发行此种债券。1979 年，外国私人公司也可在日本发行日元债券。

1984 年，外国私人公司被批准可以在日本之外发行日元债券，当然，发行公司在信用评级和财务状况方面要达到一定的条件。1970 年，境内投资者可通过共同基金投资境外证券，之后经过了几轮的自由化发展。到 1980 年，境内投资者通过指定证券公司投资境外证券也完全放开了。

21.7.3 对外直接投资

日本公司的对外直接投资（OFDI）均设有上限，直至近年才逐渐放宽。1980 年，银行和证券公司在进行直接境外投资时，除渔业、珍珠养殖业、皮革、皮革生产加工、纺织行业加工处理、武器生产、毒品生产等特殊行业外，其他行业的境外投资原则上要求在一日之内处理完毕。《外资监管法》于 1950 年开始实施，然而在经济高速发展时期，日本对待外商直接投资的态度主要以技术为目的，非居民投资或收购日本证券要受行业和非居民投资日本证券的双重限制。

21.7.4 紧急状态监管

紧急状态监管是指在特殊条件下对资本账户交易的监管办法。这些特殊条件包括维持支付平衡困难，日元汇率大幅度波动，或者境外市场对日本境内金融和资本市场产生严重的负面影响等。资本项目开放是一个相当复杂的问题，比如居民境外借贷、涉外交易、外汇交易、居民和非居民其他交易等技术性设计都超出了本章的范围，这里不再细述。

21.8 日本推动日元国际化概述

上文我们简单介绍了日本在外汇、资本项目等方面逐步开放的过程，这些内容实际上都是为日元国际化做准备。由于涉及诸多方面的内容，我们在本节只对这些主要内容进行一个系统的罗列。表 21.8 给出了 1949 年以来日元国际化相关的主要事件。

表 21.8　　1949 年以来日元资本项目开放和日元国际化的主要事件

1949 年		取消赔给制度和价格控制，统一了 1 美元对 360 日元的汇率，出口自由
1964 年		经常项目开放
60 年代后期		放宽直接投资
70 年代初期		发展回购市场，外资银行进入日本，日本银行进入境外，储蓄利率灵活
1973 年		采纳浮动汇率体系
1977 年		停止政府债券定价支持系统，境内债券市场迅速发展

续表

1979 年		引进大额协商存款
1980 年	12 月	全面修订《外汇及外贸控制法》，原则上建立了一个自由贸易的法律环境
1983 年	11 月	成立美日货币委员会
1984 年	4 月	取消了外汇期货交易的真实需求原则，仅外汇远期交易还保留着基于进出口真实需求的交易原则
	5 月	美日货币委员会发布了题为《金融自由化和日元国际化的现状及前景》的报告
	6 月	取消外币资金兑换为日元的限制（过去曾对外汇即期交易的头寸进行监管），放开对本国居民的短期欧洲日元贷款
	12 月	欧洲日元债券主要管理人的职位向境外机构放开
1985 年	3 月	外汇及其他交易理事会发布了题为《日元国际化》的报告
	4 月	取消了本国机构发行欧洲日元债券的预提所得税
	9 月	签署《广场协议》
1986 年	4 月	放宽了境外机构发行欧洲日元债券的资格要求，而通过信用评级来决定机构的发行资格
	5 月	部分修订了《外汇及外贸控制法》，建立海外市场
1987 年	2 月	签署《卢浮宫协议》
	6 月	发布《金融及资本市场自由化和国际化的展望》
	7 月	放宽了本国机构发行欧洲日元债券的资格要求，而通过信用评级体系来决定发行资格
	11 月	取消了对非本国居民持有欧洲日元商业票据的限制
1989 年	4 月	东京国际金融期货交易所成立
	5 月	放开了对本国居民的中长期欧洲日元贷款
	6 月	进一步放宽了对境外机构发行欧洲日元债券的资格要求（不参考信用评级），取消了非本国居民持有欧洲日元债券的限制（针对待偿期小于 4 年的欧洲日元债券）
	7 月	放宽本国居民持有海外市场的外币存款的限制（个人投资账户总额少于等于 500 万日元不再需要审批）
1990 年	7 月	放宽本国居民持有海外市场的外币存款的限制（企业和个人组合投资账户总额少于或等于 3000 万日元不再需要审批）
1993 年	4 月	取消财政部颁发的关于禁止日本银行海外下属机构成为日本企业海外公开发行证券主要管理人的行政指导准则（该项准则作为市场剧烈波动的应对措施有效期为 5 年）
	7 月	完全取消外国机构发行欧洲日元债券的资格限制

续表

1994 年	1 月	放松了本国机构发行外币债券和外国机构发行武士债券的资格要求。取消主权欧洲日元债券的回购限制
	7 月	放开发行以日元计价的外国债券的资格要求
1995 年	4 月	简化了对外国居民发行欧洲日元债券和本国债券的审批和报告程序
	8 月	取消了境外机构对已发行欧洲日元债券的回购限制
1996 年	1 月	取消境外机构发行本国债券的资格限制
	4 月	本国机构发行的欧洲日元债券的回购期限从 90 天缩短至 40 天。取消发行欧洲日元商业票据的限制（将欧洲日元商业票据带入日本境内的限制也同时被取消）
1997 年	5 月	修改后的《外汇及外贸控制法》颁布
	6 月	金融系统研究委员会提交了题为《关于日本金融市场的改革》的报告，证券交易委员会发布了题为《全面改革的证券市场》一文
1998 年	4 月	修改后的《外汇及外贸控制法》开始执行
		取消本国机构回购发行的欧洲日元债券的限制
	6 月	《金融系统改革方案》颁布
	12 月	《金融系统改革方案》开始执行
1999—2004 年		引进国际会计标准

资料来源：日本大藏省网站和 Mitsuhiro Fukao［8］的表 2。

表 21.8 表明，虽然美日货币委员会早在 1984 年就发布了题为《金融自由化和日元国际化的现状及前景》的报告，而且外汇及其他交易理事会也在 1985 年发布了题为《日元国际化》的报告，但实际上，日本在 20 世纪八九十年代十多年的时间内依然对日元国际化采取了相对谨慎的态度。其中主要原因是 20 世纪 80 年代末日本泡沫经济破灭后，日本政府一直忙于处理大量呆坏账及遗留的经济金融问题。直到 90 年代后期，特别是东南亚金融危机爆发之后，日本才真正意识到推动日元国际化可以扩大日元在东亚的影响，降低区域市场风险，从而确保日本经济和金融市场的稳定。然而，日本关于日元国际化的提议在美国和国际货币基金组织的反对下不得不放弃，再加上当时日本经济的低迷已经持续将近十年的时间，日本自身也力不从心。内外因素导致日元国际化进程最终不了了之。

21.9 日本金融体系改革的基础性工作

为了有效地推动日元国际化，日本政府采取了一系列的重要措施。这里我们主要强调日本政府关于金融市场环境和基础建设所做的改善。

21.9.1 提升短期政府债券的流动性

提升短期政府债券的流动性从而使境外投资者容易进入该市场是日本政府1999 年在金融改革方面的重要举措之一。短期政府债券流动性的提高可以使境内外投资者使用无风险政府债券来管理日元资产。1999 年 4 月日本推出了短期日元债券竞价体系。

21.9.2 日元收益率曲线的构建

建立和完善利率曲线是整个金融体系最基本的工作之一，因为金融资产的定价离不开基于市场价格的利率曲线。为了完善政府债券的期限结构从而构建平滑可靠的利率曲线，日本于 2000 年 3 月之前分别推出了 1 年期、5 年期和 30年期的政府债券。

21.9.3 所得税减免

为了提升政府债券的流动性，日本 1999 年免去了政府债券利息收入所得税，并于 1999 年 3 月 31 日免去了证券交易税和所得税。这些措施对提升日本政府债券的流动性确实发挥了一定的作用。

21.10 日本场内外衍生产品交易

总体来讲，日本交易所交易市场（场内市场）和银行间市场或者和柜台交易衍生产品市场（场外市场）与欧美发达市场相比都有相当大的差距，本节我们介绍日本场内外市场的活跃程度。

21.10.1 日本场内衍生产品交易

日本有组织的商品期货市场大阪堂岛大米会所早在 1730 年（Schaede，1989）就开始交易，比 1848 年美国芝加哥期货交易所还早一个多世纪。尽管如此，近代日本期货行业的发展，甚至在其经济高速增长时期也不尽人意，显示日本没有重视市场的发展和市场功能的发挥。金融期货从 20 世纪 80 年代中期才开始在日本交易，比美国晚了十几年。下文以日本外汇期货和股票指数期货为例，简单介绍日本场内衍生产品市场的发展。

21.10.1.1 日本外汇和其他衍生产品市场的发展

1972 年芝加哥商业交易所在全球首次推出外汇期货时就率先推出了日元兑美元期货。2008 年，芝加哥商业交易所日元兑美元期货合同的全年成交金额达2010 万亿日元，是同期日元名义进出口总额的 12.57 倍。1989 年日本境内的外汇期货在刚成立的东京金融期货交易所推出，比美国晚了 17 年，且流动性一直低于美国。芝加哥商业交易所的日元期货交易活跃，而日本境内日元兑美元期货的活跃程度却非常低，从 2003 年到 2005 年底总成交量仅为 800 手。由于交易量极低，2006 年东京金融期货交易所停止了日元兑美元的期货交易。至此，全球日元期货交易完全转移到了美国芝加哥商业交易所。

21.10.1.2　日本利率期货和期权市场的发展

如其他日本场内金融衍生产品一样，日本利率期货推出时间比美国等主要发达国家和地区要晚很多。以日本长期国债期货为例，1983 年日本东京证券交易所推出了长期国债期货，但是长期以来交易不够活跃。2014 年 4 月该交易所重新推出相似的产品以提高市场流动性。根据东京证券交易所网站公布的日本国债期货数据和国际清算银行公布的相应的全球总数据，2008 年到 2014 年，日本利率期货成交量占世界比重从 1.9% 下降到了 0.89%，而相应的年底持仓量世界占比仅为 0.1% 上下，表明市场很不活跃。相应交易所利率期权更不活跃，2010 年到 2013 年日本国债期权成交量占全球比重保持在 0.2% 左右的地位，持仓量占比则更低，2010 年到 2012 年占比从 0.015% 下降到了 0.001%，虽然 2013 年提高到了 0.04%，仍然太低。另外，表 21.7 显示，2014 年到 2016 年，日元场内交易的衍生产品全球占比保持在 0.7% 左右的低位，全球排名第 7，比下文介绍的场外市场排名更低。如上数据与日本经济和债券的世界占比相差几个数量级，表明日本长期以来场内利率衍生产品不够活跃的同时，场内外市场互联互通的格局远未形成。

21.10.1.3　日本股票指数期货和期权市场的发展

日本股票指数期货的发展总体比外汇期货和国债期货市场的发展要好很多。股票指数期货最早于 1982 年在美国推出，之后新加坡成为最具有创新动力的区域金融中心。日本鉴于自身市场规模有限，于 1986 年推出了基于日经 225 指数的期货，而且相当成功。由于当时日本政府担心现金交割股票指数期货可能带来风险，因此，开创了全球第一个用股票交割股指期货的先例，但是以失败告终。1987 年大阪股票交易所也推出了基于 50 只股票的股指期货，但也以失败而告终。在新加坡期货交易所推出日本股票指数期货两年之后，1988 年 9 月日本在大阪也推出了以现金交割的日经 225 股指期货。在日经股票指数期货推出早期，新加坡期货交易所的流动性还比较低，后来由于日本自己犯下的种种错误，新加坡期货交易所的日经股指期货的活跃程度显著超过大阪股票交易所。从 1990 年 1 月到 1993 年 8 月，大阪股票交易所连续四次提升了股票指数期货的保证金，而同期新加坡期货交易所则连续五次降低了保证金，导致前者比后者的保证金比例高出一倍以上。除保证金外，新加坡期货交易所的佣金和交易费也低于日本交易所，所以在短短几个星期内日经指数期货的主要市场参与者就从日本大阪转向了新加坡，导致前者市场流动性严重不足。这种情况一直延续到了 20 世纪 90 年代后期，日本政府才采取措施解决其问题。

根据世界交易所联盟公布的数据，2002 年到 2014 年，日本股指期权成交金额世界占比从 0.81% 提高到了 4.24%，相应的持仓金额占比从 1.85% 上升到了 4.53%，相应的股指期权成交金额占比和持仓金额与股指期货相当或者略高一些；2016 年日本股指期货成交金额的全球占比下降到了 1.15%。日本股指期货和期权的全球占比虽然离日本经贸和股市市值世界占比还有距离，但却比上述介绍的日元外汇和利率相关产品交易的世界占比要高出很多。

21.10.2 日本场外衍生产品市场

场外市场是金融市场的重要组成部分。国际金融市场实际上是场内外市场互通、互联、互补、互助的互动关系。场外市场不够活跃，场内市场也难以活跃。同时场外市场没有场内市场对冲等方面的支持也难以活跃起来。在上文介绍了日本场内市场后，我们下文介绍日本场外金融市场的发展。

21.10.2.1 日元外汇衍生产品

外汇衍生产品主要在场外的银行间市场交易。表 20.4 显示，2007 年和 2010 年日元即期和远期交易占比略高于全球水平，而掉期交易占比却显著低于国际水平。2013 年，日元即期交易占比分别高达 49.7% 比国际即期交易占比 38.3% 高出 11.4% 的同时，日元远期和掉期交易占比 10.0% 和 27.0% 分别比全球相应的远期和掉期占比 12.7% 和 41.7% 低 2.7% 和 14.7%。2016 年日元即期和掉期交易占比虽然显著下降和上升到了 36.1% 和 41.8%，但分别仍明显高于和低于相应的国际占比 32.5% 和 46.8%。

21.10.2.2 日元利率衍生产品

表 20.6 显示，1998 年到 2013 年，日元银行利率衍生产品日均成交金额全球占比从 10.29% 持续下降了 2/3 以上至 2.99%，首次低于澳大利亚元利率日均成交额，排名也首次从世界第 4 下降到了第 5。2016 年占比虽比 2013 年略回升到了 3.11%，但是与排名第 4 的澳元占比 3.79% 的差距拉大到了 0.68%，表明近 20 年来日元银行间利率衍生产品总体下降的趋势。

21.10.3 东京离岸市场的发展

1985 年 10 月，日本外汇和其他交易委员会同意于 1986 年建立东京离岸市场，以推动日元的国际化进程。1986 年 6 月，日本大藏省公布了东京离岸市场账户操作的指导意见，指导意见明确指出：银行离岸账户不能将 5% 以上的账户用于在岸业务，流向在岸的资金必须接受对在岸资金同样的存款保证金要求；在岸资金同样不能自由流入离岸市场；离岸账户管理必须符合严格的注册等相关要求，严防离岸市场和在岸市场之间的资金流动。外资银行对东京离岸市场的监管要求有诸多意见，由于企业税和个人税仍然保留，相对于新加坡和中国香港这样的离岸市场，这些规定对境外企业的吸引力略显不足，甚至相对于纽约离岸市场免除市税和州税的措施，东京离岸市场的优惠条件也稍逊一筹。外资银行还抱怨东京离岸市场对离岸和在岸之间资金流动的监管过于严格。总之，由于这些严格的监管，东京离岸市场对于扩大日元国际化并没有起到应有的作用。

自由贸易区必须有在外汇和资本项目等方面比区外更为灵活的相关管制，与离岸市场有很大的相似性。上述东京离岸市场监管过严没有产生预期效果的例子和东南亚金融危机前后泰国离岸市场监管过松从而导致跨境资金监管不力的例子表明，把握好放松监管的度至关重要。东京离岸市场和泰国离岸市场开放和监管的经验和教训对中国（上海）自由贸易试验区有着非常重要的借鉴意义，我们在第 29 章还会进一步讨论。

21.10.4　东京/日本国际金融中心的排名

国际清算银行的数据显示，1995 年到 2010 年，日本不仅保持了全球第三和亚洲最大的外汇交易中心，而且其外汇日均成交金额远超排名第四的其他中心，但是 2010 年日本全球第三和亚洲最大的外汇交易中心地位首次被新加坡取代，排位下降到了全球第四和亚洲第二，2016 年又被中国香港取代，成为全球第五和亚洲第三的外汇交易中心，这表明日本在全球外汇市场的地位下降到了与其经贸和境外资产全球排名很不相称的水平，也表明东京国际金融中心的持续下降。如上排名结果与 2016 年 3 月伦敦金融城委托英国咨询公司 Z/Yen 集团制作和发布的全球范围内的主要金融中心的金融竞争力评价排名相同，显示外汇市场在全球金融中心的地位。

21.11　经济低迷期日元国际化变化趋势及原因浅探

上文显示日元国际化过程中的很多失误在近二十多年来日本进入经济低迷前就已经发生。然而，二十多年来日元国际化程度却与日本经济低迷密切相关。在本章结束之前我们本节简单介绍二十多年来日本经济低迷的主要表现及对日元国际化程度的影响。

21.11.1　股市泡沫破灭

图 21.2 给出了 1989 年 10 月以来日经指数 225 年变化情况。该图显示，

1989 年 12 月 29 日，日经指数创下历史最高之后急速下滑是日本经济泡沫破裂的最主要标志之一。1989 年 12 月 29 日日经指数收盘创下 38915.87 点的历史最高纪录。从 1989 年底的历史高位经过三年就持续下滑到了 1992 年底的 16924.95 点，累计下滑了 56.5%。到 2003 年 4 月 14 日达历史新低点 7752.1 点，比 1989 年底的高位下滑了 80.1%，不到高峰时的 1/5。国际金融危机之前的 2007 年底达到 15307.78 点，比 1989 年底的历史高位下滑了 60.7%，不到高峰时的四成。2009 年 3 月 10 日下降到了 7054.98 点的 30 多年新低，比 1989 年底的历史高位下滑了 81.9%。2015 年底和 2016 年底分别回升到了 1989 年峰值的 48.9% 和 49.1%，显示 2015 年到 2016 年几乎没有增长。图 20.2 给出了 1989 年 10 月以来日经指数 225 年变化情况。日本股市的持续下降对日本消费有着显著的影响，下文进一步介绍。

21.11.2 房地产泡沫破灭

日本经济泡沫破裂的另外一个主要标志是日本房地产市场泡沫的破灭。日本房地产指数从 1982 年到 1990 年持续显著增长至历史最高峰，但是从 1990 年到 1992 年急剧下滑，到 2002 年 3 月日本房地产指数下滑到 1990 年高峰时的 1/5 左右，与股票市场低谷时下降的幅度相当。房地产市场泡沫的破灭使得日本大量金融财富化为乌有的同时，导致日本银行业在接下来的十多年忙于处置不良资产，难以对经济发展作出应有的贡献。

21.11.3 一系列的刺激政策连续失效导致债台高筑

20 世纪 90 年代初日本股市和楼市泡沫相继破灭后的二十多年来，日本各届政府连续出台了一系列的减税和刺激计划，力图使日本经济重回增长轨道。这些刺激计划不宜一一列举，而刺激的结果却使得日本债台高筑。图 20.1 给出了 1980 年到 2016 年日本政府总债务与 GDP 比例。

图 21.1 显示，1980 年到 1991 年日本泡沫破灭前，日本政府总债务与 GDP 比例保持在 67% 左右的水平，而 1991 年到 2005 年，日本政府总债务与 GDP 比例从 66.45% 持续直线上升到了 186.44%，15 年内累计提高了 119.39%，年均增幅 7.96%。2005 年到 2007 年两年持续略微下降，累计降幅仅为 3.42%，而 2007 年到 2014 年重回快速增长轨道，7 年累计提高了 66.10%，年均增幅 9.44%，超过了 1991 年到 2005 年年均增幅。2015 年日本政府总债务与 GDP 比例出现了金融危机后第一次下降，从 2014 年的 249.11% 略降到了 247.98%。然而国际货币基金组织估算 2016 年日本政府总债务与 GDP 的比例将达到 250.35%，首次超过 250%，显著超过希腊、意大利和葡萄牙三个发达经济中排名第 2 到第 4 的比例 183.44%、133.24% 和 128.45%，也显著超过发展中经济

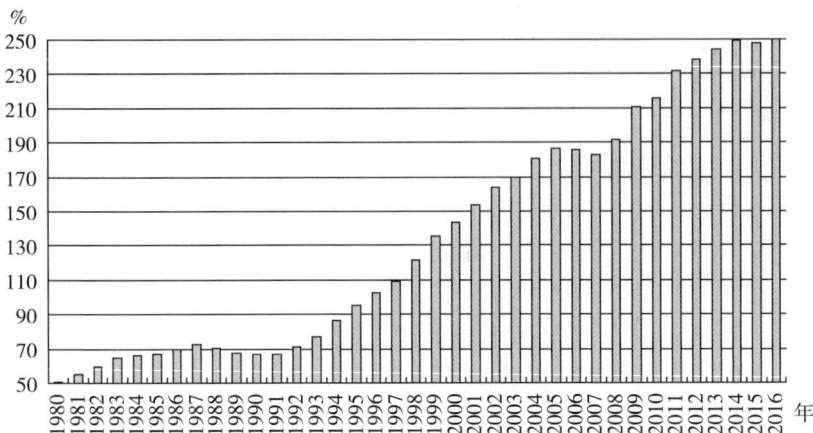

数据来源：2016 年 10 月国际货币基金组织网站 www. imf. org 公布的数据。

图 21.1　日本政府总债务与 GDP 比例

体比例最高的黎巴嫩相应的比例 143.87%，为美国和英国相应比例一倍多。

2007 年到 2016 年日本政府总债务分别高达 8.00 万亿美元到 11.84 万亿美元，即使减去表 21.5 给出的这些年日本海外净资产，2007 年到 2016 年日本政府总债务与 GDP 比例也从 112.8% 提高到了 185.5%，高于当年全球排名第 2 的希腊比例 176.94%。过高的政府债务负担极大地降低了财政政策的灵活性，而且宏观风险随之显著增大，为今后很可能爆发的日债危机准备了"弹药"。日本二十多年来持续刺激经济效果有限，而且仍屡败屡试，确实值得我们深思。

21. 11. 4　安倍经济学及其效果

日本首相安倍晋三 2012 年底上台后加速实施一系列新的经济政策，其中最引人注目的就是宽松货币政策通过加速日元贬值以刺激日本出口，同时刺激日本物价上升从而使日本摆脱多年来通货紧缩的状态，最终摆脱二十多年经济低迷的状态以重振日本经济。可以说，安倍经济学实施四年多来的成绩可圈可点，但股市回升的亮点随后又逐渐暗淡。

两位诺贝尔奖得主保罗・克鲁格曼和约瑟夫・斯蒂格利茨解释了安倍经济学为何一败涂地，以及安倍团队如何依然坚持着在日本现阶段和未来都没有立足之地的教条，正在对这一失败的政策加上双倍的赌注（威廉・佩塞克：安倍经济学失败原因剖析，威廉・佩塞克，《巴伦》周刊亚洲版执行主编，2016 年 4 月 9 日）。二十多年来世界第三大经济体的表现一直吸引着世界眼球的主要原因不仅在于日本经济对世界经济的影响，更重要的原因是很多发达经济体都在担心会步入日本经济多年难以有效回升的泥坑。

21.11.4.1 日本经济增长情况

首先，2012 年到 2016 年的 4 年日本实际 GDP 增长率年均为 1.76%（根据国际货币基金组织 2016 年 10 月公布各国固定价格 GDP 数据计算得出，2016 年数据为该组织估算的数据，下同），比 2008 年到 2012 年的 4 年年均增长率 0.67% 高出 1.09%，但却不到 1991 年到 2012 年的 21 年间年均增长率 2.56% 的七成。

21.11.4.2 日本通胀情况

2012 年到 2016 年的 4 年日本 GDP 通胀指数年均 −0.23%（本币名义 GDP 年均增长率与固定价格 GDP 年均增长率差，数据同上），比 2008 年到 2012 年的 4 年年均 −1.99% 高出了很多，也比 1991 年到 2012 年的 21 年年均 −2.57% 高出不少，但仍未摆脱通缩。最新公布的数据显示，2016 年日本名义和实际 GDP 增长率分别为 1.0% 和 1.28%，通货膨胀指数为 0.28%，离日本央行 2% 的通胀目标却仍有显著的差距。实际上，如果日本的通胀目标达到，日本的麻烦可能会更大。通胀显著出现后，大量的日本国债价格会下降，日本央行、基金公司、银行等大量持有日本国债的机构的资产质量会下降，多年来日本国债过度的购买可能演变成抛售，从而带来金融动荡和财政崩溃问题。路透社近期一项调查显示，"约 44% 的日本企业高管预计未来十年日本会出现南欧式债务危机"（"日本银行业巨额公债持仓危如累卵，安倍政府压力山大"，Andy Mukherjee，http：//cn. reuters. com，2014 − 07 − 22）。

21.11.4.3 日本贸易逆差占 GDP 比例变化情况

日本宽松货币政策导致日元贬值，进而导致日本贸易逆差的延续。世贸组织公布的季度数据显示，从 2012 年 7 月到 2015 年 2 月，日本对外贸易出现了 32 个月的持续逆差。2011 年到 2014 年日本贸易逆差占 GDP 的比重从 0.55% 持续增长到了 2.63% 的高位，2015 年逆差占比首次回落到了 0.57%，2016 年贸易顺差与 GDP 比例为 0.74%，贸易对 GDP 的贡献有限。因此，通过日元贬值刺激出口的效果不算成功。

21.11.4.4 日本股市亮点褪色

安倍经济学前两年多最大的亮点之一为 2012 年 11 月到 2015 年 6 月日本股市的持续上涨。图 20.2 显示，2012 年 12 月到 2015 年 6 月，日经 225 指数持续显著增长。2012 年底到 2016 年底，日经指数与 1989 年 12 月峰值比例分别为 26.7%、41.7%、44.8%、48.9% 和 49.1%，2017 年 4 月 7 日为 48.0%，显示 2012 年到 2013 年日本股市大幅度增长，而 2013 年到 2015 年增幅显著放缓。2015 年以来总体处于下降的态势，两年前股市亮点已经失色。2012 年到 2015 年三年日本股票市场的上涨提升了国际投资者和日本消费者对日本经济的信心，对日本通货膨胀指数和经济贡献可观。然而，2014 年 4 月日本将消费税率从 5%

上调到了8%，对日本消费产生了负面影响。2014年启动了17年首次加税对日本个人消费的影响显著，但从两年多来的市场反应来看，日本经济已经消化了消费税对经济的负面影响，但是经济增长仍然乏力。2015年6月以来股市持续低迷使日本消费者信心降温。

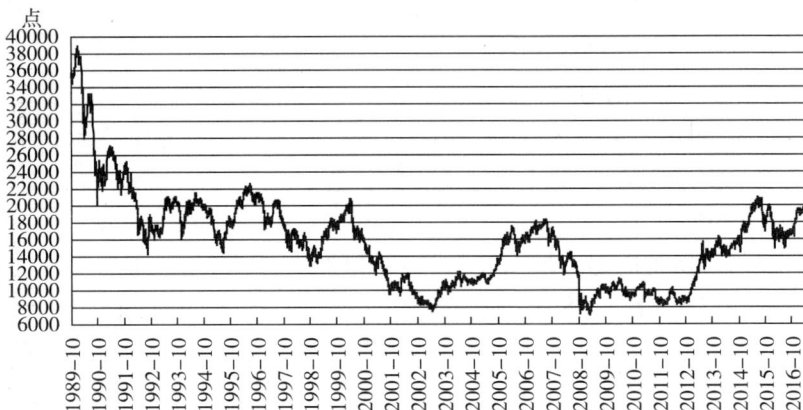

数据来源：万得。

图21.2　日经225指数

21.11.5　日元国际化程度在日经低迷期的变化

表20.1显示，日元占国际储备货币的比重在1980年到1983年的4年间略高于4%，然而1985年日元在"广场协议"签订之后加速升值，日元占国际储备货币的比重比1984年显著上升了1.8%到7.5%的高位，之后稳步升值到了1991年的历史最高峰8.7%，正好分别是日本股票市场和房地产市场泡沫破裂后的一两年。从1991年日元占国际储备货币比重的最高峰后的20多年内，日元占国际储备货币比重持续下降到4%左右的水平，不到高峰时期比重的一半。虽然2003年以来比重略有回升，但是日本国债占境内生产总值的比重接近250%，达全球之最，特别是日本2012年以来超量化宽松的政策等因素表明，这种回升难以持续。

21.12　小结

本章简单介绍了日元贸易结算和资本项目的开放，特别是推动日元国际化的主要进程和内容。日本从20世纪70年代开始逐步推动日元国际化的种种举措，为人民币国际化提供了很好的借鉴。第一，要"克服作为后来者的劣势"并将其转换为后发优势，"就必须将建设一线国际金融中心的目标凌驾于其他竞争目标之上，这样才能及时地采取必要的中间步骤"。而这些必要的中间步骤就是 2012 年中央经济工作会议的核心内容之一，也是我们要努力研究和探讨的深化金融改革的路线图和时间表的重要组成部分。第二，以注重科技含量和技术转移的态度来吸引外资对于我国当前的经济结构转型意义重大。有选择且更有效地利用外资，可以使境内高储蓄发挥更大的作用以促进经济增长。第三，在推动货币国际化过程中，金融市场的基础建设一定要搞好，光靠市场难以持续健康发展。第四，迅速推动人民币外贸结算，为人民币成为主要国际储备货币打好基础。第五，各项改革政策要有一定的次序，内外金融改革要做到协调和配合。第六，离岸市场账户一定要做到与在岸市场账户的有效分离，从而将境内外市场有效分离。第七，日本境外投资经验值得我们继续学习，提高境外投资风险管理、提高境外投资效率使得我国境外资产和净资产与 GDP 的比例重回持续增长的态势。第八，涉外业务的批准、核实和必要的数据整理一定要做到位，为跨境业务和资金监管做好必要的准备。第九，高度重视跨境交易的跟踪和监控。当然，还有其他很多地方值得我们借鉴，这里不再一一列举。

日本有诸多值得我国学习和借鉴的地方，然而在我们仔细分析日元国际化进程及效果的时候，我们也发现不少应该吸取的教训。第一，日本重贸易轻金融市场的策略使得日本金融开放相对滞后，重视国债的财政功能却忽视其金融功能和市场。第二，金融国际化，特别是资本项目自由化相对较晚。20 世纪 90 年代末，在其泡沫经济破灭近十年后才大力推动日元国际化，很大程度上错失了日元国际化的最佳时机。第三，政府干预打压日元升值，将日元/美元汇率保持在一定的范围内，这种做法在当时主要是出于对日本出口的考虑，但是对日元价值及其国际储备功能有很大的负面效应。第四，缺乏战略性规划。虽然美日货币委员会早在 20 世纪中期就提出了日元国际化，但是在日本经济占美国经济比例高达 50% 和 60% 之间的 20 世纪 80 年代后期和 90 年代前期，日本却没有积极采取行动。只是到了 90 年代后期，日本泡沫经济破灭影响显著的时候，日本政府才不得不被动地开始考虑采取积极措施改革金融体系以摆脱陷入困境的金融系统。1997 年东南亚金融危机爆发之后，日本进一步加速了日元国际化，更印证了如上判断——日本推动日元国际化缺乏战略规划。第五，理论研究缺乏，不能为指导和协调与日元国际化相关的各项政策提供支持。政府干预打压日元升值以促进出口与日元国际储备功能的发挥相矛盾，这表明日本虽然在很大程度上做到了日元国际化相关内外政策的协调，但整体上还是缺乏研究和战略性部署，这导致各项政策之间出现矛盾的状况持续多年都没能得到及时调整和解决。第六，对金融市场功能的发挥重视不够。日本外汇和股票市场的衍生产品不仅推出时间较晚，而且之后也不够成功，外汇和资本市场的发展也远跟不上英美等其他主要发达国家，各项指标离日本经贸的国际地位相差巨大，金融市场功能发挥不够；另外巨大的日本境外资产和净资产主要以美元和欧元定价，对日本国际化未发挥应有的作用，我们在第 25 章还会讨论。这点对我们特别重要，虽然经过了多年的发展，境内场内外人民币市场都有了一定的发展并取得了可喜的成绩，但是本书第二篇的数据显示，当前境内外人民币市场，特别是境内场内外人民币市场的流动性仍然过低，与我国经贸的国际地位仍然有数量级的差距。没有足够的市场流动性，就难以夺回人民币的定价权。而本币定价权都不在自己手里的货币实际上仍是主要货币的依附品，没有资格成为真正的国际货币。所以，提高境内人民币市场流动性是夺回人民币定价权的必须条件。

从本章对日元国际化进程的介绍可以看出，货币国际化是一个相当复杂而漫长的过程。日本在推动日元贸易结算几年之后日元就成为了国际主要储备货币之一，比日元资本项目完全开放早了二十多年。我国 2009 年开始推动人民币跨境贸易结算，2010 年取得了与日本 1970—1971 年相当的成果。2016 年人民币已经入篮成为国际储备货币之一，而且再过数年人民币国际储备额有望超过日元。

为了成功地实现货币国际化，既要从容谨慎，减小资本项目开放给境内金融市场的冲击，又要稳扎稳打，逐渐做好经济转轨期资本项目开放的必要准备。笔者早在拙作《人民币衍生产品》第二版（2008 年）中用一章的篇幅讨论过日元在"广场协议"前后急剧升值对我国的启示，本章我们主要探讨日元国际化对人民币国际化的启示。实际上日本还有很多值得我们研究和借鉴之处，比如在经济显著增长和资产高速升值的情况下如何采取适度的金融紧缩政策，从而使金融体系和经济体回到适度平稳增长的态势；在房地产和股市价位达到过高水平时如何使之"软着陆"；特别是房地产市场泡沫破裂后如何处理不良资产相关问题值得我们学习和借鉴；在人口红利消失后如何采取财政刺激之外其他政策延缓人口红利对经济增长的负面影响；如何在经济高速增长和中高档增长时期做好养老和退休金体系的建设等方面皆有重要的经验和教训值得我国借鉴和吸取，皆对我国有"千金难买"的价值。非常重要的是我们如何开发和利用好这种价值，同时还能够超越这种价值。

货币国际化是一个相当复杂的过程，日元国际化不成功也有诸多经贸、金融以至其他领域的因素。本章主要从贸易结算、金融市场、资本项目开放等方面讨论日元国际化不成功的原因和教训，有兴趣的读者请参考 Tavalas 和 Ozeki（1992）和潘英丽（2014）第一卷第 6 章"日元国际化的历史及其不成功经验"。

最后，我们应该对安倍经济学有客观的认识。应该说 2014 年日本 GDP 通胀率接近其通货 2% 的目标。如果不是 2014 年以来国际油价和大宗产品价格的显著下降，日本 2014 年和 2015 年 2% 的通胀目标应该可以达到。另外，日本股市 2012 年底到 2015 年 6 月两年半持续增长在一定程度上反映出境内外投资者对日本经济的信心。然而 2015 年 6 月以来日本股市下跌中低迷，对日本消费信心有一定的打击。2016 年 1 月 29 日日本央行宣布将采取 −0.1% 的利率，成为亚洲首个实施负利率的国家，希望以此鼓励商业银行能进行更多的放贷活动，并刺激投资和经济增长。2015 年以来日本经济的表现表明安倍经济学的"三支箭"已经开始失色，安倍"新三箭"又开始推出（"热评：安倍'新三箭'实为挽回支持率　前景堪忧"，中国新闻网，2015 年 12 月 22 日）。

中日两国经贸皆位居世界前列，两国经贸和金融等方面的合作对中日两国都将产生互利，对全球市场都将产生深远的影响。两国加强经贸和金融领域的合作，即落实 2011 年 12 月两国政府达成的"中日加强合作发展金融市场"（"中日加强合作发展金融市场"，人民银行网站，2011 年 12 月 25 日）的协议，将不仅对两国经贸发展皆有益，而且对两国货币的国际化程度都有巨大的促进作用。在中美两国人民币清算签署备忘录的签订（"中国人民银行与美国联邦储备委员会签署了在美国建立人民币清算安排的合作备忘录"，2016 年 6 月 8 日，人民银行网站）和中国人民银行决定授权中国银行纽约分行担任美国人民币业务清算行宣布后（2016 年 9 月 21 日，人民银行网站），中日两国金融合作的国际环境将不断改善。相信今后不久，中日两国经贸和金融合作将会重回 5 年前的态势，对人民币和日元的国际化都将有更加有力的支持。

参考文献

［1］福本智之. 人民币国际化尚需时日［J］. 东洋经济，2012 − 04 − 21.

［2］Masunaga, Rei：The Deregulation Process of Foreign Exchange Control in Capital Transactions in Post − war Japan, 1997.

［3］Maziad, Samar and Joong Shik Kang, "RMB Internationalization：Onshore/Offshore Links", IMF Working Paper, May 2012, WP/12/133.

［4］Shaede, Ulrike："Forwards and Futures in Tokugawa − Period Japan：A New Perspective on the Dojima Rice Market", Journal of Banking and Finance, Vol. 13, pp. 487 − 513, 1989.

［5］Shinji Fukukawa："Development of the Japanese Big Bang and its Impact", Dentsu Institute for Human Studies, 1997.

［6］Taguchi, Hiroo：A Survey on the International Use of the Yen, BIS Working Paper, No. 6. Basle：Bank for International Settlements, July, 1982.

［7］Tavlas, George S. and Yuzuru Ozeki："The Japanese Yen as an International

Currency", IMF Working Paper WP/91/2. Washington, D. C. : International Monetary Fund, January, 1991.

[8] Tavlas, George S. and Yuzuru Ozeki, 1992: "The Internationalization of Currencies: An Appraisal of the Japanese Yen", Occasional Paper 90. Washington, D. C. : International Monetary Fund, January, 1992.

[9] Mitsuhiro Fukao, "Capital account liberalisation: the Japanese experience and implications for China", BIS Papers No. 15, http://www. bis. org/publ/bppdf/bispap15h. pdf.

[10] McKay, Huw. 东京为何最终未能取得一线国际金融中心地位：失败原因与上海可借鉴的经验教训，Westpac Bank, Australia, 2013, 潘英丽、胡永泰、杰弗里·萨克斯、钱军辉主编：十字路口的金融体系：国际经验与中国选择.

22 货币国际化的利弊简析

前面我们分别对国际贸易及结算、国际外汇储备资产和货币的国际化度量进行了简析，并对日元国际化过程进行了简单的回顾。本章将介绍货币国际价值的主要影响因素，进而讨论货币国际化的利弊。本章结构如下：第 22.1 节简单介绍影响货币国际价值的主要因素，第 22.2 节介绍货币国际化的境内益处，第 22.3 节简单介绍货币国际化的国际益处，第 22.4 节简单介绍货币国际化的成本及不利因素，第 22.5 节介绍铸币税的相关研究，第 22.6 节简单介绍主要国家铸币税率情况，第 22.7 节简单估算美元国际铸币税并简单估算我国支付的美元国际铸币税规模，第 22.8 节介绍十多年来我国货币政策所面临的"困境"，第 22.9 节简析人民币跨境贸易结算导致我国外汇储备间接增幅的估算，第 22.10 节总结本章。

22.1 影响货币国际价值的主要因素

影响货币国际价值的因素众多，本节和下面几节主要参考 Chinn 和 Frankel（2008）及 Chen，Feng 和 Shu（2009）的结果，有兴趣的读者可以参考相关文献。

22.1.1 经济和贸易规模

由于货币是经济的"衍生产品"，经贸规模当然是影响货币最主要的因素。货币发行国或地区的经济、贸易和金融市场规模在全球的地位是货币能否成为国际货币的天然条件。经贸规模是决定对该国或地区货币结算需求的最重要因素之一。以经济和贸易规模衡量，美国仍然是世界上最大的经济体，其次是欧元区，第三是中国（见表 2.1）。一个国家或地区的经济规模及增长率，是其货币需求的重要决定因素，也是决定其货币国际价值的最重要因素之一。此外，一个国家或地区的贸易规模也是决定其货币国际价值的另一重要因素。一个国家或地区的对外贸易额越大，对其货币的结算需求越大，其货币的国际价值也将相应提高。诚然，经贸规模是货币国际地位最主要的决定因素之一，但研究表明，货币的国际使用程度并没有与其经济规模保持严格的正向线性关系。

22.1.2　金融市场

金融市场的发达程度是决定货币国际价值的又一重要因素。要成为国际货币，货币发行国（地区）的金融市场不仅要自由开放，而且还需要有一定的深度和广度。长期以来，纽约和伦敦的金融市场因美元和英镑的国际地位受益匪浅，同时金融市场在维持美元和英镑的国际地位中扮演着十分重要的角色。而欧元或之前的德国马克就没有与其金融市场形成如此顺畅的良性循环，因此，美元与英镑的国际地位一直难以撼动，而欧元的国际地位的提升却比较缓慢。金融市场的各个组成部分，股票、债券、外汇等市场的深度和广度皆对该国货币的国际地位有重要影响，外汇市场的活跃程度是衡量货币国际地位最重要的一个指标。

22.1.3　货币价值的信心

对于某种货币的信心实际上是对该货币币值稳定的预期。对一种货币价值的信心来自该货币价值的稳定性，特别是该货币发行国通货膨胀的温和程度。20 世纪 70 年代，日本、德国和瑞士货币当局保持了比美国更低的通货膨胀水平，对于这些国家货币国际地位的提升有着明显的正面作用。20 世纪 80 年代，美国通货膨胀率的平均值和均方差皆高于以上三个国家，同时低于英国、法国、意大利等其他发达国家。尽管 20 世纪 90 年代美国通货膨胀温和，但是当时人们对于通货膨胀的关注程度已经明显下降。如今影响美元国际地位最重要的负面因素是美国巨大的境内和国际债务。即使美联储未试图运用通货膨胀来稀释美国债务，美国巨额的双赤字依然是美元走弱的关注点。因此，除通货膨胀水平外，对于货币价值的信心受到相应国家或地区贸易和财政盈余状况以及国际收支状况的影响。

22.1.4　货币关联性使用的习惯

一个使用某种货币进行贸易结算的外贸商会进行以该种货币结算的金融交易；如果投资者用某种货币进行金融交易结算，自然而然会进行该种货币的外汇交易。因此，货币的贸易结算需求、金融交易及结算的需求和外汇交易需求是相互关联、相互影响的。

22.1.5　历史惯性

货币存在价值的重要条件是人们的使用。货币的历史地位，或者该货币在历史上的使用惯性对其国际价值有重大的影响。正如语言的使用一样，我们可以创造出比现在通用的英语、法语或者西班牙语更加优美的语言，但是不管这种语言多么优美、多么简洁，依然无法撼动目前国际通用语的地位。很多学者对国际货币的适用性做过研究（如 Krugman，1984）。研究表明，货币国际地位决定因素较小的变化不会对其在国际储备货币中的比重产生立竿见影的影响，其影响往往在之后很长一段时间才表现出来。

英镑近百年来国际化功能的演变是货币历史惯性的最好案例。国际数据显示［1900 年吉尔里—哈米斯元（Geary－Khamis dollar）统计］，美国 GDP 早在1872 年就首次超过英国，成为世界最大的经济体。然而经过了"两战"，美元仍然没有取代英镑成为全球最主要的储备货币，1950 年全球外汇储备中英镑储备资产仍然高达 55%，朝鲜战争的爆发才使得美元资产在国际储备资产的占比迅速提升。这些数据显示，虽然实体经济是货币价值的重要支撑，然而货币的国际储备功能受诸多经济外其他因素的影响，值得我们关注。货币国际价值的影响因素众多，这些不是本书的研究重点。但是，在人民币国际化的进程中，我们应该充分地学习和借鉴境外几十年甚至几百年来货币国际化的经验和教训。唯有如此，我们才能在人民币国际化的过程中少走弯路。

22.2　货币国际化的境内益处

货币国际化对于货币发行国或地区来说存在很多好处，否则，历史上也不会有如此多的国家或地区耗费巨大的资源和精力推动其货币的国际化。在推动人民币国际化的过程中，我们应该了解并分析货币国际化真正的利弊何在。货币国际化的益处可以分为境内益处和国际益处两部分。本节首先介绍境内益处。

22.2.1　降低本国外汇结算成本和交易成本

一种货币的国际化既是用之结算的结果，同时又推动该货币在结算中更广泛地运用。这是因为一种货币若广泛运用于结算，自然而然地就成为了国际货币。另外，随着货币国际化程度的提高，该货币在结算领域被人们接受的程度将逐步地扩大。对于本国企业利用本币进行结算的成本将大幅降低，对于本国之外的企业，由于规模效应，结算的成本也会下降。2011 年 12 月 25 日，人民银行公布了"中日加强合作发展金融市场"的内容，其中涉及促进人民币与日元在两国跨境交易中的使用，包括便利人民币与日元在贸易结算中的使用，以降低两国进出口商的汇率风险与交易成本（人民银行网站）。据日本共同社报道称，由于目前没有确定日元与人民币汇率的机制，因此采用以"日元对美元"、"美元对人民币"的汇率进行计算的交叉汇率。但随着美元汇率波动产生损失的风险很大，且兑换手续费也高。2011 年，中国和日本贸易额达 3449 亿美元，而因为要采用美元，导致中日给美国央行交付巨额手续费。而如果人民币和日元直接兑换，预计中日贸易每年将节省30亿美元费用（"人民币直兑日元6月开闸企业国际贸易成本将降"，中国新闻网，2012年5月29日）。然而2012年以来两国间经贸合作未能如期开展，表明货币国际化的推动除节省成本的互利因素外其他因素也会占据上风。

另外，随着货币国际化程度的提高，该货币与越来越多的其他货币可以直接兑换和交易，减少了通过其他主要货币兑换的中间环节，因而可显著降低外汇兑换和交易成本。

22.2.2　减少外汇储备从而降低外汇储备持有成本

当本币国际化后，在对外贸易及各种交易中本币支付和结算的比例会显著增加，特别是当本币成为国际储备货币以后，货币发行国可以减少外汇储备的持有量，从而减少为管理巨额外汇储备产生的成本。

22.2.3　降低外汇交易风险

对于国际化程度较高的经济体，外汇风险是贸易和金融交易中最主要的风险之一。货币的国际化程度越高，其用于贸易结算的比例也就越高，本国的对外贸易受国际外汇市场波动的影响就越小，本国经济被动地受国际外汇市场的影响程度也会越低。随着本国货币国际化程度的提高，在国际外汇市场上该货币产品的深度和广度也会得到相应的提高，外汇风险的管理和对冲将变得更加便利。

22.2.4　有利于货币发行国金融市场的发展，提升本国金融机构效率

欧元推出以来的实证结果表明（Papaioannou 和 Porte，2008），货币的国际化与其本币境内金融市场的发展，特别是在降低交易成本和提高融资效率等方面，有着显著的相互促进作用。欧元的使用对欧洲股票和债券市场有着积极的影响。境内金融市场交易成本的降低，特别是融资效率的提高对于境内企业融资，进一步发挥资本市场的功能有着积极的意义。资本市场效率的提高，对于境内产业的升级和更新换代有着重大意义。

22.2.5　提升本国金融机构的国际竞争力

本币国际化程度的提高，可以有效地提升本币在国际金融市场的结算比例，同时提升本币在国际外汇市场中的流动性，因而以本币计价的国际债券也会随之增加。与此同时，境内资本市场的发展水平和创新能力也会得到显著的提升，凭借本币的优势，境内金融机构拓展国际业务将具有优势，国际竞争力会得到相应的增强。在国际竞争能力提升的同时，境内金融机构开展国际收购兼并等

服务的空间也会显著增大。

22.2.6 流动性溢价

所谓流动性溢价就是指在其他因素完全相同的情况下，流动性高的资产价格比相应流动性较低的资产价格高出的部分。随着本币国际化程度的提升，本币所在国外汇和资本市场的流动性也会随之提升，从而出现流动性溢价。这个结论在欧元推出后的几年里得到了证明。欧元推出后不久，发行欧元债的国家不断增加，欧元在国际债市的流动性也显著上升，因而欧元区国家的借贷成本随之下降，这种现象体现了欧元流动性的溢价。

22.2.7 降低本国货币政策的被动性

随着本币的国际化，货币发行国的货币政策将获得更多的主动性。2003—2007 年，我国货币政策被动受美国货币政策影响巨大，国际金融危机后美联储四次"量化宽松"政策的实施对我国货币政策也产生了巨大的影响，我们下文会专门讨论此问题。

22.2.8 国际金融中心的地位

随着本币的国际化，货币发行国的资本项目将逐渐开放，境内资本和金融市场将逐渐完善，市场的深度和广度将不断扩展。这对于货币发行国建立国际金融中心是一个难得的机会。没有人民币的国际化，上海国际金融中心建设将难以有效推进。上海国际金融中心的建设将与人民币国际化的进程齐头并进，或者说上海国际金融中心的建设在很大程度上取决于人民币国际化推进的步伐。在人民币国际化的过程中，境内外汇和资本市场的逐步完善也是关键的内容。由于货币的国际化是一个复杂而漫长的过程，国际金融中心的建设也不可能一蹴而就。日本早在 1996 年就计划到 2001 年将东京建成与纽约和伦敦相当的国际金融中心，但是由于日元国际化进一步推进不理想，虽然日本从 20 世纪 60 年代末到 2009 年保持了世界第二大经济体的地位，但截至目前东京在国际金融市场中的地位不仅与纽约和伦敦存在着巨大的差距，而且 2013 年以来亚洲最大的外汇交易中心的位置也拱手交给了新加坡；不仅如此，2016 年日本将亚洲第二大外汇交易中心的位置又让给了中国香港，成为亚洲第三和全球第五外汇交易中心，与日本在全球经贸地位很不相称。

22.3 货币国际化的国际益处

上文我们主要介绍了货币国际化对本国的益处，本节我们简单介绍货币国际化对本国在国际市场上的益处。

22.3.1 提高国际货币体系的稳定性

全球性金融危机的爆发使得更多国家越来越明显地认识到当前国际货币体系存在严重问题。历史的惯性和美国的国际地位成就了美元独大的现实，但是由于美国多年来的双赤字和积累至今的巨额债务，在这次国际金融危机爆发后多年世界对美元的担忧还在加深。欧元的成功推出及其在国际储备货币占比的稳定上升表明欧元代表欧洲作为主要的国际货币地位已经基本形成，国际储备货币的分散化对国际货币体系的稳定发挥了一定的作用。日元曾经有潜力成为代表亚洲的主要国际货币，但正如我们在上一章介绍的那样，日元的国际化并没有人们预想的那样成功。上文显示决定货币国际价值最主要的因素之一是货币发行国的经济规模及贸易规模在世界经济中的比重。世界主要经济体的货币国际化将对国际货币体系的稳定发挥起到积极的作用。由于日本经济在世界经济中的比重不断下降的趋势已经确定，因而日元今后也难以成为代表亚洲的主要货币。已成为全球第二大经济体的中国，今后几十年在世界经济中的比重还会不断上升，人民币的国际化将是一个必然的趋势。人民币国际化的稳步推进对国际货币体系的稳定将产生深远的影响。

22.3.2 提升地区经济稳定性

研究显示，东南亚金融危机爆发后不久，亚洲货币与美元的相关性有所减弱，同时与日元的相关性有所上升。然而，如上所述，日本经济的持续低迷及今后在亚洲和世界经济地位的下降趋势使得日元国际化难以进一步推进。因此，日元对亚洲地区的影响力将难以进一步上升。随着中国经济的稳步增长，中国经济在亚洲经济的地位和影响力将持续上升，人民币国际化也将对亚洲经贸的稳定和发展起到积极作用。亚洲经济的稳步发展对中国经济也将产生日益深远的影响。

22.3.3 "分享"国际铸币税

"铸币税"或"铸币利差"是一国政府财政收入的重要来源之一。铸币税可以被看作是政府创造货币的价值与其制作成本的差额。开放经济条件下的国际铸币税是国际货币体系是否具有长期稳定性和相容性的决定性因素之一。封闭经济条件下一国发行货币抽取的铸币税完全归该国中央政府所有，因此不存在铸币税分配的问题。在开放经济条件下，一国货币能够流出境外，因而该国中央政府事实上能够对使用本国货币的外国居民和非居民征收铸币税。事实上，国际铸币税的分配问题与国际货币体系中的深层次矛盾密切相关。因此，铸币税的分配成为国际货币体系的一个重大议题。大英帝国之前与其殖民地分享铸币税 (Humpage, 2002)，欧洲中央银行根据人口和 GNP 的加权计算的比例向欧元区各国分配铸币税 (Stevens, 1999)。由于铸币税涉及内容相对较多，我们下文专门将相关内容作为单独一节来介绍。

22.4 货币国际化的成本和不利因素

上文我们简单介绍了货币国际化对货币发行国在境内外的好处。世界上没有免费的午餐，任何益处的获得都是有代价和成本的，货币国际化也不例外。本节我们简单介绍货币国际化的成本或不利因素。

22.4.1 影响汇率政策的灵活性

随着货币国际化进程的推进，相应的汇率形成机制也逐渐向国际化的方向调整，汇率也应对货币发行国经济和国际市场有更灵敏的反应。这样，货币发行国的汇率政策也将受到货币国际化进程的影响。换句话说，汇率政策的完善是货币国际化的一个重要组成部分。

22.4.2 对资本项目的逐渐开放提出新的要求

货币国际化实际上是相应的资本项目逐渐放松管制的过程，真正的国际化意味着资本项目的完全开放。第二次世界大战之后国际金融市场的发展经验表明，资本项目的开放应该有一个合理的节奏，否则国际资金的流动将会对本国金融市场以致整个经济带来巨大的冲击，甚至导致金融和经济危机大爆发，使得多年的经济发展成果毁于一旦。东南亚金融危机对东亚国家和地区的冲击就是绝好的例子。但是，资本项目的开放并不是完全的"洪水猛兽"，只要坚持逐渐开放、协调境内外相应的政策、保持与境内金融市场发展一定的适应度，资本项目的逐渐开放将会对境内市场的逐渐完善、进一步发挥金融市场对实体经济发展的促进作用产生积极的影响。

资本项目每放开一个领域，资金的跨境流动就会增加一个渠道。在资本项目逐渐放开的几年甚至十几年的时间内，对已经放开和即将逐步放开的渠道要实施有效的监测和监管，换句话说，对于跨境流动的资金要有必要的"堤坝"和相应的"闸门"。这样对"水量"的流入和流出才能做到心中有数，在水位较高时适度开闸放水，在水位较低时酌情关闸截流，从而有效地防范国际资金的流动给境内市场带来的冲击，保证经济和金融市场稳步、持续、健康地发展，最终实现货币国际化的目标。

22.4.3 "特里芬难题"风险

"特里芬难题"是指任何一个国家的货币如果充当国际货币，则必然在货币的币值稳定方面处于两难境地。一方面，随着世界经济的发展，各国持有的国际货币增加，这就要求该国通过国际收支逆差来实现，这就必然会导致该货币贬值。另一方面，作为国际货币又必须要求货币币值比较稳定，而不能持续逆差。这就使充当国际货币的国家处于左右为难的困境，这就是"特里芬难题"。"特里芬难题"是由美国耶鲁大学教授特里芬（Triffin，1960）在《黄金与美元危机——未来可兑换性》一书中提出的观点。要摆脱两难困境不容易，对国际货币发行国的货币政策、财政政策、金融政策等提出了很高的要求。

22.4.4 对境内货币政策造成一定影响

当一种货币进入国际化进程，该货币在国际间的计价、支付和储备功能将逐渐增强，因此，国际上对该货币的需求量将会逐渐上升，从而货币需求因素中增加了国际因素，因此，境内货币发行将增加一个考虑的因素，货币政策的制定和操作的难度将显著增加。国际化启动初期，在国际因素影响仍然较小的情况下注重积累货币政策经验，这样才能在国际因素逐渐增强时更加容易适应经济环境的变化。

22.4.5 对境内资本市场发展的影响

随着货币国际化程度的提高，特别是资本项目的逐渐放开，母国股票市场也会逐渐对境外投资者开放，这样境外资金对母国资本市场，特别是股票市场的影响将逐步显现。除股票市场外，债券市场的规模和流动性也是资本市场非常重要的内容。境内资本市场的改革和发展应该与货币国际化的步伐相一致，并逐渐开放和提高市场效率。缺乏一个有效的资本市场，货币国际化的程度也会受到相应的限制。

22.4.6 对境内经济政策产生的影响

在货币没有区域化、国际化的情况下，不管中央银行投放多少基础货币，它都只是在货币发行国境内流通。而当货币区域化和国际化启动以后，便有部分货币在境外流通，这部分流出境外的货币虽然暂时对境内物价不发生作用，但由于其准确数据难以被掌握，数量增减也难以为货币当局所控制，这就必然会增加中央银行对货币供应量调控的难度。特别是如上介绍的"堤坝"和"闸门"还没有牢固建成并发挥作用之前，中央银行很难准确把握对货币供应量的调控方向和力度。货币国际化对母国经济持续增长也可能会产生某种负面效应。

我国是一个人口众多、就业压力长期存在的国家，为了缓解就业压力、保持经济快速增长，必须在刺激内需的同时不断拓展外需。人民币国际化的最终目标是成为国际储备货币之一。作为国际储备货币，人民币必须能够为其他国家提供国际清偿力，这就要求我国的国际收支必须保持逆差，否则其他国家将难以储备人民币资产。而国际收支长期保持逆差则意味着出口减少和进口增加，其结果必然会是外需的减少和境内部分市场的丧失，这对增加境内就业、保持境内经济持续快速增长可能会产生一定的负面效应。

22.4.7　区域和全球经济金融稳定的责任

国际货币在享有诸多特权和便利的同时，国际货币发行当局对区域、全球经济和金融体系的稳定也负有相应的责任。因此，在货币国际化程度逐渐提高的过程中，该货币母国对区域或国际经济和金融体系稳定的责任也会随之上升，否则该货币的国际信誉将受到影响。稳定区域或全球经济和金融体系是一个相当艰巨的任务，货币当局不仅要有驾驭母国经济和金融市场的能力，同时还必须逐渐积累影响和调整区域、全球经济和金融体系的经验。

总之，货币的国际化，特别是与之相应的资本项目开放，使得货币母国可以更加便利地参与国际经济和金融市场，同时国际资金也会更加方便地进入母国的金融市场。因此，货币国际化必须与货币发行国的经济和金融改革同时推进，这意味着货币国际化会对境内经济金融改革、市场发展和政策协调等方面产生极其深刻的影响。

22.4.8　增大跨境资金流动风险及监管难度

国际货币由于其可兑换性使得国际资金可以容易地在境内外自由流动。大幅度的跨境资金流入和撤离对包括主要发达国家在内的世界各个国家和地区都有巨大的影响。十几年前发生的东南亚金融危机是跨境资金流动影响非常好的案例。美联储前主席伯南克 2011 年 2 月 18 日在法兰西银行午餐会的演讲（Bernanke，2011）和他提交给巴黎召开的法国央行会议的报告（Bernanke 等，2011）中指出，2003 年到 2007 年国际资金大量流入美国购买美国政府债券和按揭证券化证券，导致美国利率下降，是美国金融危机爆发的重要原因之一。即使美国这个世界最大的经济体和最大的金融市场对跨境资金监管不到位也会给经济和金融体系带来巨大的冲击，因而跨境资金监管对其他国家，特别是对新兴市场国家更具挑战性。第 11 章介绍和分析境外人民币无本金交割远期市场的结果表明，境外人民币升值导致相当多的资金流入我国，而近年来人民币贬值导致资金撤离我国。今后随着人民币资本项目的逐渐放开，每放开一个项目，跨境资金流动就多一个渠道，跨境资金的流动和监管难度一定会随之逐渐增加，有效监管的要求和难度也将随之提升。

22.5　铸币税的相关研究介绍

铸币税涉及铸币成本、基础货币及变化、支付的形式、税收和税率、通货膨胀、货币的机会成本、名义利率等广泛的领域。境外学者早在两百年前（Thorntn，1802）就开始关注并研究该问题。

22.5.1　境外铸币税方面的研究

Bresiani – Turroni（1937）、Friedman（1971）、Sargent 和 Wallace（1981）等在该领域作出了重要的贡献。McKinnon（1969）和 Grubel（1969）讨论指出竞争会使国际铸币税支付到零。Cohen（1971）研究了英镑作为主要国际货币的功能，并指出在其研究时间段内（1965—1969 年）英镑在国际市场实际上的垄断地位被美元的竞争所取代。几十年来，境外该领域文献较多，这里难以一一介绍，有兴趣的读者可以参考 Buiter（2007）、Nolivos 和 Vuletin（2010）。McGrattan 和 Prescott（2003）的研究表明短期美国政府债券为市场提供流动性，因此，市场估值过高，显示短期美国政府债券的境外持有者给美国政府支付铸币税；Gourinchas 和 Rey（2005）的实证研究表明后布雷顿森林体系期间（1973 年到 2004 年）美国资产平均回报与相应的美国债务的回报的差额 3.32% 显著高于 1952 年到 2004 年的差额 2.11%，超过 1% 的额外回报表明后布雷顿森林体系前期境外购买美国债券使得美国债券的回报明显下降，显示境外给美国支付了可观的铸币税。在对 Gourinchas 和 Rey（2005）研究模型进行了扩展的基础上，Eden（2006）表明如果用现金支付来定义"狭义"的铸币税，那么美国债券的境外持有者支付给美国政府的铸币税为美国年度 GDP 的 0.2%；如果用"广义"的包括现金支付来定义铸币税，那么美国债券的境外持有者支付给美国政府的铸币税为美国年度 GDP 的 0.7%；Click（1998）和 Gros（1993）的研究表明 20 世纪 70 年代到 90 年代，铸币税占 GDP 的比例在西欧国家基本上在 0.5% 左右。Humpage（2002）的研究表明，1990 年到 2000 年 10 个拉美国家的铸币税占其境内生产总值的平均比例仅有几个百分点，比例最高的三个国家——智利、巴西和乌拉圭的平均比例分别仅为 5.6%、4.2% 和 4.2%。利用日本数据，Miyakoshi（2008）研究显示政府社会福利的功能与铸币收入"厌恶"的假设相一致的程度在 21 世纪比 20 世纪 90 年代更加显著。

22.5.2　欧元铸币税方面的研究和分享

欧元铸币税方面的研究达到了很高的水平。Gros（1993）研究了欧元铸币税在欧盟国家分配、物价稳定和金融市场整合的财政含义等，Sinn 和 Feist（1997）给出了基于欧元区国际经济占比和人口占比分享欧元铸币税的具体方法；Feist（2001）研究了铸币税对新加入欧元区国家的分配方法。这些方法的技术设计和实施对我们研究该问题有很好的借鉴意义。

22.5.3　境内铸币税方面的研究

境内学者近二十年前就开始关注并研究铸币税。姜波克（1994）和谢平（1994）早在二十年前就开始研究铸币税。谢平（1994）对中国政府从 1986 年至 1993 年的铸币税收入的计算结果表明这一时期内中央政府每年的货币发行收入平均为 GNP 的 5.4%。当时的铸币税收入主要运用在对金融机构的贷款、财政透支和借款、专项贷款、有价证券及外汇储备占款等方面。陈雨露等（2005）认为非居民持有的国际货币有两种形式：一种是现钞形式，另一种表现为中央银行所拥有的该货币储备资产。其中，非居民现钞持有比例较为有限，大多是居民所持货币流出而形成的。作为一国官方国际储备的境外央行拥有的储备资产，大多投资于货币发行国的银行体系、债券市场等，因此，可以通过国际货币发行国金融体系中的他国银行持有的储备资产扣除通货膨胀因素，计算得到一国货币（美元）的国际铸币税。用此方法，陈雨露等（2005）得出截至 2002 年年底，美元国际化而产生的名义国际铸币收益高达 6782 亿美元。褚华（2009）对 2030 年人民币国际铸币税进行了估算。

当前的国际货币体系实际上是一个美元主导下的中心——外围构架。美国通过输出美元获得了实际资源的注入，此外这些输出的美元往往又通过购买美国国债的方式流回美国境内（何帆、张明，2005）。钟伟（2004）估算美国政府从第二次世界大战到 2003 年累计获得的国际铸币税的收益在 2 万亿美元左右。当前已经有一些中、南美洲国家实施了美元化。这些美元化国家政府本身丧失了征收铸币税的权力，而不得不向美联储支付大量的铸币税。因此，这些国家已经向美国提出，要求美国向美元化国家转移部分铸币税，此外还要求美联储货币政策委员会给美元化国家的代表提供席位，从而使这些国家能够对美元利率的制定施加影响。当然，美国不会轻易将铸币税的好处与别国共享，更不会轻易让渡部分货币政策制定权。因此，美国政府对美元区铸币税分配问题保持一种暧昧的冷处理态度，从而客观上造成了美元区铸币税分配问题进展缓慢（张明，2005）。所以对于国际化程度很高的大经济体，其货币的国际化将减少该经济体向其他国际货币发行国支付铸币税，或者说减少其因使用外币引起的财富流失，为利用境外资金开辟一条新的渠道，同时也增加自身货币的铸币税在国际铸币税总额中的比重。这也从另外一个角度说明了国际化程度很高的大国经济体推进货币国际化的必要性。

22.6 主要国家和地区铸币税率

国际货币基金组织 2005 年 9 月公布的一篇研究报告（Aisen 和 Veiga，2005），对全球 144 个国家和地区从 1960 年到 1999 年 40 年间铸币税及影响铸币税的政治稳定性、经济结构、制度等因素进行了系统的研究。Aisen 和 Veiga（2005）采用了铸币税/GDP 比例和铸币税/政府支出比率两种方法研究铸币税。表 22.1 给出了主要国家和地区铸币税的比率。

表 22.1 48 个主要国家和地区的铸币税率 单位：%

国家/地区	铸币税/GDP 比例	铸币税/政府支出比例	国家/地区	铸币税/GDP 比例	铸币税/政府支出比例
澳大利亚	0.4	2.2	日本	0.9	8.4
奥地利	0.5	2.0	韩国	1.4	10.0
阿根廷	6.0	120.3	卢森堡	0.3	1.5
孟加拉国	0.9		马来西亚	1.8	6.3
比利时	0.5	1.9	蒙古国	3.9	19.7
玻利维亚	2.6	48.1	墨西哥	2.2	23.5
巴西	3.6	24.7	荷兰	0.4	0.4
加拿大	0.3	2.1	新西兰	0.1	0.6
智利	6.9	28.3	挪威	0.5	2.0
中国	6.3	47.4	巴基斯坦	1.9	12.6
中国香港	0.7		菲律宾	1.0	7.4
哥伦比亚	1.9	5.9	波兰	5.0	6.7
埃及	3.9	12.9	葡萄牙	1.4	7.5
芬兰	0.2	0.8	罗马尼亚	3.1	7.6
法国	0.4	1.7	俄罗斯		18.5
德国	0.4	1.9	新加坡	1.6	6.6
希腊	2.4	12.0	南非	0.7	2.7
匈牙利	2.5	5.2	西班牙	1.1	7.8
印度	3.2	19.9	瑞典	0.5	1.5
印度尼西亚	1.6	8.1	瑞士	0.9	11.0
爱尔兰	0.8	2.8	泰国	1.0	6.8
伊朗	3.2	19.9	土耳其	3.1	17.9
以色列	8.6	17.3	英国	0.4	1.3
意大利	0.7	4.0	美国	0.3	2.1

数据来源：Aisen 和 Veiga（2005）的表 1，第 14 页。

表 22.1 给出的 48 个国家和地区铸币税/GDP 比率差别很大，其中 20 个发达国家的平均比率仅为 0.47%，其他 28 个国家和地区的平均比率高达 2.92%；比率超过 3% 的国家有 12 个；比率不低于 6% 的有 4 个国家，分别为以色列、智利、中国和阿根廷，比率分别为 8.6%、6.9%、6.3% 和 6.0%。由于国际铸币税的分配问题与国际货币体系中的深层次矛盾密切相关，因此，该问题不仅是一个学术问题，而且成为国际货币体系改革中的一个国际政治问题。由于问题的复杂性和主要国际货币的发行国不愿意别国准确了解其国际铸币税的获取额度，导致境外学术界的实证研究也相对缺乏。境内该领域的研究更显不足。

我们应该学习和借鉴欧元区铸币税的计算方法，加强这方面的研究，从而不仅准确掌握我国向主要国际货币发行国/地区每年缴纳的铸币税的额度及变化，而且还能掌握随着人民币国际化程度的提升我国向这些国家/地区铸币税缴纳减少的程度，从而做到心中有数。

22.7 美元国际铸币税

虽然上文我们获得了一些美元国际铸币税研究的实证结果，但是这些结果不够使我们对美元国际铸币税规模有直观的和系统的把握。本节估算美元铸币税来估算我国大陆"缴纳"的美元铸币税。

22.7.1 美元国际铸币税的简单估算

系统研究该问题超出了本章的范围，这里我们利用上文 Eden（2006）、Cohen（1971）、Aisen 和 Veiga（2005）的研究结果简单估算 1950 年到 2016 年美元国际铸币税，结果如表 22.2 所示。

表 22.2 显示，从 1950 年到 2016 年的 67 年内美元国际铸币税总额在 7715 亿美元［对应 Eden（2006）美国 GDP 0.2% 的"狭义"结果］到 2.70 万亿美元（对应 0.7% 的"广义"结果）；表 22.2 中美元铸币税/GDP 0.3% 是利用 Aisen 和 Veiga（2005）的结果，相应地从 1950 年到 2016 年的 67 年内美元国际铸币税总额在 1.16 万亿美元。

钟伟（2004）的结果：第二次世界大战以来的美元国际铸币税总额在 2 万亿美元左右［表 22.2 从 1950 年到 2014 年，起点比钟伟（2004）研究的时间少 4 年，而截至时间比钟伟（2004）研究的时间多 12 年］，与表 22.2 中"广义"结果相近；上文陈雨露等（2005）截至 2002 年的研究结果相当于表 22.2 中"美元国际铸币税 0.4%"的结果。我们下文利用该结果估计近年来中国支付的美元国际铸币税规模。

表 22.2   **1950 年到 2016 年美元国际铸币税的规模估算**   单位：亿美元

年份	美国 GDP	美元国际铸币税率 0.2%	美元国际铸币税率 0.3%	美元国际铸币税率 0.7%	年份	美国 GDP	美元国际铸币税率 0.2%	美元国际铸币税率 0.3%	美元国际铸币税率 0.7%
1950	2937	2.9	4.4	10.3	1984	40407	80.8	121.2	282.8
1951	3393	3.4	5.1	11.9	1985	43468	86.9	130.4	304.3
1952	3583	3.6	5.4	12.5	1986	45901	91.8	137.7	321.3
1953	3793	3.8	5.7	13.3	1987	48702	97.4	146.1	340.9
1954	3804	3.8	5.7	13.3	1988	52526	105.1	157.6	367.7
1955	4147	4.1	6.2	14.5	1989	56577	113.2	169.7	396.0
1956	4374	4.4	6.6	15.3	1990	59796	119.6	179.4	418.6
1957	4611	4.6	6.9	16.1	1991	61741	123.5	185.2	432.2
1958	4672	4.7	7.0	16.4	1992	65393	130.8	196.2	457.8
1959	5066	5.1	7.6	17.7	1993	68787	137.6	206.4	481.5
1960	5264	5.3	7.9	18.4	1994	73088	146.2	219.3	511.6
1961	5448	5.4	8.2	19.1	1995	76641	153.3	229.9	536.5
1962	5857	5.9	8.8	20.5	1996	81002	162.0	243.0	567.0
1963	6178	6.2	9.3	21.6	1997	86085	172.2	258.3	602.6
1964	6636	6.6	10.0	23.2	1998	90892	181.8	272.7	636.2
1965	7191	14.4	21.6	50.3	1999	96606	193.2	289.8	676.2
1966	7877	15.8	23.6	55.1	2000	102848	205.7	308.5	719.9
1967	8324	16.6	25.0	58.3	2001	106218	212.4	318.7	743.5
1968	9098	18.2	27.3	63.7	2002	109775	219.6	329.3	768.4
1969	9844	19.7	29.5	68.9	2003	115107	230.2	345.3	805.7
1970	10383	20.8	31.1	72.7	2004	122749	245.5	368.2	859.2
1971	11268	22.5	33.8	78.9	2005	130937	261.9	392.8	916.6
1972	12379	24.8	37.1	86.7	2006	138559	277.1	415.7	969.9
1973	13823	27.6	41.5	96.8	2007	144776	289.6	434.3	1013.4
1974	14995	30.0	45.0	105.0	2008	147186	294.4	441.6	1030.3
1975	16377	32.8	49.1	114.6	2009	144187	288.4	432.6	1009.3
1976	18246	36.5	54.7	127.7	2010	149644	299.3	448.9	1047.5
1977	20301	40.6	60.9	142.1	2011	155179	310.4	465.5	1086.3
1978	22938	45.9	68.8	160.6	2012	161553	323.1	484.7	1130.9
1979	25622	51.2	76.9	179.4	2013	166915	333.8	500.7	1168.4

续表

年份	美国GDP	美元国际铸币税率 0.2%	美元国际铸币税率 0.3%	美元国际铸币税率 0.7%	年份	美国GDP	美元国际铸币税率 0.2%	美元国际铸币税率 0.3%	美元国际铸币税率 0.7%
1980	28625	57.2	85.9	200.4	2014	173931	347.9	521.8	1217.5
1981	32110	64.2	96.3	224.8	2015	180367	360.7	541.1	1262.6
1982	33450	66.9	100.4	234.2	2016*	185619	371.2	556.9	1299.3
1983	36381	72.8	109.1	254.7					

数据来源：1950年到1979年美国GDP数据来自www.usgovernmentspending.com；1980年到2015年美国GDP数据来自国际货币基金组织网站更新的2015年10月的数据；由于Cohen（1971）表明1965年到1969年美元取代了英镑在国际货币市场的垄断地位，而Aisen和Veiga（2005）显示从1960年到1999年美元铸币税/GDP比率为0.3%；为了估算保守些，我们在估算1950年到1959年的美元国际铸币税时仅用Eden（2006）结果税率的一半；2016年的数据是根据国际货币基金组织2016年10月对美国GDP的预测数据。

22.7.2　中国"缴纳"的美元国际铸币税估算

研究文献较少提及中国支付的美元国际铸币税。由于中国是全球美元储备资产最大的持有国，中国缴纳的美元铸币税也应该最多。上文提到陈雨露等（2005）认为可以通过国际货币发行国金融体系中的他国银行持有的储备资产扣除通货膨胀因素，计算得到一国货币的国际铸币税。上文已述，准确计算国际铸币税比较困难，这里我们利用陈雨露等（2005）的方法和表22.2给出的美元国际铸币税的总额来简单估算我国2000年以来的美元国际铸币税额。表22.3给出了相应的结果。

表22.3　　　　　2000年以来中国大陆美元国际铸币税额估算　　单位：亿美元,%

年份	中国占美元国际资产比重	美元国际铸币税率0.2%	美元国际铸币税率0.25%	美元国际铸币税率0.3%
2000	11.99	24.7	55.5	86.3
2001	15.50	32.9	74.1	115.3
2002	17.64	38.7	87.1	135.5
2003	19.57	45.0	101.3	157.6
2004	23.48	57.7	129.7	201.8
2005	30.16	79.0	177.7	276.4
2006	38.53	106.8	240.3	373.8
2007	45.20	130.9	294.5	458.1

续表

年份	中国占美元国际资产比重	美元国际铸币税率0.2%	美元国际铸币税率0.25%	美元国际铸币税率0.3%
2008	43.39	127.7	287.4	447.0
2009	41.85	120.7	271.5	422.4
2010	37.60	112.5	253.2	393.8
2011	35.09	108.9	245.0	381.2
2012	29.83	96.4	216.8	337.3
2013	30.67	102.4	230.4	358.4
2014	27.66	96.2	216.5	336.7
2015	23.84	86.0	193.5	301.0
2016*	21.04	78.1	175.7	273.3
累计		1444.5	3250.2	5055.9

数据来源：根据图 18.2 和表 22.2；表中中国持有美元储备资产占比是根据我国可识别外汇储备资产中美元储备资产占比与全球美元储备资产占全球可识别储备资产比例相同的假设计算得出的，国际可识别外汇储备资产和美元储备资产来自国际货币基金组织网站 Currency Composition of Official Foreign Exchange Reserves（COFER）数据；2016 年中国占全球美元资产为根据第二季度数据估算的结果。

表 22.3 显示，2000 年到 2004 年，我国持有的美元储备资产比例较低，支付的美元国际铸币税较低，每年仅有几十亿美元；然而 2005 年到 2013 年，我国持有的美元储备资产比例达美元国际储备资产的三成以上，因此我国支付的美元国际铸币税显著上升，达到 100 亿美元以上；2013 年以来，我国持有的美元资产比重明显下降，支付的美元国际铸币税也随之下降。如上讨论的估算数据还仅为美元国际铸币资产占美国经济比重最低的 0.2%；如果我国利用国际货币基金组织 Aisen 和 Veiga（2005）美元铸币税率 0.3% 的结果，那么中国支付的美元国际铸币税额将更大，17 年累计高达 5056 亿美元。

22.8　我国货币政策面临的"困境"

我们在第 11 章介绍和简析了境外人民币无本金交割远期市场及其反映出的人民币升值和贬值的重要信息。实际上我们在《人民币衍生产品》第四版对影响境外人民币无本金交割远期汇率的中美基础因素做了系统的实证研究，并专门研究了近十年来在人民币升值、贬值预期的影响下，跨境资金流入和撤离我国的实证研究。这些研究为我们探讨近十年来我国货币政策受美国货币政策的影响程度提供了很好的依据。

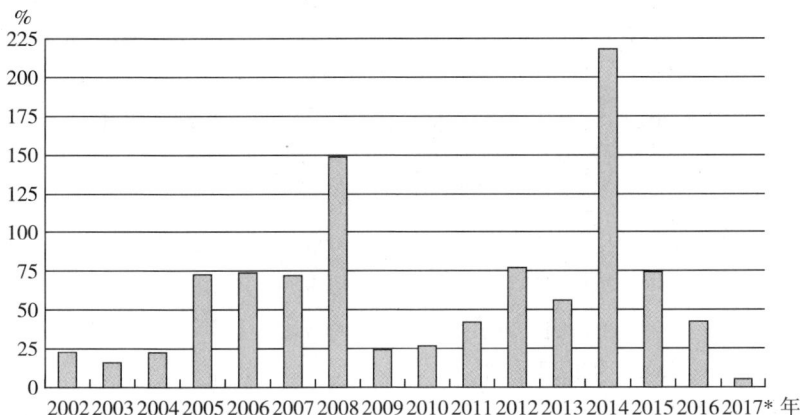

数据来源：货币发行数据和人民币/美元年均汇率来人民银行网站（www. pbc. gov. cn），贸易顺差数据来自商务部网站和海关总署网站；2017 年数据为第一季度数据。

图 22.1　贸易顺差与同年我国狭义货币（M1）增量比例（2001 年到 2017 年）

22.8.1　对货币政策的影响

货币政策对任何国家经贸和金融市场的稳健有效运行至关重要。货币政策涉及面很广，这里我们简单介绍我国贸易顺差对我国货币发行的影响。由于 2002 年到 2007 年国际金融危机之前的 6 年人民币升值的预期持续上升，出口企业绝大多数结汇而持有人民币，这样贸易顺差的大幅度增长实际上带动了我国货币的发行。图 22.1 给出了 2001 年到 2017 年第一季度我国贸易顺差折合人民币占同年我国狭义货币（M1）增量的比例。

图 22.1 清楚地显示，2002 年到 2004 年，年度贸易顺差折合人民币与同年我国狭义货币增幅的比例分别为 22.8%、15.9% 和 22.4%，三年平均仅为 20.4%，表明 2005 年汇改之前贸易顺差对我国货币发行影响还有限；但是 2005 年到 2007 年，年度贸易顺差折合人民币与同年我国狭义货币增幅的比例分别高达 72.8%、73.9% 和 72.2%，三年平均达 73.0%，超过七成，表明 2005 年汇改之后相当比重的"热钱"通过经常项目流入我国（张光平，2016，第 53 章），导致我国贸易顺差"超高速"增长，从而影响我国货币发行。由于 2008 年境内狭义货币增幅比 2007 年增幅下降了 48.3%，而同期贸易顺差却增长了 13.9%，导致该年贸易顺差折合人民币与同年我国狭义货币增幅的比例创下历史高峰 148.8%；2009 年境内狭义货币比 2008 年增幅增长了 303.2%，同期贸易顺差却下降了 34.2%，导致 2009 年贸易顺差折合人民币与同年我国狭义货币增幅的比

例猛降到了 24.2%，不到 2008 年的 1/6；2009 年到 2012 年，狭义货币持续三年下降，贸易顺差与狭义货币增幅比例持续回升了 77.2%，略超国际金融危机前 2007 年的水平；2013 年回落到了 56.2% 的较为合理的水平；而 2014 年狭义货币增量同比下降了 62.4% 到 1.08 万亿元人民币，为 2002 年以来增幅最低，贸易顺差同比却增长了 47.2%，导致该年贸易顺差与狭义货币增幅比达到了 218.2% 的历史高位（比 2008 年还高出 69.5%）；2015 年由于狭义货币增幅同比增长了近 4 倍的同时，贸易顺差增长了 65.2%，贸易顺差与狭义货币增幅的比例下降到了 74.4%；2016 年狭义货币增幅增长了 61.8%，同时贸易顺差同比却下降了 13%，后者与前者比例下降到了 42.5%；2017 年第一季度两者比例下降到了 5.2%，为 2001 年以来最低。

　　国际金融危机前三年仅贸易顺差就导致境内超过七成的狭义货币的发行，2008 年竟超过我国货币发行的 48.8%，表明国际金融危机前跨境贸易对我国货币发行影响的程度；国际金融危机后，特别是 2010 年到 2013 年比例似乎回到了较为合理的水平，但是 2014 年和 2015 年上半年比例再创新高，表明贸易顺差对我国货币发行仍然有重要的影响，境内货币发行的被动局面未有多少变化。周小川行长几年前在回答记者问题时将我们如上分析表达得更为形象简洁：近年来，存款准备金率工具的使用主要和外汇储备增加或减少所产生的对冲要求有关，因此，绝大多数情况下，存款准备金率的调整并不是表明货币政策是松或者是紧（《回放：央行就货币政策及金融改革问题答记者问》，人民网，2012 – 03 – 12）。

22.8.2　外汇储备的影响

　　人民币升值、贬值预期是跨境资金流入和撤离我国的主要动力之一，而人民币升值、贬值预期的内因是我国经贸和金融因境内外因素增长幅度的变化，外因是美国"量化宽松"相关的货币政策。美国量化宽松政策稀释美元，人民币对美元的升值预期就高，流入我国的资金就多，我国外汇储备就增长得快；美国"量化宽松"退出，美元稀释速度降低，人民币对美元的升值预期就减缓以至出现了贬值的预期，外汇储备出现了持续的下降（见图 22.2）。

　　图 22.2 显示，2005 年到 2006 年，我国外汇储备季度增幅从 100 多亿美元持续增长到了 700 多亿美元；2007 年第一季度增幅首次超过了 1300 亿美元，2008 年第一季度增幅首次超过了 1500 亿美元，达到了国际金融危机前的最高增幅；从 2008 年第一季度到 2009 年第一季度，增幅持续直线式下降到了接近零的低位（2002 年第一季度以后的最低位），表明国际金融危机对人民币升值、贬值的影响，进而影响到了我国外汇储备；2009 年 3 月下旬美联储宣布第一次"量化宽松"政策，对我国外汇储备产生了巨大的影响，2009 年第二季度我国外汇储备增幅又创新的历史高位，达到接近 1800 亿美元的高位，2009 年第三季度

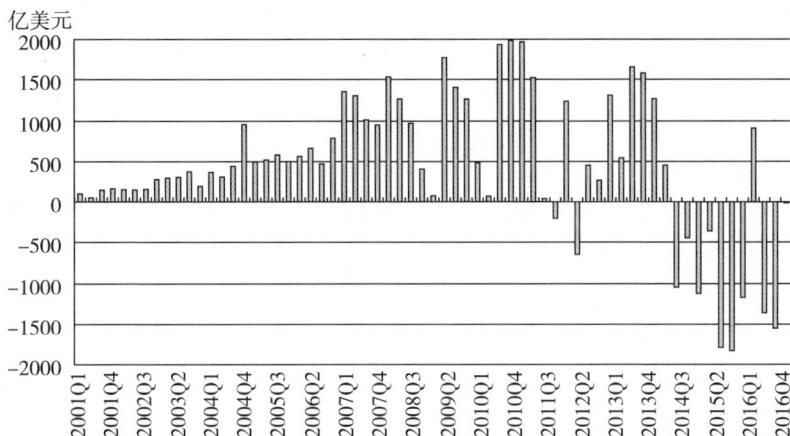

数据来源：人民银行网站（www.pbc.gov.cn）。

图 22.2　我国外汇储备变化额（2001 年第一季度到 2017 年第一季度）

和第四季度增幅仍然保持在 1200 亿美元以上；由于美元第一次量化宽松政策到 2009 年底结束，2010 年前两个季度我国外汇储备增幅重新回到了相当低的水平；从 2010 年第三季度开始美联储计划实施第二次量化宽松政策并于 2010 年第三季度到 2011 年 6 月底实施了该计划，2010 年第三季度到 2011 年第一季度，我国外汇储备增幅再创新高，连续三个季度接近 2000 亿美元，超过了之前的历史纪录。与第一轮化宽松政策执行之后半年相似，第二轮量化宽松政策结束后的两个季度，即 2011 年第三季度和第四季度，增幅再次大幅度下降，2011 年第四季度甚至出现了 1999 年以来的首季下降。资金流入的增长导致我国流动性泛滥、投资的冲动、物价的上涨等问题趋向严重，同样资金撤离对境内经济产生冲击，表明我国经济和金融受美国货币政策的影响程度。

图 22.2 也显示，随着 2014 年美国退出量化宽松政策，2014 年第三季度到 2016 年第一季度我国外汇储备出现了连续 7 个季度的持续下降，累计下降了 7806.3 亿美元；2006 年第二季度虽然出现了 7 个季度后的首次回升，但是 2016 年后两个季度又分别下降了 1367.9 亿和 1558.7 亿美元，降幅皆超过了前面七个季度平均降幅 1115.2 亿美元，显示资金撤离导致外汇储备下降对我国货币政策产生了明显的影响。

22.8.3　存款保证金和利率的影响

国际金融危机前后大量跨境资金的流入给我国流动性控制带来了挑战。为了控制流动性，人行从 2003 年到 2008 年上半年 20 多次提高存款保证金率，累计提升幅度超过 10%；国际金融危机之后人民银行又数次提高存款保证金率，使存款保证金率接近20%的高位。2013年以来我国经济进入换挡转型期，经济下行压力持续较大，然而多年来过高的非常态存款保证金率已经常态化，导致利率过高难下，进而导致企业成本居高不下，这从另外一个侧面显示我国货币和利率政策独立性的下降。

22.9　人民币跨境贸易结算对我国外汇储备的影响估算

随着人民币跨境贸易的增加，我国外汇储备增长的方式已经发生重大的变化而且将发生更大的变化。这是因为，用人民币进口结算相应的进口金额本来需要用等额美元来进口，而以人民币结算的进口用人民币就可以而不用外汇了，因此用人民币结算的进口导致我国外汇储备间接增长；同样用人民币出口结算相应的出口金额本来会创汇等额美元进来，而用人民币结算的出口用人民币就可以了，导致我国外汇储备间接下降；人民币结算的进口和出口差额即为由于人民币跨境贸易结算导致我国外汇储备的增长额。利用表17.15给出的2000年到2016年由于人民币跨境贸易结算相应占比，我们可以计算出人民币出口和进口结算额导致的外汇储备变化额及与同年总外汇储备变化额，图22.3给出了相应的结果。

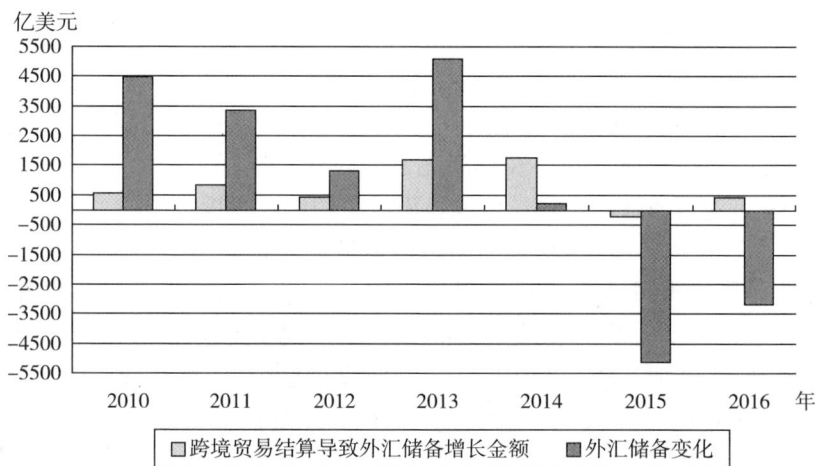

数据来源：根据表17.15给出的结果计算得出人民币跨境贸易结算导致外汇储备增加的人民币金额，进而以同期人民币对美元的平均汇率折算得出，计算方法参见第17章。

图22.3　2010年到2016年由于人民币跨境贸易结算导致我国外汇储备增加额与同年我国外汇储备总额变化的比较

图 22.3 显示，2010 年人民币跨境贸易结算占比较低，同时当年进出口贸易额也较小，导致相应的外汇储备增幅仅有 28.8 亿美元，占当年我国外汇储备总增额的 0.6%；随着人民币跨境贸易结算比例的提高，2011 年和 2012 年人民币跨境贸易导致我国外汇储备增长额提高到了一百多亿美元，占当年我国外汇储备增额比重也分别提高到了 4.4% 和 10.0%；2013 年由于跨境人民币结算导致的外汇储备增额高达 691.8 亿美元，占同年外汇储备总增额的 13.6%。如果没有人民币跨境结算的贡献，2013 年我国外汇储备应该仅为 4405.4 亿美元，而不会达到 5097 亿美元的历史高位。2014 年由于人民币跨境贸易结算导致我国外汇储备增幅创下历史纪录 1109 亿美元，比当年我国外汇储备总增额 217 亿美元高出 4.11 倍，表明 2014 年如果没有跨境人民币贸易结算导致的外汇储备增幅，那么该年我国外汇储备不会增加 217 亿美元，而会下降 892 亿美元。

值得关注的是，图 22.3 显示，随着人民币对美元出现贬值压力的出现，跨境人民币贸易结算显著减缓，2015 年和 2016 年由于人民币跨境贸易结算导致我国外汇储备增幅分别下降了 209.4 亿和增长 410.8 亿美元；如果没有这些外汇储备的变化，2015 年和 2016 年我国外汇储备分别会下降 4917.2 亿和 3609.3 亿美元，显示跨境人民币贸易结算对我国外汇储备的变化发挥了一定的作用。随着今后人民币跨境贸易结算比重的提高，人民币跨境贸易结算对我国外汇储备和货币政策还会产生更加显著的影响。

22.10　小结

本章在简要介绍影响国际货币价值主要因素的基础上，着重分析了货币国际化对货币发行国在境内外的益处及其成本。货币国际化是一个非常复杂的过程，涉及境内经济结构的重大调整和金融市场的逐渐改革。对于国际化程度高的大国经济，货币国际化是势在必行的，因为若不推进其货币的国际化，该国不仅必须向其他主要国际货币发行国支付数目可观的铸币税，还要被动地受国际经济和金融市场波动的巨大冲击和影响。因此，在中国成为世界第二大经济体的情况下，逐步推进人民币国际化已经时不我待。人民币国际化的进程将是十年以至更长时间内的任务，我们应该对人民币国际化进行战略性的研究，从而制定出人民币国际化的战略规划。我们将在后续的两个章节对此进行论述。

人民币升值、贬值预期诚然是跨境资金流入和撤离我国的重要信息，但是还不是跨境资金流动的最初动力源头。真正的动力源实际上是我国经济增长趋势和美国的货币政策。当美国货币政策宽松时，美元被稀释，人民币对美元的升值预期就上升，流入资金池子的"水"源就多，就有大量的资金流入我国，对我国的外汇储备、物价指数、货币政策、投资等产生重大影响；相反，美国退出了量化宽松政策而且美国经济恢复预期提高的同时，我国经济下行压力不减，人民币对美元贬值压力提高，资金就撤离我国，境外人民币储蓄也会随之下降。当然我们不能忽略近十年来人民币升值、贬值预期的境内内因：我国经济持续增长预期是人民币升值预期产生的内因。内外因共同作用才能产生效果。虽然我们不能用具体的数量来估算内外因在不同时期哪个更加重要，上文给出的数据不得不使我们明了美国货币政策对我国经贸和金融体系产生的重大影响，或者表明我国人民币货币政策的相对被动性。只有人民币国际化的水平不断提升，我国货币政策的主动性才会逐步提高，被动的格局才会逐步转变，进而达到主动性更好发挥的程度。

参考文献

[1] 陈雨露，王芳，杨明. 作为国家竞争战略的货币国际化 [J]. 经济研究，2005（2），35 - 44.

[2] 褚华. 人民币国际化研究 [D]. 复旦大学博士学位论文，2009.

[3] 何帆，张明. 国际货币体系不稳定中的美元霸权因素 [J]. 财经问题研究》，2005（7）.

[4] 姜波克. 人民币国际化问题探讨 [J]. 经济纵横，1994（5），30 - 32.

[5] 谢平. 中国转轨经济的通货膨胀和货币控制 [J]. 天津金融月刊，1994（9）.

[6] 余永定. 中国不能走财政赤字货币化的道路——关于铸币税的几点看法 [J]. 金融研究，1999（7）.

[7] 张光平. 人民币衍生产品（第四版） [M]. 北京：中国金融出版社，2016.

[8] 张明. 铸币税的定义、计算和分配 [D]. 中国社会科学院国际金融研究中心，工作论文，2005，72.

[9] 钟伟、闻一. 崛起中的人民币：如何改写21世纪国际货币格局 [J]. 学术月刊，2004（10）.

[10] Aisen, Ari and Francisco Jose Veiga, 2005, The Political Economy of Seigniorage, IMF Working Paper, Monetary and Financial Systems Department, Prepared by Ari Aisen and Francisco Jose Veigal, Authorized for distribution by David S. Hoelscher, September 2005.

[11] Bailey, M. (1956), "The welfare cost of inflationary finance", Journal of Political Economy 64：93 - 110.

［12］Buiter, William H. , 2007, Seigniorage, NBER Working Paper Series, Working Paper 12919, http：//www. nber. org/papers/w12919.

［13］Chinn, Menzie, and Jeffrey Frankel, "Why the Euro Will Rival the Dollar", University of Wisconsin and Harvard University.

［14］Click, R. W. , 1998, "Seignioragein a cross – section countries", Journal of Money, Credit and Banking 30 （2）: 154 – 171.

［15］Cohen, Benjamin J. , 1971, The Seignorage gain of an international currency: an empirical test, Quarterly Journal of Economics, 494 – 507.

［16］Eden, Benjamin, 2006, Vanderbilt University and The University of Haifa, Economics, VU station B #351819 2301 Vanderbilt Place, Nashville, TN 37235 – 1819, E – mail: beneden@ Vanderbilt. edu.

［17］Feist, Holger, 2001, "The Enlargement of the European Union and the Redistribution of Seigniorage Wealth," CESifo Working Paper Series （Working Paper No. 48）.

［18］Friedman, M. , 1971, "Government Revenue from Inflation", Journal of Political Economy, Vol. 79, No. 4, pp. 846 – 856.

［19］Gourinchas Pierre – Olivier and Helene Rey "From World Banker to World Venture Capitalist: US External Adjustment and The Exorbitant Privilege" NBER WP 11563, August 2005.

［20］Gros, Daniel, 1993, Seigniorage and EMU, The Fiscal Implications of Price Stability and Financial Market Integration, European Journal of Political Economy, 9, pp. 581 – 601.

［21］Gros, Daniel, 2004, "Profiting from the Euro? Seigniorage Gains from Euro Area Accession", Journal of Common Market Studies, Vol. 42, No. 4, pp. 795 – 813, November 2004.

［22］Grubel Herbert G. , 1969, "The Distribution of Seigniorage from International Liquidity Creation", in Robert A. Mundell and Alexander K.

［23］Swoboda, eds. , Monetary Problems of the International Economy （Chicago: University of Chicago Press）.

［24］Humpage, Owen F. , 2002, "An Incentive – Compatible Suggestion for Seigniorage Sharing with Dollarizing Countries", Policy Discussion Papers No. 4, Federal Reserve Bank of Cleveland.

［25］Krugman, Paul, 1984, "The International Role of the Dollar: Theory and Prospect", in John Bilson and Richard Marston （eds. ）, Exchange Rate Theory and Practice, Chicago: University of Chicago Press, 261 – 278.

[26] McGrattan Ellen, R. and Prescott Edward C. "Average Debt and Equity Returns: Puzzling?", American Economic Review, Papers and Proceedings, May 2003, Vol. 93, No. 2, pp. 392 – 397.

[27] McKinnon, Ronald I. 1969, Private and Official International Money: The Case of the Dollar, Princeton Essays in International Finance No. 74 (Princeton: International Finance Section).

[28] Marty, A. L., 1976, "A note on the welfare cost of money creation", Journal of Monetary Economics 2: 121 – 124.

[29] Miyakoshi, Tatsuyoshi, 2008, "Seigniorage Revenue or Consumer Revenue? Theoretical and Empirical Evidences", Osaka University, March 2008.

[30] Nolivos, Roberto Delhy and Guillermo Vuletin, 2010, "The role of central bank independence on optimal taxation and seigniorage," October, 2010, http: //ssrn. com/ abstract = 1885389.

[31] Papaioannou, Elias, and Richard Porte, 2008, "Costs and benefits of running an international currency", Economic Papers 348, Economic and Financial affairs, European Commission.

[32] Reserve Bank of Australia, 1997, "Measuring Profits from Currency Issue", Reserve Bank of Australia Bulletin.

[33] Sargent, Thomas J. and Neil Wallace, 1981, "Some unpleasant monetarist arithmetic", Federa Reserve Bank of Minneapolis Quarterly Review, 5 (3): pp. 1 – 17.

[34] Sinn, H – W., and H. Feist, 1997, "Eurowinners and Eurolosers: The Distribution of Seigniorage Wealth in EMU", European Journal of Political Economy, 13, pp. 665 – 689.

[35] Stevens, Edward J., 1999, "The Euro", Federal Reserve Bank of Cleveland, Economic Commentary (January 1, 1999).

[36] Thornton, H., 1802, An Enquiry into the Nature and Effects of the Paper Credit of Great Britain.

[37] Triffin, Robert, 1960, Gold and the Dollar Crisis: The future of convertibility, Yale University Press.

第五篇 人民币
国际化的现状

在第四篇介绍了货币国际支付功能、储蓄功能、货币国际化的度量等问题和对日元国际化进程及货币国际化的利弊进行了简单介绍后，本篇的目的是介绍人民币国际化的现状。人民币国际化涉及诸多领域，第23章介绍近年来遍及全球的二十多个境外人民币中心的发展和分布等；第24章简单介绍境外人民币市场的发展和存在的问题；第25章介绍近年来主要国家和地区境外银行业资产分布，进而介绍主要中资机构境外人民币资产和外币资产增长情况并与其他主要货币进行简单比较，从而使我们了解中资金融机构在境外人民币和其他货币资产的分布及与其他主要货币的差距；第26章总体介绍和分析近年来人民币国际化的进展。

23　境外人民币中心的现状和发展

香港是我国设立最早而且也是最重要的境外人民币中心。除香港外,近年来其他离岸人民币中心如雨后春笋般地在世界各地蓬勃发展起来,成为人民币国际化的重要推动力量。本章的主要目的是介绍遍布全球的二十多个境外人民币中心近年来的发展情况和今后的发展趋势,从而为我们判断今后人民币国际化的走势提供依据。本章主要介绍境外人民币中心近年来各项业务开展的情况和未来发展趋势。

23.1　有人民币清算协议安排的境外人民币中心在全球的分布

人民币清算是境外人民币业务的基础,自然也是境外人民币中心各项业务的基础。自 2010 年 7 月人民银行首次与香港人民币业务清算行中国银行(香港)有限公司在香港签署了新修订的《香港银行人民币业务的清算协议》后,中国人民银行与三十多个国家和地区分别签订了类似的人民币业务清算协议,为这些国家和地区人民币中心的建立和发展打下了基础。表 23.1 给出的境外人民币中心人民币清算安排的时间,可以为我们下文介绍境外人民币中心的情况提供很多的基础信息。

表 23.1　　　　　　　　　　境外人民币清算行一览表

国家或地区	清算行	清算银行	日期
中国香港	香港人民币业务清算行	中国银行(香港)有限公司	2010/7/19
中国澳门	澳门人民币业务清算行	中国银行澳门分行	2012/9/24
中国台湾	台湾人民币业务清算行	中国银行台北分行	2012/12/11
新加坡	新加坡人民币业务清算行	中国工商银行新加坡分行	2013/2/8
英国	伦敦人民币业务清算行	中国建设银行(伦敦)有限公司	2014/6/18
德国	法兰克福人民币业务清算行	中国银行法兰克福分行	2014/6/19
韩国	首尔人民币业务清算行	交通银行首尔分行	2014/7/4
法国	巴黎人民币业务清算行	中国银行巴黎分行	2014/9/15
卢森堡	卢森堡人民币业务清算行	中国工商银行卢森堡分行	2014/9/16
卡塔尔	多哈人民币业务清算行	中国工商银行多哈分行	2014/11/4

续表

国家或地区	清算行	清算银行	日期
加拿大	多伦多人民币业务清算行	中国工商银行（加拿大）有限公司	2014/11/9
澳大利亚	悉尼人民币业务清算行	中国银行悉尼分行	2014/11/18
马来西亚	吉隆坡人民币业务清算行	中国银行（马来西亚）有限公司	2015/1/5
泰国	曼谷人民币业务清算行	中国工商银行（泰国）有限公司	2015/1/6
智利	智利人民币业务清算行	中国建设银行智利分行	2015/5/25
匈牙利	匈牙利人民币业务清算行	匈牙利中国银行	2015/6/28
南非	南非人民币业务清算行	中国银行约翰内斯堡分行	2015/7/7
阿根廷	阿根廷人民币业务清算行	中国工商银行（阿根廷）股份有限公司	2015/9/18
赞比亚	赞比亚人民币业务清算行	赞比亚中国银行	2015/9/30
瑞士	瑞士人民币业务清算银行	中国建设银行苏黎世分行	2015/11/30
美国	美国人民币业务清算银行	中国银行纽约分行	2016/9/21
俄罗斯	俄罗斯人民币业务清算银行	中国工商银行（莫斯科）分行	2016/9/23
阿联酋	阿联酋人民币业务清算银行	中国农业银行迪拜分行	2016/12/9

资料来源：新华社中国金融信息网《人民币国际化月报》，2016 年第 10 期。

表 23.1 显示，中国银行在境外人民币清算行中占有 11 个，中国工商银行有 7 个，建设银行有 3 个，交通银行和农业银行各有 1 个。随着境外人民币需求的增加，今后几年境外清算行将随之迅速增加，对推动境外人民币中心的发展发挥着重要的作用。除境外储蓄和清算业务外，境外人民币债券业务是境外人民币中心的主要业务。中国人民银行 2015 年 6 月 3 日发布通知称，已获准进入银行间债券市场的境外人民币业务清算行和境外参加银行可开展债券回购交易，包括债券质押式回购交易和债券买断式回购交易。其中，正回购的融资余额不高于所持债券余额的 100%，且回购资金可调出境外使用。通知指出，境外人民币业务清算行，是指经中国人民银行授权，在已建立境外人民币清算安排的境外地区开展人民币清算业务的机构；境外参加银行是指根据有关规定开展跨境人民币结算业务的境外商业银行（中国银行，《伦敦离岸人民币市场月报》，2015 年 1 月，总第 25 期）。这些新的业务安排将进一步活跃境外人民币清算行的业务。在对境外有人民币清算安排的人民币中心介绍后，本章下文主要介绍境外主要人民币中心业务发展的主要情况。

23.2　香港人民币中心的现状和发展

香港是境外最早的人民币中心，而且多年来保持了境外最大的人民币中心的地位。储蓄是最基本且简单的金融服务，为其他金融服务的基础。2004年以前，流入香港的人民币就高达数百亿元甚至上千亿元。由于缺乏官方统计，不同学者对2004年前流入人民币的额度有着不同的测算，有兴趣的读者请参考李靖（2009）。

为了便利内地与香港特别行政区之间的经贸和人员往来，引导在香港的人民币有序回流，经国务院批准，中国人民银行最初为在香港办理个人人民币存款、兑换、银行卡和汇款业务的有关银行提供了清算安排。2003年11月18日，中国人民银行公布了《关于为香港银行办理个人人民币业务提供清算安排的公告》，该公告为香港人民币业务的开展打下了基础。

23.2.1　人民币存款规模的变化

表23.2给出了2004年2月香港银行体系开办人民币存款业务以来季度人民币存款额及同比变化率。从表23.2可以看出，从2004年第一季度开始，人民币存款不断增加，从最初的43.94亿元人民币（2004年3月数据）持续高速增长至2005年9月底的226.43亿元人民币；2006年11月到2008年5月底又出现了一段高速增长的时期，总额达到了776.75亿元人民币的历史高位；2008年5月到2009年4月存款总额不仅没有增加而且下降到了530.2亿元，显示国际金融危机期间人民币对美元出现了贬值预期对人民币储备的影响；2009年4月到2012年6月香港人民币储蓄呈现持续的增长态势，达到了5577.1亿元；2012年6月到10月香港人民币总储蓄重新回到了下降的趋势，下降到了5547.77亿元；2013年四个季度相关人民币储蓄同比增幅持续上升到了42.7%的近年高位；2014年四个季度相关人民币储蓄同比增幅从2013年第四季度的42.7%持续下降到了16.6%；2014年虽然总储蓄同比增幅比2013年减缓，但是到2014年12月末总额首次超过了1万亿元大关到了10035.6亿元的历史高位；然而从2015年初以来，由于受境外人民币贬值压力的影响，人民币总储蓄七个季度中仅有一个季度环比上升，其他六个季度皆出现了下降，2015年全年累计下降了1524.5亿元到8511.1亿元，比2014年底下降了15.2%；2016年累计下降了3056.2亿元到5656.9亿元，比2015年底下降了35.9%；2016年末比2014年底累计下降了45.6%；2017年1月相对于2014年底累计下降了47.9%，接近一半。

表 23.2 　　　　　　　　香港银行体系人民币季度存款额及分布

(202004 年 2 月到 2017 年 3 月)

单位：亿元人民币，%，家

时间	活期及储蓄存款	定期存款	总计	活期及储蓄存款占比	定期存款占比	总计环比变化	持牌银行数
2004 年 2 月	7.0	1.9	9.0	78.7	21.3		32
2004 年 3 月	21.0	23.0	43.9	47.7	52.3		36
2004 年 6 月	28.5	39.5	68.0	41.9	58.1	54.9	39
2004 年 9 月	31.4	45.3	76.7	40.9	59.1	12.8	38
2004 年 12 月	54.2	67.1	121.3	44.7	55.3	58.1	38
2005 年 3 月	64.4	85.4	149.8	43.0	57.0	23.5	38
2005 年 6 月	93.6	115.4	209.0	44.8	55.2	39.5	39
2005 年 9 月	102.2	124.3	226.4	45.1	54.9	8.3	38
2005 年 12 月	106.2	119.7	225.9	47.0	53.0	−0.2	38
2006 年 3 月	106.8	117.8	224.6	47.6	52.4	−0.6	39
2006 年 6 月	112.9	114.3	227.1	49.7	50.3	1.1	39
2006 年 9 月	113.6	112.6	226.2	50.2	49.8	−0.4	40
2006 年 12 月	122.3	111.8	234.0	52.2	47.8	3.4	38
2007 年 3 月	136.4	116.0	252.4	54.1	45.9	7.9	38
2007 年 6 月	172.3	103.9	276.2	62.4	37.6	9.4	38
2007 年 9 月	184.6	90.5	275.0	67.1	32.9	−0.4	37
2007 年 12 月	225.4	108.6	334.0	67.5	32.5	21.5	37
2008 年 3 月	393.6	182.2	575.9	68.4	31.6	72.4	40
2008 年 6 月	512.4	264.0	776.4	66.0	34.0	34.8	40
2008 年 9 月	475.1	224.4	699.5	67.9	32.1	−9.9	40
2008 年 12 月	381.2	179.4	560.6	68.0	32.0	−19.9	39
2009 年 3 月	351.7	179.4	531.1	66.2	33.8	−5.3	39
2009 年 6 月	359.2	184.6	543.8	66.1	33.9	2.4	40
2009 年 9 月	405.6	176.2	581.7	69.7	30.3	7.0	44
2009 年 12 月	406.6	220.6	627.2	64.8	35.2	7.8	60
2010 年 3 月	446.1	261.5	707.6	63.0	37.0	12.8	73
2010 年 6 月	524.3	372.8	897.0	58.4	41.6	26.8	77
2010 年 9 月	719.5	773.8	1493.3	48.2	51.8	66.5	92
2010 年 12 月	1175.7	1973.7	3149.4	37.3	62.7	110.9	111
2011 年 3 月	1374.5	3139.7	4514.2	30.4	69.6	43.3	118

时间	活期及储蓄存款	定期存款	总计	活期及储蓄存款占比	定期存款占比	总计环比变化	持牌银行数
2011 年 6 月	1803.5	3732.6	5536.0	32.6	67.4	22.6	128
2011 年 9 月	1915.3	4307.1	6222.4	30.8	69.2	12.4	131
2011 年 12 月	1764.0	4121.3	5885.3	30.0	70.0	− 5.4	133
2012 年 3 月	1567.9	3975.3	5543.2	28.3	71.7	− 5.8	135
2012 年 6 月	1366.2	4210.9	5577.1	24.5	75.5	0.6	133
2012 年 9 月	1190.0	4267.0	5457.0	21.8	78.2	− 2.2	136
2012 年 12 月	1235.4	4794.5	6030.0	20.5	79.5	10.5	139
2013 年 3 月	1443.1	5237.4	6680.6	21.6	78.4	10.8	140
2013 年 6 月	1275.1	5704.5	6979.6	18.3	81.7	4.5	140
2013 年 9 月	1352.2	5948.0	7300.2	18.5	81.5	4.6	143
2013 年 12 月	1510.6	7094.2	8604.7	17.6	82.4	17.9	146
2014 年 3 月	1670.8	7778.3	9449.1	17.7	82.3	9.8	147
2014 年 6 月	1507.0	7752.2	9259.1	16.3	83.7	− 2.0	148
2014 年 9 月	1443.1	8001.7	9444.7	15.3	84.7	2.0	149
2014 年 12 月	1769.7	8265.9	10035.6	17.6	82.4	6.3	149
2015 年 3 月	1574.4	7945.5	9519.9	16.5	83.5	− 5.1	147
2015 年 6 月	1804.5	8124.8	9929.2	18.2	81.8	4.3	146
2015 年 9 月	1658.5	7295.2	8953.7	18.5	81.5	− 9.8	145
2015 年 12 月	1609.1	6902.0	8511.1	18.9	81.1	− 4.9	145
2016 年 3 月	1871.2	5723.0	7594.3	24.6	75.4	− 10.8	145
2016 年 6 月	2042.8	5072.7	7115.5	28.7	71.3	− 6.3	145
2016 年 9 月	2018.3	4636.7	6655.0	30.3	69.7	− 6.5	145
2016 年 12 月	1354.2	4111.2	6467.1	24.8	75.2	− 17.9	144
2017 年 3 月	1311.0	3761.7	5072.7	25.8	74.2	− 7.2	141

数据来源：根据香港金融管理局网站 www. hkma. gov. hk 公布的数据计算得出。

23.2.2 香港人民币存款变化与境外人民币升/贬值的关系

表 23.2 给出的 2005 年到 2017 年 1 月相关人民币存款同比增长率在很大程度上反映出境外人民币升值的预期（见图 11.2 到图 11.5）：人民币升值预期高的时候，香港人民币的存款增长率就高；而人民币贬值预期出现时，人民币储

蓄就会萎缩。此关系反映最明显的是 2008 年 9 月国际金融危机爆发前四个月和两个月，香港人民币活期存款和定期存款就分别出现了下降；由于中国内地及时应对国际金融危机，加上美联储 2009 年 3 月宣布购买大量美国债券，2009 年 3 月下旬境外人民币对美元从贬值重新回到了升值，从 2009 年第二季度开始香港人民币存款重新开始环比增长；2009 年 7 月初，中国开始实施人民币跨境贸易结算，香港成为人民币跨境贸易结算最主要的地区，特别是人民币跨境进口结算在香港高速增长，导致香港人民币存款的高速增加。

实际上，从香港人民币储蓄的月度数据可以更容易地看出香港人民币储蓄对人民币对美元升值和贬值的反应：2008 年国际金融危机爆发前，香港人民币活期存款环比增幅总体高于相应的定期存款，而国际金融危机后前者环比增幅却大多时间内低于后者。比较图 11.2 给出的十多年来人民币对美元升值和贬值预期的数据与表 23.1 给出的香港相应人民币活期和定期存款变化率，我们会发现香港人民币活期存款对境外人民币对美元升值和贬值预期反应更为敏感，成为我们判断境外人民币升值或贬值的另外一个重要参数。

23.2.3 香港活期和定期人民币存款比较

表 23.2 显示，2005 年 2 月到 2010 年第二季度末的五年多时间里，香港人民币活期存款额显著超过定期存款额（此段时间内总活期存款占总存款比重超过六成），而 2010 年第三季度末以来，由于受人民币贬值的影响活期存款增幅显著低于定期存款的增幅，活期存款到 2014 年 9 月底降到了最低水平 15.3%，之后又持续回升到了 2016 年 9 月 30.3%，而从 2016 年 9 月到 2017 年 1 月又持续下降到了 22.8%，表明香港人民币存款中活期存款对人民币升值和贬值很敏感，而定期存款的敏感性却相对低些。

23.2.4 香港经营人民币业务认可机构

表 23.2 也显示，从 2004 年 2 月到 2009 年 6 月的五年多时间内，香港可以经营人民币业务的认可机构数保持在 30～40 家，没有显著的变化；而 2009 年 6 月之后迅速增加，到 2010 年 8 月底首次超过 80 家到 84 家，2013 年 6 月底达到 140 家，比 2008 年 6 月前后的 40 家增长了两倍多；2013 年 6 月到 2014 年 8 月，香港可以经营人民币业务的认可机构数缓慢增长到了 149 家；在 2014 年 8 月到 12 月香港经营人民币的机构总数保持在 149 家；2015 年初到 8 月，香港人民币储蓄略有下降的同时，在香港经营人民币的认可机构数也略降到了 145 家；2015 年 8 月到 2016 年 9 月机构数保持在 145 家未变，到 2016 年底和 2017 年 3 月末分别下降到了 144 家和 143 家。

23.2.5　香港人民币存款额度占香港其他货币存款比重

表 23.2 给出的 2004 年年底香港人民币存款额 121.3 亿元实际上仅占香港港元存款、外币存款和总存款的 0.25%、0.34% 和 0.30%；2010 年到 2013 年年底在港人民币存款从 3149.38 亿元增长到了 8604.72 亿元人民币，分别占香港港元存款、外币存款和总存款的比重从 1.38%、0.83% 和 1.12%，分别上升到了 24.93%、22.85% 和 11.92%；2014 年底和 2015 年底，香港人民币存款额占香港港元存款、外币存款和总存款的比重进一步上升到了 26.50%、24.13% 和 12.63%，显示人民币在港的地位持续上升；然而截至 2015 年底，香港人民币存款额占香港港元存款、外币存款和总存款的比重分别下降到了 22.64%、22.13% 和 11.19%；而 2016 年末却大幅度下降到了 12.91%、12.70% 和 6.40%，总体低于 2011 年 2 月末相应比例 12.66%、13.44% 和 6.52%；2017 年 1 月末相应的比重分别进一步下降到了 11.97%、11.92% 和 5.97%，与 2011 年 1 月末相应的比例 11.44%、12.44% 和 5.96% 相当，显示 2014 年以来人民币贬值环境下人民币在港的储蓄地位有了显著的下调，相关人民币存款各项指标回到了 2011 年初的水平。

另外，香港人民币存款与香港美元存款值得比较。数据显示，香港人民币存款与美元存款比例从 2009 年底的 3.10% 持续提高到了 2015 年 7 月的 46.98%，接近一半的峰值，然而 2015 年 7 月到 2016 年底该比例持续下降到了 17.05%，2017 年 1 月又进一步下降到了 15.92%，与 2010 年底的 17.05% 相当。相信随着境内深化改革的持续推进和人民币国际化的持续稳步推进，在港人民币储蓄总额今后几年会成为在港港元之外最主要的储蓄货币。在港人民币储蓄超过美元一半甚至超过美元将是人民币国际化成功的重要标志。

23.2.6　香港人民币存款额度占内地人民币存款比重

利用表 23.2 给出的香港人民币存款总额和人民银行网站公布的同期内地人民币总存款数据，我们可以容易地算出不同时期香港人民币存款总额与内地人民币总存款额比例。结果显示，2006 年到 2009 年，香港人民币存款总额与内地人民币总存款额比例分别仅为 0.07%、0.08%、0.12% 和 0.10%；而从 2010 年到 2014 年该比例从 0.43% 快速增长到了 0.86%；然而 2015 年底和 2016 年底该比例又分别下降到了 0.61% 和 0.35%，2016 年比例与 2011 年 11 月和 12 月的平均比例 0.34% 相当，显示两年多来香港人民币总储蓄与内地人民币总存款持续下降到了 2010 年第四季度的水平。相信今后几年该比例会上升到 5% 左右，对推动境外人民币国际化发挥更重要的作用。

23.2.7　香港人民币大额可转换存单及其发展

随着香港人民币储蓄的增长和人民币境外企业贷款等应用的逐步扩展，人民币大额可转换存单（Certificate of Deposit，CD）业务也从 2010 年下半年开始在港启动。中信国际（中信银行在港子公司）2010 年 7 月 6 日在港发行了首个人民币大额可转换存单（"First Offshore RMB Certificate of Deposit issued in HK"，新华网英文网站 English. xinhuanet. com，2010 年 7 月 6 日）。该业务在港前几年有了迅速的发展。根据香港金管局公布的数据，2010 年年底到 2012 年年底，香港人民币大额可转换存单总额分别达到了 68 亿元、731 亿元和 1173 亿元人民币（Chan，2013）；2013 年底，人民币大额可转换存单累计存量提高到了 1925 亿元，而到 2014 年底又下降到了 1547 亿元；2015 年底比 2014 年底略增到了 1593 亿元，2016 年底比 2015 年下降了 50.8% 到 784 亿元（香港金管局 2016 年报，第 96 页表 1），比同期香港人民币储蓄降幅 35.8% 高出 15.0%，显示近年来境外人民币贬值对境外人民币大额存单业务的显著影响。

如果加上人民币大额可转换存单累计存量，表 23.2 给出的人民币储蓄总额会发生显著的增长，2014 年年底人民币储蓄和大额可转换存单总额达到了 11583 亿元人民币，而 2015 年底下降到了 10104 亿元，2016 年底进一步降到了 6251 亿元人民币，显示香港人民币储蓄和大额存单总体呈现明显的下降态势，而且大额存单业务下降的幅度比人民币储蓄更高。

23.2.8　香港人民币贷款规模

上文主要介绍了相关人民币存款规模及其变化。根据香港金管局公布的数据，2011 年到 2015 年香港人民币贷款从 308 亿元分别持续增长到了 790 亿、1156 亿、1880 亿和 2974 亿元人民币，占同年相关人民币存款金额比重从 5.2% 分别提高到了 13.1%、13.4%、18.7% 和 34.9%；2015 年相关人民币贷款金额比 2014 年增长了 58%（HKMA 2015 年年报）；2016 年香港人民币贷款比 2015 年略降了 0.9% 到 2948 亿元人民币，人民币贷款与人民币存款比例从 2015 年末的 34.9% 上升到了 53.9%，显示近年来香港人民币贷款业务有了持续可喜的增长，而且 2015 年以来人民币贷款下降的幅度远低于人民币存款的降幅。

23.2.9　香港人民币跨境支付占比的变化

香港是境外最早的人民币中心，也是境外人民币清算安排最早的人民币中心。由于香港人民币清算安排最早，2011 年香港占人民币跨境支付比重曾经高达 86%；然而随着其他境外人民币中心的逐步崛起，香港占跨境人民币支付的比重自然出现了下降的趋势，到 2012 年 1 月末和 12 月末，香港占跨境人民币支付比重分别下降到了 78% 和 73% ；而到了 2015 年和 2016 年 12 月，香港占比分别下降到了 71.6% 和 71.3% ；然而 2016 年 12 月到 2017 年 3 月香港占比又回升到了 75.9% 的水平，显示近来其他境外人民币中心人民币总支付下降的幅度超过了香港的情况。境外人民币支付的龙头地位仍未有变化。我们在本章下文还会介绍其他境外人民币中心占人民币跨境支付的比重和分布。

23.3 伦敦离岸人民币市场的发展

表 23.1 显示，英国是第五个有人民币清算安排的境外人民币中心。但是，由于伦敦多年来保持了全球最大的外汇交易中心地位和英国对境外人民币业务积极推动的态度，近一两年来，伦敦在跨境人民币支付方面却提升到了仅次于香港的境外第一大人民币中心。由于英国在法律和金融专业人士方面的优势，加上其在全球债券发行和外汇市场的领导地位，伦敦人民币中心将在人民币国际化进程中发挥重要的作用。

23.3.1 两国政府互动与合作

中英经济财金对话依照中英两国总理（首相）于 2008 年达成的共识而建立，是一种双边经济、财政和金融领域的对话机制，分别于 2008 年 4 月、2009 年 5 月、2010 年 11 月、2011 年 9 月、2013 年 10 月、2014 年 9 月、2015 年 9 月和 2016 年 11 月举行了 8 次对话，为中国与其他国家此类双边关系中少见，对中英两国双边关系和两国经济金融发展起到了良好的推动作用。2015 年 8 月以来，第七轮中英两国战略对话、中英两国高级别人文交流机制第三次会议和第七次中英两国经济财金对话先后举行。在北京举行的中英两国第七次经济财金对话中，英国财政大臣奥斯本表示，英国要成为中国在西方最好的合作伙伴（中国网络电视台，2015 年 10 月 14 日）。2016 年 11 月第八次中英经济财金对话取得了可喜的成绩，双方同意建立"中英面向 21 世纪全球全面战略伙伴关系"，在贸易与投资、金融服务、基础设施和能源及产业战略等领域进行合作。在金融服务领域，双方肯定中方首次在中国境外发行 30 亿元离岸人民币主权债券和 50 亿元短期央行票据取得成功。这体现了中英双边经济联系的日益紧密和财金合作的深化。双方欢迎各类市场主体积极考虑在伦敦发行人民币债券，增加人民币流动性、产品和服务，从而促进离岸人民币市场发展（新华社伦敦 11 月 11 日电，第八次中英经济财金对话政策成果）。

早在 2013 年 6 月，中英两国就签订了 2000 亿元的人民币外汇互换协议，2015 年 10 月中英两国人民币外汇互换协议金额又提高到了 3500 亿元（该协议金额仅低于我国内地与香港和韩国签订的协议金额 4000 亿和 3600 亿元人民

币），是与我国签订该类协议最早的西方主要国家。2013 年 10 月英国财政大臣
访华，伦敦获得了人民币境外合格投资者（RFQII）800 亿元的额度。此前仅有
中国香港拥有 RFQII 额度，英国成为亚洲之外第一个获得 RFQII 额度的国家。
截至 2016 年 10 月 27 日，英国已经获得累计 301 亿元的人民币合格境外机构投
资者批准额度，为西方国家中获批的最大额度的国家。2014 年 10 月 14 日英国
首只人民币国债的成功发售为伦敦人民币中心又增添了新的亮点，为主要发达
国家首次发行人民币国债，将带动其他境外人民币中心人民币业务向深度和广
度发展，为人民币成为国际储备货币迈开了坚实的一步。2015 年 3 月，英国率
先宣布将加入亚投行，成为西方主要国家中第一个国家，为其他西方国家加入
亚投行发挥了很好的带动作用。

23.3.2　伦敦人民币中心的建立和发展

伦敦很早就开始密切关注人民币这一未来新的国际货币的崛起，中国谨慎
推进人民币国际化的愿望为双方带来了合作的契机。早在 2012 年 4 月，伦敦金
融城正式宣布启动人民币离岸中心建设。人民币要成为真正意义上的国际货币，
首先必须要在全世界范围内得到使用，而伦敦作为全球最主要的外汇中心，可
以为中国实现这一目标作出贡献。伦敦拥有时区优势，可以扩展人民币的交易
时间；伦敦的国际金融界对新的市场需求反应迅速，擅于创新和培育高效的市
场；伦敦的国际机构有能力通过集体合作，为市场提供大量流动性。2014 年 3
月 31 日，中国人民银行与英格兰银行签署了在伦敦建立人民币清算安排的合作
备忘录，同年 6 月 18 日中国人民银行授权建设银行伦敦分行作为伦敦人民币结
算银行，成为境外由中国人民银行授权的我国主要银行结算的第五、欧洲首个
中心，为伦敦人民币中心注入了新的活力和动力。

虽然伦敦人民币业务起步比新加坡晚，但是数据表明，伦敦在全球人民币
离岸市场的份额增长强劲，正逐渐成为该市场的重要组成部分。环球同业银行
金融电信协会数据显示，英国人民币支付金额 2012 年 12 月首次超过了新加坡成
为中国香港以外最大的人民币中心，然而 2013 年英国的位置被新加坡重新夺
回。自 2011 年伦敦启动建设离岸人民币市场以来，英国在发行人民币计价金融
产品、发行人民币债券、批准设立中资银行分行等多个领域屡开先河。

2014 年 8 月中国建设银行与伦敦证券交易所签订了战略合作协议，积极谋
求产品创新等合作。2015 年 3 月 25 日，欧洲第一只人民币 RQFII 货币市场交易
所基金正式在伦交所挂牌交易。这是中国建设银行 2014 年 6 月获批担任英国首
家人民币清算银行后欧洲离岸人民币业务的又一重大突破（"英国首只人民币货
币市场交易所基金挂牌交易"，新华网，2015 年 3 月 26 日）。2014 年 6 月，中
国建设银行在伦敦启动人民币清算业务，从 2016 年 6 月至 2014 年年底，交易量

达 7000 亿元人民币。从 2015 年 1 月至今，总量已经达到 4 万亿元人民币，增长速度非常快。到 2015 年年底，预计可以达到 5 万亿元人民币（"建设银行：习近平访英为中英深化金融合作提供契机"，中国新闻网，2015 年 10 月 17 日）。

截至 2016 年 7 月，伦敦人民币支付占比重新超过了新加坡 2%，保持了香港以外境外第一大人民币中心的地位。随着企业和机构客户对人民币产品和服务认识的加强，伦敦人民币交易量将进一步上升，伦敦的银行和其他金融机构也将随之提供更丰富的人民币产品和服务，伦敦在境外人民币业务的作用有望进一步提高。

23.3.3　伦敦人民币外汇交易业务的快速增长

伦敦在全球外汇市场的优势是其他任何国际金融中心无可比拟的，近年来伦敦在全球境外人民币外汇市场的作用也很独特。2011 年到 2014 年，伦敦人民币外汇日均交易总额从 42.4 亿美元增长到了 279.2 亿美元，年均复合增长率高达 87.5%，比香港相应的年均复合增长率高出一倍多（伦敦外汇联合常设委员会（FXJSC）；而伦敦金融城公布的同期伦敦人民币外汇日均成交金额竟从 25.2 亿美元增长到了 488.9 亿美元，年均符合增长率高达 168.9%（伦敦金融城网站 www. cityoflondon. gov. uk/economicresearch 公布的相应数据计算得出）。伦敦金融城公布的数据有巨大的水分，对整个境外人民币外汇市场的发展有很大的误导作用，我们在第 24 章会详细分析相关问题）。

当然伦敦人民币中心也有其不足的地方，如人民币储蓄金额过低（2013 年年底伦敦人民币存款仅有 146 亿元，不仅少于中国香港、新加坡和中国台湾，甚至还不到卢森堡相应存款的 1/4（中国银行：《伦敦离岸人民币市场月报》，2014 - 06）。尽管交易对资金池的依赖度不高，但资金池确实是所有人民币业务的基础。由于伦敦在全球外汇市场的地位，习近平主席 2015 年 10 月对英国的正式国事访问将两国战略合作提升到了新的水平，今后伦敦人民币外汇交易占整个境外人民币外汇市场的份额有望进一步提升。当然，由于英国脱欧，伦敦金融中心地位将会如表 20.3 所示进一步显著下降，伦敦人民币中心的地位也会随之受到影响。

23.4　新加坡离岸人民币市场的发展

新加坡多年前就开始积极准备和推动境外人民币业务的发展。作为新加坡推动境外人民币的重要举措之一，新加坡金管局早于 2010 年 7 月就与中国人民银行签订了金额高达 1500 亿元人民币的货币互换协议，两国货币当局又于 2013 年 3 月将之前签订的互换协议金额扩大到了 3000 亿元人民币，金额仅次于中国香港、韩国、英国和欧元区相应的金额。作为全球第三、亚太最大的外汇交易中心和东南亚最大的贸易和金融中心，新加坡在今后亚太地区人民币国际化推动过程中将发挥重要的作用。表 23.1 显示，2013 年 2 月 8 日，中国人民银行宣布中国工商银行新加坡分行为新加坡人民币清算银行，使得新加坡成为境外第四个有人民币清算行的人民币中心。2013 年 5 月 27 日，新加坡离岸人民币清算服务正式启动，新加坡的人民币银行服务也于同日正式启动。

表 17.8 显示，东盟 2011 年超过日本成为我国继欧美之后第三大贸易伙伴，2012 年东盟与我国贸易总额首次超过 4000 亿美元，占我国对外贸易比重 10.35%，2015 年和 2016 年前 8 个月占比进一步增长到了 11.21% 和 12.08%，为近年来与我国贸易增长最快的主要合作伙伴，与我国贸易金额仅次于欧盟和美国。新加坡是我国在东盟十国中仅次于马来西亚的第二大贸易伙伴，新加坡人民币中心人民币贸易结算和其他业务潜力巨大。2013 年新加坡首次超过日本成为亚洲最大的外汇交易中心，新加坡人民币业务的启动不仅对人民币贸易结算有很大的推动作用，对境外其他人民币产品和交易也将产生巨大的推动作用。

新加坡人民币中心近年来人民币储蓄也有了持续较快的增长。图 23.1 给出了新加坡金管局公布的截至 2016 年 12 月底新加坡人民币中心人民币储蓄金额。图 23.1 显示，2013 年 6 月到 2014 年 12 月，新加坡人民币储蓄持续显著增长，然而从 2014 年 6 月到 2015 年 9 月，新加坡人民币储蓄总体处于停滞状态，保持在 2250 亿元人民币上下，2015 年 9 月到 2016 年 9 月持续下降到了 1200 亿元人民币，显示一年来境外人民币贬值对新加坡人民币储蓄早就产生了影响，但新加坡仍保持了仅次于中国香港和台湾两大境外人民币中心外第三大人民币储蓄中心的地位。值得关注的是，2015 年 12 月新加坡金管局更新的人民币储蓄数据显示，2015 年 9 月及之前公布的人民币储蓄，特别是 2014 年 6 月到 2015 年 6 月的人民币储蓄数据显著高估，表明之前境外人民币中心竞争人民币业务排名导致相关数据高估的情况。

根据环球同业银行金融电信协会（SWIFT）2014 年 4 月发布的"人民币追踪"显示，虽然 2012 年 6 月伦敦首次超过新加坡成为中国香港外最大的境外人民币中心，而 2013 年 3 月到 2014 年 3 月，新加坡人民币支付金额增长了 375%，重新夺回中国香港外人民币最大的支付中心地位，而且新加坡截至 2015 年 6 月底仍保持境外中国香港以外最大的人民币中心的地位，其支付占比 22.85% 比伦敦占比 16.89% 高出 5.96%。然而截至 2017 年 1 月，新加坡和香港以外第二大人民币中心的地位又被伦敦取代。表 23.3 还会比较境外人民币中心的支付比重。

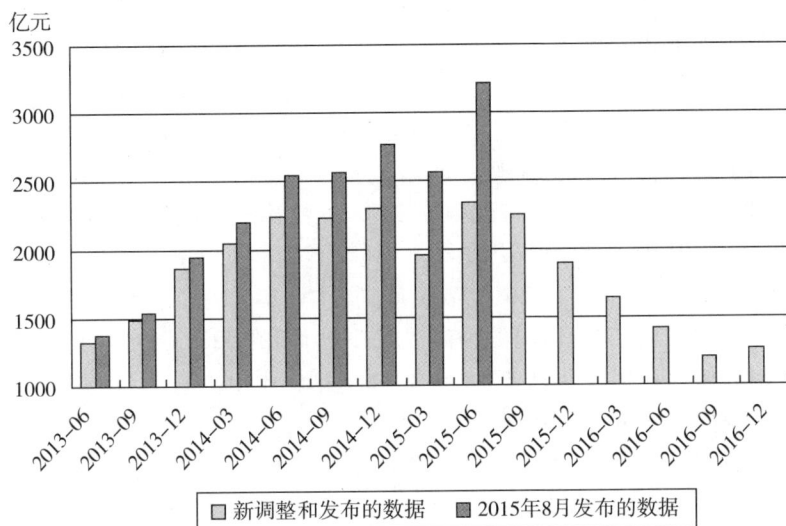

数据来源：新加坡金融管理局网站 www. mas. sg. gov。

图 23.1   2013 年 6 月到 2016 年 12 月新加坡人民币储蓄额

23.5   亚太地区其他人民币中心的发展

亚太地区是我国贸易最主要的地区，自然成为近年来人民币境外使用最活跃的地区。在介绍了中国香港和新加坡两大亚太境外人民币中心后，本节我们介绍亚太地区其他主要人民币中心人民币业务的发展。

23.5.1   中国台湾人民币市场的发展

两岸金融合作虽然比我国内地与香港晚，但却比其他很多地区要早很多。早在 2008 年 6 月就有 14 家金融机构正式核准办理人民币现钞买卖业务，台湾金融监管当局逐步取消了对银行等金融机构的人民币业务限制，并在 2011 年 7 月开放国际金融业务分行（OBU）及海外分行办理人民币业务之后，有明显提速的趋势。自 2012 年 8 月《海峡两岸货币清算合作备忘录》签署以来，两岸金融合作加速，人民币业务管制松绑，人民币金融创新受到鼓励，台湾人民币离岸市场发展迅速。2013 年 2 月 6 日，中国人民银行宣布中国银行台北分行为人民币清算银行，使得台湾成为境外第三个有人民币清算行的人民币中心。2013 年 2 月，台湾启动外汇指定银行（DBU）开办人民币业务，随后进一步放开人民币金融衍生品业务管制，人民币业务种类及服务对象大幅拓展，为岛内人民币业务规模的迅速增长奠定了良好的基础。2013 年 5 月 24 日，台湾金融监管当局与中国银行台北分行签署货币清算协议后，台湾人民币业务正式启动。截至 2014 年 2 月，台湾外汇指定银行（DBU）以及国际金融业务分行（OBU）人民币存款共为 2470.51 亿元，同比增长约 533%，而在 2012 年 1 月时这个数字才仅为 65.98 亿元。增速惊人的是 2013 年 10 月至 2014 年 1 月，短短 4 个月人民币存款规模就增加了近 1000 亿元（陆婷，2014）。

图 23.2 给出了 2014 年 4 月到 2017 年 3 月台湾人民币中心人民币储蓄数据。图 23.2 显示，2014 年 4 月到 2015 年 6 月，台湾人民币中心人民币储蓄显著上升到了 3382.2 亿元，然而从 2015 年 6 月到 2016 年 8 月，台湾人民币储蓄出现了明显的回落，与表 23.1 给出的香港人民币储蓄和图 23.1 给出的新加坡人民币储蓄变化趋势相似；但是，从 2015 年 11 月到 2016 年 1 月，台湾人民币储蓄重回适度回升态势，达到了 3201 亿元；2016 年 1 月到 7 月，台湾人民币储蓄重回下降态势，而 2016 年 7 月到 2016 年 12 月总体呈现回升态势，2017 年前 3 个月又处于略降的态势，但是 2017 年 3 月底相对于 2014 年 6 月台湾人民币储蓄累计降幅仅为 8.6%，显著低于中国香港和新加坡；2014 年底到 2017 年 3 月底，台湾人民币储蓄与香港人民币储蓄比例从 30.1% 持续提高到了 60.9%，保持了境外仅次于香港特区的境外第二大人民币储蓄中心的地位，显示台湾人民币储蓄相对稳定的态势和今后发展的潜力。

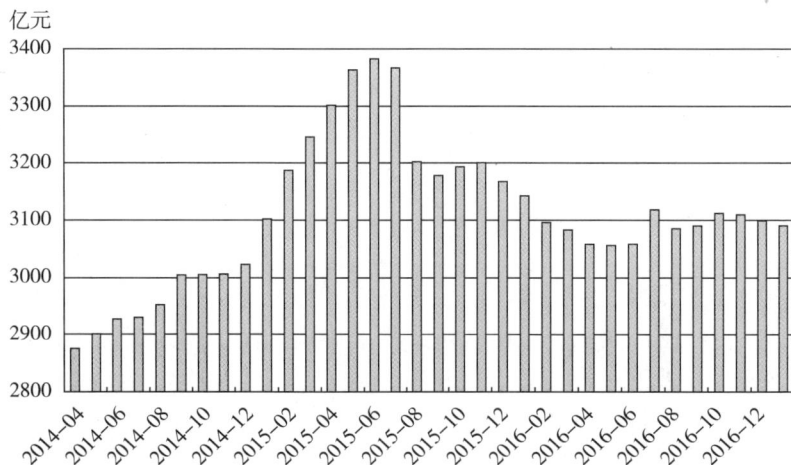

数据来源：台湾银行网站 www.bot.com.tw。

图 23.2　2014 年 4 月到 2017 年 3 月台湾人民币中心人民币储蓄

环球同业银行金融电信协会（SWIFT）2013 年 3 月发布的"人民币追踪"显示，中国台湾过去 6 个月的人民币支付额增加 120%，超越美国及澳大利亚，跳升三级成为第四大人民币离岸中心（全球当时共有 136 个人民币支付的国家和地区）。如果不计香港及中国内地相关人民币业务，2013 年 2 月中国台湾的人民币支付额紧随法国（第 3 位）之后，但仍然与新加坡（第 2 位）和英国（第 1 位）有较大的差距。环球同业银行金融电信协会 2015 年 8 月发布的数据显示，中国台湾 2015 年 7 月人民币支付占比保持其 2014 年 1 月第 4 的排名，仅次于新加坡、英国和美国；然而该协会 2015 年 12 月发布的数据显示，2015 年 11 月中国台湾人民币中心人民币支付占比在低于英国和新加坡的同时，却首次低于韩国，同时却超过美国，仍然保持境外中国香港外第四大人民币中心的地位；2016 年 8 月到 2017 年 1 月，中国台湾人民币支付占比重新超过韩国，但却显著低于美国，保持了中国香港外境外第四大人民币支付的地位。

中国大陆多年来是台湾地区最大的贸易合作伙伴。由于台湾经济严重依赖制造业，两岸人民币清算系统的建立，人民币的直接支付将大大降低台湾制造商与大陆贸易的交易和清算成本，规避由于美元汇率的波动带来的中间汇兑损失。因此，两岸人民币相关业务的合作基础广阔。台湾人民币业务快速发展的同时，也存在如"套利套汇动机强，人民币真实需求不足"、境外流通及回流机制缺乏等诸多问题。

23.5.2　韩国人民币中心的发展

韩国是我国最主要的贸易伙伴之一。为了加速两国经贸和金融合作，韩国早于 2008 年 12 月就与我国签订金额高达 1800 亿元人民币的外汇互换协议，成为国际金融危机后与我国签订外汇互换协议最早的国家之一；2011 年 10 月两国货币当局将之前签订的人民币外汇互换协议增加到 3600 亿元人民币，金额仅次于中国内地与香港特区 4000 亿元人民币互换协议，显示两国合作的积极性和力度。根据环球同业银行金融电信协会（SWIFT）2014 年 7 月公布的数据，2013 年 6 月到 2014 年 6 月韩国人民币支付金额增长了 563%，占中国香港外所有人民币中心支付额的 2.5%，成为中国香港外人民币外汇中心中第八大人民币中心，显示一年间韩国人民币业务高速增长的态势。尽管如此，韩国与我国签订人民币互换协议最早，而且签署的金额仅次于中国香港，但是韩国人民币中心两年前相对其他亚太地区人民币中心却发展相对缓慢。2014 年 7 月 3 日，中韩两国发表联合声明，同意致力于建立韩元兑人民币直接交易市场，并在首尔设立人民币清算安排，由交通银行首尔分行作为首尔人民币清算行。韩国进出口银行 2015 年 6 月 4 日再次发行离岸人民币债券融资，此次发债规模为 12.5 亿元人民币。

中韩两国金融合作取得了新的进展。一是中韩两国同意近期在中国外汇交易中心建立人民币对韩元直接交易机制。韩国政府将尽快修改其境内相关立法。中方愿意与韩方加强合作，便利两国货币直接交易。二是为发展两国债券市场、推进人民币国际化，中方欢迎和支持韩国在中国银行间债券市场发行人民币主权债。韩方将为当地人民币债券市场的发展提供便利，我方支持境内机构赴韩发行债券。三是双方同意将目前在青岛市开展的企业自韩国银行机构借入人民币资金试点推广到山东全省，以降低中国企业融资成本，便利韩国银行机构有效管理其人民币资金。同时，双方考虑在山东省开展股权众筹融资试点，推进山东省区域性股权市场和韩国柯斯达克（KOSDAQ）市场合作。四是中方决定将韩国人民币合格境外机构投资者（RQFII）投资额度调增至1200亿元。五是在风险可控的前提下，促进中韩债券市场基础设施，包括登记、托管、结算机构之间的互联互通机制建设（"中韩金融合作取得新进展"，人民银行网站，2015年10月30日）。

环球同业银行金融电信协会2015年8月公布的该年7月数据显示，韩国占境外人民币支付比重2.3%已经接近澳大利亚占比1.1%的两倍，离中国台湾地区人民币支付比重2.6%不远；该协会发布的数据显示，2015年4月韩国人民币中心人民币支付占比7.46%，首次超过法国，成为中国香港、英国、新加坡、美国和中国台湾后境外第六大人民币中心；虽然2017年1月，韩国人民币支付占比又低于法国，但是2017年3月韩国人民币支付占比重回第六的地位，且与排名第五台湾占比进一步拉近。相信随着首尔人民币清算安排的落实，韩国人民币中心将保持良好的增长势头，今后几年韩国在境外人民币市场的地位还会进一步上升。

23.5.3 澳大利亚离岸人民币中心的发展

表17.8显示，澳大利亚多年来保持了我国第八大贸易伙伴地位，近年来与我国贸易增速较高。为了加强两国经贸和金融合作，中澳两国早在2012年3月就签订了2000亿元人民币互换协议，澳大利亚成为与我国签署人民币互换协议最早的发达国家之一。经过一段时间的准备，澳大利亚人民币业务有了较快的增长。根据环球同业银行金融电信协会（SWIFT）2013年1月8日发布的数据，经过一段不够活跃期后，2012年8月到11月澳大利亚人民币支付金额迅速增长，从之前全球第12位上升到了第4位（除中国内地和香港特区）；截至2014年4月，澳大利亚人民币支付总额比之前一年增长了2.5倍；2014年6月澳大利亚人民币支付占中国香港以外总额的4.8%，成为继新加坡、英国、美国、中国台湾和法国后的第六大人民币中心，截至2015年7月澳大利亚保持了中国香港外境外第六大人民币中心的地位；该协会2015年12月发布的数据显示，2015年11月澳大利亚人民币中心人民币支付占比从2015年7月的4.0%下降到了3.4%，在境外中国香港以外人民币中心的排名从第六位下降到了第八位；而截至2017年1月，澳大利亚人民币清算占比进一步下降，但仍保持了境外排名第

八的地位。

为了推动澳大利亚人民币业务和与中国香港在人民币业务方面的合作，澳大利亚政府分别于 2013 年 4 月和 2014 年 5 月在中国香港进行了两次"香港—澳大利亚人民币贸易和投资对话"，就双方共同关心的人民币相关业务进行交流和合作，这在开展境外人民币业务的国家和地区中还不多见。表 20.1 和表 20.9 到表 20.12 显示澳元的国际地位近年来快速提升。加强与澳大利亚贸易和金融合作对于人民币国际化将有积极的意义。

23.5.4 马来西亚人民币中心的发展

马来西亚近年来与我国贸易增长迅速，两国其他方面的合作也较为密切。2013 年马来西亚与我国贸易总额首次超过 1000 亿美元大关，成为我国继澳大利亚后第 9 大贸易伙伴。马来西亚早于 2009 年 2 月就与我国签订了金额为 800 亿元人民币的外汇互换协议，为马来西亚推动人民币业务打下了一定的基础。另外，人民币除与四大主要国际货币和港元直接交易外，马来西亚林吉特是人民币与其他货币交易最早的货币，自 2010 年 8 月 19 日起，国家外汇管理局公布人民币对林吉特汇率中间价，成为第六种在境内挂牌交易的货币，为相关交易和结算提供支持。根据环球同业银行金融电信协会（SWIFT）2012 年 9 月公布的数据，2012 年 8 月马来西亚人民币支付金额仅次于伦敦和新加坡，为当时除中国香港外境外第三大人民币中心，显示马来西亚人民币中心的前期较为活跃；2014 年 6 月马来西亚人民币支付金额在香港外中心的占比为 2.1%，成为香港外境外第十大人民币中心，2015 年 7 月马来西亚保持了中国香港外境外第十大人民币中心的地位；而 2016 年 8 月以来马来西亚人民币清算占比却排在前 14 名之后，显示近年来马来西亚人民币业务发展相对较慢，仍有巨大的增长空间。

23.5.5 中国澳门和蒙古人民币中心

澳门特区虽然经济规模较小，与内地贸易量也不大，但是澳门人民币中心的发展却较为迅速。早于 2009 年 12 月，中国银行澳门分行就被指定为澳门人民币清算行，使澳门成为继香港后境外第二个有人民币清算行的人民币中心。根据环球同业银行金融电信协会（SWIFT）2012 年 9 月公布的数据，2012 年 8 月澳门人民币支付金额排名第 5（香港外），高于当时台湾相应的第 8 位；2012 年 1 月澳门占香港外人民币支付比重 1.3%，2012 年 9 月 1.9%，增长较为缓慢；2015 年 7 月中国澳门人民币中心人民币支付境外占比 1.3%，与马来西亚和日本并列第 10 位；2015 年 11 月中国澳门人民币中心人民币支付境外占比略增到 1.4%，在中国香港外的境外人民币中心排名低于排名第 9 的日本和排名第 10 的卢森堡，排名第 11 位；2017 年 1 月澳门排名进一步下降到了第 12 位。

除中国澳门外,蒙古人民币中心早期的发展相对于其经济规模来说较为迅速。蒙古早于2011年5月6日就与我国签订了50亿元的人民币外汇互换协议,2012年3月协议金额又提高到了100亿元。根据环球同业银行金融电信协会2012年9月公布的数据,截至2012年8月蒙古人民币支付金额排名第7(香港外),高于当时中国台湾相应的第8排名,显示蒙古人民币支付业务前期的较快增长。由于该国人民币中心最近两年来人民币业务增长低于其他境外中心,2014年6月和2015年7月排名均在十名以后,2016年8月排名在第14位之后。

23.5.6 日本人民币中心

虽然早在2011年12月中日两国政府就达成了"中日加强合作发展金融市场"("中日加强合作发展金融市场",人民银行网站,2011年12月25日),但是至今两国仍未签订人民币互换协议,日本也未有人民币清算安排协议签订。尽管日本至今仍无人民币清算安排,由于中日两国间贸易规模巨大,日本跨境人民币清算占比仍然较高,显示两国金融合作的潜力。2012年9月日本人民币支付占比排名境外人民币中心第9位(SWIFT,2012年10月);2015年7月日本支付的境外人民币占比仍高达1.3%,与中国澳门和马来西亚并列第10位;2015年11月日本人民币中心人民币支付境外占比增长了一倍多到2.7%,在中国香港外的境外人民币中心排名回升到了第9位,与同期排名第8的澳大利亚占比3.4%仅差0.7%;2016年12月和2017年1月,日本人民币跨境支付占比重回第9的地位。中日两国如果能够切实落实2011年12月签订的《中日加强合作发展金融市场》协议,日本有潜力成为亚太地区主要的人民币中心之一。由于中美已经签订了人民币清算协议,而且中国人民银行已经指定中国银行纽约分行作为美国人民币清算行。日本紧跟"老大"的习惯使我们相信中日人民币清算安排也应该为时不晚了,日本在境外人民币市场的作用有望将显著发挥。

23.5.7 卡塔尔和阿联酋人民币中心

早在2014年11月3日,中国人民银行就与卡塔尔央行签署了规模为350亿元人民币的双边本币互换协议。与此同时,双方还签署了在多哈建立人民币清算安排的合作备忘录,并同意将人民币合格境外机构投资者(RQFII)试点地区扩大到卡塔尔,初期投资额度为300亿元人民币("中卡两国金融合作迈出新步伐",人民银行网站,2015年12月14日)。表23.1显示,卡塔尔人民币中心在2014年11月4日,中国人民银行就与卡塔尔签署了人民币清算协议。卡塔尔人民币中心在2015年4月14日举行了启动仪式,成为中东地区第一个人民币中心。2007年到2011年,我国与卡塔尔贸易总额从12.1亿美元增长到了58.9亿美元,增长了近4倍,4年年均复合增长率高达48.6%;2011年到2014年两国贸易总额进一步增长到了 105.8 亿美元，年均复合增长率高达 21.6%，2014 年卡塔尔与我国贸易依存度达到了 5.0%；由于原油价格下降等原因，2015 年卡塔尔与我国贸易下降到了 68.9 亿美元，与我国贸易依存度也下降到了 3.6%。根据环球同业银行金融电信协会 2016 年 1 月公布的数据，2015 年卡塔尔与中国内地和香港地区间的支付金额有 60% 为人民币支付，比 2014 年增长了 247%。卡塔尔人民币中心将对整个中东地区人民币业务的推动发挥重要的带头作用。

阿联酋早于 2012 年 1 月就与中国人民银行签署了规模为 350 亿元人民币的双边本币互换协议，然而阿联酋人民币中心的建立比卡塔尔稍晚一些。2015 年 12 月 14 日，中国人民银行与阿联酋中央银行续签了双边本币互换协议，互换规模维持 350 亿元人民币，有效期三年。同日，双方签署了在阿联酋建立人民币清算安排的合作备忘录，并同意将人民币合格境外机构投资者（RQFII）试点地区扩大到阿联酋，投资额度为 500 亿元人民币（"中国和阿联酋两国金融合作迈出新步伐"，2015 年 12 月 14 日）。虽然阿联酋人民币合格境外机构投资者（RQFII）试点协议安排比卡塔尔晚了近一年时间，但是批准额度却超过卡塔尔 150 亿元人民币，而且阿联酋与我国签订人民币互换协议也比卡塔尔早。据新华社 2015 年 12 月下旬报道，中国和阿联酋签订协议，决定创建人民币结算中心；2016 年 12 月 9 日，阿联酋人民币清算银行指定为中国农业银行迪拜分行，标志着阿联酋人民币清算中心的建立。2007 年到 2011 年，我国与阿联酋贸易总额从 200.4 亿美元增长到了 251.2 亿美元，年均复合增长率 15.1%；2011 年到 2014 年两国贸易总额进一步增长到了 548.1 亿美元，年均复合增长率 16.0%，2014 年阿联酋与我国贸易依存度达到了 13.7%；由于原油价格等因素的影响，2015 年我国与阿联酋贸易下降到了 485.5 亿美元，与我国贸易依存度却上升到了 14.3%。根据环球同业银行金融电信协会 2016 年 1 月公布的数据，2015 年，在阿联酋对中国内地和香港的付款中，人民币占 74%，与 2014 年相比增加 52%，成为中东地区人民币支付增长仅次于卡塔尔的国家。环球同业银行金融电信协会 2016 年 8 月的数据显示，2014 年 8 月和 2015 年 8 月到 2016 年 8 月阿联酋人民币支付分别增长了 210.8% 和 44.6%，显示阿联酋近年来人民币支付的快速增长。由于阿联酋多年来保持了我国在中东仅次于沙特的第二贸易国的地位，今后阿联酋人民币中心对整个中东人民币业务的推动将发挥重要的引领作用。

23.5.8 亚太地区其他人民币中心

除上文介绍的亚太地区人民币中心外，泰国、菲律宾、印尼和越南等国家近年来也得到了不同程度的发展。特别是菲律宾，2012 年 4 月到 2015 年 4 月该国与我国内地和香港支付人民币占比从 53% 提高到了 73%；同期印尼、泰国和越南占比分别从 7%、13% 和 6% 提高到了 26%、25% 和 14%，显示这些国家三年内人民币支付增长迅速。然而这些东南亚国家在整个境外人民币跨境支付中的占比却相对较小，仍然有着巨大的增长空间。

23.6　欧洲人民币中心的发展

除上文介绍的英国人民币中心外，近年来欧洲也成为除亚太地区外人民币中心最多的地区。本节简单介绍欧洲主要人民币中心的情况。欧洲央行于 2013 年 10 月与中国人民银行签署了金额高达 3500 亿元的人民币外汇互换协议，金额仅次于中国人民银行与中国香港特区和韩国签署的人民币互换协议金额。欧央行与中国人民银行人民币外汇互换协议的签订显示欧元区对推动人民币业务的积极态度，为欧元区人民币的开展打下了较好的基础。

23.6.1　法国人民币中心的发展

法国四年多来一直排名欧元区人民币中心之首。根据环球同业银行金融电信协会 2012 年 4 月公布的数据，2012 年 3 月之后的一年，法国人民币支付金额同比增长了 249%，使得法国 2013 年 3 月成为当时除中国香港外境外仅次于英国、新加坡和中国台湾后的第四大人民币中心；该协会之后的数据显示，2015 年 7 月法国成为境外人民币第 7 大人民币中心，占境外人民币支付比重 1.1%；2015 年 6 月到 2016 年 12 月，法国保持了境外第 7 大人民币支付中心地位，2017 年 1 月超过韩国成为境外第 6 大人民币支付中心。2014 年 3 月 26 日，《中华人民共和国和法兰西共和国联合声明》宣布"分配给法国 800 亿元人民币合格境外机构投资者（RQFII）额度"（新华网巴黎，2014 年 3 月 27 日）；截至 2017 年 2 月 24 日，法国有七家金融机构累计获批 240 亿元人民币的 RQFII 额度，总金额仅次于英国的 307.94 亿元人民币，为欧洲第二大获得 RQFII 额度的国家。2014 年 6 月 28 日，中国人民银行与法兰西银行签署了在巴黎建立人民币清算安排的合作备忘录，随后巴黎人民币业务清算行将很快确定。双方将充分协商和相互合作，做好相关业务监督管理、信息交换、持续评估及政策完善工作（人民银行网站）。巴黎人民币清算安排的建立，将有利于中法两国企业和金融机构使用人民币进行跨境交易，进一步促进贸易、投资自由化和便利化。

多年来法国 GDP 世界占比比德国低 1% 以上，表 20.3 显示，1998 年到 2004 年法国外汇交易占比也比德国低 1% 以上，然而从 2007 年开始法国外汇交易占比却开始超过德国，而且 2013 年和 2016 年法国外汇交易占比分别超过德国占比的 1.18% 和 0.98%。仔细观察表 20.3 我们会发现，从 2001 年到 2013 年法国外汇交易的世界占比基本保持在 2.8% 上下的水平，而同期德国的占比却下降了 3.7%，显示国际金融危机后两国在国际外汇市场上的表现明显有差异，同时也在很大程度上给出了法国在人民币外汇市场上积极进取的姿态。相信今后多年法国将继续引领整个欧洲大陆人民币业务的发展。

23.6.2 德国人民币中心

德国虽为欧洲最大经济体，但是德国在全球外汇市场的交易占比却从 2001 年的 5.4% 持续下降到了 2013 年的 1.7%，虽然 2016 年回升到了 1.8%，整体下降的趋势仍未改变，表明世界第四大经济体确实是重视经贸科技而对外汇市场的重视程度有待提高。根据环球同业银行金融电信协会 2013 年 6 月公布的数据，2013 年 4 月和 5 月德国人民币支付金额同比增长了 71%，使得德国成为中国香港外第八大境外人民币中心，而且在 2014 年 6 月提高到了第七的地位，超过了同期卢森堡相应的第 9 位；2015 年 7 月德国人民币支付排名略升到了第 8 位，2015 年 11 月占比比 2015 年 7 月增长了一倍多到 4.1%，首次超过法国占比 3.7%，在中国香港外境外人民币中心排名上升到了第 6 位，然而 2016 年 9 月排名回落到了第 9 位；2016 年 12 月和 2017 年德国人民币跨境支付占比低于日本，保持了境外第 10 大人民币支付中心地位。

德国多年来保持为我国在欧洲最大的贸易伙伴。2014 年 3 月 28 日，中国人民银行与德意志联邦银行签署了在法兰克福建立人民币清算安排的合作备忘录，之后中国人民银行确定了中国银行法兰克福分行为法兰克福人民币业务清算行。相信随着中国银行法兰克福人民币清算行地位的确定，今后德国人民币业务将有更快的发展。

23.6.3 卢森堡人民币中心的发展

作为欧洲重要的金融中心，虽然卢森堡 GDP 规模较小，而且与我国贸易占整个欧洲的比重也较低，但是该国与我国金融合作的力度却相对较高。表 23.1 显示，早于 2014 年 9 月，卢森堡就与中国人民银行签订了人民币清算协议并指定中国工商银行卢森堡分行作为卢森堡人民币清算银行。根据环球同业银行金融电信协会 2013 年 8 月公布的数据，截至 2013 年 7 月，卢森堡人民币支付金额同比增长了 86%，成为当时继法国后欧元区第二大人民币中心（法国排名第 6、卢森堡排名第 8）；2013 年 7 月卢森堡与中国内地和香港间的支付超过 58% 是以人民币支付，而 2012 年 7 月相应的比例仅有 42%；2014 年 6 月卢森堡人民币支付占比排在中国香港外境外第九大人民币中心；2015 年 7 月卢森堡人民币支付占比与德国并列第 8 位；2016 年 8 月，卢森堡人民币支付占比排名下降到了第 11 位，而且保持此位置到 2016 年 12 月；2017 年 1 月卢森堡支付比例低于比利时和澳门，境外排名下降到了第 13 位。卢森堡人口和经济规模虽小，但是其人民币存款却在欧洲最高［2013 年年底人民币存款高达 640 亿元人民币，比同期伦敦存款 146 亿元高出 3 倍多（中国银行《伦敦离岸人民币市场月报》，2014 年 6 月，第 19 期）]，显示卢森堡人民币中心的地位。

2015 年 4 月，中国人民银行宣布将人民币合格机构投资者（RQFII）试点地区扩大到卢森堡，初始投资额度为 500 亿元人民币，初始额度与加拿大、澳大利亚和瑞士等经贸规模更大的发达国家相当，而且截至 2017 年 2 月 24 日，卢森堡累计获准 RQFII 额度 141.87 亿元，仅低于澳大利亚的 300 亿元，同时却显著高于瑞士、德国和加拿大（见表 23.4），显示卢森堡在人民币业务方面的推动力度。相应今后卢森堡人民币中心将成为欧元区重要的人民币中心之一。

23.6.4 欧元区其他人民币中心

除上述三个欧元区人民币中心外，欧洲还有其他人民币中心。比利时人民币中心起步较早，2012 年 1 月比利时人民币支付金额排名中国香港外境外继新加坡、英国、美国、法国和卢森堡后第六大人民币中心和欧元区第三大人民币中心，显示比利时在早期人民币业务方面的进展。由于其他境外人民币中心业务发展更快，特别是德国人民币中心近两年来发展速度超过比利时，比利时 2014 年成为欧元区仅次于德国的第四大人民币中心，2015 年 7 月比利时人民币跨境支付占比排名在 12 名之后，2016 年 8 月排名第 14 位；2017 年比利时人民币支付占比超过了中国澳门和卢森堡，排名上升到了第 11 位。虽然比利时至今未与我国有人民币清算安排，也非人民币合格境外机构投资者试点国家，而且也不是亚投行的发起成员国，比利时能够取得境外人民币排名第 11 位实在不易。

荷兰近年来 GDP 仅相当于英国的 1/3 左右，但是荷兰截至 2013 年保持了我国在欧洲第二大贸易伙伴的地位，2014 年荷兰与我国的贸易额首次低于英国，成为我国在欧洲第三大贸易伙伴。荷兰人民币中心起步相对较晚，至今仍未与我国有人民币清算安排，但是 2015 年 7 月荷兰人民币中心人民币跨境支付占比 0.3%，排名中国香港外第 13 位，占比超过了比利时；2015 年 11 月荷兰人民币中心人民币跨境支付占比提高到了 1.4%，排名也相应地提高，与中国澳门并列排名中国香港外境外人民币中心第 11 位；2016 年 8 月排名在香港外境外人民币支付第 13 位；2016 年 12 月和 2017 年 1 月，排名保持在第 14 位。由于中荷两国贸易规模可观，荷兰人民币中心占比今后会显著提高，在全球人民币中心的排名也会进一步提升。

23.6.5 欧元区总人民币支付与其他主要人民币中心的比较

在上文介绍欧元区五个主要人民币中心的发展情况后，我们可以比较容易地将欧元区人民币支付进行归纳,从而可以将欧元区总体与其他重要境外人民币中心进行比较。表 23.3 给出的数据显示,2012 年 1 月到 2013 年 6 月前,欧元区人民币中心从 2 个增加到了 5 个,这些人民币中心人民币支付占我国境外人民币中心的比重从 8.9% 提高到了 15.3%,相当于英国和新加坡外境外第三大人民币中心;2014 年 6 月,欧元区 5 个人民币中心人民币支付占中国香港外人民币中心支付比重下降到了 10.2%,不仅低于美国人民币中心比重的 10.8%,相当于境外第 4 大人民币中心;2015 年 4 月,欧元区 5 个人民币中心人民币支付占中国香港外人民币中心支付比重进一步下降到了 8.14%,不仅低于中国台湾占比 11.2%,而且低于美国占比 8.8%,成为相当于境外第 5 大人民币中心;2016 年 7 月,欧元区 5 个人民币中心人民币支付占中国香港外人民币中心支付比重回升到了 11.11%,超过美国同期占比 10.4%,重回境外第 3 大人民币中心的地位;2016 年 12 月欧元区总占比 10.37% 又低于美国占比 11.11%,而 2017 年 1 月到 3 月,欧元区总占比分别提高到了 11.70% 和 13.50%,分别超过了美国占比 10.85% 和 11.51%,重回境外第 3 大人民币中心的地位。

23.6.6 俄罗斯人民币中心的发展

2002 年到 2011 年中俄两国贸易复合年均增长率高达 23.4%,2014 年中俄两国贸易达到 952.8 亿美元,接近 1000 美元。中国是仅次于欧洲的俄罗斯第二大贸易伙伴,自 2010 年 11 月 22 日起,国家外汇管理局就开始公布人民币对卢布汇率中间价,成为继马来西亚林吉特交易之后第七种在境内挂牌交易的货币,显示中俄两国金融合作的力度。《华尔街日报》网站 2014 年 5 月 31 日援引国际文传电讯社的报道称,俄罗斯第二大国有银行俄罗斯外贸银行首席执行官科斯京 30 日对俄罗斯总统普京表示,该行计划扩大非美元货币计价的交易。2014 年早些时候,由于西方国家在俄罗斯吞并克里米亚问题上对俄采取制裁,俄罗斯官员和商人越来越多地讨论在国际贸易中采用其他货币以替代美元。科斯京表示,在谈到俄罗斯外贸银行正寻找美元的替代货币时,他主要指的是人民币。

俄罗斯外贸银行在中国的分行已经在提供俄罗斯卢布和人民币贷款,这对中俄双边贸易至关重要。随着西方对俄制裁的加剧,中俄两国经贸合作也会加速,俄罗斯人民币业务前景广阔。2014 年 10 月 13 日,中国人民银行与俄罗斯联邦中央银行签署了规模为 1500 亿元人民币的双边本币互换协议,旨在便利双边贸易及直接投资,促进两国经济发展(中国人民银行网站)。中俄两国人民币互换协议的签署对俄罗斯人民币中心将发挥重要的推动作用。尽管近年来关于中俄两国经贸合作的报道很多,而且俄罗斯与我国外汇直接交易也早在 2010 年就已启动,但是俄罗斯人民币中心人民币跨境支付比重却相对较低。2016 年 9

月，俄罗斯人民币清算安排落定，中国工商银行作为俄罗斯人民币清算行，这对俄罗斯人民币中心将发挥重要的推动作用，今后俄罗斯人民币中心比重有望显著提高。

23.6.7 瑞士人民币中心

2014 年 7 月 21 日，瑞士央行与中国人民银行签订了 1500 亿元人民币的货币互换协议，为中瑞两国经贸往来及瑞士离岸人民币资金池提供流动性支持。2015 年 1 月，中国人民银行宣布将人民币合格境外机构投资者试点地区扩大到瑞士，投资额度为 500 亿元人民币，为海外投资者在瑞士投资中国资本市场创造了条件，也扩大了外资投资人民币的渠道。表 23.1 显示，2015 年 11 月中国建设银行已经获得瑞士银行业营业执照，作为瑞士人民币清算行，可以在苏黎世设立分行并开展人民币清算业务（"财经观察：人民币国际化将在瑞士迈出新步伐"，中央政府门户网站：www. gov. cn，2015 年 10 月 20 日）。中国建设银行在瑞士银行业营业执照的获取标志着瑞士人民币中心即将启动。

瑞士虽然多年来在世界经济排名第 20 位，2015 年超过沙特成为全球第 19 大经济体，然而其货币在全球外汇市场的排名却在 2013 年和 2016 年分别排名第五位和第六位，外汇市场交易占比与其 GDP 的世界占比比例却排名前列（表 20.7 到表 20.12），显示瑞士法郎在国际货币体系中的重要作用。相信瑞士人民币中心今后将成为欧洲重要的人民币中心之一。

23.6.8 其他欧洲人民币中心

早在 2013 年 9 月，匈牙利就与中国人民银行签订了 100 亿元人民币的外汇互换协议，显示该国对开展人民币业务的积极性。2015 年 6 月 27 日，中国人民银行与匈牙利央行签署在匈牙利建立人民币清算安排的合作备忘录。2015 年 6 月 28 日，中国人民银行授权中国银行担任匈牙利人民币清算行，这是中东欧地区首个人民币清算行，使得匈牙利成为东欧第一个有人民币清算安排的人民币中心。中国人民银行同时宣布将人民币合格境外机构投资者试点地区扩大到匈牙利，投资额度为 500 亿元人民币，额度与澳大利亚、瑞士和加拿大相同。中国已成为匈牙利在欧洲以外的最大贸易伙伴，匈牙利是中国在中东欧地区最大的投资对象国。建立人民币清算机制，将会进一步降低双方经贸成本，丰富投融资选择，也为两国深化合作开辟了新的空间（"中行匈牙利分行人民币清算中心启动仪式在布达佩斯举行"，中国经济网，2015 - 10 - 14）。

23.7 美国人民币中心的发展

作为全球最大的经济体，美国至今仍未与我国签订人民币外汇互换协议，人民币清算安排也刚刚落定不久，美国人民币中心发展相对缓慢。尽管如此，2012 年 1 月，美国支付的人民币金额仅占中国内地和香港特区外的其他人民币中心支付总额的 5.6%，为中国香港外仅次于新加坡和伦敦的第三大人民币中心；2012 年 11 月，美国支付的人民币金额仅占中国内地和香港特区外的其他人民币中心支付总额的 6.6%，12 月相应占比却下降到了 4.1%，在中国内地和香港特区外的境外人民币中心排名降到了第 6。值得高兴的是，美国《华尔街日报》2014 年 7 月 10 日发表题为《美国企业青睐人民币结算》的报道称，美国公司使用人民币结算的贸易规模正在达到创纪录的水平。环球同业银行金融电信协会提供的数据显示，从 2013 年 4 月到 2014 年 4 月的一年，美国人民币支付金额增长了 327%，成为中国香港外新加坡和伦敦后第 3 大人民币中心，并保持此排名到 2014 年 12 月；2015 年 4 月，美国人民币支付占比首次低于中国台湾占比，在境外人民币中心排名下降到了中国香港外的第 4 位，2015 年 11 月进一步下降到了韩国和中国台湾之后，在境外人民币中心排名进一步下降到了中国香港外的第 5 位；而 2016 年 7 月，美国人民币支付占比排名重新超过了中国台湾，重回中国香港、伦敦和新加坡后的第四位，而且该地位保持到了 2017 年 3 月，显示美国人民币中心的显著地位。

人民币受到美国企业青睐的原因在于用人民币进行支付更加节约成本。报道称，包括福特汽车公司和小型服装进口商在内的美国企业用人民币支付的规模增长了 3 倍。企业的需求是人民币在美国获得支持和认可的主因。虽然中美两国贸易总额占我国贸易比重从 2002 年超过 15% 下降到了 2012 年和 2013 年 12.5% 的水平，美国 2003 年以来保持我国第二大贸易伙伴的地位却未有变化。一年多来美国人民币支付迅速增长的主因是企业的需求和认可，巨大的中美贸易和金融合作使得人民币在美国有着巨大的空间。

更值得高兴的是，中国人民银行 2016 年 6 月 8 日宣布，与美国联邦储备委员会近日签署了在美国建立人民币清算安排的合作备忘录（"中美签署在美国建立人民币清算安排合作备忘录"，中国新闻网，2016 年 6 月 8 日），表 23.1 显示 2016 年 9 月中国人民银行指定中国银行纽约分行为美国人民币清算行。美国人民币清算行的落实对推动美国人民币跨境支付和其他人民币业务的发展将发挥重要的推动作用，而且对日本人民币清算安排也将发挥推动作用。相信随着人民币国际化在亚太地区和欧洲的快速推动，市场化力量会进一步提高人民币在美国的应用，美国人民币全球跨境支付占比会显著提高，美国将成为人民币境外的主要中心之一。

23.8 其他境外人民币中心的发展

上文我们介绍了亚太地区、欧洲地区和美国的人民币中心。除了这些人民币中心外，还有一些重要的人民币中心。下文我们简单介绍这些中心的发展情况。

23.8.1 加拿大人民币中心的发展

2014 年 11 月 8 日中国人民银行和加拿大总理办公室先后发布声明称，加拿大将建立北美首个人民币离岸中心，将确定多伦多人民币业务清算行。中国与加拿大同意采取多项措施，在贸易、商业以及投资领域增加使用人民币，推进加拿大人民币市场的稳定和健康发展；同日，加拿大与中国央行签署了规模为 2000 亿元人民币的双边本币互换协议，旨在支持建立人民币业务清算行。加拿大中央银行将为人民币业务提供紧急流动性支持。声明还称，中加双方签署了在加拿大建立人民币清算安排的合作备忘录，并同意将人民币合格境外机构投资者（RQFII）试点地区扩大到加拿大，初期投资额度为 500 亿元人民币（"北美首个人民币离岸中心落户加拿大　中加 2000 亿元互换协议签署"，http：//wallstreetcn.com，2014 年 11 月 9 日）。

经过 4 个多月的准备，加拿大人民币交易中心于 2015 年 3 月 23 日正式成立，中国工商银行加拿大子公司将担任人民币业务清算行。中心成立后将为西方企业从事人民币交易提供便利，多国企业将可借此通过加拿大银行进行人民币交易（"Ontario home to first renminbi trading hub in the Americas"，China Daily，2015 - 03 - 25）。2015 年 11 月加拿大人民币中心人民币跨境支付占比提高到了 1.0%，排名超过了马来西亚等其他中心，在中国香港外境外人民币中心排名第 13 位，显示加拿大人民币中心推出半年多就取得了可喜的成绩；2016 年 8 月，加拿大人民币排名又降到第 14 位之后；2016 年加拿大人民币支付重回第 13 位。2016 年 9 月，加拿大正式申请加入亚投行，成为 20 大经济体中第 17 个加入该行的主要国家，显示加拿大对中国和对人民币的支持。作为全球第 10 大经济体，加拿大人民币中心的启动和发展不仅会推动加拿大人民币业务的发展，而且对整个北美洲人民币业务的开展将产生显著的带动作用。

23.8.2 智利人民币中心

在 2015 年 5 月李克强总理访问智利期间，在会见记者时透露，两国将签订货币互换协议（2015 年 5 月 25 日中智两国签订了 220 亿元人民币的货币互换协议），并将在智利建设拉美第一家人民币清算行。同时，智利也将成为拉美地区第一个获得 500 亿元人民币合格境外机构投资者（RQFII）额度的国家。李克强总理说"我们可以把智利作为和拉美合作的门户。智利在中拉产能合作中可以发挥独特优势"（"中国将在智利建拉美首家人民币清算行"，新京报，2015 年 5 月 26 日）。智利人民币中心的启动将对整个拉丁美洲人民币业务的推动产生示范效果。

23.8.3　南非人民币中心的发展

南非多年来是我国在非洲最大的贸易伙伴。南非经济虽然世界排名三十几位，而且世界经济占比也仅 0.5% 多点，而南非金融体系相对绝大多数发展中国家更为开放而且有一定的国际影响。表 20.8 到表 20.12 显示，近年来南非兰特国际化程度不仅位居"金砖五国"之首，而且还超过很多发达国家和地区货币。2015 年 4 月 10 日，中国人民银行与南非央行签订了 300 亿元人民币的货币互换协议，为南非人民币中心的建立打下了必要的基础。2015 年 7 月 8 日，中国人民银行发布公告称，根据《中国人民银行与南非储备银行合作备忘录》（人行网站）相关内容，中国人民银行决定授权中国银行约翰内斯堡分行担任南非人民币业务清算行（"人民币离岸中心再下一城　清算行落子南非"，第一财经网，徐燕燕，2015 – 07 – 09）。环球同业银行金融电信协会提供的数据显示，南非人民币支付在 2016 年 7 月前的 12 个月里增长了 65%，而在之前的两年里增长了112%，使得南非从 2014 年 7 月人民币支付排名第 30 位提高到了第 24 位。中非两国在经贸和金融方面合作空间巨大，南非人民币中心将对整个非洲人民币业务的推进发挥重要的示范作用。

23.9　人民币存款和支付占比在境外人民币中心的分布及排名

上文我们介绍了境外人民币中心近年来的可喜发展，本节我们简单介绍主要境外人民币中心人民币存款和支付额的分布，从而可知这些中心的相对地位。

23.9.1　人民币存款在主要境外人民币中心的分布

表 23.2 显示，2016 年 12 月底香港人民币存款额 5467 亿元人民币，远超其他任何境外人民币中心，同期台湾地区人民币存款 3114 亿元，占香港人民币存款的 57%，排名第二；2015 年 6 月新加坡人民币储蓄 1260 亿元人民币，占同期中国台湾人民币储蓄的 40%，为境外人民币三大储蓄中心。其他境外人民币中心人民币储蓄金额相对如上三大人民币中心相对很低，这里不详细介绍。

国际货币基金组织 2015 年 8 月公布的人民币入篮评估报告（IMF, 2015）

指出，境外人民币储蓄从 2010 年的 1000 亿元左右增长到了 2015 年 6 月（由于 IMF 是 2015 年 8 月 3 日公布的 2015 年 7 月 16 日完成的报告，因此，该估算数据最晚截止日期应该为 2015 年 6 月）接近 2.5 万亿元人民币，近一半的境外人民币储蓄在中国香港。表 23.2 显示，2010 年底和 2015 年 6 月底中国香港人民币储蓄分别为 3149.4 亿元和 9929.2 亿元，分别为上文 IMF 给出的同期全球境外人民币储蓄 1000 亿元和 2.5 亿元的 314.9% 和 39.7%，表明国际货币基金组织估算的境外人民币总存款金额数据有明显的问题。

23.9.2 境外人民币中心人民币跨境支付占比比较

环球同业银行金融电信协会的数据显示，香港外其他人民币中心占境外人民币支付比重从 2012 年 1 月到 8 月保持在 14%；从 2012 年 8 月到 2016 年 8 月持续上升到了 29.7%，显示香港外的其他境外人民币中心在整个境外人民币结算中的作用逐步提高，而且该趋势今后应该难以逆转。表 23.3 给出了 2012 年 1 月到 2017 年 1 月香港外其他主要境外人民币中心占全球人民币跨境支付比例变化。

表 23.3　境外其他人民币中心人民币支付占比和排名变化（不包括香港）单位：%

时间 国家和地区	2012年1月	2012年12月	2013年6月	2014年4月	2015年4月	2015年6月	2015年12月	2016年7月	2016年12月	2017年3月
英国	23.70	28.30	30.90	22.50	16.61	15.56	18.31	21.89	21.48	24.43
新加坡	32.70	22.70	16.50	28.40	23.05	24.83	18.31	15.15	14.38	16.95
美国	5.60	4.10	8.50	10.80	8.81	8.61	9.51	10.44	11.11	11.51
中国台湾			10.30	9.30	11.19	9.60	11.62	8.42	6.90	10.88
法国	5.00	7.20	8.10	5.40	4.07	3.97	4.23	4.04	4.88	9.47
韩国			1.00	2.40	7.46	8.28	7.75	7.07	5.76	7.06
澳大利亚		8.20	3.40	4.80	3.73	3.31	3.52	2.69	3.37	4.03
日本					1.02	1.32	2.11	2.02	2.76	3.41
德国			3.40	2.50	1.69	1.66	1.76	2.36	1.75	2.70
比利时							2.11	1.35	1.35	1.25
中国澳门					1.36	1.32		1.68		1.20
卢森堡	3.90	4.30	3.80	2.30	2.37	2.32	2.11	2.02	1.41	0.96
荷兰						0.99	1.06	1.35	0.98	0.87
加拿大							1.41		1.08	
马来西亚			2.2	2.1	1.0	1.3				13.50
欧元区	8.90	11.50	15.30	10.20	8.14	8.94	11.27	11.11	10.37	3.99
其他中心	29.10%	25.20	11.90	9.50	17.63	16.89	16.20	19.53	22.79	96.01

数据来源：根据环球同业银行金融电信协会不同时期公布的数据整理和计算得出，占比为香港外其他人民币中心占香港外总额比重；2012 年 1 月到 2017 年 3 月数据为香港外其他中心占比。

23.9.3　主要人民币中心中国香港除外支付占比排名

虽然有超过一百多个国家和地区与我国内地和香港有人民币支付业务，但绝大多数国家和地区人民币支付金额还较小，香港和其他十几大境外人民币中心人民币支付占比超过了人民币总支付比重九成以上。表 23.3 显示，早在 2012 年 1 月新加坡就占据了中国香港外人民币支付第 1 的地位；而到了 2012 年 12 月，英国获得了中国香港外人民币支付第 1 的位置，而 2014 年 3 月到 2015 年 6 月，新加坡排名重新夺回了第 1 的位置，2014 年 6 月到 2015 年 6 月，新加坡人民币支付占香港外人民币总支付比重持续超过伦敦，保持了中国香港外最大的人民币支付中心位置；然而 2015 年 11 月伦敦重新夺回了中国香港外境外人民币支付的头把交椅，而且 2016 年 7 月到 2017 年 1 月，伦敦支付占比显著超过新加坡，显示伦敦和新加坡近年来争夺境外人民币中心的剧烈竞争；除伦敦和新加坡，美国和中国台湾两中心交替为中国香港外第三和第四中心，韩国近年来排名第五；其他中心的排名稍后，这里不宜细述。

23.10　使用人民币作为支付货币的金融机构数量及在全球的分布

环球同业银行金融电信协会（SWIFT）10 月发布的 2015 年《人民币跟踪特别》报告显示，2015 年 8 月，全球已使用人民币作为与中国内地及香港的支付货币的金融机构数从 2013 年 8 月的 939 家增长到了 1134 家，带动人民币支付使用量的增长。按区域来看，2013 年 8 月到 2015 年 8 月，作为与中国内地及香港之间的支付人民币的亚太金融机构从 471 家增长到了 555 家，增幅 18%，占比从 35% 增长到了 39%；欧洲与中国内地及香港之间的支付人民币的亚太金融机构从 305 家增长到了 379 家，增幅 24%，占比从 27% 增长到了 35%；美洲与中国内地及香港之间支付人民币的亚太金融机构从 100 家增长到了 118 家，增幅 18%，占比从 32% 增长到了 37%；非洲和中东从 63 家增长到了 82 家，增幅 30%，占比从 23% 增长到了 30%。

如上数据显示，虽然美洲仅有加拿大、智利、阿根廷和巴西等主要国家签订了人民币货币互换协议，而且仅有加拿大、智利和阿根廷与中国人民银行有了人民币清算安排，然而近两年来美洲使用人民币的金融机构数量仍有 18% 的增长，显示美洲市场因素推动人民币使用的力度还是相当可观的。

23.11 人民币合格机构投资者（RQFII）额度和获准额度在境外人民币中心的分布

不同境外人民币合格境外机构投资者（RQFII）的人民币额度是其开展境外人民币业务的基础，也是衡量境外人民币中心的另外一个重要指标。上文简单介绍了一些境外人民币中心 RQFII 的额度，这里我们系统地介绍和比较不同境外人民币中心获得的 RQFII 总额度及已经获批的额度。表 23.4 给出了主要境外人民币中心获得 RQFII 总额度和截至 2017 年 2 月 24 日获批的累计额度。

表 23.4   境外人民币中心获得 RQFII 总额度及已获批的额度比较

单位：亿元人民币,%

国家和地区	批准总额度	累计获批额度	累计批准额度占比
中国香港	2700	2700.00	100.0
美国	2500	110.00	4.4
韩国	1200	737.00	61.4
中国台湾	1000	0	0.0
新加坡	1000	668.80	66.9
英国	800	307.94	38.5
法国	800	240.00	30.0
德国	800	105.43	13.2
澳大利亚	500	300.00	60.0
卢森堡	500	141.87	28.4
瑞士	500	70.00	14.0
加拿大	500	19.25	3.9
智利	500	0	0.0
匈牙利	500	0	0.0
马来西亚	500	0	0.0
泰国	500	11.00	2.2
阿联酋	500	0	0.0
爱尔兰	500	0	0.0
卡塔尔	300	0	0.0%
欧元区	2100	487.30	23.2
累计	16100	5411.29	33.6

数据来源：批准总额度数据来自人民银行网站，累计获批额度为截至 2017 年 2 月 24 日，获批数据来自国家外汇管理局网站。

表 23.4 显示，中国香港获得的 RQFII 总额度最高为 2700 亿元，而且这些年额度已经完全用足了；美国获得的额度仅次于中国香港，但截至 2017 年 2 月 24 日，仅有美国贝莱德基金顾问公司获批 110 亿元人民币的额度，占美国总额度的 4.4%；韩国获得的额度仅次于中国香港和美国，高达 1200 亿元人民币，获批额度也高达 737 亿美元，启动率高达 61.4%，仅次于中国香港的 100% 和新加坡的 66.9%；中国台湾地区和新加坡额度皆为 1000 亿元人民币，然而中国台湾至今尚未启用，而新加坡累计获准额度高达 668.8 亿元，仅次于韩国的 730 亿元，排名第三；英国、法国和德国的额度皆为 800 亿元，但英国、法国和德国累计获准额度分别为 307.94 亿、240 亿和 105.43 亿元，启动率分别为 38.5%、30.0% 个 13.2%；卢森堡、瑞士和加拿大获准额度皆为 500 亿元，而累计获准额度分别为 141.87 亿、70 亿和 19.25 亿元，启动率分别为 28.4%、14.0% 和 3.9%；欧元区三个中心总计获准额度高达 2100 亿元，仅次于中国香港和美国，但累计获准额度仅为 487.3 亿元，启动率仅为 23.2%；智利、匈牙利、马来西亚、泰国、阿联酋和爱尔兰皆获得 500 亿元的总额度，然而该 6 个人民币中心仅有泰国启动了 11 亿元 RQFII。表 23.4 给出的不同中心使用 RQFII 额度或利用率在很大程度上反映出其推动人民币业务的积极性，进而反映其人民币业务的活跃程度，与表 23.3 给出的相应的中心人民币支付占比排名相当。

23.12　境外人民币中心排名与合格境外机构投资者获准金额分布的关系

上文介绍了境外人民币中心人民币跨境支付占比分布及与人民币合格境外机构投资者（RQFII）分布的关系。表 23.5 给出了截至 2016 年 11 月 28 日我国合格境外机构投资者（QFII）获批额度在不同主要境外人民币中心的分布。

表 23.5　　　合格境外机构投资者（QFII）获批额度在不同主要境外
人民币中心的分布　　　　单位：亿美元，家,%

国家或地区	机构数	占比	获准金额	占比
中国香港	59	21.3	205.14	23.7
中国台湾	36	13.0	105.61	12.2
美国	43	15.5	79.98	9.3
新加坡	21	7.6	71.20	8.2
英国	24	8.7	60.09	7.0
韩国	17	6.1	44.48	5.1

国家或地区	机构数	占比	获准金额	占比
瑞士	10	3.6	36.40	4.2
加拿大	9	3.2	30.55	3.5
中国澳门	1	0.4	30.00	3.5
法国	7	2.5	26.75	3.1
日本	15	5.4	25.79	3.0
阿联酋	1	0.4	25.00	2.9
挪威	1	0.4	25.00	2.9
马来西亚	3	1.1	20.60	2.4
澳大利亚	3	1.1	16.00	1.9
科威特	1	0.4	15.00	1.7
卡塔尔	1	0.4	10.00	1.2
卢森堡	6	2.2	8.00	0.9
德国	3	1.1	7.20	0.8
葡萄牙	1	0.4	7.00	0.8
泰国	2	0.7	4.00	0.5
比利时	1	0.4	2.10	0.2
瑞典	3	1.1	2.31	0.3
荷兰	3	1.1	2.06	0.2
合计	271	97.8	860.26	99.6
欧元区	15	5.4	45.11	5.2
总计	277		864.09	100.0

数据来源：根据截至 2016 年 11 月 28 日我国合格境外机构投资者数据整理得出。

表23.5 显示，香港特区获准境外机构投资者数量和金额皆名列前茅，在香港注册的境内合格境外机构投资者获准金额占比 23.7%，接近 1/4；比较表 23.4 给出的获准 QFII 金额占比与表 23.5 给出的境外人民币中心境外人民币支付占比分布，我们发现台湾地区获准 QFII 金额占比 12.2%，接近 1/8，排名第 2，与台湾人民币中心境外人民币储蓄排名第 2 的地位一致；美国 43 家金融机构获准总金额占比 9.3%，排名仅次于中国香港和台湾；新加坡 21 家金融机构获准金额占比 8.2%，排名第四；英国、韩国、瑞士、中国澳门、法国和日本金融机构获准总金额分别占比 7.0%、5.1%、4.2%、3.5%、3.5%、3.1% 和 3.0%，分别排名第 5 到第 11 位；法国、卢森堡、德国、葡萄牙、比利时和荷兰这六个欧元区国家 21 家金融机构的 QFII 获准总额度 53.11 亿美元，总占比

6.1%，介于英国和韩国之间，显示欧元区 QFII 获准额度比其境外人民币支付程度还低，欧元区国家与我国金融合作仍有巨大的空间。

表 23.5 显示，除美国外，其他人民币中心获得 QFII 额度占比和排名基本与表 23.4 给出的 RQFII 金额占比和排名相当，显示不同境外人民币中心对境内资本市场的兴趣与其对人民币的兴趣基本一致。随着美国人民币清算安排的实施和业务推动，美国金融机构对 RQFII 的兴趣也会逐渐增大，美国的独特性也会随之淡化。

23.13　离岸人民币市场发展的主要因素和存在的问题

上文简单介绍了近年来境外人民币中心的发展和业务分布，显示近年来境外人民币在亚欧美三大洲皆有了可喜的发展，而且发展势头良好。境外人民币中心的发展有几个主要的推动因素，同时也存在诸多的问题。本节简单介绍境外人民币中心的主要推动因素和存在的问题。

23.13.1　境外人民币中心有待完善的方面

境外人民币中心在几年内从无到有，而且已经遍布亚欧美非大洲，发展之快确实是我们之前难以想象的。在如此短的时间内有如此快的发展，存在这样或那样的问题也在所难免。反映各中心人民币业务规模的唯一数据源是环球同业银行金融电信协会每月公布的人民币支付数据和相关人民币贸易融资数据，而各中心人民币储蓄、交易等相关数据却难以获得，即使有些机构公布的相关数据或者存在不同程度的水分或有差错。相信随着境外人民币中心的进一步发展和逐渐成熟，这些基础数据将会逐渐全面并及时公布。

23.13.2　境外人民币业务与我国贸易分布不够均衡

首先，上文介绍了我国与主要发展中国家，即"金砖国家"的俄罗斯的贸易和金融合作虽然起步较早，但是人民币在俄罗斯的进展较慢；另外我国与巴西虽然早在 2013 年 3 月就签署了 1900 亿元人民币的外汇互换协议，而且巴西是我国在南美最大的贸易伙伴，然而人民币贸易结算等业务在巴西的进展却相对缓慢。其次，"金砖银行"主要发起国家印度，至今仍未与我国签订人民币货币协议，人民币业务开展更慢。再次，我国与墨西哥、土耳其和沙特三个世界经济排名前二十位的主要发展中国家至今仍未签订人民币货币协议，加大与这些主要发展中国家的合作从而提高人民币在这些国家的应用对推动人民币国际化意义重大。最后，人民币中心至今仍未在意大利和西班牙这两大欧元区国家开展，与该两国合作对提高我国与欧元区整体的合作程度相当重要。

23.13.3 业务仍相对简单

上文显示，包括香港在内的境外人民币中心的主要业务是与人民币贸易结算相关的人民币支付和人民币储蓄等相关简单业务，香港这个最重要的人民币中心的人民币贷款额最高也仅仅达到了存款额四成左右。境外人民币市场的深度和广度急需扩张。央行批准境外人民币业务清算行和参加行可开展中国银行间债券市场的境外回购交易，打通了两地银行间债券市场。主权机构、多边机构也有可能选择伦敦发行系列人民币债券。随着境外人民币业务的发展，境外中心人民币业务和产品将逐渐丰富和活跃，我们将在第 30 章进一步探讨相关问题。

23.14 人民币跨境支付系统对人民币国际化的推动作用

2015 年 10 月 8 日，人民币跨境支付系统（一期）成功上线运行。人民币跨境支付系统（CIPS）为境内外金融机构人民币跨境和离岸业务提供资金清算、结算服务，是重要的金融基础设施。该系统按计划分两期建设，一期工程便利跨境人民币业务处理，支持跨境货物贸易和服务贸易结算、跨境直接投资、跨境融资和跨境个人汇款等业务。其主要功能特点包括：一是 CIPS（一期）采用实时全额结算方式处理客户汇款和金融机构汇款业务。二是各直接参与者一点接入，集中清算业务，缩短清算路径，提高清算效率。三是采用国际通用ISO20022 报文标准，便于参与者跨境业务直通处理。四是运行时间覆盖欧洲、亚洲、非洲、大洋洲等人民币业务主要时区。五是为境内直接参与者提供专线接入方式。

为培育公平竞争的市场环境，中国人民银行发布了《人民币跨境支付系统业务暂行规则》，规定了参与者准入条件、账户管理要求和业务处理要求等，为CIPS 稳定运行奠定制度基础。同时，推动成立了跨境银行间支付清算（上海）有限责任公司，负责独立运营 CIPS。该公司接受人民银行的监督和管理。CIPS首批直接参与机构包括中国工商银行、中国农业银行、中国银行、中国建设银行、交通银行、招商银行、浦发银行、中国民生银行、兴业银行、平安银行、华夏银行、汇丰银行（中国）、花旗银行（中国）、渣打银行（中国）、星展银行（中国）、德意志银行（中国）、法国巴黎银行（中国）、澳大利亚和新西兰银行（中国）和东亚银行（中国）等 19 家境内中外资银行。此外，同步上线的间接参与者包括位于亚洲、欧洲、大洋洲、非洲等地区的 38 家境内银行和 138

家境外银行。

2009年以来，中国人民银行陆续推出一系列政策，便利人民币跨境贸易投资和使用，深化双边货币合作。通过"代理行模式"和"清算行模式"等多种方式支持人民币跨境支付业务。目前，人民币已经成为中国第二大跨境支付货币和全球第三大支付货币，迫切需要建设基础设施支撑业务发展。经过充分论证和研究，在境内有关商业银行的密切配合和支持下，人民银行于2012年启动建设CIPS。CIPS的建成运行是我国金融市场基础设施建设的又一里程碑事件，标志着人民币境内支付和国际支付统筹兼顾的现代化支付体系建设取得重要进展。作为重要的金融基础设施，CIPS符合《金融市场基础设施原则》等国际监管要求，对促进人民币国际化进程将起到重要支撑作用（本节内容直接引用"人民币国际化重要里程碑人民币跨境支付系统（一期）成功上线运行"，人民银行网站，2015年10月8日）。

23.15　银联人民币跨境支付系统对人民币国际化的推动作用

中国银联是中国银行卡联合组织，通过银联跨行交易清算系统，实现商业银行系统间的互联互通和资源共享，保证银行卡跨行、跨地区和跨境的使用。中国银联已与境内外数百家机构展开广泛合作，银联网络遍布中国城乡，并已延伸至亚洲、欧洲、美洲、大洋洲、非洲等160个国家和地区。中国银联在拓展跨境业务的同时，发挥网络、产品和技术优势，积极参与境外市场金融基础设施建设，以此创新业务拓展模式，加速银联卡业务本地化进程。银联芯片卡标准成为泰国银行业的行业标准，银联与泰国主要银行合作建立的本地转接网络TPN（Thai Payment Network）业已上线，银联还参与建成了老挝国家银行卡支付系统（"银联技术标准走出去再获新进展"，金融时报，2016年10月13日）。

2016年10月12日，中国银联与六家国际机构签署了合作协议，这六家国际机构包括：泰国银行间交易管理交易所NITMX、新加坡星网电子付款私人有限公司NETS、印度尼西亚ATM转接机构Rintis、菲律宾同业银行网络BancNet、马来西亚电子支付系统MEPS、韩国金融电信与清算协会KFTC。签约对市场各方具有重要意义：一是标志着银联与境外支付行业的合作，从业务合作升级到产品、标准的全面合作；二是满足了这些市场支付产业从磁条卡向芯片卡升级的需求，并为未来非接支付、移动支付、钱包类产品等银联创新产品在境外的推广打下基础，拓展了合作空间；三是银联借助"一带一路"战略实施等中外合作的东风，通过推广支付清算基础设施、技术标准等，有助于提升中国支付产业的国际竞争力（同上）。实际上，如上涉及东盟全部五个创始成员国和其他东盟国家，显示中国银联在信用卡支付技术和业务方面已经达到了可喜的水平，对人民币国际化在东盟以至其他地区的扩展发挥了积极的推动作用。

23.16 小结

本章介绍了五年多来包括香港在内的境外二十多个人民币中心的发展和现状。各种数据显示，近年来境外人民币支付业务有了迅速的发展，遍及亚欧美非四大洲的二十几个人民币中心业务呈现出了良好的较快发展势头，特别是2015年8月在人民币对美元持续贬值而且预期贬值显著的环境下，人民币跨境支付的全球占比达到了2.79%，首次超过日元占比2.76%，成为全球第4大支付货币，境外人民币支付业务仍呈现出可喜的发展势头，显示国际市场对人民币和我国经贸及今后发展的信心。然而2015年8月到2017年1月，人民币跨境支付占全球跨境支付比重却持续下降到了1.68%，排名回落到了低于加拿大元的第6位，显示人民币贬值对人民币境外支付的显著影响。

成绩显著，令人振奋。然而我们也应该看到境外人民币接受的程度与我国贸易的全球分布还很不平衡，特别是印度这个亚洲第三大经济体和南亚最大经济体，巴西这些全球第九大经济体和拉美最大经济体，意大利和西班牙这两个主要欧元区国家，以及墨西哥、土耳其、沙特等主要发展中国家人民币中心至今尚未建立，人民币跨境支付增长潜力巨大。相信再过几年境外人民币支付额会持续增长的同时，人民币支付的分布也会更加均衡，人民币的国际化程度也会随之持续提升。

参考文献

［1］李婧. 人民币区域化对中国经济的影响与对策［M］. 北京：中国金融出版社，2009：57 - 58.

［2］陆婷. 台湾人民币离岸市场的现状、问题和前景［D］. 中国社会科学院世界经济和政治研究所国际金融研究中心，论文2014W13，2014 - 4.

［3］罗布特·米肯尼，刘健恒. 人民币的崛起———国际地位及影响［M］. 北京：中信出版社，2013.

［4］张光平. 人民币国际化和产品创新（第六版）［M］. 北京：中国金融出版社，2016.

［5］Chan, Norman T. L., 2013, "Development of Offshore Renminbi Business in Hong Kong: Review and Outlook", 21 February 2013.

[6] Chan, Norman T. L., 2014, Hong Kong as Offshore Renminbi Centre – Past and Prospects.

[7] Yue, Eddie, 2012, "Hong Kong – Challenges and Opportunities Ahead", Deputy Chief Executive, Hong Kong Monetary Authority (Speech at the Hong Kong Institute of Bankers Annual Conference 2012 "The Year of Transformation – Heading intoa New Era") 13 September 2012.

[8] Yue, Eddie, 2013, "The Development and Future of the Offshore Renminbi Market," Deputy Chief Executive, Hong Kong Monetary Authority (Keynote address at Euromoney Global Offshore RMB Funding Forum 2013), 8 May 2013.

[9] Hong Kong Monetary Authority, 2014, "Briefing to the Legislative Council, Panel on Financial Affairs", 5 May 2014, www. hkma. gov.

24 离岸人民币市场的发展和存在的问题

2010 年 7 月 19 日，中国人民银行与香港人民币业务清算行中国银行（香港）有限公司在香港签署了新修订的《香港银行人民币业务的清算协议》，为香港离岸人民币市场的启动做好了铺垫。2010 年 8 月 17 日，《中国人民银行关于境外人民币清算行等三类机构运用人民币投资银行间债券市场试点有关事宜的通知》发布，允许相关境外机构进入境内银行间债券市场投资试点。该通知的发布标志着境外人民币业务和交易的启动。在人民币国际化的大背景下，国家为提高人民币的国际流通和结算地位，在人民币资本项下未完全可兑换的条件下开展离岸人民币交易和贸易结算非常必要。发展人民币贸易结算需要解决流出境外人民币的流通和交易问题，使企业可以根据自身头寸融入融出人民币，这就需要发展离岸人民币市场，使流到境外的人民币可以在境外的人民币离岸市场上进行交易；使持有人民币的境外企业可以在这个市场上融通资金、进行交易、获得收益；同时使境外人民币有可靠的回流机制。

24.1 香港离岸人民币利率指数

贷款是任何货币最基本的业务。虽然香港人民币贷款业务近年来有了可喜的发展，然而其贷款规模与存款规模的差距仍然很大。本节介绍影响境外人民币贷款和诸多其他人民币业务的重要因素：离岸人民币利率。经过详细的研究准备和一年的试点，香港金管局和财资市场公会（Treasury Markets Association）于 2013 年 6 月正式推出了人民币香港银行同业拆息定价（CNH Hong Kong Interbank Offered Rate，CNH HIBOR），使境外人民币利率定价机制的形成迈出了一大步。该利率的推出对香港以至其他境外人民币中心人民币贷款、掉期等业务的发展提供了有益的参考。

人民币香港银行同业拆息定价包括隔夜、1 个星期、2 个星期、1 个月、2 个月、3 个月、6 个月及 12 个月的期限，将根据 15 ~18 家活跃于人民币同业市场的报价银行所报利率计算定出，已有 13 家银行提供上述期限的拆息供市场参与者参考。香港财资市场公会称，人民币香港银行同业拆息定价的推出，将会为市场参与者提供一个正式的基准，作为人民币贷款及利率合约的定价参考。人民币香港银行同业拆息的管理监测机制将与港元香港银行同业拆息趋同，由香港金管局监测报价银行是否遵守操守准则（"香港 6 月推出人民币香港银行同业拆息定价"，第一财经网，2013 年 4 月 25 日）。该利率机制的形成对市场参与者管理人民币利率风险也会有很大的帮助，对于增强香港境外人民币中心的功能有里程碑的意义（Chan, 2014）。虽然香港利率指数发布 3 年多了，但是离岸人民币利率相关市场的流动性却远不如人民币外汇市场活跃，表 15.1 给出的离岸人民币利率互换市场不够活跃就是很好的证明。

24.2　离岸人民币债券市场

国际债券的发行额和存量是货币国际化程度的重要反映，人民币境外债券的发行和交易自然成为我们关注的重点之一。2007 年 1 月 11 日中国人民银行宣布：内地金融机构经批准可以在香港发行人民币金融债券，人民银行将为此项业务提供相应的清算安排。内地金融机构通过在香港发行人民币金融债券，不仅增加了香港金融市场里的债券发行主体和债券币种，还有助于香港的银行扩大其资产业务范围，增加香港居民及企业的人民币投资选择。

24.2.1　监管环境

2007 年 1 月 14 日，中国人民银行发布了《中国人民银行公告（2007）第 3号》（以下简称《公告》），首次规定境内金融机构经批准可在香港发行人民币债券。随后，中国人民银行与国家发展和改革委员会于 2007 年 6 月 8 日联合发布了《境内金融机构赴香港特别行政区发行人民币债券管理暂行办法》（以下简称《办法》）。《公告》和《办法》为境内机构境外发行人民币债券提供了政策依据。2010 年 2 月 11 日，香港金融管理局发布了《香港人民币业务的监管原则及操作安排的诠释》，首次从香港监管机构的角度对在香港发行人民币债券的相关事宜做出了解释。由此，两地对在港发行人民币债券有了政策依据，为该市场的发展打下了基础。

2013 年 7 月 10 日，中国人民银行出台《关于简化跨境人民币业务流程和完善有关政策的通知》（货币政策二司，2013 年 7 月 5 日），对经常项下人民币结算、银行卡人民币账户跨境清算、境内非金融机构人民币境外放款、境内非金融机构境外发行人民币债券、境内非金融机构对外提供人民币担保、境内代理行对境外参加行人民币账户融资等跨境人民币业务政策进行了较大力度完善，对进一步推动跨境人民币业务发挥了积极作用。

24.2.2　境内银行类机构赴港发行人民币债券的情况

2007 年 6 月 27 日至 7 月 6 日，国家开发银行在香港发行了第一只人民币债券，发售对象为机构及个人投资者，期限 2 年，票面年利率为 3%。债券发行量最高不超过 50 亿元人民币，其中零售债券最低发行量约为 10 亿元人民币，个人投资者最低认购额为 2 万元人民币。这是内地金融机构首次在香港成功发行人民币债券。此次发行吸引的总申购金额超过 140 亿元人民币，接近发行额的 3 倍，显示出香港市场对此项业务的热情。国开行发行首笔人民币境外债券后，中国进出口银行、境内大型商业银行和其他金融机构分别获准在中国香港、伦敦和卢森堡等地发行人民币债券。

24.2.3　发行人民币债券的境外机构

2009 年 6 月 19 日，汇丰银行和东亚银行获准在香港发行人民币债券，这是首批在香港发行人民币债券的本地注册外资银行。此后发债主体逐渐扩展至港澳公司（合和基建与银河娱乐）、红筹公司（中国重汽）、跨国公司（麦当劳与卡特彼勒）、境外银行（澳新银行与俄罗斯外贸银行）。2011 年 2 月 10 日，由工银国际与台湾永丰证券担任联席主承销商和账簿管理人的永丰余开曼群岛公司 3 亿元人民币债券在香港成功发行，标志着台资企业在香港发行首只人民币债券。

除中国香港外，伦敦也成为境外人民币债券发行的重要中心。第 23 章显示，汇丰银行早在 2012 年 4 月就在伦敦发行了 20 亿元三年期的人民币债券，之后澳新银行等境外银行也在伦敦发行了人民币债券。2015 年 6 月 24 日，日本境内首只以人民币计价的公司债券由三菱东京日联银行正式发行，面向银行、保险公司等日本境内机构投资者，计划募集 3.5 亿元人民币（约 70 亿日元），用于帮助在华日本企业筹集人民币。

汇丰香港和中银香港 9 月 29 日在我国银行间债券市场各自发行了 10 亿元人民币金融债券，这是国际性商业银行首次获准在银行间债券市场发行人民币债券。国际性商业银行首发"熊猫债"，成为全球发行人拓展人民币融资渠道的"探路"之举（中国银行，《伦敦离岸人民币市场月报》，2015 年 9 月，总第 28 期）。

24.2.4　国际机构

亚洲开发银行于 2009 年 12 月初发行了十年期 10 亿元人民币债券，2009 年 12 月 8 日起息，2019 年 12 月 8 日到期。这是国际机构进行的首笔此类交易，凸显亚洲开发银行对人民币债券市场的支持。2011 年 1 月 14 日，世界银行在香港发行了 5 亿元两年期人民币债券，为 2011 年首单人民币债券发行。世界银行债券票息为 0.95%，每半年付息一次，创同期限债券最低利率水平。该债券起息日为 2010 年 1 月 14 日，信用等级为 AAA 级。这是世界银行首次发行人民币债券，具有标志性意义。国际金融公司于 2014 年 6 月在伦敦发行了 5 亿元三年期人民币绿色债券，收益率为2%。

24.2.5　"点心债券"和"熊猫债券"

离岸市场人民币债券起步较好，今后还会持续稳步发展。除继续推进离岸人民币债券（也称"点心债券"）市场建设外，为进一步促进人民币国际化，中国政府还有必要继续扩大"熊猫债券"（即外国机构与企业在中国发行人民币债券）的发行规模。"点心债券"是"走出去"，"熊猫债券"是"引进来"。在未来相当长时间里，"点心债券"与"熊猫债券"将成为推动人民币国际化的"双引擎"（张明，2011）。

2007年至2012年上半年，新发行债券（存款证除外）的加权平均偿还期由2.2年上升至3.8年。主要原因在于财政部和国有银行发行的长期债券出现10年期以上品种，为其他机构发行人提供了有效的定价指标。以财政部为例，2010年全年发债规模仅80亿元，期限包括2年、3年、5年和10年，而2012年上半年已发行230亿元，期限增加了7年和15年两类；剔除财政部和国有银行这两类发行人，其他发行人的产品期限呈现短期化趋势。

24.2.6　承销点心债的主要银行

点心债主要由银行来承销，汤森路透（IFR）整理了今年以来主要银行承销点心债的金额排名：（1）汇丰银行26.426亿元；（2）渣打银行24.357亿元；（3）新加坡星展银行7.855亿元；（4）法国巴黎银行7.489亿元；（5）中国银行5.183亿元（"纽约市场加入离岸人民币交易全时区启动"，2014年3月17日，凤凰财经综合），显示两家香港银行点心债的承销能力远超其他银行，而中银香港作为香港人民币的结算银行的点心债承销量不仅不及汇丰银行和渣打银行，而且还低于星展银行和法国巴黎银行。

24.2.7　香港人民币债券的发行和存额

根据香港金管局2014年给香港立法委金融事务简报（Hong Kong Monetary Authority，2014）的数据，2011年到2014年，在香港发行的人民币债券发行量分别为1467亿元、2372亿元、3100亿元和4382亿元人民币，显示这些年香港人民币债券发行持续增长的态势；然而2015年上半年发行总额仅为1797亿元，比2014年同期下降了36.2%（香港金管局货币和金融稳定半年度报告，2015年9月）；2016年上半年发行量同比进一步下降了29.4%到1269亿元人民币（香港金管局货币和金融稳定半年度报告，2016年9月），降幅比2015年同期略有减缓，但仍接近30%。截至2016年6月底境外人民币债券存量同比下降了16.8%到5492亿元。

2015 年上半年，我国非国有人民币债券发行同比下降了 82.1%，同期境外人民币债券发行同比却增长了 61.7%，2015 年上半年香港人民币债券存额为 5849 亿元人民币；2016 年上半年境内机构境外人民币债券发行同比下降 85.8%，而同期境外机构人民币债券发行却仅下降了 18.7%。2016 年上半年境内机构境外人民币债券发行的主要原因是人民币对美元贬值预期使得机构对"点心债"的胃口显著下降，同时新的监管（2016 年 5 月 6 日，人行宣布允许境外合格机构投资者通过注册即可进入境内债券市场等）政策鼓励境内外机构参与境内人民币债券市场使得境内人民币债券市场成本显著低于境外。

24.2.8 香港中央结算系统托管及结算的未偿还人民币债务金额

香港中央结算有限公司从 2011 年开始公布每月在该公司托管和结算不同期限的人民币债务工具金额。该公司公布的数据包括固定利率和浮动利率债券两类，每类分不到 1 年、1 ~ 3 年、3 ~ 5 年、5 ~ 7 年和 7 年以上的不同货币债券金额。表 24.1 给出了 2011 年到 2017 年香港中央结算公司公布的人民币、美元、港元和其他货币债券总金额及分布。

表 24.1 香港中央结算系统托管及结算的人民币、美元、港元和其他货币的所有债务工具未偿还总金额 单位：美元,%

年份 \ 货币	人民币	美元	港元	其他外资	合计
2011	653.8	13.6	546.6	119.3	1333.4
2012	969.7	28.7	685.2	243.3	1926.8
2013	1164.6	35.7	697.4	358.1	2255.7
2014	1401.6	37.1	761.7	189.2	2389.6
2015	1283.9	44.0	822.1	131.3	2281.3
2016	981.3	48.7	942.4	181.2	2153.6
2017*	919.3	47.4	965.2	191.4	2123.3
年份 \ 货币	人民币	美元	港元	其他外资	合计
2011	100.0	4791.0	119.6	547.9	49.0
2012	100.0	3382.3	141.5	398.6	50.3
2013	100.0	3266.4	167.0	325.3	51.6
2014	100.0	3778.6	184.0	740.8	58.7
2015	100.0	2921.0	156.2	978.0	56.3
2016	100.0	2016.0	104.1	541.5	45.6
2017*	100.0	1938.7	95.2	480.3	43.3

数据来源：香港金管局网站 www.hkma.gov.hk；2017 年数据为 2 月末数据。

表 24.1 显示，香港中央结算系统及结算的所有债务工具未偿还总额中，人民币总额在 2013 年首超 1000 亿美元，2014 年超过了 1400 亿美元，而 2014 年后持续下降到了 900 多亿美元；从 2011 年开始，人民币未偿还债券工具余额就显著超过了港元、美元和其他币种的余额，占整个香港市场一半上下；虽然 2014 年以来，人民币占比持续下降，但仍保持了该领域最重要货币的地位。下文数据显示，这也是人民币在香港地位最高的一个领域。

24.2.9 香港人民币货币市场及国际比较

货币市场实际上是短期债券市场，债券期限一般在一年之内。根据国际清算银行公布的数据，1993 年到 2003 年，全球货币市场规模从 1156.6 亿美元增长到了 5212.4 亿美元，10 年内年均复合增长率高达 16.2%，略低于同期全球国际债券市场年均复合增长率 17.1%；2003 年到 2013 年的 10 年年均复合增长猛降到了 5.3%，显著低于同期全球国际债券市场年均复合增长率 9.1%。由于二十多年来国际货币市场增长略低于全球国际债券市场，前者金额与后者比例从 2003 年的 6.1% 下降到了 2013 年的 4.0%；2014 年 6 月末，全球国际货币市场和国际债券同时达到了市值高峰，分别为 0.92 万亿和 22.22 万亿美元，之后皆出现了下降。香港货币市场规模较小，而且也缺乏系统的数据，但是香港中央结算有限公司从 2011 年开始公布每月在该公司托管和结算期限不到一年的人民币债务工具金额为我们了解香港人民币货币市场提供了很好的素材。表 24.2 给出了 2011 年到 2017 年香港中央结算公司公布的人民币、美元、港元和其他货币短期债券总金额及分布。

表 24.2　香港中央结算系统托管及结算的人民币、美元、港元和其他货币
所有期限不到一年的债务工具未偿还总金额　　单位：美元,%

年份＼货币	人民币	美元	港元	其他外资	美元和其他外币	合计
2011	87.7	6.4	140.3	73.0	79.3	307.3
2012	164.8	14.3	177.1	141.1	155.4	497.3
2013	266.7	15.6	155.8	185.0	200.5	623.0
2014	212.4	16.3	159.1	166.3	182.6	554.0
2015	188.8	18.9	197.9	170.9	189.8	576.4
2016	178.0	17.6	231.1	152.7	170.3	579.4
2017*	159.6	16.8	274.7	148.7	165.5	599.8
年份＼货币	人民币	美元	港元	其他外资	美元和其他外币	合计
2011	100.0	1375.8	62.6	120.2	110.6	28.5
2012	100.0	1153.2	93.1	116.8	106.1	33.1

年份＼货币	人民币	美元	港元	其他外资	美元和其他外币	合计
2013	100.0	1712.7	171.1	144.2	133.0	42.8
2014	100.0	1299.6	133.5	127.7	116.3	38.3
2015	100.0	1001.2	95.4	110.5	99.5	32.8
2016	100.0	1009.7	77.0	116.6	104.5	30.7
2017 *	100.0	949.5	58.1	107.3	96.4	26.6

数据来源：香港金管局网站 www.hkma.gov.hk；2017 年数据为 2 月末数据。

表 24.2 显示，香港人民币货币市场金额占比皆低于表 24.1 给出的相应比例，但是短期人民币债务金额在 2013 年和 2014 年显著超过港元，2013 年以来占比虽然持续下降，但也超过港元一半的同时，显著超过包括美元在内的其他所有外币，显示人民币在香港货币市场的地位高于下文其他所有领域。

24.3 主要货币在国际债券市场的规模和占比比较

不同货币在国际债券市场的发行量、存量和流动性在一定程度上也反映该货币的国际化程度。本节简单介绍主要国际货币国际债券发行规模、占比和排名，从而了解不同货币在国际债券市场的作用。

24.3.1 欧元和美元在国际债券市场的规模和占比比较

表 24.3 给出了 2001 年到 2016 年 15 种主要货币的国际债券存量。表 24.3 显示，在欧元推出后的第 5 年，即 2003 年，以欧元发行的浮动利率、固定利率和股权相关的国际债券总额首次超过了以美元发行的相应的国际债券存量，2003 年到 2014 年的 12 年欧元国际债存量持续超过了美元的国际债存量，显示欧元在国际债券市场上的重要地位；从 2003 年到 2009 年，欧元国际债券余额占比超过美元占比幅度从 3.7% 持续上升到了 19.0%；然而从 2009 年到 2014 年，前者超过后者的幅度又持续下降到了 0.5%；2015 年到 2016 年美元国际债存额分别比欧元存额高出 5.2% 和 9.2%，表明欧元在国际债券市场的优势也受到了美元的显著冲击。

表 24.3　　　　　　　　　　　**主要货币国际债券存量比较**　　　　　　单位：亿美元，%

货币＼年份	2001	2003	2005	2007	2009	2011	2013	2014	2015	2016	2020 *
欧元	19168	40008	51122	88219	102869	95963	101509	89171	81200	79768	68804
美元	30180	36532	42163	54764	61346	69014	81748	88099	92218	99277	132796
英镑	5104	7951	10948	17753	21894	20161	21887	20839	19999	17029	14878

货币＼年份	2001	2003	2005	2007	2009	2011	2013	2014	2015	2016	2020*
日元	4246	5166	5099	5857	6924	7606	4965	4260	4031	4034	2429
澳元	341	867	1410	2172	3183	3169	2896	2903	2576	2537	2123
瑞士法郎	1284	1958	2131	3130	3745	3921	3063	3054	2597	2217	1405
加元	460	760	1416	2556	2804	3067	2629	2162	1468	1362	712
人民币	1	1	4	52	115	391	888	1211	1249	1107	2544
瑞典克朗	85	161	230	468	697	1043	842	1002	1011	888	780
港元	310	469	551	711	696	771	628	594	685	803	830
挪威克朗	56	222	191	295	510	831	961	707	595	583	439
新西兰元	67	121	365	516	429	393	420	458	425	454	510
新加坡元	46	81	128	228	278	366	404	394	416	389	407
巴西雷亚尔	0	0	55	216	466	479	480	451	301	343	263
墨西哥比索	3	2	37	185	163	218	327	309	268	221	223
总额	61658	94694	116488	178559	218186	218975	228035	217911	210813	212850	208074
前7占比	98.6	98.5	98.1	97.7	92.9	92.7	95.9	96.6	96.8	96.9	107.2
欧元占比	31.1	42.3	43.9	49.4	47.1	43.8	44.5	40.9	38.5	37.5	33.1
美元占比	48.9	38.6	36.2	30.7	28.1	31.5	35.8	40.4	43.7	46.6	63.8
欧元占比与美元占比差	17.9	-3.7	-7.7	-18.7	-19.0	-12.3	-8.7	-0.5	5.2	9.2	30.8

数据来源：国际清算银行网站：www.bis.org；2020年的数据根据2016年的数据和2011年到2016年年均复合增长率估算而得。

24.3.2 其他主要国际货币在国际债券市场的规模和占比比较

表24.3显示，尽管英镑国际债与欧元和美元有很大的差距，但是却比其他主要国际货币高出很多，成为十多年来名副其实的第三大国际债券发行货币；日元、澳元、瑞士法郎和加元排名从第4位到第7位。2001年到2016年这前七大国际债券发行货币占全球国际债券发行总比保持在97%上下，比表20.3给出的这些货币同期外汇交易国际平均占比89.1%还要高出很多，显示主要国际货币在国际债券市场的地位比其在国际外汇市场总体地位还要重要。

24.3.3 其他发达国家和地区货币在国际债券市场的规模和占比比较

表24.3显示，瑞典克朗、港元和挪威克朗近年来保持了全球第9到第11大

国际债券发行货币的地位；新西兰元、新加坡元、巴西雷亚尔和墨西哥比索的国际债存量分别排名第 12 到第 15 位。

根据上文给出的香港人民币债券年底存量和人民币对美元年底汇率，我们可以计算出 2011 年底到 2014 年底香港人民币债券金额，并利用表 24.3 给出的境外人民币年底总金额计算出香港人民币债券占整个境外人民币债券比重从 2011 年的 62.9% 提高到了 2014 年的 75.1%，显示香港在境外人民币债券市场的重要地位。香港金融管理局将于 2015 年 11 月 23 日进一步优化人民币流动资金安排，就日间及隔夜回购协议推出双边安排，以取代现行的三方安排。这将进一步提高香港人民币市场的效率和活跃度，进而提高香港在整个境外人民币市场的地位。

24.4 人民币国际债券市场的规模和境内外机构债券市场的合作

24.4.1 人民币国际债券市场的规模及占比比较

国际清算银行公布的 2013 年第一季度国际债券存量数据中还没有人民币债券发行的数据，因此本书第四版相应的表格中没有人民币国际债券的数据。值得高兴的是，表 24.3 的数据显示，2013 年人民币成为全球第九大国际债券发行货币，2014 年以来人民币国际债券存量提高并保持在第八位的排名。实际上人民币国际债券从 2005 年第四季度才开始发行，2005 年到 2014 年人民币国际债券存量复合年均增长率高达 89.3%，为表 24.3 给出的 15 种货币中年均复合增长率最高，表明 2005 年到 2014 年人民币国际债券高速增长的态势；然而 2015 年到 2016 年境外人民币债券出现了十多年来首次下降，降幅 11.4% 仅低于同期英镑、瑞典克朗和墨西哥比索的降幅。人民币持续贬值的趋势对人民币境外债券会产生明显的影响。

如果以表 24.3 给出的数据计算出 15 种货币 2009 年到 2016 年的年均复合增长率估算（表 24.3 给出了相应的结果），到 2020 年境外人民币债券会达到 2544 亿美元，超过届时日元境外债券 2429 亿美元，人民币会成为仅次于英镑的全球境外债券第 4 大主要货币。

24.4.2 央行允许境外央行类机构进入银行间外汇市场

中国人民银行允许境外央行类机构可通过人民银行代理、中国银行间外汇市场会员代理以及直接成为中国银行间外汇市场境外会员三种途径中的一种或多种进入中国银行间外汇市场，开展包括即期、远期、掉期和期权在内的各品种外汇交易（新华社 中国金融信息网《人民币国际化月报》，2015 年第 8 期）。这将有助于境外人民币债券交易和规模的增长。

2017 年 1 月，《国家外汇管理局关于进一步推进外汇管理改革完善真实合规性审核的通知》（汇发〔2017〕3 号）既是便利银行间债券市场境外机构投资者管理外汇风险，也是推动债券市场和外汇市场对外开放的改革举措（"国家外汇管理局有关负责人就银行间债券市场境外机构投资者外汇风险管理有关问题答记者问"，国家外汇管理局网站 www. safe. gov. cn，2017 年 2 月 27 日）。境外投资者可以在境外人民币市场进行外汇风险管理，但随着境内外汇市场深度逐步提高，有条件支持境外投资者参与境内外汇市场，在债券和外汇市场进行综合管理。因此此《通知》对活跃境内外人民币债券市场和外汇市场都有积极意义。

24.4.3 32 家境外机构获准进入中国银行间债券市场

中国人民银行金融市场司 2015 年 4 月 30 日在上海清算所发布公告称，32 家具有 QFII、RQFII 或人民币结算资质的境外机构获准进入银行间债券市场。央行此前的数据显示，截至 2014 年末，共有 211 家包括境外中央银行或货币当局、国际金融机构、主权财富基金、人民币业务清算行、跨境贸易人民币结算境外参加行、境外保险机构、RQFII 和 QFII 等在内的境外机构获准进入银行间债券市场，较 2013 年末增加 73 家，其中已有 180 家境外机构入市交易，持有债券 5720. 4 亿元。境外机构进入境内银行间债券市场不仅会活跃境内债券市场，而且对推动境内外人民币债券市场联动和境外人民币债券规模的增加，都有积极的意义。

24.4.4 放宽境外机构获准进入中国银行间债券市场的新举措

2016 年 5 月 6 日，中国人民银行公告（2016）第 8 号对境内法人类合格机构投资者和非法人类合格机构投资者进入银行间债券市场放宽了限制。该公告明确指出，包括但不限于商业银行、信托公司、企业集团财务公司、证券公司、基金管理公司、期货公司、保险公司等经金融监管部门许可的境内法人类合格机构投资者和包括但不限于证券投资基金、银行理财产品、信托计划等。保险产品，经基金业协会备案的私募投资基金、住房公积金、社会保障基金、企业年金、养老基金、慈善基金等非法人类合格机构投资者应按规定通过电子化方式向中国人民银行上海总部备案，在中国人民银行认可的登记托管结算机构和交易平台办理开户、联网手续，合格机构投资者完成备案、开户、联网手续后，即成为银行间债券市场的参与者（"中国人民银行公告（2016）第 8 号"，中国人民银行网站，2016 年 5 月 6 日）。该公告对活跃境内债券市场和促进境外人民币债券市场的发展发挥了可喜的作用。

24.5 离岸人民币外汇即期汇率和波动率

2010 年 7 月境外人民币外汇市场正式开始运营交易。本节简单介绍境外人民币即期市场及近年来的发展、波动性和流动性等。

24.5.1 离岸市场人民币即期汇率

国际外汇市场交易人民币外汇的交易符号为人民币英文单词 Chinese Yuan 的缩写 CNY，而在香港离岸市场上交易的人民币外汇符号为 CNH。不少人可能认为 CNH 中的"H"字母是香港英文 Hong Kong 的第一个字母，而香港业内人士却解释为汉字"海外"的汉语拼音 Haiwai 的第一个字母（罗布特·米肯尼和刘健恒，2013）。看来两种解释都有一定的道理，而后种解释更能代表境外人民币汇率的含义。

24.5.2 香港人民币对美元基准汇率

2010 年 8 月，离岸美元对人民币现货即期（USDCNH SPOT）交易正式在香港启动。经过多年实践，香港离岸美元对人民币即期市场具有较强的流动性、市场报价较为连续。随着人民币国际结算地位的不断提高，伦敦、新加坡、中国台湾等离岸中心也越来越多地参与到离岸人民币即期交易中来。2011 年 6 月香港财资市场公会（The Treasury Markets Association）推出了香港离岸市场人民币对美元即期汇率形成机制（TMA's Spot USD/CNY（HK）Fixing，https：//www. tma. org. hk/en_ market_ info. aspx），成为香港离岸市场美元对人民币即期汇率的基准。该基准是从 15 家指定银行提供的中间报价中剔除两个最高及两个最低报价，再以平均数定出。该基准利率的推出不仅对离岸人民币即期市场，而且对离岸人民币远期、期货等其他人民币外汇市场的发展也有很大的参考意义。

24.5.3 离岸人民币对美元即期汇率及与境内人民币对美元汇率的比较

图 24.1 给出了 2010 年 8 月 23 日到 2016 年 11 月 29 日境内外人民币对美元汇率。图 24.1 显示在离岸人民币市场推出的初期，境内外人民币汇率存在较大的差异，而 2011 年第四季度到 2015 年第二季度，两者间的差异呈现出下降的趋势。图 24.2 给出了同期境内外人民币汇率之间的差异，从而我们可以更容易地

看出两者间的差别。

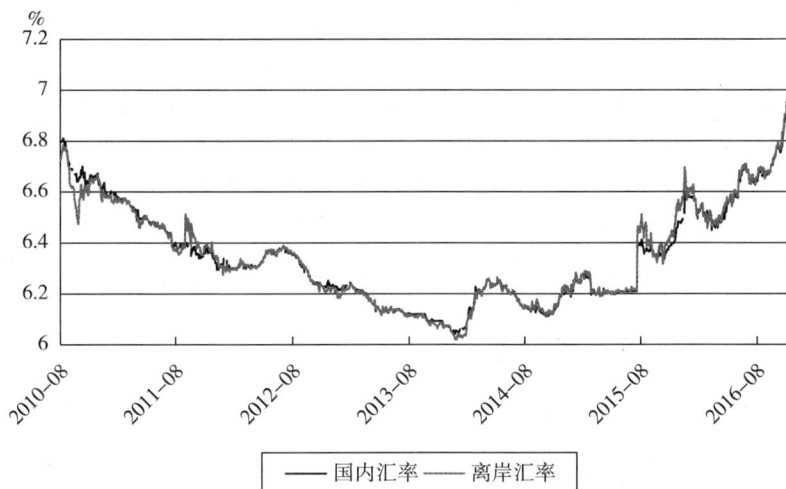

数据来源：彭博资讯。

图 24.1 境内、离岸人民币即期汇率

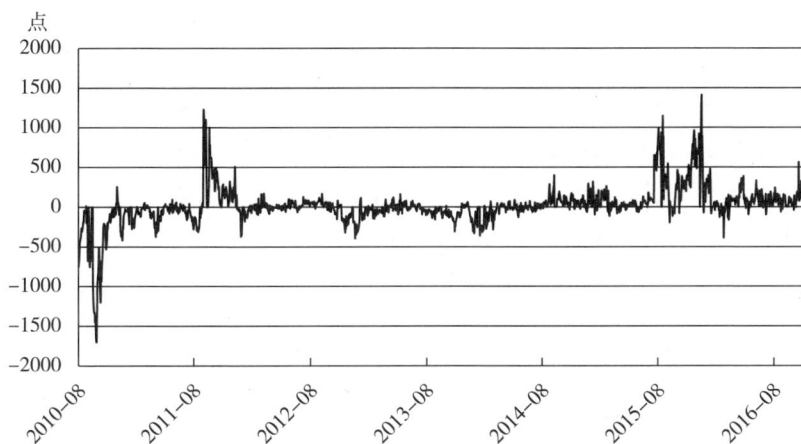

数据来源：根据图 24.1 的数据计算 10000 ×（离岸美元/人民币汇率 – 境内美元/人民币汇率差额）得出。

图 24.2 境内外人民币即期汇率点差

图 24.2 显示，在 2010 年 8 月 23 日到 10 月 18 日，离岸人民币汇率比境内相应汇率低 1116 ~ 1791 点，反映当时离岸市场人民币升值预期较强，境内外汇率差异巨大；2010 年 10 月到 12 月，两者间差异显著缩小；2011 年初到 9 月中旬，两者间差异大多时间保持在 – 300 点到 0 之间；2011 年 9 月下旬，离岸人民

币汇率比境内相应汇率高出 1000 点左右，反映当时离岸市场人民币贬值预期；2011 年 11 月到 2015 年 8 月初两者间的差距处于缩小的趋势；然而 2015 年 8 月上旬以来，两者间的差异再次扩大，接近 2010 年第三季度的程度。

为了提高市场流动性，2013 年 4 月 25 日，香港金管局宣布放松对人民币净头寸和流动性比率的要求。香港授权机构不再需要保持最低的美元对人民币净头寸，可将美元对人民币作为普通外币对进行管理。与此同时，香港金管局宣布取消 2012 年 2 月 9 日和 2012 年 6 月 14 日颁布的人民币流动资产比率的要求。此举大大提高了人民币在香港的流动性，为人民币的国际化和自由兑换做出了重要铺垫。

2015 年 8 月 11 日，中国人民银行发布公告称，为增强人民币对美元汇率中间价的市场化程度和基准性，决定完善人民币对美元汇率中间价报价。自 2015 年 8 月 11 日起，做市商在每日银行间外汇市场开盘前，参考上日银行间外汇市场收盘汇率，综合考虑外汇供求情况以及国际主要货币汇率变化向中国外汇交易中心提供中间价报价，中国人民银行授权中国外汇交易中心公布当日人民币中间价。2015 年 8 月 11 日银行间外汇市场人民币汇率中间价为：1 美元对人民币 6.2298 元，较上一交易日大涨 1136 个基点，人民币对美元汇率中间价贬值 1.8%。由此引发境内汇率和离岸汇率市场大幅波动，当周人民币境内汇率和离岸汇率分别贬值 2000 个和 2500 个基点左右，两者的汇率差额也拉宽至 500 个基点。2015 年全年人民币对美元汇率贬值 4.7%；进入 2016 年，境内人民币在美元升值的大背景下，继续对美元贬值，2016 年前 11 个月累计贬值 5.7%，同期境外人民币对美元累计贬值 5.8%。2016 年初以来境内外汇差基本稳定在 ±500 个基点的范围内。

24.5.4　离岸市场人民币即期汇率波动性比较

图 24.1 和图 24.2 显示，2011 年以来境内外人民币对美元汇率相近，可能给人一种两个市场相近的感觉，实际不然。外汇市场很重要的参数之一是波动性。利用图 24.1 给出的数据计算，2010 年 10 月到 2015 年 3 月，离岸市场人民币即期汇率的波动率绝大多数时间高于境内人民币即期汇率，前者平均比后者高出 31.2%。较高的市场波动率是离岸人民币市场活跃的重要原因。2015 年 4 月至 6 月，境外汇率与境内汇率的波动率较为接近，而 2015 年 7 月以后境外汇率的波动性重新加大，7 月至今离岸汇率较境内汇率平均波动率高出 118.2%，显示在央行改革汇率中间价定价前，离岸市场对人民币汇率的分歧逐渐加大，汇率波动性大幅提高。

24.6　离岸市场人民币外汇现货/即期市场的流动性

银行间市场通常很难有系统而准确的数据，对于起步不久的离岸人民币市场更是如此。第 20 章显示，反映货币国际化的最简洁而且准确的指标是其在全球外汇市场的流动性，因此我们用很大的精力挖掘各种数据判断境外人民币市场流动性，目的是要找到合理数据，进而判断人民币国际化程度提高的准确程度。

24.6.1　香港特区人民币外汇即期日均成交金额

香港是境外最早开始人民币存款业务的境外人民币中心，也是境外人民币清算安排最早的境外中心，实际上也是境外绝大多数其他人民币业务最活跃的人民币中心。根据香港金管局公布的 2010 年 4 月到 2016 年 4 月香港人民币外汇日均成交金额数据，2010 年 4 月到 2013 年 4 月，香港人民币外汇即期交易日均成交金额从 16 亿美元猛增到了 72 亿美元，年均增幅高达 65.1%；2013 年 4 月到 2016 年 4 月又增长到了 181 亿美元，年均增幅减缓到了 36.0%，显示 6 年来香港人民币即期成交活跃度。

24.6.2　伦敦人民币外汇即期日均成交金额

基于伦敦在全球外汇市场的龙头地位，伦敦外汇联合常设委员会（FXJSC）早在 2008 年就开始公布每年伦敦市场 4 月和 10 月人民币外汇即期市场日均成交金额数据；伦敦金融城也从 2012 年开始到 2014 年每半年公布一次伦敦和伦敦外境外人民币即期和人民币外汇衍生产品日均成交金额数据。表 24.4 给出了 2010 年上半年到 2016 年下半年人民币外汇即期市场日均成交金额。表 24.4 显示，2010 年到 2016 年，伦敦人民币外汇即期日均成交金额增长了 29.5 倍（FXJSC），相应的年均复合增长率高达 76.7%，2016 年 4 月伦敦人民币外汇即期日均成交金额 185.48 亿美元超过了同期香港的 181.0 亿美元，伦敦成为全球境外人民币外汇即期交易最活跃的市场。

表 24.4　　　伦敦和境外人民币外汇现货/即期市场日均成交金额

（2010 年到 2016 年）　　　　　　　　　单位：亿美元

时间/市场	伦敦（FXJSC）	伦敦金融城	香港	伦敦和香港	伦敦金融城数据与伦敦 FXJSC 比例
2010 年上半年	6.09		16.00	22.09	
2010 年下半年	8.07		25.33	33.40	

续表

时间/市场	伦敦 （FXJSC）	伦敦 金融城	香港	伦敦和 香港	伦敦金融城数据 与伦敦 FXJSC 比例
2011 年上半年	10. 11		34. 67	44. 78	
2011 年下半年	15. 15		44. 00	59. 15	
2012 年上半年	12. 96	16. 91	53. 33	66. 29	1. 30
2012 年下半年	17. 41	33. 01	62. 67	80. 08	1. 90
2013 年上半年	33. 45	48. 15	72. 00	105. 45	1. 44
2013 年下半年	36. 79	63. 13	90. 17	126. 96	1. 72
2014 年上半年	93. 96	144. 85	108. 33	202. 29	1. 54
2014 年下半年	121. 50	222. 15	126. 50	248. 00	1. 83
2015 年上半年	145. 03		144. 67	289. 70	
2015 年下半年	180. 29		162. 83	343. 12	
2016 年上半年	185. 48		181. 00	366. 48	
2016 年下半年	193. 98		199. 17	393. 15	
2010 年	7. 08		20. 67	27. 75	
2011 年	12. 63	9. 50	39. 33	51. 96	0. 75
2012 年	15. 19	24. 96	58. 00	73. 19	1. 64
2013 年	35. 12	55. 64	81. 08	116. 20	1. 58
2014 年	107. 73	183. 50	117. 42	225. 15	1. 70
2015 年	162. 66		153. 75	316. 41	
2016 年	189. 73		190. 08	379. 81	
2010 年到 2016 年累计增幅	440. 2%		134. 4%	226. 9%	

数据来源：伦敦外汇联合常设委员会（FXJSC）网站：www. bankofengland. co. u 和伦敦金融城网站：www. cityoflondon. gov. uk；FXJSC 的数据是每年 4 月和 10 月的日均成交金额数据，该两月的数据分别与上半年和下半年相当；伦敦金融城公布的数据为上半年和全年数据，下半年数据根据上半年和全年数据折算得出；2010 年到 2016 年香港数据根据 2010 年 4 月、2013 年 4 月和 2016 年 4 月日均数据线性插值估算得出。

表 24.4 的数据也显示，2012 年到 2014 年，伦敦金融城公布的伦敦人民币外汇即期日均成交金额比伦敦外汇联合常设委员会（FXJSC）公布的相应数据分别高出 64%、58% 和 70%，显示伦敦金融城人民币外汇即期数据与其他人民币数据有显著的水分。这也应该是该机构 2015 以来停止继续公布此类数据的主要原因。

24.6.3　新加坡人民币外汇即期日均成交金额

新加坡金管局在其 2016 年公布的该年 4 月银行间外汇市场数据中，首次公布的新加坡人民币外汇市场即期、远期、掉期和货币掉期及外汇期权日均成交金额。该报告显示，2016 年 4 月新加坡人民币兑美元和人民币兑欧元外汇即期日均成交金额分别为 78.53 亿美元和 0.28 亿美元，同期新加坡人民币外汇即期总日均成交金额应该在 78.81 亿美元以上（由于没有人民币兑新加坡元和其他货币的即期成交数据，我们难以计算出新加坡人民币外汇即期总成交金额），人民币外汇即期日均成交金额占新加坡人民币外汇成交金额比重应该在 17.7% 上下。

24.6.4　美国和日本人民币外汇即期日均成交金额介绍

作为境外第四大人民币中心的美国，在其 2016 年公布的该年 4 月银行间外汇市场数据中（www.newyorkfed.org）也公布了美国人民币外汇即期日均成交金额 14.19 亿美元和人民币外汇衍生产品日均成交金额数据，为我们分析境外人民币外汇市场提供了难得的信息；而且该机构公布的 2016 年 10 月美国人民币外汇即期日均成交金额提高到了 20.0 亿美元，显示美国人民币外汇即期市场持续活跃的趋势。

另外，作为全球第五大外汇交易中心，日本外汇市场委员会 2017 年 1 月 24 日公布了 2016 年 10 月日本人民币外汇日均成交金额，其中人民币外汇即期为 7.4 亿美元，比 2016 年 4 月 10.5 亿美元增长了 75.5%，显示日本人民币外汇即期交易的快速增长。

24.6.5　全球人民币外汇即期日均成交金额占比介绍

根据国际清算银行公布的 2010 年 4 月到 2016 年 4 月数据，全球人民币外汇即期日均成交金额占人民币总外汇成交金额比重分别从 2010 年的 23.7% 上升到了 2013 年的 28.3%，又下降到了 2016 年的 23.53%，2010 年到 2016 年没有显著的变化；同期香港人民币外汇即期占比却从 14.81% 略降到了 14.55%，后又显著提高到了 23.51%，显示 6 年来人民币外汇即期占人民币外汇交易的比重没有多大的变化。但是，境外主要人民币中心近年来公布的人民币外汇交易数据有一定的水分，剔除这些水分后 2016 年人民币外汇即期占比 34.6%，我们在第 26 章会详细探讨相关问题。

24.7　离岸人民币外汇衍生产品市场流动性

我们在第 11 章、第 13 章和第 14 章分别介绍了境外人民币外汇远期、外汇掉期、货币掉期和外汇期权市场近年来的发展和日均成交金额。外汇衍生产品包括该四类产品。本节将这些章节的结果数据相加，我们即可获得近年来境外人民币外汇衍生产品的日均成交金额，表 24.5 给出了 2010 年到 2016 年境外人民币外汇衍生产品日均成交金额。

表 24.5　　境外人民币外汇衍生市场日均成交金额（2010～2016 年）

单位：亿美元

时间/市场	伦敦 （FXJSC）	伦敦 金融城	香港	伦敦和 香港	伦敦金融城 与 FXJSC 比例
2010 年上半年	22.35		93.00	115.35	
2010 年下半年	14.35		148.00	162.35	
2011 年上半年	22.81		203.00	225.81	
2011 年下半年	36.68		258.00	294.68	
2012 年上半年	50.80	38.35	313.00	363.80	0.75
2012 年下半年	49.41	66.05	368.00	417.41	1.34
2013 年上半年	98.21	107.42	423.00	521.21	1.09
2013 年下半年	101.30	154.64	450.67	551.97	1.53
2014 年上半年	198.92	279.31	478.33	677.25	1.40
2014 年下半年	144.00	331.47	506.00	650.00	2.30
2015 年上半年	212.92		533.67	746.59	
2015 年下半年	152.97		561.33	714.30	
2016 年上半年	163.16		589.00	752.16	
2016 年下半年	172.79		616.67	789.46	
2010 年	18.35		120.50	138.85	
2011 年	29.75	17.93	230.50	260.25	0.60
2012 年	50.11	52.20	340.50	390.61	1.04
2013 年	99.76	131.03	436.83	536.59	1.31
2014 年	171.46	305.39	492.17	663.63	1.78
2015 年	182.94		547.50	730.44	
2016 年	167.98		602.83	770.81	
2010 年到 2016 年累计增幅	815.4%		400.3%	455.1%	

数据来源：将表 11.3、表 13.1、表 13.2 和表 14.1 的数据相加而得。

表 24.5 显示，2010 年到 2016 年，伦敦人民币外汇衍生产品日均成交金额（FXJSC）增长了 8.18 倍；同期香港人民币外汇衍生产品日均成交金额增长了 4 倍，不到伦敦增速的一半；2012 年到 2014 年，伦敦金融城公布的伦敦人民币外汇衍生产品日均成交金额分别比伦敦外汇联合常设委员会（FXJSC）公布的数据高出 4%、31% 和 78%；根据伦敦金融城公布的伦敦人民币外汇衍生产品数据，2011 年到 2014 年伦敦人民币外汇衍生产品日均成交金额年均复合增长率高达 157.3%，比相应的伦敦 FXJSC 的年均复合增长率 79.3% 高出 78%，显示伦敦金融城数据或存在严重问题。下文我们会进一步分析。

24.8　境外人民币外汇市场日均成交金额

第 20 章显示，反映货币国际化的最简洁而且准确的指标是其在全球外汇市场的流动性，因此，我们用很大的精力判断各种境外人民币市场数据的真实性的目的是要找到合理数据，进而判断人民币国际化程度的准确定位和相应提高的程度，从而做到心中有数，不被各种国际数据所迷惑甚至误导，不随别人音乐起舞。

24.8.1　香港特区公布的香港人民币外汇日均成交金额

香港是境外人民币清算安排最早的境外人民币中心，也应该是境外人民币外汇交易最活跃的中心。香港金管局公布的数据显示，2010 年 4 月、2013 年 4 月到 2016 年 4 月香港人民币外汇日均成交金额分别为 109 亿、495 亿和 771 亿美元。表 24.6 给出了 2010 年 4 月到 2016 年 4 月香港人民币外汇日均成交金额的产品和货币对分布。

表 24.6　香港人民币外汇日均成交金额的产品和货币对分布
（2010 年 4 月到 2016 年 4 月）　　　　单位：亿美元

产品/时间	2010 年 4 月	2013 年 4 月	2016 年 4 月
即期	16	72	181
人民币兑港元	1	3	5
人民币兑美元	14	68	174
人民币兑其他货币	0.3	1	1
远期	78	139	81
人民币兑港元	0.1	0.3	1
人民币兑美元	78	137	80
人民币兑其他货币	0.2	1	1

产品/时间	2010 年 4 月	2013 年 4 月	2016 年 4 月
掉期	3	251	440
人民币兑港元	0.07	2	1
人民币兑美元	3	248	438
人民币兑其他货币		2	2
货币掉期	1	3	5
期权	11	30	63
合计	109	495	771

数据来源：香港金管局 2013 年 12 月和 2016 年 12 月公布的当年香港外汇市场季度报告。

表 24.6 给出的 2010 年 4 月香港人民币外汇日均成交金额 109 亿美元加上同期国内人民币外汇市场日均成交金额 263.9 亿美元，境内外人民币外汇市场日均成交金额 372.9 亿美元，比表 20.1 给出的国际清算银行公布的同期境内外人民币日均成交金额 342.6 亿美元高出 30.3 亿美元，比国际清算银行公布 342.6 亿美元高出 8.9%，显示香港公布的 2010 年人民币外汇日均成交金额数据有可观的水分。

24.8.2 新加坡金管局公布的新加坡人民币外汇日均成交金额

2013 年以来，新加坡保持了亚太地区最大外汇交易中心的地位，也是仅晚于港、澳和台形成的境外第四个有人民币清算安排的境外人民币中心，近年来新加坡人民币外汇交易市场活跃。根据新加坡金融监管局 2016 年公布的数据，2013 年 4 月到 2016 年 4 月新加坡人民币外汇日均成交金额从 238.63 亿美元增长了 78% 到 425.35 亿美元，人民币在新加坡外汇市场排名从第 7 位上升到了第 6 位，增幅为同期最高，比同期新加坡整个外汇市场增幅 35% 高出一倍多，比表 24.6 给出的同期香港人民币外汇日均成交金额增幅 55.7% 高出 22.3%，显示近年来新加坡人民币外汇市场高速增长的态势，同时也显示新加坡金管局公布的数据可能含有一定程度的水分，我们下文会进一步分析。

24.8.3 伦敦人民币外汇日均成交金额

表 24.7 给出了 2010 年以来伦敦和香港人民币外汇日均成交金额。表 24.7 显示，2010 年到 2016 年，伦敦人民币外汇日均成交金额增长了 13.1 倍（FXJSC），为同期香港增长倍数 4.62 的近 3 倍。如前所述，2010 年 4 月，在香港人民币清算安排宣布之前伦敦就有了 28.44 亿美元的人民币外汇日均成交金

额令人费解，表明伦敦外汇联合常设委员会的数据应该也有误差。下文会进一步讨论。

表 24.7　　伦敦和其他境外人民币中心人民币外汇市场日均成交金额

（2011 年到 2016 年 10 月）　　　　　　　　单位：亿美元

时间/市场	伦敦人民币（FXJSC）	伦敦金融城	香港	伦敦和香港	伦敦金融城与 FXJSC 比例
2010 年上半年	28.44		109.00	137.44	
2010 年下半年	22.42		173.33	195.75	
2011 年上半年	32.92		237.67	270.59	
2011 年下半年	51.83		302.00	353.83	
2012 年上半年	63.76	55.26	366.33	430.09	
2012 年下半年	66.82	99.06	430.67	497.49	1.48
2013 年上半年	131.66	155.57	495.00	626.66	1.18
2013 年下半年	138.09	217.77	540.83	678.92	1.58
2014 年上半年	292.88	424.16	586.67	879.55	1.45
2014 年下半年	265.50	553.62	632.50	898.00	2.09
2015 年上半年	357.95		678.33	1036.28	
2015 年下半年	333.26		724.17	1057.42	
2016 年上半年	348.64		771.00	1119.64	
2016 年下半年	366.77		815.83	1182.60	
2010 年	25.43		141.17	166.60	
2011 年	42.38	25.20	269.83	312.21	0.59
2012 年	65.29	77.16	398.50	463.79	1.18
2013 年	134.88	186.67	517.92	652.79	1.38
2014 年	279.19	488.89	609.58	888.77	1.75
2015 年	345.60		701.25	1046.85	
2016 年	357.71		792.92	1150.62	
2010 年到 2016 年累计增幅	1306.6%		461.7%	590.7%	

数据来源：表 24.5 和表 24.6 数据相加得出。

24.8.4　伦敦金融城与伦敦外汇常设委员会数据的显著差异

表 24.7 也给出了伦敦金融城公布的 2011 年到 2014 年伦敦人民币外汇市场

日均成交金额。表 24.7 显示，2011 年到 2014 年伦敦金融城公布的人民币日均成交金额年均符合增长率高达 109.9%，比同期 FXJSC 公布的数据相应的年均复合增长率 60.2% 高出 49.7%，也比同期香港人民币外汇日均成交金额年均复合增长率 22.6% 高出 3 倍多。伦敦外汇常设委员会是英国央行——英格兰银行管理的专业机构，其职业性和权威性比伦敦金融城要高出很多，因此该委员会公布的数据比伦敦金融城有更大的权威性和可信度。由于伦敦金融城公布的数据水分过大，该机构 2014 年后未再公布相应的数据。

24.9 境内外人民币外汇市场比较及问题

本节介绍 2010 年到 2016 年主要境外市场人民币外汇市场规模和增速并与国内市场进行比较。表 24.8 给出了 2010 年到 2016 年主要境外人民币中心人民币外汇市场日均成交金额及与国内市场的比较。

表 24.8　境内外人民币中心和市场人民币外汇市场日均成交金额比较

（2010 年 4 月到 2016 年 4 月）　　　　　　　　　　　　单位：亿美元

人民币中心/时间	2010 年	2013 年	2016 年
境内	257.6	437.6	719.3
中国香港	109.0	495.0	770.0
新加坡		250.3	445.5
伦敦	28.4	131.7	348.6
美国			70.8
日本			24.7
合计	395.1	1314.6	2378.9

数据来源：中国香港、新加坡、伦敦、美国和日本数据来自这些国家和地区货币当局网站；境内数据来自表 26.3。

24.9.1 境内外人民币外汇市场的比较

表 24.8 显示，2010 年 4 月境外人民币外汇市场还未起步，但是香港和伦敦已经有了人民币外汇交易，这两个人民币中心届时人民币外汇日均成交总额高达 137.4 亿美元，超过同期国内人民币日均成交金额一半。在 2010 年境外人民币市场起步半年且人民币跨境贸易结算仍不很活跃时，境外人民币外汇市场如此活跃应当有问题。根据表 24.8 的数据计算可得，2010 年到 2013 年境外人民币市场快速发展，香港人民币外汇日均成交金额年均复合增长率高达 65.6%，比国内相应的年均增幅 19.3% 高出两倍多，2013 年 4 月香港人民币外汇市场日

均成交金额超过了国内 13.1%；同期伦敦人民币外汇日均成交金额年均复合增长率 66.7%，略高于香港相应的增长率 65.6%；同期香港、伦敦和新加坡三个境外人民币中心人民币外汇成交总金额的年均复合增长率高达 85.5%，比国内相应的年均复合增长率 19.3% 高出 3 倍多；2013 年到 2016 年境外三大人民币中心人民币交易日均复合增长率显著下降到了 23.7%，不到前 3 年的三成，但仍比同期国内人民币外汇市场相应的年均增幅 18.0% 略高。

表 24.8 的数据显示，2013 年到 2016 年仅香港的人民币外汇交易就保持了超过国内市场的规模，境外香港、新加坡和伦敦三大人民币中心的排名格局已经形成。

24.9.2 境外人民币外汇增幅比较数据的明显问题

比较表 24.8 给出的 2010 年到 2016 年境内外人民币中心的人民币外汇交易数据和国际清算银行每三年公布的全球人民币外汇交易数据，我们发现仅这些主要境外人民币中心人民币外汇交易数据加上国内人民币外汇交易数据分别超过了国际清算银行公布的数据 15.3%、10.0% 和 17.7%，显示这些主要境外人民币中心公布的人民币外汇数据存在不可忽视的水分。我们下文会专门探讨这些水分的程度。

24.10 境外人民币外汇交易金额在主要境外人民币中心的分布

我们在第 23 章介绍了二十多个境外人民币中心及主要境外人民币跨境支付比重，本节简单介绍境外主要人民币中心人民币外汇交易的分布。

24.10.1 2014 年境外人民币外汇交易金额在主要境外人民币中心的分布

根据路透社统计，2014 年外汇电子交易平台上的人民币交易量呈现 350% 的增长（中国银行，《伦敦离岸人民币市场月报》，2015 年 1 月，总第 25 期）。截至 2014 年 12 月底，英国 2014 年度累计离岸人民币交易占全球的 44%，中国香港占 40%，新加坡占 9%，排名第三。这些结果显然是用表 24.3 给出的伦敦金融城公布的含有巨大水分数据直接计算所得的结果，被伦敦外汇常设委员会（FXJSC）公布的伦敦人民币外汇日均成交金额和增长率数据否定，因此难以置信。

24.10.2 2013 年到 2016 年人民币外汇交易的全球分布

表 24.9 给出了 2013 年 4 月到 2016 年 4 月国际清算银行公布的人民币外汇交易在全球 27 个国家和地区的分布。比较表 24.8 和表 24.9 的数据，我们发现两个表中 2013 年 4 月和 2016 年 4 月中国香港的数据完全一致，而表 24.8 给出的 2016 年 4 月新加坡数据比表 24.9 给出的相应数据高出 20.19 亿美元，差别由新加坡金管局人民币外汇交易金额总表和美元及欧元人民币外汇相加所致；而表 24.9 中 2016 年 4 月美国人民币外汇日均成交金额 242.42 亿美元比表 24.8 给出的纽联储给出的 70.8 亿美元高出三倍多，如此大的偏差确实难以理解；24.9 给出 2013 年 4 月和 2016 年 4 月英国人民币外汇日均成交金额分别比表 24.8 给出的同期数据高出 111.1 亿和 42.26 亿美元，高出的程度可观。因此，表 24.9 中的数据有严重的问题，结果不宜直接使用。

表 24.9　　　人民币外汇日均成交金额在全球 27 个国家和地区的分布

（2013 年 4 月到 2016 年 4 月）　　　　　单位：亿美元

时间	2013 年 4 月		2016 年 4 月		2013 年到 2016 年	
国家或地区	成交金额	占比（%）	成交金额	占比（%）	增加金额	增长幅度（%）
中国香港	494.71	33.52	770.92	30.21	276.21	55.83
中国大陆	335.19	22.71	553.53	21.69	218.34	65.14
新加坡	238.63	16.17	425.35	16.67	186.71	78.24
英国	242.79	16.45	390.86	15.32	148.07	60.99
美国	86.2	5.84	242.42	9.5	156.22	181.22
中国台湾	25.73	1.74	39.86	1.56	14.14	54.95
日本	6.76	0.46	28.19	1.1	21.43	316.96
韩国	1.99	0.13	26.39	1.03	24.4	1225.2
澳大利亚	9.24	0.63	22.02	0.86	12.77	138.18
德国	4.93	0.33	15.78	0.62	10.85	220.03
法国	11.94	0.81	10.45	0.41	−1.49	−12.51
瑞士	2.86	0.19	6.75	0.26	3.9	136.52
加拿大	0.43	0.03	6.12	0.24	5.69	1326.44
马来西亚	1.46	0.1	2.21	0.09	0.75	51.72
荷兰	3.93	0.27	1.58	0.06	−2.35	−59.81
卢森堡	3.69	0.25	1.28	0.05	−2.41	−65.41
俄罗斯	0.2	0.01	1.18	0.05	0.98	477.94
印尼	0.01	0	1.12	0.04	1.11	8742.55

时间	2013 年 4 月		2016 年 4 月		2013 年到 2016 年	
国家或地区	成交金额	占比（%）	成交金额	占比（%）	增加金额	增长幅度（%）
巴西	0.08	0.01	0.89	0.03	0.81	952.24
泰国	1.55	0.11	0.83	0.03	−0.72	−46.67
意大利	0.07	0	0.78	0.03	0.71	1031.2
瑞典	0.1	0.01	0.76	0.03	0.66	648.39
西班牙	1.05	0.07	0.72	0.03	−0.32	−30.88
比利时	1.32	0.09	0.34	0.01	−0.98	−74.05
菲律宾	0.01	0	0.24	0.01	0.23	2454.96
印度	0.01	0	0.16	0.01	0.16	1991.24
南非	0.04	0	0.15	0.01	0.11	249.58
其他	0.77	0.05	0.62	0.02	−0.16	−20.15
合计	1475.69	100	2551.50	100	1075.8	72.9
总计	1195.63	81.02	2020.21	79.18	824.58	68.97
中国大陆*	437.63	31.13	719.3	28.73	281.67	64.36
英国*	131.66	9.36	348.64	13.93	216.98	164.80
美国*	25.18	1.79	70.80	2.83	45.62	181.23
合计*	1405.98	100.00	2503.43	100.00	1097.45	78.06

数据来源：2013 年和 2016 年国际清算银行公布的全球外汇市场 4 月银行间外汇市场国家与货币"净－总"日均成交金额数据（表 T_08_01）；人民币合计数据是 2013 年和 2016 年国际清算银行公布的全球外汇市场 4 月日均"净－净"数据；中国大陆*、英国* 和美国* 的数据分别是根据人行 2013 年和2016 年前两个季度公布的我国货币政策执行报告给出的境内季度外汇成交金额数据计算出的该两年 4 月境内人民币外汇日均成交金额和表 24.8 英国和美国货币当局给出的数据；合计数据为 27 个国家和地区数据相加之和，总计数据为国际清算银行公布的全球人民币外汇总日均成交金额；2013 年 4 月美国数据根据表 24.8 给出的 2016 年 4 月美国数据和表 24.9 给出的 2013 年到 2016 年美国数据增速估算得出；合计* 为用中国大陆*、英国* 和美国* 数据代表中国大陆、英国和美国的数据相应的 27 个国家和地区数据相加之和。

24.10.3　2016 年境外人民币外汇交易金额分布简介

表 24.9 显示，中国香港占比虽略降到了 30.21%，但仍然独占鳌头；新加坡和英国保持了境外第 2 和第 3 大人民币交易中心外的地位；美国、台湾地区、日本、韩国、澳大利亚、德国和法国分别为境外第 4 到第 10 大人民币交易中心；其他国家和地区人民币外汇日均成交较低，不到 10 亿美元，这里不宜细述。

24.10.4 2013 年到 2016 年境外人民币外汇交易的显著变化

表 24.9 显示，2013 年到 2016 年，印尼、菲律宾、印度和意大利人民币外汇交易累计增幅最大，分别增长了 87.43 倍、24.55 倍、19.91 倍和 10.31 倍，但由于这些国家 2013 年人民币外汇日均成交金额很低，高速增长后到 2016 年日均成交金额仍然很低；另外，加拿大和韩国同期分别增长了 13.26 倍和 12.25 倍，使得加拿大和韩国从 2013 年的第 18 位和第 13 位分别提高到了 2016 年的第 12 位和第 7 位；另外，日本、德国、澳大利亚和瑞士的人民币外汇交易日均成交金额同期累计增幅也分别取得了 316.96%、220.03%、181.22%、138.18% 和 136.52% 的超过 100% 的高速增长；中国香港、新加坡和英国这三大境外人民币中心三年累计增长率分别为 55.83%、65.14% 和 60.99%，皆低于同期全球累计增幅 72.9%，显示这三大中心基数较高，增速下降的自然趋势。除了如上大多国家和地区人民币外汇交易显著增长外，比利时、卢森堡、荷兰、西班牙和法国这 5 个欧元区国家的人民币外汇市场却出现了不同程度的下降，另外泰国也出现了 46.67% 的累计降幅。

24.10.5 国际清算银行数据的问题

上文介绍了表 24.9 给出的美国和英国数据有着巨大的误差。实际上，表 24.9 给出的国内人民币外汇日均成交金额分别比外管局公布的季度数据计算出的该两年数据（表 24.9 中中国大陆*）低 102.4 亿美元和 165.8 亿美元，相差三成左右，应该不可忽视；表 24.9 给出的 2013 年 4 月和 2016 年 4 月全球人民币外汇日均成交金额合计分别比表 20.1 给出的全球总人民币日均成交金额高出 280.06 亿美元和 531.29 亿美元。这些明显的差异不仅会导致我们对不同境外人民币中心近年来的发展产生误判，而更重要的是会导致我们对近年来人民币国际化的总体进展出现误判。下文将专门探讨国际清算银行数据的水分问题。

24.11 国际清算银行境外人民币外汇日均成交金额数据的水分

2013 年出版的本书第四版就注意到了当年国际清算银行公布的全球人民币外汇日均成交金额数据存在一定水分，且当年人民币由于这些水分导致的排名过高问题，而且本书前几版利用了当时可以获得的几乎所有境内外相关数据对国际清算银行公布的人民币外汇交易数据的水分进行了分析和估算。这里我们利用国际清算银行和其他监管当局公布的 2010 年到 2016 年人民币外汇交易数据，进一步估算 2010 年到 2016 年国际清算银行人民币数据的水分程度，从而使我们对近年来人民币国际化程度的推进有更为准确的把握。

24.11.1　2010 年国际清算银行数据

表 24.7 和表 24.8 的数据显示，2010 年 4 月，香港离岸人民币市场尚未启动前，香港和伦敦人民币外汇市场日均成交金额就分别高达 109 亿和 28.4 亿美元，加上同期国内人民币外汇市场日均成交金额 257.6 亿美元（请参见表 26.8），超过国际清算银行公布的同期境内外人民币外汇市场日均成交金额 342.6 亿美元的 15.3%。然而表 23.1 显示，香港人民币清算安排在 2010 年 7 月才签署了香港人民币清算新协议，2010 年 4 月香港人民币外汇市场日均成交金额应该有限，而且当时伦敦的人民币资金规模应该更为有限，伦敦 28.4 亿美元的人民币日均成交金额更难以置信。

24.11.2　国际清算银行 2013 年 4 月的人民币外汇交易数据的合理估算

由于很多境外人民币中心希望提高自己在人民币市场中的地位，夸大人民币市场成交数据即可达到目的。国际货币结算支付功能、计价功能和储备三大功能中近年来人民币在跨境结算支付方面取得了最显著的进展，而计价功能和储备功能却进展却相对缓慢。表 17.2 相应的数据显示，2013 年 4 月人民币跨境支付世界占比仅为 0.69%，全球排名也仅为第 13 位。所以，2013 年 4 月以外汇占比度量的人民币国际化整体排名不会高达表 20.1 给出的第 9 位，整体排名不可能比跨境支付排名高 4 位。

表 20.1 显示，2016 年 4 月人民币外汇交易全球占比为 4.0%，全球排名为第 8 位，比表 17.2 给出的同期人民币全球跨境支付排名第 6 低了两位；2013 年 4 月，境外人民币市场发展的程度应该不如 2016 年，2013 年 4 月人民币全球跨境支付排名第 13 位，那么 2013 年 4 月人民币在全球外汇市场的成交金额占比最高排名第 15 位应该较为合适，相应的人民币日均成交金额应该在同期排名第 15 位的土耳其里拉日均成交金额 706.6 亿美元和同期排名第 14 位的新加坡元日均成交金额 747.4 亿美元之间，占国际清算银行公布的 2013 年 4 月全球人民币外汇日均成交金额 1195.6 亿美元的 59.10% 到 62.51%，显示 2013 年国际清算银行公布的该年 4 月全球人民币外汇日均成交金额的水分应该在 37.49% 到 40.90% 之间。

24.11.3 国际清算银行 2016 年 4 月的人民币外汇交易数据的问题

表 20.1 显示，2016 年国际清算银行公布的该年 4 月人民币外汇日均成交金额 2020.2 亿美元，全球占比 3.97%，排名第 8 位，比图 17.1 给出的同期人民币国际化程度最大的人民币跨境支付在 2013 年 4 月全球第 6 位低了两位，显示国际清算银行公布的 2016 年 4 月境内外人民币外汇日均成交金额数据比较合理。尽管如此，2016 年国际清算银行公布的全球人民币外汇日均成交金额数据仍然有可观的水分，下文会专门分析。

24.12 2016 年 4 月人民币外汇日均成交金额的合理估算

随着境外人民币外汇市场的发展，除伦敦外汇联合常设委员会（FXJSC）近十年来每半年公布伦敦人民币外汇市场数据外，香港金管局 2010 年以来每三年公布香港人民币外汇成交金额数据；新加坡金管局、美联储和东京外汇市场委员会 2016 年以来也定期公布当地人民币外汇交易数据。这些数据是我们研究境外人民币市场的发展不可或缺的。表 24.10 给出了 2016 年 4 月主要境外人民币中心人民币外汇日均成交金额和全球人民币外汇日均成交金额分布及合理程度。

表 24.10　　2016 年 4 月主要境内外人民币外汇日均成交金额和
全球人民币外汇日均成交金额分布和合理程度　　单位：亿美元

2016 年 4 月境内外人民币外汇市场日均成交金额分布

国家或地区	即期	远期	外汇掉期	货币掉期	期权	外汇
国内 *	319.31	12.2	359.18	7.18	21.43	719.3
国内	294.25	38.35	366.22	1.6	27.91	728.33
中国香港	181.00	81.00	440.00	11.00	57.00	771.00
新加坡	78.81	86.4	202.04	2.77	75.52	445.54
英国	185.48	41.8	93.22	0.84	27.3	348.64
如上境外合计	445.29	209.20	735.26	14.61	159.82	1564.18
如上境内外合计	739.54	247.55	1101.48	16.21	187.73	2292.51
境内外合计（BIS）	675.66	279.9	860.4	25.58	178.68	2020.22
境外其他国家和地区人民币外汇日均成交金额	-63.88	32.35	-241.08	9.37	-9.05	-272.29

2016 年 4 月境内外人民币外汇市场日均成交金额分布（假设三大境外人民币交易二成水分）

国家或地区	即期	远期	外汇掉期	货币掉期	期权	外汇
中国香港	144.80	64.80	352.00	8.80	45.60	616.00
新加坡	63.05	69.12	161.63	2.22	60.42	356.43
英国	148.38	33.44	74.58	0.67	21.84	278.91
如上境外合计	356.23	167.36	588.21	11.69	127.86	1251.34
如上境内外合计	650.48	205.71	954.43	13.29	155.77	1979.67
境内外合计（BIS）	675.66	279.9	860.4	25.58	178.68	2020.21
境外其他国家和地区人民币日均成交金额	25.18	74.19	-94.03	12.29	22.91	40.54

2016 年 4 月境内外人民币外汇市场日均成交金额分布（假设三大境外人民币交易 32.8% 水分）

国家或地区	即期	远期	外汇掉期	货币掉期	期权	外汇
中国香港	121.65	54.44	295.72	7.39	38.31	517.52
新加坡	52.97	58.07	135.79	1.86	50.76	299.45
英国	124.66	28.09	62.65	0.56	18.35	234.32
如上境外合计	299.28	140.60	494.17	9.82	107.42	1051.29
如上境内外合计	593.53	178.95	860.39	11.42	135.33	1779.62
境内外合计（BIS）	675.66	279.9	860.4	25.58	178.68	2020.21
境外其他国家和地区人民币日均成交金额	82.13	100.95	0.01	14.16	43.35	240.59

数据来源：国内*人民币外汇日均成交金额数据根据国家外汇管理局公布的 2016 年国内人民币外汇成交金额月度数据计算得出，境外人民币外汇日均成交金额数据来自国际清算银行 2016 年 9 月公布的该年 4 月全球银行间外汇市场数据报告；英国数据来自伦敦外汇联合常设委员会（FXJSC）公布的数据；中国香港和新加坡数据分别来自相应的货币当局网站，与表 24.7 到表 24.9 相同；表 26.5 中两种假设结果是剔除假设中国香港、新加坡和英国三大境外人民币中心日均成交金额分别有 20% 和 32.8% 的水分后的日均成交金额；其他境外人民币中心人民币日均成交金额数据是从境内外合计中减去剔除水分后的三大人民币中心总日均成交金额再减去国内人民币日均成交金额而得。

  表 24.10 显示，2016 年 4 月中国香港、新加坡和英国三大境外人民币中心人民币日均成交金额加上国内人民币日均成交金额合计 2292.51 亿美元，超过了国际清算银行公布的 2016 年 4 月境内人民币日均成交金额 2020.21 亿美元超出 272.29 亿美元，或者说，如果三大境外人民币中心人民币日均成交金额没有水分，那么仅这三大中心的总人民币外汇日均成交金额加上国内相应的日均成交金额就超过了国际清算银行公布的境内外总计 2020.2 亿美元，那么包括美国和日本在内的 23 个其他境外中心人民币外汇日均成交总金额为 -272.29 亿美元，这显然是不可能的。所以，三大境外人民币中心公布的人民币日均成交金额定有可观的水分。

假设三大境外人民币中心公布的 2016 年 4 月人民币日均成交金额平均仅有 20% 的水分，那么按照表 24.10 数据来源所示的方法，同期境外其他人民币中心的人民币外汇掉期日均成交金额仍高达 −94 亿美元，显然仍不合理；假设三大境外人民币中心公布的 2016 年 4 月人民币日均成交金额有 30% 的水分，那么按照表 24.10 数据来源所示的方法，同期境外其他人民币中心的人民币掉期外汇即期日均成交金额仍为 −20.5 亿美元，比 20% 水分假设更为合理，但仍不够合理；假设境外三大人民币中心数据水分为 32.79%，那么境外其他人民币中心人民币外汇掉期总日均成交金额 0.01 亿美元，虽然仍相对过低，但却进入较为合理的范围，其他中心的人民币即期、远期和期权的日均成交金额数据也在合理范围内。因此，三大境外人民币中心公布的 2016 年 4 月的境外人民币日均成交金额至少应该有 32.79% 的水分，剔除该三大中心人民币日均成交金额的水分后，三大境外人民币中心和国内人民币日均成交总金额为 1779.62 亿美元，比表 24.10 中该三大中心没有剔除水分的总日均成交金额低 512.89 亿美元。

表 24.10 给出了剔除境外三大人民币中心人民币日均成交金额 32.79% 水分后的数据，三大中心外包括美国、日本和其他境外人民币中心总的人民币日均成交金额 240.59 亿美元比表 24.9 给出的 2016 年 4 月这些中心的总人民币日均成交金额 239.22 亿美元仅高出 1.4 亿美元，表明剔除三大中心水分的假设结果与表 24.9 的结果非常接近，显示剔除境外三大人民币中心数据水分的合理性。

24.13　境外人民币中心发展的动力

随着境外人民币市场的持续发展，提供境外人民币存贷业务外的其他更多的产品和服务将是境外人民币市场发展的方向。要使离岸市场人民币中介服务变得更为普遍，特别是使非中国居民更愿意借贷人民币，还有很多方面的工作需要准备，市场效率需要通过创新和不同市场参与者更为积极地参与加以提高，境外人民币市场的深度和广度也需不断挖掘和拓展。

近年来境外人民币业务得到快速发展的最主要原因：第一，政府努力推动。第 26 章显示，从 2008 年国际金融危机爆发不久开始，中国人民银行就开始与韩国和中国香港等亚太地区、欧洲和南美洲二十多个国家和地区签署了总额超过 3 万亿元人民币外汇互换协议，对这些国家和地区人民币业务的开展打下了一定的基础，同时中国人民银行放宽了外汇管制方面的一些限制对境外人民币业务的推动也必不可少。第二，中国人民银行还与诸多国家和地区货币当局签署了人民币清算协议并及时指定了清算银行，为这些国家和地区的人民币业务的顺利开展做好了必要的准备。第三，中国人民银行和国家外汇管理局为人民币回流及时推出了人民币合格的境内机构投资者机制，为人民币回流打开了通道。

第四，中国人民银行与香港金管局及其他国家间经过多年的努力建立好了人民币流动的技术相关基础建设平台和系统，为境外人民币业务的开展提供了必要技术支持。第五，香港金管局几年来在世界各地做了大量的人民币相关路演等推广、推介、宣传和培训工作，对世界各地的人民币业务的开展发挥了重要的作用。第六，香港金管局建立起了与世界各地人民币中心人民币流动的技术平台和系统，为世界各地人民币业务的开展提供了必要技术保障。第七，中国银行、中国工商银行、中国建设银行等境内大型银行抓住人民币国际化战略机遇和商业机会，积极推动境外人民币业务，特别是人民币清算功能，为人民币业务的顺利推动发挥了积极的作用。第八，境内外企业努力拓展使用境外人民币业务的意愿也是人民币相关业务在境外增长的基础，如此等等。还有很多其他方面的因素，这里难以一一列举。

24.14　境外人民币中心今后的发展趋势

24.14.1　香港中心向其他境外人民币中心的辐射作用

第17章显示，香港占人民币跨境支付比重仍然高达八成左右，所有其他境外人民币中心仍然难以与香港比拟；香港人民币存款显著超过其他境外人民币中心；香港保持了境外人民币交易最活跃的境外中心地位，而且2013年到2016年相关人民币外汇日均成交金额保持了超过境内的水平。2010年香港对境外人民币应付和应收款项分别仅为196亿元和109亿元人民币，而2011年分别增长到了1217亿元和1214亿元人民币，2013年进一步增长到了1660亿元和1645亿元人民币，2014年又分别增长到了1452亿元和1933亿元人民币；2015年又分别增长到了2537亿元和3026亿元，2016年比2015年分别下降到了2106亿元和1915亿元，显示2010年到2015年香港人民币应收付款项大幅度上升，与其他境外人民币业务的合作显著提高，表明香港人民币中心向其他境外人民币中心的辐射功能持续提高；2016年比2015年下降幅度可观，辐射作用明显弱化。

24.14.2　离岸人民币资本市场发展的新模式

法国当地时间2015年6月30日下午，中国工商银行与泛欧交易所在巴黎签署了总金额达30亿欧元的战略合作协议。根据协议，中国工商银行将与泛欧交易所在欧洲资本市场开展相关业务，特别是境外人民币债券、首次公开发行、人民币全球存托凭证、合格境外机构投资者及人民币合格境外投资者等业务领域开展深度合作，将进一步丰富离岸人民币投资品种，对人民币的跨境使用和中国资本市场的对外开放发挥积极的促进作用（新华社《人民币国际化月报》，

2015 年 9 月，总第 8 期）。

24.14.3　离岸人民币产品将更加丰富

在资本账户限制不断放开的条件下，1~2 年内离岸人民币产品会出现快速增加。特别是跨境资本流动渠道大大加宽，例如沪港通、深港通和中港基金互认等，在保证一定程度风险可控的前提下，打通境内外资本市场，实现人民币全球范围内有序循环，使人民币走得出，回得来。离岸人民币资本市场今后还会有新的模式和产品出现，市场将更加丰富和活跃。

24.15　小结

境外人民币市场近年来获得了飞速的发展，成为近年来推动人民币国际化的主要渠道。境外人民币市场近年来的快速发展当然与境内经贸的持续增长和金融开放密不可分，然而香港金管局一系列放松人民币相关监管的举措对香港人民币市场的活跃也功不可没。人民币相关监管限制的逐渐取消使得人民币相关业务监管与其他币种监管接近，对在港银行开展人民币业务提供了更多的空间和灵活性（Chan，2013）。

人民币的可兑换性及境内金融市场的深度和流动性是境外人民币市场持续发展的基础。然而近几年来境内外人民币业务发展迅速，而境内外汇市场和资本市场的发展速度却相对缓慢。境外人民币业务的快速增长带动人民币国际结算地位不断提高，多样化的离岸人民币产品备受关注，创新产品层出不穷，交易量逐年上升。境外人民币业务持续高速增长，高于境内人民币外汇市场的增长表明境外投资者对人民币的兴趣和信任，同时也反映出境外市场机制的明显作用。境外人民币市场的发展在今后多年将会在很大程度上带动并倒逼境内人民币外汇市场和资本市场的发展，从而推动整个境内外人民币市场的发展，最终推动人民币国际化的进程。

但是，在认可境外市场快速发展的同时，我们也不能忽视境外市场数据的明显问题。这些问题在境外人民币市场发展初期也在所难免，但是，我们对境外市场数据也要作职业的分析和评判，才能不被境外市场的数据所迷惑，进而才能心中有数地持续推动人民币国际化的进程。

参考文献

[1] 张光平．人民币衍生产品（第四版）[M]．北京：中国金融出版社，2016－6.

［2］伦敦金融城经济发展部．伦敦：人民币业务中心［Z］.2012 - 4，www. cityoflondon. gov. uk/economicresearch.

［3］伦敦金融城经济发展部：《伦敦人民币业务数据发布 2012 年 1 月至 6 月》，2013 年 1 月，www. cityoflondon. gov. uk/economicresearch.

［4］伦敦金融城经济发展部：《伦敦人民币业务数据发布 2012 年 1 月至 12 月》，2013 年 6 月，www. cityoflondon. gov. uk/economicresearch.

［5］伦敦金融城经济发展部：《伦敦人民币业务数据发布 2013 年 1 月至 6 月》，2014 年 1 月，www. cityoflondon. gov. uk/economicresearch.

［6］伦敦金融城经济发展部：《伦敦人民币业务数据发布 2013 年 1 月至 12 月》，2014 年 6 月，www. cityoflondon. gov. uk/economicresearch.

［7］罗布特．米肯尼，刘健恒．人民币的崛起——国际地位及影响［M］.北京：中信出版社，2013.

［8］"China/HK：The allure of Dim Sum bonds"，DBS Group Research, 31 March 2011，www. bsrvresearch. com.

［9］"CNH：Eclipsing the NDF Market"，DBS Group Research, 4 February, 2013，www. bsrvresearch. com.

［10］"CNH：Singapore and Taiwan style"，DBS Group Research, 19 February, 2013，www. bsrvresearch. com.

［11］"CNH：Qianhai to offer CNH Trust Products"，DBS Group Research, 16 May 2013，www. bsrvresearch. com.

［12］Chan, Norman T. L. , 2013, "Development of Offshore Renminbi Business in Hong Kong：Review and Outlook"，21 February 2013, Hong Kong Monetary Authority, http：//www. hkma. gov. hk.

［13］Chan, Norman T. L. , 2013, "Remarks by Norman T. L. Chan, Chief Executive of the Hong Kong Monetary Authority"，25 April 2013.

［14］Chan, Norman T. L. , 2014, "Opening Remarks at the Second Hong Kong – Australia RMB Trade and Investment Dialogue"，22 May 2014, Hong Kong Monetary Authority.

［15］Yue, Eddie, 2013, "Welcome remarks at the Third Meeting of the Hong Kong – London RMB Forum"，Acting Chief Executive, Hong Kong Monetary Authority, 26 September 2013.

［16］Hong Kong Monetary Authority, 2014, "Briefing to the Legislative Council, Panel on Financial Affairs"，5 May 2014, www. hkma. gov.

25   主要经济体和货币跨境资产分布和比较

不同国家和地区跨境资产的规模，特别是净资产规模是其综合国力的重要体现，也是推动其货币国际化的重要支撑；另外，全球跨境资产的货币构成实际上是货币国际化程度的另外一种很好的度量。本章介绍主要国家和地区全球跨境资产分布和货币分布，进而介绍近年来我国境外资产和银行业境外资产的增长情况并与其他国家进行比较，从而了解我国银行业在推动人民币国际化和"一带一路"战略实施方面的差距和潜力。

25.1   主要经济体和银行跨境资产及负债分布

如第 21 章所示，一个国家的境外资产，特别是其境外净资产规模是其综合国力的体现，同时也是其货币国际化的基础。没有一定的综合国力，任何国家的货币也难以达到一定的国际化水平。第 21 章显示，即使日本境外资产和净资产规模达到了全球第一的水平，日元国际化的程度也仅排名第 3 位（以全球外汇市场成交金额占比排名）或第 4（以全球外汇储备金额排名）的水平。表25.1 给出了 2007 年到 2016 年主要国家和地区境外资产规模和全球占比。

表 25.1   **主要国家和地区境外资产、负债和权益在全球的分布**

单位：万亿美元,%

国家或地区 \ 年份	2007	2008	2009	2011	2013	2015	2016	2007~2016 年年均增长率
全球跨境资产在主要国家和地区的分布								
美国	3.10	3.62	3.39	4.13	2.96	2.96	2.95	-0.5
欧元区	16.61	15.07	14.49	11.38	10.75	9.19	9.01	-6.6
英国	3.40	3.24	3.23	4.02	3.15	2.57	2.63	-2.8
日本	2.67	2.89	3.01	3.66	4.09	4.13	4.44	5.8
瑞士	3.70	2.50	2.16	2.13	2.25	1.88	1.76	-7.9
中国大陆						1.38	1.62	17.3
加拿大	0.69	0.68	0.77	0.90	0.95	0.97	0.99	4.1
瑞典	0.58	0.60	0.61	0.98	0.95	0.76	0.67	1.6

续表

年份 国家或 地区	2007	2008	2009	2011	2013	2015	2016	2007～2016年 年均增长率
澳大利亚	0.24	0.29	0.30	0.48	0.48	0.56	0.56	9.9
中国台湾	0.17	0.15	0.17	0.20	0.26	0.30	0.31	6.6
印度	0.08	0.08	0.09	0.13	0.17	0.20	0.18	9.4
巴西	0.11	0.13	0.13	0.21	0.25	0.29	0.23	8.4
韩国	0.09	0.10	0.10	0.12	0.14	0.16	0.17	7.7
新加坡	0.11	0.11	0.11	0.16	0.20	0.20	0.23	8.6
中国香港	0.04	0.04	0.04	0.04	0.05	0.04	0.04	-0.6
比利时	1.36	1.01	0.55	0.48	0.45	0.31	0.29	-15.8
卢森堡	0.24	0.21	0.18	0.07	0.05	0.06	0.05	-15.3
全球合计	32.91	30.64	29.52	29.80	28.48	27.07	26.97	-2.2
全球银行业	20.97	19.63	18.69	18.82	16.41	14.64	14.39	-4.1
银行业/全球合计	63.7	64.1	63.3	63.2	57.6	54.1	53.3	

全球跨境负债在主要国家和地区的分布

年份 国家或 地区	2007	2008	2009	2011	2013	2015	2016	2007～2016年 年均增长率
美国	3.94	4.43	4.07	4.72	3.69	3.60	3.57	-1.1
欧元区	14.74	13.16	12.58	10.47	9.67	8.08	8.00	-6.6
英国	3.31	3.05	3.00	3.74	2.84	2.29	2.35	-3.8
日本	1.13	1.41	1.38	1.86	2.14	1.96	2.10	7.1
瑞士	3.52	2.65	2.27	2.18	2.05	1.70	1.61	-8.3
中国大陆						1.35	1.49	9.8
加拿大	0.54	0.52	0.59	0.71	0.72	0.79	0.80	4.4
瑞典	0.61	0.61	0.70	1.14	0.87	0.64	0.55	-1.1
澳大利亚	0.47	0.47	0.58	0.79	0.81	0.84	0.81	6.4
中国台湾	0.07	0.08	0.08	0.10	0.14	0.18	0.18	11.2
印度	0.12	0.10	0.12	0.15	0.20	0.24	0.15	2.2
巴西	0.11	0.13	0.13	0.23	0.29	0.32	0.30	11.8
韩国	0.13	0.13	0.14	0.16	0.15	0.16	0.16	2.0
新加坡	0.08	0.08	0.08	0.14	0.18	0.21	0.23	11.8
中国香港	0.04	0.04	0.03	0.03	0.03	0.04	0.04	0.3
比利时	1.27	0.87	0.54	0.51	0.44	0.32	2.34	7.0

续表

年份 国家或地区	2007	2008	2009	2011	2013	2015	2016	2007~2016年 年均增长率
卢森堡	0.16	0.14	0.13	0.04	0.03	0.03	1.16	24.6
全球合计	28.61	26.38	24.99	25.88	25.43	24.54	24.33	−1.8
全球银行业	20.00	18.18	17.28	17.43	14.98	13.86	13.56	−4.2
银行业/全球合计	69.9	68.9	69.2	67.4	58.9	56.5	55.7	

全球跨境权益在主要国家和地区的分布

年份 国家或地区	2007	2008	2009	2011	2013	2015	2016	2007~2016年 年均增长率
美国	−0.84	−0.81	−0.68	−0.59	−0.73	−0.64	−0.62	3.4
欧元区	1.87	1.91	1.90	0.90	1.08	1.11	1.01	−6.6
英国	0.09	0.19	0.23	0.28	0.31	0.27	0.29	13.2
日本	1.54	1.48	1.62	1.80	1.95	2.17	2.35	4.8
瑞士	0.17	−0.14	−0.12	−0.05	0.19	0.18	0.14	−2.0
中国大陆						0.03	0.13	407.7
加拿大	0.14	0.16	0.18	0.19	0.22	0.19	0.19	2.9
瑞典	−0.03	−0.01	−0.09	−0.16	0.07	0.12	0.12	−218.2
澳大利亚	−0.23	−0.19	−0.28	−0.31	−0.32	−0.28	−0.25	−1.2
中国台湾	0.10	0.07	0.09	0.09	0.12	0.12	0.12	2.2
印度	−0.04	−0.02	−0.03	−0.01	−0.03	−0.03	−0.05	−3.3
巴西	0.00	0.01	−0.01	−0.02	−0.04	−0.03	−0.02	−221.3
韩国	−0.05	−0.03	−0.04	−0.03	−0.01	0.00	0.01	182.0
新加坡	0.02	0.03	0.03	0.03	0.02	0.00	0.00	154.8
中国香港	0.01	0.00	0.01	0.01	0.02	0.00	0.00	−5.7
比利时	0.09	0.15	0.01	−0.03	0.02	−0.01	−0.01	−179.8
卢森堡	0.08	0.07	0.05	0.04	0.02	0.03	0.03	−11.9
全球合计	4.29	4.26	4.53	3.92	3.05	2.53	2.64	−5.3
全球银行业	0.97	1.45	1.41	1.39	1.44	0.78	0.83	−1.7
银行业/全球合计	22.6	34.1	31.1	35.4	47.1	30.7	31.5	
全球跨境杠杆率	7.7	7.2	6.5	7.6	9.3	10.7	10.2	3.3
全球银行业 跨境杠杆率	21.6	13.5	13.3	13.6	11.4	18.9	17.3	−2.4

数据来源：根据国际清算银行网站 www.bis.org 给出的数据计算得出；中国大陆增长率为 2015 年到 2016 年的增长率。

25.1.1　全球银行业跨境资产和负债占全球比重及相关比较

表 25.1 的数据显示，2007 年到 2016 年，全球银行业跨境资产占全球各个行业跨境资产比重从六成多持续下降到了五成多，累计下降了一成，但是仍超过一半，显示全球银行业在全球金融市场中的重要地位；同期全球银行业跨境负债占全球的比重持续高于资产占比，从接近七成持续下降到了五成五，降幅超过了资产占比；但是，全球银行业跨境权益（总资产与总负债的差额）仅占全球平均不到三分之一，显示全球银行业境外投资经营的效率比银行业外的其他领域仍有差距；另外，2007 年到 2011 年，全球各个行业杠杆（总资产与总权益比率）从 7.7 下降到了 7.6，2011 年到 2015 年又持续回升到了 10.7，2007 年到 2016 年全球杠杆率年均增幅 3.3%；而 2007 年到 2013 年，全球银行业跨境杠杆从 21.6 倍下降了近一半到 11.4 倍，但是 2013 年到 2015 年又回升了一倍多到 18.9 倍，全球银行业跨境杠杆率平均超过了全球跨境杠杆率八成以上，显示全球银行业和其他行业在金融危机前后变化的不同，而且银行业杠杆虽有明显下降，但仍显著超过其他行业。

25.1.2　主要经济体境外资产和负债规模比较

表 25.1 显示，2007 年到 2016 年，欧元区跨境资产和负债皆高达十万亿美元上下，遥遥领先于其他主要经济体，但总体呈现显著的下降态势；金融危机以来在欧元区、美国、英国和瑞士跨境资产和负债皆持续下降的同时，日本跨境资产和负债皆持续显著增长，近年来日本跨境资产和负债分别排名全球第 2 位和第 4 位；美国跨境资产也呈现小幅下降趋势，仅次于欧元区和日本全球排名第 3 位，美国负债却超过日本排名全球第 2 位；英国跨境资产和负债皆持续下降，皆排名全球第 3 位；金融危机以来瑞士跨境资产和负债皆保持了 8% 左右的年均降幅，但是该国跨境资产和负债仍皆排名全球第 5 位；2015 年和 2016 年我国跨境资产和负债皆次于瑞士排名第 6 位；加拿大、瑞典和澳大利亚跨境资产和负债分别排在第 7 到第 9 位。以上数据显示，除瑞士外，主要国家和地区银行业跨境资产和负债排名基本与表 20.1 给出的其货币在全球外汇市场的排名相当，说明货币在全球外汇市场的表现是有其母国跨境资产和负债作为支撑的。其他国家和地区跨境资产和负债规模较低，我们在第 29 章还会介绍这些跨境资产相对较小的"金融中心"的功能。

25.1.3　主要经济体跨境净资产规模比较

表 25.1 显示，虽然 2007 年到 2016 年欧元区跨境总资产从日本的 6 倍多下

降到了 2 倍多，但是其跨境净资产却从日本的一倍多下降到了一半略多的水平，显示金融危机后日本在全球投资的巨大成功和欧元区的相对萎缩；英国和瑞士跨境净资产分别仅次于日本和欧元区，排名第 3 和第 4 位；加拿大和我国分别排名第 5 和第 6 位；中国台湾和瑞典分别排名第 7 和第 8 位；美国和澳大利亚两个主要经济体金融危机以来保持原有负债经营状态，前者负债程度略降的同时后者却略有加重，金融危机后两者负资产合计持续保持在 1 万亿美元上下。其他国家和地区的跨境净资产较低，这里不必细述。

特别值得关注的是，2016 年末，日本银行业境外净资产 2.35 万亿美元，不仅高居第一，而且占全球跨境净资产 2.64 万亿美元比重高达 88.9%，显示日本在全球跨境市场的重要地位，这也是近年来其他货币对美元出现贬值，日元对美元却出现升值的主要原因。我们下文还会进一步讨论。

25.2　主要经济体银行业跨境资产和负债的货币分布

与表 25.1 相对应，国际清算银行定期公布全球银行业境外资产和负债中不同货币的占比情况，表 25.2 给出了 2007 年到 2016 年主要国际货币在全球境外资产和负债中的占比，并与国际货币基金组织公布的同期全球外汇储备中的占比进行比较。

表 25.2　主要国际货币在全球银行业境外资产和负债中的占比及与国际货币基金组织公布的全球外汇储备占比比较　单位:%

年份	2007	2008	2009	2010	2011	2012	2013	2014	2015	2016
不同货币在全球境外资产和负债中的占比										
美元	43.5	44.7	44.9	46.9	47.9	45.5	46.7	48.0	50.0	49.9
欧元	36.9	37.4	37.5	34.8	34.1	34.8	33.3	31.5	28.2	26.7
日元	4.1	4.8	3.8	4.5	4.6	4.5	4.2	4.1	4.2	4.5
英镑	8.2	6.3	6.2	5.6	4.7	5.4	5.4	5.2	5.4	4.6
瑞士法郎	1.5	1.6	1.5	1.5	1.7	1.6	2.1	1.8	1.8	1.5
其他货币	1.5	1.5	1.8	1.9	1.9	2.6	2.9	3.9	4.7	4.4
不可识别资产	4.3	3.8	4.4	4.9	5.0	5.5	5.5	5.4	5.6	5.4
不同货币在全球外汇储备中的占比										
美元	39.2	36.5	34.9	34.5	34.5	34.1	32.5	33.1	40.1	44.7
欧元	16.1	15.0	15.5	14.5	13.7	13.5	13.0	11.6	12.3	14.3
日元	2.0	2.0	1.6	2.0	2.0	2.3	2.1	2.0	2.5	3.2
英镑	3.0	2.4	2.4	2.2	2.1	2.2	2.1	2.0	3.1	3.1

续表

年份	2007	2008	2009	2010	2011	2012	2013	2014	2015	2016
瑞士法郎	0.1	0.1	0.1	0.1	0.0	0.1	0.1	0.1	0.2	0.8
其他货币	1.1	1.3	1.7	2.5	3.0	1.8	3.5	3.6	5.2	5.3
不可识别资产	38.6	42.7	43.8	44.3	44.6	44.4	46.7	47.5	37.6	29.0
不同货币全球境外资产和负债占比与全球外汇储备占比差额										
美元	4.2	8.1	10.0	12.4	13.4	11.5	14.3	14.9	10.0	5.2
欧元	20.9	22.4	22.0	20.3	20.5	21.4	20.3	19.8	15.9	12.5
日元	2.2	2.8	2.2	2.4	2.6	2.2	2.1	2.1	1.7	1.3
英镑	5.2	3.9	3.8	3.4	2.6	3.2	3.2	3.3	2.3	1.5
瑞士法郎	1.4	1.5	1.4	1.4	1.7	1.5	1.9	1.7	1.6	0.8
其他货币	0.3	0.2	0.1	-0.6	-1.1	0.8	-0.6	0.3	-0.6	-0.9
不可识别资产	-34.3	-38.9	-39.4	-39.4	-39.6	-38.9	-41.3	-42.1	-32.0	-23.6
前五币累计	33.9	38.7	39.4	40.0	40.7	39.7	41.8	41.8	31.5	21.2

数据来源：根据国际清算银行网站 www.bis.org 公布的全球境外资产和负债的货币构成数据计算得出和国际货币基金组织网站 www.imf.org 公布的相应的全球外汇储备数据计算得出。

表 25.2 显示，2008 年全球金融危机爆发后，美元在全球跨境资产和负债的占比不仅没有降低，反而有所提高，特别是 2014 年以来美元的占比显著超过了金融危机前的水平，2015 年达到了超过半数的历史高位，2016 年比 2007 年占比提高了 6.4%，显示美元在全球跨境资产中的垄断地位；金融危机爆发后的两年，欧元在全球跨境资产和负债中的比重略有提高，但是 2009 年以来却呈现下降的趋势，2016 年比 2007 年占比下降了 10.2%；2007 年到 2015 年，日元在全球跨境资产和负债中的占比大多时间保持在比 4% 略高的水平，变化幅度较小，2016 年比 2007 年提高了 0.4%；英镑在全球跨境资产中的占比总体呈现出明显的下降趋势，2007 年到 2016 年占比下降了 3.6%；包括加元、澳元和人民币在内的其他货币在全球跨境资产和负债中的占比从 1.5% 显著提高到了 4.4%，提高了 2.9%，略低于英镑占比下降的程度；不可识别资产占全球跨境资产和负债比重从 4.3% 提到了 5.5%，提高了 1.1%，没有明显的变化。

表 25.2 的数据显示，2007 年到 2016 年，美元、欧元、日元、英镑和瑞士法郎在全球跨境资产和负债中的排名与其在全球外汇储备中的占比排名相当，前者皆略高于后者，唯有欧元在全球跨境资产和负债中的占比显著超过其在全球外汇储备中的占比；另外一个值得关注的特点是，不可识别资产在全球跨境资产和负债中的占比大幅度小于其在全球外汇储备中的占比，另外，美元、欧元、日元、英镑和瑞士法郎外包括加元、澳元和人民币在内的其他货币在全球

跨境资产和负债的总占比平均低于其在全球外汇储备中的总占比。

这些数据显示,不同主要国际货币在全球跨境资产和负债中的占比在很大程度上反映其在全球外汇储备中的占比。换句话说,不同货币在全球跨境资产和负债中的地位是其全球外汇储备地位的基础和支持。

25.3　主要国家和地区境内外跨境资产和负债分布及相关比较

不同国家和地区境内外资产占比分布也是衡量其国际化程度的重要标志。表 25.3 给出了 2013 年到 2016 年主要经济体跨境资产占其境内外资产比重。

表 25.3　　　　主要经济体跨境资产占境内外资产比重比较　　　　单位:%

国家和地区/年份	2013	2014	2015	2016
全球	19.5	20.0	19.1	18.4
美国	26.0	23.1	22.7	22.2
欧元区	30.5	32.9	32.3	30.9
英国	37.6	41.2	40.6	42.5
日本	19.4	20.0	19.9	16.2
加拿大		19.3	21.9	22.7
瑞士	57.9	59.2	54.5	55.0
瑞典	39.6	41.9	39.2	47.6
中国大陆			4.5	4.7

数据来源:根据国际清算银行网站 www.bis.org 的相关数据计算得出;中国大陆比例根据国际清算银行公布的 2015 年和 2016 年中国大陆跨境资产数据和中国银监会公布的同期国内银行业数据及相应的人民币对美元汇率计算得出。

表 25.3 显示,2013 年到 2014 年,全球跨境资产占境内外资产比重从 19.5% 提高到了 20.0%,然而 2014 年到 2016 年比例持续下降到了 17.9%;作为全球跨境资产最大的欧元区,2013 年到 2016 年跨境资产与境内外资产比重保持在 30% 到 33% 之间;英国跨境资产与境内外资产占比保持在 40% 上下,在四大国际货币母体占比最高;2013 年到 2014 年,日本境外资产与境内外资产比例从 19.4% 提高到了 20.0%,而 2014 年到 2016 年却持续下降到了 16.2%;美国境外资产占境内外总资产比重从 2013 年的 26.0% 持续下降到了 22.2%,仅略高于日本的占比;加拿大跨境资产与境内外资产比重略低于美国;瑞士境外资产占比最高,2013 年到 2016 年保持在显著高于 50% 的高位。我国银行业跨境资产占境内外资产比例不到 5%,离主要国际货币母体仍有显著的差距,有着巨大的

增长空间。

25.4　中日跨境资产和负债相关比较和启示

第 21 章的结果显示，虽然我国经贸规模数年前就超过了日本，且我国外汇储备也同样显著超过了日本，但是我国国际投资头寸和净头寸离日本仍有较大差距。由于中日两国有较大的可比性，而且日元国际化对人民币国际化有诸多的参考和借鉴意义，本节我们简单介绍我国跨境资产和银行跨境资产与日本的差距。

利用表 25.1 给出的 2007 年到 2016 年日本跨境资产和净资产数据和国际货币基金组织公布的同期日本 GDP 数据，我们可以计算出 2007 年到 2015 年，日本跨境资产与 GDP 比重从 61.3% 提高到了 100.2%，2016 年略降到了 93.9%；同期日本跨境净资产与 GDP 比重从 35.4% 提高到了 52.6%，2016 年略降到了 49.6%；而 2015 年我国跨境资产和净资产与 GDP 比例分别仅为 12.3% 和 0.2%，与日本有着巨大的距离。

另外，2016 年底日本银行业在美国的资产总额 11951 亿美元，比排名第二的英国银行业的在美资产 9748 亿美元高出 2000 多亿美元；同期日本银行业在新加坡的资产总额 1557 亿美元排名第一，比在新加坡美资和英资产总和 1096 亿美元还高出 400 多亿美元；日本银行业在中国香港的资产总额 1027 亿美元也排名第一，比在港排名第二的英资资产 794 亿美元高出 200 多亿美元，显示日本在美国、新加坡和中国香港这些全球前四大金融中心的三大中心的银行资产皆排名首位（在英国的日本资产 2548 亿美元低于美国、法国、德国和荷兰，排名第 4 位）。另外，日本在澳大利亚银行业资产 881 亿美元，超过排名第 2 和第 3 的美资和英资 691 亿美元和 687 亿美元，亦排名首位。

日本银行业在美国、新加坡、中国香港和澳大利亚银行资产排名外资首位的事实对人民币国际化和"一带一路"战略实施很有启发。为了"一带一路"战略实施和人民币国际化的有效推动，我国银行业资产需要在新加坡、中国香港和澳大利亚排名前列，而且在英国和欧元区也应该排名前列。另外，表 25.1 给出的日本巨大的跨境资产，特别是境外净资产似乎对日元在全球外汇市场的交易有一些支持（表 20.1 显示 1998 年以来日元在全球外汇市场成交金额占比显著低于美元和欧元的同时，持续略高于英镑），但对日元在全球跨境资产和外汇储备的占比贡献似乎支持甚微（表 25.2 显示近年来日元在全球跨境资产和全球外汇储备中的占比与英镑相当，甚至还略低于英镑）。如何发挥母国跨境资产规模在全球外汇市场中本币的定价权是一个有待进一步研究的重要课题。

25.5 近年来我国境外资产和银行业资产的国际占比及排名

25.5.1 近年来我国境外资产的国际占比及排名

表 25.1 显示，2015 年和 2016 年，我国境外资产和负债规模仅次于欧元区、美国、日本、英国和瑞士，排名全球第六位；2016 年境外净资产也从 260 亿美元提高到了 1320 亿美元，占全球的 5%，排名仅次于日本、欧元区、英国、加拿大和瑞士，同样排名第六位，显示近年来我国境外资产增长迅速，为人民币国际化打下了一定的基础。

25.5.2 近年来我国银行业境外资产的国际占比及排名

国际清算银行的数据显示，2015 年到 2016 年，我国银行业境外资产从 7295 亿美元增长到了 8328 亿美元，占同期我国总境外资产比重从 52.9% 略降到了 51.9%，占同期全球银行业跨境资产比重从 5.0% 上升到了 5.8%，排名与表 25.1 给出的包括银行业在内的总资产和总负债排名相同为仅次于瑞士的全球第六位，显示近年来我国银行业"走出去"步伐加速，国际化程度显著提高。

25.5.3 近年来人民币在境外资产的国际占比及排名

表 25.2 给出了主要货币在全球跨境资产中的分布，然而遗憾的是我们难以获得近年来人民币在全球跨境资产和负债中的占比数据，因此难以直接比较人民币与主要货币在全球跨境资产中占比的差距。第 23 章显示，2014 年到 2015 年，香港人民币贷款金额从 1880 亿元增长到了 2974 亿元人民币，但 2016 年上半年比 2015 年同期下降了 3.4%；根据第 24 章香港、台湾和新加坡三个境外最大的人民币储蓄中心的数据，2014 年到 2015 年该三中心人民币总储蓄从 15358 亿元人民币下降到了 13595 亿元，2016 年进而下降到了 9827 亿元人民币。根据这些数据我们可以估算 2014 年到 2015 年境外人民币贷款从 3000 亿元以上增长到了 4000 亿元以上，2016 年应该比 2015 年略有下降，2014 年到 2016 年境外人民币贷款总额占全球跨境贷款总额的比重从 0.4% 上下增长到了 0.5% 上下；同期境外人民币储蓄占全球跨境负值债比重从 2.5% 左右下降到了 1.5% 左右，与我国跨境资产和负债占全球跨境资产和负债比重仍有相当的距离。

25.6　近年来我国主要银行国际化的进展

上文介绍了我国银行业"走出去"的整体情况。本节简单介绍近年来我国主要银行"走出去"的情况。表25.4给出了2013年到2016年我国主要银行境外总资产、境外贷款余额、境外税前利润和境外税前利润与境外资产的比例。

25.6.1　主要银行境外资产情况

表25.4显示，中国银行是我国银行业境外资产最多的银行，是我国银行业"走出去"的领头银行，与表23.1给出的中国银行在境外人民币清算功能最多的银行结果一致。中国银行境外资产占我国银行业境外资产的比重保持在一半以上的比例，但是比例却持续下降；中国工商银行近年来境外资产增幅平均超过了中国银行，2016年工商银行占我国银行业境外资产比重首次超过了1/5；建设银行和交通银行境外资产分别排名第3位和第四位；农业银行境外资产在五大行中排名最后。

表 25.4　我国主要银行境外总资产、境外贷款余额、境外税前利润和

境外税前利润与境外资产的比例　　　单位：亿美元,%

银行/年份	2013	2014	2015	2016
境外总资产				
工商银行	2091.6	2360.0	2798.3	3048.4
建设银行	1151.9	1528.2	1778.4	2013.1
农业银行	580.8	853.7	1097.9	1093.1
中国银行	6199.5	7348.6	7473.5	7307.0
交通银行	838.0	995.4	1164.5	1117.4
招商银行	159.4	204.5	220.0	213.8
合计	11021.1	13290.4	14532.6	14792.8
占银行业比重	4.51	4.74	4.54	4.38
境外贷款余额				
工商银行	5600.5	7541.6	9414.8	9414.8
建设银行	0.0	0.0	7570.1	7570.1
农业银行	3097.3	3966.7	4292.9	4292.9
中国银行	15496.1	18775.0	21095.2	21095.2
交通银行	2792.4	2769.8	3535.4	3535.4
招商银行	510.3	695.2	579.5	579.5
合计	27496.6	33748.4	46487.9	46487.9

续表

银行/年份	2013	2014	2015	2016
境外税前利润				
工商银行	22.30	30.20	31.70	16.10
建设银行	5.70	9.70	8.20	6.16
农业银行	3.60	5.20	6.04	2.83
中国银行	66.50	85.70	84.70	122.00
交通银行		8.00	9.40	5.30
招商银行	1.50	3.40	3.40	1.40
合计	99.7	142.2	137.4	144.8
境外税前利润/境外资产				
工商银行	1.07	1.28	1.13	0.53
建设银行	0.49	0.63	0.46	0.31
农业银行	0.62	0.61	0.55	0.26
中国银行	1.07	1.17	1.13	1.67
交通银行		0.80	0.81	0.47
招商银行	0.94	1.66	1.55	0.65
合计	0.90	1.07	0.95	0.98

数据来源：根据各家银行年报整理得出。

25.6.2 我国主要银行境外资产占全国银行业资产比重

表25.4显示，2013年到2014年，我国银行业境外资产占我国银行业总资产比重从4.44%持续提高到了4.74%，但2014年到2016年占比却持续下降到了4.38%，显示2014年以来我国银行业"走出去"的步伐放缓；2015年和2016年我国银行业境外资产占我国银行业比重4.54%和4.38%明显低于表25.1给出的同期我国跨境资产占全球的比重5.1%和5.6%，显示我国银行业"走出去"的步伐略慢于我国整体"走出去"的步伐。

25.6.3 我国主要银行境外盈利情况

表25.4显示，2013年到2014年，我国银行业境外税前利润与境外资产比例（即资产回报率ROA）从0.90%提高到了1.07%，2015年和2016年分别为0.95%和0.98%，仅低于这些银行在国内的资产回报率，而且也低于主要国际银行的资产回报率，显示我国主要银行境外经营仍处于初期阶段，经营效率有待提高。

25.6.4 我国其他银行"走出去"情况简介

利用表 25.4 给出的 2013 年到 2016 年招商银行跨境资产数据计算出同期我国主要银行境外资产累计增幅结果显示，2013 年到 2016 年招商银行境外资产累计增幅 34.2%，高于同期中国银行和交通银行的累计增幅 17.9% 和 33.3%，显示招商银行在我国股份制银行"走出去"方面发挥了引领作用。实际上，除招商银行外，广发银行、光大银行和中信银行在"走出去"方面也取得了一定的成绩，有兴趣的读者可参考贾圣林和俞洁芳（2016）。

25.7 中国银行境外布局和境外业务的发展简介

中国银行是改革开放初期我国唯一的涉外银行，也是我国境外经营最活跃的银行。本节简单介绍中国银行近年来境外业务的发展情况，从而使我们对我国银行业境外发展有更好的了解。

25.7.1 中国银行早年简史

早在 1915 年，中国银行北京、天津、上海、汉口、广东 5 处为试办外汇业务的分行。上海分行设立了国外汇兑股，经营进出口押汇、外币贷款、即期远期掉期等业务，1929 年开始在海外设立分行，抗日战争前已有伦敦、大阪、新加坡、纽约 4 家海外机构，1930 年底，有国外通汇行 62 家、特约代理行 96 家，代理行遍及 43 个国家，外汇业务得以顺利开展。1942 年后又相继在悉尼、利物浦和哈瓦那等地设立了 6 个行处，使海外机构初具规模。改革开放后，中国银行的海外机构进一步发展壮大。1979 年 6 月 3 日，经邓小平批准的中国银行卢森堡分行开业。这是新中国成立后中国银行设立的第一家海外分行。此后，纽约、悉尼、巴黎、东京等分行相继开业。1997 年赞比亚中国银行、布达佩斯代表处开业，1998 年巴西圣保罗代表处开业，2000 年南非约翰内斯堡分行、马来西亚中国银行开业，填补了中国金融机构在非洲、东欧和南美洲的空白（中国银行网站 www.bankofchinan.com）。

25.7.2 中国银行近十年来的境外布局和发展

改革开放以来，中国银行实现了从亚洲到欧洲，继而登陆大洋彼岸，跻入美洲市场的战略目标。到 2000 年末，海外机构由 1978 年的 20 家发展到 559 家，分布在中国港、澳地区和世界五大洲的 22 个国家，资产总额达到 1551 亿美元，占中国银行资产总额的 42%。至 2007 年底，海外机构进一步发展到 689 家，分布在全球 28 个国家与地区，资产总额合人民币 13955 亿元，占中国银行资产总额的 23%，实现利润合人民币 262 亿元，占中国银行当年利润的 42%（同上）。

25.7.3　中国银行近年来境外经营情况

截至 2016 年末，中国银行海外机构资产总额达到 7307 亿美元，在集团资产中的占比达到 26%；实现税前利润 122 亿美元，同比增长 39%，贡献度达到 36%。实际上，中国银行海外机构（包括港澳台）税前利润在全集团利润额中的占比曾一度达到 37.72%（2006 年）和 42.25%（2007 年）；但在 2008 年全球金融危机的重创下，海外利润贡献度迅速跌落至 8.09%，此后数年，进入逐渐回升的态势。2013 年以来，中行海外资产和利润增长开始明显提速。2012 年末，海外资产约 3.1 万亿元，到了 2016 年末，这一数值已超过 5 万亿元；海外税前利润也逐年扩大，2013～2015 年，分别为 412.42 亿元、531.93 亿元和 547.54 亿元，占全集团盈利比则分别为 19.37%、22.98% 和 23.64%（同上）。

25.8　我国银行业"走出去"存在的主要问题

贲圣林和俞洁芳（2016）对中资银行近年来"走出去"的成绩和问题进行了很好的总结和评述。主要成绩在上文已经进行了概述，这里不再重复。本节简单介绍我国银行业"走出去"面临的问题，从而使得我们对中资银行继续"走出去"的步伐有合理的判断。

25.8.1　我国银行业国际化水平与发达国家仍有着巨大的差距

贲圣林和俞洁芳（2016）编制的银行国际化指数（BII）及结果显示，2015 年我国五大行合并的 BII 指数为 8.90，股份制商业银行合并的 BII 指数为 2.70，而同期 16 家主要外资银行（请参见本章附录）平均 BII 指数为 53.65，为五大行平均水平的 6 倍和股份制商业银行的合并水平的 19.9 倍，显示我国银行业国际化水平与主要外资银行仍然有着巨大的差距。

25.8.2　风险事件应对能力急需提高

贲圣林和俞洁芳（2016）罗列并分析了 2000 年以来我国银行业"走出去"的风险事件（请参见贲圣林和俞洁芳 2016，5.2 节和表 5.4）。这些风险事件涉及市场风险如中国民生银行并购美国联合银行的失败案例和国家开发银行购入巴克莱银行 3.1% 股份在一年内亏损 50% 的案例，操作风险如中国银行纽约分行骗贷案例被罚 1000 万美元等。关于这些案例的详细介绍和分析，请参见贲圣林和俞洁芳（2016）。"短短十多年内中资银行'走出去'风险事件频发，造成的损失巨大，实为可惜"（贲圣林和俞洁芳，2016）。

25.8.3 境外合法合规意识和能力有待加强

除上文介绍的我国银行境外风险案例涉及的市场风险和操作风险外，我国银行境外涉及的法律风险和合规风险也不容忽视。中国工商银行马德里分行诉讼案涉及所在国家的政治、文化差异而产生的法律风险问题；另外中国农业银行纽约分行违反美国反洗钱法规被罚两亿多美元的案例也是我国银行面临境外法律风险的另一重要案例（"美国纽约州金融服务部（DFS）2016 年 11 月 4 日发布通告称，中国农业银行纽约分行因违反反洗钱法规，将处以 2.15 亿美元罚金并被要求设置一个独立的第三方监管进行整顿""中国农行在美涉嫌洗钱被纽约州罚 2.15 亿美元"，外汇新闻，2016 年 11 月 7 日）。2.15 亿美元的罚款相当于农行 2015 年整个境外利润的三分之一！

除如上风险和问题外，我国银行业境外经营还面临着其他的问题和风险。据统计，2008 年全球金融危机后，美国监管当局对多家美资金融机构进行了处罚，累计处罚金额超过 1000 亿美元，而且也对多家外国金融机构进行了处罚，累计处罚金额超过 400 亿美元。随着我国企业和银行"走出去"的深度和广度的提高，我国境外资产总额和净资产总额将会显著增加，境外市场风险管理、信用风险管理、国别风险管理和合规管理将成为越来越重要的问题。这些风险管理水平的提高除需要我国银行业加强对外派高管和其他工作人员的专业技能培训外，还要加强对当地法律法规等方面的培训。

25.9 我国银行业境外发展展望

2016 年 10 月人民币被纳入了国际货币基金组织一篮子货币，在一篮子货币中的权重超过日元和英镑的权重。人民币成功入篮对人民币国际化提出了更高的要求。表 25.1 的数据显示，在今后 5 ~10 年人民币要达到甚至超过表 18.2 给出的日元和英镑在全球外汇储备的占比和排名，届时我国的境外资产应该超过英国和日本的境外资产规模；不仅如此，人民币要达到超过日元在全球外汇储备的占比和排名，我国银行业境外资产也应该接近或超过日本境外资产占日本银行业的 20% 上下的比重。如果以 2016 年底我国银行业资产规模和年底汇率计算，20% 的银行业总资产相当于 6.4 万亿美元，比 2016 年第三季度末我国境外资产 1.58 万亿美元高出 3 倍（如果在十年内达到，需要每年保持 14.9% 的年均增长率），显示我国跨境资产需要有持续显著的增长才能满足人民币国际化的需要。不仅我国跨境资产今后需要持续显著地增长，我国跨境净资产也需要有相应的显著增长，才能对人民币的定价权和人民币国际化提供必要的支持。

25.10　小结

我国银行业"走出去"已经有了十多年的历史，而且近年来我国银行业国际化的步伐在加快，境外资产和净资产也在持续增长。截至 2016 年第三季度末，我国境外资产 1.58 万亿美元，仅次于欧元区、日本、美国、英国和瑞士，排名全球第 6，与近期人民币全球跨境支付排名相当，而且略高于境外人民币债券存量排名第 8、人民币全球外汇储备排名第 7 和人民币在全球外汇市场的排名第 8 的水平，成绩可观。然而人民币跨境资产和净资产与人民币在国际货币基金组织一篮子货币中的占比排名仍有显著的差距。

如果以银行总资产、总负债和总权益或总股本等排名，我国主要银行多年来已经排名世界前列。但是，如果以境外资产或负债，境外资产净值或境外盈利等各项指标来衡量，我国银行没有一家能够排在全球前列。我国银行业境外分支机构最多的中国银行，目前境外分行仅在三十几个国家布局，与英美主要国际银行相比仍然有很大的差距，而且我国银行境外产品和服务仍然处于初级的水平，风险管理和合规管理等方面仍需显著提高。

与国际经验相对丰富的日本银行业相比，我国银行业仍有明显的差距。2016 年日本银行业在美国、新加坡、中国香港和澳大利亚外资银行资产排名首位。为了"一带一路"战略实施和人民币国际化的持续推动，我国银行业资产应该在新加坡、中国香港和澳大利亚排名前列，而且在英国和欧元区也应该排名前列。不同发达国家银行业国际化有着不同的模式，值得我国探讨、学习和借鉴，以逐渐形成有中国特色的银行业国际化之路，从而更好地服务"一带一路"战略的实施和人民币国际化的持续推动。

参考文献

贲圣林，俞洁芳．中资银行国际化报告［M］．北京：中国金融出版社，2016.

附录　银行国际化指数 BII 排名较高的 16 家外资银行（贲圣林和俞洁芳，2016）

1. 英国汇丰银行（HSBC）
2. 美国摩根大通银行（JP Morgan Chase）
3. 法国巴黎银行（BNP Paribas）

4. 美国花旗银行（Citigroup）
5. 德国德意志银行（Deutsche Bank）
6. 瑞士信贷银行（Credit Suisse）
7. 日本三菱日联金融集团（Mitsubishi UFJ FG）
8. 美国纽约银行梅隆公司（Bank of New York Mellon）
9. 法国农业信贷集团（Credit Agricole Group）
10. 荷兰国际银行（ING Group）
11. 日本瑞穗金融集团（Mizuho FG）
12. 瑞典北欧联合银行（Nordea）
13. 西班牙国际银行（Santander）
14. 英国渣打银行（Standard Chartered）
15. 瑞士联合银行（UBS）
16. 意大利联合信贷银行（UniCredit Group）

26　人民币国际化的现状及风险防范

　　有步骤地推动人民币国际化已经成为我国经济、贸易和金融等领域发展的战略选择和必由之路。只有稳步推动人民币国际化，才可能减少主要储备货币发行国对我国货币政策的影响和束缚，进而才可能在国际金融领域逐步获得与我国经贸规模相应的影响力，我国经济和货币政策才能获得更多的主动性，在大国博弈中获取主动地位。在前面章节介绍境外人民币应用和市场后，本章利用境内外市场数据系统地判断 2010 年以来人民币国际化程度的年度变化。

26.1　人民币国际化的简单回顾

　　人民币在 2004 年以前从未在我国之外应用或流通过，任何境外应用都需要探讨和开拓。香港金管局早在 2001 年 11 月就向中国人民银行提出了在香港开展个人人民币业务的想法，相关实质性的讨论早于 2002 年 2 月就开始了。2003 年 3 月爆发的重症急性呼吸综合征（SARS）在一定程度上延缓了相关讨论。该年 6 月香港金管局与中国人民银行就人民币在香港应用达成了共识，同年 11 月国务院批准了人民币个人业务在港的开展。经过了三个月左右的准备，在港银行于 2004 年 2 月 25 日开始提供个人人民币存款、外汇兑换、储蓄卡和信用卡等业务（Chan，2014）。

　　20 世纪 90 年代以来，我国与世界经济的融合程度不断提高，进出口贸易占境内生产总值的比例从 30% 上下的水平上升到了 2006 年前后超过 60% 的高位；受国际金融危机的影响，2008 年到 2009 年我国贸易依存度持续下降到了不到 50%，2010 年虽然略有回升，但 2010 年到 2015 年持续下降到了 36% 的水平，2016 年首次低于 30%，为 1991 年以来最低。我国外汇管理体制改革也逐步向前推进，并于 1996 年 12 月 1 日起正式接受国际货币基金组织协定中第 8 条第 2 款、第 3 款和第 4 款等的义务规定，实现人民币经常项目下的可自由兑换。1997 年亚洲金融危机爆发之后，国际经济学界对国际资本流动可能带来的风险进行了深刻的反思，认为当新兴市场遭受投机性冲击时，资本管制会暂时起到"防火墙"的作用，因此，我国也对人民币自由兑换采取了更为慎重的态度。国际金融危机爆发以来，特别是美国退出量化宽松政策后，跨境资本流动对很多发展中国家的经济和金融产生了严重的冲击。

　　很多国家和地区重新审视并采取措施加强跨境资金的监管。从 2003 年开始，我国开始逐步放松资本管制，尤其是在人民币升值压力出现之后，外汇管理通过放宽对居民用汇的限制，在一定程度上缓解了升值压力。人民币国际化多年前就已经开始。近年来，资本项目开放也在稳健推进。人民币的境外使用主要是作为交易媒介，在价值贮藏方面人民币国际化也有了一定的规模。到目前为止，人民币仍然没有成为其他货币的驻锚（何帆，2009）。

26.2　人民币在离岸市场使用的基本情况

改革开放以来，香港一直是我国与世界连接的纽带，是外来直接投资最主要的来源地，同时也是内地最主要的贸易伙伴之一。甚至2014年上半年，我国外汇直接投资总额中仍然有六成以上来自香港。由于香港的特殊地位，特别是2004年1月1日开始实施了《内地与香港关于建立更紧密经贸关系的安排》（CEPA）以来，香港自然成为了最活跃的离岸人民币市场。香港作为东亚地区主要的金融中心之一，凭借着其与内地的紧密联系，在今后人民币国际化的进程中将会发挥重要作用。本节简要介绍人民币在香港特区和其他离岸市场上的流通和使用情况。

26.2.1　相关政策的推进和演变

2003年年底，经国务院批准，中国人民银行同意为香港个人人民币业务提供结算安排。人民币业务于2004年1月18日在香港正式推出，香港商铺及自动柜员机开始接受内地银行发行的扣账卡及信用卡。自2004年2月25日开始，香港银行可为客户提供人民币存款、兑换及汇款服务。自2004年4月30日开始，香港银行可发行人民币扣账卡及信用卡，供香港居民在内地使用。

2005年11月1日，中国人民银行发布公告，宣布为扩大香港银行办理人民币业务提供平盘及清算安排的范围，同时为完善现有人民币业务，进一步拓展香港人民币业务，采取五项措施：（1）中国人民银行深圳市中心支行接受香港人民币业务清算行的存款；（2）放宽人民币与港元兑换业务提供平盘服务的有关要求：个人人民币现钞兑换的限额由每人每次不超过等值6000元人民币提高至每人每次不超过等值20000元人民币，为其持有的人民币现钞提供兑换服务的香港指定商户的范围扩大至包括在港提供交通、通讯、医疗及教育服务等行业的商户，指定商户可将其在参加行存款账户的人民币存款单兑换成港元；（3）具有个人人民币业务经营资格的内地银行接受经由香港居民个人人民币汇款的最高限额，由每人每天50000元人民币提高至每人每天80000元人民币；（4）清算行为香港居民个人签发的人民币支票提供清算服务，香港居民个人可用人民币支票在每个账户每天80000元人民币的限额内支付在广东省的消费性支出，该人民币支票不得转让；（5）取消香港银行发行人民币卡每张最高授信 10 万元人民币的限额。2010 年 7 月 19 日，中国人民银行与香港人民币业务清算行中国银行（香港）有限公司在香港签署了新修订的《香港银行人民币业务的清算协议》。当日中国人民银行还与香港金融管理局就扩大人民币贸易结算的安排，签订了补充合作备忘录，修订后的协议放宽了对人民币兑换、机构开户等不涉及跨境资金流动的限制，从而将刺激离岸人民币市场的需求，促进市场供需自我循环，为香港离岸人民币市场的启动打下了必要的基础。

26.2.2　汇款

随着客户减少现金携带而改为使用汇款服务将资金汇至内地，汇款业务开始稳步增长。2010 年香港金管局发布的信息显示，香港居民可将人民币汇到内地银行开设的同名账户，每天每户上限为 80000 元人民币；2011 年香港居民可将人民币汇到内地银行开设的同名账户，每天每户上限为 80000 元人民币。对于支票方式的款项由香港参加行人民币支票账户持有人签发的人民币支票可以在香港及内地使用。自 2009 年 7 月，企业可以利用人民币支票在不同银行开设的账户之间进行资金调拨以汇集人民币资金做贸易结算之用。而汇款则只限于境外企业与内地试点企业进行双向汇款，参与行可以在香港提供资金调拨服务，但只限于同一企业在不同银行开设的账户之间调拨。

随着跨境人民币贸易结算等业务的迅速增长，香港与港外银行收付款额度也随之快速增长。根据香港金管局公布的数据，香港银行业境外人民币业务收付金额从 2010 年的 196 亿元和 109 亿元及差额 87 亿元增长到了 2013 年的 1645 亿元和 1660 亿元及差额 – 15 亿元；2014 年进一步增长到了 1933 亿元和 11452 亿元及差额 481 亿元，显示香港作为全球最大的人民币中心对全球人民币资金流的辐射作用持续增大；然而如上数据 2015 年下降到了 1057 亿元和 1321 亿元，差额 –274 亿元人民币；2016 年上半年相应的数据进一步下降到了 933 亿和 1354 亿元，差额进一步扩大到了 – 421 亿元的高位，显示随着人民币对美元贬值压力的提高，通过香港人民币中心人民币渠道流向其他境外人民币中心的资金也在显著提高。

26.2.3　信用卡境外消费额的快速增长

银联卡境外消费也在一定程度上反映人民币的国际使用。2012 年到 2014 年，境内银联卡在境外交易额从 3634 亿元增长到了 5203 亿元，2012 年到 2014 年年增长率分别为 25.5% 和 14.1%；另外 2013 年到 2014 年银联在境外发行的银联卡在境外交易额从 50.8 亿元增长到了 64.2 亿元，增幅 26.4%；2015 年，我国居民境外刷卡支出 1330 亿美元（国家外汇管理局 2016 年 3 月 31 日公布），相当于 8282 亿元人民币（以 2015 年人民币对美元平均汇率 6.2269 折算得出）；2016 年我国境外刷卡量首次超过了 4000 亿元人民币。随着人民币在境外接受度的进一步提高，银联卡境外消费额也将持续增长，成为人民币国际化程度的另外一个重要的反映。

26.2.4 香港人民币即时结算系统日均交易增长迅猛后略有回调

香港人民币结算系统于 2006 年 3 月在香港推出，以提升银行同业交易的结算效率。2007 年 6 月，金管局对该系统进行升级，成为全面的人民币即时支付结算系统（RTGS）。人民币 RTGS 系统由中国银行（香港）有限公司担任清算行，香港银行同业结算有限公司则负责系统运作事务。自 2009 年 5 月起，人民币 RTGS 系统连同港元、美元及欧元 RTGS 系统以及债务工具中央结算系统（CMU 系统）从原有的专用操作平台转至环球同业银行金融电信协会系统的开放式平台。近年来香港人民币即时支付结算系统每日平均交易额持续上升，成为境外人民币市场活跃度的一个重要指标。2012 年到 2013 年，香港人民币 RTGS 日均成交金额从 2137 亿元增长到了 3954 亿元人民币，增幅为 85%；2014 年到 2015 年，分别增长到了 7341 亿和 9470 亿元人民币（香港金管局 2015 年年报）。2015 年 7 月首次突破 1 万亿元，2016 年年日均交易金额下降到了 8636 亿元，显示境外人民币活跃度有所减缓。

26.3 人民币在境外交易的情况介绍

我们在第 24 章介绍了境外人民币市场启动后的发展。这里我们简单介绍境外人民币外汇市场之外的其他产品和业务的交易情况。

26.3.1 境外人民币市场启动后不久的预测及结果

2010 年境外人民币市场启动不久，《华尔街日报》就做了很好的报道："仅仅几个月，境外人民币交易从零增至 4 亿美元。作为世界第二大经济体的货币，人民币开始在全球流动。""可能只需要几年的时间，中国进出口额当中有 20% 到 30% 就会以人民币而不是美元进行结算。""不久以后，人民币交易量会与日元交易量匹敌，成为继美元和欧元之后交易第三活跃的货币（《人民币离岸交易大幅度增长》，《华尔街日报》网站，2010 - 12 - 14）。"第 17 章介绍人民币跨境贸易结算及占比数据显示，2015 年人民币跨境贸易结算就已经达到了 26.8%，2016 年上半年下降到了 18.1%；2015 年 8 月人民币首次超过日元成为全球第四大支付货币，而 2015 年 9 月和 2016 年 12 月却分别重回第 5 位和第 6 位。

26.3.2 境外人民币交易所交易证券

香港证监会介绍，若要投资上市的人民币计价证券，投资者必须在香港本地银行开立人民币银行账户并存有足够金额应付交易相关费用，而在现行规定中，只有持有香港身份证的香港特别行政区居民才可以在香港开设人民币个人银行账户（魏伶：《香港证监会：人民币上市证券将推出》，一财网，2011 - 03 - 21）。2011 年 4 月 29 日，香港首只以人民币计价的证券产品——汇贤房地产信托基金在港交所挂牌交易。作为香港首只人民币计价的证券产品，汇贤被香港业界认为是人民币业务的"试金石"，将促进香港人民币证券业的发展（"香港首只以人民币计价证券今挂牌"，新华网，2011 - 04 - 29）。

香港交易所 2012 年 10 月 25 日宣布，首只人民币交易股本证券于 2010 年 10 月 29 日在港交所上市买卖，是首只在境外上市的人民币交易股本证券，并为港交所首只双柜台股本证券。港交所行政总裁李小加表示，首只在境外上市的人民币交易股本证券在香港交易所登场，也是港交所首只双柜台股本证券，两者都是发展人民币产品的重要里程碑，更可加强香港作为领先的人民币离岸中心的地位。李小加表示，人民币交易股本证券将是人民币交易的债券、交易所买卖基金、房地产投资信托基金及可交收人民币货币期货以外，又一重要产品类别。李小加预计，随着人民币愈趋国际化，投资者对人民币产品的兴趣将与日俱增（证券时报网，kuaixun. tcn. om/2012/10/25）。相信更多的以人民币计价的证券产品今后会在香港推出交易。

中国香港南方东英资产管理公司与英国交易所交易型开放式指数基金（ETF）提供者索斯 2014 年 1 月 9 日宣布，由二者共同推出的交易型开放式指数基金（ETF）当天在伦敦证交所正式挂牌交易。这只名为"南方 Source 富时中国 A50 UCITS ETF"的 ETF 基金是欧洲交易市场上的首只人民币合格境外机构投资者（RQFII）ETF 基金，为欧洲投资者进入中国 A 股市场提供了新渠道（中国银行《伦敦离岸人民币市场月报》，2014 年 8 月）。2015 年 3 月 25 日，欧洲第一只人民币 RQFII 货币市场交易所基金（ETF）正式在伦敦交易所挂牌交易，该只基金由建银国际资产管理有限公司（建银资产管理）担当基金管理人角色。2014 年 8 月中国建设银行与伦敦证券交易所签订了战略合作协议，积极谋求产品创新等合作。

26.3.3 与"欧洲美元"市场的简单比较

离岸市场人民币业务的发展时间还较短，然而它与存在半个世纪而且已经相当成熟的欧洲美元市场有很大的相似性。比较这两个市场对今后离岸人民币市场的发展有很好的借鉴意义。由于美国资本项目控制和税务方面相关的限制，欧洲美元从 20 世纪 60 年代初期开始迅速增长。由于欧洲美元市场不受美国联邦储备银行利率监管和美国税务等方面的限制，以伦敦为中心的欧洲美元市场不仅可以提供比美国境内更低的贷款利率，而且可以为境外美元储蓄提供比美国境内更高的储蓄利率。虽然到 20 世纪 80 年代和 90 年代，美国资本项目管制和税务条款进一步自由化，但是欧洲美元市场却得到了相当的发展。截至 2008 年年底，离岸市场美元债券总额达到 8.396 万亿美元，达到同期境内外美元债券总金额 27.43 万亿美元的 30.6%（渣打银行特别报道，Special Report，2010）。

表 24.3 显示，2016 年末，美元国际债规模达到了 9.9277 万亿美元，相当于同期美国总债务 38 万亿美元的四分之一以上。欧洲美元市场的成功有诸多因素，但是最主要的原因之一是美国政府从来没有对境外美元在美国结算有过任何阻挠（He 和 McCauley，2010）。换句话说，离岸欧洲美元市场上的机构可以自由地与美国境内机构清算相关交易。在能够自由与在岸市场清算各种头寸的基础上，离岸银行就可以根据自身的需要建立外汇的买卖头寸，对美元境内外外汇市场的协调发展发挥了重要作用（He 和 McCauley，2010）。等到 20 世纪 80 年代和 90 年代，美国资本项目管制和主要税务限制放松时，欧洲美元市场已经发展到了一定的规模而且保持了重要的地位。伦敦银行间美元利率到现在为止已经成为国际上和美国境内企业贷款的基准（渣打银行特别报道，Special Report，2010）。

26.4 人民币与其他货币的直接交易

货币与其他货币直接交易的程度越高，交易成本就越低，其国际化程度就越高。人民币对美元、欧元、日元、英镑和港元交易多年前已经开始。从 2006 年 1 月 4 日起，中国人民银行授权中国外汇交易中心于每个工作日上午 9 时 15 分对外公布当日人民币对美元、欧元、日元和港元汇率中间价，作为当日银行间即期外汇市场（含 OTC 方式和撮合方式）以及银行柜台交易汇率的中间价。人民币除与美元、欧元、日元、英镑这四大国际储备货币及港元交易外，从 2010 年起，人民币分别开始与马来西亚林吉特、俄罗斯卢布、澳大利亚元、加拿大元和欧元等货币开展直接交易。这里我们简单介绍人民币与这些货币的外汇交易。

26.4.1 人民币与马来西亚林吉特交易的起步

虽然近年来经济规模仅为印度尼西亚 1/3 多些，但是马来西亚是我国在东盟最大的贸易伙伴，2013 年我国与马来西亚贸易首次超过 1000 亿美元。因此，马来西亚林吉特是人民币与其他货币交易最早的货币之一，成为第六种在境内挂牌交易的货币。自 2010 年 8 月 19 日起，国家外汇管理局公布人民币对林吉特汇率中间价，为交易和结算提供支持。人民币对林吉特汇率中间价采取间接标价法，即 100 元人民币折合多少林吉特。2014 年到 2016 年人民币对林吉特在境内外汇市场交易总金额从 12 亿持续增长到了 34 亿元人民币，排名从第 11 位下降到了第 13 位（参见表 26.1）。人民币与林吉特的直接交易对进一步活跃中马贸易等提供了较好平台。

26.4.2　人民币与俄罗斯卢布交易的起步

自 2010 年 11 月 22 日起，国家外汇管理局公布人民币对卢布汇率中间价。人民币对卢布汇率中间价采取间接标价法，即 100 元人民币折合多少卢布。同年 11 月 24 日，时任国务院总理温家宝和俄罗斯总理普京宣布，双方决定用本国货币实现双边贸易结算。这是继境内外汇市场启动人民币对美元、港元、日元、欧元、英镑和马来西亚林吉特交易之后，第七种在境内挂牌交易的货币。人民币与卢布的交易是我国与其他主要发展中国家第一个直接交易的货币。人民币与卢布的交易无疑会为两国间经贸和投资等合作提供更好的支持。然而数据显示，2014 年到 2016 年，俄罗斯卢布对人民币在境内外汇市场成交金额从 255 亿元人民币下降到了 118 亿元，排名却从第 9 位下降到了第 12 位（参见表 26.1），显示人民币与卢布交易不仅没有增长反而显著下降。在中俄两国合作加速的情况下，俄罗斯卢布在境内外汇市场成交金额不增反降的结果表明，两国在外汇市场合作方面仍需加强。

26.4.3　人民币与澳元和加元交易的起步

2013 年到 2016 年，加拿大经济世界排名第 11 位提高到了第 10 位，同期澳大利亚排名却从第 12 位下降到了第 13 位；表 20.1 显示 2013 年到 2016 年加元和澳元在国际外汇市场交易额排名从第 7 位和第 5 位提高到了第 6 位和第 5 位。这些数据表明，加元和澳元在国际外汇市场和外汇储备中的地位显著高于它们相应的经济在世界经济中的排名，显示这两种货币在国际外汇以至金融市场中的重要作用。由于这两国货币在国际外汇市场中的地位及两国与我国经贸发展的潜力，自 2011 年 11 月 28 日起，国家外汇管理局公布人民币对澳元、加元汇率中间价，人民币与澳元和加元交易正式启动。数据显示，2014 年到 2016 年，加拿大元对人民币在境内外汇市场成交金额从 14 亿元增长了 17 倍到 252 亿元人民币，成为同期增幅最大的外币；同期澳大利亚元对人民币在境内外汇市场成交金额却从 1486 亿元下降到了 793 亿元人民币，累计降幅高达 46.6%，排名从 2014 年的第 5 下降到了第 6（参见表 26.1），表明澳大利亚元在境内外汇市场的地位不增反降。人民币与加元和澳元的直接交易一定会加强我国与两国经贸和投资等领域的合作，对提升人民币国际化有重要的意义。

26.4.4 人民币与日元直接交易

2012 年 5 月 29 日，经中国人民银行授权，中国外汇交易中心宣布完善银行间外汇市场人民币对日元的交易方式，发展人民币对日元直接交易，有利于形成人民币对日元直接汇率，降低经济主体汇兑成本，促进人民币与日元在双边贸易和投资中的使用，有利于加强两国金融合作，支持中日之间不断发展的经济金融关系（中国人民银行网站，2011 – 12 – 25）。中日两国皆为世界主要经济体和贸易体，在经贸、金融、外汇等领域的合作不仅对两国贸易成本降低、国际竞争力提高并对两国货币国际化程度提高等诸多方面有非常积极的意义，而且对亚太地区以至全球都将发挥积极的作用。然而数据显示，2014 年到 2016 年，日元对人民币在境内外汇市场成交金额从 4511 亿元下降到了 3275 亿元人民币，累计降幅为 27.4%，排名从 2014 年仅次于美元的第 2 位下降到了低于美元和欧元的第 3 位（参见表 26.1），显示近年来日元在境内外汇市场的地位明显下降的趋势。2011 年 12 月两国达成的"中日加强合作发展金融市场"协议在人民币与日元直接交易之后两年多来两国间诸多问题的出现而未能实施，表明达成互利共赢的合作还有不少困难需要克服。

26.4.5 人民币与英镑的直接交易

2014 年 6 月 18 日，经中国人民银行授权，中国外汇交易中心宣布在银行间外汇市场开展人民币对英镑直接交易。在遵循市场原则的基础上开展人民币对英镑直接交易，这是中英两国共同推动双边经贸关系进一步向前发展的重要举措。开展人民币对英镑直接交易，有利于形成人民币对英镑直接汇率，降低经济主体汇兑成本，促进人民币与英镑在双边贸易和投资中的使用，有利于加强两国金融合作，支持中英之间不断发展的经济金融关系（中国人民银行网站：www. pbc. gov. cn，2014 – 06 – 18）。尽管英镑与人民币直接交易启动，但是 2014 年到 2016 年，英镑对人民币在境内外汇市场成交金额却从 1377 亿元下降到了 490 亿元人民币，累计降幅高达 64.4%，排名从 2014 年的第 6 位下降到了第 7 位（参见表 26.1），显示直接交易启动不仅没有活跃境内外汇市场英镑与人民币的交易，而且还使得该货币对交易显著下降，需要我们深刻反思其原因。

26.4.6 人民币与欧元的直接交易

欧盟央行执行委员会成员 Yves Mersch 表示，欧元与人民币的直接兑换有利于欧盟和中国经济……法兰克福人民币清算和结算的业务一旦开始，可能即意味着欧元与人民币直接兑换率先在德国拉开序幕。人民币与欧元直接兑换对中欧是双赢。一方面，除了贸易受惠之外，更重要的是这将加速人民币自由兑换进程，与此同时提升和巩固欧元的国际地位；另一方面，中长期内有助于尽快实现美元、欧元和人民币未来形成三足鼎立之势，并可以重构国际金融和货币体系，从而促进多极世界格局的形成（"人民币欧元直接兑换或将扬帆起航"，新华国际，2014－05－18）。

可喜的是，"经中国人民银行授权，中国外汇交易中心宣布在银行间外汇市场开展人民币对欧元直接交易。在遵循市场原则的基础上开展人民币对欧元直接交易，这是中欧共同推动双边经贸关系进一步向前发展的重要举措"（中国人民银行网站，2014－09－29）。欧元区是我国重要的贸易伙伴，"开展人民币对欧元直接交易，有利于形成人民币对欧元直接汇率，降低经济主体汇兑成本，促进人民币与欧元在双边贸易和投资中的使用，有利于加强中欧金融合作，支持中欧之间不断发展的经济金融关系"（同上）。2014年9月欧元对人民币直接交易才正式启动，而2014年欧元对人民币在境内外汇市场成交金额就达到了3155亿元人民币，占境内外汇市场成交金额的1.24%，排名仅次于美元和日元；2015年欧元对人民币外汇交易金额分别增长到了4257亿元人民币，首次超过日元成为境内人民币外汇市场仅次于美元的第二大外币（参见表26.1），显示欧元在境内外汇市场增长的潜力；2016年欧元与人民币外汇交易额增长放缓，但仍保持了境内外汇市场第2大外币的地位。表20.1显示，2001年到2016年，欧元在全球外汇市场成交金额占比超过三成，而表26.1显示2016年欧元对人民币外汇成交金额占境内人民币外汇市场成交金额比例仅为1.16%，不到2016年全球外汇市场欧元成交金额占比31.3%的1/25，显示欧元在境内人民币外汇市场有着巨大的增长空间。随着中国与欧元区以至整个欧洲合作推动"一带一路"战略和亚投行等相关业务合作的加深，今后几年欧元在境内人民币外汇市场的成交金额有10～50倍的增长空间。

26.4.7　人民币与新加坡元直接交易

新加坡是全球第三大、亚洲最大的外汇交易中心，东盟主要的贸易和金融中心，而且新加坡也是除中国香港外境外最大的人民币中心，人民币与新加坡元直接兑换有利于新加坡人民币中心的发展，更有利于我国与东盟的经贸和金融合作，对于进一步推动人民币国际化将发挥重要的作用。可喜的是2014年10月27日，在江苏省苏州市举行的中国—新加坡双边合作联合委员会第十一次会议上，张高丽副总理宣布将于10月28日在银行间外汇市场开展人民币对新加坡元直接交易。在遵循市场原则的基础上开展人民币对新加坡元直接交易，这是中新两国共同推动双边经贸关系进一步向前发展的重要举措（中国人民银行网站，2014－10－27）。

相对于其他外币，新加坡元对人民币在境内外汇市场直接交易启动较晚，但是2014年新加坡元对人民币在境内人民币外汇市场成交金额就高达838亿元人民币，2015年新加坡元对人民币在境内外汇市场成交金额猛增了353.58%到3801亿元，超过了同年日元和港元对人民币外汇成交金额，成为当年境内外汇市场美元和欧元后第3大外币，而2016年回落到了低于港元的第5位（参见表26.1）。由于新加坡是全球第三和亚太最大的外汇交易中心，新加坡元今后在境内外汇市场以至在整个人民币国际化进程中将发挥重要的作用。

26.4.8　人民币对新西兰元即期竞价交易推出

中国外汇交易中心于2015年1月12日起推出人民币对新西兰元即期竞价交易。人民币对新西兰元即期竞价交易采用集中清算制度，由上海清算所集中进行资金清算。人民币对新西兰元直接交易做市商连续提供买、卖双向报价，为市场提供流动性，竞价流动性限额为500万新西兰元。新西兰元在境内外汇市场直接交易启动更晚，但是2014年新西兰元对人民币在境内人民币外汇市场成交金额就高达281亿元人民币，高于同年俄罗斯卢布在境内外汇市场成交金额255亿元，在境内人民币外汇市场排名第8位；2014年到2016年，新西兰元对人民币在境内人民币外汇市场成交金额持续下降到了138亿元人民币，累计降幅高达50.9%，在境内人民币外汇市场排名下降到了第11位，显示人民币对新西兰元的交易有待提高。

26.4.9　人民币与瑞士法郎直接交易

2015年11月9日，经中国人民银行授权，中国外汇交易中心宣布在银行间外汇市场开展人民币对瑞士法郎直接交易。在遵循市场原则的基础上开展人民币对瑞士法郎直接交易，这是中瑞两国共同推动双边经贸关系进一步向前发展的重要举措。开展人民币对瑞士法郎直接交易，有利于形成人民币对瑞士法郎直接汇率，降低经济主体汇兑成本，促进人民币与瑞士法郎在双边贸易和投资中的使用，有利于加强两国金融合作，支持中瑞之间不断发展的经济金融关系。中国人民银行对此予以积极支持（"中国人民银行欢迎中国外汇交易中心开展人民币对瑞士法郎直接交易"，中国人民银行网站，2015-11-09）。2015年和2016年瑞士法郎对人民币在境内人民币外汇市场成交金额分别为149亿和180亿元，排名第10。相信随着中瑞两国经贸和金融合作的加深，瑞士法郎在境内人民币外汇市场的流动性会进一步显著上升。

26.4.10　人民币与南非兰特直接交易

南非多年来是我国在非洲最大的贸易伙伴，也是金砖五国唯一的非洲国家。

南非兰特不仅是金砖国家货币国际化程度最高的货币，而且其国际化程度甚至超过很多发达经济体的货币。2016 年 6 月 17 日，经中国人民银行授权，中国外汇交易中心宣布在银行间外汇市场开展人民币对南非兰特直接交易。这是中南两国共同推动双边经贸关系进一步向前发展的重要举措（中国人民银行网站，2016 - 06 - 17），不仅对人民币与兰特交易有意义，而且对人民币与其他非洲国家货币的交易都有重要的意义。

26.4.11　人民币与韩元直接交易

2014 年 12 月 1 日韩中两国银行间韩元对人民币直接交易在韩国正式启动，这是韩国离岸人民币市场发展中具有标志性意义的事件。韩国新韩银行、友利银行、企业银行、产业银行、渣打银行、花旗银行及交通银行、中国工商银行、汇丰银行等银行的韩国分行被指定为银行间外汇市场韩元对人民币直接交易做市商。这些银行作为做市商，将在银行间外汇市场提供买卖双向报价，引导交易价格，提升市场流动性，促进韩元与人民币跨行直接交易（"银行间韩元对人民币直接交易今日启动"，新华网，2014 - 12 - 01）。另外，运营人民币直接交易市场的金融中介公司"韩国资金中介"和"首尔外汇中介"将从 3 月起按照人民币交易业绩，降低 20% 左右的中介手续费，有利于激活直接交易市场。2016 年 6 月 24 日，经中国人民银行授权，中国外汇交易中心宣布在银行间外汇市场开展人民币对韩元直接交易。这是中韩两国共同推动双边经贸关系进一步向前发展的重要举措。（中国人民银行网站，2016 - 06 - 24）。

26.4.12　人民币与沙特里亚尔和阿联酋迪拉姆直接交易

经中国人民银行授权，2016 年 9 月 26 日中国外汇交易中心开始在银行间市场开展人民币对沙特里亚尔和人民币对阿联酋迪拉姆直接交易。沙特是中东最大的经济体，2015 年沙特世界经济排名第 20 位，而且多年来是我国在西亚最大的贸易伙伴；阿联酋经济规模虽然较小，但是多年来是我国在西亚仅次于沙特的贸易伙伴，而且阿联酋近年来是世界上金融开放和改革步伐最大的国家。人民币对沙特里亚尔和阿联酋迪拉姆直接交易将降低两国货币间的交易成本，对推动我国与西亚国家的合作和"一带一路"战略具有重要意义。

除了以上与人民币直接交易的货币外，人民币至今仍未与巴西雷亚尔、印度卢比、墨西哥比索、印尼盾等主要发展中国家货币进行直接交易。这些国家经济占世界经济规模可观，今后人民币与这些国家货币的直接交易也非常必要。相信人民币与这些货币的直接交易不久也将启动。

26.5 2014 年以来国内人民币外汇对外汇交易额分布及相关问题

26.5.1 2014 年以来国内人民币外汇对外汇交易额分布

上文介绍了境内人民币外汇对交易的启动时间及对境内外汇市场的影响。表 26.1 给出了 2014 年以来境内人民币外汇对外汇交易额分布。表 26.1 显示，2014 年到 2016 年，人民币/美元仍然保持了境内第一大外汇对交易的龙头老大地位，2014 年到 2016 年，美元对人民币外汇交易累计增长了 59.5%，占比从 94.2% 提高到了 96.8%，显示美元在境内外汇市场独大的地位；2014 年到 2016 年欧元对人民币交易累计增长了 45.7%，占比却从 1.24% 下降到了 1.16%，为境内外汇市场第 2 大外币；日元和港元保持了境内外汇市场第 3 和第 4 大外币；新加坡元和澳大利亚元成为境内外汇市场第 5 和第 6 大外币；2016 年英镑、韩元、加拿大元、瑞士法郎、新西兰元和俄罗斯卢布在境内外汇市场的排名分别为第 7 到第 12 位；马来西亚林吉特、南非兰特、泰铢和其他外币在境内人民币外汇市场成交不够活跃，排名在第 12 位之后。

表 26.1　　　　2014 年到 2016 年境内人民币外汇对外汇交易额分布

单位：亿元人民币,%

货币	2014	占比	2015	占比	2016	占比	2014 年到 2015 年变化	2016 年同比变化
美元	239942	94.17	290645	94.89	382615	96.77	21.1	31.6
欧元	3155	1.24	4257	1.39	4598	1.16	34.9	8.0
日元	4511	1.77	3370	1.10	3275	0.83	−25.3	−2.8
港元	2931	1.15	1750	0.57	1493	0.38	−40.3	−14.7
新加坡元	838	0.33	3801	1.24	1088	0.28	353.6	−71.4
澳大利亚元	1486	0.58	1005	0.33	793	0.20	−32.4	−21.1
英镑	1377	0.54	780	0.25	490	0.12	−43.4	−37.2
韩元					313	0.08		
加拿大元	14	0.01	128	0.04	252	0.06	814.3	96.9
瑞士法郎			149	0.05	180	0.05		20.8
新西兰元	281	0.11	169	0.06	138	0.03	−39.9	−18.3
俄罗斯卢布	255	0.10	225	0.07	118	0.03	−11.8	−47.6
马来西亚林吉特	12	0	15	0	34	0.01	25.0	126.7

续表

货币	2014	占比	2015	占比	2016	占比	2014 年到2015 年变化	2016 年同比变化
南非兰特					9	0		
泰铢	2	0	2	0	2	0	−25.0	5.3
其他	0							
总计	254804	100.0	306296	100.0	395400	100.0	20.2	73.6

数据来源：2014 年第四季度和 2015 年第四季度及 2016 年第四季度中国货币政策执行报告。

26.5.2 2014 年以来境内人民币外汇对外汇交易金额分布及相关问题

表 26.1 显示，美元在境内人民币外汇市场占据着绝对的垄断地位，2014 年以来美元对人民币在境内人民币外汇市场的成交金额不仅没有下降，反而持续增长，显著超过 2001 年到 2016 年美元成交金额在全球外汇市场的比重，也超过了 2016 年 4 月美元/人民币在全球人民币外汇市场占比 95.1%；而同期境内欧元/人民币外汇交易占比却略有下降；在国际外汇市场上排名第 3 到第 7 的日元、英镑、澳大利亚元、瑞士法郎和加拿大元 2014 年到 2016 年前三季度在境内人民币外汇市场的总比重从 2.9% 持续下降到了 1.3%。这些数据显示，美元占垄断地位的境内人民币外汇市场的外币分布与十多年来国际外汇市场的货币分布走势不同，因而不合理。只有显著提高欧元、英镑、澳元和加元等国际货币在境内人民币外汇市场的流动性才能改变境内外汇市场美元独大的不合理格局。

26.6 离岸市场人民币计价基金和其他人民币计价产品的发展

26.6.1 离岸市场人民币计价基金的发展

随着人民币跨境贸易结算的迅速推进，境外离岸人民币基金也在 2010 年下半年逐渐获得越来越多的关注。2010 年 8 月 31 日，海通香港推出了境外首只人民币计价基金——海通环球人民币收益基金。该基金目前的上限为 50 亿元人民币。截至 2015 年 9 月 30 日，该基金的总资产价值约为 4.81 亿元。除海通环球基金外，已经发行的离岸人民币计价基金包括恒生银行发行的恒生人民币债券基金（公募债券基金）（2010 年 2 月规模约为 3 亿元），工银亚洲发行的工银亚洲环球人民币定息基金（公募债券基金）和建银国际发行的建银国际人民币收益基金（公募债券基金）。除这些公募债券基金外，国信香港、施罗德和瑞银等拟计划发行离岸人民币计价的私募股权基金和其他私募基金。资产规模约 40 亿美元的 Pharo Management 计划成立首只人民币计价的对冲基金。

另外一只人民币债券基金来自汇丰全球资产管理公司（HSBC Global Asset Management），该公司在 2011 年 11 月忙于向英国投资者推介汇丰 GIF 固定收益基金（HSBC GIF Fixed Income Fund），该公司相信人民币升值的必然趋势，并将此视为极具说服力的投资理由。该基金是汇丰 2011 年推出的第二只人民币债券基金。除汇丰外，联博有限公司（Alliance Bernstein）、Amundi、巴克莱（Barclays）、法国巴黎银行（BNP Paribas）、宏利（Manulife）以及德盛安联资产管理公司（Allianz Global Investors）也推出了各自的人民币债券基金。

2012 年 2 月 15 日，全球首只人民币黄金 ETF（交易所交易基金）在港挂牌交易，为香港的离岸人民币资金提供了一条新出路。该基金由恒生银行推出，回报以人民币计价，目的是为在港人民币提供新的投资选择，使在港人民币留在香港，不用流回内地（《全球首只人民币黄金 ETF 基金在港挂牌》，新华网，2012 - 02 - 15）。

除香港人民币计价基金外，台湾人民币计价基金也迅速发展。台湾首档人民币计价基金——复华伞型人民币基金 2013 年 4 月初获主管机关审核通过，募集资金总额从 200 亿元人民币上升为 280 亿元（路透台湾：《台湾首档人民币计价基金募集额 280 亿元，供人民币存款另一去处》，2013 - 04 - 01）。

对冲基金经理格里芬（Kenneth C. Griffin）麾下的 Citadel LLC 成为首家根据试点计划完成人民币募资的外国公司。上海市政府 2014 年 5 月 21 日发布的声明，总部位于芝加哥的 Citadel 现在可以将所募人民币换汇成美元进行投资。2013 年 9 月，中国外汇监管机构授予 Citadel 和另外五家境外对冲基金合格境内有限合伙人制度（Qualified Domestic Limited Partner Program，QDLP）资格，每家募资额度为 5000 万美元。该试点计划允许中国高净值群体通过境外对冲基金投资海外市场（中国银行，《伦敦离岸人民币市场月报》，2014 - 07）。

2015 年 5 月 22 日证监会新闻发言人邓舸宣布，中国证监会与香港证监会就开展内地与香港基金互认工作正式签署《中国证券监督管理委员会与香港证券及期货实务监察委员会关于内地与香港基金互认安排的监管合作备忘录》，同时发布《香港互认基金管理暂行规定》，自 2015 年 7 月 1 日起施行。证监会称，基金互认有利于吸引境外资金进入内地资本市场。证监会表示，开展内地与香港基金互认工作，将拓宽跨境投资渠道，提升两地市场竞争力；为两地监管机构共同建立基金监管标准奠定基础，也为两地投资者提供更加多元化的投资产品（中国银行，《伦敦离岸人民币市场月报》，2015 - 07，总第 27 期）。

26.6.2 人民币计价功能在大宗商品方面取得突破

2012 年 11 月 29 日港交所收购伦敦金属交易所（LME）获得英国金融服务管理局（FSA）批准，2014 年 12 月推出了以人民币计价的首批伦敦铝、伦敦锌及伦敦铜三个期货小型合约，未来期待有更多动作（中国银行，《伦敦离岸人民币市场月报》，2015 年 5/6 月，总第 28 期）。2015 年 7 月 28 日讯，伦敦金属交易所宣布接受人民币作为抵押品，这是中国在进军伦敦大宗商品市场上的里程碑事件，为该交易所今后推出人民币计价产品打下了基础，未来期待有更多人民币计价产品在该交易所推出。

26.6.3 中欧国际交易所股份有限公司

2015 年 5 月，上海证券交易所、中国金融期货交易所与德意志交易所集团就共同建设离岸人民币金融工具交易平台达成战略合作协议，计划在法兰克福合资成立"中欧国际交易所股份有限公司"，主要研发和上市交易以离岸人民币计价的证券和衍生产品。另外，MSCI 已与中国证监会成立工作小组，紧密合作力保中国 A 股 2016 年纳入 MSCI 新兴市场指数（中国银行，《伦敦离岸人民币市场月报》，2015 年 5/6 月，总第 28 期）。

26.7 人民币资本项目开放的进展和今后的发展

人民币国际化战略的表述最早可以追溯至 2003 年党的十六届三中全会，会议提出要在有效防范风险的前提下，有选择、分步骤地放宽对跨境资本交易活动的限制，逐步实现资本项目可兑换，加快推进与港澳地区货物贸易的人民币结算试点。党的十八大报告将"逐步实现人民币资本项目可兑换"作为今后金融改革的目标之一；中共十八届三中全会决定又明确指出要"加快实现人民币资本项目可兑换"。十多年来，我国资本项目开放和可兑换方面取得了一系列重要进展，本节主要介绍在资本项目开放方面的进展。

26.7.1 资本项目有序双向开放

"十一五"期间，人民币资本项目开放取得了显著进展。一是有序拓宽对外投资金融渠道。2006 年 4 月，实行合格境内机构投资者（QDII）制度，有序拓宽境内机构和个人对外金融投资渠道。二是有序扩大境内证券市场开放。在 2002 年引入合格境外机构投资者（QFII）制度的基础上，2007 年以来，先后提高 QFII 总额度和单家 QFII 投资额度，鼓励境外中长期投资者在境内进行证券投资（易纲，2011）。

根据国家外汇管理局网站公布的数据，截至 2017 年 5 月 26 日，国家共批准 132 家 QDII 机构，获批额度共计 899.93 亿美元；共批准 283 家 QFII 机构，获批额度共计 927.24 亿美元。为了拓宽流入香港的人民币的投资渠道，2011 年 12 月 16 日，证监会、人民银行和国家外汇管理局联合发布了《基金管理公司、证券公司人民币合格境外机构投资者境内证券投资试点办法》，为人民币合格境外机构投资者（RQFII）的试点打下了基础。截至 2017 年 5 月 26 日，总共批准 RQFII 机构总数为 184 家，累计批准资金总额 5431.04 亿元人民币，相当于 790 亿美元，超过 QFII 总授权额度 927.24 亿美元的八成五。相信该试点不久还会进一步拓宽，为境外人民币基金的进一步发展打下更好的基础。

在成功推动人民币合格境外机构投资者（RQFII）后，中国人民银行还会"推动人民币合格境内机构投资者（RQDII）业务，允许境内机构投资者以人民币进行境外证券投资"。这项业务与人民币合格境外机构投资者（RQFII）业务互相配合，有利于拓宽境内外人民币资金双向流动渠道，有利于壮大境外人民币资金池，支持境外人民币产品创新，推动境外人民币市场发展（"周小川行长在博鳌亚洲论坛香港分论坛晚餐会上的讲话"，中国人民银行网站，2015 - 04 - 11）。

据《证券时报》2015 年 5 月 26 日报道，合格境内个人投资者（QDII2）境外投资试点管理办法将很快发布，首批试点 QDII2 的城市共有六个，分别为上海、天津、重庆、武汉、深圳和温州。QDII2 是指在人民币资本项下不可兑换的条件下，有控制地允许合格的境内个人投资境外资本市场的股票、债券等有价证券投资业务的一项制度安排。这较之前的合格境内机构投资者（QDII）制度有新的突破。

26.7.2 资本项下人民币业务

2007 年，中国人民银行会同国家发展改革委等部门决定允许符合条件的境内金融机构赴香港发行人民币债券。2010 年开展人民币对外直接投资、对外放款、对外担保等跨境资本项目业务试点。人民银行 2011 年 1 月 13 日公布了新年 1 号文件《境外直接投资人民币结算试点管理办法》（以下简称《办法》）。根据《办法》，跨境贸易人民币结算试点地区的银行和企业可开展境外直接投资人民币结算试点。这意味着 2010 年 10 月底在新疆先行试点的境外直接投资人民币结算得以推广（中国人民银行，2011）。实际上，在 2010 年 6 月扩大跨境贸易人民币结算试点之后，开展境外直接投资人民币结算的工作就一直在稳步推进，2010 年 10 月 28 日，新疆成为首个跨境直接投资人民币结算试点地区，并于 2010 年 11 月中旬完成首宗交易。

截至 2010 年年底，各试点地区共办理人民币跨境投融资交易 386 笔，金额

701.7 亿元（2010 年第四季度《中国货币政策执行报告》）；2011 年到 2016 年，
银行累计办理对外直接投资人民币结算业务分别为 201.5 亿元、292 亿元、
856.1 亿元、1865.6 亿元、7362 亿和 10619 亿元；同期外商直接投资人民币结
算业务额分别为 907.2 亿元、2510 亿元、4481.3 亿元、8620.2 亿元、15871 亿
元和 13988 亿元人民币（央行网站人民银行月度金融统计数据整理得出），显示
人民币直接投资结算业务持续增长的同时，2016 年外商直接投资人民币结算业
务额比上年出现了首次下降。

26.7.3　按国际货币基金组织分类项目开放情况

截至 2011 年年初，按照国际货币基金组织划分的 7 大类共 40 项资本项目交
易中，我国实施严格管制的主要是跨境金融衍生工具交易等，其他项目已实现
一定程度的可兑换，人民币资本项目可兑换程度明显提高（易纲，2011）。我国
资本项目完全可兑换需要具备诸多条件，包括宏观经济是否具有稳定的基础，
境内的金融体系是否完备，企业和金融机构的风险管理意识和管理能力是否具
备，国际收支格局是否稳定，境内宏观调控的路径和手段是否基本成熟，跨境
资金流动是否能够被有效监控等。"十二五"时期，外汇管理部门将在党中央、
国务院的领导下，以科学发展为主题，以加快转变经济发展方式为主线，处理
好保持经济平稳较快发展与促进国际收支平衡的关系，处理好扩大对外开放与
防范风险的关系，处理好贸易投资便利化与异常资金流动监管的关系，推动外
汇管理工作更好地为经济平稳较快发展服务（易纲，2011）。

26.7.4　强制结售汇制度退出历史舞台

1996 年 12 月，我国宣布实现经常项目可兑换，对经常项目对外支付和转移
不予限制，但企业出口等外汇收入原则上仍应卖给指定银行。2002 年，账户限
额为企业上年度经常项目外汇收入的 20%。2004 年，提高到 30% 或 50%。2005
年，进一步提高到 50% 或 80%。2006 年，改变之前仅按收入核定限额的方法，
按照企业上年度经常项目外汇收入的 80% 与经常项目外汇支出的 50% 之和核定
限额，企业可保留的外汇限额进一步提高。2007 年，取消账户限额管理，允许
企业根据经营需要自主保留外汇。2008 年，修订后的《外汇管理条例》明确企
业和个人可以按规定保留外汇或者将外汇卖给银行。2009 年以来，为进一步促
进贸易投资便利化，提高政策透明度，外汇管理部门大力开展法规清理，涉及
强制结售汇的规范性文件被宣布废止、失效或修订。目前，强制结售汇政策法
规均已失去效力，实践中不再执行（"强制结售汇制度退出历史舞台企业和个人
可自主保留外汇收入"，国家外汇管理局网站，2012 - 04 - 16）。

26.7.5　资本项目开放是货币国际化的必要条件，条件满足需要时间

诸多媒体报道，国际货币基金组织，特别是美国政府多次强调资本的自由流动是人民币成为 IMF 特别提款权一篮子货币的必要条件。这种说法有其道理，但实际上也有些强词夺理，因为它与其他货币成为一篮子货币时的要求大相径庭。表 21.6 显示，日本资本项目完全放开是在 1998 年 12 月《金融系统改革方案》开始实施以后，表 21.1 显示早在 1975 年日元就开始占国际可识别外汇储备资产的 0.5%，1977—1978 年日元占当时国际可识别储备资产的份额迅速分别提高到了 2.5% 和 3.3%，1980 年进而超过了 4%；实际上，早在 1974 年 7 月到 1980 年 12 月日元就成为了 IMF 特别提款权一篮子货币之一而且权重高达 7.5%。换句话说，日元成为 IMF 特别提款权一篮子货币的时间比其资本项目完全开放早了 24 年。虽然时过境迁，但是国际货币基金组织不应该用差别太大的两重标准来做同样的事。

26.7.6　我国资本项目开放的时间表

多年来境内外广泛关注人民币资本项目开放的进程和时间表，而主管部门从未有过相关表态。人民网 2012 年 2 月 27 日发表了"央行首次公开资本项目开放路径称条件基本成熟"的文章。该文引用了《经济参考报》介绍中国人民银行调查统计司司长盛松成领衔的课题组撰写的一份报告，明确指出中国加快资本账户开放的条件基本成熟，并将整个过程分为短期、中期、长期三个阶段。"短期安排（1～3 年），放松有真实交易背景的直接投资管制，鼓励企业'走出去'"。直接投资本身较为稳定，受经济波动的影响较小；中期安排（3～5 年），放松有真实贸易背景的商业信贷管制，助推人民币国际化；长期安排（5～10 年），加强金融市场建设，先开放流入后开放流出，依次审慎开放不动产、股票及债券交易，逐步以价格型管理替代数量型管制。这是央行首次以官方报告的形式，描绘出中国资本市场开放的较为明确的路径图，并给出相对具体的时间表。

"2015 年，正好也是第十二个五年规划的最后一年，我们打算通过各方面改革的努力来实现这样一点。"央行周小川行长 3 月 22 日在"中国发展高层论坛 2015"上如是说（"周小川：人民币资本项目可兑换年内有望实现"，第一财经日报（上海），2015 年 3 月 23 日）。中国货币政策仍是相当稳健的。新常态下稳健的货币政策，既要支持经济增长，也要促进结构改革。中国四年前就提出加快推进人民币实现资本项目可兑换，今年是第十二个五年规划的最后一年，我们打算通过各方面改革来努力实现这个目标。第一，要使境

内境外个人投资更加便利化。第二，资本市场会更加开放。第三，修改《外汇管理条例》。在这次修改过程中，将考虑人民币实现资本项目可兑换，变成可自由使用货币所提出的要求，以此为框架，审视、修改《外汇管理条例》（同上）。

为达到 2015 年人民币资本项目可兑换年内有望实现的目标，2015 年以来中国资本账户开放步伐加快。政策放开方面，境内资本账户开放步伐加快，实现本外币全面可兑换。根据 IMF 的标准，资本项下 43 个科目，中国只有三个科目没有完成，分别是外商投资和中国企业"走出去"需要批准，中国居民对外负债，还有中国资本市场不对外资开放。这三个科目使用人民币都是有路可行的。预计 2015 年 11 月前人民币放宽政策会相继出台，接下来市场需要一段消化期对这些政策做出反应，进行产品服务的重组和创新（中国银行《伦敦离岸人民币市场月报》，2015 年 5/6 月，总第 28 期）。

2015 年 11 月初公布的《中共中央关于制定国民经济和社会发展第十三个五年规划的建议》中明确提出扩大金融业双向开放，有序推动人民币资本项目可兑换，推动人民币加入特别提款权（SDR），成为可兑换、可自由使用的货币。所以，人民币国际化已经成为"十三五"期间国家发展的重大战略之一。

26.8　人民币货币互换在人民币国际化过程中的作用

在人民币资本项目完全开放尚需时日的情况下，与其他国家或地区签订人民币货币互换协议，并在需要的时候启用这些互换协议可以部分地解决人民币资本项目还未完全开放的局限，从而有利于人民币跨境贸易结算、人民币投资等业务的推动，进而有利于人民币国际化进程的推进。

26.8.1　人民币货币互换协议金额在不同国家和地区间的分布

2008 年国际金融危机爆发以来，中国人民银行已与中国香港、马来西亚、韩国、新加坡、澳大利亚、巴西、英国、欧盟、瑞士、俄罗斯和加拿大等 36 个国家和地区的货币当局签署了人民币货币互换协议，总金额超过了 3 万亿元人民币。表 26.2 给出了这些互换协议签署的时间、人民币金额和相应的外币金额。

表 26.2　　　　2009 年以来中国人民银行与其他国家和地区货币当局
签署的人民币外汇互换一览表　　单位：亿元人民币，%

签订日期	国家/地区	协议金额	签订日期	国家/地区	协议金额
2009 年 1 月 20 日	中国香港	2000	2013 年 9 月 9 日	匈牙利	100
2009 年 2 月 8 日	马来西亚	800	2013 年 9 月 12 日	阿尔巴尼亚	20
2009 年 3 月 11 日	白俄罗斯	200	2013 年 10 月 9 日	欧盟	3500
2009 年 3 月 23 日	印度尼西亚	1000	2014 年 7 月 21 日	瑞士	1500
2009 年 4 月 11 日	阿根廷	700	2014 年 9 月 16 日	斯里兰卡	100
2009 年 4 月 20 日	韩国	1800	2014 年 10 月 13 日	俄罗斯	1500
2010 年 6 月 10 日	冰岛	35	2014 年 11 月 3 日	卡塔尔	350
2010 年 7 月 23 日	新加坡	1500	2014 年 11 月 8 日	加拿大	2000
2011 年 4 月 18 日	新西兰	250	2014 年 12 月 14 日	哈萨克斯坦	70
2011 年 4 月 19 日	乌兹别克斯坦	7	2014 年 12 月 22 日	泰国	700
2011 年 5 月 6 日	蒙古国	50	2015 年 3 月 18 日	苏里南	10
2011 年 10 月 26 日	韩国	3600	2015 年 3 月 25 日	亚美尼亚	10
2011 年 11 月 22 日	中国香港	4000	2015 年 4 月 10 日	南非	300
2011 年 12 月 22 日	泰国	700	2015 年 5 月 10 日	白俄罗斯	70
2011 年 12 月 23 日	巴基斯坦	100	2015 年 5 月 25 日	智利	220
2012 年 1 月 17 日	阿联酋	350	2015 年 9 月 7 日	塔吉克斯坦	30
2012 年 2 月 21 日	土耳其	100	2015 年 10 月 20 日	英国	3500
2012 年 3 月 20 日	蒙古	100	2015 年 12 月 14 日	阿联酋	350
2012 年 3 月 21 日	澳大利亚	2000	2016 年 5 月 11 日	摩洛哥	100
2012 年 6 月 26 日	乌克兰	150	2016 年 6 月 17 日	塞尔维亚	15
2013 年 3 月 7 日	新加坡	3000	2016 年 12 月 6 日	埃及	180
2013 年 3 月 26 日	巴西	1900	2016 年 12 月 21 日	冰岛	35
合计		33387	100.0%		
亚太地区占比		17612	52.8		
欧洲占比		10365	31.0		
美洲占比		4830	14.5		
非洲占比		580	1.7		
发达经济体占比		23385	70.0		
发展中国家和地区占比		10002	30.0		

数据来源：根据中国人民银行网站公布的数据整理得出；2007 年中国人民银行与日本签订的人民币互换协议由于早就到期作废故未列入；另外表中到期展期的等额协议未更新列入展期的时间，不影响总协议金额。

26.8.2 人民币货币互换协议在洲际和不同发展界别的经济体间的分布

表 26.2 显示，与我国签订人民币互换协议的主要国家和地区集中在亚太地区，该区域占总协议金额的 52.8%，欧洲和美洲分别占比 31.0% 和 14.5%，与该三区域近年来推动人民币国际化的力度相当；另外，与我国签订人民币货币互换协议的发达经济体占比高达 70%，而与发展中国家总占比仅为 30%，与我国近年来与发达经济体和发展中国家的贸易占比不很相称。

26.8.3 人民币货币互换协议的动用情况

表 26.2 给出的大多数人民币互换协议实际上并没有启动使用。以韩国为例，早在 2009 年 4 月 20 日，韩国就与中国人民银行签订了面额为 1800 亿元人民币的互换协议，2011 年 10 月 26 日两国又将之前的互换协议扩大了一倍到 3600 亿元人民币。最初协议签订到现在五年多了，截至 2014 年 5 月 30 日前从未启用过货币互换资金。可喜的是，韩国开始计划采取一些措施改变这种状况。如果能够使用韩中两国货币互换资金，将对韩元国际化产生巨大帮助。除韩国外，中国香港和新加坡金融监管部门已经计划采取措施激活利用与中国人民银行签订的人民币互换协议，从而为市场提供更好的流动性，推动两地人民币市场的发展。2014 年 5 月 30 日，中国人民银行使用中韩本币互换协议下 4 亿韩元（约合 240 万元人民币）资金支持企业贸易融资。这是中国人民银行首次在双边本币互换协议下动用对方货币。2015 年末和 2016 年末，在中国人民银行与境外货币当局签署的双边本币互换协议下，境外货币当局动用人民币余额分别为 499.44 亿元和 221.49 亿元，中国人民银行动用外币余额折合 4.34 亿美元和 11.18 亿美元（《中国货币政策执行报告》，2015 年和 2016 年第四季度，人民银行网站），动用金额仅为总额的 1% 左右。

26.8.4 人民币货币互换协议签订与人民币升贬值的关系

表 26.2 显示，2013 年 11 月以来各国与中国人民银行签订人民币互换协议的速度明显减缓，2013 年 11 月以来仅与瑞士、斯里兰卡、俄罗斯、卡塔尔、加拿大和埃及等国签订了互换协议。人民币货币互换协议签署的减速与人民币升值减缓和贬值预期密切相关。人民币货币互换总额 3.3 万亿元人民币虽然规模可观，然而仍不到 5000 亿美元，在国际金融市场上仍然是较低的份额，表明该方面今后还有很长的路要走。

26.8.5 人民币货币互换协议签订与境外人民币中心的关系

比较表 26.2 给出的不同国家和地区与我国签订人民币互换协议的时间和金

额与表 23.3 给出的不同境外人民币中心境外人民币支付比重，我们会容易地发现，与我国签署人民币货币互换协议规模大且时间较早的国家或地区对人民币需求高而且对人民币国际化的潜力早有认识，相应的人民币支付比例就高，境外人民币中心的地位也就越高。

26.9 2010 年以来国内人民币外汇日均成交金额估算和计算

第 20 章利用国际清算银行公布的数据提出的度量货币国际化程度的方法并对 2007 年到 2016 年主要货币的国际化程度进行了计算和比较。张光平（2012）利用 2011 年以来我国季度外汇交易数据对 2010 年人民币国际化程度进行了度量。本节利用同样的方法和境内外更新的数据，对 2010 年以来境内人民币日均成交金额进行估算和计算，从而为我们准确计算 2010 年以来人民币国际化年度变化做好必要的准备。

26.9.1 境内人民币外汇市场近年来的活跃程度

可喜的是 2011 年第一季度以来中国人民银行开始连续公布我国季度外汇交易数据和相应的同比变化率。张光平（2014）利用这些数据推算出 2010 年我国季度外汇交易额及日均交易额，并估算出 2010 年 4 月到 2013 年 4 月日均成交额，从而提高境内人民币外汇交易数据与国际清算银行数据的可比性。这里将张光平（2014）的数据扩展到 2015 年第四季度，表 26.3 给出了相应的结果。

表 26.3 境内人民币外汇交易额分布 单位：亿美元

市场	人民币即期		人民币远期交易		人民币外汇掉期	人民币货币掉期	人民币外汇期权		人民币外汇总交易额	人民币外汇季度日均交易额
时间	银行间	银行对客户	银行间	银行对客户	银行间		银行间	银行对客户		
2010Q1	7709.0	4794.0	30.4		2849.8				15383.2	240.4
2010Q2	7757.4	5581.0	24.4		3455.7				16818.5	275.7
2010Q3	7493.7	6091.0	17.5		3199.9				16802.1	271.0
2010Q4	7492.3	6480.0	255.0		3493.0				17720.3	281.3
2011Q1	8133.0	6172.0	595.0		3377.0	25.7			18302.7	286.0
2011Q2	9375.0	6852.0	564.0		4549.0	31.8	3.2	2.3	21377.4	350.4
2011Q3	10159.0	7391.0	608.0		5239.0	39.5	4.3	2.9	23443.6	378.1
2011Q4	7871.0	7861.0	379.0		4545.0	46.0	2.6	3.5	20708.1	328.7

续表

市场 时间	人民币即期		人民币远期交易		人民币外汇掉期	人民币货币掉期	人民币外汇期权		人民币外汇总交易额	人民币外汇季度日均交易额
	银行间	银行对客户	银行间	银行对客户	银行间		银行间	银行对客户		
2012Q1	8720.0	7089.0	534.0	851.0	5445.0	57.1	6.2	26.6	22728.9	355.1
2012Q2	8580.0	7517.0	111.0	880.0	5955.0	70.9	8.2	32.5	23154.6	379.6
2012Q3	8700.0	7850.0	53.0	894.0	6600.0	90.6	12.7	101.7	24302.0	392.0
2012Q4	7600.0	8094.0	168.0	1016.0	7200.0	112.4	10.0	124.2	24324.6	386.1
2013Q1	9124.0	8410.0	21.0	1390.0	7253.0	126.1	19.5	140.5	26484.1	413.8
2013Q2	9965.5	8434.0	51.3	1501.0	7920.4	156.5	19.9	171.5	28220.2	462.6
2013Q3	10620.9	9002.0	36.1	1341.0	8998.1	230.7	21.0	90.9	30340.7	489.4
2013Q4	11289.6	9111.0	215.3	1489.2	9836.0	286.2	157.1	111.1	32495.4	515.8
2014Q1	11056.0	8743.0	136.0	2033.2	10020.0	437.4	64.5	104.9	32595.0	509.3
2014Q2	9644.0	8666.0	123.0	1129.9	10380.0	542.6	67.5	128.1	30681.1	503.0
2014Q3	9708.0	9413.0	145.0	1364.9	12377.8	574.8	357.2	178.3	34119.0	550.3
2014Q4	10792.0	9837.0	125.0	1138.8	12122.2	713.2	997.5	217.7	35943.4	570.5
2015Q1	11567.5	7772.3	85.5	1291.3	12645.2	1096.7	596.2	345.6	35400.3	553.1
2015Q2	9062.0	7903.9	87.2	1219.6	18354.8	605.7	611.5	304.4	38148.6	625.4
2015Q3	15713.2	10056.3	106.6	1575.3	24000.0	668.7	735.2	236.0	53091.5	856.3
2015Q4	12280.5	8246.1	92.7	491.7	28514.0	148.0	944.6	273.2	50990.8	809.4
2016Q1	11759.6	7446.5	126.3	627.5	21107.5	107.5	818.9	476.1	42469.9	674.1
2016Q2	13558.3	7148.9	315.3	456.0	23790.2	790.2	1017.7	365.8	47442.6	777.7
2016Q3	14920.0	7152.0	433.0	546.0	25909.7	114.7	2427.0	562.4	51951.0	837.9
2016Q4	19031.0	7338.0	654.0	625.0	30489.1	234.4	3207.2	674.5	62019.0	984.4
2017Q1	13123.0	7246.0	276.0	705.0	25897.8	349.2	893.0	634.0	49123.0	779.7
2010	30452.4	22946.0	327.3		12998.4				66724.2	266.9
2011	35538.0	27005.0	2146.0	3871.0	17710.0	143.0	10.1	8.7	86431.0	345.7
2012	33568.0	27873.0	866.0	3641.0	25200.0	331.0	33.0	285.0	91798.0	367.2
2013	40747.0	30117.0	324.0	5721.0	34032.0	799.0	217.0	514.0	112471.0	449.9
2014	41232.0	31255.0	529.0	5450.0	44900.0	2268.0	1299.0	629.0	127561.0	510.2
2015	48623.0	33978.0	372.0	4578.0	83514.0	2519.0	2888.0	1159.0	177631.0	710.5
2016	59269.0	29085.0	1529.0	2254.0	101296.6	1246.8	7471.0	2079.0	202984.0	1091.3

数据来源：2011 年第一季度到 2014 年季度数据根据中国人民银行货币政策执行报告和中国货币网（chinamoney. com. cn）数据计算得出，2010 年的数据根据 2011 年第一季度到第四季度同比数据计算得出；2015 年以来的数据根据国家外汇管理局公布的月度外汇交易数据计算得出。

表 26.3 显示，2010 年到 2014 年境内人民币外汇市场有了可喜的发展，年度成交总额复合年均增长率 17.6%，2015 年比 2014 年增长了 39.3%，为 2010 年以来境内外汇市场年度增幅最快的一年，2016 年比 2015 年增长了 14.3%，增速显著低于 2010 年到 2015 年的年均复合增长率 21.6%。

表 26.3 中给出的季度日均交易数据难以与国际清算银行公布的（见表 20.1）每年 4 月日均交易数据进行直接比较。我们利用张光平（2012）的方法，分别将 2010 年到 2014 年每年第一季度和第二季度的日均数据当作"2 月"和"5 月"的日均交易数据，这样我们就可以利用线性插值的方法计算出该年 4 月的日均数据。如此计算出 2010 年 4 月到 2014 年 4 月境内人民币外汇日均交易额分别为 263.9 亿、329.0 亿、371.4 亿、446.4 亿和 505.1 亿美元；2015 年以来国家外汇管理局开始公布境内外汇交易月度数据，2015 年 4 月和 2016 年 4 月境内外汇日均成交金额分别为 616.6 亿和 719.8 亿美元；2010 年 4 月、2013 年 4 月和 2016 年 4 月境内人民币外汇日均交易额占同月全球外汇市场比重分别为 0.66%、0.84% 和 1.41%，占比虽持续提高，但仍然过低。

26.9.2 2010 年以来境内人民币外汇市场主要产品类型交易金额分布

利用表 26.3 给出的境内人民币外汇交易的数据，我们可以计算出 2010 年以来境内人民币外汇现货、远期、掉期和期权交易额占总交易的比重，表 26.4 给出了相应的结果。表 26.4 显示，2010 年前三季度境内人民币外汇现货交易仍然平均占总交易额的八成以上，外汇掉期占比不到两成，远期占比不到 0.2%；2011 年以来人民币外汇现货交易占比持续下降的同时，外汇掉期和外汇期权市场占比持续提高，表明境内人民币外汇市场主要产品类型结构持续改善，然而 2013 年到 2016 年远期市场占比却不增反降，离国际外汇市场的差距不仅没有缩小反而进一步扩大。

表 26.4　　　　　　　　　**境内人民币外汇产品成交分布**　　　　单位:%

时间/类型	外汇现货交易	外汇远期交易	外汇掉期交易	货币掉期	外汇期权
2010Q1	81.3	0.20	18.5		
2010Q2	79.3	0.15	20.5		
2010Q3	80.9	0.1	19.0		
2010Q4	78.8	1.4	19.7		
2011Q1	78.2	3.3	18.5	0.1	
2011Q2	75.9	2.6	21.3	0.1	0.03
2011Q3	74.9	2.6	22.3	0.2	0.03

续表

时间/类型	外汇现货交易	外汇远期交易	外汇掉期交易	货币掉期	外汇期权
2011Q4	76.0	1.8	21.9	0.2	0.03
2012Q1	69.6	6.1	24.0	0.3	0.14
2012Q2	69.5	4.3	25.7	0.3	0.18
2012Q3	68.1	3.9	27.2	0.4	0.47
2012Q4	64.5	4.9	29.6	0.5	0.55
2013Q1	66.2	5.3	27.4	0.5	0.60
2013Q2	65.2	5.5	28.1	0.6	0.68
2013Q3	64.7	4.5	29.7	0.8	0.37
2013Q4	62.8	5.2	30.3	0.9	0.83
2014Q1	60.7	6.7	30.7	1.3	0.52
2014Q2	59.7	4.1	33.8	1.8	0.64
2014Q3	56.0	4.4	36.3	1.7	1.57
2014Q4	57.4	3.5	33.7	2.0	3.38
2015Q1	54.6	3.9	35.7	3.1	2.66
2015Q2	44.5	3.4	48.1	1.6	2.40
2015Q3	48.5	3.2	45.2	1.3	1.83
2015Q4	40.3	1.1	55.9	0.3	2.39
2016Q1	45.2	1.8	49.7	0.3	3.05
2016Q2	43.6	1.6	50.1	1.7	2.92
2016Q3	42.5	1.9	49.9	0.2	5.75
2016Q4	42.5	2.1	49.2	0.4	6.26
2017Q1	41.5	2.0	52.7	0.7	3.11
2010	80.0	0.5	19.5		
2011	72.4	7.0	20.5	0.17	0.02
2012	66.9	4.9	27.5	0.36	0.35
2013	63.0	5.4	30.3	0.71	0.65
2014	56.8	4.7	35.2	1.78	1.51
2015	46.5	2.8	47.0	1.42	2.28
2016	43.5	1.9	49.9	0.61	4.70

数据来源：根据表26.3的数据计算得出。

表26.4的数据也显示，2010年第一季度到2016年第四季度，境内人民币外汇市场即期成交金额占比总体呈现下降的趋势，从2015年第二季度开始境内

外汇即期交易金额占比首次低于 50%，并在 2017 年第一季度持续下降了
41.5%，显示境内外汇市场从 2015 年开始外汇衍生产品成交金额首次超过外汇
即期交易，成为我国外汇市场的主力，与国际外汇市场的差距显著缩小。具体
来看，表 26.4 给出的 2016 年我国外汇即期、远期、外汇掉期、货币掉期和外汇
期权市场占比 43.5%、1.9%、49.9%、0.6% 和 4.7%，分别比表 20.4 和表
20.5 给出的 2016 年国际外汇市场相应的比重 32.5%、13.8%、46.8%、1.9%
和 5.0% 高出 11.0%、−11.9%、3.1%、−1.3% 和 −0.3%，显示 2016 年境内
人民币外汇远期市场占比离国际市场占比仍有巨大的差距，同时境内人民币货
币掉期占比超过了国际市场，而境内人民币货币掉期和期权占比与国际市场占
比接近，显示境内外汇即期市场占比仍有明显的下降空间，人民币外汇衍生产
品市场仍有显著的增长空间。

26.10　2010 年到 2016 年人民币国际化程度全球市场排名

26.10.1　非公布年份全球外汇市场日均成交金额估算

　　由于没有 2013 年和 2016 年两个国际清算银行公布年份之间非公布年份
2014 年和 2015 年全球外汇市场的日均成交金额数据，我们难以准确计算出这些
年份人民币外汇市场日均成交金额的全球占比。通常的做法是利用 2013 年和
2016 年的数据进行线性插值，从而可以估算出 2014 年和 2015 年全球市场的日
均成交金额；另外一种常用的方法是计算出 2013 年到 2016 年的年均复合增长
率，并假设 2013 年到 2016 年间每年增长保持年均复合增长率，那么即可利用
2013 年的数据和年均复合增长率估算出 2014 年和 2015 年全球外汇市场日均成
交金额。张光平《人民币国际化和产品创新》第四版（2013 年）和之前的版本
就是利用年均复合增长率估算法估算出的。

　　如上两种方法都简单易行，因为该两种方法都没有充分利用占全球外汇市
场日均成交金额六成以上的外汇衍生产品市场的其他相关重要信息，因此却皆
过于简单，该两种方法的估算结果皆有待提高。张光平和马钧（2015）利用两
个公布年份日均成交金额、上半年外汇衍生产品存量金额和非公布年份上半年
外汇衍生产品存量金额信息，估算出两个公布年份间非公布年份上半年日均成
交金额（附表 26.2 给出了相关结果）。利用张光平和马钧（2015）的方法，如
2007 年和 2010 年及 2007 年和 2008 年上半年全球外汇市场日均成交金额分别为
4.428 万亿美元和 3.530 万亿美元，分别比利用年均复合增长率法估算出的结果

3.527 万亿美元和 3.743 万亿美元高出 0.901 万亿美元和 −0.213 万亿美元，前者比后者分别高出 25.5% 和 −5.7%。由于 2008 年上半年金融危机仍未爆发，当时的日均成交金额应该比 2007 年更高，而由于金融危机爆发后的 2009 年上半年日均成交金额应该比按年均复合增长率方法更低。由于利用了国际外汇市场衍生产品上半年的存量金额数据，因此新方法结果比我们之前的简单方法更为准确，这些更为准确的全球市场估算结果使得我们对不同年份人民币国际化进展的判断也更为准确。由于该方法技术性较强，这里不宜多述，有兴趣的读者请参考附录 26.1。我们下文利用该方法估算出的 2011 年和 2012 年及 2014 年和 2015 年的结果对这些年人民币国际化水平进行评估。

利用同样的方法和同样的数据源，我们也可以估算出美元、欧元、日元、英镑、瑞士法郎和加元 2011 年和 2012 年及 2014 年和 2015 年上半年外汇日均成交金额，为我们比较和排名这些年人民币国际化程度的提高提供了更加精确的信息。

26.10.2 2010 年到 2016 年境内人民币外汇日均成交金额的国际占比

利用表 26.3 给出的 2010 年到 2016 年境内人民币外汇季度数据，我们可以计算出 2010 年 4 月到 2014 年 4 月境内人民币外汇日均成交金额分别为 263.9 亿、329.0 亿、371.4 亿、446.4 亿和 505.1 亿美元，分别占同年全球外汇市场 4 月日均成交金额的比重为 0.66%、0.69%、0.76%、0.84% 和 0.91%，持续提高，但提高幅度很小，表明当时境内人民币外汇市场增长相对缓慢；然而 2015 年 4 月和 2016 年 4 月，境内人民币外汇日均成交金额的国际占比分别为 1.11% 和 1.41%，占比分别比前一年增长了 0.20% 和 0.30%，显示近两年来境内人民币外汇市场增长加速，对人民币国际化的贡献也随之提高。

26.10.3 2010 年到 2016 年主要货币外汇日均成交金额占比及排名

有了上文和附表 26.3 给出的近年来境内人民币外汇市场成交金额数据和第 24 章给出的近年来境外人民币外汇市场日均成交金额数据，我们就可容易地计算和推算出近年来人民币国际化程度的提高幅度，表 26.5 给出了 2007 年 4 月到 2016 年 6 月相应的结果。

表 26.5   主要货币外汇市场日均成交额占比和人民币排名   单位：%，位

货币名称＼年份	2007	2010	2011	2012	2013	2014	2015	2016
美元	85.60	84.86	91.20	86.60	87.04	80.70	76.30	87.61
欧元	37.04	39.05	43.70	37.50	33.41	32.90	32.30	31.28

续表

货币名称＼年份	2007	2010	2011	2012	2013	2014	2015	2016
日元	17.25	18.99	20.60	21.10	23.05	17.90	17.40	21.56
英镑	14.87	12.88	12.90	12.20	11.82	12.40	12.30	12.77
澳大利亚元	6.62	7.59	7.90	8.30	8.64	8.10	7.50	6.94
加拿大元	4.29	5.28	5.90	4.70	4.56	3.70	3.80	5.12
瑞士法郎	6.82	6.31	7.80	6.30	5.16	5.20	4.90	4.78
人民币	0.45	0.86	1.30	1.80	2.23	2.80	3.40	3.97
瑞典克朗	2.70	2.19	2.00	1.90	1.76	1.90	2.10	2.23
墨西哥比索	1.31	1.26	1.70	2.10	2.53	2.40	2.30	2.20
新西兰元	1.90	1.59	1.70	1.80	1.96	2.00	2.00	2.06
新加坡元	1.17	1.42	1.40	1.40	1.40	1.50	1.70	1.80
港元	2.70	2.37	2.10	1.80	1.45	1.50	1.60	1.73
挪威克朗	2.10	1.32	1.40	1.40	1.44	1.50	1.60	1.66
韩元	1.16	1.52	1.40	1.30	1.20	1.30	1.50	1.65
土耳其新里拉	0.18	0.74	0.90	1.10	1.32	1.30	1.40	1.40
印度卢比	0.71	0.95	1.00	1.00	0.99	1.00	1.10	1.14
俄罗斯卢布	0.75	0.90	1.10	1.40	1.60	1.40	1.30	1.14
巴西雷亚尔	0.39	0.69	0.80	1.00	1.10	1.10	1.00	1.00
南非兰特	0.91	0.72	0.90	1.00	1.11	1.10	1.00	0.99
人民币*	0.39	0.86	1.04	1.21	1.36	2.22	3.09	3.95
人民币**	0.35	0.66	0.69	0.76	0.84	0.91	1.11	1.41
人民币排名	20	17	15	12	9	8	8	8
人民币*排名	20	20	19	15	15	9	8	8
人民币**排名	22	21	20	20	20	20	17	15
境外人民币/境内交易比例	28.6	30.3	88.4	136.8	165.5	207.7	206.3	181.6
境外人民币*/境内交易比例	11.4	30.3	50.7	59.2	61.4	144.1	178.1	180.3

　　数据来源：国际清算银行 2016 年公布的 2016 年 4 月和之前每三年 4 月的外汇日均成交金额占比；2011 年、2012 年、2014 年和 2015 年美元、欧元、日元、英镑、瑞士法郎和加拿大元占比来自附表 26.2；相应年份其他货币的数据按照 2010 年和 2013 年及 2013 年和 2016 年两年占比的线性插值法计算得出；"人民币**"为仅包括境内人民币日均成交额；"人民币*"为根据第 24 章给出的挤出境外人民币日均成交金额数据的虚假成分后的结果，其中 2013 年的人民币*根据第 24 章推算出的该年 4 月国际清算银行公布的数据水分在 37.49% 到 40.90% 之间的水分平均值 39.19% 计算得出，2016 年 4 月的人民币*为表 24.10 给出的假设境外三大人民币中心数据有 32.8% 水分相应的境外人民币日均成交金额。

26.10.3.1　2010 年到 2016 年人民币外汇日均成交金额占比及排名

表 26.5 显示，2004 年到 2010 年人民币国际排名从第 29 位提高到了第 17 位，进而提高到了 2013 年的第 9 位和 2016 年的第 8 位。如第 24 章分析所示，2013 年 4 月排名第 9 位，显著超过了同期跨境人民币支付排名第 13 位，显然不合理，显示国际货币基金组织公布的数据有显著的水分。

26.10.3.2　剔除境外人民币外汇日均成交金额水分的人民币国际排名

表 26.5 显示，剔除 2013 年 4 月境外人民币外汇交易水分后人民币日均成交金额占比 1.36% 和排名第 15 位更为合理；剔除 2016 年 4 月境外人民币外汇成交金额水分后人民币日均成交金额占比 3.95%，但是剔除水分后人民币国际排名仍为第 8 位，比同期跨境人民币支付排名第 6 位低了两位，仍为合理。

26.10.3.3　境内人民币外汇日均成交金额占比和国际排名

表 26.5 显示，仅考虑境内人民币外汇日均成交金额，2007 年到 2014 年，人民币国际排名保持在第 20 位上下的水平未变，而 2015 年和 2016 年人民币国际排名分别提高到了第 17 位和第 15 位，分别比剔除同期境外人民币外汇日均成交金额水分后的人民币排名第 9 位和第 8 位低 8 位和 7 位，显示 2010 年以来人民币国际化程度提高的主要贡献来自境外人民币外汇市场。

26.10.3.4　境外和境内人民币外汇日均成交金额比例

近年来人民币国际化程度提高的主要贡献来自境外人民币市场的结果可以从表 26.5 直接看出，2010 年 4 月虽然境外人民币市场仍未正式启动，但是由于当时香港已有一定程度的人民币外汇交易，2010 年 4 月境外人民币日均成交金额仅占境内市场的 30.3%，而 2012 年 4 月境外人民币外汇日均成交金额就首次超过了境内市场 36.8%；2013 年 4 月到 2014 年 4 月境外人民币外汇市场日均成交金额分别超过境内市场 65.5% 和 107.7%；2014 年 4 月到 2016 年 4 月，境外市场超过境内市场的幅度持续降到了 81.6%，这些结果实为境外人民币外汇日均成交金额水分所致。

挤出境外人民币外汇市场日均成交金额水分后，2010 年到 2013 年，境外人民币市场日均成交金额占境内市场的比重从 30.3% 持续上升到了 61.4%，到 2014 年境外人民币市场日均成交金额首次超过了境内市场 44.1%，2015 年境外市场超过境内市场的幅度进一步提高到了 78.1%，2016 年境外人民币外汇市场日均成交金额超过境内市场的幅度进一步上升到了 80.3%。

26.11　跨境资金流动监测监控的必要性

虽然人民币国际化的重要条件是人民币可自由使用，而并非资本项目可兑换，然而资本项目与可自由使用密切相关。资本项目多开放一项，跨境资金流动就多一条渠道。因此，对跨境资金的有效监测和监管是人民币资本项目可兑换趋势下重大的挑战。笔者十多年前回国第一本关于人民币衍生产品的书就开始持续关注和研究该问题。中国人民银行公布的数据显示，由于美国量化宽松政策的退出，2014 年 7 月到 2016 年 11 月的 29 个月里我国外汇储备有 24 个月下降了，2014 年第三季度到 2016 年第三季度的 9 个季度里我国外汇储备有 8 个季度下降；特别值得关注的是 2014 年第三季度到 2015 年第一季度，我国外汇储备下降的额度占全球同期外汇储备下降幅度的比重分别高达 47.1%、26.4% 和 72.3%，2015 年第二季度全球外汇储备增长了 290 亿美元，而我国外汇储备却下降了 362 亿美元，2015 年第三季度和第四季度，我国外汇储备下降的额度占全球比重分别高达 66.1% 和 69.4%，2016 年第一季度全球外汇储备增长了 108 亿美元，而我国外汇储备却下降了 1177.8 亿美元。这些数据显示，美国退出量化宽松政策对我国外汇储备产生了显著的影响，跨境资金撤离我国成为了一个严重的问题。2014 年以来我国外汇储备显著下降的规模和速度与金融危机之前几年显著增长的规模和速度形成了明显的对照。本节简单讨论在资本项目可兑换或开放环境下如何有效加强跨境资金流动的监测和监管的重要性和必要性。

26.11.1　十多年来流入我国的跨境资金规模

虽然多年来对有多少跨境资金或"热钱"流入我国多有争论，但是十多年来我国货币被动快速发行导致货币存量与 GDP 比例持续升高而且存款保证金率居高不下的事实表明，流入的跨境资金不是数百亿甚至数千亿美元能够解释的。

跨境资金流入的规模研究是一项非常复杂的问题，然而张光平（2016）利用 1989 年到 2015 年我国公布的内地与香港的贸易数据和香港公布的与内地的贸易数据间的明显差异计算出 26 年来两地虚假贸易规模的结果应该找到了这些年来跨境资金流出、流入到再流出的问题所在，跨境资金流动规模显著，与境内货币发行密切相关（参见张光平（2016）第 54 章相关结果）。由于问题复杂，这里不宜多述，有兴趣的读者可参考张光平（2016）。

26.11.2　我国资本项目开放拟考虑的因素

首先，资本项目开放确实不能等到利率市场化和汇率自由化条件完全成熟再进行，但是资本项目开放不能不考虑利率和汇率市场化的进展程度，必须协调发展；同时资本项目的开放还必须考虑到我国金融机构和企业"走出去"是否适应的情况，即与我国企业国际风险管理水平的提高相适应。其次，必须考虑我国金融市场的发展程度，特别是风险对冲——金融衍生产品市场的提高程度及境内金融机构和企业对这些市场的熟悉应用程度。再次，必须考虑我国资本项目开放的过程中对跨境资金流动监测和监控水平的提升程度。最后，必须考虑到第 22 章介绍的我国宏观经济政策，特别是货币政策的应对程度等。否则，境内金融机构和企业"走出去"既不服"国际"水土，对境内产品创新和以金融衍生产品为主的市场也难以得心应手，既要防范境内由于金融"四化"（利率市场化、汇率市场化、资本项目自由化和人民币国际化）的推动带来的新的风险，又要在境外适应还很不熟悉的国际市场风险，压力应该相当显著。尽管 2011 年到 2015 年我国对外直接投资年均增长高达 27.7%，而同期我国境外净资产年均却仅下降了 1.4%，与同期日本对外净资产年均增长形成了很大的反差，不得不令人反思我们对"走出去"节奏的把握和效率的提高（第 21 章）。

26.11.3　人民币跨境贸易结算对境内外汇储备的影响

跨境贸易人民币结算业务试点是人民币国际化的必然举措，也是六年多来人民币国际化取得进展最大的领域。然而，跨境贸易人民币结算逐步实施以后，间接地给国际游资进入和流出开放了新的渠道。2004 年到 2007 年我国贸易顺差年均增长率超过 100% 的事实使得越来越多的学者和专家认识到，在没有大力推动人民币跨境贸易结算的情况下，资金通过我国开放的贸易项目大量地流入境内将推高相应年份我国的固定资产投资水平（李东平，2008）。但是，在 2008 年第四季度、2009 年第一季度和 2014 年下半年以来资金转向撤离，我国经济又受到一定程度的影响。

人民币跨境贸易结算和境外直接投资业务启动后，跨境资金流动又多了新的渠道。因此，在稳步推进人民币结算业务的过程中，需要不断完善人民币管理体制，逐步启动和加强相关配套措施的建设，建立跨境资金流动的监测体系和防范机制，以加强对资金跨境流动的驾驭能力。在今后资本项目逐渐开放的情况下，资金跨境流动的渠道将逐渐增多，建立跨境资金流动的监测体系和防范机制将是今后多年的任务。即使在今后若干年人民币资本项目已经完全开放，跨境资金流动的监控体系也将是保证我国经济平稳运行不可或缺的常设机制。

26.12　小结

本章数据显示，近年来人民币国际化诸多方面皆取得了可喜的成绩，2010 年到 2016 年人民币国际化排名从第 17 位提高到了第 8 位，年均提高 1.5 位，速度相当可观，境外人民币市场对提升人民币国际化程度作出了重要的贡献。在充分认识成绩和推动人民币国际化经济与贸易等有利条件的同时，我们也应该充分认识到当前推动人民币国际化应该重视的诸多问题：如境内资本市场的深度和广度有待提高，利率市场化有待进一步提高，资本市场和外汇市场活跃度需要显著提高，跨境资金监测和监管体系有待进一步健全等。解决或完善这些问题需要时间，但是必须有推动的路线图和时间表有步骤地逐步实施。

人民币国际化是一个相对较长的进程，外国的经验虽然可供参考和借鉴，但是结合我国现状稳步推动人民币国际化仍然需要我们在很多领域探索前进。探索不可少，但必须循序渐进，有计划、有步骤、有秩序地推进，换句话说，推动人民币国际化应该有路线图和时间表。推动人民币国际化主要应该以境内中长期战略发展和国民生活水平稳步持续提高为目标和出发点，但是也应该与亚洲地区经济、贸易和金融市场发展与稳定相联系，同时还应该着眼于国际货币和金融体系改革与世界和平发展相联系。从这些方面讲，人民币国际化是一个前无古人的历史壮举，需要境内外各界有识之士共同努力奋斗。我们应该在我国经济和世界经济今后发展的科学判断基础上，探索出人民币国际化的路线图和时间表及相应实施细节，并根据境内外经济、贸易和市场变化做适度必要调整。相信在各界有识之士的共同努力下，人民币国际化进程在今后几年将会逐渐取得更加显著的成绩，逐渐接近以至达到与我国经贸国际地位相当的"货币三极"的地位。

参考文献

［1］何帆．人民币国际化的现实选择［J］．国际经济评论，2009（7 - 8）．

［2］李东平（张光平）．近年中国贸易顺差虚假程度及其对货币政策的影响简析［J］．国际经济评论，2008（3）．

［3］刘明志．金融国际化：理论、经验和政策［M］．北京：中国金融出版社，2008．

［4］张明．离岸人民币债券市场将加速扩张［Z］．中国社科院世界经济与政治研究所国际金融研究中心，2011．

［5］王瑞、王紫雾．离岸人民币基金试水［J］．新世纪周刊，2011 - 02 - 14：41 - 43．

［6］李增新．人民币国际化是长过程——专访 IMF 总裁特别助理朱民［J］．新世纪周刊，2011 - 02 - 14，52 - 55．

［7］易纲．加快外汇管理理念和方式转变深化外汇管理体制改革［OL］．2011 - 01 - 18，中国人民银行网．。

［8］范力民．约束人民币香港套利行为［J］．财经国家周刊，2011（4）（总第 31 期）：28．

［9］李建军．人民币跨境贸易结算额还能大增吗［J］．上海证券报，2011 - 03 - 07．

［10］张大龙．推动跨境贸易人民币结算业务发展［J］．上海金融报，2011 －03 －11（A13）．

［11］王庆．"池子论"与人民币国际化［J］．财经，2011（7）．

［12］许晟（记者刘铮）．让人民币在岸和离岸两市场尽可能一致［N］．第一财经日报，2011 －01 －27．

［13］刘湘宁．流动性新启示：跨境贸易人民币结算与外汇占比"被增长"［Z］．研究报告，宏观研究/专题报告，华泰联合证券，2010 －12 －21．

［14］李东荣．人民币跨境计价结算：问题与思路［M］．北京：中国金融出版社，2009．

［15］沈建光．人民币加入 SDR 提升中国金融话语权［J］．上海证券报，2015 －10 －04．

［16］张光平．人民币国际化和产品创新（第五版）［M］．北京：中国金融出版社，2014．

［17］张光平．我国虚假贸易和跨境资金流动探讨和估算［J］．金融论坛，2015（10）．

［18］张光平，马钧．货币国际化程度的准确度量［J］．金融论坛，2015（11）．

［19］张光平．人民币国际化和产品创新（第六版）［M］．北京：中国金融出版社，2016．

［20］张光平．人民币衍生产品（第四版）［M］．北京：中国金融出版社，2016．

［21］王成基．从人民币和港元一体化看人民币国际化［D］．清华大学经济学硕士学位论文，2012．

［22］李婧．人民币区域化对中国经济的影响与对策［M］．北京：中国金融出版社，2009．

［23］Standard Chartered（渣打）全球研究．"人民币远航——人民币前沿"，2012 －05 －11．

［24］伦敦金融城经济发展部：《伦敦人民币业务数据发布2013 年1 月至6 月》，2014 年1 月，www. cityoflondon. gov. uk/economicresearch.

［25］Shen，Jianguang，2011，"RMB's roadmap towards full convertibility"，Mizuho Economics Research，April 7，2011．

［26］Cookson，Robert，"Battle rages in Hong Kong's renminbi trade"，2011 －01 －24，Financial times website：http：//www. ftchinese. com.

［27］He and McCauley，"Offshore markets for the domestic currency：monetary and financial stability issues"，March 2010，US Treasury，Fed Reserve，BIS.

〔28〕Frankel, Jeffrey, 2009, "On global currency", Keynote speech for workshop on Exchange Rates: The Global Perspective, sponsored by Bank of Canada and ECB, Frankfurt, June 19.

〔29〕Goldberg, Linda S. and Cedric Tille, 2010, "Micro, Macro, and Strategic Forces in International Trade Invoicing", Federal Reserve Bank of New York and NBER, Geneva Graduate Institute for International and Development Studies and CEPR, February 18, 2010.

〔30〕Ligthart, Jenny E. and Jorge A. da Silva, 2007, "Currency Invoicing in International Trade: A Panel Data Approach", Tilburg University, Cambridge University, This Version: February 2007.

〔31〕Nicolas Winning and William Horobin, "IMF's Strauss – Kahn Wants The Yuan In SDR", DOW JONES NEWSWIRES, February 19, 2011.

〔32〕Novy, Dennis, 2006, "Hedge Your Costs: Exchange Rate Risk and Endogenous Currency Invoicing", University of Cambridge, 10 July 2006.

〔33〕Special Report, 2010, "The New CNH Market", Standard Chartered Bank, 27 August 2010.

〔34〕Witte, Mark David, 2006, "Currency Invoicing: The Role of Herding and Exchange Rate Volatility", University of North Carolina at Chapel Hill.

〔35〕Yue, Eddie, 2013, "Welcome remarks at the Third Meeting of the Hong Kong – London RMB Forum", Acting Chief Executive, Hong Kong Monetary Authority, 26 September 2013.

附录 26.1　张光平和马钧（2015）及相关更新内容

由于货币的外汇交易总量是货币所有国际化应用的集中表现，而且货币外汇交易数据有定期统一的国际数据，货币在国际外汇市场交易占比是其国际化程度的最好量度（张光平，2014）。然而遗憾的是，不同货币在全球外汇市场上的成交金额数据仅由国际清算银行公布，而该机构国际外汇成交数据每三年才公布一次。这样对于三年间两个年度，即非公布年份的国际外汇市场日均成交数据我们只能利用简单的线性插值方法或者两个公布年份间年均复合增长率来估算（张光平，2014）。这些方法虽然简单易行，但是却没有充分利用非公布年份的国际外汇衍生产品市场存量数据，因此估算的结果有进一步提高的空间。

这里的目的是在国际清算银行每三年公布的国际外汇日均成交数据的基础上，利用非公布年份上半年外汇衍生产品存量数据，估算出非公布年份全球市场外汇衍生产品日均成交金额，进而估算出非公布年份全球外汇市场日均成交金额及主要国际货币外汇日均成交金额。有了这些非公布年份全球外汇市场和主要国际货币外汇日均成交金额更为精确的估算结果，我们就可计算出这些年份不同货币在全球外汇交易占比的更为精确的估算，进而对不同年份人民币国际化程度进展有更好地判断和把握。

1. 公布年份国际外汇衍生产品市场换手率

虽然国际清算银行每三年才公布一次当年 4 月全球外汇市场日均成交金额数据，但是该机构却每半年公布全球外汇衍生产品市场留存金额数据。多年来国际外汇衍生产品交易为全球外汇市场的主要内容，而且外汇衍生产品留存金额相当于交易所公布的场内衍生产品的持仓量。国际清算银行公布的每三年 4 月的全球外汇衍生产品市场日均成交金额可以被看作相应年度上半年的外汇衍生产品日均成交金额，这样我们可以容易地计算出这些公布年份上半年全球外汇衍生产品总成交金额（每半年平均 125 个工作日，这样上半年的外汇市场衍生产品成交额可以 4 月日均成交金额的 125 倍来估算）。这些年份上半年的成交金额除以相应上半年的总外汇衍生产品留存金额即可获得这些年份上半年的全球外汇衍生产品市场换手率。附图 26.1 给出了 1998 年上半年到 2016 年上半年全球外汇衍生产品市场七个公布年份上半年的换手率。

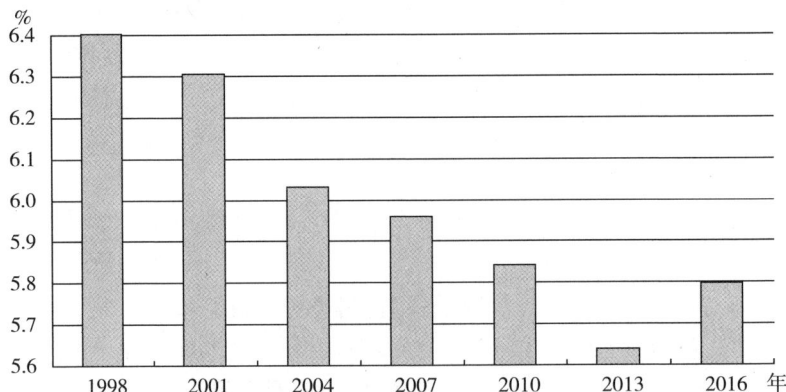

数据来源：根据国际清算银行 www. big. org1998 年到 2016 年的调查汇总数据（Triennial Central Bank Survey Global foreign exchange market turnover）和该银行公布的每半年全球外汇衍生产品留存额数据计算得出。

附图 26.1　全球外汇衍生产品市场上半年换手率（成交金额与上半年留存额比例）

附图 26.1 显示，虽然这段时间内爆发了多年少见的国际全球金融危机，但是这段时间内每隔三年的六个上半年全球外汇市场衍生产品换手率却持续稳步变化，并未出现明显的异动。这些相对平稳的换手率为我们估算非公布年份上半年外汇衍生产品市场换手率提供了较好的依据。

2. 非公布年份全球外汇衍生产品市场日均成交金额估算

由于公布年份国际外汇衍生产品市场换手率持续稳步下降，我们可以利用这些公布年份上半年的外汇衍生产品市场换手率和线性插值法计算出其中两个非公布年份（如 2013 年和 2016 年两个公布年份间的 2014 年和 2015 年）上半年的外汇衍生产品市场换手率，进而利用这些非公布年份上半年的换手率和相应的上半年全球外汇衍生产品留存金额推算出这些非公布年份上半年外汇衍生产品日均成交金额，附表 26.1 给出了相应的结果。

附表 26.1　　　全球外汇市场衍生产品和外汇日均成交金额估算结果

单位：万亿美元，%

年份	上半年存量额	公布年份上半年换手率	上半年换手率	上半年外汇衍生产品日均成交金额	公布年份4月即期占总外汇交易比例	4月即期占总外汇交易比例	上半年即期日均成交金额	4月总外汇日均成交金额	年均增长率方法估算出的4月总外汇日均成交金额	新估算方法估算结果与年增长率估算方法差异
1998	18.7	6.40	6.40	0.96	37.2	37.2	0.57	1.527	1.527	0.0
1999	14.9		6.37	0.76		35.2	0.41	1.172	1.424	−17.7
2000	15.5		6.34	0.79		33.2	0.39	1.176	1.328	−11.5
2001	16.9	6.31	6.31	0.85	31.2	31.2	0.39	1.239	1.239	0.0
2002	18.1		6.21	0.90		31.6	0.42	1.314	1.437	−8.6
2003	22.1		6.12	1.08		32.1	0.51	1.593	1.667	−4.4
2004	27.0	6.03	6.03	1.30	32.6	32.6	0.63	1.934	1.934	0.0
2005	31.1		6.01	1.49		31.8	0.70	2.192	2.317	−5.4
2006	38.1		5.98	1.83		31.0	0.82	2.646	2.775	−4.6
2007	48.6	5.96	5.96	2.32	30.2	30.2	1.01	3.324	3.324	0.0
2008	63.0		5.92	2.98		32.6	1.45	4.428	3.527	25.5
2009	48.7		5.88	2.29		35.1	1.24	3.530	3.743	−5.7
2010	53.2	5.84	5.84	2.48	37.5	37.5	1.49	3.972	3.972	0.0
2011	64.7		5.77	2.99		37.7	1.81	4.800	4.385	9.5
2012	66.7		5.71	3.04		38.0	1.87	4.910	4.841	1.4
2013	73.1	5.64	5.64	3.30	38.3	38.3	2.05	5.345	5.345	0.0
2014	75.0		5.69	3.42		38.6	2.14	5.561	5.258	5.8
2015	73.6		5.75	3.38		38.8	2.15	5.530	5.172	6.9
2016	74.0	5.80	5.80	3.43	32.5	32.5	1.65	5.088	5.088	0.0

数据来源：全球上半年外汇市场衍生产品留存数据来自国际清算银行网站，www. bis. org；上半年换手率根据国际清算银行每三年公布的 4 月全球外汇衍生产品日均成交金额和相应的半年的全球外汇市场衍生产品留存数据计算得出（假设 4 月日均成交金额为上半年日均成交金额）；非公布年份上半年换手率是利用两个公布年份换手率线性插值计算得出；公布年份外汇即期日均成交金额占总外汇日均成交金额比重根据国际清算银行每三年公布的 4 月全球外汇不同产品日均成交金额数据计算得出；外汇即期日均成交金额 FXSpot 根据外汇即期交易占总外汇交易比重 a 和外汇衍生产品日均成交金额 FXD 的计算公式 FXSpot = axFXD∕（1 − a）计算得出。

3. 非公布年份国际外汇市场日均成交金额估算

有了非公布年份全球外汇衍生产品市场日均成交金额估算结果而没有相应的全球外汇市场即期日均成交金额，我们还是难以获得相应的全球外汇市场总日均成交金额。然而利用国际清算银行 1998 年以来公布的每三年 4 月全球外汇市场即期日均成交金额和衍生产品日均成交金额，我们可以计算出 1998 年 4 月到 2016 年每隔三年 4 月全球外汇市场即期日均成交金额占总外汇日均成交金额比例，同样利用两个邻近的公布年份即期日均成交金额占总外汇日均成交金额比例和线性插值法，我们可以获得其中两个非公布年份外汇即期日均成交额占总外汇日均成交金额比例。有了非公布年份外汇即期日均成交金额占总外汇日均成交金额比例 a 和相应年份外汇衍生产品的日均成交金额 FXD，我们就可计算出这些年份外汇即期日均成交金额 FXSpot。

因为 a = FXSpot/（FXSpot + FXD），所以 FXSpot = a FXD/（1 − a），进而获得这些年份上半年总外汇市场日均成交金额（FXSpot + FXD），即这些非公布年份 4 月全球外汇市场日均成交金额，估算结果如附表 26.1 所示。

附表 26.1 显示，利用国际清算银行公布的国际外汇市场日均成交金额与半年的存量数据方法估算出的非公布年份国际外汇市场日均成交金额与之前利用每三年年均增长法估算出的结果有较大的差异。具体来说，附表 26.1 显示，传统的年均增长率法估算出的非公布年份日均成交金额没有利用非公布年份外汇市场衍生产品留存信息而仅假设两个公布年份间交易增长保持相同的年均增长率，因此估算结果较为平滑，而新的方法却有较大幅度的波动。虽然新方法估算结果波动较大，然而其结果却离实际应该更加接近：附表 26.1 显示，2008 年上半年金融危机仍未爆发，利用上半年国际外汇市场衍生产品留存数据估算出的国际外汇市场日均成交金额 4.428 万亿美元比年均增长率法估算的结果 3.527 万亿美元高出 9011 亿美元，前者高出后者 25.5%；利用同样的数据我们可以估算出 2009 年上半年国际外汇市场日均成交金额 3.530 万亿美元，比年均增长率法估算出 3.743 万亿美元低 2130 亿美元，前者低于后者 5.7%。

如上结果显示，新的方法估算出的结果与金融危机爆发前后的市场活跃度变化更为一致。所以，利用公布年份数据和每上半年全球外汇衍生产品留存数据估算的非公布年份外汇市场日均成交结果比传统的年均增长率估算出的非公布年份年均外汇日均成交结果更能反映非公布年份市场变化，因此更为准确可靠。

4. 主要国际货币非公布年份全球外汇市场日均成交金额估算

有了附表 26.1 给出的非公布年份全球外汇市场日均成交金额更为准确的估算值，我们即可计算出这些非公布年份人民币外汇日均成交金额的全球占比，对人民币国际化在非公布年份国际化的进展有更为准确的把握。但是，如果没有主要国际货币，或者说没有外汇日均成交金额排在人民币前面的其他货币在非公布年份日均成交金额占比的估算结果，我们也难以得知在非公布年份人民币国际化成交金额更为准确的排名。可喜的是，利用附表 26.1 同样的数据源和上文同样的方法，我们同样可以估算出美元、欧元、日元、英镑、瑞士法郎、加元等主要货币在非公布年份外汇日均成交金额及相应的国际占比，附表 26.2 给出了相应的估算结果。

附表 26.2　非公布年份全球主要国际货币外汇市场日均成交金额估算

单位：万亿美元,%

年份	上半年存量额	公布年份上半年换手率	上半年换手率	上半年外汇衍生产品日均成交金额	公布年份4月即期占总外汇交易比例	4月即期占总外汇交易比例	上半年即期日均成交金额	4月总外汇日均成交金额	全球外汇市场占比
美元									
2007	33.76	7.468	7.468	2.017	35.16	29.70	0.845	2.862	86.09
2010	45.13	6.066	6.066	2.185	35.20	35.20	1.187	3.371	84.90
2011	54.04		5.957	2.575		35.58	1.423	3.998	91.16
2012	57.38		5.848	2.684		35.97	1.508	4.192	86.60
2013	64.48	5.740	5.740	2.961	36.35	36.35	1.691	4.652	87.03
2014	65.13		5.798	2.934		34.60	1.553	4.487	80.68
2015	64.10		5.856	2.832		32.85	1.386	4.217	76.26
2016	64.90	5.915	5.915	3.071	31.11	31.11	1.387	4.458	87.61
欧元									
2007	18.28	5.315	5.315	0.777	44.45	36.90	0.454	1.231	37.04
2010	20.11	5.378	5.378	0.863	44.40	44.40	0.689	1.553	39.10
2011	24.97		5.407	1.080		43.68	0.838	1.918	43.74
2012	23.80		5.436	1.035		42.96	0.779	1.814	37.48
2013	24.37	5.291	5.291	1.032	42.24	42.24	0.754	1.786	33.41
2014	26.45		5.386	1.113		39.05	0.714	1.827	32.85
2015	27.34		5.480	1.145		35.87	0.640	1.785	32.27
2016	24.02	5.575	5.575	1.071	32.68	32.68	0.520	1.591	31.28
日元									
2007	10.60	3.854	3.854	0.327	39.75	40.40	0.231	0.558	16.78
2010	11.82	4.822	4.822	0.455	39.70	39.70	0.300	0.754	19.00
2011	13.07		4.913	0.514		43.04	0.388	0.902	20.57

续表

年份	上半年存量额	公布年份上半年换手率	上半年换手率	上半年外汇衍生产品日均成交金额	公布年份4月即期占总外汇交易比例	4月即期占总外汇交易比例	上半年即期日均成交金额	4月总外汇日均成交金额	全球外汇市场占比
2012	13.67		5.005	0.547		46.39	0.473	1.021	21.08
2013	15.18	5.096	5.096	0.619	49.73	49.73	0.612	1.231	23.03
2014	13.18		5.370	0.547		45.17	0.451	0.998	17.94
2015	13.50		5.643	0.570		40.61	0.390	0.960	17.35
2016	14.82	5.916	5.916	0.701	36.05	36.05	0.395	1.097	21.56
英镑									
2007	7.77	5.406	5.406	0.336	41.55	32.50	0.161	0.497	14.95
2010	6.62	5.659	5.659	0.299	46.10	46.10	0.236	0.535	13.48
2011	7.01		5.771	0.324		42.71	0.241	0.565	12.88
2012	7.59		5.882	0.357		39.32	0.231	0.589	12.16
2013	8.43	5.994	5.994	0.404	35.92	35.92	0.227	0.631	11.81
2014	9.18		5.856	0.449		34.82	0.240	0.688	12.37
2015	9.03		5.719	0.449		33.71	0.228	0.678	12.26
2016	9.80	5.582	5.582	0.438	32.61	32.61	0.212	0.650	12.77
瑞士法郎									
2007	3.06	5.342	5.342	0.131	36.35	42.20	0.095	0.226	6.80
2010	3.86	5.249	5.249	0.191	36.40	36.40	0.091	0.282	7.10
2011	4.88		5.405	0.211		38.42	0.131	0.342	7.81
2012	4.05		5.560	0.180		40.43	0.122	0.303	6.25
2013	4.18	5.716	5.716	0.191	42.45	42.45	0.084	0.275	5.14
2014	3.94		6.108	0.185		36.15	0.105	0.290	5.22
2015	3.93		6.501	0.189		29.86	0.081	0.270	4.88
2016	3.37	6.894	6.894	0.186	23.56	23.56	0.057	0.243	4.78
加元									
2007	2.24	5.487	5.487	0.098	37.04	29.70	0.042	0.141	4.23
2010	2.24	7.431	7.431	0.162	37.00	37.00	0.078	0.240	6.03
2011	3.07		6.867	0.168		34.88	0.090	0.259	5.90
2012	3.00		6.303	0.151		32.75	0.074	0.225	4.65
2013	3.28	5.740	5.740	0.151	30.63	30.63	0.093	0.244	4.57
2014	3.25		5.831	0.135		33.80	0.069	0.203	3.66
2015	3.58		5.922	0.132		36.98	0.078	0.210	3.79
2016	3.24	6.013	6.013	0.156	40.16	40.16	0.105	0.261	5.12

注：数据来源和计算方法皆同附表 26.1。

附表 26.2 显示，2014 年美元外汇日均成交金额全球占比 80.68%，比 2013 年占比 87.03% 下降了 6.35%，2015 年比 2014 年进一步下降了 4.42% 到 76.26%，然而 2016 年美元占比却显著回升到了 87.61%，不仅超过了 2007 年金融危机前的 86.09%，而且也超过了 2013 年的 87.03%；2014 年到 2016 年欧元外汇日均成交金额全球占比保持了 2010 年到 2013 年持续下降的势头，但是下降的幅度比 2010 年到 2013 年明显减缓，显示 2011 年以来欧元成交金额占比持续下降的趋势；2014 年和 2015 年日元外汇日均成交金额全球占比相比 2013 年连续下降，但 2016 年却回升到了 21.56%，比 2013 年占比略低 1.47%，同时比 2010 年日元占比 19.0% 高出 2.56%，显示金融危机后日元在全球外汇市场的地位持续提高；2014 年到 2016 年英镑外汇日均成交金额全球占比没有多少变化，2016 年比 2013 年占比略有提高，但是金融危机后英镑地位持续下降的趋势没有多大变化；2013 年到 2016 年瑞士法郎日均成交金额世界占比保持了 2010 年到 2013 年持续下降的趋势；2013 年到 2016 年加拿大元日均成交金额世界占比持续明显回升，但是 2015 年占比 5.12% 离 2010 年 6.03% 的占比仍有差距。这些结果显示，2013 年到 2016 年，美元和日元日均成交金额全球占比明显回升的同时，欧元、英镑、瑞士法郎和加元相应的占比却总体下降。

5. 非公布年份人民币外汇市场日均成交金额全球占比估算

有了非公布年份全球外汇市场日均成交金额的准确估算，我们即可根据人民币日均成交金额更好地估算出非公布年份人民币外汇交易的全球占比。附表 26.3 给出了 2010 年到 2016 年境内人民币外汇市场季度日均成交金额和 4 月日均成交金额及相应的全球占比。由于附表 26.1 给出的 2011 年和 2012 年利用公布年份和半年全球外汇衍生产品市场留存数据估算的全球外汇日均成交比例用年均复合增长率估算得高，附表 26.3 给出的该两年境内人民币外汇日均成交金额全球占比比利用传统方法估算的国际外汇市场日均成交金额计算出的占比分别低 0.06% 和 0.01%；同样，由于附表 26.1 给出的 2014 年和 2015 年全球外汇日均成交金额比例用传统的年均复合增长率估算的结果分别高出 5.8% 和 6.9%，附表 26.3 给出的该两年境内人民币外汇日均成交金额全球占比 0.91% 和 1.11% 比利用传统方法估算的国际外汇市场日均成交金额计算出的占比 0.96% 和 1.19% 分别低 0.05% 和 0.08%。由于不同货币的估算日均成交金额占比直接影响其国际化程度的排名，因此新的估算方法给出的结果可以使我们对不同年份人民币国际化的进展有更为准确的把握。

附表26.3　　　　　　　境内人民币外汇市场季度日均成交金额和

4 月日均成交金额及相应的全球占比　　　单位：亿美元，%

季度/市场	现货	远期	外汇掉期和货币掉期	期权	总额	季度日均	4 月总日均成交金额	4 月总日均成交金额世界占比
2010Q1	12503.0	30.4	2849.8	0	15383.2	240.4		
2010Q2	13338.4	24.4	3455.7	0	16818.5	275.7	263.9	0.66
2010Q3	13584.7	17.5	3199.9	0	16802.1	271.0		
2010Q4	13972.3	255.0	3493.0	0	17720.3	281.3		
2011Q1	14305.0	595.0	3402.7	0	18302.7	286.0		
2011Q2	16227.0	564.0	4580.8	5.5	21377.4	350.4	329.0	0.69
2011Q3	17550.0	608.0	5278.5	7.2	23443.6	378.1		
2011Q4	15732.0	379.0	4591.0	6.1	20708.1	328.7		
2012Q1	15809.0	1385.0	5502.1	32.8	22728.9	355.1		
2012Q2	16097.0	991.0	6025.9	40.7	23154.6	379.2	371.4	0.76
2012Q3	16550.0	947.0	6690.6	114.4	24302.0	392.0		
2012Q4	15694.0	1184.0	7312.4	134.2	24324.6	386.1		
2013Q1	17534.0	1411.0	7379.1	160.0	26484.1	413.8		
2013Q2	18399.5	1552.3	8076.9	191.5	28220.2	462.6	446.4	0.84
2013Q3	19622.9	1377.1	9228.8	111.9	30340.7	489.4		
2013Q4	20400.6	1704.5	10122.2	268.2	32495.4	515.8		
2014Q1	19799.0	2169.2	10457.4	169.4	32595.0	509.3		
2014Q2	18310.0	1252.9	10922.6	195.6	30681.1	503.0	505.1	0.91
2014Q3	19121.0	1509.9	12952.6	535.5	34119.0	550.3		
2014Q4	20629.0	1263.8	12835.4	1215.2	35943.4	570.5		
2015Q1	19339.7	1376.7	13742.0	941.8	35400.3	553.1		
2015Q2	16965.9	1306.4	18960.4	915.9	38148.6	625.4	616.6	1.11
2015Q3	25769.5	1682.0	24668.7	971.2	53091.5	856.3		
2015Q4	20526.6	584.4	28662.0	1217.8	50990.8	809.4		
2016Q1	19206.1	753.7	21107.5	1295.0	42362.3	672.4		
2016Q2	20707.3	771.3	23790.2	1383.5	46652.3	764.8	719.8	1.41
2016Q3	21538.2	975.5	25913.9	3211.9	51639.6	832.9		

数据来源：附表26.2；由于央行和外汇局没有公布境内日外汇交易数据，我们只能利用季度外汇日均成交金额估算出2010年4月到2014年4月的外汇日均成交金额：每年第一季度日均成交金额相当于该年2月的日均成交金额，第二季度日均成交金额相当于5月的日均成交金额，4月日均成交金额可以用2月的日均成交金额和5月的日均成交金额线性插值计算得出；2015年4月和2016年4月境内人民币外汇日均成交金额根据国家外汇管理局公布的该两年4月境内人民币外汇成交金额计算得出；每年4月日均成交金额全球占比根据附表26.3给出的日均成交额除以附表26.1给出的相应年份全球4月日均成交金额得出。

　　附表26.3显示，2010年到2016年境内人民币外汇日均成交金额占全球外汇市场日均成交金额比重从0.66%持续上升到了1.41%，6年提高了0.75%，增长相对缓慢，相应的国际排名从2010年的第21位提高到了2016年的第15位（仅考虑境内人民币外汇市场成交金额），离中国经济和贸易排名前三的地位仍有巨大的差距。境内人民币外汇市场加速发展从而使境内外人民币市场协调发展已经成为人民币国际化的一个重要任务。

　　附表26.3也显示，2016年4月境内人民币外汇日均成交金额世界占比从2015年4月的1.11%提高到了1.41%，一年的增幅0.3%超过了2010年到2014年的累计占比增幅0.25%，超过了2013年到2014年的增幅0.2%，显示2014年以来境内人民币外汇市场加速增长的可喜态势。但是，2015年境内人民币外汇市场高速增长的态势由于入篮因素能否持续保持还有待观察，2015年8月境内外汇市场成交金额创下月度高峰2.07万亿元后境内外汇市场并未出现持续增长的趋势。

　　2010年境外人民币市场启动到2014年的4年内，境外人民币市场热火朝天地发展，成为境内外人民币市场增长的主要源头，自然成为近年来人民币国际化程度显著提升的主要动力源；然而由于国际外汇市场形势的变化，也很可能由于伦敦金融城这些年来公布的境外人民币市场的数据有严重的误导作用，2015年上半年境外人民币市场出现多年未见的减缓增长，甚至可能出现了一定程度的下降。在境外人民币市场减缓甚至下降的同时，2015年境内人民币外汇市场出现了多年来少有的增长态势，向境内外人民币市场协调发展迈出了重要的一步。

第六篇 人民币国际化今后的发展

人民币国际化今后的发展涉及很多领域，作为本书最后一篇，我们将主要介绍影响人民币国际化今后发展的几个主要领域。第27章介绍亚洲基础设施投资银行和"金砖银行"（新开发银行）的设立及其对人民币国际化的潜在推动作用；第28章介绍"一带一路"相关概念及实施对人民币国际化的推动作用；第29章在介绍和比较主要国际金融中心资产规模、资产的货币分布后，介绍上海国际金融中心近年来的发展和上海自贸区近年来的发展对上海国际金融中心建设的推动作用；第30章介绍在人民币国际化趋势下境内人民币产品创新和市场发展的趋势。

27 亚洲基础设施投资银行和 "金砖银行" 对人民币国际化的推动作用

2015 年迎来了亚洲基础设施投资银行（Asian Infrastructure Investment Bank，简称亚投行或 AIIB）和"金砖银行"同年正式启动，标志着"一带一路"战略实施和人民币国际化道路上两大重要的里程碑。亚投行和金砖银行都将对"一带一路"战略实施和人民币国际化发挥重要的推动作用。本章在简单介绍该两大银行的基础上，介绍和探讨该两大跨国机构对人民币国际化的推动作用。

27.1 亚投行设立背景及成员国简介

近年来亚洲经济占全球经济总量三成以上，人口占全球人口六成以上，是世界最具经济活力和增长潜力的地区。但因建设资金有限，一些国家铁路、公路、桥梁、港口、机场和通讯等基础建设严重不足，在一定程度上制约了该区域的经济发展。2013 年 10 月 2 日下午，国家主席习近平在雅加达同印度尼西亚总统苏西洛举行会谈时表示，为促进本地区互联互通建设和经济一体化进程，中方倡议筹建亚洲基础设施投资银行，愿向包括东盟国家在内的本地区发展中国家基础设施建设提供资金支持。亚投行将同域外现有多边开发银行合作，相互补充，共同促进亚洲经济持续稳定发展。

中国提出的筹建亚投行的倡议得到全球范围内的广泛支持，许多国家反响积极。2014 年年初以来，中方牵头与亚洲域内、域外国家进行了广泛沟通。经过多轮多边磋商，各域内意向创始成员国就备忘录达成了共识。2014 年 10 月 24 日，包括中国、印度、新加坡等在内的首批意向创始成员国的财长和授权代表在北京签约，共同决定成立亚投行，总部设在北京，法定资本 1000 亿美元。2015 年 6 月 29 日，《亚洲基础设施投资银行协定》（以下简称《协定》）签署仪式在北京举行。亚投行 57 个意向创始成员国财长或授权代表出席了签署仪式，其中已通过境内审批程序的 50 个国家正式签署《协定》。

27.2 亚投行成员分布

截至 2016 年底，亚投行有 57 个创始成员，其中亚洲域内 37 个、域外 20 个，涵盖亚洲、大洋洲、欧洲、拉美、非洲等五大洲；2017 年 3 月 23 日，亚投行在北京宣布其理事会已批准 13 个新意向成员的加入。至此，亚投行成员总数扩至 70 个，这是亚投行首次接受新的意向成员（人民币网——国际频道，2017 - 03 - 24）。亚投行 13 日在北京宣布其理事会已批准新一批 7 个意向成员加入，成员总数扩大到 77 个（新华社 2017 年 5 月 13 日电）。表 27.1 给出了亚投行发起成员和新成员 2016 年 GDP 和人口分布及及世界占比。表 27.1 显示，77 个亚投行成员 2016 年总 GDP 占同年世界 GDP 的 61.0%，总人口占世界比重的 73.1%，显示亚投行成员在世界经济和人口中的重要地位，有着广泛的代表性。

表 27.1　　　　　亚投行成员一览表（2017 年）　　单位：亿美元，百万人

成员	GDP	人口	成员	GDP	人口
澳大利亚	12589.8	24.28	新加坡	2969.7	5.61
奥地利	3867.5	8.69	西班牙	12326.0	36.32
阿塞拜疆	375.6	9.49	斯里兰卡	826.2	21.25
孟加拉国	2279.0	161.51	瑞典	5114.0	10.00
巴西	17986.2	206.10	瑞士	6598.5	8.33
柬埔寨	194.0	15.78	塔吉克斯坦	69.2	8.66
文莱	111.8	0.42	土耳其	8574.3	79.82
中国	112182.8	1382.71	阿联酋	3713.5	9.86
埃及	3323.5	90.20	英国	26291.9	65.57
芬兰	2368.8	5.49	乌兹别克斯坦	665.0	31.34
法国	24632.2	64.61	越南	2013.3	92.64
格鲁吉亚	142.2	3.70	泰国	4069.5	68.98
德国	34666.4	82.73	波兰	5675.9	37.97
冰岛	200.5	0.34	菲律宾	3047.0	104.20
印度	22564.0	1309.35	丹麦	3067.3	5.71
印尼	9324.5	258.71	科威特	1098.6	4.23
伊朗	3767.6	80.46	马来西亚	2963.6	31.66
意大利	18507.4	60.67	南非	2941.3	55.91
以色列	3183.9	8.54	中国香港	3206.7	6.37
约旦	387.4	6.98	阿富汗	188.9	33.40
哈萨克斯坦	1337.6	17.95	亚美尼亚	105.0	2.99
韩国	14112.5	51.25	斐济	46.4	0.90
吉尔吉斯斯坦	65.5	6.11	东帝汶	25.0	1.19
老挝	137.9	7.16	比利时	4669.6	11.31
卢森堡	594.7	0.58	加拿大	15292.2	36.23

续表

成员	GDP	人口	成员	GDP	人口
马尔代夫	33.8	0.35	埃塞俄比亚	725.2	91.20
马耳他	109.5	0.43	匈牙利	1256.8	9.84
蒙古	110.3	3.01	爱尔兰	2936.1	4.69
缅甸	663.2	52.25	秘鲁	1951.4	31.48
尼泊尔	211.5	28.85	苏丹	944.2	39.60
荷兰	7711.6	17.03	委内瑞拉	2872.7	31.03
新西兰	1819.9	4.75	智利	2470.3	18.30
挪威	3704.5	5.26	希腊	1942.5	10.85
阿曼	631.7	3.96	罗马尼亚	1870.4	19.76
巴基斯坦	2841.9	193.56	玻利维亚	348.3	10.90
葡萄牙	2047.6	10.33	塞浦路斯	198.1	0.85
卡塔尔	1567.3	2.58	巴林	319.1	1.32
俄罗斯	12807.3	143.44	萨摩阿	7.9	0.20
沙特	6396.2	31.74	总计	462960.8	5401.7
全球	752780.5	7294.52	全球占比	61.5%	74.1%

数据来源：财政部网站 www.mof.gov.cn；各成员 GDP 和人口数据来自国际货币基金组织 2017 年 4 月公布的相关数据。

详细观察表 27.1，我们发现，亚投行 77 个成员中有 47 个在亚洲，这些域内成员 2016 年总 GDP 和人口分别占亚洲总 GDP 和人口比重高达近八成和九成以上，显示亚投行成员在亚洲的代表性很高；77 个成员中有 27 个是发达经济体，占全球 36 个发达经济体总数的四分之三，显示亚投行获得了大多数发达经济体的支持；另外表 27.1 给出的 77 个成员中包括了 2016 年全球 20 大经济体的 17 个，该 17 大经济体 2016 年总 GDP 占同年 20 大经济体总 GDP 比重近六成。

27.3　亚投行和亚洲发展银行的目标、股本结构和国际合作等

亚投行将主要投资亚洲铁路、公路、桥梁、港口、机场和通讯等基础建设，提高亚洲基础建设对经济发展的支持力度，推动亚洲经济发展。

27.3.1　亚投行的股本

亚投行的法定股本为 1000 亿美元，分为 100 万股，每股的票面价值为 10 万

美元。初始法定股本分为实缴股本和待缴股本。实缴股本的票面总价值为 200 亿美元，待缴股本的票面总价值为 800 亿美元。域内外成员出资比例为 75.25%。经理事会超级多数同意后，亚投行可增加法定股本及下调域内成员出资比例，但域内成员出资比例不得低于 70%。域内外成员认缴股本在 75.25% 范围内以 GDP（按照 60% 市场汇率法和 40% 购买力平价法加权平均计算）为基本依据进行分配。初始认缴股本中实缴股本分 5 次缴清，每次缴纳 20%。目前总认缴股本为 981.514 亿美元，原因是个别国家未能足额认缴按照其 GDP 占比分配的法定股本。中方认缴额为 297.804 亿美元（占比 30.34%），实缴 59.561 亿美元（《亚洲基础设施投资银行协定》签署仪式在北京举行，财政部新闻办公室，2015 年 6 月 29 日）。实际上，亚投行发起成员国认缴股本占比按 GDP 加权的加权比例并不是完全按照市场汇率法占 60% 和购买力平价法占 40% 的简单方法计算得出。有兴趣的读者可参见本章末附表 27.1 到附表 27.3 给出的三种加权方法给出的结果及与 57 个发起成员认缴股本占比比较，可以得出亚投行发起成员认缴股本占比基本上是以市场汇率法占 68.5% 左右和购买力平价法占 31.5% 左右的权重分配方法计算得出的。。

27.3.2　亚投行与世界银行和国际货币基金组织的合作

筹建亚投行倡议提出以来，世行金墉行长、国际货币基金组织拉加德总裁和亚行中尾武彦行长分别在多个场合表态积极支持筹建亚投行，表示将与亚投行开展合作。世行、亚行等多边开发银行已与亚投行筹建多边临时秘书处建立了工作联系，在许多方面给予了支持。作为亚投行发起方和世行、亚行重要股东国，在亚投行筹建以及未来运作过程中，中方都将积极推动亚投行与世行、亚行等现有多边开发银行在知识共享、能力建设、人员交流、项目融资等方面开展合作，共同提高本地区基础设施融资水平，促进本地区的经济和社会发展（史耀斌副部长就亚投行筹建有关问题答记者问，财政部网站，2015 - 04 - 15）。

27.3.3　亚投行成立时间

2015 年 11 月 3～4 日，筹建亚投行第八次首席谈判代表会议在印度尼西亚首都雅加达举行。会议审议了亚投行 2016 年业务规划、预算、公共信息临时政策、环境与社会框架、开业准备等一系列文件草案。目前，各意向创始成员国正在积极推动境内立法机构尽快完成《亚投行协定》批准程序。根据筹建工作计划，待《亚投行协定》经合法数量并达到规定股份占比的国家批准生效后，亚投行将于 2015 年底前正式成立（筹建亚投行第八次首席谈判代表会议在印度尼西亚雅加达举行，财政部网站，2015 - 11 - 04）。2016 年 1 月 16 日上午，亚洲基础设施投资银行开业仪式在北京钓鱼台国宾馆举行。中国国家主席习近平出席开业仪式并致辞，强调通过各成员国携手努力，亚投行一定能成为专业、高效、廉洁的 21 世纪新型多边开发银行，成为构建人类命运共同体的新平台，为促进亚洲和世界发展繁荣作出新贡献，为改善全球经济治理增添新力量。

27.4 亚投行成立以来的业绩和业务及 2017 年的扩容

亚投行在成立后不久就开始了业务经营。亚投行在试运行 10 个月时间里，已经投资了 6 大项目，完成了 8.09 亿美元投资量，预计在 2016 年可以完成 12 亿美元的项目体量（2016 年 11 月 4 日上午，北京大学举办的第十三届北京论坛开幕式上，亚洲基础设施投资银行行长金立群）。自 2016 年 1 月启动以来，亚投行累计发放了 17.3 亿美元的贷款以支持 7 个国家（巴基斯坦、孟加拉国、塔吉克斯坦、印度尼西亚、缅甸、阿塞拜疆和阿曼）的 9 个基础设施项目（亚投行一年发放 17 亿美元贷款今年将首次发债融资，每日经济新闻，2017 - 01 - 17）。金立群指出，投入方式除了贷款，还将研究启动股权投资、担保以及其他更加符合发展中国家需求的创新型金融工具；除继续与其他多边开发机构开展联合融资外，还将探索启动与相关国家开发机构和商业性金融机构的联合融资或者平行融资。同时，进一步扩大亚投行自主开发和单独运营的贷款投资规模，提升自我开发、储备和管理投资项目的能力（同上）。

2016 年 8 月 25 日，亚洲基础设施投资银行行长金立群在亚布力中国企业家论坛 2016 年夏季高峰会上表示，2016 年 9 月开始，亚投行将启动 30 多个国家提交的成员国资格申请审议程序。2017 年 3 月亚投行宣布其理事会已批准 13 个新意向成员的加入（人民币网——国际频道，2017 - 03 - 24）。截至 2017 年 5 月，亚投行已经有 77 个成员国，预计到 2017 年底第三批扩容后成员将很可能超过 85 个。这一数量超过亚洲开发银行和欧洲复兴开发银行，亚投行也将成为仅次于世界银行的全球第二大多边开发机构，亚投行成员国或扩容至 90 多个，规模仅次于世行（亚投行成员国或扩容至 90 多个 规模仅次于世行，第一财经，王琳，2016 - 08 - 26）。

2016 年 8 月 31 日，加拿大财政部长比尔·莫诺在北京宣布加拿大将正式申请加入亚投行。这将使亚投行在全球前二十大经济体的成员从之前的 16 个提高到 17 个，2017 年第二次扩容后的 77 个成员总经济规模和总人口占全球的比重分别超过了六成和七成。在成立不到两年的时间内，成为全球第二大多边开发机构实属不易，显示出了全球对中国和中国人民币的支持。

27.5 "金砖五国"人口和经济相关比较

"金砖五国"是指巴西、俄罗斯、印度、中国和南非五个国家，代表全球主要新兴市场和发展中国家经济体。人口和经贸是金融和货币的基础，本节简单比较"金砖五国"人口和经贸等方面的差异及在世界经济中的地位。

27.5.1 "金砖五国"人口与其他国家和地区的比较

人口是经济和社会发展的基础，表 27.2 给出了公元 1000 年到 2016 年"金砖五国"人口与其他主要国家和地区的比较。表 27.2 显示，一千年前，中印两国的人口总和就达到了接近世界一半的水平；1820 年我国人口超过了世界人口三分之一的程度；近二十年来，我国人口世界占比持续下降，而印度人口世界占比仍呈现缓慢上升，巴西人口占比也略有下降，俄罗斯人口占比明显下降，"金砖五国"总人口世界占比呈现总体缓慢下降的趋势，但占世界比重仍然超过四成；2015 年"金砖五国"人口世界占比 42.45%；同时发达经济体的世界人口都呈略微下降的趋势。

表 27.2   **"金砖五国"和其他国家/地区人口世界占比**

（公元 1000 年到 2020 年）   单位：%

国家/地区，年	1000	1500	1820	1992	2002	2007	2011	2015	2020*
巴西	—	—	—	2.90	2.90	2.90	2.80	2.82	2.77
俄罗斯	2.70	3.90	5.30	2.80	2.40	2.20	2.10	2.02	2.15
印度	28.00	25.10	20.10	16.80	17.30	17.50	17.60	17.86	18.04
中国	22.00	23.50	36.60	22.30	20.90	20.10	19.60	18.99	18.42
南非	—	—	—	0.70	0.70	0.80	0.80	0.76	0.78
金砖五国	52.60	52.50	61.90	45.60	44.20	43.40	42.90	42.45	42.16
中境外金砖四国	30.60	29.00	25.30	23.30	23.30	23.20	23.30	23.46	23.74
欧元区	—	—	—	5.80	5.10	4.90	4.80	4.66	4.47
美国	na	0.50	1.00	4.90	4.70	4.60	4.50	4.44	4.39

数据来源：1000 年到 1820 年数据来自经合组织发表的麦迪逊（Maddison）教授"Development Centre Studies The World Economy A Millennial Perspective：A Millennial Perspective"；1000 年和 1500 年俄罗斯数据为麦迪逊教授给出的当时"苏联"数据，"金砖五国"数据为当时"苏联"、印度和中国之和；1992 年以来的数据来自国际货币基金组织 2016 年 10 月公布的各国和地区人口数据及预测人口数据计算得出。

27.5.2 "金砖五国"经济与其他国家和地区的比较

表 27.3 给出了公元 1000 年到 2020 年"金砖五国"GDP 与其他国家和地区

的比较。该表显示，公元 1000 年到 1820 年，中印两国 GDP 世界占比总和高达 50% 上下，1820 年我国 GDP 世界占比下降到了不到 1/3，近二十年来我国 GDP 世界占比持续显著提升，同时其他"金砖国家"占比也不同程度地提高，"金砖五国" GDP 世界占比总比重从 1992 年仅为欧元区 21.7%，到 2011 年首次超过欧元区 1.2%，2015 年超过后者 6.9%。根据国际货币基金组织 2016 年 10 月公布的对今后几年各国 GDP 的估算数据，2019 年"金砖五国" GDP 占世界经济总比重将首次超过美国，在世界经济中的作用会进一步提高。

表 27.3 **"金砖国家"和其他国家/地区 GDP 世界占比比较**

（公元 1000 年到 2020 年） 单位：%

国家/地区，年份	1000	1500	1820	1992	2002	2007	2011	2015	2020*
巴西	—	—	—	1.60	1.50	2.40	3.50	2.41	2.39
俄罗斯	2.40	3.40	5.40	0.40	1.00	2.30	2.70	1.80	1.83
印度	28.90	24.50	16.00	1.20	1.60	2.20	2.70	2.82	3.55
中国	22.70	25.00	32.90	2.00	4.30	6.20	10.30	15.19	17.73
南非	—	—	—	0.50	0.30	0.50	0.60	0.43	0.35
金砖五国	54.10	52.90	54.40	5.60	8.70	13.60	19.70	22.65	25.85
中国外金砖四国	31.30	27.90	21.50	3.70	4.40	7.40	9.40	7.45	8.12
欧元区	—	—	—	26.00	20.50	21.90	18.50	15.76	14.84
美国	—	0.30	1.80	26.60	32.50	25.70	21.90	24.51	23.63
发达经济体	—	—	—	83.60	79.80	71.70	63.60	100.00	100.00
其他发展中经济体	—	—	—	10.80	11.50	14.70	16.70	17.30	16.30

数据来源：1000 年到 1820 年数据来自经合组织发表的麦迪逊（Maddison）教授"Development Centre Studies The World Economy A Millennial Perspective：A Millennial Perspective"；1000 年和 1500 年俄罗斯数据为麦迪逊教授给出的当时"苏联"数据，"金砖五国"数据为当时"苏联"、印度和中国之和；1992 年以来的数据来自国际货币基金组织 2016 年 10 月公布的各国和地区人口数据及预测人口数据计算得出。

27.5.3 "金砖五国"人均 GDP 相关比较

利用表 27.2 和表 27.3 的数据我们可以容易地看出"金砖五国"人均 GDP 与其他国家和地区的差距。首先，表 27.3 显示，2015 年我国 GDP 世界占比 15.19%，而表 27.2 显示同年我国人口世界占比 18.99%，显示当年我国人均 GDP 8141 美元仅为同年世界人均 GDP（10168 美元）的八成，2015 年"金砖五国" GDP 世界占比 22.65%，而同年"金砖五国"总人口世界占比为 42.45%，人均 GDP 仅为同年世界人均 GDP 的 53.3%，显示"金砖五国"总体人均产值仅略超世界人均产值的一半，而同年欧元区和美国人均 GDP 分别为世界人均 GDP 的 3.38 倍和 5.52 倍，显示新兴经济体和发达经济体间的巨大差距，同时也隐含着这些经济体巨大的发展潜能。

27.6 "金砖五国"在国际货币基金组织和世界银行的份额及投票权

"金砖五国"在国际货币基金组织和世界银行的份额及投票权在很大程度上反映这些国家在现有国际体系的话语权。表 19.2 给出的当前和 2009 年"金砖五国"在国际货币基金组织拟生效的份额和投票权数据显示,巴西、俄罗斯、印度、中国和南非在国际货币基金组织的份额分别为 2.32%、2.71%、2.76%、6.41% 和 0.64%,巴西、印度和中国的占比分别比 2009 年增长了 0.94%、0.95% 和 2.71%,但俄罗斯和南非占比却分别下降了 0.40% 和 0.22%,当前五国占比合计 14.85%,仅为欧元区占比 22.13% 的 2/3,表明当前国际货币基金组织份额,即 2010 年通过的改革方案对"金砖五国"的代表性有了一定的提高,但是仍不够合理,该组织的进一步改革仍然势在必行。

27.7 "金砖五国"合作进展

27.7.1 前期探讨合作

"金砖四国"作为一个整体在世界舞台上正式亮相始于 2009 年,中国、俄罗斯、印度、巴西四国领导人在俄罗斯叶卡捷琳堡举行会晤,正式启动了"金砖"国家之间的合作机制。经过几年的努力和发展,"金砖国家"机制已成为新兴市场国家和发展中国家的重要合作平台。"金砖四国"领导人首次会晤正值国际金融危机全面爆发后的动荡期,四国领导人在会晤中探讨了如何共同应对国际金融危机,规划了四国对话合作协调发展蓝图。2010 年,"金砖四国"领导人在巴西举行第二次会晤重点就世界经济金融形势、国际金融机构改革交换了看法,更系统表达了发展中国家对世界经济金融体系改革的主张,四国务实合作走向深入。

2011 年,"金砖国家"领导人第三次会晤在中国海南省三亚市举行,南非作为正式成员加入"金砖国家"合作机制。会议通过的《三亚宣言》对"金砖国家"未来的合作进行了详细规划,在深化金融、工商界、能源等领域的交流合作等方面,达成了广泛共识。三亚峰会的重要成果之一,就是五家成员国银行共同签署了《"金砖国家"银行合作机制金融合作框架协议》,明确提出了稳步扩大本币结算和贷款业务规模,并加强重要项目投融资合作,开展资本市场合作和信息交流。

27.7.2　合作新进展

"金砖国家"领导人 2012 年在印度举行了第四次会晤，通过了《德里宣言》，宣布了"金砖国家"一体化经济的基本原则。在此次会晤中，五国开发银行共同签署了《金砖国家银行合作机制多边本币授信总协议》和《多边信用证保兑服务协议》，增强了"金砖"各国的金融联系，显示"金砖五国"合作取得新进展，对推动人民币在主要发展中国家的应用具有划时代的意义。新德里会议决定五国共同筹备"金砖银行"，为这些国家的经济发展服务。根据协议，中国国家开发银行、巴西开发银行、俄罗斯开发与对外经济活动银行、印度进出口银行、南非南部非洲开发银行五家成员行，将稳步扩大本币结算和贷款业务规模，服务于"金砖国家"间贸易和投资便利化。

2013 年"金砖国家"领导人在南非德班举行的第五次会晤中制定了建立开发银行的路线图，把它作为世界银行之外的另一种选择。随着新兴经济体在全球金融格局中的影响力与日俱增，长期由美国和欧洲通过国际货币基金组织和世界银行主导的国际金融体系已难以代表各经济体的利益和诉求。因此，此次会晤还提议建立"金砖"国家稳定基金，让其在避免短期资金流动压力和加强全球金融稳定方面起到预先防范作用，"金砖国家"希望借此推出自己在世界金融体系中的一个平台（本节上文主要引自《"金砖国家"合作机制的"前世今生"》，新华网，2014 – 07 – 14）。

27.7.3　合作落实

2014 年 7 月 15 日至 16 日在巴西举行的"金砖国家"领导人第六次峰会上共同发表了《福塔莱萨宣言》（中国新闻网，www.chinanews.com，2014 – 07 – 17），同意共同发起"金砖国家开发银行"和签署建立金砖应急储备基金等主要议题。按计划，"金砖银行"将于 2016 年开始运营，这将大大简化"金砖国家"间的相互结算与贷款业务，并且减少对美元和欧元的依赖。业内人士普遍认为，该银行将成为国际货币基金组织和世界银行的可替代选择。"金砖国家"成立应急储备基金（基金初始为 1000 亿美元）也将有助于建立应对国际金融危机的应急机制。外媒评价称，"金砖国家"将联合自己的力量以创建一种能够相互进行金融支持的机制。

27.7.4　"金砖银行"的启动

2015 年 7 月 20 日至 21 日，金砖银行开业仪式系列活动在上海举行。金砖银行预计将于 2015 年底或 2016 年初启动运营（"金砖银行正式开业预计年底或明年初启动运营"，中国新闻网，2015 – 07 – 21）。金砖银行正式开业，标志着筹备多年的银行启航，今后将在全球市场发挥应有的作用。金砖银行正式开业之日，正式更名为"新开发银行"。

27.8　国家治理的概念及对亚投行和金砖银行成功运营的重要性

从亚投行的倡议到成功设立的时间、发起成员国的规模和范围等方面来看，亚投行在国际政治、国际合作和国际金融历史上皆创造了奇迹，成为中华民族伟大复兴的重要里程碑之一。从金砖银行的股东范围及全球覆盖面来看，金砖银行也独创了全球南南合作的先例。该两机构的成功设立将对全球货币体系改革、亚洲经贸和金融市场的发展、对"一带一路"战略的实施和人民币国际化的推动都将起到不可估量的作用。

任何一个机构的运行水平完全取决于该机构的治理水平，亚投行和金砖银行的治理水平几乎完全取决于主要发起成员国或股东的治理水平。现存主要国际机构如世界银行和国际货币基金组织多年来都由主要发达国家发起且以主要发达国家为主来管理运营，这些主要发达国家的政治体系、法律体系和治理水平相近，因此还比较容易合作协调。但是，亚投行发起成员国在政治体系、法律体系、国家治理水平等方面存在着巨大的差异，即使金砖银行的五个主要发展中国家的国家治理水平间也存在着较大的差异，使该两大机构今后成功发挥其潜在功能有不可忽视的潜在制度性障碍。本节简单介绍国家治理的概念和内涵，进而比较亚投行和金砖银行主要发起成员国国家治理水平。

27.8.1　国家治理的概念

治理的概念最早用于公司，半个多世纪以来公司治理已经被广泛地应用于全球上市公司、金融机构等领域，并已成为境内外监管部门开展监管实践的重要内容。然而，治理被用于国家层面要比公司晚很多年。20世纪80年代，国家治理成为很多学者和国际机构的研究热点之一。世界银行是在该领域最早行动的国际机构，并早在20世纪80年代末就将国家治理的理念应用于诸多政策工具中。联合国和多家经济合作机构也于20世纪90年代开始重视该领域并将相关研究成果用于国际关系的相关工作中。

20世纪90年代初，世界银行将国家治理定义为"国家权力用于国家发展以管理国家经济和社会资源的方式"；2010年世界银行在其"全球治理指数"项目中将国家治理定义为"国家权力通过传统和机构执行的方式"。联合国开发计划署把国家治理定义为解决社会成员间矛盾并接受法律决策的政治体系的一系列规制。联合国开发计划署用该定义来描述社会机构合理运行、被公众接受的程度及激励政府提高效率等。治理分析框架（GAF）将国家治理定义为"社会成员互动和决策以创新、加强或再生社会规范和机构的进程"。如上几种国家治理的定义虽各有不同侧重，但均涉及国家法律体系、社会结构、政府功能的合理发挥等诸多方面。但不管国家治理有多少定义，同时包括多少方面，中国习近平总书记多次讲过的"加强对权力运行的制约和监督，把权力关进制度的笼子里"是对国家治理形象而生动的描述。

27.8.2　国家治理的主要内涵

"加强对权力运行的制约和监督，把权力关进制度的笼子里"（习近平总书记在中纪委第二次全体会议上讲话）首先是要有"制度的笼子"，然后才是如何"把权力关进笼子里"去。制度的笼子就是国家法律法规体系，依法治国、依法行政、依法监管、依法反腐就是把权力有效地关起来。换句话说，把权力关进制度的笼子里，有效地管住政府这只"闲不住的手"，从而保证让市场在资源配置中发挥决定性作用是国家治理的主要内涵。

国家治理的概念多年来已经被多个国际机构用来衡量国家治理的程度。最早，而且持续并有一定可比性的衡量国家治理的指标是世界银行的"全球治理指数"。该指数从1996年开始每年对全球200多个国家和地区的国家治理程度进行持续的定量衡量和比较，涵盖了法制或司法有效性、监管质量、政府效能、腐败控制、政局稳定与反暴力、话语权与问责等六个方面域的量化参数。十多年来，"全球治理指数"已经成为全球最系统的关于国家治理的量化体系。

27.8.3　亚投行主要发起成员国国家治理水平的显著差异

利用世行全球治理评估结果数据，我们可以计算出2015年亚投行和金砖银行主要发起成员国国家治理的六个指标及平均值，表27.4给出了相应的结果。

表27.4　　亚投行发起成员和新成员治理水平比较（2015年）　　单位:%

国家/治理评估结果	腐败控制	司法效率	监管质量	政府效率	政治稳定性	话语权和问责制	六项平均值
中国大陆	43.39	43.31	44.67	56.79	40.74	19.11	41.33
印度	40.72	48.22	41.00	45.91	30.78	58.43	44.18
巴西	42.43	48.36	48.55	46.91	49.72	58.19	49.03
俄罗斯联邦	32.56	35.77	41.91	48.43	33.19	29.15	36.84
沙特阿拉伯	51.95	55.38	49.87	54.50	45.24	14.31	45.21
土耳其	47.57	50.74	58.16	57.61	28.82	43.56	47.74
印度尼西亚	38.46	43.08	47.97	49.78	42.63	52.60	45.75

国家/治理评估结果	腐败控制	司法效率	监管质量	政府效率	政治稳定性	话语权和问责制	六项平均值
伊朗	38.59	29.34	20.75	41.78	31.85	18.55	30.14
阿塞拜疆	31.59	37.87	44.15	43.22	39.96	21.22	36.33
孟加拉国	31.79	35.59	31.17	34.59	32.47	40.56	34.36
柬埔寨	28.36	31.50	41.94	36.43	49.20	28.36	35.97
埃及	38.15	37.96	34.91	33.61	18.35	26.14	31.52
格鲁吉亚	64.84	54.04	68.51	59.69	45.33	54.51	57.82
约旦	53.10	59.63	51.60	52.69	38.81	34.59	48.40
哈萨克斯坦	34.81	39.04	44.64	49.70	51.07	26.75	41.00
科威特	44.75	50.99	47.39	47.05	52.72	37.00	46.65
吉尔吉斯斯坦	27.88	31.28	41.53	33.27	34.30	39.33	34.60
老挝	34.71	35.88	33.03	42.24	59.20	17.00	37.01
马来西亚	59.54	62.81	66.73	72.79	56.80	43.42	60.35
蒙古	40.60	42.98	44.95	41.70	67.31	54.58	48.69
缅甸	31.56	26.68	22.19	24.42	28.73	22.14	25.95
尼泊尔	39.12	36.47	33.00	33.38	35.93	41.13	36.50
巴基斯坦	33.73	34.40	36.29	35.03	1.29	35.15	29.31
菲律宾	41.16	43.44	49.71	53.85	35.95	52.56	46.11
波兰	61.85	66.35	71.19	66.49	67.31	71.96	67.52
卡塔尔	71.85	69.72	61.33	69.85	69.99	30.50	62.21
南非	47.73	53.19	56.44	56.57	48.49	63.06	54.25
斯里兰卡	43.24	47.00	48.33	51.78	44.99	35.64	45.16
塔吉克斯坦	30.07	30.76	29.80	35.07	36.45	21.19	30.56
泰国	41.90	46.99	55.32	56.78	31.84	33.10	44.32
阿联酋	74.66	64.21	69.55	79.55	66.30	28.72	63.83
乌兹别克斯坦	27.65	28.36	15.24	37.36	45.35	12.23	27.70
越南	40.02	43.78	38.18	48.75	49.94	23.21	40.65
文莱	62.67	59.91	69.40	71.64	75.35	36.83	62.63
马尔代夫	47.74	40.26	42.73	42.66	67.67	43.43	47.42
阿曼	55.01	61.59	63.80	55.74	63.18	28.94	54.71
阿富汗	26.96	-0.05	23.29	29.83	18.15	23.19	20.23
亚美尼亚	39.27	44.16	47.29	54.98	43.14	40.97	44.97

续表

国家/ 治理评估结果	腐败控制	司法效率	监管质量	政府效率	政治 稳定性	话语权和 问责制	六项平均值
斐济	51.17	61.60	44.15	42.39	41.36	48.73	48.23
东帝汶	52.98	45.52	29.09	30.67	26.47	36.18	36.82
埃塞俄比亚	69.05	68.37	66.87	67.23	63.77	66.19	66.91
匈牙利	68.72	68.48	67.62	68.06	65.14	66.27	67.38
秘鲁	53.22	39.89	44.45	59.87	39.38	38.06	45.81
苏丹	13.66	6.53	20.48	19.99	26.32	19.95	17.82
委内瑞拉	27.56	29.85	25.60	12.85	10.19	23.43	21.58
智力	69.73	58.02	71.64	77.05	76.65	75.18	71.38
罗马尼亚	58.58	53.92	49.23	61.82	53.07	49.08	54.28
玻利维亚	48.88	44.36	36.85	31.87	26.96	36.33	37.54
巴林	23.59	28.44	61.48	66.56	59.21	53.47	48.79
萨摩阿	64.89	73.98	59.78	48.05	63.34	56.19	61.04
德国	86.59	87.04	83.90	84.64	68.70	79.15	81.67
法国	75.48	79.33	71.71	78.06	57.12	74.39	72.68
英国	84.55	87.74	86.60	82.32	58.80	75.93	79.33
意大利	47.80	56.74	63.23	57.53	59.96	69.55	59.14
澳大利亚	87.40	88.55	87.39	81.81	71.63	77.50	82.38
西班牙	60.52	68.74	65.54	73.08	56.33	69.95	65.69
韩国	59.82	69.61	72.18	73.54	53.72	63.64	65.42
荷兰	89.97	89.64	85.55	86.59	70.90	81.55	84.03
瑞士	93.78	90.32	86.36	92.56	74.89	81.59	86.58
瑞典	92.84	89.86	86.06	85.78	71.49	82.59	84.77
奥地利	78.75	89.14	79.81	81.36	75.88	78.26	80.53
丹麦	95.23	91.87	84.33	86.13	68.87	80.96	84.57
芬兰	93.59	92.41	88.08	90.32	75.68	81.36	86.91
以色列	66.49	72.10	74.17	73.17	30.13	64.55	63.44
冰岛	86.40	84.43	74.22	79.92	74.83	77.73	79.59
卢森堡	91.78	87.91	82.95	83.11	77.80	80.59	84.02
新西兰	95.40	90.34	88.90	88.57	79.86	81.12	87.37
挪威	94.55	90.91	82.75	86.20	72.64	84.20	85.21
葡萄牙	67.69	72.61	65.39	70.20	65.86	72.18	68.99

续表

国家/ 治理评估结果	腐败控制	司法效率	监管质量	政府效率	政治 稳定性	话语权和 问责制	六项平均值
新加坡	92.34	87.89	94.61	93.88	74.52	47.87	81.85
马耳他	67.27	74.13	72.08	70.53	72.30	73.38	71.61
香港	59.66	69.86	88.56	93.53	86.64	83.48	80.29
比利时	77.85	62.06	78.83	75.55	78.42	81.65	75.73
加拿大	78.86	74.84	85.30	84.12	86.71	87.09	82.82
爱尔兰	77.08	68.54	80.73	86.28	85.75	82.71	80.18
希腊	61.81	45.46	54.98	57.94	54.85	47.40	53.74
塞浦路斯	70.85	60.85	70.72	71.21	70.23	69.61	68.91
77 个成员国平均	56.86	56.79	57.77	59.83	53.31	51.43	56.00
50 个发起成员国平均	44.88	45.00	46.27	48.78	44.61	38.61	44.69
27 个发起成员国平均	79.05	78.63	79.07	80.29	69.43	75.19	76.94
"金砖五国"平均	37.40	41.39	43.53	46.26	37.75	40.84	41.19

数据来源和说明：根据 2016 年世界银行"全球治理指数"公布的 2015 年全球治理 −2.5 到 2.5 的平局结果数据计算整理得出。

表 27.4 显示，亚投行 77 个成员中 50 个发展中国家成员平均治理水平仅为 44.69%，而 27 个发达经济体成员的平均治理水平却高达 76.94%，比 50 个发展中经济体成员平均水平高出 32.25%，显示亚投行成员间的治理水平有巨大的差异。进一步观察表 27.4，我们发现 27 个发达经济体成员腐败控制评估平均得分 79.05%，比 50 个发展中成员的平均得分 44.88% 高出 34.17%，超过两者总体得分差异的 32.25%，显示两类成员在腐败控制方面有着巨大的差距，而该项也是其他西方国家批评亚投行今后能否控制好项目涉及腐败问题的重要因素，因此是亚投行今后能否成功运营的一个重要方面。

表 27.4 的数据也显示，亚投行 50 个发展中经济体成员与 27 个发达经济体成员在司法效率、监管质量和政府效能方面的平均评估结果也存在显著的差距。要协调好这些成员共同治理好该国际机构还有一定的难度和挑战。

27.8.4 "金砖银行"发起成员间国家治理水平的差异

表 27.4 也给出了 2015 年"金砖五国"的国际治理评估结果。该表显示，2015 年"金砖五国"中除南非治理程度较高（平均得分 54.25%）和俄罗斯得分较低（平均得分 36.84%）外，巴西、印度和中国三个成员国相差不大，皆在 40% 到 50% 之间；五个金砖国家的平均治理得分仅为 41.19%，比亚投行 50 个

发展中成员平均得分44.69%还要低3.50%,显示整个金砖国家的治理水平比亚投行中发展中国家成员的平均水平还略低,提高的潜力巨大。

27.8.5 创造国家治理奇迹

上文介绍了提高国家治理水平对于管理好亚投行和新开发银行的重要性,也指出作为该两大国际机构主要发起国的我国加速提高国家治理的重要性。数据显示,从1982年到2010年的三十多年里,我国创造了年均超过10%经济增长的奇迹,举世瞩目。2013年党的十八届三中全会把"推进国家治理体系和治理能力现代化"作为我国全面深化改革的最重要的内容。研究表明(张光平,2015,2017),推进国家治理体系和治理能力现代化与"四个全面"的内容相似。只要全党全国认真贯彻执行中共十八届三中全会决定和全面贯彻"四个全面",我国有望在今后的三十年再创全球国家治理的新奇迹(张光平,2015)。

27.9 小结

亚投行在较短的时间内获得全球各大洲的五十多个国家的积极响应和顺利启动,标志着世界诸多国家对我国战略倡议的支持,实际上也是对人民币国际化的支持;"金砖银行"的启动标志着"金砖五国"多年来的合作已经开花,结果指日可待。"金砖五国"整体出现在国际舞台的力量比我国单独更具影响力,而且对全球发展中国家的代表性更好。充分利用好"金砖五国"的平台,进一步提升其他金砖国家与我国经贸和金融的合作力度,对"一带一路"战略实施和人民币国际化都有着巨大的推动作用,对全球发展中国家经济的发展也具有重要的意义。

本章的结果显示,尽管我国从2009年开始经济规模就超过其他"金砖四国"总和,但是从外汇市场和资本市场的发展程度来衡量,我国在很多方面与其他"金砖国家"还有一定的差距,特别是境内本币外汇市场方面我国还需加速改革发展。因此,加强与其他金砖国家的精诚合作,相互取长补短,不仅对有效推动人民币国际化和促进我国金融改革和发展有积极意义,而且对推动金砖国家及其他新兴市场和发展中国家的发展将有巨大的潜力。特别值得指出的是,南亚最大的国家印度,不仅是亚投行的发起成员国,而且也是金砖银行的发起成员国,但是印度至今仍未与我国签订人民币货币互换协议;2013年到2016年,印度对我国贸易依存度从3.5%下降到了3.1%,在我国25个主要亚洲贸易伙伴中排名倒数第二,显示我国与金砖国家和其他主要发展中国家的贸易合作仍有巨大的潜力。

新开发银行前景广阔，潜力巨大，然而发展不会一帆风顺。西方媒体一年多来已经指出了金砖银行今后正式设立和发展的诸多挑战，这里难以一一列举。"金砖银行"面对的最大挑战，不是内讧，而是受援国的腐败（金砖银行开启"后美国时代"（陈平，经济导刊，2014 年 8 月，26~31 页）。腐败确实是绝大多数发展中国家的通病，以新兴经济体和发展中国家为主要服务对象的亚投行和金砖银行今后确实会面临相关挑战，推动我国国家治理现代化将成为该两大国际机构发挥潜能的重要基础。只要我们切实贯彻落实中共十八届三中全会决定精神，贯彻落实"四个全面"，切实"推进国家治理体系和治理能力现代化"，作为主要发起国包括腐败控制在内的国际治理水平就会有可观的提升，才能为金砖银行的健康发展打下必要的基础。我们期待亚投行和金砖银行会尽快在发展中国家持续发展和国际金融体系改革中发挥应有的作用。

参考文献

[1] 张光平. 贯彻落实"四个全面"的路线图和时间表——中国银监会局级干部深入学习习总书记系列重要讲话精神暨建党工作培训班学习总结［J］. 战略与管理，2015（6），总第 102 期.

[2] 张光平. 人民币衍生产品（第四版，第 62 章）［M］. 北京：中国金融出版社，2016.

[3] 张光平. 贯彻落实"四个全面"战略布局加快国家治理现代化话语权建设［J］. 战略与管理，2017（2），总第 124 期.

附表 27.1　　亚投行发起成员认缴股本占比与加权 GDP 占比比较

（市场汇率法 GDP 与购买力平价法各占 50％）

成员	认缴股本（百万美元）	认缴股本占比（％）A	GDP（汇率换算法 FX，亿美元）	GDP（汇率换算法 FX）占比（％）	GDP（购买力平价法 PPP，亿美元）	GDP（购买力平价法 PPP）占比（％）	加权 GDP 占比（50% GDPFX +50% GDPPPP）（％）B	A/B
第一部分：域内成员								1.7
澳大利亚	3691.2	3.69	14427.2	1.87	10953.8	1.42	1.46	2.5
阿塞拜疆	254.1	0.25	741.5	0.10	1653.2	0.21	0.14	1.8
孟加拉国	660.5	0.66	1838.2	0.24	5337.4	0.69	0.41	1.6
文莱	52.4	0.05	171.0	0.02	302.1	0.04	0.03	1.9

续表

成员	认缴股本（百万美元）	认缴股本占比（%）A	GDP（汇率换算法 FX，亿美元）	GDP（汇率换算法 FX）占比（%）	GDP（购买力平价法 PPP，亿美元）	GDP（购买力平价法 PPP）占比（%）	加权 GDP占比（50% GDPFX + 50% GDPPPP）（%）B	A/B
柬埔寨	62.3	0.06	165.5	0.02	499.6	0.06	0.04	1.6
中国	29780.4	29.78	103565.1	13.40	176173.2	22.80	16.09	1.9
格鲁吉亚	53.9	0.05	165.4	0.02	342.1	0.04	0.03	1.8
印度	8367.3	8.37	20512.3	2.65	73759.0	9.55	5.42	1.5
印尼	3360.7	3.36	8886.5	1.15	26761.0	3.46	2.05	1.6
伊朗	1580.8	1.58	4164.9	0.54	13343.2	1.73	1.01	1.6
以色列	749.9	0.75	3056.7	0.40	2684.2	0.35	0.33	2.3
约旦	119.2	0.12	358.8	0.05	796.2	0.10	0.07	1.8
哈萨克斯坦	729.3	0.73	2160.4	0.28	4184.7	0.54	0.36	2.0
韩国	3738.8	3.74	14103.8	1.83	17788.2	2.30	1.83	2.0
科威特	536.0	0.54	1726.1	0.22	2839.8	0.37	0.26	2.0
吉尔吉斯斯坦	26.8	0.03	74.0	0.01	191.6	0.02	0.02	1.8
老挝	43.0	0.04	116.8	0.02	344.0	0.04	0.03	1.6
马来西亚	109.5	0.11	3381.1	0.44	7460.8	0.97	0.62	0.2
马尔代夫	7.2	0.01	28.9	0.00	49.2	0.01	0.00	1.6
蒙古	41.1	0.04	120.4	0.02	347.6	0.04	0.03	1.5
缅甸	264.5	0.26	631.4	0.08	2419.8	0.31	0.18	1.5
尼泊尔	80.9	0.08	197.6	0.03	667.8	0.09	0.05	1.6
新西兰	461.5	0.46	1975.0	0.26	1588.6	0.21	0.20	2.3
阿曼	259.2	0.26	777.8	0.10	1623.7	0.21	0.14	1.9
巴基斯坦	1034.1	1.03	2468.5	0.32	8823.1	1.14	0.65	1.6
菲律宾	979.1	0.98	2846.2	0.37	6922.0	0.90	0.56	1.7
卡塔尔	604.4	0.60	2101.1	0.27	3205.4	0.41	0.31	2.0
俄罗斯	6536.2	6.54	18606.0	2.41	35645.5	4.61	3.12	2.1
沙特	2544.6	2.54	7462.5	0.97	16057.0	2.08	1.35	1.9
新加坡	250.0	0.25	3078.7	0.40	4526.9	0.59	0.44	0.6
斯里兰卡	269.0	0.27	749.2	0.10	2174.5	0.28	0.17	1.6
塔吉克斯坦	30.9	0.03	92.4	0.01	223.2	0.03	0.02	1.7
泰国	1427.5	1.43	4048.2	0.52	9855.2	1.28	0.80	1.8

续表

成员	认缴股本（百万美元）	认缴股本占比（%）A	GDP（汇率换算法 FX，亿美元）	GDP（汇率换算法 FX）占比（%）	GDP（购买力平价法 PPP，亿美元）	GDP（购买力平价法 PPP）占比（%）	加权 GDP 占比（50% GDPFX＋50% GDPPPP）（%）B	A/B
土耳其	2609.9	2.61	7983.3	1.03	15081.0	1.95	1.33	2.0
阿联酋	1185.7	1.19	3713.5	0.48	5997.6	0.78	0.56	2.1
乌兹别克斯坦	219.8	0.22	626.1	0.08	1716.7	0.22	0.13	1.6
越南	663.3	0.66	1859.0	0.24	5106.9	0.66	0.40	1.7
未分配股份	1615.0	1.62						
第二部分：域外成员								1.0
奥地利	500.8	0.50	4375.8	0.57	3954.9	0.51	0.48	1.0
巴西	3181.0	3.18	23465.8	3.04	32638.2	4.22	3.23	1.0
丹麦	369.5	0.37	3423.6	0.44	2495.3	0.32	0.34	1.1
埃及	650.5	0.65	2864.4	0.37	9430.5	1.22	0.71	0.9
芬兰	310.3	0.31	2726.5	0.35	2210.4	0.29	0.28	1.1
法国	3375.6	3.38	28336.9	3.67	25807.5	3.34	3.11	1.1
德国	4484.2	4.48	38744.4	5.01	37215.5	4.82	4.37	1.0
冰岛	17.6	0.02	170.4	0.02	142.1	0.02	0.02	1.0
意大利	2571.8	2.57	21477.4	2.78	21277.4	2.75	2.46	1.0
卢森堡	69.7	0.07	656.8	0.09	514.1	0.07	0.07	1.0
马耳他	13.6	0.01	105.1	0.01	141.3	0.02	0.02	1.0
荷兰	1031.3	1.03	8807.2	1.14	7985.9	1.03	0.97	1.1
挪威	550.6	0.55	4998.2	0.65	3451.6	0.45	0.49	1.1
波兰	831.8	0.83	5478.9	0.71	9544.5	1.24	0.86	1.0
葡萄牙	65.0	0.07	2299.5	0.30	2803.6	0.36	0.29	0.2
南非	590.5	0.59	3500.8	0.45	7045.1	0.91	0.61	1.0
西班牙	1761.5	1.76	14065.4	1.82	15664.7	2.03	1.71	1.0
瑞典	630.0	0.63	5705.9	0.74	4482.5	0.58	0.59	1.1
瑞士	706.4	0.71	7038.5	0.91	4728.3	0.61	0.68	1.1
英国	3054.7	3.05	29500.4	3.82	25488.9	3.30	3.16	1.0
未分配股份	233.6	0.23						

数据来源：认缴股本金数据来自亚投行网站：www.aiib.org；由于亚投行协议是 2015 年 6 月通过的，当时计算各成员国所用的 GDP 数据应该为 2014 年的数据，因此表中市场汇率法 GDP 数据为国际货币基金组织 2015 年公布的各成员国 2014 年 GDP 数据；购买力平价法 GDP 数据为国际货币基金组织 2015 年公布的各成员国 2014 年购买礼平价法（PPP）GDP 数据；表中 GDP 占比数据为各成员 GDP 占全球 GDP 的比重。

附表 27.2　　**亚投行发起成员认缴股本占比与加权 GDP 占比比较**

（市场汇率法 GDP 占 60% 和购买力平价法 40%）

成员	认缴股本（百万美元）	认缴股本占比（%）A	GDP（汇率换算法 FX，亿美元）	GDP（汇率换算法 FX）占比（%）	GDP（购买力平价法 PPP，亿美元）	GDP（购买力平价法 PPP）占比（%）	加权 GDP 占比（60% GDPFX+40% GDPPPP）（%）B	A/B
第一部分：域内成员								1.9
澳大利亚	3691.2	3.69	14427.2	1.87	10953.8	1.42	1.50	2.5
阿塞拜疆	254.1	0.25	741.5	0.10	1653.2	0.21	0.13	2.0
孟加拉国	660.5	0.66	1838.2	0.24	5337.4	0.69	0.37	1.8
文莱	52.4	0.05	171.0	0.02	302.1	0.04	0.03	2.0
柬埔寨	62.3	0.06	165.5	0.02	499.6	0.06	0.03	1.8
中国	29780.4	29.78	103565.1	13.40	176173.2	22.80	15.26	2.0
格鲁吉亚	53.9	0.05	165.4	0.02	342.1	0.04	0.03	2.0
印度	8367.3	8.37	20512.3	2.65	73759.0	9.55	4.81	1.7
印尼	3360.7	3.36	8886.5	1.15	26761.0	3.46	1.84	1.8
伊朗	1580.8	1.58	4164.9	0.54	13343.2	1.73	0.90	1.8
以色列	749.9	0.75	3056.7	0.40	2684.2	0.35	0.33	2.2
约旦	119.2	0.12	358.8	0.05	796.2	0.10	0.06	1.9
哈萨克斯坦	729.3	0.73	2160.4	0.28	4184.7	0.54	0.34	2.1
韩国	3738.8	3.74	14103.8	1.83	17788.2	2.30	1.79	2.1
科威特	536.0	0.54	1726.1	0.22	2839.8	0.37	0.25	2.1
吉尔吉斯斯坦	26.8	0.03	74.0	0.01	191.6	0.02	0.01	1.9
老挝	43.0	0.04	116.8	0.02	344.0	0.04	0.02	1.8
马来西亚	109.5	0.11	3381.1	0.44	7460.8	0.97	0.58	0.2
马尔代夫	7.2	0.01	28.9	0.02	49.2	0.01	0.02	1.7
蒙古	41.1	0.04	120.4	0.02	347.6	0.04	0.02	1.7
缅甸	264.5	0.26	631.4	0.08	2419.8	0.31	0.15	1.7
尼泊尔	80.9	0.08	197.6	0.03	667.8	0.09	0.04	1.8
新西兰	461.5	0.46	1975.0	0.26	1588.6	0.21	0.21	2.2
阿曼	259.2	0.26	777.8	0.10	1623.7	0.21	0.13	2.0
巴基斯坦	1034.1	1.03	2468.5	0.32	8823.1	1.14	0.58	1.8
菲律宾	979.1	0.98	2846.2	0.37	6922.2	0.90	0.51	1.9

续表

成员	认缴股本（百万美元）	认缴股本占比（%）A	GDP（汇率换算法FX，亿美元）	GDP（汇率换算法FX）占比（%）	GDP（购买力平价法PPP，亿美元）	GDP（购买力平价法PPP）占比（%）	加权GDP占比（60% GDPFX +40% GDPPPP）（%）B	A/B
卡塔尔	604.4	0.60	2101.1	0.27	3205.4	0.41	0.29	2.1
俄罗斯	6536.2	6.54	18606.0	2.41	35645.5	4.61	2.92	2.2
沙特	2544.6	2.54	7462.5	0.97	16057.0	2.08	1.25	2.0
新加坡	250.0	0.25	3078.7	0.40	4526.9	0.59	0.42	0.6
斯里兰卡	269.0	0.27	749.2	0.10	2174.5	0.28	0.15	1.8
塔吉克斯坦	30.9	0.03	92.4	0.01	223.2	0.03	0.02	1.9
泰国	1427.5	1.43	4048.2	0.52	9855.2	1.28	0.73	1.9
土耳其	2609.9	2.61	7983.3	1.03	15081.0	1.95	1.25	2.1
阿联酋	1185.7	1.19	3713.5	0.48	5997.6	0.78	0.53	2.2
乌兹别克斯坦	219.8	0.22	626.1	0.08	1716.7	0.22	0.12	1.8
越南	663.3	0.66	1859.0	0.24	5106.9	0.66	0.36	1.8
未分配股份	1615.0	1.62						
第二部分：域外成员								1.0
奥地利	500.8	0.50	4375.8	0.57	3954.9	0.51	0.48	1.0
巴西	3181.0	3.18	23465.8	3.04	32638.2	4.22	3.12	1.0
丹麦	369.5	0.37	3423.6	0.44	2495.3	0.32	0.35	1.1
埃及	650.5	0.65	2864.4	0.37	9430.5	1.22	0.63	1.0
芬兰	310.3	0.31	2726.5	0.35	2210.4	0.29	0.29	1.1
法国	3375.6	3.38	28336.9	3.67	25807.5	3.34	3.14	1.1
德国	4484.2	4.48	38744.4	5.01	37215.5	4.82	4.39	1.0
冰岛	17.6	0.02	170.4	0.02	142.1	0.02	0.02	1.0
意大利	2571.8	2.57	21477.4	2.78	21277.4	2.75	2.46	1.0
卢森堡	69.7	0.07	656.8	0.09	514.1	0.07	0.07	1.0
马耳他	13.6	0.01	105.1	0.01	141.3	0.02	0.01	1.0
荷兰	1031.3	1.03	8807.2	1.14	7985.9	1.03	0.98	1.1
挪威	550.6	0.55	4998.2	0.65	3451.6	0.45	0.50	1.1
波兰	831.8	0.83	5478.9	0.71	9544.5	1.24	0.82	1.0
葡萄牙	65.0	0.07	2299.5	0.30	2803.6	0.36	0.29	0.2

续表

成员	认缴股本（百万美元）	认缴股本占比（%）A	GDP（汇率换算法FX，亿美元）	GDP（汇率换算法FX）占比（%）	GDP（购买力平价法PPP，亿美元）	GDP（购买力平价法PPP）占比（%）	加权GDP占比（60%GDPFX+40%GDPPPP）（%）B	A/B
南非	590.5	0.59	3500.8	0.45	7045.1	0.91	0.57	1.0
西班牙	1761.5	1.76	14065.4	1.82	15664.7	2.03	1.69	1.0
瑞典	630.0	0.63	5705.9	0.74	4482.5	0.58	0.60	1.0
瑞士	706.4	0.71	7038.5	0.91	4728.3	0.61	0.70	1.0
英国	3054.7	3.05	29500.4	3.82	25488.9	3.30	3.21	1.0
未分配股份	233.6	0.23						

数据来源：同上表。

附表27.3　亚投行发起成员认缴股本占比与加权GDP占比比较（市场汇率法GDP占68.5%和购买力平价法31.5%）

成员	认缴股本（百万美元）	认缴股本占比（%）A	GDP（市场汇率法FX，亿美元）	GDP（市场汇率法FX）占比（%）	GDP（购买力平价法PPP，亿美元）	GDP（购买力平价法PPP）占比（%）	加权GDP占比（68.5%GDPFX+31.5%GDPPPP）（%）B	A/B
第一部分：域内成员								2.0
澳大利亚	3691.2	3.69	14427.2	1.87	10953.8	1.42	1.53	2.4
阿塞拜疆	254.1	0.25	741.5	0.10	1653.2	0.21	0.12	2.1
孟加拉国	660.5	0.66	1838.2	0.24	5337.4	0.69	0.34	2.0
文莱	52.4	0.05	171.0	0.02	302.1	0.04	0.02	2.1
柬埔寨	62.3	0.06	165.5	0.02	499.6	0.06	0.03	2.0
中国	29780.4	29.78	103565.1	13.40	176173.2	22.80	14.55	2.0
格鲁吉亚	53.9	0.05	165.4	0.02	342.1	0.04	0.03	2.1
印度	8367.3	8.37	20512.3	2.65	73759.0	9.55	4.29	2.0
印尼	3360.7	3.36	8886.5	1.15	26761.0	3.46	1.67	2.0
伊朗	1580.8	1.58	4164.9	0.54	13343.2	1.73	0.81	1.9
以色列	749.9	0.75	3056.7	0.40	2684.2	0.35	0.34	2.2
约旦	119.2	0.12	358.8	0.05	796.2	0.10	0.06	2.1
哈萨克斯坦	729.3	0.73	2160.4	0.28	4184.7	0.54	0.32	2.3
韩国	3738.8	3.74	14103.8	1.83	17788.2	2.30	1.76	2.1

续表

成员	认缴股本（百万美元）	认缴股本占比（%）A	GDP（市场汇率法FX，亿美元）	GDP（市场汇率法FX）占比（%）	GDP（购买力平价法PPP，亿美元）	GDP（购买力价法PPP）占比（%）	加权GDP占比（68.5%GDPFX+31.5%GDPPPP）（%）B	A/B
科威特	536.0	0.54	1726.1	0.22	2839.8	0.37	0.24	2.2
吉尔吉斯斯坦	26.8	0.03	74.0	0.01	191.6	0.02	0.01	2.1
老挝	43.0	0.04	116.8	0.02	344.0	0.04	0.02	2.0
马来西亚	109.5	0.11	3381.1	0.44	7460.8	0.97	0.54	0.2
马尔代夫	7.2	0.01	28.9	0.00	49.2	0.01	0.00	1.8
蒙古	41.1	0.04	120.4	0.02	347.6	0.04	0.02	1.9
缅甸	264.5	0.26	631.4	0.08	2419.8	0.31	0.14	1.9
尼泊尔	80.9	0.08	197.6	0.03	667.8	0.09	0.04	2.0
新西兰	461.5	0.46	1975.0	0.26	1588.6	0.21	0.21	2.2
阿曼	259.2	0.26	777.8	0.10	1623.7	0.21	0.12	2.2
巴基斯坦	1034.1	1.03	2468.5	0.32	8823.1	1.14	0.51	2.0
菲律宾	979.1	0.98	2846.2	0.37	6922.2	0.90	0.48	2.1
卡塔尔	604.4	0.60	2101.1	0.27	3205.4	0.41	0.28	2.1
俄罗斯	6536.1	6.54	18606.0	2.41	35645.5	4.61	2.76	2.4
沙特	2544.6	2.54	7462.5	0.97	16057.0	2.08	1.17	2.2
新加坡	250.0	0.25	3078.7	0.40	4526.9	0.59	0.41	0.6
斯里兰卡	269.0	0.27	749.2	0.10	2174.5	0.28	0.14	2.0
塔吉克斯坦	30.9	0.03	92.4	0.01	223.2	0.03	0.02	2.0
泰国	1427.5	1.43	4048.2	0.52	9855.2	1.28	0.68	2.1
土耳其	2609.9	2.61	7983.3	1.03	15081.0	1.95	1.18	2.2
阿联酋	1185.7	1.19	3713.5	0.48	5997.6	0.78	0.51	2.3
乌兹别克斯坦	219.8	0.22	626.1	0.08	1716.7	0.22	0.11	2.0
越南	663.3	0.66	1859.0	0.24	5106.9	0.66	0.33	2.0
未分配股份	1615.0	1.62						
第二部分：域外成员								1.0
奥地利	500.8	0.50	4375.8	0.57	3954.9	0.51	0.49	1.0
巴西	3181.0	3.18	23465.8	3.04	32638.2	4.22	3.03	1.0
丹麦	369.5	0.37	3423.6	0.44	2495.3	0.32	0.36	1.0

续表

成员	认缴股本（百万美元）	认缴股本占比（%）A	GDP（市场汇率法 FX，亿美元）	GDP（市场汇率法 FX）占比（%）	GDP（购买力平价法 PPP，亿美元）	GDP（购买力平价法 PPP）占比（%）	加权 GDP 占比（68.5% GDPFX +31.5% GDPPPP）（%）B	A/B
埃及	650.5	0.65	2864.4	0.37	9430.5	1.22	0.57	1.1
芬兰	310.3	0.31	2726.5	0.35	2210.4	0.29	0.29	1.1
法国	3375.6	3.38	28336.9	3.67	25807.5	3.34	3.17	1.1
德国	4484.2	4.48	38744.4	5.01	37215.5	4.82	4.40	1.0
冰岛	17.6	0.02	170.4	0.02	142.1	0.02	0.02	0.9
意大利	2571.8	2.57	21477.4	2.78	21277.4	2.75	2.46	1.0
卢森堡	69.7	0.07	656.8	0.09	514.1	0.07	0.07	1.0
马耳他	13.6	0.01	105.1	0.01	141.3	0.02	0.01	1.0
荷兰	1031.3	1.03	8807.2	1.14	7985.9	1.03	0.98	1.0
挪威	550.6	0.55	4998.2	0.65	3451.6	0.45	0.52	1.1
波兰	831.8	0.83	5478.9	0.71	9544.5	1.24	0.78	1.1
葡萄牙	65.0	0.07	2299.5	0.30	2803.6	0.36	0.28	0.2
南非	590.5	0.59	3500.8	0.45	7045.1	0.91	0.53	1.1
西班牙	1761.5	1.76	14065.4	1.82	15664.7	2.03	1.68	1.1
瑞典	630.0	0.63	5705.9	0.74	4482.5	0.58	0.61	1.0
瑞士	706.4	0.71	7038.5	0.91	4728.3	0.61	0.73	1.0
英国	3054.7	3.05	29500.4	3.82	25488.9	3.30	3.25	0.9
未分配股份	233.6	0.23						

数据来源：同上表。

　　附表 27.1 给出的市场汇率法 GDP 和购买力平价方法 GDP 各占 50% 的计算结果显示，中国认缴股本占比 29.78% 为加权 GDP 全球占比 16.09% 的 1.9 倍，而第二大股东印度两者比例却仅为 1.5 倍，而且 37 个域内成员两者平均比例为 1.7 倍，显示该权重分配对第一大股东中国的权重相对偏高；附表 27.2 给出的市场汇率法 GDP 占比 60% 和购买力平价方法 GDP 占比 40% 的计算结果显示，中国认缴股本占比 29.78% 为加权 GDP 全球占比 15.26% 的 2.0 倍，而第二大股东印度两者比例却仅为 1.7 倍，而且 37 个域内成员两者平均比例为 1.9 倍，显示该权重分配对第一大股东中国的权重仍然相对偏高，但高出的程度比附表 27.1 的有所降低；附表 27.3 给出的市场汇率法 GDP 占比 68.5% 和购买力平价方法 GDP 占比 31.5% 的计算结果显示，中国认缴股本占比 29.78% 为加权 GDP

全球占比 14.55% 的 2.0 倍，而第二大股东印度两者比例也为 2.0 倍，而且 37 个域内成员两者平均比例也为 2.0 倍，显示第三种权重分配比前两种权重都更合理，更能解释附表 27.1～附表 27.3 中各成员认缴股本占比，因此可以认为亚投行认缴股本占比根据 GDP 加权的权重为市场汇率 GDP 接近七成的同时，购买力法 GDP 占比略超过三成。

28 "一带一路"战略实施对人民币国际化的推动作用

习近平主席提出"一带一路"战略后不到 4 年时间内，获得了境内外持续的赞扬和支持。"一带一路"战略的实施和推进不仅仅提升了中国的经济发展和对外国家形象，同时对境内外的资本市场也产生了积极的影响。本章简单介绍"一带一路"沿线国家及地区人口和经贸规模分布并分析该战略连接中国和欧洲的重要意义，从而使得我们对这些国家和地区有具体的认识，进而对"一带一路"战略实施对全球经贸的潜在影响力和对人民币国际化的推动作用有更清晰的认识。

28.1 "一带一路"的概念和"一带一路"倡议的提出

2013 年 9 月和 10 月，习近平主席分别提出建设"丝绸之路经济带"和"21世纪海上丝绸之路"的战略构想，"丝绸之路经济带"和"21 世纪海上丝绸之路"简称"一带一路"。"丝绸之路经济带"是在古丝绸之路概念基础上形成的，被认为是"世界上最长、最具有发展潜力的经济大走廊"（2013 年 9 月 7 日习近平主席在哈萨克斯坦纳扎尔巴耶夫大学演讲），"21 世纪海上丝绸之路"是"为进一步深化中国与东盟合作，构建更加紧密的命运共同体"而提出（2013年 10 月 3 日习近平主席在印尼国会发表重要演讲时提出）（中国"一带一路"网：www. yidaiyilu. gov. cn）。"一带一路"横跨亚欧，涉及东南亚、南亚、中亚、西亚和中东欧等 60 多个沿线国家和地区，其目的地为欧洲。实际上，广义的"一带一路"还通过西亚和欧洲进而连接非洲。

"一带一路"将成为世界上跨度最长的经济大走廊，发端于中国，贯通中亚、东南亚、南亚、西亚乃至欧洲部分区域，最后通过西亚和欧洲连接非洲。2017 年 5 月有全球一百多个国家的各界嘉宾参加的"一带一路"高峰论坛的成功召开标志着全球对"一带一路"战略的看好和广泛支持。该战略的实施将影响全球经贸的未来格局和发展。

28.2 "一带一路"沿线国家和地区人口与经济规模分布

表28.1 给出了2003年以来东南亚、南亚、中亚、西亚和中东欧及独联体地区人口、境内产值和人均产值分布数据。

表28.1　　"一带一路"相关地区人口、境内产值和人均产值占世界比重分布　　　　单位：个,%

人口占比	地区经济体数	2003年	2007年	2010年	2014年	2015年	2016年	2020年*
东亚	7	24.0	23.3	22.8	22.1	21.9	21.8	21.2
中国	1	20.7	20.1	19.7	19.1	19.0	18.9	18.4
东南亚	11	8.6	8.7	8.7	8.7	8.7	8.7	8.8
南亚	8	22.9	23.2	23.4	23.8	23.8	23.8	24.1
中亚	5	0.9	0.9	0.9	0.9	1.0	1.0	1.0
西亚	17	4.2	4.3	4.5	4.6	4.6	4.6	4.4
亚洲	48	60.6	60.4	60.3	60.0	59.9	59.9	59.4
东亚外亚洲	41	36.6	37.1	37.5	38.0	38.0	38.1	38.2
东欧	20	5.0	4.7	4.5	4.3	4.3	4.2	4.0
"一带一路"沿线	62	41.6	41.8	42.0	42.3	42.3	42.3	42.2
"一带一路"沿线加中国	63	62.3	61.9	61.7	61.4	61.3	61.2	60.6
西欧	20	6.8	6.6	6.5	6.3	6.2	6.2	6.0
"一带一路"沿线加中国和西欧	83	69.0	68.5	68.2	67.7	67.5	67.4	66.7
非洲	51	13.9	14.7	15.3	15.9	16.1	16.3	17.2
GDP占比	地区经济体数	2003年	2007年	2010年	2014年	2015年	2016年	2020年
东亚	7	18.4	16.8	20.4	22.4	23.9	24.7	26.7
中国	1	4.3	6.2	9.2	13.5	15.2	15.3	17.7
东南亚	11	2.0	2.4	3.0	3.2	3.3	3.4	3.8
南亚	8	2.1	2.7	3.2	3.3	3.6	3.5	4.1
中亚	5	0.1	0.3	0.3	0.5	0.4	0.3	0.4
西亚	17	2.9	4.0	4.5	4.6	4.3	4.3	4.4
亚洲	48	25.5	26.1	31.4	34.0	35.6	36.2	39.3
东亚外亚洲	41	7.1	9.4	11.0	11.7	11.7	11.5	12.6

GDP 占比	地区经济体数	2003 年	2007 年	2010 年	2014 年	2015 年	2016 年	2020 年
东欧	20	2.9	4.8	4.7	4.6	3.6	3.5	3.6
"一带一路"沿线	62	10.0	14.2	15.7	16.3	15.3	15.0	16.2
"一带一路"沿线加中国	63	14.3	20.3	24.9	29.8	30.5	30.3	33.9
西欧	20	30.8	30.2	25.6	23.6	22.0	22.0	20.1
"一带一路"沿线加中国和西欧	83	45.1	50.6	50.5	53.4	52.5	52.2	54.0
非洲	51	2.0	2.6	3.0	3.2	3.1	2.5	2.6
人均 GDP 占比	地区经济体数	2003 年	2007 年	2010 年	2014 年	2015 年	2016 年	2020 年
东亚	7	76.6	71.9	89.3	101.3	108.9	113.5	125.8
中国	1	20.8	30.7	46.9	70.8	80.0	81.0	96.3
东南亚	11	23.1	27.8	34.8	37.2	38.0	39.2	42.8
南亚	8	9.0	11.4	13.6	14.0	15.3	14.6	16.9
中亚	5	15.4	30.8	35.5	47.9	43.2	34.7	38.5
西亚	17	68.9	93.1	100.2	102.0	94.3	92.6	100.5
亚洲	48	42.0	43.3	52.1	56.7	59.3	60.5	66.1
东亚外亚洲	41	19.3	25.3	29.4	30.7	30.7	30.2	33.0
东欧	20	59.2	101.9	103.8	107.2	84.8	82.7	89.1
"一带一路"沿线	62	24.1	33.9	37.4	38.5	36.2	35.4	38.3
"一带一路"沿线加中国	63	23.0	32.8	40.4	48.6	49.7	49.5	55.9
西欧	20	454.3	457.5	394.4	377.2	353.4	354.6	334.1
"一带一路"沿线加中国和西欧	83	65.4	73.8	74.1	79.0	77.7	77.5	81.1
非洲	51	14.6	17.4	19.5	19.9	19.1	15.2	15.0

　　数据来源：人口和 GDP 数据来自国际货币基金组织 2016 年 10 月公布的各个国家和地区数据，人均产值占比根据 GDP 和人口数据计算得出；地区经济体数是进入国际货币基金组织人口和 GDP 数据库的国家和地区；欧洲新兴和发展中经济体包括中东欧国家和独联体国家；2020 年的数据为根据国际货币基金组织 2016 年 10 月估算的数据。

28.2.1 "一带一路"相关地区人口分布

　　表 28.1 显示，2003 年到 2016 年，"一带一路"沿线国家和地区人口占世界人口比重从 42.0% 上升到了 42.9%，加上中国人口的世界占比，"一带一路"人口占比从 62.7% 略降到了 61.3%，总体占比超过六成。值得关注的是 2010 年南亚人口总数首次超过了东亚，成为亚洲以至全球人口最多的区域，占全球人

口比重接近 1/4。

28.2.2 "一带一路"沿线国家经济规模分布

表 28.1 显示，2003 年到 2016 年，亚洲经济占世界经济比重从 25.5% 提高到了 36.2%，略过 1/3，2010 年亚洲 GDP 世界占比 31.4%，首次超过了西欧和东欧经济的总占比 30.3%，重回世界最大的经济区域；然而亚洲整体经济发展很不平衡，除东亚境内生产总值占全球经济接近 1/4 外，西亚、南亚和东南亚经济的世界占比皆为 4 个百分点上下，中亚占比更低，不到半个百分点。另外，近年来东欧国家经济总占比不到 4 个百分点，与东南亚相当；整个"一带一路"沿线国家和地区总经济占世界比重仅为 15% 左右，与中国经济规模相当。

28.2.3 "一带一路"沿线和相关其他国家人均产值分布

表 28.1 显示，除东亚和西亚近年来人均产值相对较高，略超全球人均产值外，东欧国家人均产值近年来明显下降到了世界人均产值不到九成的水平；东南亚人均产值略超过世界水平的 1/3；中亚人均产值略低于东南亚，南亚人均产值仅为全球水平的 15% 上下，为整个"一带一路"相关地区最低的区域。可见，整个"一带一路"沿线国家总体人均产值仅为世界水平的 1/3 略高，显示这些国家和地区经济发展有着巨大的潜力，所以由中国来主导的"一带一路"战略的实施对沿线国家和地区经济发展、人民生活水平的提高将有着巨大的潜在推动作用。

28.2.4 "一带一路"沿线国家与我国贸易的分布

表 17.9 显示，尽管东亚国家和地区仍然是我国在亚洲最主要的贸易伙伴地区，但是十多年来我国与东亚国家和地区贸易占我国贸易比重呈现总体下降的趋势。与此同时，我国与东南亚、西亚、南亚和中亚的贸易占比却呈现持续上升的态势。表 17.10 显示，东南亚、西亚、南亚和中亚主要国家对我国贸易依存度仍然很低，仍有着巨大的增长空间。"一带一路"战略的实施将进一步促进我国与这些地区经贸的发展，达到互利共赢的目标。

28.3 "一带一路"的国际战略布局和意义

"一带一路"横跨亚欧大陆和西太平洋及印度洋区域，该战略的实施将对亚洲和亚欧以至全球经济贸易和世界金融市场产生巨大的影响和推动作用。

28.3.1 中国、亚洲、欧洲和美国经济中长期增长趋势回顾

表27.3及相关数据显示，公元元年到1820年，中印两大经济体绝大多数时间经济总和占世界经济的比重在一半上下，在近两千年间，亚洲都一直是世界经济的中心。表28.2给出了1700年到1980年主要经济体规模的比较。表28.2显示，由于欧洲工业革命等因素，到了19世纪80年代末，欧洲取代亚洲成为全球最大经济体，然而欧洲全球最大经济体的地位保持了仅半个多世纪，到1943年美国取代欧洲成为全球最大经济体，而且到第二次世界大战结束时美国经济超过欧洲经济占世界经济比重高达46.8%，显示美国通过第二次世界大战获得其全球经济头把交椅的地位。

表28.2　中国、亚洲、欧洲和美国中长期经济规模、年均增速和规模分布

（1770年到1980年，1990年国际元即 International Geary – Khamis dollars）

单位：亿国际元，%

国家或地区/年份	1770	1820	1850	1880	1913	1943	1945	1974	1980
经济规模									
中国	828	2286	2472	1897	2414	2705	2632	7519	10411
亚洲	2015	3866	4105	3898	6121	8050	6628	64870	87247
欧洲	812	1599	2613	3771	9022	13400	11200	41851	48492
亚欧总计	2828	5464	6718	7669	15143	21449	17828	106722	135739
美国	5	125	426	984	5174	15811	16448	35267	42306
美国/欧洲	0.62	7.82	16.30	26.09	57.35	117.99	146.86	84.27	87.24
合计	2833	5590	7144	8653	20317	37261	34276	141989	178044
年均复合增长率									
中国		0.85	0.26	−0.88	0.73	0.38	−1.35	3.69	5.57
亚洲		0.54	0.20	−0.17	1.38	0.92	−9.26	8.18	5.06
欧洲		0.57	1.65	1.23	2.68	1.33	−8.57	4.65	2.48
亚欧总计		0.55	0.69	0.44	2.08	1.17	−8.83	6.36	4.09
美国		2.68	4.16	2.83	5.16	3.79	1.99	2.67	3.08
合计		0.57	0.82	0.64	2.62	2.04	−4.09	5.02	3.84
经济规模分布									
中国	29.23	40.89	34.60	21.92	11.88	7.26	7.68	5.30	5.85
亚洲	71.13	69.16	57.46	45.05	30.13	21.60	19.34	45.69	49.00
欧洲	28.66	28.60	36.58	43.58	44.41	35.96	32.68	29.47	27.24
亚欧总计	99.82	97.75	94.04	88.63	74.53	57.56	52.01	75.16	76.24
合计	100.0	100.0	100.0	100.0	100.0	100.0	100.0	100.0	100.0

数据来源：1000年到1820年数据来自经合组织发表的麦迪逊（Maddison）教授"Development Centre Studies The World Economy A Millennial Perspective：A Millennial Perspective"。

表 28.2 的信息量很大，有很多值得我们深思的地方。首先，1820 年到 1850 年，在欧美经济显著持续增长的同时，中国经济增长却显著减速，仅相当于 1770 年到 1820 年年均增速的三成；1850 年到 1880 年，欧美经济持续显著增长，而中国经济不但没有增长反而显著下降。这六十年间中国国际地位显著下降既有列强侵略分割的外部因素，也有清政府故步自封未能跟上世界科技发展等步伐的内部因素。欧洲凭借其工业革命和全球掠夺，到 1890 年前后就首次超过亚洲而成为全球最大经济体，然而由于内部矛盾升级为两次世界大战，经济遭受严重打击，在第二次世界大战结束前就将世界经济的头把交椅拱手交给了美国，而美国虽在第二次世界大战中获取全球最大经济体和金融地位，但由于战时经济结构的调整和撕毁美元与黄金挂钩的承诺等因素，战后 30 年的年均增长首次低于欧洲，到 1974 年美国经济下滑到了比欧洲经济总体还要低 15.7% 的水平。通过"一带一路"战略实施以推动沿带沿路国家和地区经贸发展和中欧及西欧经贸的发展不仅是中国伟大复兴的需求，而且也是欧洲复兴超过美洲的内在需求。

28.3.2　三十多年来各经济体经济中长期增长趋势简析

表 28.2 给出了近 300 年来的数据，然而由于早期的数据大多是通过研究估算出的数据，准确度和可比性可能存在一定的问题。表 28.3 给出了 1980 年到 2016 年国际货币基金组织公布的相关数据及对 2016 年到 2020 年的估算数据。表 28.3 显示，1980 年到 2016 年中国经济世界占比从 2.75% 提高到了 15.27%，接近欧元区占比 16.07%；亚洲新兴市场占比从 11.68% 提高到了 26.52%，不仅超过了欧元区，而且也显著超过了欧盟；亚洲占比从 22.80% 提高到了 36.26%，显著超过欧洲占比 25.46%（实际上亚洲经济早在 2010 年占比 31.46% 就超过了欧洲占比 30.10%，重回最大经济体地位）。

表 28.3　　　　　亚洲和欧洲及相关国家和地区 GDP 及分布　单位：万亿美元，%

国家或地区/年份	1980	1990	2000	2010	2016	2020	2000 年到 2016 年的变化	2016 年到 2020 年的变化
中国	0.31	0.40	1.21	6.07	11.39	16.46	15.24	5.07
亚洲新兴经济体	1.30	2.26	5.25	13.15	19.78	27.92	22.66	8.14
亚洲发达经济体	1.24	3.67	5.89	7.50	7.27	8.57	2.68	1.30
亚洲	2.53	5.93	11.15	20.65	27.05	36.49	25.34	9.44
欧元区	2.83	5.62	6.50	12.66	11.98	13.77	7.27	1.79
欧盟	3.76	7.27	8.83	16.97	16.48	19.02	10.19	2.54
欧洲新兴经济体	0.11	0.12	0.73	3.07	2.61	3.33	2.60	0.73

续表

国家或地区/年份	1980	1990	2000	2010	2016	2020	2000 年到 2016 年的变化	2016 年到 2020 年的变化
欧洲	3.91	7.67	9.16	19.76	18.99	22.02	12.86	3.03
总计	6.44	13.60	20.31	40.41	46.04	58.51	38.21	12.48
美国	2.86	5.98	10.28	14.96	18.57	21.93	11.64	3.36
世界	11.11	22.41	33.65	65.64	74.59	92.81	59.16	18.22
占比分布								
中国	2.75	1.78	3.61	9.24	15.27	17.73	25.77	27.80
亚洲新兴经济体	11.68	10.10	15.61	20.03	26.52	30.08	38.31	44.66
亚洲发达经济体	11.12	16.36	17.51	11.43	9.74	9.23	4.53	7.15
亚洲	22.80	26.46	33.12	31.46	36.26	39.31	42.84	51.81
欧元区	25.47	25.09	19.31	19.29	16.07	14.84	12.29	9.80
欧盟	33.79	32.43	26.24	25.85	22.09	20.49	17.22	13.93
欧洲新兴经济体	0.98	0.54	2.18	4.68	3.49	3.59	4.40	3.99
欧洲	35.18	34.23	27.22	30.10	25.46	23.73	21.75	16.64
亚欧总计	57.98	60.69	60.34	61.56	61.72	63.04	64.59	68.45
美国	25.76	26.68	30.56	22.80	24.89	23.63	19.68	18.44
亚、欧发达经济体	45.32	50.05	42.55	36.85	31.71	29.37	21.88	19.81

数据来源：根据国际货币基金组织2016 年10 月公布的主要国家和地区 GDP 数据及估算数据计算得出；其中亚洲发达经济体包括日本、中国台湾和香港、新加坡和以色列 5 个经济体总和。

表28.3 的数据也显示，到2020 年中国经济世界占比将提高到17.73%，显著超过欧元区占比 14.84%，亚洲新兴市场占比将提高到30.08%，几乎超过欧盟占比 20.49% 的一半；亚洲占比将接近四成，几乎比届时欧盟占比的20.49% 高出一倍。表28.3 最为值得关注的是，2000 年到2016 代表欧洲发达经济的欧元区世界经济占比累计下降了 4.47%，欧盟累计下降了 5.75%，而同期亚洲发达经济体累计下降了8.27%（主要是日本同期累计下降了8.12% 所致）。以上数据显示，欧元区以至整个欧洲只有抓住"一带一路"的战略机遇，重振经贸和加速金融改革，才能使欧元区以至欧洲重回持续增长的道路。

28.4　相关国家和国际组织对"一带一路"倡议的反应

28.4.1　相关国家和国际组织对"一带一路"倡议的反应

2013 年习近平主席提出"一带一路"战略构思之后，"一带一路"战略很快获得了相关国家和地区的积极回应。"一带一路"倡议自提出以来两年多的时间内，一是参与的伙伴越来越多。目前与60多个国家相关部门及国际组织共同发布推进"一带一路"贸易畅通合作倡议，其中30个国家政府签署了经贸合作协议（"一带一路"国际合作高峰论坛成果清单，"一带一路"国际合作高峰论坛官方网站，2017－05－16）。二是金融支撑基本到位。中方发起的亚投行已经开业运营，丝路基金首批投资项目已经正式启动。三是互联互通网络逐渐成形。以中巴、中蒙俄等经济走廊建设为标志，基础设施、金融、人文等领域取得了重要收获。中欧班列贯通欧亚，匈塞铁路、雅万高铁开工建设，中老、中泰等泛亚铁路网建设也开始启动。四是产能合作全面推进。我们同近20个国家开展了机制化产能合作，开创了中国—哈萨克斯坦合作新模式，一大批重点项目已在各国落地生根（王毅：30多个国家同中国签署共建"一带一路"协议，中国新闻网，2016－03－08）。目前，已与我国签署"一带一路"合作协议的三十多个国家已经达到了沿线国家总数的一半以上，成绩显著。

"一带一路"倡议是中国的，但机遇是世界的。提出这一倡议，顺应了亚欧大陆要发展、要合作的普遍呼声，标志着中国从一个国际体系的参与者快速转向公共产品的提供者。"一带一路"秉持共商、共建、共享原则，奉行的不是"门罗主义"，更不是扩张主义，而是开放主义。"一带一路"带给未来世界的，一定是一幅亚欧大陆共同发展繁荣的新的历史画卷。

28.4.2 联合国对"一带一路"倡议的认可

2017年3月17日，联合国安理会以15票赞成，一致通过关于阿富汗问题第2344号决议，呼吁国际社会凝聚援助阿富汗共识，通过"一带一路"建设等加强区域经济合作，敦促各方为"一带一路"建设提供安全保障环境、加强发展政策战略对接、推进互联互通务实合作等。决议强调，应本着合作共赢精神推进地区合作，以有效促进阿富汗及地区安全、稳定和发展，构建人类命运共同体。此次安理会一致通过第2344号决议，首次载入"构建人类命运共同体"的重要理念，体现了国际社会的共识，彰显了中国理念和中国方案对全球治理的重要贡献。决议敦促各方进一步推进"一带一路"建设，并提出为此加强安全保障等具体要求，这是对以往联合国及安理会决议关于"一带一路"表述的继承和发展，强化了国际社会的共识，为即将在北京举办的"一带一路"国际合作高峰论坛营造了良好氛围。中方希望广大会员国按照安理会决议要求，积极参与和推进"一带一路"建设，共同构建人类命运共同体（国务院新闻办公室网站：www.scio.gov.cn，2017－03－20）。

28.5 广泛合作推动"一带一路"战略实施和人民币国际化

除新设的亚投行和金砖银行外，加强与其他区域性开发银行的合作也将促进我国与世界各国的合作力度，对"一带一路"战略实施和人民币国际化推动有积极的作用。本节简单介绍我国与其他区域性开发银行的合作情况。

28.5.1 1985 年我国成为非洲开发银行会员国

非洲开发银行（African Development Bank，ADB）1964 年正式成立。1966 年 7 月 1 日开业。总部设在科特迪瓦的经济中心阿比让。2002 年因政局不稳，临时搬迁至突尼斯至今。非洲开发银行是非洲最大的地区性政府间开发金融机构，其宗旨是促进非洲地区成员的经济发展与社会进步。中国于 1985 年 5 月加入非洲开发银行。截至 2006 年底，中国在非洲开发银行持股 24230 股，占总股份的 1.117%（www.afdb.org）。

28.5.2 2009 年我国成为美洲开发银行会员国

美洲开发银行（Inter-American Development Bank，IADB）成立于 1959 年 12 月 30 日，是世界上成立最早和最大的区域性、多边开发银行，总行设在华盛顿。该行是美洲国家组织的专门机构，其他地区的国家也可加入，但非拉美国家不能利用该行资金，只可参加该行组织的项目投标。该组织有 20 个创始成员国（19 个拉美国家和美国。截至 2006 年，该行由美国、巴西等 28 个美洲地区国家和日本、英国、德国、韩国等 19 个区域外成员组成。IADB 致力于服务拉丁美洲和加勒比地区，以提高该地区人民生活水平为宗旨。中国于 1993 年向美洲开发银行正式提出了入行申请，并于 2004 年重申了这一申请。近年来中国与拉美经贸关系发展迅速，很多拉美国家也希望中国尽早加入美洲开发银行。2008 年全球金融危机发生后，美洲开发银行迫切希望中国加入以共同应对金融危机，中国于 2009 年 1 月正式成为美洲开发银行第 48 个会员国，同时也是亚洲地区第四个参加该组织的国家（www.iadb.org）。

28.5.3 我国为亚洲开发银行第三大股东

亚行创建于 1966 年 11 月 24 日，总部设在菲律宾首都马尼拉。亚行理事会于 1986 年 2 月 17 日通过第 176 号决议同意接纳中华人民共和国为亚行成员。截至 2013 年 12 月底，亚行有 67 个成员，其中 48 个来自亚太地区，19 个来自其他地区。按各国认股份额，中国居第三位，日本和美国并列第一（15.60%）。

按各国投票权，中国也是第三位（5.45%）；日本和美国并列第一（12.78%），在这个组织中都是第一大出资国，拥有一票否决权。

在1987年4月举行的理事会第20届年会董事会改选中，中国当选为董事国并获得在董事会中单独的董事席位。同年7月1日，亚行中国董事办公室正式成立。1986年，中国政府指定中国人民银行为中国对亚行的官方联系机构和亚行在中国的保管银行，负责中国与亚行的联系及保管亚行所持有的人民币和在中国的其他资产。2000年6月16日，亚行驻中国代表处在北京成立。

28.5.4 我国申请成为欧洲复兴开发银行会员

中国申请加入欧洲复兴开发银行，既有利于中国扩大在国际金融机构中的影响力，也有助于欧洲增加融资渠道，同时还将大力驱动中欧在基础设施投资、地区发展、人民币国际化等方面合作。为助推"一带一路"倡议与"欧洲投资计划"顺利对接，深化与欧洲复兴开发银行的合作关系，中国向欧洲复兴开发银行表达了加入意愿。2016年1月15日，国务院决定加入《欧洲复兴开发银行成立协定》并接受欧洲复兴开发银行理事会通过的《关于中国成员资格的决议》。外交部王毅部长签署了加入书，外交部出具了法律意见函，中国人民银行周小川行长签署了股本认购函等函件。这意味着中国加入欧洲复兴开发银行的相关法律程序已经完成，中国正式成为欧洲复兴开发银行成员（中国正式成为欧洲复兴开发银行成员，中国人民银行网站，2016 – 01 – 15。）

28.6 中欧互利共赢合作是"一带一路"战略的重要支柱

表28.1的数据显示，"一带一路"显现国家和地区人口占世界比重超过四成，而经济世界占比不到1/6，人均产值仅为世界平均水平的四成不到，显示"一带一路"战略实施对整个"一带一路"沿线有着巨大的推动潜力；同时西欧人口虽然仅占世界人口的6%略高，而占世界GDP比重却超过1/5，人均产值为世界平均水平的3.5倍左右，为"一带一路"沿线国家的10倍！"一带一路"沿线国家和地区基础条件较差，而且社会和政治稳定也相对较低，"一带一路"战略的实施需要时间，发挥经贸效益也同样需要时间，而西欧国家大多为发达国家，欧洲在全球金融和科技等领域的地位也非常重要，对接这些国家可对我国经贸直接产生效果。比如高压线路输送电力，输送两端建设好，整个输送效果才会好。因此，注重"一带一路"沿线国家互联互通的同时，同样重视"一带一路"终点的欧洲极为重要。

近年来中欧合作已经取得了可喜的进展，第26章显示2015年以来欧元取代日元成为境内外汇市场仅次于美元的第二大外币就是一个明显的证据。虽然中欧合作取得了可喜的成绩，但是仍有诸多环节可以加深合作，从而加速"一带一路"战略的实施。我们提出如下政策建议。

28.6.1　提高人民币和欧元贸易结算等以支持人民币和欧元国际化程度

欧盟从 2003 年和 2004 年分别超过美国和日本，成为我国最大的贸易伙伴，十多年来保持了最大的贸易伙伴位置。虽然欧盟是我国最大的贸易伙伴，而且近年来包括英国和欧元区在内的主要欧盟国家与我国经贸和金融合作加速，但是欧元和人民币在中欧跨境贸易结算方面的进展仍达不到贸易占比水平。所以，提高中欧贸易、投资人民币和欧元结算不仅对人民币国际化有重要的意义，而且对欧元和英镑也会有一定的支持作用。

28.6.2　提高与欧洲人民币外汇互换协议额度及使用率

表 26.2 显示，2009 年以来我国与三十多个国家和地区签订了人民币外汇互换协议，其中与 7 个欧洲国家和地区累计签订了价值 10355 亿元人民币的外汇互换协议，占总额的 31%；这七个欧洲国家和地区仅有英国和欧元区是欧盟国家，该两地分别与我国签订了 3500 亿元人民币外汇互换协议，占总额比重仅为 21.2%。几年来我国与欧元区的贸易超过与英国贸易 6 倍左右，而如此大的欧元区与我国签订的人民币外汇互换协议总额才仅与英国签订的总额相同，表明我国与欧元区金融合作的潜力空间更大。

28.6.3　提高合格境外机构投资者的欧元区额度

截至 2017 年 5 月 26 日外汇局批准 283 个合格境外机构投资者中仅有 26 个机构是欧元区的，这些欧元区机构获准的金额累计仅为 63.64 亿美元，仅占总额的 6.86%，远低于近年来欧盟与我国 15% 上下的贸易占比。仔细分析欧元区申请的数据，我们发现欧元区获准的总累计金额中有 54.21 亿美元是英国汇丰银行、中国工商银行和美国花旗银行等非欧元区银行通过其在欧元区注册的机构申请的额度，这些银行申请的总额度占欧元区获准总额度 63.64 亿美元的比重高达 85.2%，欧元区自己银行总获准额度仅有 9.43 亿美元，占总获准额度比重仅为 1.0%，远不到我国与欧元区贸易占比 15% 上下的一成，显示我国与欧元区金融合作仍须加大力度，有着广阔的增长空间。

另外，截至 2017 年 2 月 24 日，欧元区仅有法国、德国、卢森堡和爱尔兰四个国家分别批准人民币境外合格机构投资者 800 亿、800 亿、500 亿和 500 亿元人民币额度，总计 2600 亿元，比英国获准额度 800 亿元人民币高出 2 倍多点，与近年来我国与欧元区贸易比与英国的贸易 6 倍左右的倍数还相差很多；虽然欧元区获准额度相对于英国较低，而同时欧元区累计获准额度 487.3 亿元人民币仅略高于英国累计获准额度 307.94 亿元人民币，显示我国与欧元区人民币合作力度有待显著加强。

28.7 中欧战略合作的领域

上文介绍了加强中欧合作对"一带一路"战略实施的重要性，本节简单介绍中欧合作的其他重要领域。

28.7.1 增加中欧金融、科技等领域企业相互持股

十多年前，我国国有银行开始探索境外上市时，大多数银行引入了境外战略投资者，对我国银行业的市场化和转型升级发挥了重要的作用。然而，回顾十年来我国银行业改革的历程，当时引进战略投资者实际上是以成功上市为主要目的，还谈不上与投资者战略合作的程度。十年后的今天，我国银行业改制发展取得了巨大的成绩，我国主要银行真正有了一定的资本、管理水平和银行市值，这样使得我国银行在新的国际格局中寻找真正的战略合作伙伴，以服务"一带一路"战略实施和推进人民币国际化的进程。到目前为止，我国主要大型银行和很多股份制银行已经有了境外合作伙伴持有我国银行的部分股份，而且我国几家大型银行和个别股份制银行也在境外收购了一些境外银行的资产，但是，我国大型银行和股份制银行仍少有主要外资银行相应的股份。为加速实施"一带一路"战略和推动人民币国际化，特别是在欧洲金融业和其他行业近几年来经营差强人意和市值低迷之时，通过公开市场和其他渠道持有欧洲银行、证券、保险、科技等领域上市公司一定比例的股份，既可以对我国银行业和其他领域企业经营所急需的国际经验有帮助，又可以对欧洲相应公司给予支持，进而达到与欧洲战略合作伙伴"利益捆绑"的目的，最终达到更紧密的合作水平。

28.7.2 促进中外资银行互换股份以加速人民币国际化

英国多年来保持了全球外汇中心的地位，而且近年来对推动人民币国际化热情不减。汇丰银行是全球境外人民币业务量最大的外资银行，中国建设银行被中国人民银行授权为伦敦人民币清算银行。如中国建设银行与汇丰银行以一定的方式换股，不仅对汇丰银行伦敦的人民币业务有利，而且对建设银行伦敦人民币业务也有利，同时可加速伦敦人民币中心的发展；同样，中国银行是多年来我国涉外业务的主要银行，中国银行香港分行是被授权的在港人民币清算

银行，以中银香港上市公司的股份与汇丰银行或者渣打银行换股，同样会产生对双方商业皆有利的效果；另外，中国工商银行是新加坡人民币清算银行，新加坡近年来推动境外人民币业务发展成绩显著，如中国工商银行与新加坡主要银行星展银行相互持股，同样也会达到互利共赢的目的，对推动新加坡人民币中心的发展和"一带一路"战略实施产生积极的推动作用；再者，德国和法国是欧元区的核心，中国银行是授权的法兰克福和巴黎人民币清算银行，以中国银行与德意志银行和法国巴黎银行或者法国兴业银行换股，也有望产生如上所述双赢的效果。境内在境外其他人民币中心的清算银行与中心所在国主要银行的相应战略合作也会产生相似的效果，这里不再多述。

28.8 加大与法国和西班牙合作力度以开辟中非和中拉合作新渠道

中非和中拉合作是"一带一路"的自然延伸。近年来中非和中拉合作皆取得了可喜的成绩。然而，还需要结合"一带一路"战略的推动，拓展更多的第三方合作渠道，从而达到利用第三国经验以降低合作风险的目的。法国和西班牙在非洲和拉美有数百年的历史渊源，该两国对非洲和拉美历史、政治、文化、军事、经贸、金融等各个领域的理解和认识都是我国短期内难以达到的。因此，通过与该两国金融和其他企业及机构进行多种"利益互绑"式的合作，既可达到利用其经验和技能的目的，同时也有望取得加深中欧合作和创造中非与中拉合作新模式的一举两得的效果。

特别重要的是，西班牙作为欧元区第四大经济体，是2007年以来受国际金融危机冲击最大的欧元区主要国家，2015年经济世界排名从2007年的第8位下降到了第14位。西班牙语是拉美除巴西和伯利兹外国家的官方语言，西班牙在整个拉美几百年来有着其他欧洲国家难以想象的影响力。然而由于其经贸和金融实力的相对下降，在拉美影响力也随之下降。尽管如此，西班牙国际银行有限公司（SANTANDER CENTRAL HISPANO S. A.），也叫桑坦德银行，在2015年福布斯全球最大企业中市值、资产和利润仍分别排名全球第9、第8、第7大银行，成为仅次于英国汇丰银行的欧洲第二大银行，各项指标皆超过德意志银行、法国巴黎银行、法国兴业银行和瑞士联合银行等欧洲主要银行。桑坦德银行除在拉美大多国家有经营多年的分行，对当地经贸和金融领域的经营和风控有着其他国家金融机构未有的独特优势。然而，虽然西班牙是亚投行发起成员国之一，西班牙仅有一家（西班牙对外银行）机构是我国的合格境外机构投资者，而且该银行累计获准额度仅有1亿美元；另外，截至2017年2月24日，西班牙还没有任何一家机构获准人民币合格境外投资者资格，显示与西班牙金融合作尚待继续加强。因此，加强中资金融机构与桑坦德银行和其他西班牙机构的合作不仅会提高中国和西班牙的合作程度，同时也会间接达到通过该行在拉美地区发展和实施风险管控的目的。

28.9　亚投行和金砖银行等对"一带一路"战略实施的作用

亚投行和金砖银行的设立及我国与其他区域性开发银行的合作，在很大程度上都是为了推动"一带一路"战略的实施。

28.9.1　亚投行对"一带一路"战略实施的作用

亚投行的设立就是为了填补亚洲在铁路、公路、桥梁、港口、机场和通讯等基础建设方面的严重不足，而这些投资业务正是"一带一路"实施的基础性工作。因此，亚投行是"一带一路"战略实施的基础或准备，而且亚投行中亚洲外广泛的发达经济体成员国可以为"一带一路"战略的实施提供必需的经验。

28.9.2　金砖银行是"一带一路"沿线及其扩展区域的支撑

表17.9和表17.10显示，南亚是我国在亚洲贸易发展较为薄弱的环节，而印度是南亚最大经济体，印度对我国贸易依存度在我国主要的25个亚洲国家和地区贸易伙伴中最低；俄罗斯是东欧最大的经济体，同时也是我国在东欧国家最大的贸易伙伴，与我国经贸和金融合作潜力显著；巴西是南美最大的经济体，也是我国在拉美最大的贸易伙伴；南非是非洲第二大经济体，多年来保持为我国最大的非洲贸易合作伙伴，而且南非人民币中心为我国在非洲第一个人民币中心。

"金砖银行"既类似于世界银行，又与世界银行有很大的区别，其运营模式确实需要探讨和研究。但是，"金砖银行"的目标明确，是为"金砖国家"及其他新兴市场和发展中国家弥补基础设施缺口和满足可持续发展需求方面解决融资问题。该目标实际上与中国国家开发银行几十年来的功能相类似。特别值得关注的是，"金砖银行"的目标不仅为"金砖国家"，而且为其他新兴市场和发展中国家弥补融资难问题，这样，"金砖银行"的服务目标将不限于"金砖五国"，而且全球一百多个新兴市场和发展中国家都可能成为"金砖银行"的会员和潜在服务对象，对推动全球和平发展和协调发展作出重大的贡献。

28.9.3　多边合作主推"一带一路"战略实施

值得关注的是，"一带一路"沿线地区的人民币业务将可能加快发展。目前

"一带一路"60多个国家中，与中国央行签署货币互换协议的央行或货币当局有18个，指定的人民币清算行为8家，部分国家与中国在大宗商品交易中开始采用人民币结算。随着中国可能在这些地区加大富余产能输出、对外投资和基础设施开发建设，人民币在该地区的跨境使用将得到空前提高。

28.10 丝路基金对"一带一路"和人民币国际化的推动作用

习近平主席在2015年11月4日主持中央财经领导小组第八次会议上指出，研究"丝绸之路经济带"和"21世纪海上丝绸之路"规划、发起建立亚洲基础设施投资银行和设立丝路基金。习近平发表重要讲话强调，"丝绸之路经济带"和"21世纪海上丝绸之路"倡议顺应了时代要求和各国加快发展的愿望，提供了一个包容性巨大的发展平台，具有深厚历史渊源和人文基础，能够把快速发展的中国经济同沿线国家的利益结合起来。要集中力量办好这件大事，秉持亲、诚、惠、容的周边外交理念，近睦远交，使沿线国家对我们更认同、更亲近、更支持（习近平：办好亚投行和丝路基金，中国政府网，2014-11-06）。

作为我国实施"一带一路"战略的重要金融支持机构，丝路基金有限责任公司日前正式落户金融街，并完成登记注册程序。该公司首期注册资本100亿美元，由中国人民银行牵头会同有关部门负责筹备工作，主要发起人包括外汇管理局、国开金融公司、中投公司、进出口银行。丝路基金将为"一带一路"沿线基础设施建设、资源开发、产业合作等有关项目提供投融资支持，其设立对实现亚洲国家之间的互联互通，推动区域经济发展具有重要意义（丝路基金正式落户北京金融街，人民网，2015-01-22）。丝路基金对"一带一路"战略实施和人民币国际化将发挥直接的推动作用。

28.11 "一带一路"战略实施与人民币国际化推动的互动关系

十多年来我国银行业经营和发展取得了巨大的成就，然而在市场风险管理特别是在汇率风险管理方面，仍然与国际银行有着巨大的差距。"走出去"的企业经常好不容易赚到了一定数额的利润，而经常在汇兑方面就损失三分之一甚至一半。人民币国际化的不断提升可以使我国企业和金融机构直接利用人民币在境外开展业务，这样就避免或降低了企业和银行汇率风险，对我国企业和金融机构竞争力有直接的提升作用。因此，人民币国际化程度越高，企业"走出去"推动"一带一路"就更有优势，更有利于"一带一路"的实施。

另外，"一带一路"战略推动越广泛深入，人民币在境外使用度就越高，对人民币国际化的提升作用就越明显。所以，人民币国际化的推动和"一带一路"战略实施是相辅相成和互相促进的。

亚投行、金砖银行和丝路基金等新设机构加强与世界其他区域性金融机构合作能够显著扩大人民币在相关地区的贸易结算和海外融资领域的使用，对构建和扩展"人民币圈"意义重大。

28.12 上海合作组织对"一带一路"的重要推动作用

2001年6月15日上海合作组织（以下简称上合组织）在上海正式成立。上合组织的前身是上海五国会晤机制。2001年6月14~15日，上海五国元首在上海举行第六次会晤，乌兹别克斯坦以完全平等的身份加入上海五国。15日，六国元首举行首次会议，并签署了《上海合作组织成立宣言》，上海合作组织正式成立。此次峰会还签署了《打击恐怖主义、分裂主义和极端主义上海公约》。2017年6月9日，印度和巴基斯坦正式成为上合组织成员，这也是上合组织首次扩员。除以上8个正式成员国外，上合组织还有阿富汗、白俄罗斯、伊朗和蒙古国等四个观察员国及阿塞拜疆、亚美尼亚、柬埔寨、尼泊尔、土耳其和斯里兰卡等六个对话伙伴国。上合组织成员国和观察国及对话伙伴国都是"一带一路"沿线的主要国家。

"一带一路"建设与上合组织发展，在理念上高度契合，在实践中相融相通。从逐步建立区域经济合作制度性安排，到支持建立地方合作机制、积极开展中小企业合作，把各国发展战略相互对接，更好发挥上合组织的重要平台作用，让"丝路精神"与"上海精神"交相辉映，"一带一路"建设定能与上合组织发展相互促进，共同谱写发展繁荣新篇章（习近平主席在上合组织成员国元首理事会第十七次会议上的讲话，上合组织官网：www. scobc. cn）。

28.13 小结

"让和平的薪火代代相传，让发展的动力源源不断，让文明的光芒熠熠生辉，是各国人民的期待，也是我们这一代政治家应有的担当"（"一带一路"通往人类命运共同体，2017年1月18日，国家主席习近平在联合国日内瓦总部发表的演讲，新华社）。为实现这一宏伟目标，中国提出构建人类命运共同体，实现共赢共享。落实到具体行动上，一个重大举措就是习近平主席提出的"一带一路"倡议，通过促进各国合作，实现共赢共享发展。新的起点上，我们要勇于担当，开拓进取，用实实在在的行动，推动"一带一路"建设国际合作不断取得新进展，为构建人类命运共同体注入强劲动力（习近平在"一带一路"国际合作高峰论坛圆桌峰会上的闭幕词，2017 年 5 月 15 日）。

本章的数据显示，"一带一路"战略的实施不仅将推动沿线国家和地区经贸的发展，提高这些国家人均产值和收入，而且还将改变整个世界的经贸格局，对人民币国际化产生重要的推动作用。当然，"一带一路"不是中国一个国家可以实施的，需要沿线国家和地区以至全球集中人力、物力、财力和智力共同努力，才能使这个人类命运共同体构建起来，最终实现提高全人类的福祉，使中华民族伟大复兴的历史壮举发放出更加灿烂夺目的光芒。

无论从涉及地域范围、所需投资金额等方面来衡量，"一带一路"不仅在中国，而且在人类历史上都堪称为最宏伟的战略规划，将"为构建人类命运共同体注入强劲动力"。当然，涉及如此大范围和资金的宏伟规划也必将面临全球政治、军事、宗教、法律等诸多领域的风险，加上传统金融业中国别风险、外汇风险、项目管理等风险也将超过其它传统的项目。因此对"一带一路"战略实施的时间表、项目规划和相关子项目规划、融资方式、风险管理和境内、外协调发展等方面都应该有系统、全面的研究和规划，提前预判可能出现的各种主要风险点并找到相应的化解预案，从而使"一带一路"战略实施过程中各种主要风险尽可能地控制在一定的范围之内以保证战略的持续稳步推进。

29 上海自贸区对上海金融中心建设及对人民币国际化的推动作用

国际金融中心是包括以国际外汇、债券、股票及其衍生产品为主要交易的所在地，也是保险业、基金业、风险投资业等其他金融业相关业务的聚集地，同时也是律师、会计、信用评估等金融服务业的汇集地。因此，国际金融中心的排名应该是如上主要领域业务规模的加权结果。当然，不同国家和地区金融资产规模的大小在很大程度上决定相应金融市场的活跃度。本章在介绍主要国家和地区跨境资产、境内资产及相应货币分布的基础上，介绍主要国际金融中心的排名结果及演变，进而介绍和比较上海国际金融中心近年来的成就及与香港、新加坡、东京等国际金融中心的差距，最后探讨近年来上海自贸区建设和发展及其他自贸区的发展对上海国际金融中心的推动作用并提出加速上海国际金融中心建设的一些建议。

29.1 主要国家和地区跨境资产分布

我们在第 25 章介绍了主要国家和地区的跨境资产在全球的分布，这些资产实际上是主要国家和地区作为股东拥有的跨境资产在全球的分布，显示不同国家和地区金融实力及对其本币的支持力度。本节介绍全球跨境资产在不同国家和地区的分布以反映不同国家和地区金融中心的水平。表 29.1 给出了 2007 年到 2016 年位于主要国家和地区跨境资产的分布。

表 29.1　　位于主要国家和地区银行业跨境资产分布及相关比较　单位：亿美元

国家或地区/年份	2007	2008	2009	2010	2011	2012	2013	2014	2015	2016
跨境资产分布										
欧元区	12.85	12.1	11.57	10.69	10.25	10.17	9.94	9.61	8.33	7.98
英国	6.67	5.44	5.2	5.29	5.55	5.38	4.93	4.94	4.54	4.41
日本	2.4	2.57	2.46	2.83	3.01	3.25	3.19	3.05	3.17	3.45
美国	2.96	2.92	3.14	3.6	3.53	2.86	2.66	2.66	2.66	2.73
中国香港	0.8	0.79	0.75	0.83	0.92	0.98	1.13	1.27	1.25	1.35
中国大陆									0.74	0.88

续表

国家或地区/年份	2007	2008	2009	2010	2011	2012	2013	2014	2015	2016
瑞士	1.54	1.12	0.91	0.8	0.78	0.68	1.02	0.91	0.85	0.78
新加坡	0.67	0.62	0.61	0.66	0.66	0.71	0.75	0.74	0.72	0.69
加拿大	0.3	0.34	0.42	0.45	0.46	0.49	0.47	0.49	0.51	0.59
澳大利亚	0.18	0.25	0.22	0.25	0.33	0.35	0.33	0.42	0.44	0.44
瑞典	0.34	0.37	0.35	0.37	0.43	0.45	0.47	0.45	0.4	0.38
中国台湾	0.18	0.17	0.19	0.2	0.22	0.25	0.31	0.36	0.35	0.37
韩国	0.08	0.11	0.1	0.1	0.12	0.11	0.17	0.21	0.21	0.21

跨境负债分布

国家或地区/年分	2007	2008	2009	2010	2011	2012	2013	2014	2015	2016
欧元区	9.87	9.47	8.96	8.86	8.33	8.17	8.55	8.21	7.13	7.14
英国	6.2	5.13	4.72	4.72	4.97	4.79	4.41	5.04	4.59	4.37
日本	0.69	0.92	0.96	1.17	1.21	1.37	1.3	1.19	1.21	1.34
美国	3.72	3.66	3.38	3.6	3.94	3.3	3.62	3.65	3.3	3.29
中国香港	0.48	0.5	0.5	0.6	0.69	0.72	0.84	1.01	1	1.07
中国大陆									0.95	0.96
瑞士	1.39	1.03	0.89	0.83	0.83	0.8	0.9	0.81	0.9	0.88
新加坡	0.64	0.59	0.56	0.63	0.65	0.7	0.76	0.74	0.68	0.66
加拿大	0.25	0.26	0.3	0.31	0.33	0.35	0.36	0.47	0.44	0.49
澳大利亚	0.49	0.49	0.58	0.63	0.67	0.72	0.67	0.72	0.71	0.7
瑞典	0.25	0.28	0.25	0.24	0.27	0.28	0.26	0.26	0.22	0.22
中国台湾	0.08	0.09	0.08	0.1	0.12	0.14	0.18	0.21	0.18	0.19
韩国	0.2	0.19	0.21	0.2	0.21	0.2	0.22	0.24	0.24	0.23

跨境资产与母国在外跨境资产差额分布

	2007	2008	2009	2010	2011	2012	2013	2014	2015	2016
欧元区	-3.76	-2.97	-2.92	-2	-1.13	-0.82	-0.81	-0.83	-0.86	-1.69
英国	3.26	2.18	1.97	1.43	1.53	1.78	1.78	2.1	1.98	1.77
日本	-0.27	-0.32	-0.54	-0.58	-0.65	-0.77	-0.9	-0.91	-0.96	-1.06
美国	-0.14	-0.7	-0.24	-0.2	-0.6	-0.38	-0.29	-0.36	-0.31	-0.35
中国香港	0.76	0.75	0.71	0.79	0.88	0.94	1.08	1.23	1.22	1.31
中国大陆									-0.64	-0.7
瑞士	-2.16	-1.39	-1.25	-1.32	-1.35	-1.35	-1.22	-1.26	-1.03	-1.02
新加坡	0.56	0.51	0.5	0.54	0.5	0.56	0.55	0.53	0.51	0.47

续表

国家或 地区/年份	2007	2008	2009	2010	2011	2012	2013	2014	2015	2016
加拿大	-0.39	-0.34	-0.35	-0.39	-0.44	-0.54	-0.47	-0.47	-0.47	-0.36
澳大利亚	-0.06	-0.04	-0.08	-0.12	-0.15	-0.15	-0.15	-0.14	-0.13	-0.12
瑞典	-0.24	-0.23	-0.26	-0.43	-0.56	-0.53	-0.48	-0.49	-0.37	-0.4
中国台湾	0.01	0.02	0.02	0.02	0.02	0.03	0.05	0.07	0.05	0.05
韩国	0	0.01	-0.01	0	0	0	0.03	0.05	0.05	0.04
比利时	-0.2	-0.04	0.29	0.3	0.25	0.18	0.22	0.27	0.25	0.23
卢森堡	0.83	0.77	0.72	0.61	0.66	0.72	0.73	0.66	0.56	0.5

数据来源：国际清算银行网站 www. bis. org；母国在外跨境资产数据来自表 25.1。

表 29.1 显示，在欧元区跨境资产量最大，2007 年到 2016 年在欧元区的跨境资产从 12.85 万亿美元持续下降到了 7.98 万亿美元，但仍为在英国跨境资产的近两倍；在英国的跨境资产仅次于欧元区，2007 年到 2016 年在英国的跨境资产也在持续下降，但在英国的跨境资产保持了欧元区跨境资产的一半上下；同期在日本的跨境资产不降反增，从 2.40 万亿美元增长到了 3.45 万亿美元，排名第三位；在美国的跨境资产变化最小，在四大货币母体跨境资产金额中排名第四；在中国香港的跨境资产排名第五，2007 年到 2016 年年均增幅 6.0%，超过了同期在日本的跨境资产年均增幅 4.1%；在我国的跨境资产从 2015 年的 0.74 万亿美元和排名第七提高到了 2016 年的 0.88 万亿美元、排名第六，显示近年来我国银行业 "走出去" 的显著成就；瑞士跨境资产呈现持续显著的下降态势，同期年均复合下降率高达 7.2%，为表 29.1 中 11 个经济体降幅最高的经济体，2009 年在瑞士的跨境资产首次低于中国香港，2016 年首次低于我国内地，排名从 2009 年前的第五分别下降到了第七；在新加坡的跨境资产近十年来略有增长，排名从 2015 年前的第七下降到了 2015 年以来的第八位。

表 29.1 的数据显示，虽然在英国的跨境资产金额仅相当于欧元区的一半左右，但欧元区的跨境资产分散在法国、德国、荷兰、卢森堡、意大利和西班牙等十个主要欧元区国家里，其中在法国和在德国的跨境资产虽然皆超过两万亿美元，但在该两国的跨境资产总和也低于英国。因此在英国的跨境资产冠居全球，英国是名副其实的国际金融中心。

29.2 在不同国家或地区的跨境资产与这些国家或地区跨境资产差额

在不同国家或地区的跨境资产与这些国家或地区在境外的跨境资产差额

（下文简称差额）的高低在很大程度上反映外国在这些国家或地区金融活动的活跃程度，因此是金融中心的较好度量。表29.1也给出了2007年以来在不同国家或地区的跨境资产与这些国家或地区在境外的跨境资产差额。

29.2.1 在不同国家和地区的跨境资产与母国跨境资产正差额的金融中心

表29.1显示，虽然2008年金融危机爆发到2010年，英国的"差额"缩减了一半多，而2010年到2014年又有了明显的回升，英国"差额"遥遥领先其他任何国家和地区，是名副其实的国际金融中心；中国香港"差额"整体呈现明显的增长态势，2010年首次超过卢森堡，之后显著增长，成为英国后全球第二大金融中心；2010年卢森堡"差额"首次低于中国香港，但2011年以来保持了"差额"第三的地位，是欧洲大陆最大的金融中心；新加坡"差额"变化不大，保持了全球第四的地位，是全球重要的金融中心之一；2009年以来卢森堡"差额"保持了全球第六的排名，为欧洲大陆第二大金融中心。这些数据为我们判断国际金融中心提供了另外一个参数。

另外，我们对英国金融中心需要有更深入的了解。根据国际清算银行网站最新数据，2016年第三季度末，欧元区主要国家在英国的跨境资产高达1534.6亿美元，超过排名第二美国在英国跨境资产709.9亿美元的一倍多，日本、瑞士和澳大利亚在英国跨境资产275.2亿美元、167.6亿美元和153.4亿美元分别排名第三到第五。因此，英国国际金融中心首先是欧元区的金融中心，其次才是美国的金融中心，再次是日本的金融中心。英国脱欧后在英的欧元区资产会有可观的比重部分转移至卢森堡和比利时这样的欧元区金融中心，另一部分转回法国和德国这样的地区金融中心。

29.2.2 跨境资产与母国跨境资产负正差额的国家和地区

表29.1给出的数据显示，除英国、中国香港、卢森堡、新加坡和比利时这样的集聚别国资产为主的"差额"为正数的金融中心外，欧元区、瑞士、日本、中国、加拿大、瑞典、美国、澳大利亚这些国家和地区在境外的跨境资产超过了外国在其境内的跨境资产，"差额"为负数。这些数据显示，这些国家和地区在境外的资产不同程度超过境外在其境内的资产，表明别国的金融中心更加有效或者本国金融中心发展程度仍有待提高。

29.2.3 境内外并重的金融中心及对我国的启示

仔细观察和思考表29.1的数据，我们会发现"差额"为负数但绝对值并不大的国家或地区如美国和澳大利亚，2016 年第三季度末"差额"分别仅为 - 0.27 万亿美元和 - 0.11 万亿美元，占同期该两国在境外资产的比重分别为 9.5% 和 25.4%，表明该两国，特别是美国境内外市场并重，及充分利用了境外金融中心的条件在全球范围内国际化推动本国金融业的同时，本国金融中心也达到了全球排名前列的水平。表 29.1 的数据也显示，2016 年第三季度末，在我国的跨境资产与我国在境外的跨境资产差额为 - 0.75 万亿美元，绝对值仅低于欧元区、瑞士和日本，表明我国当前仍然以"走出去"为主推动人民币国际化，但是境内金融中心建设仍然相对滞后，我们下文还会进一步探讨。

29.3 在主要国家和地区的跨境与非跨境银行资产的本外币分布

第 25 章显示，全球跨境资产的货币分布是不同货币国际化程度的重要体现，对我们理解货币国际化很有帮助。在不同国家和地区跨境与非跨境资产的货币分布也是货币国际化程度的反映。本节介绍这些资产的本外币分布。

29.3.1 在主要国家和地区的跨境银行业资产的本外币分布

表 29.2 给出了 2007 年以来在主要国家和地区跨境银行业资产的外币资产占比。表 29.2 显示，在美国的跨境资产不到一成为外币，九成以上为本币美元资产，表明在美国的外资资产主要以美元计价，在美国的外资资产占比最低，显示美元在全球货币中的垄断地位。

表 29.2　　　　　主要国家和地区银行业跨境资产外币占比分布　　　单位：%

年份\国家或地区	2007	2008	2009	2010	2011	2012	2013	2014	2015	2016
美国	5.7	11.1	10.7	9.4	9.8	9.2	9.7	9.6	9.4	9.8
欧元区	32.5	36.7	30.9	32.1	32.5	35.9	37.1	35.9	37.8	39.9
英国	86.4	89.3	89.8	90.1	91.9	91.6	91.2	90.8	90.1	90.0
日本	74.3	72.2	76.2	74.1	73.7	75.7	76.3	75.7	75.7	76.3
中国大陆									92.1	86.6
加拿大	73.5	81.9	76.4	78.8	82.1	82.4	83.5	78.8	80.4	81.3
澳大利亚	60.2	67.6	60.1	55.6	55.2	55.4	60.4	65.1	69.9	71.6
中国香港	100.0	100.0	100.0	100.0	100.0	100.0	93.9	93.3	92.8	91.3
新加坡	100.0	100.0	100.0	100.0	100.0	100.0	100.0	100.0	100.0	100.0

续表

年份 国家或 地区	2007	2008	2009	2010	2011	2012	2013	2014	2015	2016
瑞士	91.1	89.7	89.1	87.9	87.2	91.0	77.1	75.6	78.3	77.0
瑞典	77.0	80.8	83.9	83.4	83.1	81.9	84.5	83.5	85.3	85.0
中国台湾	99.8	99.6	99.5	99.6	99.7	98.4	97.2	96.7	97.2	97.3
韩国	100.0	100.0	100.0	100.0	100.0	99.7	99.3	99.6	99.6	99.5

数据来源：根据国际清算银行网站 www.bis.org 数据计算得出。

表 29.2 也显示，在欧元区的跨境资产有三分之一略高的占比为欧元外的外币，显示欧元国际化程度与美元相差较远；在英国的跨境资产有九成略高以美元和欧元计价，英镑计价的资产占比略低于一成，与在美国跨境资产的本外币构成正好相反，显示英镑的国际地位显著低于美元和欧元；在日本的跨境资产有 3/4 上下为外币资产，以日元计价的资产仅在 1/4 上下，略高于不到一成的在英国以英镑计价的跨境资产占比，显示日元的国际化地位略高于英镑。这些结果与表 20.1 给出的四大国际货币在全球外汇市场成交占比排名相同。

表 29.2 的数据显示，2015 年和 2016 年在我国的跨境资产有九成上下为外币资产，高于加拿大、澳大利亚和瑞士相应的占比，显示人民币的国际化程度仍低于加元、澳元和瑞士法郎，也与表 20.1 给出的这些货币在全球外汇市场的占比排名相近。

29.3.2　主要国家和地区境内银行业资产的本外币构成

上文介绍了在主要国家和地区跨境资产的本外币构成。实际上，大多主要国家和地区境内银行业资产规模更大，因此境内资产的本外币构成也能显示不同货币的国际化程度。表 29.3 给出了 2012 年到 2016 年主要国家和地区辖内外币银行业资产比重。表 29.3 显示，四大主要国际货币母体英国境外银行业资产中外币资产占比最高，虽然 2012 年到 2016 年英国境内外币资产占比持续下降，但是到 2016 年仍高达 13.9%，而且其辖内非跨境资产的外币占比也最高，显示英国排行龙头的国际金融中心的领头作用。跨境和非跨境资产中的外资占比越高，外汇交易就越容易活跃。

表 29.3　　　　　　主要国家和地区辖内外币银行业资产比重　　　　单位:%

年份 国家或 地区	2012	2013	2014	2015	2016
全球	12.5	12.3	15.0	15.5	14.8
英国	16.1	15.6	15.0	14.3	13.9

续表

国家或地区 \ 年份	2012	2013	2014	2015	2016
欧元区	3.5	3.5	3.6	3.7	2.9
日本		1.6	2.8	2.8	3.0
中国香港	31.6	35.5	34.5	35.3	35.0
加拿大			4.1	5.0	5.6
澳大利亚	2.6	3.3	4.3	4.0	4.1
瑞士		5.3	5.3	4.8	5.5
瑞典	7.1	6.4	6.5	5.4	4.4
中国台湾	8.8	11.5	11.5	11.7	11.5
韩国	6.8	6.1	5.7	5.4	4.7

数据来源：根据国际清算银行网站 www. big. org 数据计算得出；美国和新加坡相关数据缺失因而难以计算。

表 29.3 也显示，中国香港外币资产在香港非跨境资产中的占比平均超过1/3，超过英国一倍多，为全球最高，显示中国香港国际金融中心地位的同时，也显示香港这样的经贸规模较小的国际金融中心实际上不仅以外来跨境资产为主，而且外币在辖内非跨境资产中的作用也非常高。虽然我国难以获得新加坡相应的数据，但我们可以估计新加坡非跨境资产中的外币资产占比应该与中国香港相似；瑞士非跨境资产中外币资产仅为5%左右，加拿大占比与瑞士相当，瑞典占比略低于瑞士，韩国相应的比重与瑞典相近；而中国台湾外币资产占辖内非跨境资产的比重仅略低于英国，显示中国台湾银行业对外资资产的依赖度很高。

值得关注的是，欧元区和日本这两个跨境资产额最高的经济体，境外非跨境资产中外币资产占比仅为3%上下，显示该两种主要货币母体辖内非跨境资产仍以其本币为主。

29.3.3　辖内外币资产是外汇交易的基础

表 29.2 和表 29.3 的结果与表 20.1 的结果比较显示，辖内外币资产占辖内跨境资产比重和辖内外币资产占辖内非跨境资产的比重较高。没有一定规模的外币资产，辖内外汇相关业务就难以活跃，同时这些资产风险管理的需求也相应较低，辖内外汇交易就难以提高。

29.4　全球银行业跨境资产和负债的变化对全球主要事件的反应

上文介绍了全球跨境银行业资产在不同国家和地区的分布对全球外汇市场

的影响和反应。实际上，全球跨境银行业资产分布的变化对全球主要事件也有很好的反应，这些反映对我们判断和预测这些事件对全球外汇市场和全球金融市场的影响很有帮助。由于全球外汇市场数据每三年才改变一次，而全球银行业跨境资产数据每季度都会公布，这些全权季度银行业跨境资产和负债的变化数据对我们判断全球外汇市场和全球金融市场的走势非常有帮助。表29.4给出了2015年第一季度到2016年第四季度全球主要国家和地区跨境银行业资产和负债金额的变化。

表 29.4　　　**全球主要国家和地区银行业跨境资产和负债金额变化**

（2015 年第一季度到 2016 年第四季度）　　　单位：亿美元

国家或地区	2015Q1	2015Q2	2015Q3	2015Q4	2016Q1	2016Q2	2016Q3	2016Q4
美国	201.0	1129.0	−104.0	−495.6	12.0	1254.0	−487.0	−869.9
英国	−275.2	989.3	−48.2	−2011.7	59.1	562.7	−539.0	−2223.9
日本	2034.0	1283.0	693.0	−1184.0	1195.0	485.0	−202.0	−204.0
中国大陆	91.6	295.7	497.0	499.5	−461.5	153.0	617.4	−152.0
加拿大	65.2	297.0	181.5	226.5	−80.9	344.9	147.1	121.3
澳大利亚	318.6	21.7	−265.1	−39.4	399.2	−11.6	−155.7	−293.3
中国香港	43.4	136.6	552.1	234.8	22.3	393.1	184.5	59.7
新加坡	−65.6	123.2	7.4	−285.7	95.8	−50.6	−1.7	−218.3
瑞士	−414.6	116.1	−166.1	−158.5	−298.1	179.2	−25.4	−995.5
瑞典	389.4	−193.5	−14.2	−409.2	351.4	−37.5	−30.3	−327.3
中国台湾	129.9	96.3	64.5	−109.9	−1.8	60.6	95.0	−52.3
韩国	78.0	18.5	109.3	−151.3	−44.9	36.6	−2.1	−38.0
欧元区	6104.3	−822.9	−1561.6	−7298.4	5972.3	922.4	−336.5	−6394.1
法国	1709.8	−180.9	1002.3	−2717.9	1549.3	506.8	844.5	−2257.9
德国	832.6	−105.3	−440.1	−1007.9	989.7	594.7	27.0	−916.0
荷兰	1101.3	243.1	−564.5	−1176.7	1122.4	456.5	−311.5	−1292.4
卢森堡	408.8	−62.7	−432.3	−464.1	352.0	−122.4	−263.6	−152.4
比利时	877.6	−30.7	−351.9	−646.7	681.0	−19.9	−143.1	−499.4

数据来源：根据国际清算银行网站 www.big.org 数据计算得出。

29.4.1　英国脱欧对英国银行业跨境资产和负债的影响

2016年6月英国投票脱离欧盟的终投结果公布。表29.4显示，2016年第三季度在英外资银行业资产下降了48.2亿美元的同时，在英外资银行业负债却下降了539.0亿美元，降幅为同期全球之最，表明国际清算银行的数据对英国脱欧有了很好的反应；2016 年第四季度，在英外资银行资产和负债分别下降了 2011.7 亿和 2223.9 亿美元，比 2016 年第三季度分别下降了 4.34% 和 4.84%，表明全球对英国脱欧有了明显的反应。如果在英外资银行业对英国脱欧保持如此强烈的反应，那么今后几年在英外资银行业资产和负债将大幅度下降（季度降幅 4.34% 相当于 16.4% 的年化降幅，而两年相当于三成的降幅），对英国国际金融中心产生严重的影响以至冲击。

29.4.2 美国大选的反映

2016 年 11 月美国总统选举的结果也对在美外资银行业资产和负债产生了明显的影响。表 29.4 显示，2016 年第三季度，在美外资银行业资产和负债分别下降了 104 亿美元和 487 亿美元，而该年第四季度分别下降了 495.6 亿美元和 869.9 亿美元，显示全球对美国新政府的不确定性有明显的反应。关注这些数据的变化对我们判断全球对美新政府的态势将非常有用。

29.4.3 法国大选对法国跨境银行业资产和负债变化的影响

表 29.4 显示，2016 年第三季度在法外资银行业资产和负债皆明显上升，但是 2016 年第四季度在法外资银行业资产和负债分别下降了 2717.9 亿和 2257.9 亿美元，超过了同期在英外资银行业资产和负债的降幅，显示法国总统选举前法国右翼势力反欧迹象使全球对欧元区和欧盟产生了很大的担忧。由于法国总统选举右翼落选，相信 2017 年第一季度在法外资银行业资产和负债会继续下降，而 2017 年第二季度在法外资银行业资产和负债会回升。

29.4.4 主要事件对欧元区银行业跨境资产和负债的影响

表 29.4 显示，2016 年第四季度在欧元区外资银行业资产和负债分别下降了 7298.4 亿和 6394.1 亿美元，环比降幅分别高达 8.38% 和 8.22%，显示英国脱欧、美国大选和法国大选这些重要国际事件对欧元区叠加的影响显著。由于法国大选的利好消息，相信 2017 年第一季度在欧元区外资银行业资产和负债会继续下降，而 2017 年第二季度却会明显回升。

29.5 国际金融中心排名与全球外汇中心排名的关系

国际金融中心是国际外汇、债券、股票及其衍生产品为主要交易的所在地，也是保险业、基金业、风险投资业等其他金融业相关业务的聚集地，同时更是律师、会计、信用评估等金融服务业的汇集地。因此，国际金融中心的排名应该是对如上主要金融领域业务规模和服务程度等因素加权评估的过程，应该是一项很专业的工作。多年来全球有多个机构对全球金融中心进行评估和排名，由于此项工作涉及很多专业模型，评估和比较需要较长的篇幅，本书不宜细述。这里仅用历史最为悠久且在全球最有影响的全球金融中心指数（GFCI, Global Financial Centres Index）的相关评估结果来探讨全球金融中心指数与全球外汇交易中心排名的关系。

29.5.1 全球金融中心指数简介

全球金融中心指数（Global Financial Centres, Index）有近十年的历史。该指数由伦敦金融城委托英国咨询公司 Z/Yen 集团统计制作，该指数主要对全球范围内的主要金融中心的金融竞争力进行评价。Z/Yen 集团每半年对全球近百家金融中心进行评估并发布评估结果。2017 年 3 月最新发布的评估报告对全球88 个金融中心进行评估和排名。基于外部参数和线上回复两种数据来源，对101 个特点参数进行评估（www.zyen.com）。

29.5.2 2013 年到 2016 年全球金融中心指数结果及变化

表29.5 给出了 Z/Yen 公司 2013 年 3 月和 2017 年 3 月发布的第 11 期和第21 期全球金融中心指数评估结果。表 29.5 显示，2013 年到 2016 年伦敦和纽约得分分别下降了 25 分和 7 分，但是该两中心保持了前两位的排名未变；新加坡和香港得分分别增长和下降了 1 分和 6 分，前者排名从第 4 提高到了第 3位，而后者排名从第 3 下降到了第 4 位；东京得分提高了 22 分，排名提高了1 位到第 5 位；旧金山、芝加哥和悉尼得分分别提高了 29 分、25 分和 35 分，排名分别提高了 7 位、4 位和 11 位，排名分别到了第 6 位和第 8 位；波士顿和多伦多得分分别提高了 9 分和 23 分，但前者排名下降了 1 位到第 9 位，后者排名提高到了第 10 位；苏黎世和日内瓦得分分别下降了 5 分和 8 分，排名分别下降到了第 11 位和第 20 位，显示近三年来瑞士金融中心地位的显著下降；另外法兰克福和首尔得分分别下降了 5 分和 13 分，排名分别下降了 13 位和 15 位，排名皆到了 20 位之后，显示近年来德国和韩国金融中心地位显著下降的程度。

表 29.5　　　　2013 年和 2016 年全球金融中心指数评估得分和排名　单位：分，位

城市	2013 年全球金融中心评估得分（第 13 期）	2016 年全球金融中心评估得分（第 21 期）	2013 年全球金融中心排名	2016 年全球金融中心排名	评估得分变化	评估排名变化
伦敦	807	782	1	1	−25	0
纽约	787	780	2	2	−7	0
新加坡	759	760	4	3	1	1
香港	761	755	3	4	−6	−1
东京	718	740	6	5	22	1
旧金山	695	724	13	6	29	7
芝加哥	698	723	11	7	25	4
悉尼	686	721	19	8	35	11
波士顿	711	720	8	9	9	−1
多伦多	696	719	12	10	23	2
苏黎世	723	718	5	11	−5	−6
华盛顿	692	716	14	12	24	2
上海	674	715	24	13	41	11
蒙特利尔	689	713	16	14	24	2
大阪	676	712	22	15	36	7
北京	622	710	58	16	88	42
温哥华	690	709	15	17	19	−2
卢森堡	687	708	18	18	21	0
洛杉矶		705	19	19		0
日内瓦	712	704	7	20	−8	−13
墨尔本	672	702	25	21	30	4
深圳	650	701	38	22	51	16
法兰克福	703	698	10	23	−5	−13
首尔	710	697	9	24	−13	−15
迪拜	675	696	23	25	21	−2

数据来源：伦敦金融城委托英国咨询公司 Z/Yen 集团网站 www.zyen.com。

29.5.3　2016 年全球金融中心排名与相应中心在全球外汇市场的排名相当

表 29.5 给出的境内或辖内仅有一个金融中心的国家或地区在全球金融中心

评估排名，如伦敦、新加坡、香港、卢森堡等城市分别排名第1、第3、第4和第18位，与这些国家或地区在全球外汇市场的排名完全一致（表20.3）；纽约、东京、悉尼和上海分别为美国、日本、澳大利亚和中国最大的金融中心，它们在表29.5中分别排名第2、第5、第8和第13位，与其相应的国家在全球外汇市场的排名也完全一致（表20.3）。如上结果表明，尽管金融中心涵盖诸多领域的多种因素，但是金融中心的排名与这些中心在全球外汇市场成交金额排名几乎相同的结果显示，全球外汇市场是金融中心排名的重中之重。实际上，该结果的原因也很直观：全球金融市场中国际化程度最高的是全球外汇市场，每天从东亚开始到欧洲，再由欧洲转到美洲，最后从美洲再转至东亚，每天二十四个小时不停地随地球旋转。所以，我们可以说金融中心的建设和发展重中之重是外汇市场的建设和发展。

当然如上结果也有一些差异，如加拿大最大的金融中心多伦多、瑞士最大的金融中心苏黎世、德国最大的金融中心法兰克福和韩国最大的金融中心首尔在表29.5中的排名分别为第10、第11、第23和第24位，而这些国家同年在全球外汇市场的排名分别为第11、第7、第9和第14位。这些差异反映出瑞士、德国和韩国近年来在全球金融系统地位的明显下降。

29.6　中国内地全球金融中心城市排名及与香港和新加坡的差距

29.6.1　中国内地进入全球前二十五大金融中心的三大金融中心

表29.5显示，2013年到2016年上海、北京和深圳金融中心指数得分分别提高了41分、88分和51分，提高的得分也冠居全球前二十五个金融中心前三名，相应的排名分别提高了11位、42位和16位，2016年排名分别为第13位、第16位和第22位，不同程度上超过了大阪、首尔和台北这些东亚金融中心，成绩显著，显示近年来我国金融中心快速提升的可喜态势。特别是北京和深圳金融中心，2013年到2016年得分分别提高了88分和51分，增幅排列前两位。北京金融中心地位的快速提高应该与2015年亚投行的设立和相关金融业的发展相关，深圳金融中心地位的显著提高应该与近年来深圳科创中心的发展及与港澳合作互动有关。我们下文还会讨论相关内容。

29.6.2　我国三大国际金融中心今后发展的简单预测

表29.5给出的不同全球金融中心评估得分在一定程度上反映了不同中心的

国际化程度和国际影响。表 29.5 显示，2013 年到 2016 年，北京和深圳年均评估得分分别为 29.3 分和 17.0 分，皆高于上海的年均得分 13.7 分。如果保持前三年各个中心得分的年均提高幅度，那么用不了多久，北京和深圳会分别超过上海金融中心，分别成为境内最大和第二大金融中心。当然表 29.5 的评估结果应该有一定的局限性，而且保持前三年年均得分增速也不那么容易。但是，表 29.5 的结果却给人思考提供了一定的素材。

29.6.3 我国国际金融中心格局的逐步形成

除香港外，上海、北京和深圳三大内地金融中心覆盖中国南北东，另外广州、青岛和大连也进入 2016 年全球前 80 名金融中心名单，分别排名第 37 位、38 位和 75 位。内地这六大金融中心几乎全部在东南部发达地区，整个西部地区金融业随着国家"一带一路"战略的实施也有很大的发展潜力和空间，未来重庆或成都有望很快成为内地西部的国际金融中心。

29.7 上海国际金融中心的目标定位

《国务院关于推进上海加快发展现代服务业和先进制造业建设国际金融中心和国际航运中心的意见》（以下简称《意见》）于 2019 年 4 月 14 日的正式发布就预示着上海国际金融中心和国际航运中心的建设正式拉开了帷幕。上海国际金融中心和国际航运中心的建设不仅是上海发展的重要举措，而且是国家战略发展的重要举措。

《意见》第五条明确要求，国际金融中心建设的总体目标是：到 2020 年，基本建成与我国经济实力以及人民币国际地位相适应的国际金融中心；基本形成境内外投资者共同参与、国际化程度较高，交易、定价和信息功能齐备的多层次金融市场体系。八年来，上海国际金融中心建设取得了可喜的成绩，但是离《意见》对上海的期望仍有可观的差距。

根据国际货币基金组织公布的数据，2010 年我国 GDP 世界占比 9.2% 首次超过了同年日本占比 8.4%，成为全球第二大经济体；表 26.5 显示即使挤出国际外汇数据的水分，2016 年人民币国际化排名已经到了第 8 位，而且第 30 章各种预测结果显示到 2020 年人民币国际化程度有望提高到第 5 前后。这样到 2020 年，我国经济排名全球第 2 和人民币国际化水平即使排名第 6，两者平均应该在第 4 上下，这应该是《意见》对届时上海国际金融中心地位的期许。而表 29.5 显示，到 2020 年不到四年的时间内上海国际金融中心要达到超过排名第 4 的香港应该还有相当的难度，甚至超过排名第 5 的东京都有一定的困难。因此要大力推动上海自贸区建设以加速推动上海国际金融中心的建设，我们下文还会进一步探讨相关内容。

29.8　上海自贸区发展对上海国际金融中心建设的推动作用

2013 年 8 月国务院批准设立中国（上海）自由贸易试验区，2013 年 9 月上海自贸区挂牌成立，银监会、保监会和证监会同月发布支持自贸区的相关政策措施。2013 年 12 月 2 日人民银行发布《关于金融支持中国（上海）自由贸易试验区建设的意见》（以下简称《意见》），标志着上海自贸区在金融改革和对外开放的关键支持政策落地。人民银行发布的《意见》共七项 30 条，从人民币跨境使用、资本项目可兑换、利率市场化和外汇管理等领域，进一步促进贸易投资便利化，扩大金融对外开放，推动试验区在更高平台参与国际竞争，着力推进人民币跨境使用、人民币资本项目可兑换、利率市场化和外汇管理等领域改革试点，为上海自贸区的各项试点提供了政策支持。特别是自贸区内机构可按规定从境外融入本外币资金，允许符合条件的区内企业按规定开展境外证券投资和境外衍生品投资业务等将为区内企业参与境外本外币融资和风险管理等交易打开窗口，对人民币跨境使用产生重要的推动作用。

29.8.1　推动上海自贸区的一系列重要举措

2014 年 4 月，中国人民银行和香港金管局公布了沪港股票连通，为人民币资本项目自由化另一重大举措。该项目试点于 2014 年 10 月启动，对沪港两地股市联动产生了重要的推动作用。沪港通的启动将使国际投资者通过港交所投资上海证券交易所交易的 A 股，同时内地投资者也可通过上证所投资港交所交易的境外股票。这将明显提升人民币的国际应用，特别是随着试点的逐步扩大，人民币境外资本项目的应用将显著提高，成为境外人民币应用的另外一个重要领域，对人民币支付、融资等方面将有巨大的推动作用（中国银行：《伦敦离岸人民币市场月报》，2014 - 08）。沪港股通将有力推动人民币资本项下的应用，对人民币国际化将产生新的动力。

2015 年 1 月 29 日，国务院下发了关于推广中国（上海）自由贸易试验区可复制改革试点经验的通知。通知表示上海自贸试验区的可复制改革试点经验将在全国范围内推广。其中金融领域包括个人其他经常项下人民币结算业务、外商投资企业外汇资本金意愿结汇、银行办理大宗商品衍生品柜台交易涉及的结售汇业务、直接投资项下外汇登记及变更登记下放银行办理等。通知对全国范围内深化改革和推动人民币国际化将有重要意义。

2015 年 10 月 29 日，人民银行、商务部、银监会、证监会、保监会、外汇

局和上海市人民政府联合公布了关于上海自贸区金改方案《进一步推进中国
(上海)自由贸易试验区金融开放创新试点加快上海国际金融中心建设方案》
(以下简称《方案》)。《方案》包括率先实现人民币资本项目可兑换、进一步扩
大人民币跨境使用、不断扩大金融服务业对内对外开放、加快建设面向国际的
金融市场、不断加强金融监管和切实防范风险等方面四十条具体内容（简称
"金改四十条"），为上海自贸区进一步对外开放、推动人民币国际化和金融市场
建设提出了具体的指导意见和方法，对上海自贸区建设注入了新的动力。

2015年10月21日，国务院总理李克强主持召开国务院常务会议，部署进
一步深化上海自贸区金融改革试点，为服务实体经济积累经验。会议要求不断
深化金融改革开放，把上海国际金融中心建设与上海自贸试验区金融改革试点
相结合，推进金融业对内对外开放，探索积累可复制、可推广的经验，有利于
推动金融服务更好适应高水平开放的实体经济发展需要。此外，新金改方案还
将为上海自贸区五大板块提供分类金融支持，上海自贸区从 28.78 平方公里，
扩展到如今的近 120 平方公里，这为上海自贸区的金融创新和压力测试，提供
了更大的腾挪空间和余地（国务院部署上海自贸区深化金改：研究试点个人投
资者境外投资，自贸区连线，www.thepaper.cn）。

29.8.2　上海自贸区三年多来的可喜成绩

2016 年是上海自贸试验区挂牌成立三周年和扩区一周年。三年多来，上海
自贸区建设取得了可喜的成就。"一是确立以负面清单管理为核心的投资管理制
度，形成与国际通行规则一致的市场准入方式。自挂牌至 2017 年 2 月，自贸试
验区累计新设企业 44018 户，其中，内资企业 35961 户，占比 81.7%，外资企
业 8057 户，占比 18.3%，社会投资活力大幅提升。二是确立符合国际高标准贸
易便利化规则的贸易监管制度，形成具有国际竞争力的口岸监管服务模式。三
是确立适应更加开放环境和有效防范风险的金融创新制度，形成与上海国际金
融中心建设的联动机制。创设自由贸易账户系统，建立宏观审慎管理的资本项
目可兑换操作模式，实施'分类别、有管理'的资本项目可兑换。目前，上海
自贸试验区入驻持牌金融机构 817 家，占全市的 53.9%。累计 597 家企业发生
跨境双向人民币资金池业务，资金池收支总额 7768.1 亿元。2016 年，跨境人民
币结算总额已达 11518 亿元，占全市的 50.99%。共有 51 家金融机构通过分账
核算系统验收，累计开立自由贸易账户 5.5 万个，自由贸易账户业务涉及 126 个
国家和地区、3.2 万家境内外企业。四是确立以规范市场主体行为为重点的事中
事后监管制度，形成透明高效的准入后全过程监管体系。五是联动创新一级政
府管理体制，实现符合市场经济规则的政府职能转变新突破。六是加强改革试
点经验复制推广"（市政府新闻发布会介绍上海自贸试验区制度创新成果及建设

推进情况，上海市政府网 www. shanghai. gov. cn，2017 - 04 - 01）。

三年来上海自贸试验区制度创新进一步激发了市场创新活力和经济发展动力。新注册企业 4 万家，超过上海自贸试验区挂牌前 20 多年总和。上海自贸试验区以十分之一的面积，创造了浦东新区四分之三的生产总值；以上海市五十分之一的面积，创造了上海市四分之一的生产总值，反映出制度创新而非优惠政策是驱动经济长远发展的持续动力（同上）。

29.8.3 上海自贸区的潜力有待进一步开拓

上海自贸区设立三年多来取得了可喜的成绩，对全国自贸区的发展发挥了带动作用。但是，自贸区对上海国际金融中心的贡献似乎仍未明显显现，功能有待进一步发挥。自贸区"要对照国际最高标准"，效果不仅从各项业务的发展来判断，也应该从国际相关统计数据来判断。根据表 26.3 的数据计算，2013 年到 2016 年全国外汇市场成交金额年均复合增长率 21.8%，仅比 2010 年到 2013 年的年均复合增长率 19.0% 高出 2.8%；根据国际清算银行公布的数据，2013 年到 2016 年全球外汇市场成交金额年均复合增长率 18.1%，比 2010 年到 2013 年相应的年均复合增长率 30.8% 低 12.7%；即使挤出境外数据的水分，2013 年到 2016 年全球境外人民币外汇市场成交金额年均复合增长率 44.8%，比 2010 年到 2013 年相应的年均复合增长率 37.1% 高出 7.7%（根据表 26.6 的数据计算得出），显示 2013 年到 2016 年境内外汇市场增速仍然显著低于境外人民币外汇市场增速。另外，同样根据国际清算银行的数据，2013 年到 2016 年我国内地外汇市场成交金额占全球比重仅 0.66% 增长到了 1.11%，仅提高了 0.45%，不仅离香港从 4.11% 提高到 6.67% 的增幅 2.56% 和新加坡从 5.73% 提高到 7.90% 的增幅 2.17% 有巨大的差距，而且离美国和日本相应的增幅 0.54% 和 0.50%（见表 20.3）也有一定的差距。中国香港、新加坡、美国和日本外汇市场已经相对成熟，提高比较困难，而境内外汇市场仍处于早期发展阶段，应该有较大的增速。这些数据显示，2013 年到 2016 年，以金融创新为主的上海自贸区业务仍未对上海以至全国外汇市场和其他市场带来应有的推动作用。

29.8.4 上海自贸区进一步发展的相关举措

2017 年 3 月 31 日，国务院印发《全面深化中国（上海）自由贸易试验区改革开放方案》（以下简称《全改方案》），对上海自贸试验区下一步改革提出了更高的要求。上海将深入学习贯彻"四个新作为"的要求，坚定践行新发展理念，全力推进自贸试验区建设这项国家战略，根据已批准的《方案》，按照稳中求进工作总基调，明确主体责任和实施职责，以重点突破带动整体推进，进一步细化措施，拿出 2017 年行动方案，形成合力抓推进抓落实，在更大范围内全面深化改革，继续当好全国改革开放排头兵、创新发展先行者。上海将在认真总结三年改革试点经验基础上，与商务部等国家部委一起，对照国际最高标准、最好水平的自由贸易区，全面深化上海自贸试验区改革创新各项工作，研究明确下一阶段重点目标任务方案，加快构建开放型经济新体制，努力做到习近平总书记要求的"百尺竿头，更进一步"，在自贸试验区改革上有新作为（同上）。相信随着《全改方案》的进一步落实，上海自贸区的功能和潜力将进一步发挥。

29.9 其他自贸区试点及对人民币国际化的推动作用

继上海自贸区设立后，国家先后批准了第二批和第三批自贸试点单位，本节简单介绍这些自贸区的推动情况及对人民币国际化的推动作用。

29.9.1 第二批自贸区试点地区自贸区推动简介

2015 年 4 月，新设的广东、天津、福建三个自由贸易试验区总体方案正式公布。该三个自贸区为国家第二批自贸区试点。广东、天津、福建自贸区均提出，区内试行资本项目限额内可兑换。中国（天津）自由贸易试验区在推进金融制度创新方面将深化金融体制改革，实施业务模式创新，培育新型金融市场，加强风险控制，推进投融资便利化、利率市场化和人民币跨境使用，做大做强融资租赁业，服务实体经济发展。中国（广东）自由贸易试验区在推进金融制度创新方面将推动跨境人民币业务创新发展；推动适应粤港澳服务贸易自由化的金融创新；推动投融资便利化；建立健全自贸试验区金融风险防控体系。中国（福建）自由贸易试验区内试行资本项目限额内可兑换，符合条件的自贸试验区内机构在限额内自主开展直接投资、并购、债务工具、金融类投资等交易。这些自贸区将对加速推动资本项目可兑换发挥积极作用。

实际上，国务院此前陆续批准的《珠江三角洲地区改革发展规划纲要》（国家发展改革委，2008 年 12 月）和《深圳市综合配套改革总体方案》（2009 年 5 月获国务院批准），均明确要求深圳加强与香港更紧密合作，加快推进前海的规划建设和体制创新。而 2010 年 4 月签订的《粤港合作框架协议》进一步确定前海作为粤港重点合作区。深港两地政府部门均意识到了前海合作的重要性，不仅签署了《关于推进前海深港现代服务业合作的意向书》，而且成立了前海专责联络机构和协调机制，两地在基础设施、产业发展、环境保护、要素流动等方面相继签署了一系列合作文件，已初步形成了前海深港合作的政策框架。作为粤港合作的重要区域，前海或将成为内地与香港金融和贸易进一步合作的前沿之一。前海深港现代服务业合作区的发展将为两地人民币业务互动发挥重要的作用。

表29.6给出了2016年第二批自贸试点省份占全国进出口的比重。广东为全国最大经贸省，而且有与港澳两大特区邻近的自然优势，广东自贸区试点将在第二批自贸试点中发挥重要的作用；第二批三个试点省份2016年占全国出口、进口、外贸和贸易顺差比重分别高达37.3%、32.8%、35.4%和51.4%，该三个自贸区的推广和建设将对我国外贸、人民币跨境结算等方面发挥重要的推动作用。

表29.6　　　　　境内十一个自贸试点省份2016年出口、进口、
进出口和贸易顺差规模及占全国比重分布　　单位：亿美元,%

自贸区	出口	进口	进出口	贸易顺差	出口占比	进口占比	进出口占比	贸易顺差占比
上海	1665.0	2382.0	4047.0	-717.0	7.9	15.0	11.0	-14.0
广东	6542.4	4059.7	10602.1	2482.7	31.2	25.6	28.8	48.6
天津	416.7	652.9	1069.6	-236.2	2.0	4.1	2.9	-4.6
福建	873.0	495.7	1368.7	377.3	4.2	3.1	3.7	7.4
第二批	7832.1	5208.3	13040.4	2623.8	37.3	32.8	35.4	51.4
浙江	2734.7	699.4	3434.1	2035.3	13.0	4.4	9.3	39.9
辽宁	446.2	512.2	958.4	-66.0	2.1	3.2	2.6	-1.3
河南	453.3	287.9	741.2	165.4	2.2	1.8	2.0	3.2
湖北	247.6	142.3	389.9	105.3	1.2	0.9	1.1	2.1
重庆	336.2	182.8	519.0	153.4	1.6	1.2	1.4	3.0
四川	262.0	218.8	480.8	43.2	1.2	1.4	1.3	0.8
陕西	157.9	136.5	294.4	21.4	0.8	0.9	0.8	0.4
第三批	4637.9	2179.9	6817.8	2458.0	22.1	13.7	18.5	48.1
合计	14135.0	9770.2	23905.2	4364.8	67.4	61.5	64.9	85.5

数据来源：国家海关总署咨询网 www.chinacustomsstat.gov.cn。

29.9.2　第三批自贸试点

2016年9月，党中央、国务院决定在辽宁省、浙江省、河南省、湖北省、重庆市、四川省、陕西省新设立7个自贸试验区，这是继2014年第二批自贸区获批后第三次扩容。第三批试点包括的省份虽多，但除浙江省外，其他6个省份出口和进口占全国比重大多在1%~2%，有的还不到1%。然而从第三批试点名单可以看出，前两批四个自贸区试点皆在沿海经济发达地区的自贸区，而第三批除浙江外，其他试点省份皆为内陆省份；另外，第三批自贸试点省份分布在全国中南西北中，其中东北、东南、西北各一个试点省，西南两个试点单位，

中部两个试点省份,在全国有很大的代表性。第三批 7 个试点省份占我国出口、进口、进出口和贸易顺差比重分别为 22.1%、13.7%、18.5% 和 48.1%。第三批自贸试点省份的成功推动将对全国外贸和人民币跨境结算等应用发挥显著的带动作用。

29.9.3 第三批 11 个自贸区试点省份总贸易规模介绍

表 29.6 显示,第三批 11 个自贸区试点单位 2016 年总出口、进口、进出口和贸易顺差占我国总额的比重分别高达 67.4%、61.5%、64.9% 和 85.5%,皆超过全国六成以上。这些自贸区的发展将对我国进出口、经济和人民币跨境使用等很多方面产生积极的推动作用。

29.10 新加坡园区对外开放试点和中新金融合作

29.10.1 新加坡园区对外开放试点

中国人民银行天津/南京分行通告指出在中新天津生态城和中新苏州工业园试点跨境人民币创新业务试点四项内容:新加坡银行机构对试点区内的企业发放跨境人民币贷款;试点区内注册的股权投资基金可使用人民币对新加坡投资;试点区内企业可到新加坡发行人民币债券;试点区内个人可在经常项下及对外直接投资项下人民币直接汇出(中国银行:《伦敦离岸人民币市场月报》,2014 –08)。这些境内园区人民币跨境创新业务试点也将对人民币跨境应用发挥作用。2014 年新加坡园区对外开放试点和同年新加坡元对人民币直接交易等举措对新加坡元在境内外汇市场的活跃度有了巨大的提升。2015 年新加坡元对人民币外汇交易从 2014 年的 838 亿元人民币增长了三倍多到 3801 亿元人民币,成为境内外汇市场仅次于美元和欧元的第三大外币,显示涉外园区的开放对外汇市场产生的巨大推动作用。

29.10.2 中新重庆市运营中心合作

习近平主席 2015 年 11 月结束的新加坡之行中,中新两国表示将强化资本市场合作,保持金融合作快速上升势头。中新两国在 2015 年 11 月 7 日发表的《联合声明》中承诺,共同将新加坡打造成区域产能合作的金融支撑平台,扩大人民币在双边贸易和投资中的使用,稳步推进跨境人民币业务,探讨双方在金融监管等领域开展交流合作(中新金融合作迈向更高水平,新华网,2015 – 11 – 9)。在 2015 年 10 月举行的中新双边合作联委会第十二次会议之后,中新双方同意将跨境人民币业务试点从中新苏州工业园区、中新天津生态城扩展至苏州市和天津市全市范围（同上）。

继苏州工业园区和天津生态城之后，习近平主席 2015 年 11 月 6 日宣布，中新将正式启动以重庆市为运营中心的第三个政府间合作项目。此项目对接"一带一路"、西部大开发和长江经济带发展战略，金融服务是重点合作领域之一（同上）。表 20.3 显示，2013 年前新加坡多年保持了亚洲第二和全球第四大外汇交易中心地位，自 2013 年以来又取代日本成为亚洲最大和全球第三的外汇交易中心。加强与新加坡的合作对苏州、天津和重庆等地人民币跨境贸易和其他业务的推动都将产生积极的作用。

29.11 上海国际金融中心建设与人民币国际化和"一带一路"的关系

上海国际金融中心的发展与人民币国际化的发展密不可分，而人民币国际化的推动又与"一带一路"战略实施进程密不可分，因此上海国际金融中心的推动也与"一带一路"战略实施进程密不可分。本节简单介绍三者间的关系并提出相关建议。

29.11.1 上海国际金融中心建设与人民币国际化的相互推动作用

上文介绍的 2009 年国家对上海国际金融中心的目标定位显示，上海国际金融中心的地位应该与人民币国际化的地位相适应。人民币国际化程度越高，境外机构来沪开展业务的愿望和需求将越高，上海国际金融中心的地位也越巩固；另外，上海国际金融中心的地位越高，吸引来沪发展的各类机构越多，对人民币国际化的贡献也越大。因此，上海金融中心地位的提高是与人民币国际化程度密切相连的，而且两者是相互推动和促进的。但是，29.6 节的数据显示，当前上海国际金融中心的国际地位不仅显著滞后于我国经济的国际地位，而且也显著落后于人民币国际化的国际地位（2016 年人民币国际化排名全球第 8 位，而上海国际金融中心的排名仅为第 13 位）。所以，加速上海国际金融中心的推动步伐已经变得非常迫切。

29.11.2 上海国际金融中心建设与"一带一路"战略实施的关系

第 28 章显示，人民币国际化的推动与"一带一路"战略实施的步伐相互关联，互为依赖且相互推动，因此上海国际金融中心的建设也与"一带一路"战略实施的步伐密切相关。第 28 章的数据显示，虽然"一带一路"沿线国家和地区的外贸和金融业的发展仍有待显著提高，相关银行业规模也仍较小。但是，"一带一路"沿线国家已经有一些国家在沪设立代表处和分行，而且还有相当数据量的国家境内代表处在沪设立多年。为这些分行和代表处提供支持和服务，可以发挥其在"一带一路"战略实施中更大的作用；另外多家欧资和英资银行或在沪有法人境内总部，或在沪有分行，可与这些银行建立如第 28 章介绍的利益互绑的合作模式，从而在"一带一路"战略实施中使上海国际金融中心发挥更大的作用。

29.12　上海国际金融中心与香港、新加坡和东京国际金融中心的比较

表 29.5 显示，新加坡、香港和东京是东亚排名前三位的国际金融中心。《意见》中国家期望上海国际金融中心能够超越它们。因此，本节简单比较上海国际金融中心与该三大国际金融中心的差距，从而明知今后努力的方向。

29.12.1　辖内跨境资产比较

上文显示，不同国家境外资产规模的大小在很大程度上支持其货币在境外的使用程度，也是其本币国际化的重要支撑。表 29.1 显示，2016 年在日本和中国香港的跨境资产分别高达 3.45 万亿美元和 1.35 万亿美元，而在我国内地的跨境资产总计 0.88 万亿美元，在沪的跨境资产会更低，在沪跨境资产离东京和香港仍有着巨大的距离，难以在数年内超过；2016 年在新加坡的跨境资产 0.69 万亿美元，比在沪的银行跨境资产略高。因此，今后几年在沪银行跨境资产不仅有望超过新加坡，而且可望超过瑞士；然而在沪外资银行跨境资产要到 2020 年超过香港还可能达到，但是有一定的难度，超过日本的银行跨境资产规模十年内都难以达到。

29.12.2　外汇市场成交金额比较

第 20 章显示，不同货币在全球外汇市场的成交金额是衡量不同货币国际化程度的最佳指标，而本章上文结果显示全球金融中心排名结果实际上与不同国家全球外汇市场排名几乎完全一致。因此，不同国际金融中心的排名结果在很大程度上由其在全球外汇市场中的地位来决定。表 20.3 显示，2016 年新加坡、中国香港和日本的外汇交易分别占全球的 7.9%、6.7% 和 6.1%，分别排名全球第 3 位到第 5 位（东京在表 29.3 中排名全球第 5 国际金融中心与同期日本排名全球第 5 大外汇交易国家完全一致）和亚洲第 1 位到第 3 位；同时我国外汇交易占比 1.1%，全球排名第 13 位，也与上海在表 29.3 中排名全球第 13 国际金

融中心排名完全一致。要在 2020 年把我国境内外汇市场的全球占比提高到 2016 年日本占比 6.1% 的水平几乎是不可能的，或者说到 2020 年上海达到东京排名第 5 的国际金融中心的地位是非常困难的（表 20.3 显示 2013 年到 2016 年日本外汇交易占全球比重提高了 0.50%，而我国同期仅提高了 0.45%）。除非今后在推动自贸区建设等方面取得巨大的成就，到 2020 年达到日本外汇交易占全球的比重非常困难，而要达到或接近中国香港的水平更难。

29.13 上海国际金融中心地位提升的关键

上文讨论了 2009 年《意见》对 2020 年上海国际金融中心与人民币国际化程度相适应的相关内容。实际上《意见》对上海国际金融中心的目标定位还包括"基本形成境内外投资者共同参与、国际化程度较高，交易、定价和信息功能齐备的多层次金融市场体系"这样的重要内容。这些内容文字不多，但内涵广泛。笔者认为，这些要求的关键是"交易、定价"四个字。本节简单探讨该四字的含义及对上海国际金融中心建设的意义。

29.13.1 境内外汇市场流动性需要显著提高

任何市场必须有一个合理的定价体系以形成合理的价格，否则难以有交易形成，没有交易就不成其为市场。第 20 章和本章上文显示，不同货币的国际化程度主要由其在全球外汇市场的活跃度来决定，国际金融中心的地位也基本由其在全球外汇市场的地位来决定。2010 年到 2016 年境内外汇市场有了持续明显的增长，年均复合增长率高达 20.4%，比同期全球外汇市场的年均复合增长率 4.2% 高出很多，但是 2016 年境内外汇市场日均成交金额仅占全球外汇市场的 1.11%，全球排名第 13 位，不仅与我国经贸全球前两位的排名有着巨大的差距，而且与同年人民币国际化全球第 8 的排名有着明显的差距，表明近年来人民币国际化程度的提高主要得益于境外人民币外汇市场的高速发展。境内外汇市场发展有待显著提高。

29.13.2 夺回人民币定价权是人民币国际化的关键

第 4 章和第 11 章境内外人民币外汇远期市场的数据显示，2002 年到 2008 年金融危机爆发间，境外人民币升值压力从境外传到境内；2014 年美国退出量化宽松政策以来，境外人民币的贬值压力又传到了境内，表明十多年来我国经贸地位显著提升的同时，人民币的定价权依然旁落境外。由于多年来境内外汇市场没有显著的增长，包括人民币外汇产品的定价权多年来旁落境外，境外炒作人民币升值时境内市场跟着升值，而境外人民币出现贬值时境内人民币也跟着贬值，导致资本项目在人民币贬值预期时不得不收紧，进而导致境内外人民币市场发展出现回转，影响人民币国际化稳步推进的步伐。没有定价权的货币实际上难以成为真正的国际货币，而市场定价权回收必须要有足够的外汇市场流动性。因此，在继续推动上海国际金融中心建设中，继续推出新的产品和新的市场很有必要，但是提高传统的外汇市场流动性也同样重要，甚至更为重要。

29.14　加强合作推动上海国际金融中心建设

在推动自贸区的发展以使得自贸区对上海国际金融中心作出更大贡献的同时，加强与境内外机构的密切合作对推动上海国际金融中心的建设同样必不可少。

29.14.1　更好发挥"金砖银行"（新开发银行）的辐射和带动作用

第27章的介绍显示，"金砖银行"筹备时间比亚投行提出的时间要早一年，而两个国际机构成立的时间相差不多，但是亚投行在2015年正式成立之时已经有了57个发起成员国，2017年3月和5月亚投行经过了两次扩容后已经有77个成员，而且在2017年底前将再次扩容使成员总数超过85个，然而新开发银行至今仍然只有5个发起成员国，且到目前仍然没有扩容的新闻报道。利用好国际资源使新开发银行与亚投行协调发展应该仍有广阔的空间，在全球金融体系和全球治理中发挥更大的作用。充分利用好新开发银行落地上海的优势，积极支持和推动该行的扩容和发展，不仅对"一带一路"和人民币国际化的推动有重要意义，而且还会对上海国际金融中心发挥巨大的辐射和促进作用。

29.14.2　加大沪新合作

多年来新加坡经济排名全球30位之后，表25.1和表29.1的数据显示，新加坡在境外和境外在新加坡的跨境资产分别排名全球第11位和第8位，但是新加坡金融中心和新加坡的外汇交易却从2013年以来排名全球第3和亚洲第1的成绩确实难得。虽然新加坡是亚洲最大的金融中心，然而表25.1显示，2007年到2016年新加坡跨境资产年均复合增长率高达8.6%，高于同期日本、韩国和中国台湾的增幅，仅次于澳大利亚，显示新加坡在发展自己金融中心的同时也注重境外的发展。虽然重庆2015年已经获得了中新合作的部分内容，然而以重庆经贸规模和金融市场规模来判断，增加上海作为第二个中新合作站仍有可观的潜力。中新合作对上海国际金融中心建设的推动将发挥重要的作用。

29.14.3 沪韩合作

2015 年韩国经济超过俄罗斯全球排名提升到了第 11 位，亚洲排名第 4 位；表 17.8 显示，韩国多年来保持了我国第六大贸易伙伴的地位，近年来中韩经贸合作密切。表 25.1 显示，2007 年到 2016 年韩国跨境资产年均复合增长率高达 11%，超过同期澳大利亚、中国香港、日本和中国台湾，为同期全球主要经济体增长最快的国家，显示韩国金融危机以来境外持续扩张的态势，加强沪韩合作对上海国际金融中心有积极的作用。

29.14.4 沪台合作

表 17.8 显示，台湾地区多年来保持了我国大陆第七大贸易伙伴的地位，台湾人民币中心自 2013 年保持了境外第 4 到第 5 的地位，而且台湾人民币中心长期以来保持了境外香港外最大的人民币储蓄中心地位。表 25.1 显示，2007 年到 2016 年中国台湾跨境资产年均复合增长率高达 6.6%，高于同期日本的年均增幅 5.8%，显示金融危机后中国台湾境外开拓的能力；虽然中国台湾经济规模与大陆贸易规模都低于韩国，但是中国台湾跨境资产和净资产都显著超过韩国。加强沪台合作对上海国际金融中心会有很好的推动作用。

29.14.5 沪澳合作

澳大利亚经济规模和境外资产皆明显低于加拿大，但是澳大利亚与我国贸易额却显著超过加拿大，而自 2004 年以来澳元在全球外汇市场的排名一直高于加元，且从 2010 年以来保持了超过瑞士法郎的全球第 5 的地位（表 20.1）。表 25.1 显示，2007 年到 2016 年澳大利亚跨境资产年均复合增长率高达 10.3%，仅略低于同期韩国的年均增长 11%，显示金融危机后澳大利亚境外资产持续扩张的态势。由于中澳两国经贸关系密切，而且澳大利亚元的国际化程度较高，加强中澳合作对上海国际金融中心地位有很大的推动作用。

29.15 小结

近年来，上海国际金融中心建设取得了可喜的成绩，上海国际金融中心排名从 2013 年的第 16 位提高到了 2016 年的第 13 位，与同年我国境内外汇市场的国际排名相同。特别是近三年来，上海自贸区建设取得了显著的成绩，上海自贸区已经基本建成，在全国的引领作用也初步显现。但是，上海国际金融中心的排名仍然明显滞后于我国经济和人民币的国际地位，离国家对上海国际金融中心的目标定位仍有明显的差距。除本文介绍的加强与新加坡、日本、韩国、中国台湾和澳大利亚等亚太地区金融中心合作外，可以更好利用相关企业和机构的资源在"一带一路"战略实施，特别是在中欧合作方面仍有很大的空间。相应随着国务院印发《全面深化中国（上海）自由贸易试验区改革开放方案》的贯彻和落实，上海自贸区对全国其他十个自贸区的引领作用会进一步显现，对上海国际金融中心的推动作用也会更加显著，上海国际金融中心的国际排名与人民币的国际地位将更为接近，上海国际金融中心将基本建成。

30 人民币国际化趋势下的
产品创新和市场发展

国际化货币需要货币发行国经贸有一定规模，外汇市场和资本市场要有一定的深度和广度，同时也需要货币母国的金融市场拥有充足的风险管理工具，这样货币的结算、交易和储备功能才能充分发挥出来。介绍了人民币主要产品及其市场发展现状、国际货币的功能、人民币国际化的现状后，本篇最后一章将在估算 2016 年人民币国际化水平的基础上，预测 2020 年人民币国际化的水平并简析 2020 年人民币外汇市场及其主要产品应该具有的规模。

30.1 基础市场的发展要求

资本市场的发展程度是决定货币国际化程度的重要基础之一。如果本币资本市场没有一定的深度和广度，那么货币的持有者将难以找到合适的投资工具和风险管理手段。多年来，为了配合国家经济政策的实施，国债的财政功能发挥得较多，然而其金融功能的发挥却有待进一步挖掘。近年来，财政部、人民银行、银监会、证监会等机构对国债金融功能的重视程度显著提升，人民币国债收益率曲线的建设取得了可喜的进展。目前中央国债登记结算有限责任公司编制的利率曲线已经被政府相关部门在债券发行和监管等方面应用，境内主要金融机构都采用该公司编制的曲线。另外，通过彭博、财汇、新华 08、万得、路透等信息渠道发布中债价格指标产品，在境内外债券市场发挥着很好的作用。但是，我国债券市场不仅在总量上还有发展空间，在结构上也有待完善：信用类债券、资产支持证券和地方政府债占比较低；债券投资主体还需要进一步丰富；场内场外债券市场隔离等问题尚未解决。为了有效推动资本市场的持续发展，加强市场基础建设，尚需采取更多措施，如规范信息披露、合理的投资者保护、放宽市场准入等。只有采取一系列切实有效的配套措施，有效提升人民币债券市场的流动性和效率，境内外机构才能积极地参与到该市场，才能对人民币国际化发挥更好的推动作用。

股票市场是资本市场的重要组成部分，也是国民财产性收入和金融财富的主要形式。然而市场持续低迷和过高的市场换手率不利于股票市场资本功能的发挥，也不利于股票市场对实体经济的支持。2011 年到 2016 年我国股票市场换手率（年成交金额与市值的比例）分别高达 214.8%、71.1%、196.1%、

199.7%、480.1%和282.9%，5年平均高达277.9%，不仅高于主要发达国家，而且高于大多数其他发达国家和绝大多数发展中国家及地区；我国股指期货名义成交金额与股市成交金额比例也显著超过国际水平（2012年到2015年我国期货市场成交金额与股市成交金额比例分别高达241.0%、300.4%、218.1%和158.9%（参见表8.3），分别显著高于表8.2给出的同年国际市场相应的比例），表明我国股票市场的投机性显著高于投资性。需要采取一系列必要措施切实整治股市投机性过高等弊端，使市场步入持续发展的健康轨道，未来股市直接融资对实体经济的支持作用和其金融财富增长对境内消费的推动作用将逐步发挥。2014年我国证券化程度（股票市场的市值与GDP比例）从2013年的42.0%提高到了58.6%，一年增长了16.6%，相对于2006年到2013年的7年累计下降来说真可谓是巨大的增长；2015年我国证券化程度进一步提高到了78.5%，比2014年提高了19.9%，2016年比2015年回落到了68.3%。然而近年来我国股市震荡幅度远超国际市场，股市持续稳步发展成为重要的目标。如果我国证券化程度从2016年的68.3%能够每年保持比GDP略高的增幅，那么到2020年我国证券化程度有望达到100%，境内股票市场市值将会超过100万亿元人民币，相当于2016年年底A股市值51万亿元的两倍，增额高达50多万亿元左右。如此高的金融财富增幅将对我国消费拉动、经济结构性转型促进和经济可持续发展发挥巨大作用。

30.2 风险管理工具和场所的必要性

多年来风险管理已经成为国际金融市场重要内容之一。本书介绍了传统的外汇风险管理工具，即外汇远期、互换、期货和期权市场。其他市场的风险管理工具包括基于利率、股票和商品及相关指数的各类远期、掉期、期货、期权、掉期期权等。尽管其中有些产品，如信用违约掉期，确实对国际金融危机有推波助澜的作用，而且其他一些产品在金融危机之前的几年内由于投机性过高也曾导致交易过度活跃的问题出现，但是场内衍生产品，即交易所交易的期货和期权在国际金融危机前后的全球范围内却并没有发生问题。由于国际金融危机的冲击，2008年和2009年全球交易所的衍生产品年成交额连续两年比前一年分别下降了3.3%和24.8%，而2010年和2011年成交金额虽然同比分别回升了19.7%和8.7%，2012年同比下降了26.4%，2013年和2014年又分别增长了18.4%和2.9%。2014年到2016年，全球交易所期货和期权成交金额从1936.5万亿美元略降到了1909.1万亿美元，与同年全球GDP的比例从24.8倍提高到了25.6倍，虽比2007年相应39.8倍的比例显著下降，但却与2003年和2004年相应的比例22.9倍和26.6倍的平均比例24.7倍相当，显示国际金融危机后全球场内衍生产品市场的投机泡沫下降后其风险管理功能还是不可否认的。

面临未知事件的冲击，市场永远有不定性，因此市场参与者需要通过期货和期权来对冲他们所面临的风险，从而使风险可以通过这些风险管理工具在市场参与者之间分散或对冲。任何现货市场反映的只是即期的供求关系，而对未来的供求关系只能通过期货或者远期来反映。期货市场反映各类市场未来的供求关系，市场参与者可以用资金投票来确定未来价格、汇率、利率等"市场价格"，其他任何机制都难以提供更好的此类信息。同时，期权市场还可以反映各类市场中的另外一种未来信息：未来一定时间内价格、汇率、利率等市场因素的不确定性（通过市场期权价格可以计算出股票、汇率、利率等市场的波动率），这种信息是包括期货市场在内的其他任何市场都难以提供的，这些信息对风险管理必不可少。

经过二十多年的探讨和实践，我国商品期货市场已取得了可喜的成就，但目前国际市场上重要的石油期货在境内仍未推出，与我国经济的国际地位和能源消费量极不相称。没有定价机制和场所，受制于人的状况难以摆脱。金融期货方面，股指期货于 2010 年 4 月推出以来，为广大的市场参与者提供了必要的避险工具和场所，同时也为投机者提供了投机的渠道；2013 年 9 月国债期货恢复以来成交不够活跃，2014 年到 2015 年全年成交金额仅分别为相应的股指期货成交金额的 0.42% 到 1.43%，显示境内国债期货还需进一步大力推动（2016 年两者比例提高到了 95.53% 的主要因素是股指期货市场的大幅度萎缩所致）。但是，境内各类期权产品也仍然缺位或者不够活跃，风险管理难以有效实施。为了人民币国际化的稳步推进，原油期货、股指期权、利率期权、期货期权等产品也应该逐步推出并完善。

30.3　场内外市场协调稳步发展

国际市场几十年来的发展经验表明，场内外市场（场内市场指交易所市场，场外市场主要指银行间的柜台市场）的协调发展是整个市场发展的重要特征。由于要满足客户的独特商业需求，场外市场个性化强，标准化程度较低，透明度也相对较低，但是产品创新的灵活性却强；而场内市场由于产品皆为标准化产品，而且也有交易所作为中央对手方，有效降低了交易的信用风险，同时其流动性强，透明程度也很高，自然成为场外市场交易头寸的对冲场所。因此，可以说没有场外市场的大量需求，场内市场就难以活跃起来；同时如果没有场内市场提供对冲工具，场外市场的风险将难以有效规避，因此也难以发展起来。总而言之，这两种市场互相促进，协调发展，缺一不可。当然，国际市场由于此次国际金融危机之前存在杠杆过高和投机过度导致衍生产品交易增长过快并对国际金融危机起到了一定的推波助澜作用。我们不应该学习发达国家为了交易而交易，但是市场活跃度过低其市场定价功能就难以发挥。

没有利率和股指期权等场内市场品种，很多金融产品将会缺乏定价的可靠依据，相关市场风险也难以有效进行对冲和管理。利率市场化的推进将改变我国整个金融体系的市场化程度，相应的利率风险也将上升，这将为利率期权的推出创造好的政策环境，同时也将为场外利率风险管理工具的活跃创造更好的环境。相信我国场内外期货和期权等产品也会逐渐稳步推出和发展，场内外市场将进一步完善和健全，两个市场之间的互相协调和互相促进的格局将会最终形成，对国民经济的持续稳步发展会发挥更好的作用。

30.4 利率市场化的有序推动及其影响

利率是资本的机会成本，是影响经济整体和金融市场每个角落最重要的市场因素，利率市场化也是提高经济整体和金融市场每个部分市场化程度的必要举措。由于利率是各类外汇产品定价的基础，因此利率市场化是人民币市场定价的必要条件之一，是活跃境内外人民币产品市场的主要动力，也是推动金融机构创新的动力源泉。如果从 1996 年 6 月 1 日，人民银行取消同业拆借利率上限为我国利率市场化起步的标志，那么到现在人民币利率市场化已经超过 19 个年头了，超过美国 16 年、日本和韩国各 17 年完成利率市场化的时间。如果以 2012 年 6 月存贷利率上下限调整为我国利率市场化的起步时间，我国利率市场化的时间才刚刚过了 3 年，利率市场化已经接近尾声。

30.4.1 利率风险在全球金融市场风险中的重要性

利率不仅是固定收益类金融产品的主要定价因素，而且也是其他各类金融产品定价的重要因素。利率在整个国际金融体系中举足轻重的地位可以从全球利率期货和期权在全球场内交易的衍生产品比重中看到：1995—2016 年全球场内交易的期货成交总额中的利率期货成交金额占比 22 年平均高达 91.6%；相应的利率期权与全球场内期权成交金额的占比平均为 78.2%，利率期货和利率期权成交总额占所有期货和期权成交总额的平均比重为 89.5%（1995 年到 2014 年的数据根据国际清算银行公布的数据计算得出，2015 年和 2016 年外汇和利率期货和期权数据根据国际清算银行网站公布的全球外汇和利率市场日均成交金额和全球交易商联盟协会网站给出的全球股指期货和期权及股票期货和期权数据计算得出），这些数据表明利率风险是国际市场上金融风险的重中之重。如果这个最重要的市场因素市场化程度不够高，不仅直接导致固定收益类产品的市场交易不够活跃，而且其他诸如外汇类金融市场的交易也难以活跃起来。换句话说，只有利率市场化的提高，利率风险才会逐步释放，固定收益、外汇、资产并购等各类金融市场活跃度会随之提高，这些市场产品的定价功能也会随之增强。

30.4.2　人民币利率市场化的历史回顾

早在1993年，党的十四届三中全会通过的《中共中央关于建立社会主义市场经济体制若干问题的决定》中就提出了利率市场化改革的基本设想。1996年6月1日，中国人民银行在《关于取消同业拆借利率上限管理的通知》中明确要求银行同业拆借市场利率由拆借双方根据市场资金供求自主确定，标志着我国利率市场化迈出了具有开创性的一步。从1998年10月31日起，金融机构对小企业的贷款利率上浮幅度由10%扩大到20%，农村信用社贷款利率上浮幅度由40%扩大到50%，大中型企业贷款利率最高上浮幅度10%不变，代表着我国贷款利率市场化的破冰之举。2004年10月，基本取消了金融机构人民币贷款利率上限，仅对城乡信用社贷款利率实行基准利率2.3倍的上限管理，人民币贷款利率过渡到上限放开、实行下限管理的阶段，市场化程度显著提高。为扭转管制利率自我膨胀的惯性，鼓励市场定价与创新，人民银行采取逐步放开利率管制的方式推进市场化（易纲，2009）。

30.4.3　利率市场化的重大举措

中国人民银行2012年6月7日决定，自2012年6月8日起：将金融机构存款利率浮动区间的上限调整为基准利率的1.1倍；同时将金融机构贷款利率浮动区间的下限调整为基准利率的0.8倍。允许金融机构存贷利率在一定范围内上下调整实际上就是利率市场化的正式启动。2013年7月19日，经国务院批准，《中国人民银行关于进一步推进利率市场化改革的通知》发布。人民银行决定，自2013年7月20日取消金融机构贷款利率0.7倍的下限，由金融机构根据商业原则自主确定贷款利率水平，取消农村信用社贷款利率2.3倍的上限，由农村信用社根据商业原则自主确定对客户的贷款利率，全面放开了金融机构贷款利率管制。这是我国利率市场化的又一重大举措，对我国金融机构经营模式转变、产品创新、市场活跃和风险管控将产生重大的影响。

中国人民银行决定，自2015年10月24日起，下调金融机构人民币贷款和存款基准利率，以进一步降低社会融资成本。其中，金融机构一年期贷款基准利率下调0.25个百分点至4.35%；一年期存款基准利率下调0.25个百分点至1.5%。同时，对商业银行和农村合作金融机构等不再设置存款利率浮动上限，并抓紧完善利率的市场化形成和调控机制，加强央行对利率体系的调控和监督指导，提高货币政策传导效率。央行公告不久，境内诸多媒体以境内利率市场化接近收官进行了报道，表明境内利率市场接近尾声。从存贷利率上下限来看，我国利率市场化确实接近尾声，但是利率市场化的机制建设尚有很长的路要走。

30.4.4　利率市场化是金融创新的最大动力源泉

利率风险是整个金融市场中最主要的市场风险，管理利率风险对整个金融市场创新和发展产生巨大的影响。笔者20世纪90年代初开始在纽约金融界工作时，正逢国际金融创新的高潮，各类金融衍生产品，特别是千奇百怪的"奇异"衍生产品层出不穷。当时笔者边工作边学习研究，到1997年将当时流行于银行间市场加上自己设计出的近百种奇异期权的结构、定价公式和风险参数等整理汇集成《奇异期权》一书，十多年来在国际市场得到了一定的应用。几年前境内一批年轻金融专业人士用了几年的时间将笔者20年前在海外出版的700多页的英文专著"Exotic Options（2nd Edition）"翻译成了汉语，并于2014年由机械工业出版社出版。译者邀我为中文版作序。作序之时回想当年在国际金融界工作初期国际市场金融产品的层出不穷，才联想到了20世纪80年代中期正是美国利率市场化和日本利率市场化接近尾声之时，国际利率风险得到了充分的释放，各种各样规避和转移由于利率风险导致的债券、汇率、股票等资产风险的需求是金融产品层出不穷的根本动力。美国利率市场化是20世纪80年代中期到90年代中期十多年国际金融创新达到高潮的主要原因和动力源泉。随着人民币利率市场化进入收官阶段，人民币债券、外汇、股票、期货、期权等市场的活跃性将显著提高，人民币产品创新的高潮也将到来。

30.4.5　利率风险管理的必要性

第五篇相关章节的结果显示，近年来境内利率风险管理市场除利率互换市场保持了持续较快增长外，债券远期市场，特别是十多年来国际市场上日均成交金额占利率互换日均成交金额一半上下的远期利率协议近年来在境内却没有一单交易，到了停滞状态；2014年推出不久的银行间标准利率衍生产品成交金额也从2014年的413.5亿元提高到了2015年的5014亿元人民币，但2016年成交金额却下降到了8亿元；2014年到2016年国债期货成交金额与同年我国境内生产总值比例从1.1%提高到了12%，远低于国际市场上1500%上下的水平；即使近年来境内增长最快的利率风险管理市场——利率互换市场，2013年到2016年的成交金额占国际市场的比重也仅从0.14%提高到了0.31%。这些比例没有一个达到甚至接近国际市场0.5%的占比水平，与我国经贸在世界的占比皆显著超过一成的水平相比，有巨大的差距。这些数据显示，我国广大的企业和金融机构或者仍不重视利率风险管理，或者仍不知道如何进行利率风险管理。如果说，前些年来境内利率市场化程度较低，利率风险相对较低的环境下，不对利率风险进行管理问题还不太大的话，那么，在当前利率市场化接近尾声之时，如果仍不重视利率风险管理，很多金融机构必将面临不可估量的利率风险损失。看来很多机构只有遭受到损失后才会开始重视利率风险的管理。

人民币成为国际货币的一个重要条件是人民币及其产品定价能够通过市场因素实现，而人民币利率市场化是人民币外汇类和其他产品定价的基础。境内诸如人民币外汇远期等诸多产品定价受制于境外市场的格局多年来难以打破，境内外市场发展不协调的状况只有通过加速境内人民币利率市场化和汇率形成机制来改善。

30.5　境内人民币外汇市场开放的最新举措

继2015年7月《中国人民银行关于境外央行、国际金融组织、主权财富基金运用人民币投资银行间市场有关事宜的通知》发布后不久，人民银行又公布首批境外央行类机构进入境内外汇市场、延长外汇交易时间和进一步引入合格境外主体进入境内外汇市场等，对进一步活跃境内外汇市场有着重要的推动作用。

30.5.1　境外央行类机构进入境内外汇市场

人民银行于2015年11月25日完成了首批境外央行类机构在中国外汇交易中心备案，正式进入中国银行间外汇市场。境外央行类机构进入境内外汇市场有利于稳步推动中国外汇市场对外开放。这些境外央行类机构包括：香港金融管理局、澳大利亚储备银行、匈牙利国家银行、国际复兴开发银行、国际开发协会、世界银行信托基金和新加坡政府投资公司，涵盖了境外央行（货币当局）和其他官方储备管理机构、国际金融组织、主权财富基金三种机构类别。这些境外央行类机构各自选择了直接成为中国银行间外汇市场境外会员、由中国银行间外汇市场会员代理和由中国人民银行代理中的一种或多种交易方式，并选择即期、远期、掉期、货币掉期和期权中的一个或多个品种进行人民币外汇交易。这些机构进入境内外汇市场不仅有利于活跃境内外汇现货市场，而且对人民币外汇远期、掉期、期权等外汇衍生产品市场也将有重要的推动作用。

2016年1月12日，第二批境外央行类机构在中国外汇交易中心完成备案，正式进入中国银行间外汇市场。这些境外央行类机构包括：印度储备银行、韩国银行、新加坡金管局、印度尼西亚银行、泰国银行、国际清算银行、国际金融公司。截至2016年1月12日，共有14家境外央行类机构完成备案，正式进入中国银行间外汇市场。

30.5.2　延长外汇交易时间和进一步引入合格境外主体

除批准境外央行类机构参与境内外汇市场外，人民银行在 2015 年 12 月又采取了延长外汇交易时间和进一步引入合格境外主体的举措，进一步活跃境内外汇市场，促进形成境内外一致的人民币汇率，进而推动人民币国际化进程。

"随着人民币汇率市场化、可兑换和国际化进程的加快，加快境内外汇市场发展、特别是推动市场对外开放的需求日益上升。此次延长外汇交易时间和进一步引入合格境外主体，主要着眼于丰富境内外汇市场的参与主体、拓宽境内外市场主体的交易渠道，促进形成境内外一致的人民币汇率，这是深化外汇市场发展的改革举措"（中国人民银行有关负责人就延长外汇交易时间和进一步引入合格境外主体有关问题答记者问，中国人民银行网站，2015 - 12 - 23）。

30.6　2020 年人民币国际化程度的研判

预测 2020 年人民币的国际化程度是一件较为困难的事。我们可以根据境内外最新市场数据得到一些启示，为我们今后各项相关政策的制定和投资及风险管理提供一定的依据。表 26.5 给出了 2010 年到 2016 年全球主要货币在全球外汇市场交易占比和排名的结果。利用表 26.5 给出的 2010 年到 2016 年主要国际货币日均成交金额世界占比数据，假设从 2016 年到 2033 年各种货币占比年均变化幅度保持 2013 年到 2016 年年均变化幅度或保持 2010 年到 2016 年的变化幅度，那么我们可以估算出这些货币 2018 年到 2033 年在外汇市场成交的占比，表 30.1 给出了相应的结果。

表 30.1　　　　2018 年到 2033 年人民币国际化程度估算　　　单位:% ，位

估算依据	以 2013 年到 2016 年年均估算				以 2010 年到 2016 年年均估算			
货币/年份	2018 年	2019 年	2020 年	2033 年	2018 年	2019 年	2020 年	2033 年
美元	88.0	88.2	88.4	90.8	88.5	89.0	89.4	95.4
欧元	29.9	29.2	28.4	19.2	28.7	27.4	26.1	9.3
日元	20.6	20.1	19.6	13.1	22.4	22.8	23.3	28.8
英镑	13.4	13.7	14.0	18.2	12.7	12.7	12.7	12.5
澳大利亚元	5.8	5.2	4.7	-2.7	6.7	6.6	6.5	5.1
加拿大元	5.5	5.7	5.9	8.3	5.1	5.0	5.0	4.7
瑞士法郎	4.5	4.4	4.3	2.6	4.3	4.0	3.8	0.4
人民币	5.1	5.7	6.3	13.8	5.0	5.5	6.0	12.8

续表

估算依据	以 2013 年到 2016 年年均估算				以 2010 年到 2016 年年均估算			
货币/年份	2018 年	2019 年	2020 年	2033 年	2018 年	2019 年	2020 年	2033 年
瑞典克朗	2.5	2.7	2.9	4.9	2.2	2.3	2.3	2.3
墨西哥比索	2.0	1.9	1.8	0.3	2.5	2.7	2.8	4.9
新西兰元	2.1	2.2	2.2	2.6	2.2	2.3	2.4	3.4
新加坡元	2.1	2.2	2.3	4.1	1.9	2.0	2.1	2.9
港元	1.9	2.0	2.1	3.3	1.5	1.4	1.3	−0.1
挪威克朗	1.8	1.9	2.0	2.9	1.8	1.8	1.9	2.6
韩元	2.0	2.1	2.3	4.2	1.7	1.7	1.7	2.0
土耳其新里拉	1.5	1.5	1.5	1.9	1.6	1.7	1.8	3.3
印度卢比	1.2	1.3	1.3	2.0	1.2	1.2	1.3	1.7
俄罗斯卢布	0.8	0.7	0.5	−1.5	1.2	1.3	1.3	1.8
巴西雷亚尔	0.9	0.9	0.9	0.4	1.1	1.2	1.2	1.9
南非兰特	0.9	0.9	0.8	0.3	1.1	1.1	1.2	1.8
人民币*	5.7	6.5	7.4	18.7	5.0	5.5	6.0	12.7
人民币**	1.8	2.0	2.2	4.6	1.7	1.8	1.9	3.5
人民币排名	7	5	5	4	7	6	6	3
人民币*排名	6	5	5	3	7	6	6	3
人民币**排名	15	13	12	7	14	13	12	8
境外人民币/国内交易比例	186.6	188.4	189.9	198.1	201.6	209.5	216.4	261.6
境外人民币*/国内交易比例	217.5	230.7	241.7	302.3	200.2	208.0	214.9	259.7

数据来源：根据表 26.5 的数据计算得出；表 30.1 中剔除水分后人民币*占比和排名反而超过未剔除水分的人民币占比和排名的原因为表 26.5 中剔除水分后 2013 年 4 月人民币*成交占比 1.36% 显著低于相应的未剔除水分的占比 2.23%，导致 2013 年到 2016 年剔除水分后的人民币*年均占比 0.865% 明显高于相应未剔除水分的年均占比 0.58%。

表 30.1 显示，到 2020 年美元、欧元、日元和英镑日均成交金额占比仍然保持前 4 大国际货币的地位；澳大利亚元、瑞士法郎和加拿大元将在今后几年分别被人民币超过，到 2020 年人民币有望成为全球第 5 大交易货币。剔除国际数据水分后，到 2020 年人民币最高排名第 7 位；仅计算境内人民币市场数据，到 2020 年人民币最高排名仅为第 12 位。表 30.1 的数据也显示，即使保持 2010 年到 2016 年各种货币占比年均变化的幅度，人民币超过英镑成为全球第 4 大货币的时间要到 2033 年。

30.7 境内外市场协调发展

境内外市场协调发展是国际货币的一个重要特征。境外市场活跃应用是货币国际化程度的反映,境内市场是货币国际化的根基。境内市场流动性达不到必要的水平,境外市场也难以持续稳步增长。第 24 章显示,2011 年到 2016 年境外人民币市场快速发展的同时,境内人民币市场却相对缓慢增长,境内外人民币外汇市场不协调的问题显而易见。

30.7.1 主要国际货币境内外本币外汇交易比例

表 20.15 显示,2004 年到 2013 年间的每三年,美元境外外汇交易与美元境内外汇交易的比例分别为 10.3 倍、4.5 倍、4.5 倍和 4.2 倍,显示金融危机后境外美元外汇交易与美国境内美元交易比例显著回调到了比金融危机前 2007 年还略低的水平;同期境外欧元外汇交易与境内欧元外汇交易的比例分别为 7.1 倍、5.8 倍、5.3 倍和 5.35 倍,显示金融危机后境外欧元外汇交易与欧元区内欧元外汇交易的比例也与美元相似,比 2007 年有所回调;同期日元境外和境内外汇交易的比例分别为 29.5 倍、3.7 倍、4.6 倍和 3.45 倍,2007 年境外日元外汇交易与境内日元外汇交易比例达到了接近 30 倍的峰值,然而金融危机后日元比例与欧元同样回落到了 4 倍上下的水平;同期英镑境外和境内外汇交易的比例分别仅为 1.6 倍、1.0 倍、0.9 倍和 1.09 倍,显示虽然金融危机后境外英镑外汇交易与境内交易比例与其他三大国际货币出现了相似的下调,但是金融危机后英镑的比例却持续显著低于其 2007 年的 1.6 倍,表明四大国际储备货币中英镑境外交易比例最低,国际化程度明显下降。这些比例显示,除英镑外,2010 年和 2013 年其他三个国际储备货币境外本币外汇交易与境内本币外汇交易比例在 4 倍上下。

30.7.2 今后几年人民币境内外外汇交易比例的变化

表 26.5 显示,2013 年到 2016 年,境外人民币日均成交金额与境内人民币日均成交金额比例从 1.655 提高到了 2014 年的 2.077,2014 年到 2016 年又持续下降到了 1.816,显示 2014 年以来境外人民币外汇市场相对于境内市场增长相对缓慢;挤出境外人民币日均成交金额水分后,2013 年到 2015 年,境外人民币×日均成交金额与境内人民币日均成交金额比例从 0.614 提高到了 1.195,2016 年又下降到了 1.112,同样显示近年来境外人民币外汇市场相对于境内市场增长相对缓慢的现象。境外人民币市场和境内人民币市场成交金额比例反映人民币国际化程度,可以用来估算今后人民币国际化的速度。

30.8 "倒逼推算"出 2020 年人民币国际化排名

今后多年人民币国际化程度的提高是宏观经贸和金融市场发展诸多政策制定的基础。估算 2020 年人民币国际化程度是一项较为艰巨的任务。上文我们利用 2010 年到 2016 年主要国际货币日均成交金额占比数据估算出了 2020 年人民币国际化程度及相应的排名。本节利用表 20.1 的数据,在 2020 年人民币可能达到的国际排名假设下"倒逼推算"出境内外人民币市场 2020 年所需的年均增长率,进而判断达到这些年均增长率的可能性,最后得出 2020 年人民币国际化可能达到的合理水平。

30.8.1 主要假设

表 20.10 到表 20.12 分别给出了 2010—2016 年主要货币在全球外汇市场成交占比与其 GDP 世界占比的比率在很大程度上反映出不同货币相对于其经济规模的国际化程度。本节根据 2020 年人民币在国际外汇市场交易占比与中国 GDP 在世界占比的合理假设来估算届时人民币外汇市场的规模和相应的年均增长率。2010 年到 2015 年,中国经济占世界经济的比重从 9.2% 上升到了 15.2% ,年均上升 1.2 个百分点。假设从 2015 年到 2020 年中国经济在世界的占比年均增长 0.8% ,那么到 2020 年中国经济占世界经济的比重应该在 19.2% ,略高于国际货币基金组织 2016 年 10 月公布的 2020 年中国经济全球占比 17.7% 。

根据国际清算银行公布的 2016 年 4 月外汇市场日均成交数据,2013 年 4 月到 2016 年 4 月国际外汇市场日均成交金额从 5.355 万亿美元下降到了 5.088 万亿美元,年均复合增长率为 -4.8% 。假设从 2016 年到 2020 年的 4 年国际外汇市场年均增长率保持比 2013 年到 2016 年年均增长率 -4.8% ,那么我们就可以计算出 2020 年 4 月全球外汇市场日均成交金额为 4.389 万亿美元。

表 26.5 显示,2013 年到 2015 年剔除水分后人民币 × 境外/境内外汇交易比例从 0.614 提高到了 1.195 ,而从 2015 年到 2016 年下降到了 1.112 ,因此,2020 年剔除水分后境外人民币 × 外汇交易与境内比例难以达到 2 的高位,在 1.2 到 1.5 比较合适。

30.8.2 主要结果

根据 2020 年人民币国际化可能排名和相应国际外汇市场占比及上文我们估算的 2020 年 4 月全球外汇市场日均成交金额,我们可以估算出届时境内外人民币外汇市场应该有的日均成交金额,进而可以"倒逼推算"出 2020 年境内外人民币外汇市场的总规模,最后推算出 2016 年到 2020 年 5 年间人民币外汇市场成交额在不同可能排名下应该达到的年均复合增长率，表 30.2 给出了相应的估算结果。

表 30.2 　　2020 年不同人民币国际化排名下的人民币外汇市场规模及

2016 年到 2020 年达到给定排名所需国内人民币外汇市场的年均复合增长率

单位：%

人民币国际可能排名	七	六	五	四	三	二
中国 GDP 占世界比重	19.2	19.2	19.2	19.2	19.2	19.2
人民币外汇市场份额/GDP 份额	12.5	13.3	18.1	33.3	56.1	81.5
国内外人民币外汇市场占世界比重	2.39	2.56	3.47	6.38	10.78	15.64
国内人民币外汇市场占世界比重（50）	1.20	1.28	1.73	3.19	5.39	7.82
国内人民币外汇市场占世界比重（40）	0.96	1.02	1.39	2.55	4.31	6.26
国内人民币外汇市场年成交金额（50）	17.95	19.21	26.03	47.90	80.87	117.34
国内人民币外汇市场年成交金额（40）	14.36	15.37	20.83	38.32	64.70	93.87
国内人民币外汇市场年均增长率（50）	−0.1	1.7	9.7	27.7	45.6	59.8
国内人民币外汇市场年均增长率（40）	−5.5	−3.9	3.7	20.8	37.7	51.1

数据来源：假设 2020 年主要国际货币外汇交易占比排名为表 20.1 给出的前八大货币届时的占比排名；如果 2020 年人民币要达到排名第 4 位或第 3 位，届时人民币外汇交易占比应该分别高于表 20.1 给出的排名第 4 位和第 3 位的日元或英镑的交易占比 6.38% 和 11.78%，依此类推；表 20.2 给出的 2020 年人民币境外/境内外汇成交金额比例假设 1 和 1.5 分别相当于境内人民币外汇成交额分别占境内外人民币总外汇交易额的 50% 和 40%；"倒逼"出的年均复合增长率是以表 26.2 给出的 2016 年 4 月境内人民币外汇日均成交金额推算而得的。

30.8.3 2020 年人民币排名第 5 相对容易而达第 4 困难增大

表 30.2 显示，2020 年人民币的国际化程度如果达到第 6 和第 5 的世界排名较为容易，因为达到该两目标需要 2016 年到 2020 年境内人民币成交额的年均增长率不到 10%，表 26.2 显示的近年来国内人民币外汇日均成交金额年均复合增长率还略低些，应该没有任何问题；然而到 2020 年人民币要达到全球排名第 4，需要 2016 年到 2020 年境内人民币外汇市场成交金额年均复合增长率高达27.7%，略高于根据表 26.3 数据计算出的 2012—2016 年境内市场年均复合增长率 21.9%，达到应该还有可能；而要达到第 3 的排名需要 2016 年到 2020 年年均复合增长率高达 45.6%，这几乎是不可能的。

30.8.4 2020 年人民币理想排名

表 2.1 显示，人民币成为第三大国际货币的经贸基础已经具备，人民币成

为第三大国际货币，"货币三极"是人民币的理想目标。然而，由于人民币利率市场化和汇率市场化有待进一步推动，人民币资本市场，特别是人民币外汇市场的产品有待丰富和完善，市场活跃度有待显著提高。近年来境内外汇市场与境外人民币市场快速发展的态势不够协调，要在 2020 年达到"货币三极"的理想目标还有较大的困难。2016 年 10 月人民币成功入篮，到 2020 年，人民币在国际外汇市场排名第 4 应该有一定的困难。

30.9   2020 年人民币国际化程度相应的外汇市场主要产品增速估算

上文我们利用"倒逼"推算法推算出了 2020 年人民币国际化可能程度及排名。本节在上文推算 2020 年人民币国际化程度的基础上估算出境内人民币外汇即期、远期、掉期和期权市场今后的规模和年均增长率。表 26.4 显示，近年来我国外汇即期市场的占比持续下降的同时，外汇掉期和期权的占比持续上升，外汇市场结构总体更趋合理。随着人民币利率市场化和汇率市场化的进一步推进，人民币外汇市场风险管理的需求会进一步增大，人民币外汇远期、掉期和期权市场增长的潜力巨大。表 26.4 显示，2016 年境内人民币外汇即期、远期、掉期、货币掉期和外汇期权成交金额占整个人民币外汇市场比重分别为 43.5%、1.9%、49.9%、0.6% 和 4.7%，分别比国际清算银行 2016 年的报告数据计算出的该年国际外汇市场相应的比重 32.5%、13.8%、46.7%、1.6% 和 5.0% 高11.0%、－11.9%、3.2%、－1.0% 和 －0.3%，显示境内人民币外汇掉期市场占比已经超过了国际市场相应的比重；然而即期市场占比仍有显著下降的空间，同时境内外汇远期、货币掉期和外汇期权占比仍有显著提高的空间。

表 30.3   2020 年境内人民币外汇即期、远期、掉期、货币掉期、

外汇期权市场年成交金额和 2016 年到 2020 年所需的年均复合增长率

单位：%

人民币国际可能排名	七	六	五	四	三	二
境内人民币外汇即期市场年均增长率（50%）	－4.5	－2.9	4.8	22.0	39.1	52.7
境内人民币外汇即期市场年均增长率（40%）	－9.7	－8.1	－0.9	15.4	31.6	44.4
境内人民币外汇远期市场年均增长率（50%）	46.4	48.9	60.6	87.1	113.2	134.0
境内人民币外汇远期市场年均增长率（40%）	38.4	40.8	51.9	76.9	101.7	121.3
境内人民币外汇掉期市场年均增长率（50%）	－2.2	－0.6	7.3	24.9	42.4	56.3
境内人民币外汇掉期市场年均增长率（40%）	－7.5	－6.0	1.5	18.2	34.7	47.8
境内人民币外汇货币掉期市场年均增长率（50%）	12.4	14.3	23.3	43.7	63.8	79.7

人民币国际可能排名	七	六	五	四	三	二
境内人民币外汇货币掉期市场年均增长率（40%）	6.3	8.1	16.7	35.9	54.9	70.0
境内人民币外汇期权市场年均增长率（50%）	−4.5	−2.9	4.8	22.0	39.1	52.7
境内人民币外汇期权市场年均增长率（40%）	−9.7	−8.1	−0.9	15.4	31.6	44.4

数据来源：利用表30.2给出的2020年境内人民币成交金额和上文给出的届时境内人民币外汇即期、远期、掉期和期权市场交易占比假设数据，基于表26.3相应的2016年4月境内人民币外汇即期、远期、掉期和期权市场年成交数据及2020年相应市场成交金额估算数据计算得出。

　　基于以上对今后四年境内外汇产品交易占比的判断，我们假设到2020年境内人民币即期、远期、掉期、货币掉期和外汇期权市场占整个境内人民币外汇市场分别为39.0%、3.0%、51.0%、1.0%和6.0%，那么利用表30.2估算出的2020年全球外汇市场规模、届时人民币外汇市场规模估算数据和表26.3给出的2016年人民币外汇即期、远期和掉期市场规模我们可以推算出2016年到2020年境内人民币外汇即期、远期、掉期和期权市场日均成交额年均复合增长率，结果如表30.3所示。

30.9.1　人民币外汇即期市场的发展趋势

　　国际清算银行数据显示，1998年到2007年，即期市场占外汇市场的比重从37.2%持续下降到了30.2%的低位，而2010年即期市场交易占比出现了回升的态势，达到了37.5%的水平，2013年进一步上升到了38.3%，而2016年又回落到了32.5%，2001年到2016年年平均占比仅为34%，表明即期市场在全球外汇市场的占比仅为1/3左右。表26.4显示，2010年到2016年我国外汇即期成交金额占整个外汇市场的比重持续下降，而且2015年我国外汇市场即期交易占比首次低于50%，2016年进一步下降到了43.5%，表明2015年以来国内人民币外汇市场首次告别以即期市场为主的状态，外汇衍生产品交易占比成了主力军，离国际市场结构更加接近。由于今后国内外汇市场即期占比会进一步下降，今后人民币即期年均增长率会相对比较缓慢。

　　表30.3显示，如果2020年人民币国际化排名全球第4而且届时国内人民币外汇即期市场占整个外汇市场比重降低到39%，需要2016年到2020年人民币外汇市场年均增长率高达22.0%（假设届时境外/国内人民币外汇交易比例为1），比表26.3给出的2012年到2016年国内人民币外汇即期交易的年均增长率21.9%略高0.1%，达到没有多大问题；如果2020年人民币国际化排名全球第3，需要2016年到2020年人民币外汇即期的年均增长率高达39.1%（假设届时境外/国内人民币外汇交易比例为1），比表26.3给出的2012年到2016年国内人民币外汇市场年均增长率21.9%高出17.2%，达到有相当的困难。

30.9.2 外汇远期市场的发展

表 26.4 显示，2011 年到 2016 年国内人民币远期市场成交金额占国内人民币外汇市场比重从 7.0% 持续下降到了 1.9% 的低位，与 2016 年国际市场相应的占比 13.8% 相差 11.9%，成为国内人民币外汇市场占比与国际外汇市场相应占比差距最大的市场组成部分。因此，国内人民币外汇远期市场增长潜力巨大。表 30.3 显示，即使 2020 年人民币国际排名第 5 而且届时国内远期交易占比提高到 3.0%，需要 2016 年到 2020 年国内人民币外汇远期年均增长率超过 60.6%（假设届时境外/国内人民币外汇交易比例为 1），比根据表 26.3 给出的 2012 年到 2016 年国内人民币外汇市场的年均复合增长率 43.2% 高 17.4%，落实难度较大；如果届时人民币国际化排名达到第 4，那么需要 2016 年到 2020 年国内人民币外汇远期年均增长率超过 87.1%（假设届时境外/国内人民币外汇交易比例为 1），达到的困难进一步增加，显示今后国内人民币外汇远期市场发展困难最大。

30.9.3 外汇掉期市场的发展

国际清算银行数据显示，早在 2001 年外汇掉期成交金额就首次超过了 50%，2007 年仍高达 51.6%；虽然 2013 年外汇掉期占外汇市场的比重重新回到了 41.7% 的低位，但是 2016 年又回升到了 46.7%，保持了国际外汇市场最主要的产品地位。表 26.3 显示，2010 年到 2016 年国内人民币外汇掉期占比持续显著增长到了 49.9%，比 2016 年国际掉期占比 46.7% 还要高出 3.2%，成为国内人民币外汇市场成交金额占总成交金额比重超过国际相应比例位的领域（即期占比超过国际占比表明国内即期市场发展仍不到位），显示近年来国内人民币外汇掉期市场持续增长的可喜趋势。表 30.3 显示，如果 2020 年人民币国际排名第 4，而且假设届时国内外汇掉期和货币掉期占外汇交易比重 51%，需要 2016 年到 2020 年人民币外汇掉期市场成交金额年均复合增长率要达到 24.9%（假设届时境外/国内人民币外汇交易比例为 1），比根据表 26.3 给出的 2012 年到 2016 年国内人民币外汇掉期交易金额年均复合增长率 41.6% 还要低很多，达到没有问题；如果届时人民币国际化排名第 3，需要同期国内人民币外汇掉期市场交易金额年均复合增长率达到 42.4%，仅比 2012 年到 2016 年国内人民币外汇掉期市场年均复合增长率 41.6% 高出 0.8%，达到应该没有多大的问题。

30.9.4 外汇货币掉期市场的发展

表 26.3 显示，2011 年到 2014 年国内人民币外汇货币掉期占比持续显著增长，年均复合增长率高达 160.2%，导致国内外汇货币掉期市场成交金额占国内外汇市场交易比重从 0.17% 持续上升到了 2014 年的 1.78%；然而 2014 年到

2015 年货币掉期市场增长放缓，2016 年比 2015 年更下降了一半以上，占国内外汇市场比重下降到了 0.61%。表 30.3 显示，如果 2020 年人民币国际排名第 4 而且假设届时国内外汇掉期和货币掉期占外汇交易比重 1.0%，需要 2016 年到 2020 年人民币外汇货币掉期市场成交金额年均复合增长率要达到 43.7%（假设届时境外/国内人民币外汇交易比例为 1），比 2012 年到 2016 年国内人民币外汇掉期交易金额年均复合增长率 39.3% 略高，达到应该问题不大；如果届时人民币国际化排名第 3，需要同期国内人民币外汇货币掉期市场交易金额年均复合增长率超过 63.8%，达到会有一定的困难。

30.9.5 外汇期权市场的发展

2011 年 4 月我国银行间外汇期权正式推出而且保持了可喜的增长态势。根据表 26.3 的数据计算得出，2012 年到 2016 年人民币外汇期权飞速增长，成交金额年均复合增长率高达 134.1%，超过同期国内人民币外汇市场任何一个领域，导致国内人民币外汇期权成交金额占人民币外汇交易比重从 2012 年的 0.35% 持续上升到了 2016 年 4.70% 的高位。表 30.3 显示，如果 2020 年人民币国际排名要达到第 4 而且假设届时国内人民币外汇期权交易占比提高到 6.0%，那么需要 2016 年到 2020 年国内人民币外汇期权交易额年均复合增长率不低于 22.0%（假设届时境外/国内人民币外汇交易比例为 1），显著低于 2012 年到 2016 年国内人民币外汇掉期交易的年均复合增长率 134.1%，达到比较容易；如果 2020 年人民币国际排名要达到第 3 位，需要 2016 年到 2020 年国内人民币外汇期权交易额年均增长 39.1%，也显著低于 2012 年到 2016 年国内人民币外汇掉期交易的年均增长率 134.1%，达到仍然比较容易。

综上所述，近年来国内外汇市场中除人民币外汇远期市场增长过慢外，其他领域，人民币外汇期权和外汇货币掉期增长态势明显。要在 2020 年国内外汇市场结构与国际较为接近，国内外汇远期市场增长压力最大的还是外汇远期，特别是银行间外汇远期交易必须大幅度地增长。

30.10　2020 年银行间外汇市场场外其他市场的发展潜力

上文我们讨论并分析了 2020 年人民币国际化可能达到的程度并估算了人民币国际化排名达到不同排名的情况下，国内人民币外汇市场和人民币外汇产品可能达到了年均复合增长率，使我们对今后五年国内人民币外汇市场的发展有了较为清楚的认识。

上文以国内银行间外汇市场分析到 2020 年人民币外汇市场发展情况代表了

95%以上的外汇市场份额，然而我们忽略了全球交易所人民币外汇期货和期权的成交份额。全球股票及衍生产品市场以交易所交易的为主，场外交易占比不到一成，显示股票相关产品以场内为主的重要特征；全球债券/利率产品交易以交易所或场内市场为主，场外市场为辅，前者和后者占全球利率相关产品交易的比重分别在 3/4 和 1/4 左右。本节在上文人民币场外外汇市场今后发展的基础上，研究估算今后四年国内人民币利率、股票和外汇相关衍生产品市场发展的趋势和规模。

30.10.1　境内银行间人民币利率相关产品今后发展趋势

第 24 章显示，虽然近年来境外人民币市场飞速发展，但是发展最快的还是人民币外汇相关衍生产品，境外 H 股指数期货和期权虽然有一定的流动性，但却是以港元计价的产品，并非人民币产品；境外人民币利率互换的日均成交金额仅有几亿美元，与人民币外汇主要产品相比几乎可以忽略不计。因此，境外人民币外汇以外的其他人民币产品流动性仍然很低，我们主要介绍和预判到 2020 年境内银行间人民币外汇以外的利率衍生产品的市场规模和年均增长率。

第 5 章到第 7 章显示，境内人民币利率互换、远期利率协议等利率衍生产品市场成交金额占世界比重分别很低。2013 年到 2016 年境内利率期权日均成交金额占全球利率互换日均成交金额的 0.14% 到 0.31%。即使 2016 年到 2020 年境内利率互换日均成交金额年均增长 50%，那么到 2020 年境内利率互换日均成交金额占全球市场比重也才不到 2% 的水平，显示出境内利率互换市场的巨大潜力。我们在第 7 章介绍了境内远期利率协议市场的增长潜力，这里不再重复。

30.10.2　2020 年境内利率期货成交金额估算结果

表 10.5 显示，2015 年和 2016 年我国国债期货成交金额分别仅为 4.89 万亿和 8.90 万亿元人民币，与同年我国 GDP 比分别仅为 8.4% 和 12.0%。假设到 2020 年境内利率期货成交金额与境内 GDP 比例为 30% 到 50%，那么届时境内人民币利率期货年成交金额也会高达 30 万亿 ~ 50 万亿元人民币，显示境内利率风险管理的巨大需求和利率期货市场发展的巨大潜力。

30.10.3　2020 年境内外汇期货市场潜力

第 12 章显示，近年来境外人民币外汇期货市场已经在美国、中国香港、新加坡和中国台湾等地推出，而且已经形成了以香港、新加坡和台湾三个中心为主的市场格局。由于全球外汇市场主要是以银行间的场外市场为主，场内外汇期货的成交金额与场外银行间外汇远期市场相比要低得多；而且表 26.3 给出的数据显示，近年来境内银行间人民币外汇远期是境内人民币外汇市场中唯一一个没有增长反而下降的市场（2012年到2016年境内外汇市场成交金额累计下降了16.1%），因此境内近期推出人民币外汇期货时机并不成熟。然而，随着境内外汇市场的进一步深化改革，境内人民币外汇市场结构将更为合理，银行间外汇远期市场将会有更大的增长潜力，相应的人民币外汇期货也同样会有巨大的发展潜力。

30.11 国际货币基金组织对跨境资金流动的监控态度

30.11.1 国际组织监管态度的可喜转变

传统国际金融理论认为，对跨境资金流动的管控会扭曲资本在全球范围内的配置效率，因此不仅不应该鼓励，还应该禁止。然而20世纪90年代以来众多新兴经济体遭受国际金融危机冲击的事例说明资本项目自由化并未对经济和金融体系的稳定提供支持，而且实证研究也难以找到资本项目自由化与经济增长之间密切的互动性。直到最近，传统金融理论仍然主导着国际金融监管体系，发展中国家对资本流动的任何管控举措经常轻则被批评为不必要，重则常被扣上金融保护主义的帽子。

国际货币基金组织（IMF）被授权对国际金融体系的稳定负有责任。亚洲金融危机爆发前后，IMF解救各个成员国经常附加的前提条件是要求被解救国家放开资本管制，促进资本自由流动，进行体制改革从而促进贸易自由。这些做法多年来受到广泛的批评，尽管如此，IMF的态度和做法并没有显著改变。2008年国际金融危机爆发以来，国际社会指出IMF在国际金融危机爆发前没有对国际金融危机爆发提出任何预警，从而对其功能的发挥提出诸多质疑。因此，IMF组织了一系列相关研究，并从2010年年底以来先后公开相关研究成果，为后来出台对跨境资金的流动管控做法提供支持和建议。2011年4月5日，IMF正式公布了该组织对管理资本流动态度的转变并提出了适用不同国家和地区的政策工具的建议。这一明显的转变对国际经济、贸易和金融体系的稳定会发挥一些作用。

30.11.2 国际货币基金组织"管理跨境资金流动"框架意见书的主要内容和主要政策建议

长达97页的实证研究报告《近年来管理跨境资金流动的经验——相关议题和潜在政策框架》中（IMF，2011a），IMF二十年来在对除中国外几十个全球主要新兴市场跨境资金流动对流入国经济和金融市场的影响和冲击研究的基础上得出对跨境资金管控的主要思路和政策建议。跨境资金的流入会首先推动流入国家或地区投资和经济的增长，进而促进流入国外汇储备的增长、货币的升值、物价的增长，同时跨境资金的撤离会对流入国经济和金融体系稳定带来不同程度的冲击，严重的会达到产生危机的后果。

IMF 公布的《管理跨境资金流动——采用哪些工具》报告，对管控跨境资金流动提供了审慎监管和资本控制两大类型的政策性措施。审慎监管措施的目的是提高金融机构承受更大风险的能力，或者为金融机构承担额外风险设定上限。审慎监管措施可以分为外汇相关审慎监管和其他审慎监管措施，前者主要是针对境内银行业。外汇审慎监管措施主要是对不同货币区别对待，而不是对交易涉及双方在哪个国家采取措施。常用的做法是对银行外币投资净头寸占总资本的比例设限，其他还包括限制银行外币贷款等。其他审慎监管措施的主要目的是降低系统性风险，这些措施包括控制境内金融体系贷款增长率，设定贷款/市值比例上限，对资产和行业贷款集中度过高的领域设置上限和反周期资本要求等。报告涉及了很多其他的措施，这里不再一一介绍，有兴趣的读者可以参考张光平（2015）。

30.11.3 跨境资金监管政策实施措施和资本项目可兑换性的关系

2011 年 4 月 5 日公布的对跨境投机资金管控的指引是第二次世界大战以来此类指引的第一次，具有划时代意义。它首次提出了对跨境投机性资金进行管控的必要性，而且提出了管控的指引和具体政策建议，标志着该组织对跨境投机资金审慎管控的认可和接受。虽然指引和相关附件及研究报告没有直接指出不同的管控措施对资本项目可兑换性的直接影响，但从指引的目的和出发点可以判断，必要的管控措施对可兑换性的影响是可以理解、认可、接受的。由于很多细节问题还需要进一步讨论，指引的实施还需要一定的时间，很多问题日后会更加明了。

30.12 "修渠筑坝建闸"——建立我国跨境资金预警和监测体系

早在 2008 年 5 月国际金融危机还没有爆发之前，时任国务院副总理王岐山就明确指出应该"改进外汇管理方式，完善外汇管理的法律法规，强化对跨境资本流动的监管"（2008 年陆家嘴论坛主题演讲）。国际金融危机期间，资金撤离对我国经济产生的冲击表明了监控跨境资金对维护经济和金融体系的稳步发展的重要性。"防范发生系统性区域性金融风险"是"十三五"规划中提出的今后五年我国金融业的一项重要任务。随着人民币跨境业务的进一步推进，我国跨境资金监控的任务和要求会进一步增长。

30.12.1 人民币跨境贸易结算和直接投资启动进一步增加了跨境资金流动性监控的难度

人民币贸易结算和人民币境外投资启动后，跨境资金流动又多了新的渠道，增加了跨境资金监管的难度。跨境人民币业务的启动和迅猛增长将人民币也纳入了跨境资金流动的管理，有效区分跨境人民币经常贸易项目交易和资本项目交易，相应项目资金来源等问题变得比监管外币更加困难，监管的难度加大（张大龙，2011）。"绝大多数境外居民获取人民币并存在香港的最主要目的就是赌人民币升值"（王庆，2011），境外人民币储蓄的高速增长加大了今后跨境资金流动监管的难度。长期以来跨境资金流动以外汇及外汇收支作为监管的主要内容。人民币跨境贸易结算和直接投资实施后，"应考虑将长期以来以外汇及外汇收支作为监管内容的外汇管理框架转变为对跨境资金流动的监管，从制度安排、监管设计上将人民币的跨境流动及境外资金负债纳入监管检测体系并作为重要的监管内容"（杨小平，2011）。

资本项目每放开一个领域，跨境资金流动也会增加一个渠道，所以如果到时相应地对跨境资金流动的监控没有到位，这种放开的渠道将对未放开的渠道发挥一定的替代作用，降低还未开放的资本项目的管制效果。我们不仅要在这些方面进行深入研究，还要准备好相应的应急措施，从而减少外来因素对我国金融体系和宏观经济的冲击。

30.12.2 国际资金 2003—2007 年大幅度流入美国的启示

跨境资金流动的监管对于像美国这样的发达国家都是相当棘手的问题。2011 年 2 月美联储主席伯南克（2011）在提交给法国召开的 20 国集团会议的一份长达 38 页的研究报告中称，2003 年到 2007 年国际资金大量流入美国购买美国政府债券和按揭证券化证券，导致美国利率下降是美国金融危机爆发的重要原因之一。美国的跨境资金监管尚且出现不到位的情况，对其他国家特别是发展中国家来说，跨境资金流动的监测和监管就显得更加重要。

跨境资金流动的监控体系是一个涉及面相当广泛的系统。在当前积极推进跨境贸易人民币结算之初，对亚洲金融危机爆发至今跨境资金如何流入、流出中国及其流动规模进行深入、系统和扎实的研究显得非常必要。这是因为如果对新的资金流动渠道开通之前的简单情况都做不到心中有数、防范到位，那么在更多的新资金流动渠道开通之后，问题势必更加复杂，防范也一定会更加困难。2009 年 3 月美国开始实施第一次"量化宽松"到 2014 年 10 月底美国宣布四次量化宽松政策退出，美联储总共给市场注入 3.63 万亿美元的资金，其中大部分流入发展中国家和地区。美联储宣布退出量化宽松政策后，全球几乎所有的货币，特别是发展中国家货币皆对美元出现了不同程度的可观贬值，表明资金回流美国趋势明显。在美国经济复苏，2015 年 12 月美国加息和 2015 年继续加息的预期下，资金回流美国，特别是加速撤离新兴市场国家。资金撤离新兴市场对新兴市场会产生巨大的影响甚至冲击，对东亚经济和金融市场的影响应该与 1997 年东亚金融危机相似，必须提前防范相应的风险。

30.12.3 建立跨境资金流动监测体系

跨境资金流动渠道繁多、方法各异。有效的监测体系应该对不同渠道流动的情况有及时的反映。我国跨境资金监测体系拟对外币贷款、银行涉外支付、股票市场、股票指数期货、人民币境内外债券市场、贸易信贷、贸易真实度、商品期货、外汇远期结售汇和外汇远期交易、外汇互换、外汇期权、境外人民币无本金交割远期、境外人民币无本金交割期权、境外人民币无本金交割互换、人民币跨境贸易结算、人民币境外投资、反洗钱和地下钱庄等领域进行及时监测，从而及时把握跨境资金的流动情况，为系统和全面分析跨境资金流动提供了基础资料和数据。

即使不算笔者 2004 年到 2009 年《人民币衍生产品》3 个版本中反复提及防范跨境资金流动相关内容，本书从 2010 年首版到现在每年每版都不厌其烦地强调跨境资金检测和管控的重要性。但是，从 2014 年下半年以来跨境资金持续撤离导致我国外汇储备持续下降及国家持续收紧资本项目管控来看，国家跨境基金检测和管控体系仍未建成。收紧资本项目对减缓资金外流诚然必要且有一定的作用，但是对人民币跨境业务、自贸区改革和发展及境外人民币市场的发展必然产生不同程度的副作用。今后跨境资金还会继续流动，建立我国跨境资金检测和管控的长效机制势在必行，不然每当资金流出就加强资本项目管控，对人民币国际化将产生不可避免的负面作用，人民币国际化难以持续有效推动。

30.13 小结

人民币国际化不仅对境内外人民币市场的发展，而且对境内外资本市场的深度和广度也同样提出了新的要求。人民币国际化需要人民币利率和汇率市场化程度逐渐达到更高的程度，同时为了使人民币成为可自由使用，也对人民币资本项目开发提出了更高的要求，而资本项目进一步开放使得境内外人民币市场联动和互动更为紧密。人民币利率和汇率市场化的进一步推动在活跃境内外债券和外汇市场的同时，利率和汇率市场风险也将显著释放，境内外人民币利率和汇率市场风险管理的需求也将显著增大，导致境内外人民币利率和汇率衍生品市场进一步活跃。

近年来，人民币国际化程度显著提高，成绩喜人。然而在美国退出量化宽松政策和人民币对美元出现明显贬值预期的环境下，境外人民币市场增长明显放缓，境内人民币外汇市场也未能反映出人民币贸易结算和人民币直接投资等领域快速增长的态势，市场各个部分之间仍然没有较好地协调发展。可喜的是，2014 年到 2015 年，境内人民币外汇市场成交金额增长了 39.3%，增速为 2010 年以来最高，然而 2016 年比 2015 年仅增长了 14.3%，显著低于 2010 年到 2015 年年均增速 21.6%，显示境内人民币外汇市场持续显著增长的态势也未形成。

货币国际化除了以国家经济和贸易规模作为主要支撑外，货币发行国的外汇市场和资本市场的发达程度决定其货币国际化程度。我国经济持续稳步发展已为人民币国际化奠定很好的基础，但是境内外外汇市场和资本市场的发展仍有待大幅度地提高。除了宏观条件外，持续完善外汇和资本市场、开发人民币产品、提升市场的交易和运行效率、提升金融机构竞争力和加强金融风险管控等也将是支持人民币国际化的重要组成部分。人民币国际化将为"一带一路"战略实施，中国经济进一步走向世界、融入世界创造更好的条件。人民币国际化的过程需要中国对内和对外的经济和金融政策不断地调整和改革，还需逐渐丰富境内外人民币产品并逐步提升市场流动性。要达到与我国经济较为匹配的第三大国际货币的理想地位，我们要做出更大的努力，特别是在活跃境内外汇和资本市场方面。为了保证该进程的持续稳步推进，我们必须做好中长期的战略规划，同时"修渠筑坝建闸"，加强对跨境资金流动的监测、监控和监管，在若干年后人民币资本项目实现了完全的自由，这些经过时间验证的"坝"和"闸"将成为我们防范国际风险的重要内容。人民币国际化程度的不断提升诚然需要人民币资本项目不断开放，然而即使少用甚至不用，这些"坝"和"闸"的建设也将是必需的防范建设，不能没有。相信通过各界的共同努力，2016 年人民币成为国际货币基金组织的一篮子储备货币之一，向"货币三极"迈出了坚实的一步，境内外人民币外汇和其他市场也将迎来新的发展契机。

境外人民币市场的快速发展将提高境外人民币交易的市场报价与交易能力，也将对境内金融机构产生重要的影响。尽快学习境外市场交易报价和风险管理已是摆在中资金融机构面前的紧迫课题。另外，随着境外人民币市场的快速发展，境外人民币产品也将逐步丰富，而且还会以各种方式流入境内，对境内人民币产品创新提出更高的要求。如果境内金融机构不加速金融创新，特别是产品创新能力，今后多年境内多种人民币产品仍将继续依赖境外；没有产品研发能力的金融机构只能算作别人产品的代销店或零售点，产品和市场发展的主动性不够，金融服务的重要收益也会送给别人。所以，人民币国际化的快速提升迫切需要境内金融机构加大产品创新的力度，为境内外广大市场参与者提供利率和汇率市场化环境下新的产品和服务。

参考文献

［1］许江山．从境外经验看中国利率市场化［J］．期货日报，2011 – 03 – 10.

［2］张光平．人民币国际化和产品创新（第六版）［M］．北京：中国金融出版社，2016.

［3］张光平．马晓娟等译．奇异期权［M］．北京：机械工业出版社，2014.

［4］Chan, Norman T. L. , 2014, "Opening Remarks at the Second Hong Kong – Australia RMB Trade and Investment Dialogue", 22 May 2014, Hong Kong Monetary Authority.

［5］Federal Reserve Bank of New York, "The Foreign Exchange and Interest Rate Derivatives Markets：Turnover in the United States", April 2001 to April 2013.